AF829986

Der Konzern in der Insolvenz

Schriften zum Verfahrensrecht

Herausgegeben von

Jens Adolphsen, Christoph Althammer, Peter Gottwald und Ulrich Haas

Band 58

PL ACADEMIC RESEARCH

Sebastian Dirmeier

Der Konzern in der Insolvenz

Aktuelle Rechtslage und Reformüberlegungen auf nationaler und europäischer Ebene

PL ACADEMIC RESEARCH

Bibliografische Information der Deutschen Nationalbibliothek
Die Deutsche Nationalbibliothek verzeichnet diese Publikation in der Deutschen Nationalbibliografie; detaillierte bibliografische Daten sind im Internet über http://dnb.d-nb.de abrufbar.

Zugl.: Regensburg, Rechtswissenschaftliche Fakultät, Univ., Diss., 2016

D 355
ISSN 1619-344X
ISBN 978-3-631-67930-2 (Print)
E-ISBN 978-3-653-07139-9 (E-PDF)
E-ISBN 978-3-631-69602-6 (EPUB)
E-ISBN 978-3-631-69603-3 (MOBI)
DOI 10.3726/978-3-653-07139-9

© Peter Lang GmbH
Internationaler Verlag der Wissenschaften
Frankfurt am Main 2016
Alle Rechte vorbehalten.
PL Academic Research ist ein Imprint der Peter Lang GmbH.

Peter Lang – Frankfurt am Main · Bern · Bruxelles · New York · Oxford · Warszawa · Wien

Das Werk einschließlich aller seiner Teile ist urheberrechtlich geschützt. Jede Verwertung außerhalb der engen Grenzen des Urheberrechtsgesetzes ist ohne Zustimmung des Verlages unzulässig und strafbar. Das gilt insbesondere für Vervielfältigungen, Übersetzungen, Mikroverfilmungen und die Einspeicherung und Verarbeitung in elektronischen Systemen.

Diese Publikation wurde begutachtet.

www.peterlang.com

Inhaltsverzeichnis

§ 1 **Einführung** ... 1

A. Einleitung ... 1

B. Grundsätzliche Problemstellungen ... 3

I. Differierendes Konzernverständnis in Betriebswirtschaft und Rechtswissenschaft ... 3

II. Schnittstelle zwischen Gesellschafts- und Insolvenzrecht ... 4

III. Vielfalt konzernrechtlicher Erscheinungsformen ... 5

IV. Grenzüberschreitende Insolvenzverfahren von Konzernen ... 5

C. Abgrenzung des Untersuchungsgegenstandes und Gang der Untersuchung ... 6

§ 2 **Wirtschaftliche und rechtliche Grundlagen des Konzerns** ... 9

A. Der Konzern aus rechtlicher Sicht ... 10

I. Überblick über das Recht verbundener Unternehmen ... 10

II. Überblick über das Recht der Konzerne im engeren Sinne ... 11

1. Rechtswissenschaftlicher Konzernbegriff ... 12

2. Rechtliche Grundformen des Aktienkonzerns ... 13

a) Unterordnungskonzerne ... 14

aa) Eingegliederte Konzerne gem. §§ 319 ff. AktG ... 14

bb) Vertragskonzerne gem. §§ 291 ff. AktG ... 15

cc) Faktische Konzerne gem. § 311 ff. AktG ... 15

b) Gleichordnungskonzerne ... 16

3. Rechtliche Grundformen des GmbH-Konzerns ... 17

a) Vertragskonzerne ... 18

b) Faktische Konzerne ... 18

B. Der Konzern aus betriebswirtschaftlicher Sicht ... 19

I. Betriebswirtschaftlicher Konzernbegriff ... 20

II. Differenzierung nach konzernrechtlichen Erscheinungsformen 20
1. Art der Konzernobergesellschaft 21
a) Stammhauskonzern 21
b) Holdingkonzern 22
2. Art des leistungswirtschaftlichen Zusammenhangs 22
a) Vertikaler Konzern 23
b) Horizontaler Konzern 23
c) Diversifizierter Konzern 24
3. Art der Leitungsmacht 24
a) Zentral geführte Konzerne 25
b) Dezentral geführte Konzerne 25
4. Art der Konzernstufen 26
a) Einstufige Konzerne 26
b) Mehrstufige Konzerne 26
III. Ökonomische Gründe für eine Konzernbildung 27
C. Zusammenfassung 30

§ 3 Gründe für die Schaffung von Mechanismen zur Abwicklung von Konzerninsolvenzen 33
A. Verhältnis zwischen wirtschaftlichem und rechtlichem Konzernverständnis 34
I. Kongruenz von wirtschaftlichem und rechtlichem Konzernverständnis vor der Insolvenz 34
1. Unbeschränkte Leitungsmacht und Einflussnahme im Eingliederungskonzern 35
2. Umfassende Leitungsmacht und Einflussnahme im Vertragskonzern 36
3. Beschränkte Leitungsmacht und Einflussnahme im faktischen Konzern 37
II. Divergenz von wirtschaftlichem und rechtlichem Konzernverständnis in der Insolvenz 40
1. Keine Rechts- und Insolvenzfähigkeit des Konzerns 40

2. Eigenständiges Insolvenzverfahren über das Vermögen jeder Konzerngesellschaft 41
III. Konzerninsolvenzrecht als Bindeglied zwischen wirtschaftlichem und rechtlichem Konzernverständnis 41
B. Zusammenhang zwischen insolvenzrechtlichen und konzerninsolvenzrechten Erwägungen 42
I. Allgemeine Erwägungen zum Insolvenzrecht 42
1. Ziele des Insolvenzverfahrens 43
a) Gemeinschaftliche Befriedigung 43
b) Maximierung der zur Verfügung stehenden Haftungsmasse 44
2. Möglichkeiten der Gläubigerbefriedigung 44
a) Liquidation 44
b) Übertragende Sanierung 45
c) Reorganisation 45
3. Ökonomische Erwägungen bei der Wahl der Verwertungsart 46
II. Besondere Erwägungen zu einem Konzerninsolvenzrecht 47
1. Ziele eines Konzerninsolvenzrechts 48
a) „Gemeinschaftliche Befriedigung" 48
b) Maximierung der zur Verfügung stehenden Haftungsmasse 49
2. Möglichkeiten der Gläubigerbefriedigung 50
a) Konzernverbund bei der Liquidation 50
b) Konzernverbund bei der übertragenden Sanierung / Reorganisation 52
3. Ökonomische Erwägungen bei der Wahl der Verwertungsart 54
C. Zusammenfassung 55

§ 4 Grundsätzliche Regelungsmodelle zur Abwicklung von Konzerninsolvenzen 57

A. Koordinierung der Insolvenzverfahren konzernverbundener Unternehmen 58
I. Kooperationsmaßnahmen 58

II. Verfahrensrechtliche Maßnahmen 61

1. Konzerngerichtsstand 61
2. Verwalterbestellung 63
3. Konzernleitungsmacht 65
4. Planverfahren 68

B. Konsolidierung der Haftungsmassen konzernverbundener Unternehmen 69

I. Auswirkungen der Haftungskonsolidierung in den Insolvenzverfahren 71

II. Mögliche Rechtfertigung einer Haftungskonsolidierung 71

1. Entsprechung von Konsolidierung und wirtschaftlichem Konzernbegriff 72
2. Der Konzern als Rechtseinheit 74
   a) Konzerneinheit gem. § 36 II 1 GWB 74
   b) Konzerneinheit gem. § 54 BetrVG 75
   c) Konzerneinheit gem. § 5 MitbestG 75
   d) Konzerneinheit gem. § 297 III 1 HGB 76
   e) Konzerneinheit im Steuerrecht 76
   f) Konzerneinheit bei der Rückforderung von Beihilfen auf europäischer Ebene 77
3. Haftungserweiterung in bestimmten Konzernkonstellationen 77
   a) Eingliederungskonzern (§ 322 AktG) 78
   b) Vertragskonzern (§ 302 AktG) 79
   c) Faktischer Konzern (§§ 311, 317 AktG) 79

III. Einwände gegen eine Konsolidierung 80

1. Dogmatische Bedenken 80
2. Verstoß gegen den Grundsatz der gleichmäßigen Gläubigerbefriedigung 82
3. Schwierigkeiten bei der sachgerechten Bemessung des Kreditrisikos 84
4. Förderung ökonomischer fragwürdiger Anreize 85
5. Sonstiges 86

C. Zusammenfassung 88

§ 5 Eignung der aktuellen Regelung zur Abwicklung von Konzerninsolvenzen 89
A. Rechtslage in Deutschland 89
I. Eignung der Regelungen für eine Kooperation 90
1. Kooperationsvorschriften auf Ebene der Insolvenzgerichte 90
2. Kooperationsvorschriften auf Ebene der Insolvenzverwalter 93
3. Kooperationsvorschriften auf Ebene der Gläubiger 94
II. Eignung der Regelungen für eine verfahrensrechtliche Koordination 97
1. Verfahrenskoordination auf Ebene des Gerichts 97
a) Örtliche Zuständigkeit nach § 3 InsO 98
aa) Mittelpunkt der selbständigen wirtschaftlichen Tätigkeit 98
bb) Mittelpunkt der selbständigen wirtschaftlichen Tätigkeit in Konzernkonstellationen 98
b) Möglichkeit der Verbindung oder Abgabe der Insolvenzverfahren 102
2. Verfahrenskoordination durch einen Konzerninsolvenzverwalter 103
a) Bestellung des Insolvenzverwalters nach § 56 InsO 103
aa) Geeignete, geschäftskundige und unabhängige natürliche Person 103
bb) Zuständigkeit des Insolvenzgerichts 107
b) Gläubigerbeteiligung bei der Verwalterbestellung 108
3. Verfahrenskoordination durch Aufrechterhaltung der Leitungsmacht 110
a) Eingegliederter Konzern 110
b) Vertragskonzern 111
aa) Insolvenz der herrschenden Gesellschaft 112
bb) Insolvenz der abhängigen Gesellschaft 115
c) Faktischer Konzern 117
d) Konzernleitungsmacht bei Anordnung der Eigenverwaltung 118
aa) Eröffnetes Verfahren 118
(1) Faktische Konzernkonstellationen 119

(2) Vertragliche Konzernkonstellationen ... 120
bb) Eröffnungsverfahren ... 122
4. Verfahrenskoordination durch Insolvenzpläne ... 123

B. Rechtslage in Europa ... 126
I. Grundlagen der EuInsVO ... 127
1. Ziele und Zwecke der EuInsVO ... 127
2. Grundlegende Funktionsweise der EuInsVO ... 128
a) Eröffnung eines universell wirkenden Hauptinsolvenzverfahrens ... 128
b) Eröffnung territorial begrenzter Sonderverfahren ... 129
c) Keine besonderen Regelungen für die Insolvenz von Konzernen ... 130
II. Eignung der Regelungen für eine Kooperation ... 131
1. Art. 31 ff. EuInsVO ... 131
a) Unmittelbare Anwendung von Art. 31 ff. EuInsVO ... 132
b) Keine analoge Anwendung der Art. 31 ff. EuInsVO wegen fehlender planwidriger Regelungslücke ... 134
2. European Communication and Cooperation Guidelines for Cross-border Insolvency ... 135
III. Eignung der Regelungen für eine verfahrensrechtliche Zusammenfassung ... 139
1. Internationale Zuständigkeit gem. Art. 3 EuInsVO ... 139
a) Mittelpunkt der hauptsächlichen Interessen ... 139
b) Mittelpunkt der hauptsächlichen Interessen in Konzernkonstellationen ... 140
2. Zusammenfassung ... 147

C. Zusammenfassung ... 147

§ 6 Eignung der Reformüberlegungen zur Abwicklung von Konzerninsolvenzen ... 151

A. Reformüberlegungen im nationalen Bereich ... 151
I. *UNCITRAL: Legislative Guide* on Insolvency Law: Part three: Treatments of enterprise groups in insolvency ... 152

1. Empfehlungen zur Stellung eines gemeinsamen Insolvenzantrags ... 153
a) Darstellung ... 153
b) Stellungnahme ... 153
2. Empfehlungen zur Koordination der Insolvenzverfahren konzernverbundener Unternehmen ... 154
a) Darstellung ... 154
b) Stellungnahme ... 155
3. Empfehlungen zur Finanzierung von Insolvenzverfahren ... 156
a) Darstellung ... 156
b) Stellungnahme ... 157
4. Empfehlungen zum Anfechtungsrecht in Konzernkonstellationen ... 157
a) Darstellung ... 157
b) Stellungnahme ... 158
5. Empfehlungen zur Konsolidierung der Vermögensmassen konzernverbundener Unternehmen ... 159
a) Darstellung ... 159
b) Stellungnahme ... 161
6. Empfehlungen zur Bestellung des Insolvenzverwalters ... 162
a) Darstellung ... 162
b) Stellungnahme ... 162
7. Empfehlungen zur Reorganisation von zwei oder mehreren Konzerngesellschaften ... 163
a) Darstellung ... 163
b) Stellungnahme ... 164
II. Diskussionsentwurf des Bundesministeriums der Justiz ... 164
1. Allgemeine Erwägungen zur Schaffung eines Konzerninsolvenzrechts ... 164
a) Zielsetzung und Notwendigkeit besonderer gesetzlicher Regelungen ... 165
b) Koordinierung anstatt Konsolidierung ... 166
c) Kombination verschiedener Koordinationsmaßnahmen ... 167
d) Stellungnahme ... 168

2. Wesentlicher Inhalt des Entwurfs und konkrete Änderungen der InsO 170
a) Möglichkeit zur Begründung eines Gruppen-Gerichtsstands 170
aa) Darstellung und Erläuterung der konkreten Änderung 170
bb) Stellungnahme 176
b) Möglichkeit zur Bestellung eines einheitlichen Insolvenzverwalters 183
aa) Darstellung und Erläuterung der konkreten Änderung 184
bb) Stellungnahme 186
c) Kooperationsvorschriften zwischen den Verfahrensorganen 189
aa) Darstellung und Erläuterung der konkreten Änderung 189
bb) Stellungnahme 193
d) Koordinationsverfahren 195
aa) Darstellung und Erläuterung der konkreten Änderung 195
bb) Stellungnahme 200
III. Gesetzentwurf der Bundesregierung 202
1. Regelungen zur Begründung eines Gruppen-Gerichtsstands 203
2. Regelung zur Bestellung eines einheitlichen Insolvenzverwalters 207
3. Regelungen zur Kooperation zwischen den Verfahrensorganen 207
4. Regelungen zum Koordinationsverfahren 208
5. Einbeziehung der Eigenverwaltung 210
B. Reformvorhaben im europäischen Bereich 211
I. *UNCITRAL*: *Legislative Guide* on Insolvency Law: Part three: Treatments of enterprise groups in insolvency 211
1. Kooperation der Insolvenzgerichte 212
2. Kooperation der Insolvenzverwalter 213
3. Einheitliche Verwalterbestellung 214
4. Grenzüberschreitende Insolvenzverwaltungsverträge 215
5. Stellungnahme 215

II. *INSOL Europe*: Revision of the European Insolvency Regulation 217
1. Einführung eines zusätzlichen Kapitels V: Die Insolvenz von Unternehmensgruppen ... 217
2. Einführung eines zusätzlichen Kapitels VI: Der europäische Sanierungsplan ... 220
3. Stellungnahme ... 223
III. Vorschlag für eine Verordnung des Europäischen Parlaments und des Rates zur Änderung der Verordnung (EG) Nr. 1346/2000 des Rates über Insolvenzverfahren ... 225
1. Allgemeine Erwägungen ... 226
2. Besondere Erwägungen zur Insolvenz von Mitgliedern einer Unternehmensgruppe ... 227
a) Anwendungsbereich der Art. 42a ff. EuInsVO-E ... 228
b) Pflicht zur Kooperation und Kommunikation unter Verwaltern ... 228
c) Kommunikation und Zusammenarbeit unter Gerichten ... 230
d) Kooperation und Kommunikation zwischen Verwaltern und Gerichten ... 231
e) Befugnisse der Verwalter und Aussetzung der Verfahren ... 232
3. Stellungnahme ... 235
IV. Einigung des Rates der Europäischen Union und des Europäischen Parlaments ... 237
1. Anwendungsbereich der Regelungen ... 238
2. Kapitel V: Abschnitt 1: Zusammenarbeit und Kommunikation ... 239
3. Kapitel V: Abschnitt 2: Koordinierung ... 242
a) Verfahren ... 242
b) Allgemeine Vorschriften ... 247
4. Stellungnahme ... 251
V. Standpunkt des Rates in erster Lesung ... 254
1. Abschnitt 1: Zusammenarbeit und Kommunikation ... 254
2. Abschnitt 2: Koordinierung ... 255
VI. Neufassung der Europäischen Insolvenzverordnung ... 256
C. Zusammenfassung ... 257

§ 7 **Vorschlag zur Abwicklung von Konzerninsolvenzen**.....259

A. Grundüberlegungen des Lösungsansatzes 259

I. Flexibilität und Effizienz 259

II. Gleichartigkeit auf nationaler und europäischer Ebene 260

1. Begriff der Unternehmensgruppe 261

2. Regelungsansätze zur Abwicklung von Konzerninsolvenzverfahren 262

B. Erwägungen im nationalen Recht 262

I. Verfahrensrechtliche Koordinationsmechanismen 262

1. Regelung der Zuständigkeitskonzentration 263

a) Darstellung des Lösungsvorschlags 263

b) Begründung des Lösungsvorschlags 264

2. Regelung der Verwalterkonzentration 265

a) Darstellung des Lösungsvorschlags 266

b) Begründung des Lösungsvorschlags 267

3. Koordinierte Insolvenzpläne 268

a) Darstellung des Lösungsvorschlags 268

b) Begründung des Lösungsvorschlags 269

II. Regelungen für eine verfahrensrechtliche Kooperation 271

C. Erwägungen zum europäischen Recht 273

I. Regelungen für eine verfahrensrechtliche Koordination 273

1. Regelung der Zuständigkeitskonzentration 273

a) Darstellung des Lösungsvorschlags 274

b) Begründung des Lösungsvorschlags 275

2. Weitergehende Verfahrenskoordination 276

II. Regelungen für eine verfahrensrechtliche Kooperation 277

§ 8 **Zusammenfassung** 279

Literaturverzeichnis 285

§ 1 Einführung

„Nationale, multinationale und supranationale Konzerne, Europa- und Weltkonzerne und zuletzt grenzenlose und virtuelle Konzerne bestimmen die Schlagzeilen in der Wirtschaftspresse und gehören im Zeichen der kaum mehr zitierfähigen „Globalisierung" vermutlich zu den hundert wichtigsten Wörtern des Vokabulars auf aktuellen Hauptversammlungen. Der mit so vielen Attributen versehene Konzern aber existiert weder in einer geschlossenen Theorie noch im Gesetz, er ist ein reales Phänomen, er beherrscht die Unternehmenspraxis, die längst zur Konzernpraxis mutiert ist."[1]

A. Einleitung

Konzerne respektive Unternehmensgruppen sind signifikante Erscheinungsformen der heutigen Volkswirtschaft und elementare Bestandteile unseres Wirtschaftslebens.[2] Nach einer Untersuchung des statistischen Bundesamtes waren die Unternehmensgruppen bereits im Jahre 2007 für 71 % der Umsätze aller deutschen Unternehmen verantwortlich und beschäftigten 53 % der sozialversicherungspflichtigen Arbeitnehmer in Deutschland.[3] Diese Zahlen zeigen einerseits das Ausmaß der gesamtwirtschaftlichen Bedeutung von Konzernunternehmen und deren herausragende Stellung in der Wirtschaftspraxis, andererseits jedoch auch die möglichen Gefahren, die mit der Krise von Konzerngesellschaften einhergehen können.

Der Zusammenbruch großer Traditionskonzerne wie *Bremer Vulkan, Flow Tex, Holzmann, Kirch-Media, Babcock Borsig, SinnLeffers, Arcandor/Quelle* oder *Praktiker* offenbarte eindrucksvoll die gesamtwirtschaftlichen Konsequenzen, die aus der Insolvenz großer konzernverbundener Unternehmen resultieren.[4] Aufgrund der konzernwirtschaftlichen Verflechtungen kann sich die Krise einer Konzerngesellschaft auf andere Gesellschaften dieser Unternehmensgruppe ausbreiten und zur Insolvenz mehrerer oder sämtlicher Konzerngesellschaften führen.[5] In dieser Situation stellt

---

1 S. Theisen, Der Konzern, S. 1.

2 Decher, in: MüHdb., GesR, Band 3, § 67 Rn. 1; Emmerich/Habersack, Konzernrecht, S. 3 ff.; Wiedemann, Unternehmensgruppe, S. 7; Rostegge, Konzerninsolvenz, S. 25; Brünkmans, Koordinierung, S. 17.

3 Zu dieser momentan aktuellsten Studie Kleber/Sturm/Tümmler, WiSta 2010, 527 (533).

4 Beck/Depré, in: Beck/Depré, Praxis der Insolvenz, Einleitung; Flöther, in: Hdb. Konzerninsolvenzrecht, § 1 Rn. 1.

5 Uhlenbruck, KTS 1986, 419 (422); Kübler, ZGR 1984, 560 (560 ff.); Brünkmans, Koordinierung, S 19 f.; Deyda, Der Konzern, S. 20; Ehricke, in: Kölner Schrift zur Insolvenzordnung, Kapitel 32 Rn. 2; Liebscher, GmbH-Konzernrecht, Rn. 1023 f.; Schelo, NZI 2005, V (V). In diesem Zusammenhang wird in der Literatur häufig von einem „Dominoeffekt" gesprochen z.B.: Rhein, in: Bek`sches Holding Hdb., Rn. 429.

sich folgende Frage: Bedarf es besonderer Mechanismen zur insolvenzrechtlichen Behandlung konzernverbundener Unternehmen?

Die Diskussion über die Notwendigkeit eines Konzerninsolvenzrechts ist keineswegs neu.[6] Die aktuelle Thematik resultiert vielmehr daraus, dass die langjährigen Diskussionen sowohl auf nationaler als auch auf europäischer Ebene Wirkungen zeigen und es künftig sowohl im Rahmen der InsO als im Rahmen der EuInsVO besondere Regelungen zur Insolvenz von Unternehmensgruppen geben wird.[7] Im nationalen Bereich wurde mit dem Diskussionsentwurf eines Gesetzes zur Erleichterung der Bewältigung von Konzerninsolvenzen die dritte Stufe der geplanten Reform des Insolvenzrechts eingeläutet und es wurden Regelungsmechanismen zur insolvenzrechtlichen Behandlung konzernverbundener Unternehmen vorgestellt.[8] Darüber hinaus beschäftigt sich auch die Europäische Kommission in ihrem Bericht über die Anwendung der EuInsVO mit dem Thema der Konzerninsolvenz, sodass auch auf europäischer Ebene Ende des Jahres 2012 der Startschuss für die Schaffung einer entsprechenden gesetzlichen Grundlage fiel.[9]

Im Rahmen der nationalen und europäischen Reformprozesse spielen auch die Überlegungen von *UNCITRAL* und *Insol Europe* eine besondere Rolle. Bei *UNCITRAL* handelt es sich um die Kommission der Vereinten Nationen für internationales Handelsrecht, welche die ambitionierte Aufgabe verfolgt, das weltweite Handelsrecht zu vereinheitlichen und in ihrem Part three zum *Legislative Guide on Insolvency Law* Empfehlungen für die nationalen Rechtsordnungen zur Regelung des Konzerninsolvenzrechts zusammengestellt hat.[10] *Insol Europe,* eine Vereinigung von Insolvenzpraktikern, beschäftigt sich mit wichtigen Fragen des europäischen Insolvenzrechts und hat entsprechende Vorschläge zur Regelung des Konzerninsolvenzrechts auf europäischer Ebene erarbeitet.[11] Die Bedeutung dieser Vorschläge, die in ihren Überlegungen nicht nur nationale, sondern vor allem europäische oder internationale Gesichtspunkte mit einbeziehen, erschließt sich insbesondere, wenn

---

6 Schmidt, KTS 2010, 1 (2), wonach das Thema der Konzerninsolvenz sowohl auf der ZGR Tagung von 1984 als auch auf der ZGR Tagung von 2010 auf dem Programm stand; Paulus, DB 2008, 2523 (2523), nach welchem die Aufarbeitung der Thematik wegen der vermeintlich oder auch tatsächlichen Komplexität immer wieder auf den „Sankt-Nimmerleins-Tag" verschoben wurde.

7 Zu einer Darstellung der Rechtslage in Amerika, Frankreich, Italien, Neuseeland und Argentinien vgl. Bezelgues, Konzerninsolvenzen, S. 9 ff.

8 Leutheusser-Schnarrenberger, Rede Insolvenzrechtstag 2012, BMJ, DiskE Konzerninsolvenz.

9 Europäische Kommission, Reformvorschlag EuInsVO; Rechtsausschuss Europäisches Parlament, Entwurf eines Berichts mit Empfehlungen an die Kommission zu Insolvenzverfahren im Rahmen des EU-Gesellschaftsrechts vom 12.12.2012, Teil 3, S. 9 ff.

10 Uncitral, Legislative Guide, Part three: Treatment of enterprise groups, abrufbar unter: http://www.uncitral.org/pdf/english/texts/insolven/pre-leg-guide-part-three.pdf.

11 Insol Europe, Revision EIR, S. 91 ff.

man betrachtet, dass Konzernunternehmen oft länderübergreifend tätig sind und die Insolvenzverfahren von Konzernunternehmen daher häufig einen grenzüberscheitenden Bezug aufweisen.

Diese Arbeit verfolgt die vorrangige Aufgabe, die Reformen zur Insolvenz von Konzernunternehmen auf nationaler und europäischer Ebene zu untersuchen und die ersten Schritte auf dem Weg zur Kodifikation eines Konzerninsolvenzrechts vorzustellen. Zum Abschluss wird ein flexibles Regelungsmodell dargestellt, welches die komplexen Zusammenhänge von Konzernunternehmen und die diversen Erscheinungsformen derselben berücksichtigt und zur sachgerechten Abwicklung der Insolvenzverfahren konzernverbundener Unternehmen beitragen könnte.

B. Grundsätzliche Problemstellungen

Prima facie erscheint es erstaunlich, dass das Thema der Konzerninsolvenz bereits seit mehr als einem Vierteljahrhundert im Interesse der Wissenschaft und Praxis steht, aber erst jetzt der Weg zu einer gesetzlichen Regelung geebnet wird.[12] Wieso die Umsetzung von spezifischen konzerninsolvenzrechtlichen Regelungen einen so steinigen und beschwerlichen Weg vor sich hatte, lässt sich mit einem Blick auf die grundsätzlichen Problemstellungen dieser Thematik beantworten. Deren Darstellung offenbart die Schwierigkeiten, die mit der Kodifikation eines Konzerninsolvenzrechts verbunden sind und verfolgt neben der Einführung in die Thematik die vorrangige Aufgabe, das mit der Konzerninsolvenz zusammenhängende Problembewusstsein zu schärfen.

I. Differierendes Konzernverständnis in Betriebswirtschaft und Rechtswissenschaft

Die zentrale Problematik des Konzerninsolvenzrechts basiert auf einem unterschiedlichen Konzernverständnis in Betriebswirtschaft und Rechtswissenschaft. Die Betriebswirtschaft sieht in dem Konzern eine wirtschaftliche Einheit und betrachtet die einzelnen Konzerngesellschaften lediglich als Teilelemente dieses Wirtschaftssubjekts.[13] Demgegenüber stellt die Rechtswissenschaft – mangels Rechtsfähigkeit des Konzerns – die einzelnen rechtlich selbständigen Konzerngesellschaften in den Mittelpunkt ihrer Betrachtungen.[14] Die differierenden Konzernverständnisse werden vor allem in der Insolvenz einer oder mehrerer Konzerngesellschaften deutlich. Da der Konzern als solcher nicht rechtsfähig ist, kann er gem. § 11 InsO nicht Gegenstand eines Insolvenzverfahrens sein. Vielmehr ist über das Vermögen jeder

12 Zu den damaligen Diskussionen vgl. Kübler, ZGR 1984, 560 (560 ff.); Schmidt, ZGR 1983, 513 (513 ff.); Albach, ZfB 1984, 773 (773 ff.); Lutter, ZfB 1984, 773 (773 ff.); Mertens, ZGR 1984, 542 (542 ff.); Uhlenbruck, KTS 1986, 419 (419 ff.).

13 Lutter, in: FS K. Schmidt 2009, 1065 (1067); Paulus, in: FS Kreft 2004, 469 (471); Pellens, ZGR 2009, 231 (233 f.); Becker, Kooperationspflichten, S. 18 f.

14 Albach, ZfB 1984, 773 (773), Lutter, ZfB 1984, 781 (781), Theisen, Der Konzern, S. 21; Mellewigt, Konzernorganisation , S. 13.

einzelnen rechtsfähigen Konzerngesellschaft ein eigenständiges Insolvenzverfahren zu eröffnen.[15] Demnach kommt der auf dem rechtlichen Konzernverständnis beruhende Grundsatz „eine Person, ein Vermögen, eine Insolvenz"[16] zum Tragen und führt unabhängig von den wirtschaftlichen und finanziellen Verflechtungen der Konzerngesellschaften zur Auflösung des Konzernverbundes. Die Erarbeitung einer sachgerechten Lösung erfordert somit sowohl die Erfassung der rechtlichen als auch der wirtschaftlichen Konzernaspekte und setzt einen sachgerechten Ausgleich der verschiedenen Konzernverständnisse voraus.

II. Schnittstelle zwischen Gesellschafts- und Insolvenzrecht

Die Insolvenz von Konzernen steht jedoch nicht nur im Spannungsfeld zwischen Betriebswirtschaft und Rechtswissenschaft, sondern stellt auch innerhalb letzterer eine Schnittstelle zwischen Insolvenz- und Gesellschaftsrecht dar. Obwohl sich diese Rechtsgebiete in den letzten Jahren angenähert haben und die wechselseitige Bedeutung erkannt wurde,[17] zeigt die Thematik der Konzerninsolvenz, dass sich dieser Prozess nach wie vor in der Entwicklung befindet und die Überschneidung und Abgrenzung von Gesellschafts- und Insolvenzrecht rechtliche Problemstellungen hervorrufen. So stellt sich beispielsweise die Frage, welche Auswirkungen die Insolvenz einer Konzerngesellschaft auf die Konzerngesamtstruktur und die konzernrechtliche Leitungsmacht hat. Daneben können Schwierigkeiten bei der Ermittlung der Aufgabenbereiche von Geschäftsführer und Insolvenzverwalter entstehen, deren Ursache in der Abgrenzung von gesellschaftsrechtlichen und insolvenzrechtlichen Befugnissen zu sehen ist. Schließlich stellt sich die Frage, ob bei Anordnung der Eigenverwaltung das Leitungsorgan der jeweiligen Konzerngesellschaft die Geschäftsführung dieser Gesellschaft unabhängig vom Konzernverbund wahrnimmt oder den konzernrechtlichen Weisungsbefugnissen der herrschenden Gesellschaft unterliegt. Diese keineswegs abschließend aufgeführten Problemstellungen zeigen den systematischen Zusammenhang zwischen diesen Rechtsgebieten und das für die zu behandelnde Thematik erforderliche Verständnis der ineinander übergreifenden Rechtsmaterien.

---

15 Eidenmüller, ZHR 169 (2005), 528 (529); ders., ZZP 114 (2001), 3 (3 f.); Bous, Konzernleitungsmacht, S. 3 f.; Brünkmans, Koordinierung, S. 19; Graeber, NZI 2007, 265 (265); Liebscher, GmbH-Konzernrecht, Rn. 1023 f.; Specovius/Kuske, in: Gottwald, InsHdb., § 95 Rn. 2 f. In diesem Zusammenhang wird oft von „wirtschaftlicher Einheit und rechtlicher Vielheit" gesprochen.

16 Hirte, in: Uhlenbruck, InsO, § 11 Rn. 394. Daneben existieren ähnliche Formulierung mit inhaltlich gleicher Bedeutung z.B.: Paulus, ZIP 2005, 1948 (1948): „eine Gesellschaft, eine Insolvenz, ein Verfahren"; ders., in: FS Kreft 2004, 469 (471): „eine Person, ein Vermögen, eine Insolvenz"; ders., NZG 2006, 609 (612): „ein Unternehmen, eine Insolvenz, ein Verfahren"; Vallender/Deyda, NZI 2009, 825 (826): „eine Person, ein Vermögen, ein Verfahren".

17 Schmidt, KTS 2010, 1 (3 f.); Paulus, DB 2008, 2523 (2523 ff.).

III. Vielfalt konzernrechtlicher Erscheinungsformen

Des Weiteren dürfte auch die Vielfalt der Konzernkonstellationen ein wesentliches Hindernis auf dem Weg zu einem Konzerninsolvenzrecht gewesen sein. Obwohl zu einem späteren Zeitpunkt noch profunder auf die konzernrechtlichen Erscheinungsformen eingegangen wird,[18] kann schon jetzt festgestellt werden, dass die Konzernrealität so vielschichtig ist, dass die einheitliche Regelung dieser Materie den Gesetzgeber vor erhebliche Schwierigkeiten stellt.[19] Die Verbindungsstruktur von Konzernen ist stets vom jeweiligen Einzelfall abhängig und reicht von einfachen bis hin zu hochkomplexen Konzernverhältnissen.[20] Die konzerninsolvenzrechtlichen Regelungen müssen somit die Vielfalt der konzernrechtlichen Erscheinungsformen berücksichtigen und effiziente Regelungen für alle Arten von Konzernverbindungen zur Verfügung stellen.

IV. Grenzüberschreitende Insolvenzverfahren von Konzernen

Schließlich spielt auch die oftmals internationale Ausrichtung von Konzernunternehmen bei der Entwicklung konzerninsolvenzrechtlicher Regelungen eine entscheidende Rolle.[21] Die zunehmende internationale Tätigkeit von Konzernen führt zu einer vermehrten Zahl grenzüberschreitender Insolvenzverfahren und erfordert daher eine über den nationalen Bereich hinausgehende Betrachtung und Regelung der Thematik.[22] Die Entwicklung aufeinander abgestimmter Regelungsmechanismen erweist sich jedoch aufgrund der teilweise gravierenden Unterschiede in den nationalen Insolvenzstatuten als äußerst anspruchsvolle Aufgabe. Dabei genügt bereits ein Blick auf die mit dem Insolvenzverfahren verbundenen Ziele der nationalen Rechtsordnungen. Während beispielsweise das deutsche Insolvenzrecht gem. § 1 InsO vorrangig auf dem Ziel einer gemeinschaftlichen Gläubigerbefriedigung beruht, verfolgt das französische Insolvenzgesetz gem. Art. 1 primär das Ziel, Unternehmen und Arbeitsplätze zu erhalten.[23] Darüber hinaus ist zu beachten, dass weder

---

18 § 2 B. II.

19 Leutheusser-Schnarrenberger, Rede Insolvenzrechtstag 2012 im Hinblick auf eine nationale Lösung, abrufbar unter: http://www.bmj.de/SharedDocs/Reden/DE/2012/2012032 2_9_Insolvenzrechtstag.html; BMJ, DiskE Konzerninsolvenz, S. 14; Bedkowski, ZGR 2010, 295 (295) im Hinblick auf eine internationale Lösung; Schmidt, KTS 2010, 1 (6); ders., in: FS Ganter, 351 (352); Theisen, Der Konzern, S. 2 ff.

20 Uncitral, Legislative Guide, Part three, S. 6 f.

21 Hirte, ECFR 2008, 213 (214 ff.); Hortig, Kooperation, S. 21; Vormstein, Zuständigkeit, S. 1; Westpfahl, in: FS Görg 2010, 569 (569); Pannen, ZInsO 2014, 222 (222).

22 Hirte, EFCR 2008, 213 (214 f.); zu den Ursachen für Angleichungstendenzen Lüke, ZZP 111 (1998), 275 (275).

23 Rivinius, Konzernkonkurs, S. 19. Auch die EuInsVO ging nach Erwägungsgrund 11 von der Tatsache aus, dass aufgrund der großen Unterschiede im materiellen Recht ein einziges Insolvenzverfahren mit universaler Geltung für die gesamte Gemeinschaft nicht realisierbar sei.

auf europäischer noch auf internationaler Ebene eine einheitliche Konzerndefinition existiert und die nationalen Konzernrechte und Konzernrechtsverhältnisse sehr unterschiedlich ausgestaltet sind.[24] Wie die Erfahrungen aus der Vergangenheit zeigen, hat diese internationale Komponente dazu beigetragen, dass von einer grenzüberschreitenden Lösung dieser Thematik Abstand genommen beziehungsweise deren Umsetzung als nicht möglich angesehen wurde. So wurde das Thema der Konzerninsolvenz nicht nur bei der Entstehung der EuInsVO bewusst ausgeklammert,[25] sondern aufgrund der Schwierigkeit und Komplexität auch bei den Arbeiten der *UNCITRAL* zum *Model Law* und *Legislative Guide* zunächst nicht behandelt.[26]

C. Abgrenzung des Untersuchungsgegenstandes und Gang der Untersuchung

Die folgenden Ausführungen beschränken sich im Wesentlichen auf Unterordnungskonzerne unter Beteiligung von Kapitalgesellschaften in der Rechtsform von Aktiengesellschaften und Gesellschaften mit beschränkter Haftung.[27] Die Begrenzung des Untersuchungsgegenstandes resultiert aus der wirtschaftlichen Bedeutung dieser konzernrechtlichen Erscheinungsform und versucht die mit diesem Themenkomplex zusammenhängenden rechtlichen Fragen in einem vernünftigen Rahmen zu halten. Trotz dieser Einschränkung ist festzustellen, dass die Vorschriften zum Konzerninsolvenzrecht unabhängig von der jeweiligen Organisation der Konzerngesellschaften ausgestaltet werden sollten und das im letzten Teil dieser Arbeit vorgestellte Konzept grundsätzlich auf alle Organisationsformen von Konzerngesellschaften Anwendung finden kann. Zudem behandelt die folgende Arbeit lediglich die aktuelle Rechtslage und Reformprozesse auf nationaler und europäischer Ebene. Auch diese Einschränkung scheint im Hinblick auf die praxisorientierte Entwicklung dieses Themengebiets gerechtfertigt, da eine gesetzliche Regelung des Konzerninsolvenzrechts in einem einheitlichen Regelungswerk in naher Zukunft nur im nationalen und europäischen Bereich zu erwarten ist.[28]

24 Bedkowski, ZGR 2010, 295 (295 f.).

25 Virgos/Schmit, Erläuternder Bericht, Nr. 76; Haß/Herweg, in: Haß/Huber/Gruber/Heiderhoff, EuInsVO, Art. 3 Rn. 55.

26 Uncitral, Legislative Guide, Part three, S. 6 f.; Holzer, ZIP 2011, 1894 (1895).

27 Achtzehntes Hauptgutachten der Monopolkommission gem. § 44 I S. 1 GWB 2008/2009, S. 93 ff. Demnach ist die Mehrzahl der Unternehmen im Kreis der „100 Größten" in der Rechtsform der AG organisiert. Mit deutlichem Abstand dahinter kommen Konzerngesellschaften in der Rechtsform der GmbH; Mellewigt, Konzernorganisation, S. 2, wonach 75 % der deutschen Aktiengesellschaften und ca. 50 % der Gesellschaften mit beschränkter Haftung konzernverbunden sind.

28 Diese Annahme beruht darauf, dass in Europa mit der EuInsVO bereits ein einheitliches insolvenzrechtliches Regelungswerk besteht, in welches entsprechende Vorschriften bzgl. der Insolvenz von Konzernen aufgenommen werden könnten. Dagegen ist das autonome internationale Insolvenzrecht nicht in einem einheitlichen

Was den Gang der anstehenden Untersuchung betrifft, sind zunächst die wirtschaftlichen und rechtlichen Konzerngrundlagen darzustellen (§ 2), deren Verständnis und Zusammenhänge den Ausgangspunkt der weiteren Untersuchung bilden. Im Anschluss wird auf die Gründe für die Schaffung von besonderen Mechanismen zur Abwicklung von Konzerninsolvenzen eingegangen (§ 3). Hier wird insbesondere die Frage aufgeworfen, ob es überhaupt besonderer Regelungsmechanismen zur Abwicklung von Konzerninsolvenzen bedarf. Nach Beantwortung dieser für den weiteren Verlauf der Untersuchung wesentlichen Fragestellung werden die grundsätzlich in Betracht kommenden Regelungsmodelle zur Abwicklung von Konzerninsolvenzen aufgezeigt (§ 4). Deren Darstellung ermöglicht es, die aktuell bestehenden gesetzlichen Regelungen auf nationaler und europäischer Ebene einer entsprechenden Geeignetheitsprüfung zu unterziehen (§ 5). In diesem Teil ist insbesondere zu untersuchen, ob eventuell bereits die bislang geltenden Regelungen entsprechende Möglichkeiten und Ansatzpunkte zur Abwicklung von Konzerninsolvenzen zur Verfügung stellen. Nachfolgend werden die nationalen und europäischen Reformen zur Regelung des Konzerninsolvenzrechts vorgestellt, untersucht und bewertet (§ 6). Die folgenden Ausführungen zeigen sodann unter Berücksichtigung der Untersuchungsergebnisse der Reformüberlegungen ein flexibles Regelungssystem zur insolvenzrechtlichen Behandlung von Konzernunternehmen auf nationaler und europäischer Ebene auf (§ 7). Die Arbeit schließt mit einer Zusammenfassung und einem Ausblick (§ 8).

Regelungswerk geregelt, so dass entsprechende Vorschriften in die Insolvenzordnungen der jeweiligen Länder integriert werden müssten.

§ 2 Wirtschaftliche und rechtliche Grundlagen des Konzerns

„Wirtschaftliche Einheit und rechtliche Vielheilt"[29]

Der Konzern steht sowohl im Blickpunkt der Wirtschaftswissenschaften als auch der Rechtswissenschaften.[30] Das rechtliche Interesse ist zunächst damit zu begründen, dass das Recht der verbundenen Unternehmen durch die Reform des Aktiengesetzes im Jahre 1965 eine gesetzliche Kodifizierung erfahren hat und dadurch den rechtlichen Gestaltungsspielraum für die wirtschaftliche Entwicklung der Konzernrealität statuiert. Im Mittelpunkt der rechtlichen Betrachtung stehen insbesondere die Fragen nach der Zulässigkeit und den gesellschaftsrechtlichen Voraussetzungen für das Entstehen von Unternehmenszusammenschlüssen. Darüber hinaus regelt das Recht der verbundenen Unternehmen, welche Auswirkungen die Unternehmensverbindung auf die Organisationsstrukturen der beteiligten Gesellschaften hat und begrenzt die potentiellen Gefahren, die aus der Bildung von Unternehmenszusammenschlüssen resultieren.[31] Die Thematik der verbundenen Unternehmen ist jedoch nicht nur von rechtlichen Gestaltungsfaktoren abhängig, sondern steht auch stets in engem Zusammenhang mit betriebswirtschaftlichen Überlegungen. Diese setzen sich insbesondere mit den ökonomischen Zielsetzungen der Konzernbildung und den unterschiedlichen betriebswirtschaftlichen Gestaltungsmöglichkeiten der Konzernorganisationsform auseinander. Die wirtschaftliche Konzernbetrachtung beruht auf dem zentralen Gedanken, dass die Konzernbildung nur dann ökonomisch gerechtfertigt sei, wenn der Verbundwert der zusammengeschlossenen Unternehmen höher ist als der Wert der Summe der Einzelunternehmen.[32] Das interdisziplinäre Konzernverständnis ist Ausgangspunkt der zu behandelnden Materie und Grundvoraussetzung für die nachfolgende Untersuchung. Dies ist dadurch bedingt, dass das Insolvenzrecht einerseits an das rechtliche Konzernverständnis anknüpft, andererseits jedoch im Hinblick auf eine optimale Gläubigerbefriedigung wirtschaftlichen Zielvorstellungen unterliegt. Im Folgenden werden daher zunächst die für die weitere Arbeit erforderlichen rechtlichen (A.) und wirtschaftlichen (B.) Grundlagen des Konzerns dargestellt, bevor die wesentlichen Ergebnisse dieses Abschnitts zusammengefasst werden (C.).

---

29 S. Kroppensteiner, in: KöKo, AktG, Band 1, § 18 Rn. 17.

30 Emmerich/Habersack, Konzernrecht, S. 54; Emmerich, in: Emmerich/Habersack; Aktien- und GmbH-Konzernrecht, § 18 Rn. 5; Zum Stand der Schwerpunkte in der deutschen Konzernforschung, Hoffmann, Konzernhandbuch, S. 68 ff.; Theisen, in: Albach, Konzernmanagement, S. 33 ff.

31 Habersack, in: Emmerich/Habersack; Aktien- und GmbH- Konzernrecht, Einleitung, Rn. 1.

32 Hoffmann, Konzernhandbuch, Vorwort, S. V.

A. Der Konzern aus rechtlicher Sicht

Die Ausführungen beginnen zunächst mit den rechtlichen Grundlagen, welche die gesetzlichen Rahmenbedingungen für das wirtschaftliche Handeln vorgeben.[33] Auf der Suche nach den gesetzlichen Regelungen zu Unternehmenszusammenschlüssen fallen zwei Besonderheiten auf. Erstens scheinen die wenigen gesetzlichen Regelungen der praktischen und wirtschaftlichen Bedeutung von verbundenen Unternehmen nicht gerecht zu werden. Zweitens erstaunt es, dass sich entsprechende Rechtsvorschriften nur im Aktiengesetz befinden, obwohl hierzulande eine Vielzahl von Gesellschaften, unabhängig der jeweiligen Organisationsform, an Unternehmensverbindungen beteiligt ist. Die Ursachen dafür sind in der Entwicklung des deutschen Konzernrechts zu sehen. Aufgrund der Tatsache, dass das deutsche Recht kein einheitlich geregeltes Konzernrecht für alle Rechtsformen kennt, setzt sich das maßgebliche Regelungsinstitut aus den im AktG kodifizierten konzernrechtlichen Vorschriften und dem durch die Rechtsfortbildung entstandenen Richterrecht zusammen.[34] Zum besseren Verständnis geben die folgenden Ausführungen somit zunächst einen allgemeinen systematischen Überblick über das gesetzliche Regelungssystem und die in Zusammenhang mit Unternehmenszusammenschlüssen stehenden relevanten Vorschriften. Da der Konzern lediglich eine Form von möglichen Unternehmensverbindungen ist, erfolgt zunächst eine allgemeine Übersicht über das Recht der verbundenen Unternehmen (I.), bevor auf das Recht der Konzerne im engeren Sinne eingegangen wird (II.).

I. Überblick über das Recht verbundener Unternehmen

Das Recht der verbundenen Unternehmen lässt sich in einen allgemeinen und einen besonderen Teil untergliedern.[35] Der allgemeine Teil ist in den §§ 15–22 AktG geregelt. Während die §§ 15–19 AktG bestimmte Begriffsbestimmungen zum Gegenstand haben, regeln die §§ 20–22 AktG besondere Mitteilungspflichten für Aktien- und Kapitalgesellschaften, welche die Offenlegung unternehmerischer Verflechtungen zum Ziel haben.[36] Ausgangspunkt dieses allgemeinen Regelungskomplexes ist die Legaldefinition des verbundenen Unternehmens in § 15 AktG. Demnach sind verbundene Unternehmen rechtlich selbständige Unternehmen, die im Verhältnis zueinander in Mehrheitsbesitz stehende Unternehmen und mit Mehrheit beteiligte Unternehmen (§ 16), abhängige und herrschende Unternehmen (§ 17), Konzernunternehmen (§ 18), wechselseitig beteiligte Unternehmen (§ 19) oder Vertragsteile eines Unternehmensvertrages (§§ 291, 292) sind. Die gesetzliche Regelung macht zunächst

33 Hoffmann, Konzernhandbuch, S. 5; in diesem Sinne auch: Windbichler, in: Albach, Konzernmanagement, S. 67.
34 Hoffmann, Konzernhandbuch, S. 25.
35 Emmerich, in: Emmerich/Habersack, Aktien –und GmbH-Konzernrecht, § 15 Rn. 1; Schall, in: Spindler/Stilz, AktG, Band 1, Vorb. §§ 15 ff. Rn. 7.
36 Begründung Regierungsentwurf, Kropff, S. 38.

deutlich, dass es sich bei verbundenen Unternehmen stets um rechtlich selbständige Unternehmen handelt, die verschiedenen Rechtsträgern zugeordnet sind. Zudem stellt die Legaldefinition abschließend und unter Verweis auf die entsprechenden Vorschriften alle Formen zulässiger Unternehmensverbindungen dar. Der Terminus des verbundenen Unternehmens ist somit ein gemeinsamer Oberbegriff für alle im Aktiengesetz kodifizierten Unternehmensverbindungen.[37] Der allgemeine Charakter des Regelungskomplexes zeigt sich insbesondere darin, dass die §§ 15–18 AktG unabhängig von der Organisationsform der Unternehmen ausgestaltet sind und die gesetzlichen Regelungen somit gleichermaßen für alle rechtlich selbständigen Unternehmen, gleich welcher Rechtsform, Anwendung finden.[38]

Weitere gesetzliche Regelungen zu Unternehmensverbindungen befinden sich im dritten Buch des AktG unter dem Titel: *Verbundene Unternehmen*. Diese als besonderer Teil des Rechts der verbundenen Unternehmen bezeichneten Vorschriften lassen sich wie folgt systematisieren:

Neben allgemeinen Vorschriften zu Unternehmensverträgen (§§ 291–299 AktG) enthalten diese Normen Regelungen über Vertragskonzerne (§§ 300–310), faktische Konzernverhältnisse (§§ 311–318) und Eingliederungen (§§ 319–327). Der besondere Charakter dieses Regelungskomplexes tritt dadurch hervor, dass sich die Normen der §§ 291 ff. AktG nach der gesetzlichen Ausgestaltung nur auf abhängige Aktiengesellschaften und KGaA im Inland beziehen. Neben der Organisation der Konzernverhältnisse liegt das zentrale Ziel des Aktienkonzernrechts insbesondere darin, den Risiken entgegenzuwirken, die mit der Begründung von Konzernverhältnissen einhergehen.[39]

II. Überblick über das Recht der Konzerne im engeren Sinne

Da im Mittelpunkt der vorliegenden Untersuchung nicht die Insolvenz von verbundenen, sondern von konzernverbundenen Unternehmen steht, erfolgt nun ein Überblick über das Recht der Konzerne im engeren Sinne. Die Begriffe „verbundene Unternehmen“ und „Konzernunternehmen“ stehen zwar im Verhältnis zueinander, unterscheiden sich jedoch in ihrer Bedeutung und gesetzlichen Ausgestaltung und können daher im juristischen Sprachgebrauch nicht als Synonyme verwendet werden. Die terminologische Bedeutung ist insoweit unterschiedlich, als es sich bei Konzernunternehmen lediglich um eine der in § 15 AktG enumerativ aufgezählten

37 Hirschmann, in: Hölters, AktG, § 15 Rn. 1; Emmerich, in: Emmerich/Habersack, Aktien- und GmbH-Konzernrecht, § 15 Rn. 4; Koch, in: Hüffer/Koch, AktG, § 15 Rn. 1; Bayer, in: MüKo, AktG, Band 1, § 15 Rn. 4. z.B.: § 51 a II 1 GmbHG, § 36 II 1 GWB.

38 Emmerich, in: Emmerich/Habersack, Aktien- und GmbH-Konzernrecht, § 15 Rn. 5; Maier, in: Henssler/Strohn, GesR, AktG, § 15 Rn. 1; Hirschmann, in: Hölters, AktG, § 15 Rn. 1; Koch, in: Hüffer/Koch, AktG, § 15 Rn. 6.

39 Hoffmann, Konzernhandbuch, S. 35; Altmeppen, in: MüKo, AktG, Band 5, Drittes Buch, Einleitung Rn. 3; Paschos, in: Henssler/Strohn, GesR, AktG, § 291 Rn. 2; Koch, in: Hüffer/Koch, AktG, § 15 Rn. 3.

Formen zulässiger Unternehmensverbindungen handelt. Konzernunternehmen sind somit stets verbundene Unternehmen im Sinne des § 15 AktG, während es sich bei verbundenen Unternehmen nicht zwingend um Konzernunternehmen handelt. Der Konzern als Unterfall der verbundenen Unternehmen grenzt sich von den anderen Unternehmensverbindungen dadurch ab, dass sämtliche Unternehmen unter einheitlicher Leitung stehen.

1. *Rechtswissenschaftlicher Konzernbegriff*

Ausgangspunkt des rechtswissenschaftlichen Konzernbegriffs ist die gesetzliche Regelung in § 18 AktG. Diese definiert in § 18 I AktG den Unterordnungskonzern und in § 18 II AktG den Gleichordnungskonzern. Voraussetzung beider konzernrechtlicher Erscheinungsformen ist die Zusammenfassung mehrerer selbständiger Unternehmen unter einheitlicher Leitung.[40]

Das Erfordernis der rechtlichen Selbständigkeit ist maßgebliches Charakteristikum aller Unternehmensverbindungen und auch zentrale Grundlage des rechtlichen Konzernverständnisses. Während dieses Erfordernis für den Gleichordnungskonzern direkt der gesetzlichen Regelung des § 18 II AktG zu entnehmen ist, ergibt es sich für den Unterordnungskonzern daraus, dass es sich bei den an dieser Konzernkonstellation beteiligten abhängigen Unternehmen nach der gesetzlichen Regelung des § 17 I AktG stets um rechtlich selbständige Unternehmen handelt.[41] Die rechtliche Selbständigkeit der Konzernunternehmen ist somit Ausgangspunkt aller Konzernkonstellationen und Basis des rechtswissenschaftlichen Konzernbegriffs. Obwohl die Zusammenfassung der Konzernunternehmen laut der gesetzlichen Regelung in § 18 AktG als Konzern bezeichnet wird, besitzt dieses entstandene Gebilde keine eigene Rechtsfähigkeit. Die Rechte und Pflichten treffen aufgrund der gesetzlichen Ausgestaltung daher nicht den Konzern, sondern die jeweiligen rechtlich selbständigen Konzerngesellschaften. Dies hat zur Folge, dass nicht der Konzern, sondern die einzelnen Konzernunternehmen im Mittelpunkt der rechtlichen Betrachtung stehen.[42]

Zudem müssen sowohl der Unterordnungs- als auch der Gleichordnungskonzern nach dem Gesetzeswortlaut des § 18 AktG unter einheitlicher Leitung stehen. Da

---

40 Dem Merkmal der Zusammenfassung der Unternehmen kommt nach herrschender Meinung keine eigenständige Bedeutung zu, da es eine einheitliche Leitung ohne Zusammenfassung nicht geben kann vgl. Koch, in: Hüffer/Koch, AktG, § 18 Rn. 7; Bayer, in: MüKo, AktG, Band 1, § 18 Rn. 27; Kroppensteiner, in: KöKo, AktG, Band 1, § 18 Rn. 4; a. A.: Emmerich, in: Emmerich/Habersack, Aktien- und GmbH Konzernrecht, § 18 Rn. 15.

41 Koch, in: Hüffer/Koch, AktG, § 18 Rn. 6; Emmerich, in: Emmerich/Habersack, Aktien- und GmbH-Konzernrecht, § 18 Rn. 6; Kroppensteiner, in: KöKo, AktG Band 1, § 18 Rn. 5; Krieger, in: Münchener Handbuch zum AktG, Band 1, § 68 Rn. 67.

42 Schall, in: Spindler/Stilz, AktG, Band 1, Vorb. §§ 15 ff. Rn. 7; Emmerich, in: Emmerich/Habersack, Aktien- und GmbH-Konzernrecht, § 18 Rn. 6.

die gesetzliche Vorschrift jedoch keine Beschreibung dieses Begriffs enthält, bestehen hinsichtlich Bedeutung und Auslegung dieses Merkmals unterschiedliche Auffassungen in der Literatur. Der *enge Konzernbegriff* steht in Zusammenhang mit dem wirtschaftlichen Konzernverständnis und betrachtet den Konzern als wirtschaftliche Einheit. Die Vertreter dieser Auffassung sehen das Merkmal der einheitlichen Leitung und somit den Konzerntatbestand nur dann als erfüllt an, wenn die Konzernspitze die Leitungsfunktion in fast allen wesentlichen unternehmerischen Bereichen wahrnimmt.[43] Dagegen ist nach dem herrschenden *weiten Konzernbegriff* bereits ausreichend, wenn die einheitliche Leitung zumindest in einem der wesentlichen unternehmerischen Bereiche wahrgenommen und ohne Rücksicht auf die rechtliche Selbständigkeit durchgesetzt wird.[44] Die Auswirkungen der unterschiedlichen Auffassungen sind jedoch geringer, als dies auf den ersten Blick erscheinen mag. Dies beruht zunächst darauf, dass verschiedene Rechtsfolgen nicht erst auf den Konzern-, sondern bereits auf den Abhängigkeitstatbestand abstellen.[45] Hinzu kommt, dass die Rechtsprechung insoweit zur Lösung der Streitfrage beigetragen hat, als zumindest im Falle einer einheitlichen Finanzplanung der Konzerntatbestand als erfüllt anzusehen ist.[46] Schließlich relativiert auch die für den in der Praxis bedeutenden Unterordnungskonzern bestehende Konzernvermutung in § 18 I 2 AktG die Bedeutung des Meinungsstreits, in dem bei Vertragskonzernen und eingegliederten Gesellschaften die beteiligten Unternehmen als unter einheitlicher Leitung zusammengefasst anzusehen sind. Die einzelnen Konzernverhältnisse und deren rechtliche Begründung sind Gegenstand der folgenden Ausführungen.

2. Rechtliche Grundformen des Aktienkonzerns

Nachdem nun der rechtliche Konzernbegriff und die allgemeinen Voraussetzungen des Konzerntatbestandes dargestellt wurden, beschäftigen sich die folgenden Ausführungen mit den einzelnen rechtlichen Grundformen des Aktienkonzerns. Die einschlägigen Rechtsgrundlagen sind seit der Kodifizierung des Rechts der verbundenen Unternehmen im Jahre 1965 im AktG zu finden. Das Gesetz unterscheidet zunächst in § 18 AktG zwischen dem Unterordnungs- und dem Gleichordnungskonzern. Zentrales Unterscheidungsmerkmal zwischen diesen beiden Konzernformen ist das Vorliegen eines Abhängigkeitsverhältnisses.

---

43 Lutter, ZGR 1987, 324 (330); Kroppensteiner, in: KöKo, AktG, Band 1, § 18 Rn. 17 ff.; Windbichler, in: Großkommentar zum Aktiengesetz, § 18 Rn. 19 ff.

44 Bayer, in: MüKo, AktG, Band 1, § 18 Rn. 30; Emmerich, in: Emmerich/Habersack, Aktien- und GmbH-Konzernrecht, § 18 Rn. 13 ff.; Krieger, in: Münchner Handbuch zur AktG, Band 1, § 68 Rn. 70 ff.; Schall, in: Spindler/Stilz, AktG, Band 1, § 18 Rn. 14; Maier, in: Henssler/Strohn, GesR, AktG, § 18 Rn. 3; Hirschmann, in: Hölters, AktG, § 18 Rn. 15.

45 Emmerich, in: Emmerich/Habersack, Aktien- und GmbH-Konzernrecht, § 18 Rn. 9.

46 BGHZ 115, 187 (191) = NJW 1991, 3142; BGHZ 107, 7 (20) = NJW 1989, 1800.

a) Unterordnungskonzerne

Der Unterordnungskonzern zeichnet sich dadurch aus, dass die unter einheitlicher Leitung zusammengefassten Unternehmen voneinander abhängig sind. Die Entstehung des Abhängigkeitsverhältnisses kann auf verschiedenen rechtlichen Grundlagen beruhen und führt dazu, dass sich die Organisationsstruktur der abhängigen Gesellschaft ändert und die herrschende Gesellschaft Einfluss auf die Unternehmenspolitik dieser Gesellschaft nehmen kann. Die potentiellen Möglichkeiten zur Einflussnahme auf die abhängige Gesellschaft sind von der rechtlichen Art der Konzernbegründung abhängig. Nach abnehmender Intensität der Konzernverbindung wird zwischen eingegliederten Gesellschaften, Vertragskonzernen und faktischen Konzernen unterschieden.

aa) Eingegliederte Konzerne gem. §§ 319 ff. AktG

Die Eingliederung stellt die intensivste respektive engste Form einer konzernmäßigen Verbindung dar.[47] Die entsprechenden Vorschriften befinden sich in den §§ 319 ff. AktG und haben die Eingliederung einer Aktiengesellschaft in eine andere Aktiengesellschaft mit Sitz im Inland (Hauptgesellschaft) zum Gegenstand. Nach der gesetzlichen Regelung ist eine Eingliederung nur dann möglich, wenn sich alle (§ 319 AktG) oder zumindest 95 % (§ 320 AktG) der Aktien der einzugliedernden Gesellschaft in der Hand der zukünftigen Hauptgesellschaft befinden. Die Eingliederung der Gesellschaft erfordert in beiden Konstellationen einen Hauptversammlungsbeschluss der einzugliedernden Gesellschaft, welcher der Zustimmung der Hauptversammlung der zukünftigen Hauptgesellschaft bedarf (§§ 319 I, II bzw. §§ 320 I 1, 3, 319 II). Die Eingliederung der Gesellschaft ist gem. § 319 VII bzw. § 320 I 3, § 319 VII AktG mit Eintragung der Eingliederung in das Handelsregister am Sitz der einzugliedernden Gesellschaft vollzogen. Obwohl bei der Eingliederung die Gesellschaft mit ihrem Vermögen und Unternehmen in die Hauptgesellschaft integriert wird, verlieren die eingegliederten Gesellschaften im Gegensatz zur Verschmelzung nicht ihre Rechtspersönlichkeit.[48] Die Eingliederung erlaubt der Hauptgesellschaft erheblichen Einfluss auf die unternehmerische Leitung der eingegliederten Gesellschaft zu nehmen (§ 323 AktG). Aufgrund des Umfangs der Leitungsmacht wird gem. § 18 I 2 Alt. 2 AktG unwiderleglich vermutet, dass eingegliederte Gesellschaften als unter einheitlicher Leitung zusammengefasste Unternehmen anzusehen sind.

---

47 Hoffmann, Konzernhandbuch, S. 32; Wilsing, in: Henssler/Strohn, GesR, AktG, § 319, Rn. 1.

48 Begründung Regierungsentwurf, Kropff, 421 (429, 432); Leuering/Goertz, in: Hölters, AktG, § 319 Rn. 1, § 322 Rn. 1; Koch, in: Hüffer/Koch, AktG, § 319 Rn. 1; Grunewald, in: MüKo, AktG, Band 5, Vorb. §§ 319–327 Rn. 3; Singhof, in: Spindler/Stilz, AktG, Band 2, § 319 Rn. 2.

bb) Vertragskonzerne gem. §§ 291 ff. AktG

Ein Unterordnungskonzern kann auch durch den Abschluss eines Beherrschungsvertrages entstehen. Bei dem Beherrschungsvertrag handelt es sich nach der gesetzlichen Definition in § 291 I 1 AktG um einen Unternehmensvertrag, durch welchen eine Aktiengesellschaft oder Kommanditgesellschaft auf Aktien die Leitung ihrer Gesellschaft einem anderen Unternehmen unterstellt. Die daraus resultierende Leitungsbefugnis führt gem. § 18 I 2 Alt. 1 AktG dazu, dass zwischen den am Beherrschungsvertrag beteiligten Unternehmen das dem Konzerntatbestand innewohnende Merkmal der einheitlichen Leitung unwiderleglich vermutet wird. Die Voraussetzungen für das Zustandekommen eines wirksamen Unternehmensvertrages sind in § 293 AktG geregelt. Demnach erfordert der Abschluss des Unternehmensvertrages gem. § 293 I AktG stets die Zustimmung der Hauptversammlung der Untergesellschaft und sofern es sich bei der Obergesellschaft um eine AktG oder KGaA handelt gem. § 293 II Akt auch die Beteiligung deren Aktionäre. Schließlich bedarf der Unternehmensvertrag gem. § 293 III AktG der schriftlichen Form. Neben den allgemeinen Vorschriften zu Abschluss, Änderung und Beendigung von Unternehmensverträgen in den §§ 291 ff. AktG enthalten die § 300 ff. AktG besondere Regelungen zum Schutz der Gesellschaft, Gläubiger und außenstehenden Aktionäre vor den Gefahren der Abhängigkeit. Diese Schutzvorschriften können als Korrelat für die Berechtigung der herrschenden Gesellschaft zur umfassenden Leitung der abhängigen Gesellschaft angesehen werden. Der Umfang der Leitungsmacht und das Weisungsrecht der herrschenden Gesellschaft sind in den §§ 308 ff. AktG geregelt und werden an anderer Stelle noch Gegenstand einer ausführlicheren Darstellung sein.[49]

cc) Faktische Konzerne gem. § 311 ff. AktG

Schließlich kann die einheitliche Leitung eines Unterordnungskonzerns auch auf einer faktischen Konzernkonstellation beruhen. Als faktische Konzernverhältnisse werden diejenigen Konstellationen bezeichnet, in denen die Leitungsmacht des herrschenden Unternehmens weder durch Eingliederung noch durch Beherrschungsvertrag entstanden ist.[50] Die gesetzlichen Regelungsvorschriften befinden sich in den § 311 ff. AktG und gelten dem Wortlaut nach für abhängige Aktiengesellschaften und Kommanditgesellschaften auf Aktien. Abhängige Unternehmen sind gem. § 17 I AktG selbständige Unternehmen, auf die ein anderes Unternehmen (herrschendes Unternehmen) unmittelbar oder mittelbar Einfluss nehmen kann. Die Einflussnahme beruht gewöhnlich auf einer Anteils- oder Stimmenmehrheit. Obwohl die konkreten Möglichkeiten zur Einflussnahme von der gesellschaftsrechtlichen Organisationsform der Gesellschaft abhängig sind, ermöglicht das Erreichen dieser Mehrheitserfordernisse grundsätzlich, auf die Unternehmenspolitik dieser

49 § 3 A. I. 2.
50 Bödeker, in: Henssler/Strohn, GesR, AktG, § 311 Rn. 1.

Gesellschaft direkt oder indirekt einzuwirken. Diese Sichtweise wird durch die in § 17 II AktG enthaltene Vermutung gestützt, dass ein in Mehrheitsbesitz stehendes Unternehmen von dem an ihm mit Mehrheit beteiligten Unternehmen abhängig ist. Die § 311 ff. AktG gelten somit bereits bei Vorliegen eines Abhängigkeitsverhältnisses und erfordern nicht das Vorliegen eines weiteren Konzerntatbestandes.[51] Da die in § 17 II AktG enthaltene Abhängigkeitsvermutung jedoch ihrerseits Grundlage der Konzernvermutung ist, wird gem. § 18 I 3 AktG widerleglich vermutet, dass es sich bei abhängigen Unternehmen um Konzernunternehmen handelt.[52] Die Möglichkeiten zur Einwirkung auf die beherrschte Gesellschaft sind durch die Normen der §§ 311 ff. AktG begrenzt, so dass das herrschende Unternehmen nur punktuell auf die unternehmerische Leitung der abhängigen Gesellschaft Einfluss nehmen kann. Den aus der faktischen Konzernierung entstehenden Gefahren wird in verschiedener Weise entgegengewirkt. So können Verstöße gegen das in § 311 AktG geregelte Verbot der nachteiligen Einflussnahme verschiedene in § 317 ff. AktG geregelte Schadenersatzansprüche zur Folge haben. Zudem dienen der Abhängigkeitsbericht (§§ 312–314 AktG) und in bestimmten Fällen die Sonderprüfung (§ 315 AktG) zur Kontrolle der Beziehungen zwischen dem herrschenden und dem abhängigen Unternehmen.[53]

b) Gleichordnungskonzerne

Zur vollständigen Erfassung der gesetzlichen Regelung ist noch kurz auf die Vorschrift zum Gleichordnungskonzern einzugehen. Der Gleichordnungskonzern unterscheidet sich nach der Regelung des § 18 II AktG von Unterordnungskonzernen dadurch, dass zwischen den unter einheitlicher Leitung zusammengefassten Unternehmen kein Abhängigkeitsverhältnis besteht. Dies bedeutet, dass die Unternehmen im Verhältnis zueinander gleichberechtigt sind und keine Gesellschaft gegen den Willen der anderen die Konzernpolitik bestimmen kann.[54] Die Gründung eines Gleichordnungskonzerns kann auf vertraglicher oder faktischer Grundlage erfolgen. Ein vertraglicher Gleichordnungskonzern liegt vor, wenn die Unternehmen die einheitliche Leitung durch den Abschluss eines Gleichordnungsvertrages regeln. Der dem Gleichordnungsvertrag innewohnende Gedanke der Gleichberechtigung

---

51 Habersack, in: Emmerich/Habersack, Aktien- und GmbH-Konzernrecht, § 311 Rn. 1; Bödeker, in: Henssler/Strohn, GesR, AktG, § 311 Rn. 3. Das Abhängigkeitsverhältnis unterscheidet sich vom Konzernverhältnis dadurch, dass bereits die Möglichkeit der Einflussnahme besteht, während beim Vorliegen des Konzerntatbestandes die einheitliche Leitung auch tatsächlich ausgeübt werden muss.

52 Die Konzernvermutung ist hier – im Gegensatz zum Eingliederungskonzern und Vertragskonzern – als widerlegbare Vermutung ausgestaltet. Dies resultiert daraus, dass es sich bei faktischen Konzernverhältnissen um die schwächste Form konzernmäßiger Verbindungen handelt.

53 Emmerich/Habersack, Konzernrecht, S. 24.

54 Hirschmann, in: Hölters, AktG, § 18 Rn. 25; Emmerich, in: Emmrich/Habersack; Aktien- und GmbH-Konzernrecht, § 18 Rn 32.

manifestiert sich in der gesetzlichen Regelung des § 291 II AktG, nach welcher der Gleichordnungsvertrag nicht als Beherrschungsvertrag anzusehen ist.[55] Von einem faktischen Gleichordnungskonzern ist die Rede, wenn sich eine Gesellschaft ohne Abschluss eines Gleichordnungsvertrages mit einer anderen Gesellschaft tatsächlich und auf Dauer der einheitlichen Leitung durch eines der beteiligten Unternehmen unterstellt. Die einheitliche Leitung beruht dabei in der Regel auf engen personellen Verflechtungen und wechselseitigen Beteiligungen.[56]

3. *Rechtliche Grundformen des GmbH-Konzerns*

Obwohl die Einführung eines GmbH Konzernrechts in der Vergangenheit bereits Gegenstand von Reformüberlegungen war[57], enthält das GmbHG in der jetzigen Fassung kein kodifiziertes Konzernrecht. Die Entscheidung des Gesetzgebers erstaunt, wenn man bedenkt, dass die GmbH aufgrund ihrer gesellschaftsrechtlichen Organisationsverfassung nicht nur in der Theorie die ideale Rechtsform für eine Konzernbildung darstellt, sondern auch in der Praxis mehr als die Hälfte dieser Gesellschaften konzernverbunden sind.[58] Die gesetzgeberische Abstinenz hat jedoch keinesfalls die Unzulässigkeit von Konzernverbindungen unter Beteiligung dieser Rechtsform zur Folge. Dies ergibt sich zunächst aus den Vorschriften des GmbHG[59] und im Übrigen daraus, dass die GmbH nach den gesetzlichen Regelungen der §§ 291 ff. AktG sowohl herrschendes Unternehmen in einem Vertragskonzern als auch in einem faktischen Konzern sein kann, sofern es sich bei der beherrschten bzw. abhängigen Gesellschaft um eine AG oder KGaA handelt. Die Frage nach der Zulässigkeit konzernrechtlicher Verbindungen stellt sich im Unterordnungskonzern insbesondere dann, wenn die abhängige Gesellschaft in der Rechtsform einer GmbH organisiert ist. Die rechtliche Erfassung dieser Konzernkonstellationen beruht weitgehend auf der entsprechenden Anwendung aktienrechtlicher Regelungen und richterlicher Rechtsfortbildung.[60] Da die gesetzlichen Regelungen über die Eingliederung weder direkt noch entsprechend anwendbar sind,[61] ist im Hinblick auf die konzernrechtlichen Erscheinungsformen der abhängigen GmbH zwischen Vertragskonzernen und faktischen Konzernen zu differenzieren.

---

55 Emmerich, in: Emmerich/Habersack, Aktien- und GmbH-Konzernrecht, § 18 Rn. 29; Koch, in: Hüffer/Koch, AktG, § 18 Rn. 20.

56 BGHZ 121, 137 (146 f.) = NJW 1993, 2114; Emmerich, in: Emmerich/Habersack, Akt- und GmbH-Konzernrecht, § 18 Rn. 30.

57 So war in der GmbH Novelle 1971/1973 ursprünglich die Einführung eines entsprechenden Abschnittes zu verbundenen Unternehmen geplant.

58 Mellewigt, Konzernorganisation, S. 2.

59 Vgl. § 30 I 2 GmbHG.

60 Liebscher, in: MüKo, GmbHG, Band 1, Anhang zu § 13 Rn. 32 ff.; Hoffmann, Konzernhandbuch, S. 39.

61 Habersack, in: Emmrich/Habersack, Aktien-und GmbH-Konzernrecht, Anhang § 318 Rn. 2.

a) Vertragskonzerne

Die GmbH kann nach herrschender Meinung auch als abhängige Gesellschaft an einem Unternehmensvertrag beteiligt sein.[62] Die rechtliche Behandlung dieser Konzernkonstellationen erfolgt dabei durch eine weitgehend entsprechende Anwendung der §§ 291 ff. AktG. Da diese Vorschriften nach der ursprünglichen Intention des Gesetzgebers nur für die AG und KGaA geschaffen wurden, ist stets zu überprüfen, ob eine entsprechende Anwendung der einzelnen Vorschriften mit den rechtsformspezifischen Besonderheiten der GmbH zu vereinbaren ist.[63] Die Gründe für den Abschluss eines Beherrschungsvertrages sind mit denjenigen bei der Aktiengesellschaft vergleichbar. Der Beherrschungsvertrag ermöglicht der herrschenden Gesellschaft umfassend auf die Leitung der abhängigen Gesellschaft einzuwirken und somit maßgebend die Unternehmenspolitik der abhängigen Gesellschaft zu gestalten.

b) Faktische Konzerne

Darüber hinaus ist auch eine faktische Konzernbildung unter Beteiligung einer abhängigen GmbH möglich. Die herrschende Meinung verneint allerdings für diese Form der konzernmäßigen Verbindung eine analoge Anwendung der aktienrechtlichen Vorschriften, da die Interessenlage in beiden Kapitalgesellschaftsformen nicht vergleichbar sei.[64] Die Ursache dafür ist in der unterschiedlichen Ausgestaltung der Organisationsstruktur dieser Gesellschaftsformen zu sehen. Diese zeigt sich zunächst darin, dass die Organisationsverfassung der GmbH im Gegensatz zur AG weitgehend frei bestimmt werden kann (§§ 45 GmbHG, 23 V AktG). Darüber hinaus führt die unterschiedlich ausgestaltete Geschäftsführungsbefugnis dazu, dass der Geschäftsführer der GmbH im Gegensatz zum Vorstand der AG direkt an die Weisungen der Gesellschafter gebunden ist und somit unmittelbar auf die Geschäftspolitik der abhängigen Gesellschaften einwirken kann (§§ 37 I GmbHG, 76 I AktG). Die Weisungsgebundenheit des Geschäftsführers und das Fehlen eines obligatorischen Aufsichtsrats haben zur Folge, dass die Vorschriften der §§ 312 ff. AktG zur Aufstellung und Prüfung des Abhängigkeitsberichts nicht den ihnen zugedachten Schutzzweck erfüllen. Diese gehen vielmehr davon aus, dass der Abhängigkeitsbericht von einem weisungsunabhängigen Geschäftsführungsorgan erstellt und durch

---

62 BGHZ 105, 324 = NJW 1989, 295; Henssler/Strohn, in: Henssler/Strohn, GesR, GmbHG, Anhang § 13 Rn. 60.

63 Henssler/Strohn, in: Henssler/Strohn, GesR, GmbHG, Anhang § 13 Rn. 60; Habersack, in: Emmerich/Habersack, Anhang § 318 Rn. 1.

64 BGHZ 65, 15 (18) = NJW 1976, 191; BGHZ 95, 330 (340) = NJW 1986, 188; BGHZ 149, 10 (16) = NJW 2001, 3622; Habersack, in: Emmerich/Habersack; Anhang § 318 Rn. 6; Müller, in: Spindler/Stilz, AktG, Band 2, Vorb. §§ 311–318 Rn. 21; Altmeppen, in: MüKo, AktG, Band 5, Vorb. §§ 311–318 Rn. 78 ff.

einen obligatorischen Aufsichtsrat geprüft wird.[65] Die gesetzlichen Regelungen der §§ 311 ff. AktG tragen diesen Regelungsunterschieden und den damit verbundenen Gefahren für die abhängige Gesellschaft, ihre Gesellschafter und Gläubiger nicht ausreichend Rechnung. Die Schranken der Einflussnahme auf die abhängige GmbH ergeben sich demnach nicht aus den §§ 311 ff. AktG, sondern aus dem Rückgriff auf allgemeine gesellschaftsrechtliche Prinzipien, insbesondere der mitgliedschaftlichen Treuepflicht und dem Grundsatz der Gleichbehandlung.[66] Die mitgliedschaftliche Treuepflicht verpflichtet jeden Gesellschafter, insbesondere auch den herrschenden Gesellschafter, seine Rechte nur unter Beachtung des gemeinsamen Zwecks geltend zu machen und beinhaltet somit ein grundsätzliches Verbot der nachteiligen Einflussnahme.[67] Des Weiteren trägt auch das Gebot der Gleichbehandlung zum Minderheiten- und Gläubigerschutz bei, indem es jede sachlich nicht gerechtfertigte Privilegierung des herrschenden Gesellschafters verbietet.[68]

B. Der Konzern aus betriebswirtschaftlicher Sicht

Die vollständige Erfassung des Konzernphänomens erfordert zudem die Darstellung der betriebswirtschaftlichen Konzerngrundlagen. Nachdem der Konzern in der betriebswirtschaftlichen Forschung lange Zeit ein Schattendasein führte, ist er seit Ende der 90er Jahre verstärkt in den Mittelpunkt betriebswirtschaftlicher Untersuchungen gerückt.[69] Die Befassung mit den betriebswirtschaftlichen Konzernüberlegungen trägt nicht nur zu einem besseren Konzernverständnis bei, sondern ermöglicht auch einen Perspektivenwechsel und die Auseinandersetzung mit den für die Thematik der Konzerninsolvenz erforderlichen betriebswirtschaftlichen Gesichtspunkten. Insbesondere kann durch die Darstellung des wirtschaftlichen Konzernverständnisses untersucht werden, ob die vorhandenen rechtlichen Rahmenbedingungen den dynamischen und flexiblen Anforderungen des Wirtschaftslebens gerecht werden. Die folgenden Ausführungen geben daher insoweit einen allgemeinen Überblick über das betriebswirtschaftliche Konzernverständnis, als dieses für die vorliegende Untersuchung notwendig ist. Neben der Darstellung des betriebswirtschaftlichen Konzernbegriffs (I.), erfolgt eine Klassifizierung der betriebswirtschaftlichen Konzernformen nach ausgewählten und für die vorliegende

65 Henssler/Strohn, in: Henssler/Strohn, GesR, GmbHG, Anhang § 13 Rn. 7; Habersack, in: Emmerich/Habersack, Aktien- und GmbH-Konzernrecht, Anhang § 318 Rn. 6.

66 Henssler/Strohn, in: Henssler/Strohn, GesR, GmbHG, Anhang § 13 Rn. 9; Müller, in: Spindler/Stilz, AktG, Band 2, Vorb. §§ 311–318 Rn. 22; Habersack, in: Emmerich/Habersack, Aktien und GmbH Konzernrecht, Anhang § 318 Rn. 2, 24 ff.; Liebscher, in: MüKo, GmbHG, Band 1, Anhang § 13 Rn. 373.

67 Müller, in: Spindler/Stilz, AktG, Band 2, Vorb. §§ 311–318 Rn. 22; Habersack, in: Emmerich/Habersack, Aktien- und GmbH-Konzernrecht, Anhang § 318 Rn. 24.

68 Habersack, in: Emmerich/Habersack, Aktien- und GmbH-Konzernrecht, Anhang § 318 Rn. 25; Liebscher, in: MüKo, GmbHG, Band 1; Anhang § 13 Rn. 392.

69 Theisen, in: Albach, Konzernmanagement, S. 33, 37 ff.

Untersuchung bedeutsam erscheinenden Kriterien (II.), bevor abschließend auf einzelne ökonomische Gründe zur Konzernbildung eingegangen wird (III.).

I. Betriebswirtschaftlicher Konzernbegriff

In der Betriebswirtschaftslehre gibt es keinen einheitlichen Konzernbegriff. Vielmehr existieren verschiedene Definitionen für Konzerne oder Unternehmenszusammenschlüsse, die im Wesentlichen auf ähnlichen oder gleichartigen Kriterien beruhen.[70] So definiert beispielsweise *Theisen*, der die betriebswirtschaftlichen Hauptmerkmale des Konzerns herausgearbeitet hat, den Konzern als „(...) autonome Entscheidungs- und Handlungseinheit, die mehrere juristisch selbständige wie unselbständige Unternehmen und Betriebe umfasst, die als wirtschaftliche Einheit in personeller, institutioneller und / oder funktioneller Hinsicht zeitlich befristet oder auf Dauer im Rahmen entsprechender Planungen ein gemeinsames wirtschaftliches Ziel verfolgen."[71] Dieser und den anderen Begriffsbestimmungen liegt die gemeinsame Prämisse zugrunde, dass es sich bei dem Konzern um eine Wirtschaftseinheit handelt, in der die unternehmerische Planung vorrangig dem gesamten Konzern und nicht den einzelnen Konzerngesellschaften dient.[72] Die strategische Ausrichtung und Unternehmenspolitik des Konzerns orientieren sich somit am Verbundinteresse und stellen nicht auf das Interesse der jeweiligen Konzerngesellschaften ab. Diese tragen vielmehr dazu bei, dass eine in sich funktionierende Wirtschaftseinheit besteht und das Konzerngesamtinteresse realisiert wird.[73] Die Ausrichtung und Zusammenarbeit der Konzerngesellschaften sollen dazu führen, dass im Ergebnis der Unternehmensverbund mehr wert ist als die Summe seiner Einzelteile.[74] Die Betriebswirtschaft stellt somit im Gegensatz zur Rechtswissenschaft nicht auf die einzelnen rechtlich selbständigen Konzerngesellschaften ab, sondern rückt den Konzern als wirtschaftliche Einheit in den Mittelpunkt ihrer Betrachtungen.

II. Differenzierung nach konzernrechtlichen Erscheinungsformen

Zum besseren Verständnis des Konzernphänomens ist ein Überblick über die verschiedenen konzernrechtlichen Erscheinungsformen und deren Ausgestaltung hilfreich. Diese Systematisierung gibt einen Einblick in die verschiedenen Konzernorganisationsmodelle und zeigt die in der Praxis existierende Konzernvielfalt. Die Einteilung von Konzernen kann nach verschiedenen Gesichtspunkten

70 Theisen, Der Konzern, S. 15; Pellens, ZGR 2009, 231 (233). Zu den unterschiedlichen Konzerndefinitionen u.a. Theisen, Der Konzern, S. 15 f., Mellewigt, Konzernorganisation, S. 12 f.

71 Theisen, Der Konzern, S. 18.

72 Emerich/Habersack, Konzernrecht, S. 56.

73 Bous, Konzernleitungsmacht, S. 16.

74 Frost/Morner, Konzernmanagement, S. 15.

erfolgen und wird in der Praxis anhand unterschiedlicher Merkmale bestimmt.[75] Die folgende Darstellung ist keine abschließende Katalogisierung, sondern beschränkt sich auf einige für die anstehende Untersuchung interessante Differenzierungen. Sie verfolgt insbesondere das Ziel, die Komplexität der Konzernrealität und die daraus resultierenden Schwierigkeiten bei der Entwicklung eines einheitlichen gesetzlichen Lösungsmodells zur Abwicklung von Konzerninsolvenzen aufzuzeigen.

1. *Art der Konzernobergesellschaft*

Nach dem Typ der Konzernobergesellschaft und deren Aufgabenwahrnehmung kann zunächst zwischen Stammhaus- und Holdingkonzernen unterschieden werden.

a) Stammhauskonzern

Der Stammhauskonzern spiegelt das traditionelle Organisationskonzept von Konzernunternehmen wider. Diese Konzernkonstellation zeichnet sich durch die operative Tätigkeit und aktive Teilnahme der Konzernobergesellschaft am Marktgeschehen aus.[76] Die Entstehung dieser Konzernorganisationsform ist in der Regel Resultat von Wachstumsstrategien beziehungsweise Expansionsabsichten des Kernunternehmens. Dieses als Stammhaus bezeichnete Unternehmen etabliert oder erweitert sein Geschäft dadurch, dass es Unternehmensverbindungen eingeht, selbst Tochtergesellschaften gründet oder Akquisitionen durchführt.[77] Das primäre Ziel dieser Konzernpolitik besteht darin, durch die Expansion die Interessen des Stammhauses zu fördern und dessen Stellung am Markt zu stärken. Charakteristisch für diese Konzernkonstellation ist, dass die Muttergesellschaft die größte wirtschaftliche Bedeutung besitzt und die Tochtergesellschaften nur unterstützende und ergänzende Funktionen wahrnehmen.[78] Während die gemeinsame Konzernleitung und das Halten der Beteiligungen der Tochtergesellschaften von untergeordneter Bedeutung sind, steht im Stammhauskonzern die operative Tätigkeit der Konzernobergesellschaft im Vordergrund.

---

75 Eine entsprechende Übersicht findet sich z. B. bei Schubert/Küting, Unternehmenszusammenschlüsse, S. 341 f.; Mellewigt, Konzernorganisation, S. 19 ff.; Thole, in: Hdb. Konzerninsolvenzrecht, § 2 Rn. 2 ff.

76 Hoffmann, Konzernhandbuch, S. 12; Theisen, Der Konzern, S. 169; Mentz, in: Beck'sches Holding Handbuch, S. 9; Lutter, in: Lutter, Holding Handbuch, § 1 Rn. 15.

77 Mentz, in: Beck'sches Holding Handbuch, S. 9, Scheffler, Konzernmanagement, S. 59.

78 Lutter, in: Lutter, Holding Handbuch, § 1 Rn. 15; Scheffler, Konzernmanagement, S. 59; Everling, DB 1981, 2549 (2549).

b) Holdingkonzern

Das Gegenteil zum Stammhauskonzern bildet der in der Konzernpraxis vorherrschende Holdingkonzern.[79] Die charakteristischen Eigenschaften dieser Konzernorganisationsform sind bereits im englischsprachigen Ausdruck angelegt. So unterscheidet sich der Holdingkonzern vom traditionellen Stammhauskonzern dadurch, dass die Konzernobergesellschaft selbst nicht operativ tätig ist und die vorrangigen Aufgaben in der Beteiligungsverwaltung und einheitlichen Konzernleitung zu sehen sind.[80] Letztere ist dabei, wie oben bereits ausgeführt,[81] zwingende Voraussetzung für das Vorliegen des Konzerntatbestandes und wichtigste Funktion der Konzernobergesellschaft. Während die Tochtergesellschaften für das operative Geschäft zuständig sind, ist die Obergesellschaft für die zentralen strategischen Entscheidungen und die Führung des gesamten Konzerns verantwortlich.[82] Die als Holding bezeichnete Obergesellschaft widmet sich daher den grundsätzlichen Fragen des Konzernaufbaus, der Konzernentwicklung und der Konzernpolitik.[83] Dieses Organisationskonzept ermöglicht einerseits durch zentrale Lenkungsentscheidungen die Konzernmitglieder am Gesamtinteresse des Konzerns auszurichten, anderseits aber auch eine entsprechende Marktnähe durch eine weitgehende Entscheidungsfreiheit der Tochtergesellschaften im operativen Geschäft.

2. Art des leistungswirtschaftlichen Zusammenhangs

Des Weiteren trägt auch ein Blick auf das unterschiedliche Leistungsprogramm von konzernverbundenen Unternehmen zur Illustration der Konzernkomplexität bei. Diese Art der Differenzierung ist für die hier zu behandelnde Thematik von zentraler Bedeutung, da sich aus der wirtschaftlichen Ausrichtung der Konzernunternehmen und deren geschäftlichen Beziehungen zueinander wichtige ökonomische Aspekte für die insolvenzrechtliche Behandlung von Konzernunternehmen ergeben. Insbesondere kann die Art und Weise der wirtschaftlichen Verflechtung zur Beantwortung der Frage beitragen, ob es unter Umständen ökonomisch sinnvoll ist, die konkreten leistungswirtschaftlichen Beziehungen zwischen den Konzernunternehmen in der Insolvenz zu berücksichtigen. Im Hinblick auf die leistungswirtschaftliche Verflechtung von Konzernunternehmen ist zwischen vertikalen, horizontalen und diversifiziert gegliederten Konzernen zu unterscheiden.

---

79 Im Folgenden wird nur der Unterschied zum Stammhauskonzern erläutert. Die Darstellung der einzelnen Holdingstrukturen würde für die hier angelegte Untersuchung zu weit führen und erscheint für das Aufzeigen der Problematik nicht erforderlich. Für eine weitgehendere Differenzierung, vgl. Theisen, Der Konzern, S 174 ff.; Hoffmann, Konzernhandbuch, S. 13 ff., Scheffler, Konzernmanagement, S. 60 f.

80 Hoffmann, Konzernhandbuch, S. 12.

81 § 2 A. II. 1.

82 Scheffler, Konzernmanagement, S. 64.

83 Scheffler, Konzernmanagement, S. 64; Mentz, in: Beck'sches Holding Handbuch, S. 10; Lutter, in: Lutter, Holding Handbuch, § 1 Rn. 16; Theisen, Der Konzern, S. 175.

a) Vertikaler Konzern

Unter einem vertikal gegliederten Konzern versteht man den Zusammenschluss von Unternehmen, die verschiedene Stufen einer aufeinanderfolgenden Wertschöpfungskette bekleiden.[84] Das Ziel dieser vertikalen Konzernerweiterung besteht darin, einen funktionierenden konzerninternen Liefer- und Leistungsverkehr zu gewährleisten.[85] Durch die einheitliche Leitung der jeweiligen Leistungsstufen lassen sich die verschiedenen Prozesse aufeinander abstimmen und koordinieren. Zudem führt die Integration entsprechender Unternehmen in dem Konzernverbund dazu, dass eventuelle Risiken und Gefahren am externen Bezugs- und Beschaffungsmarkt minimiert bzw. ausgeschlossen werden. Insbesondere ermöglicht der konzerninterne Leistungsaustausch kurzfristigen Lieferengpässen und marktbedingten Preisschwankungen effektiv und intern entgegenzuwirken. Die vertikale Ausrichtung des Konzerns führt somit zu einer Stärkung der Konzernautonomie und kann sich positiv auf die Wettbewerbsfähigkeit des Konzerns auswirken.[86]

b) Horizontaler Konzern

Von einem horizontalen Konzern spricht man, wenn die zusammengeschlossenen Unternehmen auf der gleichen Produktions- oder Absatzstufe tätig sind[87] und Produkte der gleichen Art herstellen.[88] Die Unternehmensverbindung zeichnet sich also dadurch aus, dass die Expansion auf einem bereits vorhandenen Tätigkeitsfeld erfolgt.[89] Das Ziel dieser Konzernpolitik liegt darin, eine marktbeherrschende Stellung zu erreichen und daraus resultierende Größenvorteile zu ziehen. Diese schlagen sich insbesondere in einer besseren Verhandlungsposition am Absatz- und Beschaffungsmarkt nieder. Im Übrigen besteht für die branchenzugehörigen Unternehmen die Möglichkeit, durch entsprechende Arbeitsteilung oder Spezialisierung, Synergieeffekte zu erzielen.[90] Diesem Gedanken liegt die Vorstellung zugrunde, dass durch die planmäßige Koordinierung der wirtschaftlichen Aktivitäten und die gezielte Nutzung von Ressourcen ein Mehrwert für den Konzern entsteht.[91] Da eine

---

84 Hoffmann, Konzernhandbuch, S. 9 f.; Scheffler, Konzernmanagement, S. 57; Bubik, Erfolgskriterien, S. 11 f.; Zentes/Swoboda/Morschett, Kooperationen, S. 393; Holtmann, Personelle Verflechtungen, S. 18.

85 Bühner, Unternehmenszusammenschlüsse, S. 5; Hoffmann, Konzernhandbuch, S. 9 f., Scheffler, Konzernmanagement, S. 58.

86 Hoffmann, Konzernhandbuch, S. 9 f.; Altmeppen, ZHR 171 (2007), 320 (334).

87 Hoffmann, Konzernhandbuch, S. 9; Hungenberg, Zentralisation, S. 71.

88 Holtmann, Personelle Verflechtungen, S. 18; Scheffler, Konzernmanagement, S. 57; Bubik, Erfolgskriterien, S. 10; Lechner, Negative Synergien, S. 25; Paprottka, Unternehmenszusammenschlüsse, S. 11.

89 Bubik, Erfolgskriterien, S. 10.

90 Scheffler, Konzernmanagement, S. 58; Hoffmann, Konzernhandbuch, S. 9; Altmeppen, ZHR 171 (2007), 320 (336 f.).

91 Frost/Morner, Konzernmanagement, S. 15 f.; Ringlstetter, Konzernentwicklung, S. 85 ff.

horizontale Verbindung zur Reduzierung der vorhandenen Marktteilnehmer führt, ist die Zulässigkeit dieser Art von Unternehmenszusammenschlüssen stets auch aus wettbewerbsrechtlicher Sicht zu beurteilen.[92]

c) *Diversifizierter Konzern*

Bei einem diversifiziert gegliederten Konzern[93] handelt es sich um einen Zusammenschluss von Unternehmen aus verschiedenen Branchen mit unterschiedlichen Produkten und Dienstleistungen.[94] Diese Art der Konzernbildung bringt den Vorteil mit sich, dass durch das verschiedenartige Leistungsprogramm branchenspezifischen Risiken begegnet und das unternehmerische Risiko auf verschiedene Geschäftsbereiche verteilt wird.[95] Der Nachteil liegt jedoch darin, dass aufgrund der Tätigkeit in unterschiedlichen Wirtschaftszweigen in dieser Konzernkonstellation kaum mit Synergien oder Vorteilen aus dem konzerninternen Leistungsaustausch zu rechnen ist.[96] Dem Vorteil der Risikosegmentierung steht somit der Nachteil begrenzter Synergieeffekte gegenüber.

3. *Art der Leitungsmacht*

Eine weitere wesentliche Unterscheidung zur Systematisierung von Konzernen ist die Art und Weise der Konzernführung. Diese beschreibt die Prozesse der Willensbildung und Willensdurchsetzung im Konzern und den jeweiligen Konzerngesellschaften.[97] Die Entscheidungsprozesse können dabei auf Ebene der Konzernmutter angesiedelt sein oder weitgehend auf Ebene der Tochtergesellschaften stattfinden. Je mehr Bereiche von der Konzernmutter wahrgenommen werden, desto mehr ähnelt der Konzern einem Einheitsunternehmen. In diesem Zusammenhang stellt sich die Frage, ob der Umfang der Leitungsmacht bei der insolvenzrechtlichen Behandlung von Konzernunternehmen berücksichtigt werden sollte. Im Hinblick auf die Intensität der Konzernführung des konzernleitenden Unternehmens wird zwischen zentraler und dezentraler Konzernführung unterschieden.[98]

---

92 Zu diesem Gesichtspunkt, Altmeppen, ZHR 171 (2007), 320 (337 ff.); Bubik, Erfolgskriterien, S. 10 f.
93 In diesem Zusammenhang wird auch von konglomeraten, diagonalen oder gemischten Zusammenschlüssen gesprochen.
94 Hoffmann, Konzernhandbuch, S. 10; Scheffler, Konzernmanagement, S. 57.
95 Scheffler, Konzernmanagement, S. 58 f.
96 Hoffmann, Konzernhandbuch, S. 10.
97 Scheffler, Konzernmanagement, S. 75.
98 Lutter/Scheffler/Schneider, in: Handbuch der Konzernfinanzierung, § 1 Rn. 1,17; Holtmann, Personelle Verflechtungen, S. 21; Hoffmann, Konzernhandbuch, S. 108 ff.; Scheffler, Konzernmanagement, S. 80.

a) *Zentral geführte Konzerne*

Eine zentrale Konzernführung zeichnet sich dadurch aus, dass weitgehend alle betrieblichen und funktionalen Aufgabenbereiche am Sitz der konzernleitenden Gesellschaft konzentriert sind. Die Entscheidungen werden somit im Wesentlichen am Sitz der Konzernobergesellschaft getroffen und können durch entsprechende Anweisungen leicht, einheitlich und schnell auf Ebene der Tochtergesellschaften umgesetzt werden.[99] Die Zentralisierung kann jedoch auch negative Auswirkungen haben, die sich aufgrund des Umfangs der wahrzunehmenden Aufgaben in umständlichen und langwierigen Entscheidungsabläufen niederschlagen. Darüber hinaus ist zu beachten, dass die konzernleitende Gesellschaft nicht notwendig über das jeweilige branchenspezifische Wissen verfügt und dadurch die Gefahr entsteht, dass entsprechende Entwicklungen oder Veränderungen der jeweiligen Märkte verkannt respektive versäumt werden. Die Entscheidungen werden somit nicht in unmittelbarer Marktnähe, sondern in vergleichsweise weitem Abstand vom Marktgeschehen getroffen.[100]

b) *Dezentral geführte Konzerne*

Ein dezentral organisierter Konzern ist dagegen dadurch gekennzeichnet, dass die Konzernführung der konzernleitenden Gesellschaft nur die wichtigsten originären Führungsaufgaben umfasst und die übrigen Aufgabenbereiche der Entscheidungsautonomie der jeweiligen Tochtergesellschaften unterstehen. Die Tochtergesellschaften verfügen somit über umfangreiche Kompetenzen und üben wesentliche Unternehmensfunktionen in überwiegend eigener Verantwortung aus.[101] Die Verbindung von Marktnähe und Entscheidungskompetenz hat zur Folge, dass die jeweiligen Konzerngesellschaften schnelle und effiziente Entscheidungen treffen und dadurch auf Marktveränderungen entsprechend reagieren können. Die weitgehend eigenverantwortliche Tätigkeit in den Konzerngesellschaften stärkt die Stellung der jeweiligen Geschäftsführung und erhöht deren Motivation und Leistungsbereitschaft.[102] Im Unterschied zur zentralen Konzernführung zeichnet sich also die dezentrale Konzernführung durch eine weitgehende Entscheidungsfreiheit der Tochtergesellschaften in den operativen Geschäftsbereichen aus.

---

99 Scheffler, Konzernmanagement, S. 80; Holtmann, Personelle Verflechtungen, S. 21.

100 Scheffler, Konzernmanagement, S. 80.

101 Holtmann, Personelle Verflechtungen, S. 21; Schubert/Küting, Unternehmungszusammenschlüsse, S. 243. Allerdings müssen auch bei einer dezentralen Konzernführung die Voraussetzungen der einheitlichen Leitung vorliegen, damit der Konzerntatbestand erfüllt ist.

102 Scheffler, Konzernmanagement, S. 80.

4. *Art der Konzernstufen*

Des Weiteren können Konzernunternehmen nach der Anzahl der Konzernstufen unterschieden werden. Diese Art der Differenzierung gibt einen Einblick in die Komplexität konzernrechtlicher Verbindungen.[103] Insbesondere die zahlreichen Konzerngestaltungen von mehrstufigen Unternehmensverbindungen offenbaren die Schwierigkeiten, die mit der Kodifikation eines einheitlichen Konzerninsolvenzrechts verbunden sind. Im Folgenden wird zwischen einstufigen und mehrstufigen Konzernen differenziert.

a) Einstufige Konzerne

Von einem einstufigen Konzern spricht man dann, wenn die vom herrschenden Unternehmen einheitlich geleiteten abhängigen Unternehmen auf einer Stufe stehen. Es handelt sich somit um Konzernkonstellationen, in denen die konzernleitende Muttergesellschaft die einheitliche Leitung über mindestens eine Tochtergesellschaft ausübt.[104]

b) Mehrstufige Konzerne

Ein mehrstufiger Konzern liegt dagegen vor, wenn die von der Konzernobergesellschaft einheitlich geleiteten Konzerngesellschaften auf mehreren Stufen hintereinander angeordnet sind. Paradigma eines mehrstufigen Konzerns ist der hierarchische Konzernaufbau aus Mutter-, Tochter- und Enkelgesellschaft.[105] Diese Konzernstruktur hat zur Folge, dass die Muttergesellschaft auf Ebene der Tochtergesellschaft unmittelbar und auf Ebene der Enkelgesellschaft mittelbar Einfluss auf die Leitungsentscheidungen dieser Konzerngesellschaften nehmen kann.[106] Die möglichen Erscheinungsformen von mehrstufigen Unternehmensverbindungen potenzieren sich, wenn man bedenkt, dass eine Konzernmuttergesellschaft mehrere Konzerntöchter haben kann, die ihrerseits wiederum ein oder mehrere Enkelgesellschaften beherrschen, zu denen weitere Gesellschaften in einem Abhängigkeitsverhältnis stehen können.[107]

---

103 Görling, Die Konzernhaftung, S. 16. Nach den Ergebnissen der vom Verfasser durchgeführten Erhebung sind etwa 43 % aller deutschen Aktiengesellschaften und schätzungsweise 13 % aller Gesellschaften mit beschränkter Haftung mehrstufig verbunden.

104 Emmerich/Habersack, Konzernrecht, S. 55.

105 Emmerich/Habersack, Konzernrecht, S. 55.

106 Koch, in: Hüffer/Koch, AktG, § 18 Rn. 13; Hungenberg, Zentralisation, S. 71.

107 Görling, Konzernhaftung, S. 16 f., mit weiteren Ausführungen zu den komplexen Konzernstrukturen in mehrstufigen Unternehmensverbindungen und entsprechenden Beispielen.

III. Ökonomische Gründe für eine Konzernbildung

Konzerne entstehen durch die Gründung von Tochterunternehmen, der Ausgliederung von Unternehmensbereichen auf Tochtergesellschaften oder durch die Übernahme bisher selbständiger Unternehmen.[108] Dabei stellt sich insbesondere die Frage nach den strategischen Zielen der Konzernbildung. Die folgende Darstellung geht auf die Verfolgung von Wachstumsstrategien und die Erzielung von Synergieeffekten ein. Diese Ziele scheinen nach Ansicht des Autors einerseits sehr praxisrelevant und andererseits gut geeignet, den ökonomischen Nutzen von Konzernverbindungen aufzuzeigen.[109] Dabei wird insbesondere deutlich, dass das Potential zur Erzielung positiver Synergien in engem Zusammenhang mit der vorstehend erfolgten betriebswirtschaftlichen Katalogisierung der verschiedenen Konzernformen steht.

Ein wesentliches Motiv für die Konzernbildung ist die Verfolgung von Wachstumsstrategien.[110] Die Entstehung eines Konzerns ist somit nicht Ziel, sondern lediglich Mittel zur Umsetzung der Unternehmenspolitik.[111] Die Verfolgung von Wachstumsstrategien ermöglicht neue Absatzmärkte zu erschließen oder kann dem Erhalt oder Ausbau der aktuellen Marktposition dienen.[112] Zur Umsetzung dieser Ziele kann eine *interne* oder *externe* Wachstumsstrategie verfolgt werden. Bei der *internen* Wachstumsstrategie werden unternehmenseigene Ressourcen genutzt und eigene neue Kapazitäten geschaffen. Die Vorteile des internen Wachstums bestehen vor allem darin, dass Umfang und Struktur des Wachstumsprozesses individuell festgelegt und an den konkreten Vorstellungen und Zielsetzungen des Unternehmens ausgerichtet werden können.[113] Bei *externen* Wachstumsstrategien werden bereits am Markt vorhandene Kapazitäten genutzt, indem beispielsweise Unternehmen, die das entsprechende Anforderungsprofil erfüllen, erworben werden. Der Vorteil des externen Wachstums liegt darin, dass keine eigene zeit- und kostenintensive Entwicklung erforderlich ist und somit ohne zeitliche Verzögerung auf bereits vorhandene Kapazitäten zugegriffen werden kann.[114] Das Wachstumsziel steht dabei in engem Zusammenhang mit der Konzernstrategie und kann im Hinblick auf die

108 Scheffler, Konzernmanagement, S. 22 f.; Theisen, Der Konzern, S. 91 f.; Emmerich/Habersack, Konzernrecht, § 1 Rn. 20.

109 Zu einer vollständigen Auflistung der mit der Konzernbildung verfolgten Ziele, Scheffler, Konzernmanagement, S. 22; zu weiteren Gründen für die Konzernbildung vgl. Specovius, in: Hdb. Konzerninsolvenzrecht, § 3 Rn. 125 ff.

110 Hoffmann, Konzernhandbuch, S. 85 ff.; Scheffler, Konzernmanagement, S. 18 f.; Theisen, Der Konzern, S. 92 f.; Mellewigt, Konzernorganisation, S. 17 f.

111 Mellewigt, Konzernorganisation, S. 17; Hoffmann, Konzernhandbuch, S. 85.

112 Zu den verschiedenen Wachstumszielen Scheffler, Konzernmanagement, S. 19 f., der zwischen einer horizontalen, vertikalen und lateralen Expansion entscheidet.

113 Scheffler, Konzernmanagement, S. 18 f.; Theisen, Der Konzern, S. 92 f. Hier werden weitere Vorteile des *internen* Wachstums genannt.

114 Scheffler, Konzernmanagement, S. 18 f.; Theisen, Der Konzern, S. 92 f. Hier werden weitere Vorteile des *externen* Wachstums genannt.

bereits oben erfolgte Einteilung nach der leistungswirtschaftlichen Verflechtung der Konzernunternehmen auf horizontale, vertikale oder laterale Expansion gerichtet sein.[115]

Des Weiteren ist die Erzielung von Synergieeffekten ein wesentlicher Grund für die Konzernbildung. Die Etymologie des Begriffes stammt aus dem Griechischen und bedeutet wörtlich „zusammenwirken". Dabei soll durch die planvolle Koordinierung der wirtschaftlichen Aktivitäten und der gezielten Nutzung von Ressourcen ein Mehrwert für den Konzern entstehen.[116] Das mögliche Potential zur Erzielung von positiven Synergien kann jedoch im Hinblick auf die verschiedenen konzernrechtlichen Erscheinungsformen variieren und ist daher von der Art der jeweiligen Konzernverbindung abhängig. So wurde bereits in obiger Unterscheidung nach der leistungswirtschaftlichen Verflechtung der Konzerngesellschaften deutlich, dass bei horizontalen Konzernen die Möglichkeit zur Erzielung von Synergieeffekten grundsätzlich höher einzuschätzen ist als bei diversifiziert gegliederten Konzernen. Dies liegt daran, dass aufgrund ähnlicher Produktpaletten, Lieferanten- oder Kundenbeziehungen, Synergien entstehen, die sich positiv auf verschiedene Unternehmensbereiche auswirken.[117] Im Beschaffungsbereich schlagen sich diese Vorteile in besseren Einkaufskonditionen nieder, die durch die Abnahme größerer Mengen und einer besseren Verhandlungsposition aufgrund zunehmender Einkaufsmacht entstehen. Positive Auswirkungen können auch im Produktionsbereich erwartet werden, indem gegenseitiges Know-how genutzt wird und aufgrund größerer Produktionsmengen Stückkosten eingespart werden. Schließlich zeigen sich die Synergievorteile auch im Absatzbereich, in dem die gemeinsame Nutzung von Absatz- und Vertriebswegen zu einer Reduktion der Kostenlast führt.[118] Darüber hinaus können weitere Konzernvorteile dadurch entstehen, dass zentrale Aufgabenbereiche am Sitz der Konzernobergesellschaft zentralisiert werden. In diesem Zusammenhang ist beispielsweise an die Zusammenlegung der Forschungs- und Entwicklungsabteilung zu denken, die nicht nur eine Bündelung des vorhandenen Fachwissens, sondern auch entsprechende Kostenersparnisse mit sich bringt.[119] Diese Art der Synergieerzielung hängt jedoch nicht nur von der leistungswirtschaftlichen Verflechtung der Konzernunternehmen, sondern auch von der Art der Konzernführung ab. Je mehr betriebliche und funktionale Geschäftsbereiche am Sitz der konzernleitenden Gesellschaft angesiedelt sind, desto weniger müssen von den jeweiligen Tochtergesellschaften wahrgenommen werden. Bei den für die Zentralisierung geeigneten Aufgaben handelt es sich in der Regel nicht um die geschäftsbezogenen, sondern vor allem um die konzernspezifischen Funktionen,

115 Lutter/Scheffler/Schneider, in: Hdb. der Konzernfinanzierung, § 1 Rz. 1.7; Scheffler, Konzernmanagement, S. 19.

116 Vgl. Frost/Morner, Konzernmanagement, S. 15 f.; Ringlstetter, Konzernentwicklung, S. 85 ff.

117 Vgl. Hoffmann, Konzernhandbuch, S. 9.

118 Schubert/Küting, Unternehmenszusammenschlüsse, S. 30 f.

119 Schubert/Küting, Unternehmenszusammenschlüsse, S. 33.

zu welchen insbesondere die Bereiche Finanzen, Steuern, Rechnungswesen, EDV, Recht, Revision, Immobilienverwaltung und Öffentlichkeitsarbeit gehören.[120] Da im Zusammenhang mit dem Konzerntatbestandsmerkmal der einheitlichen Leitung festgestellt wurde, dass dieses zumindest bei Vorliegen einer einheitlichen Finanzplanung erfüllt ist und dieser Bereich in der Praxis einen hohen Zentralisierungsgrad aufweist,[121] wird exemplarisch auf die in diesem Zusammenhang stehenden Vorteile der Zentralisierung eingegangen. Die einheitliche Finanzplanung bringt nicht nur den Vorteil mit sich, dass nur eine Finanzabteilung mit insgesamt weniger Mitarbeitern unterhalten werden muss, sondern ermöglicht zusätzlich die einheitliche und gesamte Erfassung der Finanzstruktur aller Konzerngesellschaften. Zentraler Bestandteil der Konzernfinanzwirtschaft ist dabei das Cash-Management. Darunter versteht man die zielgerichtete Gestaltung der Zahlungsströme und der kurzfristigen Geld- bzw. Kreditbestände.[122] Die primären Ziele des Cash-Management liegen in der Aufrechterhaltung der Zahlungsfähigkeit aller Konzernunternehmen, der Rentabilitätssteigerung und der Minimierung entsprechender Risiken.[123] Der ökonomische Nutzen eines zentralen Cash-Managements zeigt sich insbesondere darin, dass die Finanzmittel abhängig nach Bedarf bereitgestellt werden. Dies führt dazu, dass Zinserträge für Überschüsse maximiert und Zinsaufwendungen für fehlende Liquidität minimiert werden.[124] Verfügt ein Konzernunternehmen über einen positiven Saldo, ist die hierauf erzielte Verzinsung niedriger als der Zinssatz, den ein Konzernunternehmen mit negativem Saldo für die Inanspruchnahme eines entsprechenden Kredits entrichten müsste.[125] Die positiven Wirkungen des Cash-Managements ergeben sich also beispielswese dadurch, dass die Liquiditätsüberschüsse von Konzernunternehmen zur Verwendung von Liquiditätsengpässen anderer Konzernunternehmen zur Verfügung gestellt werden und kein Rückgriff auf konzernexterne Finanzierungsmöglichkeiten notwendig ist. Die Umsetzung der vorstehenden Überlegungen zum Cash-Management erfolgt durch das Cash Pooling. Dieses steht im Mittelpunkt des Cash-Managements und bewirkt, dass die Saldi der beteiligten Konzernunternehmen auf einem Zielkonto zusammengefasst werden und die jeweiligen Überschuss- bzw. Überziehungsbeträge ausgeglichen werden. Die nicht oder wenig zinsbringenden Mittel werden somit auf ein Minimum reduziert.[126]

---

120 Hoffmann, Konzernhandbuch, S. 110; Piepenburg, NZI 2004, 231 (235).

121 Hoffmann, Konzernhandbuch, S. 110 f.; Theisen, Der Konzern, S. 442 f.

122 Lutter/Scheffler/Schneider, in: Hdb. der Konzernfinanzierung, § 1 Rz. 1.75 (S. 27).

123 Wehlen, in: Hdb. der Konzernfinanzierung, § 23 Rz. 23.6 ff. (S. 748 ff.); Anmelung/Kaeser, DStR 2003, 655 (655).

124 Theisen, Der Konzern, S. 452; Lutter/Scheffler/Schneider, in: Hdb. der Konzernfinanzierung, § 23 Rz. 23.6 f. (S. 748 f.); Schmelz, NZG 2006, 456 (456).

125 Schmelz, NZG 2006, 456 (456).

126 Theisen, Der Konzern, S. 454; Wehlen, in: Hdb. der Konzernfinanzierung, § 23 Rz. 23.28, 23.30 (S. 757 ff.); Anmelung/Kaeser, DStR 2003, 655 (657) zu den unterschiedlichen Ausgestaltungen des Poolingsverfahrens.

C. Zusammenfassung

Die voranstehenden Ausführungen sollten einerseits die für die folgende Behandlung erforderlichen Konzerngrundlagen vermitteln, andererseits jedoch auch auf die mit der Materie in Zusammenhang stehenden Probleme aufmerksam machen. Die zentrale Problematik basiert insbesondere auf den unterschiedlichen *rechtlichen* und *betriebswirtschaftlichen* Ansätzen zur Erfassung des Konzernphänomens. Diese sind insbesondere darauf zurückzuführen, dass der Konzern als Organisationsverfassung sowohl im Interesse der *Rechtswissenschaften* als auch der *Wirtschaftswissenschaften* steht und beide Materien unabhängig voneinander unterschiedliche Konzernsichtweisen entwickelt haben. Während die *Rechtswissenschaft* stets die *rechtliche Vielheit* der einzelnen Konzerngesellschaften betont, begreift die *Betriebswirtschaft* den Konzern als *wirtschaftliche Einheit* und selbständiges Wirtschaftssubjekt.

Neben dem differierenden rechtlichen und wirtschaftlichen Konzernverständnis trägt insbesondere auch die Vielzahl der rechtlichen und wirtschaftlichen Konzernorganisationsformen zur Komplexität der Konzernmaterie bei. In *rechtlicher Hinsicht* hängen die mit der Konzernierung verbundenen Rechtsfolgen insbesondere von der rechtlichen Art der Konzernbegründung und den Rechtsformen der beteiligten Konzerngesellschaften ab. Die Vielfalt konzernrechtlicher Erscheinungsformen zeigt sich insbesondere in komplexen konzernrechtlichen Verbindungen. Man denke hier beispielsweise an kombinierte Unterordnungs- und Gleichordnungskonzerne, in denen die Konzerngesellschaften in der Form von Kapital- und/oder Personengesellschaften organisiert sind und die konzernrechtliche Verbindung mancher Konzerngesellschaften auf vertraglicher und anderer auf faktischer Grundlage beruht. Die konzernrechtliche Vielfalt beruht jedoch nicht nur auf den zahlreichen rechtlichen Möglichkeiten zur Ausgestaltung von konzernrechtlichen Verbindungen, sondern auch auf den unterschiedlichen betriebswirtschaftlichen Konzernorganisationsmodellen.

In *betriebswirtschaftlicher Hinsicht* ist neben der Unterscheidung nach Stammhaus- und Holdingkonzernen, insbesondere die leistungswirtschaftliche Verflechtung der Konzernunternehmen zur Systematisierung der Konzerne maßgebend. Während manche Konzerne gleiche oder ähnliche Produkte herstellen, zeichnen sich andere dadurch aus, dass die Konzerngesellschaften in gänzlich verschiedenen Bereichen tätig sind oder sowohl horizontale als auch vertikale leistungswirtschaftliche Verflechtungen im Konzern bestehen.[127] Daneben können sich die Konzerne auch hinsichtlich der Art der Konzernführung maßgeblich unterscheiden. Während in machen Konzernkonstellationen eine straffe Führung der abhängigen Gesellschaften erfolgt, besteht in anderen lediglich ein lockerer Unternehmensverbund, in welchem die Tochtergesellschaften über weitgehende Entscheidungs- und Handlungsspielräume verfügen.

127 Lutter, in: Lutter, Holding Hdb., § 1 Rz. 1.8.

Die verschiedenen rechtlichen und wirtschaftlichen Kriterien zur Klassifizierung von Konzernen zeigen die potentiellen Möglichkeiten zur Ausgestaltung konzernrechtlicher Verbindungen und die damit einhergehende Vielzahl konzernrechtlicher Erscheinungsformen, die bei der insolvenzrechtlichen Behandlung konzernverbundener Unternehmen zu berücksichtigen ist.

§ 3 Gründe für die Schaffung von Mechanismen zur Abwicklung von Konzerninsolvenzen

> *„Die Konzernunternehmung als System ist das Ergebnis eines sich permanent wandelnden dynamischen Prozesses, dessen organischer Entwicklung die Rechtsordnung mit einer flexiblen Konzernverfassung Rechnung zu tragen hat. Der Konzern definiert sich durch seine Rechtsform, die damit konstitutiv, aber auch formatierend für die Entfaltung wirtschaftlicher Aktivitäten ist."*[128]

Nach Darstellung der für die weitere Arbeit erforderlichen Konzerngrundlagen, befassen sich die folgenden Ausführungen mit der insolvenzrechtlichen Thematik von konzernverbundenen Unternehmen. Dabei stellt sich zunächst die Frage nach den Gründen zur Schaffung von Mechanismen zur Abwicklung von Konzerninsolvenzen. Die Antwort darauf steht nicht nur in engem Zusammenhang mit den unterschiedlichen Konzernansatzpunkten in der Betriebswirtschaft und Rechtswissenschaft, sondern hängt insgesamt von dem Verhältnis dieser Materien zueinander ab. Während einerseits die Rechtsordnung die gesetzlichen Rahmenbedingungen für die wirtschaftliche Entwicklung vorgibt, ist anderseits die wirtschaftliche Entwicklung von der Effizienz der Rechtsordnung abhängig.[129] Dieses Verhältnis führte in letzter Zeit innerhalb der Europäischen Union zu einem Wettbewerb der Rechtsordnungen. Dieser nahm seinen Ursprung im Gesellschaftsrecht und hatte zur Folge, dass nach den Entscheidungen des EuGH zur Niederlassungsfreiheit[130] vermehrt ausländische Kapitalgesellschaften am deutschen Wirtschaftsmarkt in Erscheinung und in Konkurrenz zu deutschen Gesellschaftsformen traten.[131] Nachdem dieser Trend unlängst durch eine Reaktion des deutschen Gesetzgebers und der Reform des GmbHG beendet wurde, ließ sich auch im Bereich des Insolvenzrechts ein entsprechender Wettbewerb der jeweiligen Insolvenzstatuten verzeichnen.[132] Da dieses Phänomen insbesondere auch mit der Insolvenz konzernverbundener Gesellschaften festzustellen ist,[133]

---

128 S. Druey, Konzern, S. 90.

129 Zum Verhältnis der Rechtswissenschaften und Wirtschaftswissenschaften im Bereich des Konzernrechts Theisen, in: Albach, Konzernmanagement, S. 35 ff.; Druey, in: Druey: Konzernrechtsgespräch, S. 161 ff.; Schenk, Konzernbildung, S. 1 ff.

130 EuGH Urteil vom 9.03.1999 – Rs. C 212/97, Slg. 1999, I – 1495 = Centros, EuGH Urteil vom 5.11.2002 – Rs. C-208/00, Slg. 2002, I – 9919 = Überseering, EuGH Urteil vom 30.09.2003 – Rs. C-167/01, Slg. 2003, I – 10155 = Inspire Art.

131 Zu dieser Thematik und der Entwicklung der englischen limited in Deutschland, Fleischer, in: MüKo, GmbHG, Band 1, Einl. Rn. 217 ff.

132 Zu diesem Thema eingehend Eidenmüller, ZGR 2006, 467 (467 ff.).

133 Eidenmüller, NJW 2004, 3455 (3455 ff.); Braun, NZI 2004, V-VII; Paulus, DB 2008, 2523 (2523 ff.); Vallender, NZI 2007, 129 (129 ff.).

sollte eine kompetitive Rechtsordnung nicht nur die rechtlichen, sondern auch die entsprechenden wirtschaftlichen Rahmenbedingungen bei der insolvenzrechtlichen Behandlung von Konzernunternehmen berücksichtigen und vernünftig miteinander in Einklang bringen. Die folgenden Ausführungen werden diese interdisziplinären Gesichtspunkte beachten und zeigen, dass bei genauerer Betrachtung das Verhältnis zwischen wirtschaftlichem und rechtlichem Konzernverständnis für die Schaffung besonderer Mechanismen zur Abwicklung von Konzerninsolvenzen spricht (A.). Zudem zeigen auch die Zusammenhänge zwischen insolvenzrechtlichen und konzerninsolvenzrechtlichen Überlegungen, dass ein modernes Insolvenzrecht im Hinblick auf eine optimale Befriedigung der Gläubigergesamtheit entsprechende Regelungen für die Insolvenz von Unternehmensgruppen bereitstellen sollte (B).

A. Verhältnis zwischen wirtschaftlichem und rechtlichem Konzernverständnis

Wichtige Aspekte ergeben sich zunächst aus dem Verhältnis zwischen wirtschaftlichem und rechtlichem Konzernverständnis. Die folgenden Ausführungen werden zeigen, dass die aus den unterschiedlichen Konzernsichtweisen resultierenden Auswirkungen im wirtschaftlich gesunden Konzernverbund geringer sind, als dies auf den ersten Blick erscheinen mag. (I.) Dabei trägt insbesondere das für den Konzerntatbestand erforderliche Merkmal der einheitlichen Leitung dazu bei, dass der Konzern nicht nur als Summe der einzelnen Konzerngesellschaften, sondern auch als eine aufeinander abgestimmte Wirtschaftseinheit wahrgenommen wird. Die Gegensätze von wirtschaftlichem und rechtlichem Konzernverständnis treten vollumfänglich erst in der Insolvenz einzelner Konzerngesellschaften zu Tage, in dem die insolvenzrechtlichen Regelungen an der Rechtsfähigkeit der einzelnen Konzerngesellschaften anknüpfen und der bis dahin bestehende wirtschaftliche Konzernverbund in der Insolvenz keine Berücksichtigung mehr findet (II.). Die Einführung eines Konzerninsolvenzrechts könnte dieses Dilemma beheben und einen sachgerechten Ausgleich zwischen rechtlichem und wirtschaftlichem Konzernverständnis herbeiführen (III.).

I. Kongruenz von wirtschaftlichem und rechtlichem Konzernverständnis vor der Insolvenz

Die mit der Konzernierung entstehenden Befugnisse ermöglichen, trotz rechtlicher Selbständigkeit der einzelnen Konzerngesellschaften, den Konzernverbund teilweise als wirtschaftliche Einheit zu führen.[134] Die Intensität der Einflussnahme bestimmt sich dabei stets nach der Art der Konzernführung der konzernleitenden Gesellschaft und der rechtlichen Ausgestaltung der jeweiligen

134 Zu den Auswirkungen der Konzernleitungsmacht auf die wirtschaftliche Einheit Bous, Konzernleitungsmacht, S. 15 ff.; Brünkmans, Koordinierung, S. 41 ff.

Konzernverbindung. Im Folgenden wird auf die verschiedenen rechtlichen Formen der Leitungsmacht eingegangen und die sich daraus ergebenden Konsequenzen für den Zusammenhang zwischen rechtlichem und wirtschaftlichem Konzernverständnis aufgezeigt.

1. *Unbeschränkte Leitungsmacht und Einflussnahme im Eingliederungskonzern*

Die intensivste Möglichkeit zur Einwirkung auf die Geschäftspolitik der abhängigen Gesellschaft besteht im Fall der Eingliederung. Der Umfang der Leitungsmacht bestimmt sich in dieser Konzernkonstellation nach der gesetzlichen Regelung des § 323 I AktG und gewährt der Hauptgesellschaft ein umfassendes Weisungsrecht.[135] Dieses umfasst die Erteilung nachteiliger Weisungen und erlaubt im Gegensatz zum Vertragskonzern auch solche Weisungen, die weder den Belangen der Hauptgesellschaft noch eines mit ihr verbundenen Unternehmens dienen. Die Beachtung des in § 308 I S. 2 AktG normierten Konzerninteresses findet wegen der fehlenden Verweisung in § 323 I S. 2 AktG im Falle der Eingliederung keine Anwendung.[136] Darüber hinaus geht die überwiegende Ansicht davon aus, dass im Eingliederungskonzern grundsätzlich auch existenzgefährdende Weisungen der Hauptgesellschaft gegenüber der eingegliederten Gesellschaft zulässig sind, da in dieser Konzernkonstellation keine Minderheitsaktionäre vorhanden sind und der erforderliche Gläubigerschutz durch die Regelung des § 321 AktG erfolgt.[137] Schließlich zeigt sich das umfassende Weisungsrecht auch in vermögensrechtlicher Hinsicht, als durch die Aufhebung der Kapitalerhaltungsvorschriften in § 323 II AktG, die Weisungen der Hauptgesellschaft auch auf die Übertragung von Vermögen gerichtet sein können. Die nahezu unbeschränkte Leitungsmacht der Hauptgesellschaft führt dazu, dass die eingegliederten Gesellschaften weniger als selbständige Rechtssubjekte, sondern vielmehr als Betriebsabteilung erscheinen.[138] Die Leitungsmacht im eingegliederten Konzern trägt somit dazu bei, dass trotz rechtlicher Selbständigkeit der einzelnen Konzerngesellschaften der Konzernverbund als wirtschaftliche Einheit am Markt auftreten kann. Insgesamt lässt sich somit feststellen, dass die rechtliche Ausgestaltung der Konzernleitungsmacht das wirtschaftliche Konzernverständnis

135 Leuering/Goertz, in: Hölters, AktG, § 323 Rn. 4; Grunewald, in: MüKo, AktG, Band 5, § 323 Rn. 1 f.; Habersack, in: Emmerich/Habersack, Aktien- und GmbH-Konzernrecht, § 323 Rn. 2; Singhof, in: Spindler/Stilz, AktG, Band 2, § 323 Rn. 2.

136 Grunewald, in: MüKo, AktG, Band 5, § 323 Rn. 2; Habersack, in: Emmerich/Habersack, Aktien- und GmbH-Konzernrecht, § 323 Rn. 2; Koch, in: Hüffer/Koch, AktG, § 323 Rn. 3; Kroppensteiner, in: KöKo, AktG, Band 6, § 323 Rn. 2.

137 Grunewald, in: MüKo, AktG, Band 5, § 323 Rn. 3; Habersack, in: Emmerich/Habersack, Aktien- und GmbH-Konzernrecht, § 323 Rn. 2; Kroppensteiner, in: KöKo, AktG, Band 6, § 323 Rn. 2.

138 Begründung Regierungsentwurf, Kropff, AktG, S. 429, 431.

berücksichtigt und diesem im wirtschaftlich funktionierenden Konzernverbund entsprechend Rechnung trägt.

2. *Umfassende Leitungsmacht und Einflussnahme im Vertragskonzern*

Darüber hinaus ermöglicht auch der Abschluss eines Beherrschungsvertrages auf die Führung der abhängigen Gesellschaft einzuwirken.[139] Der Umfang der Leitungsmacht ergibt sich aus der gesetzlichen Vorschrift des § 308 AktG und ermächtigt das herrschende Unternehmen, dem Vorstand der abhängigen Gesellschaft Weisungen hinsichtlich der Leitung dieser Gesellschaft zu erteilen (§ 308 I 1 AktG). Die umfassende Leitungsmacht ergibt sich insbesondere daraus, dass nach der gesetzlichen Ausgestaltung grundsätzlich auch nachteilige Weisungen zulässig sind, sofern sie den Belangen des herrschenden Unternehmens oder der mit ihm und der Gesellschaft konzernverbundenen Unternehmen dienen (§ 308 I 2 AktG). Die zentrale Bedeutung dieser Regelung liegt insbesondere darin, dass sie dem herrschenden Unternehmen ermöglicht, die Geschäftspolitik der abhängigen Gesellschaften weitgehend zu bestimmen und als wirtschaftliche Einheit zu führen. Die Regelungen zur Leitungsmacht im Vertragskonzern beruhen somit letztlich auf der Vorstellung, dass es sich bei einem Vertragskonzern im Grunde um ein einziges Unternehmen im wirtschaftlichen Sinne handelt.[140] Die potentiellen Möglichkeiten zur Einflussnahme der herrschenden Gesellschaft im Vertragskonzern sind jedoch nicht schrankenlos, sondern zum Schutz der abhängigen Gesellschaft, ihren Minderheitsaktionären und Gläubigern an rechtliche Grenzen gebunden. Diese sind teilweise bereits in den aktienrechtlichen Vorschriften (Bsp.: § 291 AktG) oder in den allgemeinen gesetzlichen Regelungen enthalten (Bsp.: §§ 134, 138 BGB) oder können sich aus dem Beherrschungsvertrag oder der Satzung der abhängigen Gesellschaft ergeben. Schließlich werden – im Gegensatz zum Eingliederungskonzern – nach überwiegender Ansicht auch existenzgefährdende Weisungen als unzulässig angesehen.[141]

---

139 Da die Regelung des § 308 AktG auf Beherrschungsverträge mit einer abhängigen GmbH entsprechend angewandt wird und die weiteren Differenzierungen für die folgende Darstellung nicht relevant sind, wird aus Gründen der Übersichtlichkeit nur der gesetzlich geregelte Fall der Leitungsmacht unter Beteiligung einer abhängigen AG oder KGaA dargestellt.

140 Emmerich, in: Emmerich/Habersack, Aktien- und GmbH-Konzernrecht, § 308 Rn. 46; Altmeppen, in: MüKo, AktG, Band 5, § 308 Rn. 103; Kroppensteiner, in: KöKo, AktG, Band 6, § 308 Rn. 37; Koch, in: Hüffer/Koch, AktG, § 308 Rn. 16.

141 Zu den Grenzen des Weisungsrechts Emmerich, in: Emmerich/Habersack, Aktien- und GmbH-Konzernrecht, § 308 Rn. 55 f.; Altmeppen, in: MüKo, AktG, Band 5, § 308 Rn. 95 ff.; Leuering/Goertz, in: Hölters, AktG, § 308 Rn. 32 ff.; Veil, in: Spindler/Stilz, AktG, Band 2, § 308 Rn. 28 ff.

3. Beschränkte Leitungsmacht und Einflussnahme im faktischen Konzern

Schließlich ist auch in faktischen Konzernverbindungen, in denen kein Weisungsrecht der herrschenden Gesellschaft besteht, aufgrund gesellschaftsrechtlicher Mittel eine Einwirkung auf die Leitung der abhängigen Gesellschaft möglich. Grundlage dafür ist in der Regel ein aus der Mehrheitsbeteiligung entstehendes Abhängigkeitsverhältnis zwischen dem herrschenden und dem abhängigen Unternehmen.[142] Die potentiellen Möglichkeiten und die rechtlichen Schranken der Einflussnahme sind in dieser Konzernkonstellation stets von der Rechtsform der beherrschten Gesellschaft abhängig. Die folgenden Ausführungen differenzieren daher zwischen faktischen Konzernen, in denen die abhängige Gesellschaft entweder in der Rechtsform einer Aktiengesellschaft oder in der einer Gesellschaft mit beschränkter Haftung organisiert ist.

Die Möglichkeit zur Einflussnahme in faktischen Konzernverhältnissen unter Beteiligung einer abhängigen Aktiengesellschaft steht in engem Verhältnis mit der Organisationsstruktur dieser Gesellschaftsform. Diese zeichnet sich dadurch aus, dass der Vorstand gem. § 76 I AktG die Aktiengesellschaft unter eigener Verantwortung leitet und auch die Begründung eines faktischen Konzernverhältnisses keine Auswirkungen auf die Leitungsstruktur der abhängigen Gesellschaft hat. Die Möglichkeiten zur Einwirkung auf die Unternehmenspolitik der abhängigen Gesellschaft beruhen vielmehr auf der durch die Mehrheitsbeteiligung entstehenden Personalentscheidungsgewalt.[143] Diese resultiert in der Organisationsverfassung der Aktiengesellschaft daraus, dass das herrschende Unternehmen aufgrund der Stimmenmehrheit in der Hauptversammlung die Möglichkeit hat, unmittelbar auf die Zusammensetzung des Aufsichtsrats einzuwirken (§ 101 AktG), welcher gem. § 84 AktG für die Bestellung und Abberufung des Vorstands zuständig ist. Die rechtliche Ausgestaltung der Personalkompetenz führt in der Regel dazu, dass die Verwaltungsorgane zur Vermeidung persönlicher Nachteile die Zielvorstellungen des herrschenden Unternehmens umsetzen und die Geschäftspolitik der abhängigen Gesellschaft diesen Interessen entsprechend ausrichten.[144] Daher besteht die Gefahr, dass das abhängige Unternehmen im Interesse des herrschenden Unternehmens geführt und deren Vermögen entsprechend der Zielvorstellung des herrschenden Gesellschafters eingesetzt wird.[145] Die Regelungen der §§ 311 ff. AktG enthalten

---

142 Emmerich, in: Emmerich/Habersack, Aktien- und GmbH-Konzernrecht, § 17 Rn. 17.

143 Bayer, in: MüKo, AktG, Band 1, § 17 Rn. 26 ff., Emmerich, in: Emmerich/Habersack, Aktien- und GmbH-Konzernrecht, § 17 Rn. 5 ff.

144 Bayer, in: MüKo, AktG, Band 1, § 17 Rn. 27; Bayer, ZGR 2002, 933 (935 ff.); Emmerich, in: Emmerich/Habersack, Aktien- und GmbH-Konzernrecht, § 17 Rn. 6; Koch, in: Hüffer/Koch, AktG, § 17 Rn. 5.

145 Habersack, in: Emmerich/Habersack, Aktien- und GmbH-Konzernrecht, § 311 Rn. 1; Altmeppen, in: MüKo, AktG, Band 5, Vorb. §§ 311–318 Rn. 2; Leuering/Goertz, in: Hölters, AktG, § 311 Rn. 1.

daher besondere Vorschriften zum Schutz der abhängigen Gesellschaft, ihrer Minderheitsaktionäre und Gläubiger. Da die Vermögensinteressen der abhängigen Gesellschaft bei neutraler oder vorteilhafter Einflussnahme nicht tangiert werden, beschäftigt sich die Regelung des § 311 AktG insbesondere mit der Zulässigkeit von nachteiligen Rechtsgeschäften oder Maßnahmen. Die Regelung basiert auf dem System des Einzelausgleichs und erlaubt nachteilige Einzelmaßnahmen nur dann, wenn diese innerhalb des Geschäftsjahres ausgeglichen (§ 311 I AktG) oder zum Gegenstand rechtsverbindlicher Vereinbarungen gemacht werden (§ 311 II AktG).[146] Die Sanktionen für die Nichtbeachtung der in § 311 AktG genannten Schranken sind in § 317 AktG geregelt und führen zu einem Schadensersatzanspruch der abhängigen Gesellschaft gegen das herrschende Unternehmen und seine gesetzlichen Vertreter. Die Gegensätze zum Vertragskonzern zeigen sich insbesondere darin, dass zum einen nur punktuelle nachteilige Einzelmaßnahmen zulässig sind und zum anderen die nachteilige Maßnahme nur dann gerechtfertigt ist, wenn die entsprechenden Nachteile bei der abhängigen Gesellschaft und nicht nur im Konzernverbund ausgeglichen werden.[147] Die Möglichkeiten auf die abhängige Gesellschaft Einfluss zu nehmen und diese am Konzerninteresse auszurichten sind somit im Gegensatz zum Vertragskonzern deutlich beschränkt. Jedoch ermöglicht auch die rechtliche Ausgestaltung dieser Konzernverbindung auf die Unternehmenspolitik der abhängigen Gesellschaft Einfluss zu nehmen und die Konzerngesellschaften teilweise im Sinne des wirtschaftlichen Konzernverständnisses zu führen.

Daneben finden sich in der Praxis auch zahlreiche Konzernkonstellationen, in denen es sich bei der abhängigen Gesellschaft um eine GmbH handelt. Diese Gesellschaftsform ist aufgrund ihrer Organisationsverfassung für die Rolle der abhängigen Gesellschaft prädestiniert und erfreut sich in faktischen Konzernverbindungen großer Beliebtheit.[148] Die Ursachen dafür liegen insbesondere in der rechtlichen Ausgestaltung dieser Organisationsform und den damit verbundenen Möglichkeiten auf die Leitung dieser Gesellschaft einzuwirken. Neben der Tatsache, dass die Gesellschafterversammlung gem. § 46 Nr. 5 GmbHG für die Bestellung, Abberufung und Entlastung der Geschäftsführer zuständig ist, ermöglicht insbesondere die im Vergleich zur Aktiengesellschaft unterschiedlich ausgestaltete Leitungsstruktur unmittelbar auf die Geschäftsführung der abhängigen Gesellschaft Einfluss zu nehmen. Während der Vorstand einer Aktiengesellschaft die Gesellschaft gem. § 76 I AktG eigenverantwortlich leitet, ist der Geschäftsführer einer GmbH gem. § 37 I GmbHG an den Willen der Gesellschafter gebunden. Das herrschende Unternehmen kann somit aufgrund seiner Mehrheitsbeteiligung dem Geschäftsführungsorgan

---

146 Koch, in: Hüffer/Koch, AktG, § 311 Rn. 1; Leuering/Goertz, in: Hölters, AktG, § 311 Rn. 2.

147 Begründung zum Regierungsentwurf, Kropff, S. 407.

148 Vogt, in: Beck'sches Hdb., GmbH, § 17 Rn. 271; Liebscher, in: MüKo, GmbHG, Band 1, Anhang § 13 Rn. 5 ff.; Altmeppen, in: Roth/Altmeppen, GmbHG, Anhang § 13 Rn. 1.

der abhängigen Gesellschaft Weisungen erteilen und die Geschäftspolitik dieser Gesellschaft bestimmen.[149] Da die Rechtsform der GmbH somit im erhöhten Maße für die Verfolgung gesellschaftsfremder Interessen anfällig ist, sind dem Einwirkungspotential des herrschenden Unternehmens rechtliche Schranken gesetzt.[150] Dabei ist aufgrund der unterschiedlichen Interessenlage zwischen Einpersonen- und Mehrpersonen-GmbHs zu differenzieren. Da in der ersten Konstellation keine Minderheitsgesellschafter an der abhängigen Gesellschaft beteiligt sind, besteht für das herrschende Unternehmen aufgrund der Disponibilität der Treuepflicht kein generelles Verbot zur nachteiligen Einflussnahme. Der in dieser Variante im Vordergrund stehende Gläubigerschutz wird vielmehr durch die Regelungen zur Kapitalerhaltung (§ 30 f. GmbHG) und dem Verbot von existenzvernichtenden Eingriffen verwirklicht.[151] Dagegen bestehen in der Konstellation der Mehrpersonen-GmbH erhöhte Schutzvorkehrungen. Der Schutz der Minderheitsgesellschafter wird insbesondere dadurch gewährleistet, dass in der mehrgliedrigen GmbH ein uneingeschränktes Verbot der nachteiligen Einflussnahme besteht. Die rechtliche Grundlage dafür ist in der mitgliedschaftlichen Treuepflicht zu sehen, welche jeden Gesellschafter verpflichtet, seine Rechte nur unter Beachtung des gemeinsamen Zwecks auszuüben.[152] Die Verletzung der mitgliedschaftlichen Treuepflicht durch das herrschende Unternehmen kann Schadensersatz- und Unterlassungsansprüche zur Folge haben, die von der abhängigen Gesellschaft oder im Wege der *actio pro socio* von den Gesellschaftern geltend gemacht werden können.[153] Zudem wird der Minderheitenschutz durch den Grundsatz der Gleichbehandlung und die in § 47 IV GmbHG geregelte Beschlusskontrolle flankiert.[154] Insgesamt lässt sich somit feststellen, dass die Möglichkeiten zur Einflussnahme davon abhängig sind, ob neben dem herrschenden Unternehmen noch andere Aktionäre an der abhängigen Gesellschaft beteiligt sind. Sofern es sich bei der abhängigen Gesellschaft nicht um eine

149 Habersack, in: Emmerich/Habersack, Aktien- und GmbH-Konzernrecht, Anhang § 318 Rn. 4; Henssler/Strohn, in: Henssler/Strohn, GesR, GmbHG, Anhang § 13 Rn. 44 ff.

150 Im Folgenden erfolgt nur ein grober Überblick über die rechtlichen Schranken. Zu den Einzelheiten vgl. Liebscher, in: MüKo, GmbHG, Band 1, Anhang § 13 Rn. 366 ff.; Habersack, in: Emmerich/Habersack, Aktien- und GmbH-Konzernrecht, Anhang § 318 Rn. 22.

151 Liebscher, in: MüKo, GmbHG, Anhang § 13 Rn. 398 ff.; Henssler/Strohn, in: Henssler/Strohn, GesR, GmbHG, Anhang § 13 Rn. 44, 45.

152 BGHZ 65, 15(18 f.) = NJW 1976, 191 ITT, BGHZ 95, 330 (340) = NJW 1996, 188; Habersack, in: Emmerich/Habersack, Aktien- und GmbH-Konzernrecht, Anhang § 318 Rn. 24.

153 Habersack, in: Emmrich/Habersack, Aktien- und GmbH-Konzernrecht, Anhang § 318 Rn. 23, 24.

154 Henssler/Strohn, in: Henssler/Strohn, GesR, GmbHG, Anhang § 13 Rn. 56.; Zu den weiteren Einzelheiten Habersack, in: Emmerich/Habersack, Aktien- und GmbH-Konzernrecht, Anhang § 318 Rn. 25, 26.

hundertprozentige Tochtergesellschaft des herrschenden Unternehmens handelt, ist die Einwirkung auf die Leitung der abhängigen Gesellschaft insbesondere durch das zum Schutz der Minderheitsaktionäre bestehende Verbot der nachteiligen Einflussnahme beschränkt. Jedoch ist auch hier zu beachten, dass innerhalb der Grenzen dieser Schutzvorschriften die Möglichkeit besteht, die abhängige Gesellschaft im Konzerninteresse zu führen und insoweit das wirtschaftliche Konzernverständnis auch in dieser Konzernkonstellation zum Ausdruck kommt.

II. Divergenz von wirtschaftlichem und rechtlichem Konzernverständnis in der Insolvenz

Während die einheitliche Leitung und die unterschiedlichen Formen der Leitungsmacht im wirtschaftlich gesunden Konzernverbund dazu beitragen, dass die rechtlich selbständigen Konzerngesellschaften mehr oder minder als wirtschaftliche Einheit geführt werden können, zeigt sich der Widerspruch von rechtlichem und wirtschaftlichem Konzernverständnis insbesondere in der Insolvenz von Konzerngesellschaften.[155] Dies ist vor allem dadurch bedingt, dass das vorhandene Regelungssystem die unterschiedlichen Konzernansatzpunkte nur bis zur Insolvenz einzelner Konzerngesellschaften miteinander in Einklang bringt und mit Eintritt der Insolvenz keine besonderen Vorschriften zur Berücksichtigung dieses Verhältnisses mehr bestehen. Vielmehr knüpfen die aktuellen insolvenzrechtlichen Vorschriften allein am rechtlichen Konzernverständnis an und ignorieren den bis dahin bestehenden wirtschaftlichen Konzernverbund.

1. Keine Rechts- und Insolvenzfähigkeit des Konzerns

Das rechtliche Konzernverständnis orientiert sich an der gesetzlichen Regelung des § 18 AktG und begreift den Konzern als Zusammenfassung mehrerer rechtlich selbständiger Konzernunternehmen unter einheitlicher Leitung. Obwohl das dadurch entstehende Konstrukt in der gesetzlichen Regelung selbst als Konzern bezeichnet wird, sind nur die einzelnen Konzerngesellschaften und nicht die Unternehmensverbindung als solche rechtsfähig. Dies hat zur Folge, dass nur die einzelnen Konzerngesellschaften Träger von Rechten und Pflichten sein können und die haftungsrechtlich relevanten Vermögenswerte den einzelnen Konzerngesellschaften zugeordnet sind. Der Konzern selbst ist weder rechtsfähig noch insolvenzfähig und kann nach der gesetzlichen Regelung des § 11 InsO nicht Gegenstand eines Insolvenzverfahrens sein.[156]

---

155 Grau, Konsolidierung, S. 5; Rühlemann, Verfahrenskonzentration, S. 31.

156 Zu dieser absolut herrschenden Lehre vgl. Ott/Vuia, in: MüKo, InsO, Band 1, § 11 Rn. 35; Hirte, in: Uhlenbruck, InsO, § 11 Rn. 394; Schmerbach, in: FK, InsO, Band 1, § 11 Rn. 38; kritisch dazu Aden, DZWiR 2011, 89 (89 ff.); Graeber, NZI 2007, 265 (265).

2. Eigenständiges Insolvenzverfahren über das Vermögen jeder Konzerngesellschaft

Die Insolvenzordnung beruht auf dem rechtlichen Konzernverständnis und der Vorstellung, dass ein Insolvenzverfahren nur über das Vermögen der einzelnen Konzerngesellschaften eröffnet werden kann. Neben der Tatsache, dass die Eröffnungsvoraussetzungen hinsichtlich jeder einzelnen Konzerngesellschaft separat zu bestimmen sind, hat auch jede Konzerngesellschaft grundsätzlich ihren eigenen Insolvenzgerichtsstand.[157] Dies hat zur Folge, dass bei der Insolvenz mehrerer Konzerngesellschaften in der Regel mehrere Insolvenzgerichte zuständig sind und verschiedene Insolvenzverwalter bestellt werden.[158] Aufgrund der Tatsache, dass die InsO weder explizite Regelungen zur Koordination dieser Verfahren noch zur Kooperation der Verfahrensbeteiligten enthält, finden somit weitgehend eigenständige und voneinander unabhängige Insolvenzverfahren über das Vermögen der jeweiligen Konzerngesellschaften statt. Die fehlende Koordination und Kooperation führt dazu, dass das ursprünglich bestehende Konzerngesamtinteresse und die konzernwirtschaftliche Verflechtung nicht mehr berücksichtigt werden und die Insolvenzverwalter allein im Interesse der jeweiligen Konzerngesellschaften und ihrer Gläubiger handeln.[159] Während also im wirtschaftlich funktionierenden Konzernverbund die Verwirklichung des Konzerngesamtinteresses beabsichtigt ist, stehen in der Insolvenz ausschließlich die Interessen der einzelnen Konzerngesellschaften im Vordergrund.

III. Konzerninsolvenzrecht als Bindeglied zwischen wirtschaftlichem und rechtlichem Konzernverständnis

Die vorstehenden Ausführungen zeigen einen eklatanten Widerspruch in der Wahrnehmung eines wirtschaftlich funktionierenden und eines in die Krise geratenen Konzernverbunds. Während die gesetzlichen Regelungen im Aktienrecht das wirtschaftliche Konzernverständnis vor der Insolvenz entsprechend berücksichtigen, beruhen die insolvenzrechtlichen Vorschriften allein auf dem rechtlichen Konzernverständnis. Der gemeinsame Strang, an dem die Konzerngesellschaften ursprünglich gezogen haben, droht somit in der Insolvenz einzelner Konzerngesellschaften zu zerreißen. Die Einführung besonderer Regelungsmechanismen zur insolvenzrechtlichen Behandlung von Konzernunternehmen könnte dazu führen, dass der ursprüngliche Wirtschaftsverbund auch in der Insolvenz von Konzernunternehmen entsprechend beachtet wird.[160] Die Berücksichtigung wirtschaftlicher

157 Pape, in: Uhlenbruck, InsO, § 3 Rn. 13; Graeber, NZI 2007, 265 (265).
158 Westpfahl/Janjuah, ZIP 2008, Sonderbeilage zu Heft 3, 1 (5); Ehricke, ZInsO 2002, 393 (393).
159 Zu den Folgen der Insolvenz Verhoeven, Konzerninsolvenz, S. 78 ff.; Brünkmans, Koordinierung, S. 66 ff.; Mohrs, Konzerngebundene Kapitalgesellschaft, S. 6.
160 So auch Ehricke, Das abhängige Konzernunternehmen, S. 459.

Konzernzusammenhänge könnte dazu beitragen, dass der Konzernverbund in der Insolvenz nicht vollständig in seine Einzelteile zerfällt und entsprechende Konzernverbindungen genutzt oder Konzernvorteile realisiert werden. Unabhängig von der konkreten Ausgestaltung könnte ein Konzerninsolvenzrecht somit insbesondere die in der Insolvenz bestehenden unterschiedlichen Konzernsichtweisen vernünftig miteinander in Einklang bringen und zur Lösung der rechtlichen und betriebswirtschaftlichen Konzernausgangsproblematik beitragen.

B. Zusammenhang zwischen insolvenzrechtlichen und konzerninsolvenzrechten Erwägungen

Neben dem Verhältnis von wirtschaftlichem und rechtlichem Konzernverständnis spricht auch der Zusammenhang zwischen insolvenzrechtlichen und konzerninsolvenzrechtlichen Überlegungen für die Schaffung besonderer Mechanismen zur Abwicklung von Konzerninsolvenzen. Die folgenden Ausführungen werden insbesondere zeigen, dass die Zielvorstellungen zwischen Insolvenzrecht und Konzerninsolvenzrecht grundsätzlich vergleichbar sind und die konzerninsolvenzrechtlichen Überlegungen auf den Grundgedanken der Insolvenzordnung beruhen. Zum besseren Verständnis der vergleichbaren Interessenlage werden zunächst die allgemeinen insolvenzrechtlichen Erwägungen (I.) dargestellt, bevor auf die besonderen konzerninsolvenzrechtlichen Erwägungen (II.) eingegangen wird.

I. Allgemeine Erwägungen zum Insolvenzrecht

Die Insolvenz beschreibt eine Situation, in der das Vermögen des Schuldners nicht mehr ausreicht, um alle Gläubiger zu befriedigen.[161] Die Insolvenzordnung stellt in dieser Situation einen effektiven Regelungsmechanismus zur Verfügung, der die Interessen aller Gläubiger berücksichtigt und eine gerechte Aufteilung des noch vorhandenen Schuldnervermögens gewährleistet. Die rechtlichen Regelungen stellen zudem ein koordiniertes und aufeinander abgestimmtes Vorgehen der Gläubiger sicher und verfolgen damit die Intention, das noch vorhandene Schuldnervermögen zu maximieren und die Befriedigungschancen für die Gesamtheit der Gläubiger zu optimieren.[162] Die Berücksichtigung ökonomischer Gesichtspunkte ist ein zentrales Anliegen des Insolvenzrechts und Ausgangspunkt verschiedener insolvenzrechtlicher Vorschriften.

---

161 Bork, Einführung in das Insolvenzrecht, S. 1; Ganter/Lohmann, in: MüKo, InsO, Band 1, § 1 Rn. 20; Eidenmüller, Unternehmenssanierung, S. 17.

162 Pape, in: Uhlenbruck, InsO, § 1 Rn. 1; Eidenmüller, Unternehmenssanierung, S. 18.

1. Ziele des Insolvenzverfahrens

Die zentralen Ziele des Insolvenzverfahrens sind in § 1 S. 1 InsO geregelt. Demnach dient das Insolvenzverfahren dazu, die Gläubiger eines Schuldners gemeinschaftlich zu befriedigen, in dem das Vermögen des Schuldners verwertet und der Erlös verteilt oder in einem Insolvenzplan eine abweichende Regelung insbesondere zum Erhalt des Unternehmens getroffen wird.[163]

a) Gemeinschaftliche Befriedigung

Ein wesentliches Ziel des Insolvenzverfahrens ist somit die gemeinschaftliche Befriedigung der Gläubiger. Diese unterscheidet die dem Insolvenzverfahren zu Grunde liegende Gesamtvollstreckung von der Einzelzwangsvollstreckung. Letztere zeichnet sich dadurch aus, dass die Gläubiger unabhängig voneinander vollstrecken und der Verwertungserlös nach dem Prioritätsprinzip verteilt wird.[164] Dieser Regelungsmechanismus führt bei Vermögenssuffizienz zu keiner Benachteiligung einzelner Gläubiger, da das Vermögen des Schuldners die vollständige Befriedigung sämtlicher Gläubigeransprüche gewährleistet. Im Fall der Vermögensinsuffizienz erscheint dieses Vorgehen jedoch insoweit ungerecht, als das Prioritätsprinzip dazu führen würde, dass nur die Forderungen der schnellsten Gläubiger befriedigt und die übrigen Gläubiger leer ausgehen würden.[165] Die Gläubiger würden in dieser Situation somit in einem Wettbewerbsverhältnis stehen und den ökonomischen Nutzen ihres Handelns allein am eigenen und nicht am Interesse der Gläubigergesamtheit beurteilen. Dieses unkoordinierte und allein dem einzelnen Gläubiger dienende Vorgehen könnte dazu führen, dass dem Schuldner wesentliches für den weiteren Geschäftsverlauf zwingend erforderliches Vermögen entzogen und ein entsprechender Verbundwert zerschlagen würde.[166] Der Grundsatz der gemeinschaftlichen Befriedigung trägt diesem Dilemma Rechnung und gewährleistet, dass durch ein koordiniertes Vorgehen die Interessen aller Gläubiger berücksichtigt und die insgesamt zur Verfügung stehenden Vermögenswerte bestmöglich verwertet werden. Aus dem Verwertungserlös sind die Gläubiger gleichmäßig und anteilig zu befriedigen. Die Forderungen werden aufgrund der insolvenzbedingten Masseinsuffizienz dabei nur zu einem bestimmten Prozentsatz bedient, dessen Höhe von dem insgesamt erzielten Verwertungserlös abhängt.[167]

---

163 Der in § 1 S. 2 InsO geregelte Schuldnerschutz spielt für die folgenden Ausführungen keine Rolle.

164 Ganter/Lohmann, in: MüKo, InsO, Band 1, § 1 Rn. 51 f.; Bork, Einführung in das Insolvenzrecht, S. 1.

165 Eidenmüller, Unternehmenssanierung, S. 17 f.; Ganter/Lohmann, in: MüKo, InsO, Band 1, § 1 Rn. 51 f.; Beck, in: Beck/Depré, Praxis der Insolvenz, § 1 Rn. 122; Stürner, ZZP 1986, 291 (326).

166 Eingehend, Eidenmüller, Unternehmenssanierung, S. 19 ff.; Ganter/Lohmann, in: MüKo, InsO, Band 1, § 1 Rn. 8.

167 Ganter/Lohmann, in: MüKo, InsO, Band 1, § 1 Rn. 52.

b) Maximierung der zur Verfügung stehenden Haftungsmasse

Die gemeinschaftliche Befriedigung der Gläubiger gewährleistet nicht nur eine gerechte Verteilung des vorhandenen Schuldnervermögens, sondern trägt auch zu einer Erhöhung der insgesamt zur Verfügung stehenden Haftungsmasse bei. Die Maximierung der Haftungsmasse und die bestmögliche Befriedigung der Gläubiger sind Hauptziele der InsO.[168] Da das Vermögen des Schuldners nicht zur Befriedigung aller Gläubiger ausreicht, sollen die insolvenzrechtlichen Vorschriften eine bestmögliche Befriedigung der Gläubiger sicherstellen und zur Minimierung des entstehenden Schadens beitragen.[169]

2. Möglichkeiten der Gläubigerbefriedigung

Die gemeinschaftliche Befriedigung und die optimale Haftungsverwirklichung der Gläubiger können dabei auf verschiedenen Wegen erfolgen. Die Insolvenzordnung lässt sich auch hier von ökonomischen Erwägungen leiten und stellt in § 1 InsO mehrere Möglichkeiten zur Gläubigerbefriedigung zur Verfügung. Die Insolvenzgläubiger können die in ihrem Interesse stehende bestmögliche Verwertungsart im Berichtstermin beschließen (§ 156 ff. InsO) und zwischen Liquidation, übertragender Sanierung und Reorganisation wählen.

a) Liquidation

Die Liquidation des Schuldnervermögens ist eine Möglichkeit zur Befriedigung der Gläubiger und erfreut sich in der Praxis nach wie vor großer Beliebtheit.[170] Der Begriff ist auf das lateinische *liquidare* zurückzuführen und bedeutet das vorhandene Vermögen des Schuldners durch den Verkauf der einzelnen Gegenstände flüssig zu machen. Die Gläubiger beschließen also im Berichtstermin (§§ 156, 157 InsO), dass das Vermögen des Schuldners veräußert und der dadurch erzielte Erlös nach dem Regelungsmechanismus der Insolvenzordnung verteilt wird. Der ökonomische Nutzen der Liquidation erscheint jedoch insbesondere bei der Insolvenz von Unternehmen fraglich, bei denen durch die Verwertung der einzelnen Vermögensgegenstände der dem Unternehmen innewohnende Mehrwert vernichtet werden würde. In diesen Fällen würde sich aufgrund der wirtschaftlichen Unternehmensstrukturen oftmals

---

168 Beck, in: Beck/Depré, Praxis der Insolvenz, § 1 Rn. 121 f.; Ganter/Lohmann, in: MüKo, InsO, Band 1, § 1 Rn. 20.

169 Zu den umfassenden in der InsO geregelten Maßnahmen zur Maximierung der Verteilungsmasse vgl. Ganter/Lohmann, in: MüKo, InsO, Band 1, § 1 Rn. 28 ff. Auf eine genauere Darstellung der einzelnen Maßnahmen wird vorliegend verzichtet, da für die hier zu behandelnde Thematik allein das diesen Maßnahmen zugrundeliegende Ziel der Haftungsmaximierung relevant ist.

170 Bork, Einführung in das Insolvenzrecht, S. 3; Paulus, DStR 2004, 1568 (1568).

ein höherer Ertrag erzielen lassen, wenn Teile des Unternehmens zusammen oder das Unternehmen als Ganzes veräußert würden.[171]

b) Übertragende Sanierung

Die am Ende der vorstehenden Ausführung erwähnte Form der Liquidation wird auch als „übertragende Sanierung"[172] bezeichnet. Sie erfolgt dergestalt, dass zusammengehörende Unternehmensteile oder das ganze Unternehmen von dem bisherigen Unternehmensträger getrennt und auf einen neuen Rechtsträger übertragen werden. Die Übertragung der einzelnen Vermögensgegenstände im Rahmen der Singularsukzession wird als *asset deal* bezeichnet und unterscheidet sich vom *share deal* insbesondere dadurch, dass nur die einzelnen Vermögenswerte und nicht die Geschäftsanteile des Rechtsträgers samt zugehöriger Verbindlichkeiten erworben werden.[173] Diese insbesondere in der Insolvenz charakteristische Konstruktion des Unternehmenserwerbs führt dazu, dass die gesamten Verbindlichkeiten beim ursprünglich insolventen Rechtsträger verbleiben und dieser im Rahmen des Insolvenzverfahrens liquidiert wird. Der erzielte und vom neuen Rechtsträger für den Erwerb der Vermögenswerte zu entrichtende Kaufpreis wird als Erlös an die Gläubiger des bisherigen Unternehmensträgers und Insolvenzschuldners verteilt.[174] Die Möglichkeit der übertragenden Sanierung kommt in der gesetzlichen Regelung des § 160 II Nr. 1 InsO zum Ausdruck und ist als gleichrangiges Instrument neben der Liquidation sowohl im Regelinsolvenz- als auch im Insolvenzplanverfahren möglich.[175] Diese Art der Verwertung beruht auf der Vorstellung, dass der Fortführungswert eines überlebensfähigen Unternehmens grundsätzlich höher ist als dessen Liquidationswert.[176] Sofern sich also Interessenten für zusammenhängende Unternehmensteile oder das Gesamtunternehmen finden lassen, dürfte die übertragende Sanierung aufgrund des insgesamt zu erwartenden Mehrerlöses für die Insolvenzgläubiger ökonomisch sinnvoller sein, als die Liquidation der einzelnen Vermögenswerte.[177]

c) Reorganisation

Schließlich kann die Befriedigung der Gläubiger auch durch Reorganisation des Unternehmensträgers erfolgen. Diese Art der Unternehmensfortführung unterscheidet sich von der übertragenden Sanierung dadurch, dass nicht nur das Unternehmen,

---

171 Paulus, DStR 2004, 1568 (1568); Beck, in: Beck/Depré, Praxis der Insolvenz, § 1 Rn. 131; Kießner, in: Braun, InsO, § 1 Rn. 4; Rattunde, ZIP 2003, 596 (596).

172 Schmidt, ZIP 1980, 328 (336); Noack, in: FS Röhricht 2005, 455, (456); Paulus, DStR 2004, 1568 (1568); Görg/Janssen, in: MüKo, InsO, Band 2, § 157 Rn. 16.

173 Beck, in: Beck/Depré; Praxis der Insolvenz, § 1 Rn. 132.

174 Bork, Einführung in das Insolvenzrecht, S. 3; Wellensiek, NZI 2002, 233 (234).

175 Eilenberger, in: MüKo, InsO, Band 2, § 220 Rn. 18, 19; Exner/Beck, in: Beck/Depré, Praxis der Insolvenz, § 43 Rn. 54; Wellensiek, NZI 2002, 233 (233).

176 Paulus, DStR 2004, 1568 (1568); Graf-Schlicker/Remmert, NZI 2001, 569 (574).

177 Noack, in: FS Röhricht 2005, 455 (456); Paulus, DStR 2004, 1568 (1568).

sondern gerade der Unternehmensträger gerettet wird.[178] Die Reorganisation findet ihre gesetzliche Grundlage in § 1 InsO und ist im Gegensatz zur Liquidation und übertragenden Sanierung nur im Insolvenzplanverfahren (§§ 217 ff. InsO) möglich.[179] Die Gläubiger beschließen zum Erhalt des Unternehmens den Insolvenzgrund zu beseitigen und den Unternehmensträger durch Investitionen und Umstrukturierungen zu sanieren. Die Sanierung soll insbesondere dazu führen, dass das Unternehmen durch die strukturellen Änderungen wieder erfolgreich wird und die Gläubiger aus den erwirtschafteten Erträgen des reorganisierten Unternehmens befriedigt werden. Die wirtschaftliche Neuausrichtung kann somit zur Folge haben, dass sich die Unternehmensfortführung auf entsprechende Teile des Unternehmens beschränkt und andere Unternehmensteile liquidiert werden.[180] Die Reorganisation des Unternehmensträgers kommt insbesondere dann in Betracht, wenn der zu sanierende Unternehmensträger über spezifische Berechtigungen verfügt, die für die Fortführung des Unternehmens wirtschaftlich erforderlich sind. Dies ist beispielsweise dann der Fall, wenn der Unternehmensträger besondere für den Betrieb des Unternehmens erforderliche Lizenzen besitzt oder vorteilhafte schuldrechtliche Verträge eingegangen ist.[181] Die Reorganisation ist ein zusätzliches Mittel zur Realisierung der Haftungsansprüche und steht den Gläubigern als gleichberechtigte Möglichkeit neben der Liquidation und der übertragenden Sanierung zur Verfügung.

3. Ökonomische Erwägungen bei der Wahl der Verwertungsart

Die InsO enthält mehrere Mittel zur Haftungsverwirklichung der Gläubiger und ermöglicht dadurch einen Wettbewerb um die beste Verwertungsart.[182] Die Gläubiger haben die Möglichkeit unter marktwirtschaftlichen Gesichtspunkten über die verschiedenen Alternativen der Haftungsrealisierung zu befinden und die wirtschaftlich produktivste Art der Verwertung zu wählen.[183] Der Entscheidungsprozess und

---

178 Beck, in: Beck/Depré, Praxis der Insolvenz, § 1 Rn. 135; Paulus, DStR 2004, 1568 (1570).

179 Eidenmüller, in: MüKo InsO, Band 2, Vorb. §§ 217–269 Rn. 9; Kluth, ZInsO, 2002, 1115 (1115).

180 Eidenmüller, Unternehmenssanierung, S. 32.

181 Eidenmüller, in: MüKo, InsO, Band 2, Vorb. §§ 217–269 Rn. 7; ders., Unternehmenssanierung, S. 44 f. Zu diesem Gesichtspunkt eingehend Noack, in: FS Röhricht 2004, 455 (455 ff.); Brinkmann, WM 2011, 97 (98); Bitter/Laspeyres, ZIP 2010, 1157 (1157 ff.). Im Fall der Senator AG führten die Besonderheiten des Urheber- und Förderrechts dazu, dass eine übertragende Sanierung nicht in Betracht kam vgl. Fritze, DZWIR 2007, 89 (89).

182 BT-Drucks. 12/1443, S. 77; Kießner, in: Braun, InsO, § 1 Rn. 8; Pape, in: Uhlenbruck, InsO, § 1 Rn. 1; Ganter/Lohmann, in: MüKo, InsO, Band 1, § 1 Rn. 45; Brinkmann, WM 2011, 97 (97 ff.).

183 Zur ökonomischen Funktionsbestimmung des Insolvenzverfahrens vgl. BT-Drucks. 12/1443, S. 77; Wellensiek, NZI 2002, 233 (234); Pape, in: Uhlenbruck, InsO, § 1 Rn. 1 ff.; Ganter/Lohmann, in: MüKo, InsO, Band 1, § 1 Rn. 43 ff.

die Entscheidungsfindung der Gläubiger hängen dabei stets von den Umständen des Einzelfalls und der Höhe des zu erwartenden Verwertungserlöses ab. Die Frage nach der ökonomischen Effizienz der in Betracht kommenden Verwertungsart kann mit einem Blick auf das Verhältnis von Liquidations- und Fortführungswert des Unternehmens beantwortet werden. Sofern die Liquidationswerte des Unternehmens die Fortführungswerte des Unternehmens übersteigen, ist das Unternehmen am Markt wirtschaftlich gescheitert (economic failure) und die Liquidation im Interesse der Gläubiger. Sofern jedoch die Fortführungswerte des Unternehmens höher sind als dessen Liquidationswerte, sollte das Unternehmen zur Maximierung der Haftungsansprüche der Gläubiger fortgeführt werden.[184] In diesem Fall stellt sich des Weiteren die Frage, ob es ökonomisch sinnvoller ist, den Unternehmensträger zu reorganisieren oder das Unternehmen im Wege der übertragenden Sanierung fortzuführen. Die Entscheidung über die verschiedenen Formen der Unternehmensfortführung ist aus Sicht der Gläubiger insbesondere davon abhängig, ob die Fortführungswerte bei einer Reorganisation größer oder kleiner sind als diejenigen bei einer übertragenden Sanierung.[185] Dieser logisch erscheinende Abwägungsvorgang darf nicht darüber hinwegtäuschen, dass die Bestimmung dieser zu ermittelnden Werte in der Praxis mit erheblichen theoretischen und praktischen Schwierigkeiten verbunden ist. Hinzu kommt, dass die für die Unternehmensbewertung erforderlichen Zukunftsprognosen von verschiedenen Faktoren abhängig sind und das Ergebnis somit mit Unsicherheitsfaktoren belastet ist.[186] Trotz dieser Unsicherheiten eröffnet diese Vorgehensweise die Möglichkeit, mit hinreichender Wahrscheinlichkeit die ökonomische Effizienz der verschiedenen Befriedigungsmöglichkeiten zu beurteilen. Die InsO trägt diesen Umständen Rechnung und stellt durch die verschiedenen Verwertungsmöglichkeiten einen flexiblen Regelungsmechanismus zur Maximierung des vorhandenen Schuldnervermögens zur Verfügung.

II. Besondere Erwägungen zu einem Konzerninsolvenzrecht

Mangels gesetzlicher Regelung und aufgrund verschiedenartiger Definitionsversuche haben sich in der Literatur unterschiedliche Begriffsbestimmungen des Konzerninsolvenzrechts herausgebildet.[187] Ganz allgemein kann unter dem Konzerninsolvenzrecht die Erfassung des Phänomens der Insolvenz eines oder mehrerer Konzernunternehmen verstanden werden.[188] Unabhängig von den verschiedenen Begriffsbestimmungen und Modellen zur Abwicklung von Konzerninsolvenzen, verfolgen die konzerninsolvenzrechtlichen Überlegungen allgemein

184 Eidenmüller, in: MüKo, InsO, Band 2, Vorb. §§ 217–269 Rn. 6 f.; ders.; Unternehmenssanierung, S. 26 f.

185 Eidenmüller, in: MüKo, InsO, Band 2, Vorb. §§ 217–269 Rn. 6 f.; ders.; Unternehmenssanierung, S. 32 ff.

186 Bous, Konzernleitungsmacht, S. 55.

187 Kübler, ZGR 1984, 560 (591); Schmidt, Gutachten 54 DJT, D 17, 1.b.

188 In diesem Sinne, Kort, ZIP 1988, 681 (681).

das Ziel, die Konzernzusammenhänge in der Insolvenz einer oder mehrerer Konzerngesellschaften zu berücksichtigen.[189] Während das allgemeine Insolvenzrecht lediglich ein koordiniertes Vorgehen in der Insolvenz eines Rechtsträgers gewährleistet, erweitern die konzerninsolvenzrechtlichen Erwägungen diesen Ansatzpunkt und ermöglichen eine darüber hinausgehende Koordination bei der Insolvenz mehrerer Rechtsträger eines Konzernverbunds. Diese Überlegungen beruhen auf der Vorstellung, dass die Berücksichtigung konzerndimensionaler Perspektiven grundsätzlich zu einer Maximierung der insgesamt zur Verfügung stehenden Haftungsmasse führt.[190] Zusammenfassend lässt sich somit feststellen, dass sowohl das Insolvenzrecht als auch das Konzerninsolvenzrecht im Fall der Vermögensinsuffizienz die Maxime verfolgen, eine im Interesse der Gesamtgläubiger ökonomische Verwertung des vorhandenen Vermögens sicherzustellen.

1. Ziele eines Konzerninsolvenzrechts

Die zentralen Ziele des Insolvenzrechts wurden oben bereits dargestellt und bestehen in der gemeinschaftlichen und optimalen Befriedigung der Gläubiger. Die folgenden Ausführungen werden zeigen, dass diese Motive auch in den konzerninsolvenzrechtlichen Erwägungen zum Ausdruck kommen und die Zielvorstellungen von Insolvenzrecht und Konzerninsolvenzrecht durchaus vergleichbar sind. Diese gemeinsame Ausgangsbasis zeigt zum einen, dass konzerninsolvenzrechtliche Vorschriften dem Willen der InsO entsprechen und ermöglicht zum anderen die systematische Integration etwaiger Vorschriften in das vorhandene Regelungssystem der InsO.[191]

a) „Gemeinschaftliche Befriedigung“

Das Ziel der gemeinschaftlichen Befriedigung ist im Hinblick auf das Konzerninsolvenzrecht nur im übertragenen Sinn zu verstehen und bedeutet nicht, dass alle Gläubiger der verschiedenen Konzerngesellschaften gleichmäßig und einheitlich befriedigt werden. Jedoch lässt sich die hinter diesem Ziel stehende Grundüberlegung auch auf die Insolvenz mehrerer Konzerngesellschaften übertragen. Die InsO verhindert durch ihren Regelungsmechanismus eine unkoordinierte und allein am einzelnen Gläubigerinteresse orientierte Einzelzwangsvollstreckung und ermöglicht eine koordinierte und ökonomisch sinnvolle Gesamtvollstreckung zum Vorteil aller

---

189 BMJ, DiskE Konzerninsolvenz, S. 1; dazu auch Wiebusch, Internationales Konzerninsolvenzrecht, S. 62.

190 Eidenmüller, ZHR 169 (2005), 528 (528 ff.); Ehricke, DZWIR 1999, 353 (353 ff.); Telke, Anforderungen an ein wettbewerbsfähiges Konzerninsolvenzrecht, S. 20 ff.; Leutheusser-Schnarrenberger, Rede Insolvenzrechtstag 2012, abrufbar unter: http://www.bmj.de/SharedDocs/Reden/DE/2012/20120322_9_Insolvenzrechtstag.html; Verhoeven, Konzerninsolvenz, S. 113 ff.

191 Diesen Aspekt aufgreifend, BMJ, DiskE Konzerninsolvenz, S. 13.; dazu auch Niering, in: Hdb. Konzerninsolvenzrecht, § 4 Rn. 1 ff.

Gläubiger. Die konzerninsolvenzrechtlichen Erwägungen greifen diesen Gedanken auf und versuchen die damit verbundenen Ziele auch in der Insolvenz von konzernverbundenen Unternehmen zu realisieren. Unabhängig von den jeweiligen Regelungsmodellen versuchen die konzerninsolvenzrechtlichen Vorschriften zunächst unkoordinierte und allein im Interesse der jeweiligen Gesellschaftsgläubiger geführte Insolvenzverfahren zu vermeiden. Diese haben zur Folge, dass allein die rechtsträgerspezifischen Interessen im Vordergrund stehen und konzerndimensionale Gesichtspunkte unbeachtet bleiben. Dadurch besteht insbesondere die Gefahr, dass die dem Konzern innewohnenden Verbundvorteile vernichtet werden und aussichtsreiche Sanierungsoptionen scheitern.[192] Die Kodifikation konzerninsolvenzrechtlicher Vorschriften soll daher sicherstellen, dass durch die Berücksichtigung der gemeinschaftlichen Belange und der Koordination der verschiedenen Verfahren ökonomisch sinnvolle Lösungen zum Vorteil der Gläubiger aller Konzerngesellschaften verwirklicht werden können.

b) Maximierung der zur Verfügung stehenden Haftungsmasse

Die hinter dem Grundsatz der gemeinschaftlichen Befriedigung stehenden Überlegungen lassen bereits die maßgebende Intention eines Konzerninsolvenzrechts erkennen. Diese entspricht der zentralen Zielvorstellung des Insolvenzverfahrens und besteht in der Maximierung der insgesamt zur Verfügung stehenden Haftungsmasse.[193] Während vor der Insolvenz die Koordinierung der einzelnen Konzerngesellschaften dazu führt, dass der Verbundwert des Konzerns grundsätzlich größer ist als die Summe der Werte aller Konzerngesellschaften, soll das Konzerninsolvenzrecht diesen Gedanken in der Insolvenz fortführen und dazu beitragen, dass die insgesamt zur Verfügung stehende Haftungsmasse größer ist als die Summe der Haftungsmasse aller Insolvenzverfahren. Dieses Ziel soll insbesondere dadurch erreicht werden, dass dem wirtschaftlichen Konzernverbund in der Insolvenz Rechnung getragen und durch die Berücksichtigung der Konzernzusammenhänge ein entsprechender Mehrwert realisiert wird. Die Höhe des zu erzielenden Mehrwerts ist dabei insbesondere von den im Einzelfall bestehenden Konzernstrukturen und der Intensität der wirtschaftlichen Verflechtungen der Konzernunternehmen abhängig. Darüber hinaus steht der ökonomische Nutzen eines Konzerninsolvenzrechts auch in engem Zusammenhang mit den verschiedenen Regelungsmodellen zur

192 Leutheusser-Schnarrenberger, Rede Insolvenzrechtstag 2012, abrufbar unter: http://www.bmj.de/SharedDocs/Reden/DE/2012/20120322_9_Insolvenzrechtstag.html; BMJ, DiskE Konzerninsolvenz, S. 1.

193 Eidenmüller, ZHR 169 (2005), 528 (528); Ehricke DWZIR 1999, 353 (353); ders., Das abhängige Konzernunternehmen, S. 457 ff.; Becker, Kooperationspflichten, S. 87 f.; Brünkmans, in: MüKo, InsO, Band 3, Zwölfter Teil Rn. 9 ff.; Specovius/Kuske, in: Gottwald, InsHdb., § 95 Rn. 30; Grundmann, Rede Insolvenzverwalterkongress 2012, abrufbar unter: http://www.bmj.de/SharedDocs/RedenSt/2012/20121026_Deutscher_Insolvenzverwalterkongress_2012.html?nn=1468892.

insolvenzrechtlichen Behandlung konzernverbundener Unternehmen, auf die im Verlauf der weiteren Untersuchung noch eingegangen wird. An dieser Stelle genügt die allgemeine Feststellung, dass ein wie auch immer ausgestaltetes Konzerninsolvenzrecht auf ökonomisch sinnvollen Erwägungen basiert und daher bezweckt, dass die vor der Insolvenz bestehenden Verbundvorteile auch in der Insolvenz von konzernverbundenen Unternehmen zum Tragen kommen und die Konzerngesamtstruktur entsprechend berücksichtigt wird. Die damit verfolgte Maximierung der insgesamt zur Verfügung stehenden Haftungsmasse zeigt insbesondere, dass die in der InsO normierten und mit dem Konzerninsolvenzrecht verfolgten Ziele durchaus vergleichbar sind und konzerninsolvenzrechtliche Vorschriften der Grundintention des Insolvenzrechts entsprechen.

2. Möglichkeiten der Gläubigerbefriedigung

Die Berücksichtigung der Konzernzusammenhänge kann vor allem bei den verschiedenen Verwertungsoptionen von Vorteil sein und dazu führen, dass die Haftungschancen der Gläubiger aller Konzerngesellschaften optimiert werden. Die positiven Auswirkungen des Konzernverbundes sind zwar auch hier von den Umständen des jeweiligen Einzelfalls und der konkreten Art der Verwertung abhängig, können jedoch grundsätzlich bei allen Formen konzernmäßiger Verbindungen und bei sämtlichen Verwertungsoptionen in Erscheinung treten.

a) Konzernverbund bei der Liquidation

Sofern sich die Gläubiger der einzelnen Konzerngesellschaften letztlich für die Liquidation des vorhandenen Schuldnervermögens und die Zerschlagung der insolventen Konzerngesellschaften entscheiden, lassen sich prima facie keine Argumente finden, die für eine Berücksichtigung des Konzernverbundes sprechen. In dieser Situation könnte man annehmen, dass die konzernwirtschaftlichen Verflechtungen keine Rolle mehr spielen und die einzelnen Vermögensgegenstände ohne wirtschaftliche Einbußen unabhängig voneinander in verschiedenen Insolvenzverfahren verwertet werden könnten.[194] Bei genauerer Betrachtung kann ein Konzerninsolvenzrecht jedoch selbst in dieser theoretischen und in der Praxis kaum realistischen Konstellation der Liquidierung sämtlicher Konzerngesellschaften grundsätzlich zur Erreichung eines insgesamt höheren Liquidationserlöses beitragen.[195] Insbesondere würde die Berücksichtigung der Konzernstrukturen oftmals dazu führen, dass die Unternehmen bis zur Liquidation zumindest zeit-

194 Paulus, in: FS Kreft 2004, 469 (471), ders., NZI 2008, 1 (3) jedoch hier mit Erwähnung möglicher Vorteile.

195 Zu den teilweisen Vorteilen bei der Liquidation, vgl. Ehricke, in: Kölner Schrift zur InsO, Kapitel 32 Rn. 2; Rostegge, Konzerninsolvenz, S. 129 ff.; Eidenmüller, ZHR 169 (2005), 528, (533 f.); Verhoeven, Konzerninsolvenz, S. 115; BMJ, DiskE Konzerninsolvenz, S. 13, 47.

weilig fortgeführt und laufende Prozesse abgeschlossen werden könnten. Zur Veranschaulichung diene folgendes Beispiel: Die konzernleitende Gesellschaft eines vertikal gegliederten Konzerns ist im Außenverhältnis Auftragnehmerin eines Großprojekts und bedient sich zur Erfüllung dieser Vertragsschuld im Innenverhältnis der Leistungen verschiedener Tochter- und Enkelgesellschaften.[196] Für die erfolgreiche Abwicklung des Auftrages ist es demnach erforderlich, dass die einzelnen Konzerngesellschaften die entsprechenden Teilleistungen erbringen und zur Realisierung des Gesamtprojektes beitragen. Sofern die Konzerngesellschaften verschiedene Aufgaben in einer aufeinanderfolgenden Wertschöpfungskette wahrnehmen, kann bereits der Ausfall einer erforderlichen Teilleistung dazu führen, dass der Vertrag der Muttergesellschaft nicht mehr erfüllt werden kann. In dieser Situation kann die Berücksichtigung der konkreten Konzernverhältnisse sicherstellen, dass die entsprechenden Ressourcen der Konzerngesellschaften ökonomisch sinnvoll genutzt werden und zur erfolgreichen Abwicklung des Gesamtauftrages beitragen. Dies führt insbesondere dazu, dass die vorhandenen Rohstoffe und Halberzeugnisse in den einzelnen Konzerngesellschaften noch verarbeitet werden und der durch die vollständige Abwicklung des Auftrages zu erwartende Mehrerlös sich positiv auf die Haftungsmassen der einzelnen Konzerngesellschaften auswirkt.[197] Neben der Abwicklung eines, mehrere Konzerngesellschaften betreffenden gemeinsamen Projekts, kann sich die Betrachtung der Gesamtperspektive auch bei der Verwertung der einzelnen Vermögensgegenstände positiv auswirken.[198] So kann beispielsweise durch die einheitliche Veräußerung zusammengehörender Geschäftsbereiche oder Produktionszweige ein insgesamt höherer Mehrerlös erzielt werden, als wenn die im Eigentum der einzelnen Konzerngesellschaften stehenden Teile dieser Wirtschaftseinheit separat veräußert würden. Darüber hinaus ist es durchaus denkbar, dass diverse für die Herstellung eines bestimmten Produkts erforderlichen Rechtsgüter (z. B. gewerbliche Schutzrechte etc.) verschiedenen Konzerngesellschaften zugeordnet sind und der ökonomische Nutzen gerade in der Summe dieser Rechtsgüter zu sehen ist.[199] In diesen Fällen erscheint es im Hinblick auf die Vergrößerung des Haftungssubstrats der betreffenden

---

196 Zur den Vorteilen der Berücksichtigung des Konzernverbundes bei der Abwicklung eines Großauftrages, Piepenburg, NZI 2004, 231 (234 ff.). Danach entstand im Beispiel der Babcock Borsig AG durch die Fertigstellung des Auftrags für die Gesamtgruppe ein Mehrwert, der die Quoten der Gläubiger für eine Vielzahl der Konzerngesellschaften erhöhte.

197 Zu den allgemeinen Vorteilen einer teilweisen Fortführung unabhängig von Konzernkonstellationen, Zipperer in: Uhlenbruck, InsO, § 157 Rn. 6, 10; Deyda, Der Konzern, S. 136.

198 In diesem Sinne auch, Grundmann, Rede Deutscher Insolvenzverwalterkongress 2012; abrufbar unter: http://www.bmj.de/SharedDocs/RedenSt/2012/20121026_Deutscher_Insolvenzverwalterkongress_2012.html?nn=1468892.

199 Rostegge, Konzerninsolvenz, S. 129 ff.; Adam/Poertzgen, ZInsO 2008, 347 (350); Insol Europe, Revision EIR, S. 91.

Konzerngesellschaften als ökonomisch sinnvoll, wenn eine gemeinsame Verwertung der wirtschaftlich zusammengehörenden Vermögensgegenstände erfolgt und die wirtschaftlichen Verbindungen der Konzerngesellschaften beachtet werden. Ob und in welcher Höhe bei dieser Vorgehensweise ein Mehrerlös für den Konzernverbund erzielt werden kann, hängt selbstverständlich von der konkreten Ausgestaltung des Konzernverbundes ab und kann im Hinblick auf die in der Praxis existierende Konzernvielfalt nicht pauschal beantwortet werden. Für diejenigen Fälle allerdings, in denen mit entsprechenden Vorteilen zu rechnen ist, sollte ein ökonomisch effizientes Insolvenzrecht jedoch Regelungen zur Verfügung stellen, damit diese Vorteile im Interesse aller Gläubiger realisiert werden können.

b) Konzernverbund bei der übertragenden Sanierung / Reorganisation

Von weitaus größerer Bedeutung erscheint die Berücksichtigung der konzernmäßigen Verbindung bei der Verwertung der Vermögensgegenstände des Konzernverbundes im Rahmen der übertragenden Sanierung oder der Reorganisation.[200] Diese Erwägung beruht auf der Vorstellung, dass aussichtsreiche Sanierungschancen aufgrund der wirtschaftlichen Verflechtung der Konzernunternehmen oftmals nur im Konzernverbund möglich sind und die Nichtberücksichtigung der Konzernverhältnisse dazu führen könnte, dass die einzelnen Konzerngesellschaften weder reorganisiert noch im Rahmen einer übertragenden Sanierung zu verwerten sind. Die potentiellen Gefahren von isoliert rechtsträgerspezifischen Entscheidungen und das mögliche Potential von Lösungen im Konzernverbund lassen sich mit Hilfe der folgenden Konzernkonstellationen darstellen: Zentral geführte und vertikal gegliederte Konzerne zeichnen sich zum einen durch eine straffe Führung der konzernleitenden Gesellschaft und zum anderen dadurch aus, dass die Tochtergesellschaften oftmals lediglich als Betriebsabteilungen angesehen werden, die verschiedene Stufen einer Wertschöpfungskette einnehmen und zur Realisierung des Gesamterfolges beitragen. Sofern jetzt die hierarchisch angeordneten Konzerngesellschaften ausschließlich und überwiegend im Dienste der Konzernmutter tätig sind und die Fertigungs- und Produktionsprozesse weitgehend dem spezifischen Anforderungsprofil der Konzernmutter entsprechen, wird die Notwendigkeit rechtsträgerübergreifender Sanierungslösungen offensichtlich. Einerseits sind die Tochtergesellschaften als mehr oder weniger selbständige Betriebsabteilungen von der Aufträgen der Muttergesellschaft abhängig, andererseits ist die konzernleitende Gesellschaft auf die spezifischen Leistungen der Tochtergesellschaften angewiesen. Durch dieses Abhängigkeitsverhältnis scheint zum einen eine selbständige

200 Umfassend zu den Vorteilen einer Sanierung im Konzernverbund, Rostegge, Konzerninsolvenz, S. 90 ff.; Verhoeven, Konzerninsolvenz, S. 115 f.; BMJ, DiskE Konzerninsolvenz, S. 13; Paulus NZI 2008, 1 (3). Aufgrund der Tatsachen, dass bei diesen Verwertungsmöglichkeiten der zusammengehörende Unternehmensverbund erhalten werden soll, werden die Möglichkeiten der übertragenden Sanierung und der Reorganisation an diesem Punkt einheitlich dargestellt.

Fortführung der am Konzerninteresse ausgerichteten Tochtergesellschaften außerhalb des Konzernverbundes nicht möglich und zum anderen bestünde die Gefahr, dass auch der Geschäftsbetrieb der konzernleitenden Gesellschaft ohne die spezifischen Leistungen der Tochtergesellschaften zum Scheitern verurteilt wäre.[201] In dieser Konstellation ist sowohl für eine übertragende Sanierung als auch für eine Reorganisation erforderlich, dass die verschiedenen für einen aufeinander abgestimmten Herstellungsprozess benötigten Ressourcen und Vermögensgegenstände in ihrer Gesamtheit erhalten und genutzt werden. Ein Konzerninsolvenzrecht trägt diesen Umständen Rechnung und ermöglicht eine auf dem Konzernverbund beruhende Gesamtverwertungsstrategie. Diese könnte dazu beitragen, dass im Gegensatz zu den Mikroverwertungsstrategien in den einzelnen Verfahren, sowohl bei der Reorganisation als auch bei der übertragenden Sanierung in der Summe ein insgesamt höherer Verwertungserlös erzielt wird und die Gläubiger der betreffenden Konzerngesellschaften im Rahmen einer höheren Befriedigungsquote daran partizipieren.[202] Positive Aspekte ergeben sich jedoch nicht nur in der soeben beschriebenen Konzernkonstellation, sondern können beispielsweise auch in den gänzlich anders strukturierten dezentralen, horizontalen Konzernen auftreten. So kann insbesondere die Ähnlichkeit des Leistungsprogramms dazu beitragen, dass durch die Beachtung des Konzernverbundes die ehemals bestehenden positiven Synergien erhalten bleiben und die Sanierungschancen erhöht werden. Man denke an dieser Stelle beispielsweise an verschiedene Tochtergesellschaften, die im Rahmen ihres Herstellungsprozesses gemeinsames Know-how oder gewerbliche Schutzrechte nutzen. Diese im Beschaffungsbereich beginnenden und im Absatzbereich endenden Synergieeffekte können nicht nur für eine wirtschaftliche Umstrukturierung im Rahmen der Reorganisation vorteilhaft sein, sondern auch eine „en bloc“-Verwertung verschiedener Konzerngesellschaften zu einem insgesamt erhöhten Veräußerungserlös ermöglichen. Darüber hinaus kann die Beachtung der Konzernverbindung in der Insolvenz von konzernverbundenen Unternehmen auch zu einer Kostenreduzierung in den verschiedenen Verwaltungsbereichen führen. Selbst dezentral strukturierte Konzerne zeichnen sich dadurch aus, dass verschiedene zentrale Funktionen und Aufgaben auf Ebene der Muttergesellschaft wahrgenommen werden. In diesen Fällen erscheint es oftmals wirtschaftlich sinnvoll, wenn die gemeinkostenträchtigen Verwaltungsbereiche weiterhin von der Muttergesellschaft unterhalten werden und die einzelnen Bereiche nicht in allen Konzernunternehmen aufgebaut oder durchgeführt werden müssen.[203]

201 Diesen Gesichtspunkt aufgreifend BMJ, DiskE Konzerninsolvenz, S. 36 f.
202 Eidenmüller, Unternehmenssanierung, S. 800, ders., ZHR 169 (2005), 528 (533); Brünkmans, Koordinierung, S. 84; Verhoeven, Konzerninsolvenz, S. 114.
203 Eidenmüller, ZHR 169 (2005), 528 (534); Piepenburg, NZI 2004, 231 (235).

3. Ökonomische Erwägungen bei der Wahl der Verwertungsart

Während das Insolvenzrecht im Interesse der Gläubiger mehrere Möglichkeiten zur Haftungsverwirklichung zur Verfügung stellt, bezweckt das Konzerninsolvenzrecht die Möglichkeiten zur Gläubigerbefriedigung in der Insolvenz mehrerer konzernverbundener Unternehmen zu verbessern. Beide Regelungsmechanismen beruhen auf marktwirtschaftlichen Gesichtspunkten und wollen im Falle der Vermögensinsuffizienz eine bestmögliche Befriedigung der Gläubiger gewährleisten. Obwohl die ökonomischen Erwägungen bei Verwertungslösungen im Konzernverbund ungleich schwieriger sind als bei nicht konzernverbundenen Unternehmen, kann die ökonomische Effizienz von rechtsträgerübergreifenden Lösungen grundsätzlich mit der Höhe des insgesamt zu erzielenden Verwertungserlöses bestimmt werden. Maßgebend ist dafür insbesondere das Verhältnis zwischen dem Gesamtergebnis, das sich aus der Koordination der einzelnen Insolvenzverfahren ergibt und demjenigen, das sich bei isolierter Vorgehensweise der einzelnen Konzernunternehmen erzielen lässt.[204] Sofern die Summe der fiktiven Verwertungserlöse der konzernunabhängigen, rechtsträgerspezifischen Insolvenzverfahren den fiktiven Verwertungserlös von rechtsträgerübergreifenden Konzernverbundlösungen übersteigt, ist die Zerschlagung des Konzernverbundes und die rechtsträgerspezifische Bestimmung des Verfahrensziels der einzelnen Konzerngesellschaften vorzugswürdig. Sofern jedoch bei rechtsträgerübergreifenden Lösungen mit einem insgesamt höheren Verwertungserlös als bei der rechtsträgerspezifischen Abwicklung der jeweiligen Konzerngesellschaften zu rechnen ist, sollten im Hinblick auf die Vergrößerung der insgesamt zur Verfügung stehenden Haftungsmasse die Konzernstrukturen bei der Verwertung der konzernverbundenen Vermögenswerte beachtet werden.[205] Diese Grundüberlegungen lassen sich mit Hilfe eines einfachen Beispiels verdeutlichen: In einem aus zwei Konzerngesellschaften bestehenden Konzernverbund betrage der Wert jeder Konzerngesellschaft bei einer allein rechtsträgerspezifischen Reorganisationsstrategie jeweils € 1 Mio. Sofern der Wert der Konzerngesellschaften bei einer Reorganisation im Konzernverbund in der Summe € 2 Mio. übersteigt, ist es effizient, wenn diese Strategie verfolgt wird. In diesem Fall ist die Lösung im Konzernverbund selbst dann wirtschaftlich sinnvoll, wenn der Wert einer Konzerngesellschaft bei der Gesamtreorganisationsstrategie niedriger ist als bei der Einzelreorganisationsstrategie, da der entstehende Wertverlust durch Transferzahlung der an der Konzernverbundlösung profitierenden Konzerngesellschaft ausgeglichen und der aus dem Gesamtreorganisationskonzept resultierende Mehrwert darüber hinaus zur Haftungsbefriedigung der Gläubiger jeder Konzerngesellschaft verwendet werden kann.[206] Die vorstehenden Ausführungen zeigen somit, dass

---

204 Bous, Konzernleitungsmacht, S. 47 f.

205 Eidenmüller, Unternehmenssanierung, S. 801.

206 Dieses Beispiel ist vereinfacht und angelehnt an das Beispiel von Eidenmüller, Unternehmenssanierung, S. 801 im Hinblick auf die Effizienz eines Reorganisationsplans.

ein Konzerninsolvenzrecht in bestimmten Konzernkonstellationen die Möglichkeit eröffnet, die insgesamt zur Verfügung stehende Haftungsmasse zu vergrößern und somit den der Insolvenzordnung zugrunde liegenden Grundsatz der Haftungsmaximierung verfolgt.

C. Zusammenfassung

Die vorstehenden Ausführungen haben zunächst gezeigt, dass ein Konzerninsolvenzrecht zu einer Annäherung des rechtlichen und wirtschaftlichen Konzernverständnisses führen würde. Das jedem Konzernverhältnis zugrunde liegende Tatbestandsmerkmal der einheitlichen Leitung gewährleistet, dass der Konzernverbund vor der Insolvenz als wirtschaftliche Einheit mit einheitlicher Zielkonzeption geführt werden kann. Auch wenn die Intensität der Leitungsmacht von der rechtlichen Art der konzernmäßigen Verbindung abhängt, ist den verschiedenen Konzernkonstellationen gemeinsam, dass die Möglichkeit der Einflussnahme grundsätzlich ein koordiniertes Zusammenwirken der einzelnen Konzerngesellschaften und eine optimale Nutzung des im Konzernverbund bestehenden Ressourcenpools zulässt. Während also die konzernrechtlichen Vorschriften dem wirtschaftlichen Konzernverständnis Rechnung tragen und zur Realisierung der im Konzernverbund bestehenden Vorteile beitragen, bergen die auf dem rechtlichen Konzernverständnis beruhenden insolvenzrechtlichen Vorschriften die Gefahr, dass der Konzernverbund und der ihm innewohnende Mehrwert bei der Insolvenz einzelner Konzerngesellschaften vernichtet wird. Dies ist insbesondere dadurch bedingt, dass die insolvenzrechtlichen Vorschriften nur an den rechtlich selbständigen Konzerngesellschaften anknüpfen und den wirtschaftlichen Konzernverbund bei der Insolvenz von konzernverbundenen Unternehmen nicht berücksichtigen. Ein Konzerninsolvenzrecht könnte durch die Berücksichtigung der Konzernzusammenhänge, das vor der Insolvenz im Vordergrund stehende wirtschaftliche Konzernverständnis und das in der Insolvenz maßgebende rechtliche Konzernverständnis vernünftig miteinander in Einklang bringen und zur Annäherung des interdisziplinären Konzernverständnisses beitragen. Darüber hinaus entsprächen konzerninsolvenzrechtliche Vorschriften grundsätzlich auch den Zielbestimmungen des geltenden Insolvenzrechts und ließen sich daher ohne Systembruch in das vorhandene Regelungssystem der InsO integrieren. Während das geltende Insolvenzrecht im Falle der Vermögensinsuffizienz eines Rechtsträgers durch einen koordinierten Verfahrensablauf eine optimale Befriedigung der Gläubiger gewährleistet, könnte ein Konzerninsolvenzrecht durch einen koordinierten Verfahrensablauf im Konzernverbund die Befriedigungschancen der Gläubiger sämtlicher insolventer Konzerngesellschaften erhöhen. Beide Regelungsmechanismen beruhen somit auf marktwirtschaftlichen Kriterien und wollen im Falle der Vermögensinsuffizienz eine bestmögliche Befriedigung der Gläubiger gewährleisten. Neben diesen im Interesse der Gläubiger liegenden betriebswirtschaftlichen Gesichtspunkten, kann die Beachtung der konzernmäßigen Verbindung auch positive volkswirtschaftliche Aspekte zur Folge haben. Sofern in größeren Konzernkonstellationen eine Fortführung der einzelnen Konzerngesellschaften nur unter Beachtung des Konzernverbundes möglich ist, kann ein Konzerninsolvenzrecht dazu führen, dass bestehende Arbeitsplätze und für andere Marktteilnehmer essentielle Geschäftsbeziehungen mit den konzernverbundenen Unternehmen aufrecht erhalten werden und ein weitergehender gesamtwirtschaftlicher Schaden verhindert wird.[207] In dieser Situation sollte ein wirtschaftlich sinnvolles Insolvenzrecht die Umsetzung dieser ökonomisch sinnvollen Erwägungen nicht allein durch das Fehlen gesetzlicher Vorschriften verhindern, sondern durch die Schaffung entsprechender Regelungen zu deren Realisation beitragen.[208] Die Umsetzung dieser Überlegungen und die inhaltliche Ausgestaltung entsprechender Vorschriften sind Gegenstand der folgenden Ausführungen.

207 BMJ, DiskE Konzerninsolvenz, S. 13.

208 In diesem Sinne auch Bous, Konzernleitungsmacht, S. 46; so jetzt auch Grundmann, Rede Insolvenzverwalterkongress 2012.

§ 4 Grundsätzliche Regelungsmodelle zur Abwicklung von Konzerninsolvenzen

„Ein Konzerninsolvenzrecht [...]? – Aber bitte mit Augenmaß!“[209]

Nachdem nun die Erkenntnis gewonnen wurde, dass die Einführung eines Konzerninsolvenzrechts eine Annäherung des rechtlichen und wirtschaftlichen Konzernverständnisses bewirken würde und konzerninsolvenzrechtliche Vorschriften mit den vorrangigen Leitgedanken des Insolvenzrechts in Einklang stünden, stellt sich die Frage nach den potentiellen Möglichkeiten zur Ausgestaltung eines Konzerninsolvenzrechts. Dabei kommen grundsätzlich verschiedene Instrumentarien zu einer sachgerechten Berücksichtigung der Konzernzusammenhänge in der Insolvenz von konzernverbundenen Unternehmen in Betracht. Während manche vorgeschlagenen und zur Verfügung stehenden Lösungsmöglichkeiten an bereits vorhandenen und bekannten Regelungsmechanismen anknüpfen, beruhen andere auf neuen dogmatischen Überlegungen. Die Darstellung der denkbaren Lösungsansätze dient zunächst dazu, einen Überblick über die grundsätzlichen Möglichkeiten für die insolvenzrechtliche Behandlung von Konzernunternehmen zu erhalten und die mit den einzelnen Modellen verbundenen Vor- und Nachteile kennenzulernen. Darüber hinaus ermöglicht diese Vorgehensweise, die aktuell geltenden insolvenzrechtlichen Vorschriften auf geeignete Anknüpfungspunkte hin zu überprüfen und die im Anschluss daran zu untersuchenden Reformprozesse unter Kenntnis sämtlicher in Betracht kommender Lösungsmöglichkeiten zu analysieren und zu bewerten. Die folgende Darstellung unterscheidet zunächst im Hinblick auf eine grundsätzliche dogmatische Weichenstellung zwischen der Koordinierung der Insolvenzverfahren (A.) und der Konsolidierung der Haftungsmassen (B.) konzernverbundener Unternehmen.[210] In der anschließenden Zusammenfassung (C.) wird eine Entscheidung im Hinblick auf die erfolgversprechenden und im Weiteren zu untersuchenden Modelle gefällt.

---

209 s. Prütting, INDAT-Report 2006, 27 (27).

210 Zu dieser grundsätzlichen Unterteilung Eidenmüller, ZHR 169 (2005), 529 (531 ff.), Uncitral, Legislative Guide, Part three, abrufbar unter: http://www.uncitral.org/pdf/english/texts/insolven/pre-leg-guide-part-three.pdf. Diese Unterteilung wird auch teilweise als *formelle Konzerninsolvenz* und *materielle Konzerninsolvenz* bezeichnet, Verhoeven, Konzerninsolvenz, S. 181 ff., oder auch *formelle* oder *materielle Zusammenfassung* der Insolvenzverfahren genannt, Westpfahl, in: FS Görg 2010, 569 (570 ff.); Westpfahl/Janjuah, ZIP 2008, Beilage Heft 3, 1 (6); Bezelgues, Konzerninsolvenzen, S. 65 ff.

A. Koordinierung der Insolvenzverfahren konzernverbundener Unternehmen

Die Berücksichtigung konzernrechtlicher Verbindungen in der Insolvenz könnte zunächst durch eine Koordinierung der über das Vermögen der einzelnen Konzerngesellschaften stattfindenden Insolvenzverfahren erfolgen. Koordination besagt dem Wortsinne nach Abstimmung und bedeutet demnach in der Insolvenz von konzernverbundenen Unternehmen die an sich selbständigen Insolvenzverfahren über das Vermögen der einzelnen Konzerngesellschaften aufeinander abzustimmen.[211] Die Regelungsmechanismen der Koordination beziehungsweise Koordinierung respektieren dabei die rechtliche Selbständigkeit der einzelnen Konzerngesellschaften bei der insolvenzrechtlichen Behandlung von konzernverbundenen Unternehmen und versuchen lediglich die Effizienz der eigenständigen Insolvenzverfahren unter Berücksichtigung des Konzernkontextes zu steigern und dadurch den Verfahrensablauf zu optimieren. Diesen Regelungsmodellen liegt die Vorstellung zu Grunde, dass sich eine sinnvolle Verwertungsentscheidung in der Insolvenz von Konzerngesellschaften nur bei Berücksichtigung der Konzerngesamtstruktur und der rechtsträgerübergreifenden Konzernzusammenhänge verwirklichen lässt.[212] Im Hinblick auf die verschiedenen Möglichkeiten zur Koordination der Insolvenzverfahren konzernverbundener Unternehmen ist zwischen Kooperationsmaßnahmen (I.) und verfahrensrechtlichen Maßnahmen (II.) zu differenzieren.[213]

I. Kooperationsmaßnahmen

Eine Koordination der Insolvenzverfahren insolventer Konzerngesellschaften kann zunächst durch Kooperation erfolgen.[214] Die Einführung von Kooperationsvorschriften stellt dabei im Gegensatz zu einer verfahrensrechtlichen Zusammenfassung eine weniger intensive Form der Koordination dar und bewirkt eine Abstimmung der einzelnen Insolvenzverfahren durch eine verfahrensübergreifende Zusammenarbeit der verschiedenen Funktionsträger. Demnach kommen Kooperationsregelungen insbesondere zwischen verschiedenen zuständigen Insolvenzgerichten, mehreren

---

211 Ehricke, WM 2005, 397 (399); Bezelgues, Konzerninsolvenzen, S. 65 f.

212 Eidenmüller, ZHR 169 (2005), 528 (533).

213 Paulus spricht in diesem Zusammenhang von einer *Koordination light* und einer *Koordination strong*, Paulus, ZGR 2010, 270 (282).

214 Dazu eingehend Becker, Kooperationspflichten, S. 141 ff.; Grundmann, Rede Insolvenzverwalterkongress 2012, BMJ, DiskE Konzerninsolvenz, §§ 269a-269c InsO-E; Brünkmans, Koordinierung, S. 108 ff.; im Hinblick auf die Kooperation von Insolvenzgerichten Ehricke, ZIP 2007, 2395 (2395 ff.); ders., in: Kölner Schrift zur InsO, Kapitel 32 Rn. 46; im Hinblick auf die Kooperation von Insolvenzverwaltern Hortig, Kooperation, S. 25 ff.; Vallender, KTS 2008, 59 (59 ff.); Eidenmüller, ZHR 169 (2005), 528 (549 ff.).

bestellten Insolvenzverwaltern und den in den einzelnen Insolvenzverfahren eingesetzten Gläubigerausschüssen in Betracht.[215]

Die zentralen *Vorteile* dieses Regelungsmodells liegen zunächst darin, dass Kooperationsvorschriften einen unkoordinierten Ablauf der Insolvenzverfahren konzernverbundener Unternehmen verhindern und den aus der Parallelität der verschiedenen Insolvenzverfahren entstehenden Problemen entgegenwirken.[216] Die Kooperationsvorschriften führen dazu, dass die Funktionsträger in den einzelnen Verfahren überhaupt miteinander in Kontakt treten und die für eine Kooperation erforderliche Kommunikationsgrundlage schaffen.[217] Der Austausch von Informationen und die gegenseitige Unterrichtung ermöglichen insbesondere, dass bestehende Informationsdefizite beseitigt werden und die an den verschiedenen Verfahren beteiligten Personen einen besseren Überblick über die rechtsträgerübergreifenden Zusammenhänge erhalten. Die zusätzlichen Erkenntnisse über die konzernrechtlichen Strukturen können sich nicht nur positiv auf die in den einzelnen Verfahren zu treffenden Entscheidungen auswirken, sondern tragen auch dazu bei, die Strategien und Zielvorstellungen in den übrigen Insolvenzverfahren besser nachzuvollziehen.[218] Der gegenseitige Informations- und Wissensaustausch bewirkt somit eine Annäherung der an den verschiedenen Insolvenzverfahren beteiligten Akteure und erhöht damit die Chancen einer weitergehenden Kooperation.[219] Die Intensivierung der Kooperation kann beispielsweise darin bestehen, dass sich unterschiedlich zuständige Gerichte bei der Bestellung von Insolvenzverwaltern absprechen, Insolvenzverwalter Regelungen über die Vornahme von Verwertungshandlungen treffen oder sich die Gläubiger der verschiedenen Konzerngesellschaften für eine rechtsträgerübergreifende Verwertungsmöglichkeit entscheiden.

---

215 Zu der Anknüpfung der Kooperationsvorschriften auf diesen drei Ebenen vgl. Grundmann, Rede Insolvenzverwalterkongress 2012; BMJ, DiskE Konzerninsolvenz, S. 13; Brünkmans, Koordinierung, S. 108 ff.

216 Hortig, Kooperation, S. 28 f.; Ehricke, WM 2005, 397 (397); ders., in: FS MPI 2001, 337 (344). Im Folgenden wird auf die grundsätzlichen Vorteile der Kooperation eingegangen und nicht hinsichtlich der Kooperation von Gerichten, Verwaltern und Gläubigerausschüssen differenziert. Kooperationsvorschriften sind insbesondere bei grenzüberschreitenden Insolvenzverfahren geeignet, um den Reibungsverlusten in den einzelnen Verfahren entgegenzuwirken, vgl. Art. 31 ff. EuInsVO im Hinblick auf die Kooperation der Verwalter von Haupt- und Sekundärinsolvenzverfahren; Art. 25 ff. UNCITRAL Model Law; Insol Europe, CoCo Guidelines; Amercian Law Institute/International Insolvency Institute, Richtlinien anzuwenden bei der Kommunikation zwischen den Gerichten in grenzüberschreitenden Fällen.

217 Hortig, Kooperation, S. 29; Reinhart, in: MüKo, InsO, Band 3, Anhang EuInsVO, Art. 31 Rn. 6; zu den Vorteilen einer Kooperation der Insolvenzgerichte bei grenzüberschreitenden Insolvenzverfahren im Rahmen der EuInsVO Ehricke, ZIP 2007, 2395 (2396 f.); Vallender, KTS 2008, 59 (63).

218 Hortig, Kooperation, S. 30.

219 Hortig, Kooperation, S. 30.

Die möglichen *Nachteile* von Kooperationsvorschriften sind im Vergleich zu den zu erwartenden positiven Aspekten einer Kooperation als eher gering einzuschätzen. Ein Negativum kann zunächst darin zu sehen sein, dass die Einführung von Kooperationsregelungen grundsätzlich einen erhöhten Organisations- und Zeitaufwand für die von den Vorschriften betroffenen Akteure mit sich bringt.[220] Dieser entsteht beispielsweise dadurch, dass sich die Insolvenzverwalter und Insolvenzgerichte mit zusätzlichen Informationen auseinandersetzen müssen und eine gegenseitige Pflicht zur Unterrichtung und Zusammenarbeit mit einem erhöhten Arbeitsaufwand verbunden ist. Daneben können Kooperationsvorschriften auch zu einer finanziellen Belastung und Kostenerhöhung in den einzelnen Verfahren führen, die sich aus der Erfüllung von Informations- und Unterrichtungspflichten oder der Notwendigkeit zusätzlicher Treffen für die Abstimmung einer weitergehenden Zusammenarbeit ergeben.[221] Diesen aus der Organisation des Kooperationsprozesses resultierenden Problemen kann jedoch in der heutigen Zeit durch Verwendung moderner Informationstechnologien Rechnung getragen werden, indem beispielsweise entsprechende Vorschriften die Speicherung rechtsträgerübergreifender Informationen in einem zentralen Datenpool im Internet gestatten und den kostenintensiven Versand und Transport von Unterlagen weitgehend entbehrlich machen. Darüber hinaus ermöglichen die modernen Kommunikationsformen, dass die verschiedenen an den Insolvenzverfahren beteiligten Funktionsträger in Form von Telefon- oder Videokonferenzen schnell und kostengünstig miteinander kommunizieren können und keine persönliche Treffen mit zeit- und kostenintensivem Ortswechsel erforderlich sind. Schließlich sind noch an die mit der Kooperation zusammenhängenden Schwierigkeiten bei der Eröffnung von Insolvenzverfahren über das Vermögen mehrerer Konzerngesellschaften in unterschiedlichen Jurisdiktionen zu denken. In diesem Zusammenhang können möglicherweise Sprach- und Verständigungsprobleme eine Kooperation erschweren und zusätzliche Kosten verursachen, die sich aus der Inanspruchnahme von Dolmetschern und der Übersetzung entsprechender Dokumente ergeben.[222] Gegen dieses Argument lässt sich jedoch zunächst einwenden, dass die in diesem Zusammenhang möglicherweise entstehenden finanziellen Aufwendungen im Vergleich zu den potentiellen vermögensrechtlichen Vorteilen der Kooperation oftmals von untergeordneter Bedeutung sein dürften. Darüber hinaus spricht gegen dieses in der heutigen Zeit durchaus fragwürdige Argument, dass die Kommunikation in internationalen Wirtschaftsbeziehungen vorwiegend in englischer Sprache erfolgt und im Übrigen das Argument von Sprach- und Verständigungsproblemen sich auch nicht gegen die bislang erfolgte Einführung von

---

220 Ehricke ZIP 2007, 2395 (2397 f.).

221 Umfassend zu den entsprechenden Nachteilen von Kooperationspflichten auf Ebene der Insolvenzgerichte Ehricke ZIP 2007, 2395 (2397 f.). Finanzielle Belastungen können beispielsweise durch die Beförderung von Unterlagen oder einem Treffen der beteiligten Insolvenzverwalter entstehen.

222 Ehricke ZIP 2007, 2395 (2397 f.).

Kooperationsvorschriften durchzusetzen vermochte.[223] Abgesehen von der Tatsache, dass einige der Problemkreise durch die Kodifikation entsprechender Regelungen gelöst werden könnten, sind die verbleibenden Nachteile im Hinblick auf die bei Konzernkonstellationen zu erwartenden Vorteile nach Ansicht des Autors hinnehmbar und nicht geeignet, den grundsätzlichen Nutzen von Kooperationsvorschriften in Frage zu stellen.

II. Verfahrensrechtliche Maßnahmen

Eine Koordination der Insolvenzverfahren konzernverbundener Unternehmen kann auch in verfahrensrechtlicher Hinsicht erfolgen. Diese Lösungsansätze versuchen insbesondere die bei der Kooperation auftretenden Reibungsverluste zu minimieren und durch eine intensivere verfahrensrechtliche Koordination den Ablauf der Insolvenzverfahren zu optimieren. Die Beachtung der rechtsträgerübergreifenden Konzernzusammenhänge kann zunächst durch eine institutionelle und personelle Verflechtung der verschiedenen Insolvenzverfahren erfolgen. Daneben kommen auch noch gesellschaftsrechtliche und insolvenzrechtliche Möglichkeiten in Betracht, um eine Verklammerung der an sich getrennten Insolvenzverfahren in verfahrensrechtlicher Hinsicht zu erreichen.[224]

1. Konzerngerichtsstand

Eine verfahrensrechtliche Koordination lässt sich zunächst durch die Einführung eines Konzerngerichtsstandes erzielen. Die Zusammenfassung der Insolvenzverfahren auf gerichtlicher Ebene hat zur Folge, dass ein Insolvenzgericht für sämtliche Insolvenzverfahren der zu einem Konzern gehörenden Unternehmen zuständig ist. Im Hinblick auf die Bestimmung des maßgebenden Konzerngerichtsstandes werden in der Literatur unterschiedliche Modelle und Lösungsansätze vertreten.[225] Während manche dafür plädieren, den Konzerngerichtsstand am Sitz der Konzernmutter zu

---

223 Als Beispiel dafür lässt sich insbesondere die Regelung des Art. 31 ff. EuInsVO anführen. Zudem werden im Rahmen der Reform der EuInsVO zusätzlich Kooperationsvorschriften eingeführt, Europäische Kommission, Reformvorschlag EuInsVO, Art. 31a, b im Hinblick auf die Kooperation von Haupt- und Sekundärverfahren, Art. 42a ff. im Hinblick auf die Kooperation bei der Insolvenz von Mitgliedern einer Unternehmensgruppe.

224 Zu den verschiedenen Möglichkeiten einer Verfahrenskoordination vgl. Eidenmüller, ZHR 169 (2005), 528 (528 ff.); Adam/Poertzgen, ZInsO 2008, 281 (281 ff.); dies., ZIP 2008, 346 (346 ff.).

225 Zu einer ausführlichen Darstellung der verschiedenen Ansätze vgl. Rühlemann, Verfahrenskonzentration, S. 389 ff.

verorten,[226] befürworten andere das Prioritätsprinzip[227] und wollen die Zuständigkeit für sämtliche Insolvenzverfahren bei dem zuerst angerufenen Insolvenzgericht begründen. Neben diesen häufig in Erwägung gezogen Modellen, werden schließlich auch noch Prorogations-, Wahlgerichtsstands- und Verweisungslösungen zur Begründung einer Zuständigkeitskonzentration herangezogen.[228]

Ein Konzerngerichtsstand kann, unabhängig von dessen konkreter Verortung, maßgebend zu einer Koordination der Insolvenzverfahren beitragen und wesentliche *Vorteile* mit sich bringen.[229] Diese sind zunächst darin zu sehen, dass eine Informationsbündelung am zentralen Konzerngerichtsstand erfolgt und keine bei Kooperationslösungen erforderlichen zeit- und kostenintensiven Verständigungsversuche zwischen verschiedenen zuständigen Insolvenzgerichten erforderlich sind. Zudem muss sich nur ein Insolvenzgericht in die komplexen Konzernstrukturen einarbeiten. Die Kenntnisse des zentralen Insolvenzgerichts können in den verschiedenen Verfahren genutzt werden und zu einer Beschleunigung der Verfahrensabläufe beitragen.[230] Darüber hinaus kann die Informationsbündelung auch positive Auswirkungen auf die einzelnen Verfahren haben, da das zuständige Gericht über die nötigen rechtsträgerübergreifenden Informationen verfügt und mit den bestehenden Konzernzusammenhängen vertraut ist.[231] Das Insolvenzgericht nimmt aufgrund seiner Befugnisse maßgebenden Einfluss auf den Ablauf eines Insolvenzverfahrens und kann in bestimmten Konstellationen durch entsprechende Entscheidungen zu einer weiteren Koordination der Insolvenzverfahren beitragen. In diesem Zusammenhang ist beispielsweise an eine für rechtsträgerübergreifende Lösungen vorzugswürdige einheitliche Verwalterbestellung in den einzelnen Verfahren zu denken, deren Anordnung bei einer einheitlichen Gerichtszuständigkeit wesentlich wahrscheinlicher ist, als bei der Zuständigkeit verschiedener Insolvenzgerichte.[232]

---

226 U. a. Jaffé/Friedrich, ZIP 2008, 1849 (1851 ff.); Vallender/Deyda, NZI 2009, 825 (828 f.).

227 U. a. Hirte, ZIP 2008, 444 (445 f.); in diesem Sinne wohl auch, Ehricke DZWIR 1999, 353 (360); BMJ, DiskE Konzerninsolvenz, § 3a InsO-E.

228 Eine Zusammenfassung der verschiedenen Möglichkeiten zu einem Konzerngerichtsstand findet sich bei K. Schmidt, in: FS Ganter 2010, 351 (354 ff.); ders., KTS 2011, 161 (174 ff.); ders., KTS 2010, 1 (17 ff.); Vallender/Deyda, NZI 2009, 825 (828 f.); v. Wilcken, in: Hdb. Konzerninsolvenzrecht, § 4 Rn. 34 ff.

229 Umfassend zu den Vorteilen einer einheitlichen Zuständigkeit, Ehricke, Das abhängige Konzernunternehmen, S. 461 f.; ders. DZWIR 1999, 353 (354 f.). Zu einem Überblick über die verschiedenen Regelungsmodelle und deren Nachteile vgl. Schmollinger, Der Konzern, S. 259 ff.

230 Adam/Poertzgen, ZInsO 2008, 281 (283); Ehricke, DZWIR 1999, 353 (354); Grau, Konsolidierung S. 189; Becker, Kooperationspflichten, S. 96; Bezelgues, Konzerninsolvenzen, S. 67.

231 Ehricke, Das abhängige Konzernunternehmen, S. 461 f.; ders., DZWIR 1999, 353 (354 f.); Nicht, Konzernorganisation, S. 218.

232 Eidenmüller, NJW 2004, 3455 (3456); Vallender/Deyda, NZI 2009, 825 (828); Brünkmans, Koordinierung, S. 311.

Die Zusammenfassung der Insolvenzverfahren auf gerichtlicher Ebene ist somit nicht nur lediglich eine Möglichkeit der Koordination, sondern auch Ausgangspunkt weiterer Koordinierungsmaßnahmen und somit wichtige Grundlage einer verfahrensrechtlichen Koordination.

Dagegen können die mit einer einheitlichen Zuständigkeit einhergehenden *Nachteile* nicht dergestalt überzeugen, dass von der grundsätzlichen Idee eines Konzerngerichtsstandes Abstand genommen werden sollte. Ein negativer Aspekt der gerichtlichen Zuständigkeitskonzentration kann zunächst in der räumlichen Distanz des Insolvenzgerichts zu den Gemeinschuldnern, deren Gläubigern und der Belegenheit der jeweiligen Vermögenswerte zu sehen sein. Die räumliche Entfernung kann dazu führen, dass aufgrund längerer Informationswege der Informationsaustausch zwischen den Beteiligten und dem zuständigen Insolvenzgericht erschwert wird und das Insolvenzgericht wegen der fehlenden Ortsnähe nicht mit den Besonderheiten und Gegebenheiten vor Ort vertraut ist.[233] Gegen dieses Argument lässt sich jedoch einwenden, dass die räumliche Distanz beim aktuellen Stand der Kommunikationstechnik den Informationsaustausch nicht wesentlich erschwert und das Kriterium der örtlichen Nähe bei zahlreichen geschäftlichen Tätigkeiten, insbesondere bei im Dienstleistungs- oder Onlinebereich tätigen Gemeinschuldnern oftmals keine wesentliche Rolle spielen dürfte.[234] Ein weiteres Negativum kann darin liegen, dass eine einheitliche Zuständigkeit den vielen unterschiedlichen Konzernstrukturen und der in der Praxis existierenden Konzernvielfalt nicht gerecht wird.[235] So scheint es insbesondere in dezentral geführten und wirtschaftlich wenig miteinander verflochtenen Konzernen fraglich, ob eine Zusammenfassung der Verfahren auf gerichtlicher Ebene überhaupt sinnvoll ist. Diese, die Effizienz einer einheitlichen Gerichtszuständigkeit betreffenden Einwände können jedoch bei der Kodifikation einer gesetzlichen Regelung berücksichtigt und daher weitgehend entkräftet werden. Insgesamt vermögen die negativen Aspekte daher nicht den grundsätzlichen Nutzen und das immense Potential einer gerichtlichen Zuständigkeitskonzentration in Konzernkonstellationen aufzuwiegen.

2. *Verwalterbestellung*

Des Weiteren kann auch die Bestellung eines Konzerninsolvenzverwalters zu einer verfahrensrechtlichen Koordination der Insolvenzverfahren konzernverbundener Unternehmen beitragen. Demnach wird in sämtlichen oder zumindest in

233 Ehricke, Das abhängige Konzernunternehmen, S. 463, ders., DZWIR 1999, 353 (355).

234 Im Hinblick auf die räumliche Entfernung im heutigen Kommunikationszeitalter vgl. Vormstein, Zuständigkeit, S. 227 f.; Ehricke, Das abhängige Konzernunternehmen, S. 464.

235 Zu diesem Gesichtspunkt K. Schmidt, in: FS Ganter 2010, 351 (352); diesen Aspekt ebenfalls aufgreifend Vallender/Deyda, NZI 2009, 825 (826); Adam/Poertzgen, ZInsO 2008, 281 (283).

mehreren Verfahren derselbe Insolvenzverwalter bestellt und mit der Verwaltung der verschiedenen Vermögensmassen beauftragt.

Die *Vorteile* einer einheitlichen Verwalterbestellung entsprechen zunächst weitgehend denjenigen, die im Rahmen der Zuständigkeitsbündelung auf gerichtlicher Ebene dargestellt wurden und brauchen insoweit an dieser Stelle nicht nochmals aufgeführt zu werden.[236] Dabei kommen die Vorteile einer verfahrensrechtlichen Zusammenfassung auf Verwalterebene noch stärker zum Tragen, da der Insolvenzverwalter als zentrale Figur des Insolvenzverfahrens die Verwertungsentscheidungen kontrolliert (§§ 80, 159 InsO) und aufgrund seiner Stellung maßgebend an der erfolgreichen Abwicklung eines Insolvenzverfahrens beteiligt ist.[237] Die einheitliche Erfassung der Konzernstrukturen und Konzernverhältnisse führt nicht nur zu einer einfacheren und effizienteren Verwaltung in den einzelnen Verfahren, sondern erhöht auch signifikant die Wahrscheinlichkeit, dass die wirtschaftlichen Verflechtungen der Konzerngesellschaften entsprechend berücksichtigt werden.[238] Dies ist insbesondere dadurch bedingt, dass für die Verwirklichung rechtsträgerübergreifender Lösungen keine intensiven Kooperationsbemühungen zwischen den Verwaltern erforderlich sind und die bei Bestellung verschiedener Insolvenzverwalter oftmals auftretenden Reibungsverluste verhindert werden.[239] Schließlich kann sich die einheitliche Verwalterbestellung auch positiv auf das Verhältnis zwischen Insolvenzgericht und Insolvenzverwalter auswirken, da durch den engen Kontakt eine intensive und effektive Kooperation zu erwarten ist.[240]

Die *Nachteile* einer personellen Verflechtung auf Ebene der Insolvenzverwalter sind teilweise mit denen bei Zusammenfassung der Verfahren auf gerichtlicher Ebene vergleichbar. Dabei lässt sich das Argument der räumlichen Distanz zunächst dadurch entkräften, dass sich die Geschäftspartner des Gemeinschuldners aufgrund der räumlichen Diversifizierung des Wirtschaftslebens oftmals nicht mehr in unmittelbarer Nähe des Schuldners befinden und der Gesichtspunkt der örtlichen Nähe in Zeiten der Globalisierung an Bedeutung verliert.[241] Zudem stellt die mittlerweile praktizierte arbeitsteilige Vorgehensweise der Insolvenzverwalter sicher, dass verschiedene unter Aufsicht des Insolvenzverwalters stehende Mitarbeiter wesentliche Verwaltungsaufgaben vor Ort ausüben und daher eine ausreichende

---

236 Eidenmüller, ZHR 169 (2005), 528 (540); ders., ZZP 114 (2001), 1 (9); Ehricke, Das abhängige Konzernunternehmen, S. 465.

237 Deyda, Der Konzern, S. 146; Eidenmüller, ZHR 169 (2005), 528 (540); Graeber, in: MüKo, InsO, Band 1, § 56 Rn. 1.

238 Hirte, ZIP 2008, 444 (446); Deyda, Der Konzern, S. 146.

239 Zu dem drohenden Konkurrenzkampf bei Bestellung mehrerer Verwalter Ehricke, DZWIR 1999, 353 (356); Eidenmüller, NJW 2004, 3455 (3459); Adam/Poertzgen, ZInsO 2008, 281 (285).

240 Ehricke, DZWIR 1999, 353 (356).

241 Ehricke, Das abhängige Konzernunternehmen, S. 466; ders., DZWIR 1999, 353 (356).

Nähe zum Ort des Insolvenzschuldners gewährleistet ist.[242] Gegen den ebenfalls bei der einheitlichen Insolvenzverwalterbestellung auftretenden Einwand, dass die personelle Verflechtung im Hinblick auf die Vielzahl der unterschiedlichen Konzernkonstellationen keine Einheitslösung sei, lässt sich anführen, dass die verschiedenen Konzernstrukturen bei der gesetzlichen Ausgestaltung einer diesbezüglichen Regelung berücksichtigt werden können. Die schwerwiegendsten Bedenken gegen die Bestellung eines einheitlichen Insolvenzverwalters dürften darin zu sehen sein, dass die personelle Verflechtung mit der unabhängigen Stellung des Insolvenzverwalters kollidieren und zu Interessenkollisionen führen kann.[243] Dies wird insbesondere offensichtlich, wenn man sich vor Augen führt, dass dem Insolvenzverwalter die Pflicht obliegt, stets im Interesse der einzelnen Verfahrensmassen zu handeln und manche zu einer Massemehrung in einzelnen Verfahren führende Entscheidungen eine Masseminderung in anderen Verfahren bewirken können. Darüber hinaus offenbart sich die Interessensdivergenz vor allem dann, wenn der Insolvenzverwalter die Vermögensbeziehungen zwischen den Konzerngesellschaften auflösen muss oder bei einer Vielzahl von konzerninternen Rechtsgeschäften die Tatbestände der Insolvenzanfechtung (§ 129 ff. InsO) erfüllt sein können.[244] Diese durchaus berechtigten Einwände und die damit verbundenen Probleme sollten bei der Einführung entsprechender Vorschriften beachtet werden, können jedoch weitgehend durch die Figur des Sonderinsolvenzverwalters und der anfänglichen oder nachträglichen Bestellung desselben in Konfliktsituationen gelöst werden.[245] Die vorstehenden Ausführungen zeigen, dass die personelle Verflechtung auf Ebene des Insolvenzverwalters mehr Vorteile als Nachteile mit sich bringt und die verbleibenden negativen Aspekte im Rahmen einer Kodifikation weitgehend minimiert werden können.

3. Konzernleitungsmacht

Daneben können auch die in Konzernkonstellationen bestehenden Einwirkungsmöglichkeiten zu einem koordinierten Ablauf der über das Vermögen der konzernverbundenen Unternehmen stattfindenden Insolvenzverfahren verhelfen.[246]

---

242 Ehricke, Das abhängige Konzernunternehmen, S. 466; ders., DZWIR 1999, 353 (356).

243 Graeber, NZI 2007, 265 (266); Hirte ZIP 2008, 444 (446); Ehricke, Das abhängige Konzernunternehmen, S. 467.

244 Ehricke, Das abhängige Konzernunternehmen, S. 467.

245 Ehricke, Das abhängige Konzernunternehmen, S. 467 f.; zur Figur des Sonderinsolvenzverwalters Dahl, ZInsO 2004, 1014 (1014 ff.); Graeber/Pape, ZIP 2007, 992 (992 ff.); Graf/Wunsch, DZWIR 2002, 177 (177 ff.); Lüke, ZIP 2004, 1693 (1693 ff.).

246 Zu der Möglichkeit die Abwicklung von Konzerninsolvenzen mit Hilfe der Konzernleitungsmacht zu koordinieren Schelo, NZI 2005, V (V); Verhoeven, Konzerninsolvenz, S. 184 ff.; Eidenmüller, ZHR 169 (2005), 528 (547); Telke, Anforderungen an ein wettbewerbsfähiges Konzerninsolvenzrecht, S. 22 ff.

Die Fortgeltung der sich aus der Konzernierung ergebenden gesellschaftsrechtlichen Befugnisse bringt zunächst wesentliche *Vorteile* mit sich. Die Konzernleitungsmacht bewirkt, dass die Situation in der Insolvenz der Situation vor der Insolvenz entspricht und die einheitliche Leitung der Konzerngesellschaften in Form einer einheitlichen Steuerung der Insolvenzverfahren fortgesetzt werden kann. Die Aufrechterhaltung der leistungswirtschaftlichen Verflechtungen kann vor allem dazu beitragen, dass die zwischen den jeweiligen Konzerngesellschaften bestehenden Synergien auch in der Insolvenz realisiert werden und sich positiv auf die Haftungsmassen der einzelnen Verfahren auswirken. Die Möglichkeit, den Konzernverbund weiterhin einheitlich zu leiten, kann insbesondere dazu beitragen, dass eine aufeinander abgestimmte Verwertung der einzelnen Vermögensmassen erfolgt und die Wahrscheinlichkeit von rechtsträgerübergreifenden Verwertungs- oder Sanierungslösungen steigt.[247]

Die Fortsetzung der konzernrechtlichen Leitungsstrukturen in den Insolvenzverfahren konzernverbundener Unternehmen ist jedoch auch mit gewichtigen *Nachteilen* verbunden und ruft rechtlich schwierige und komplexe Fragestellungen hervor. Diese ergeben sich zunächst daraus, dass der Fortbestand der konzernrechtlichen Leitungsmacht nur schwer mit der rechtlichen Selbständigkeit der einzelnen Konzerngesellschaften und der Rechtsträgerbezogenheit des Insolvenzverfahrens zu vereinbaren ist.[248] Dabei besteht insbesondere die Gefahr, dass die in den verschiedenen Insolvenzverfahren zu treffenden Entscheidungen ausschließlich im Interesse der herrschenden Gesellschaft beziehungsweise deren Gläubigern erfolgen und ohne entsprechende Schutzvorkehrungen oder Ausgleichszahlungen die Haftungsmassen und Belange der einzelnen abhängigen Konzerngesellschaften und deren Gläubiger erheblich gefährdet werden. Darüber hinaus besteht die zentrale Problematik darin, dass die Fortgeltung konzernrechtlicher Befugnisse in der Insolvenz sowohl gesellschaftsrechtliche als auch insolvenzrechtliche Themenkreise berührt und eine gesetzliche Regelung dieser Thematik die Beantwortung schwieriger rechtlicher Fragestellungen erfordert.[249] In diesem Zusammenhang müsste beispielsweise geklärt werden, inwieweit die Fortgeltung der gesellschaftsrechtlichen Befugnisse mit der insolvenzrechtlichen Stellung des Insolvenzverwalters zu vereinbaren ist. Dabei stellt sich zunächst die Frage, ob die Ausübung der konzernrechtlichen Befugnisse überhaupt dem Aufgabenbereich eines Insolvenzverwalters unterfällt[250] oder die Konzernleitung nicht zu den wahrzunehmenden Aufgaben eines Insolvenzverwalters

---

247 Zu den möglichen Vorteilen bei Aufrechterhaltung der Leitungsmacht Verhoeven, Konzerninsolvenz, S. 184 ff.; Piepenburg, NZI 2004, 231 (235 ff.); zu den Vorteilen der Leitungsmacht in Verbindung mit der Eigenverwaltung Adam/Poertzgen, ZInsO 2008, 347 (347 f.); Schneider/Höpfner, BB 2012, 87 (88 f.).

248 Eidenmüller, ZHR 169 (2005), 528 (549).

249 Zu dieser Problematik Bous, Konzernleitungsmacht, S. 143 f.; Eidenmüller, ZHR (169) 2005, 528 (548); Beck, DZWiR 2014, 381 (385).

250 Freudenberg, ZIP 2009, 2037 (2041).

gehört.[251] Die interdisziplinären Schwierigkeiten zeigen sich nicht nur auf Seiten der Weisungsberechtigten, sondern auch auf Seiten der Weisungsempfänger. Die Fortgeltung der konzernrechtlichen Befugnisse kann dabei insbesondere mit der im Insolvenzrecht vorgesehenen unabhängigen Stellung des Insolvenzverwalters (§ 56 InsO) kollidieren.[252] Vor diesem Hintergrund kommt eine Aufrechterhaltung der Leitungsmacht wohl nur unter der Prämisse in Betracht, dass das Insolvenzgericht im Insolvenzverfahren über das Vermögen einer konzernzugehörigen Tochtergesellschaft Eigenverwaltung (§§ 270 ff. InsO) anordnet und der Schuldner die Verfügungsbefugnis über die Insolvenzmasse behält.[253] Dabei stellt sich jedoch zunächst die Frage nach dem Schicksal der konzernrechtlichen Befugnisse bei Anordnung der Eigenverwaltung.[254] Darüber hinaus müsste geklärt werden, ob die aus der Kombination von gesellschaftsrechtlicher Leitungsbefugnis und dem insolvenzverfahrensrechtlichen Regelungsinstitut der Eigenverwaltung bestehende Koordinationsmöglichkeiten mit dem Sinn und Zweck der Eigenverwaltung vereinbar ist und überhaupt als taugliches Lösungsmodell für die Abwicklung von Konzerninsolvenzverfahren in Betracht kommt.

Die vorstehenden Ausführungen zeigen, dass die Fortgeltung der konzernrechtlichen Befugnisse zur Koordination der Insolvenzverfahren in Konzernkonstellationen zwar geeignet wäre, die damit verbundenen gesellschaftsrechtlichen und insolvenzrechtlichen Aspekte aber eine Vielzahl schwieriger Fragestellungen mit sich bringen, die nur mit erheblichem Regelungsbedarf zu beantworten wären.

---

251 Rostegge, Konzerninsolvenz, S. 265; BGHZ 103, 1 = NJW 1988, 1326 (1327).

252 Die absolut herrschende Lehre geht davon aus, dass die unabhängige Stellung des Insolvenzverwalters nicht mit einer Weisungsgebundenheit des Insolvenzverwalters zu vereinbaren sei und nimmt daher an, dass die herrschende Gesellschaft dem Insolvenzverwalter der abhängigen Gesellschaft weder im Vertragskonzern noch in faktischen Konzernkonstellationen Weisungen erteilen kann, Böcker, GmbHR 2004, 1257 (1258 f.); Eidenmüller, ZHR 169 (2005), 528 (548).

253 Das Modell der Eigenverwaltung wurde bereits in der Insolvenz von konzernverbundenen Unternehmen praktiziert (Bsp.: *Babcock Borsig AG, Kirch Media GmbH & Co.KG, Sinn Leffers*). Zu weiteren Beispielen und Nachweisen, vgl. Zipperer, in: Uhlenbruck, InsO, § 270 Rn. 10.

254 Verhoeven, Konzerninsolvenz, S.135 f.; Rattunde, ZIP 2003, 596 (597). In diesem Zusammenhang ist insbesondere auf die im Rahmen des ESUG eingeführte Regelung des § 276a InsO zu verweisen, nach welcher die Mitwirkungsorgane einer juristischen Person oder einer Gesellschaft ohne Rechtspersönlichkeit keinen Einfluss auf die Geschäftsführung des Schuldners haben.

4. Planverfahren

Ferner kann auch das Insolvenzplanverfahren eine Koordinierung der Insolvenzverfahren in Konzernkonstellationen ermöglichen.[255] Eine Koordination der Insolvenzverfahren lässt sich insbesondere dadurch erreichen, dass die zur Vorlage Berechtigten (§ 218 InsO) in den Insolvenzverfahren der konzernverbundenen Unternehmen aufeinander abgestimmte Insolvenzpläne vorlegen.[256] Dies kann beispielsweise dadurch erfolgen, dass in dem Insolvenzverfahren an der Konzernspitze ein Masterplan erstellt wird und die Insolvenzpläne in den übrigen Verfahren nach den Zielsetzungen und Vorstellungen dieses leitenden Plans entwickelt werden.[257]

Die verfahrensrechtliche Koordination im Rahmen des Insolvenzplanverfahrens lässt zunächst einige *Vorteile* erwarten. Dies ist insbesondere dadurch bedingt, dass eine Reorganisation der Unternehmensträger lediglich im Planverfahren möglich ist und durch die Berücksichtigung der rechtsträgerübergreifenden Belange in den Insolvenzplänen ein effektives Gesamtsanierungskonzept für den Konzernverbund realisiert werden kann.[258] Ein weiterer positiver Aspekt dieses Lösungsmodells liegt darin, dass die Koordination der Verfahren nicht erst mit Beginn der Insolvenzverfahren erfolgt, sondern die möglicherweise im Vorfeld erarbeiteten und erstellten Pläne gem. § 218 I 2 InsO bereits gemeinsam mit dem Antrag auf Eröffnung des Insolvenzverfahrens vorgelegt werden können. Diese aus dem US-amerikanischen Reorganisationsrecht bekannten *prepackaged plans* haben zunächst den Vorteil, dass die Sanierungspläne schneller implementiert werden können und daher die Sanierungsstrategie erfolgsversprechender ist. Zudem kann diese Möglichkeit aufgrund der im Vorfeld der Insolvenz bestehenden konzernrechtlichen Leitungsmacht auch eine aufeinander abgestimmte Erarbeitung der Insolvenzpläne im Hinblick auf die verschiedenen Gesellschaften gewährleisten.[259]

Jedoch ist die verfahrensrechtliche Koordinierung der Insolvenzverfahren im Wege des Planverfahrens auch mit *Nachteilen* verbunden. Diese sind zunächst darin zu sehen, dass mit Eröffnung des Insolvenzverfahrens die Erstellung koordinierter Insolvenzpläne durch die zur Vorlage berechtigten Schuldner nur bei entsprechender Einflussmöglichkeit des herrschenden Unternehmens in Betracht kommt und sich erneut die Frage nach der Fortgeltung der gesellschaftsrechtlichen Befugnisse in der Insolvenz von Konzernunternehmen stellt. Darüber hinaus ist jedoch

---

255 Zu dieser Möglichkeit mit entsprechenden Beispielen Fritze, DZWIR 2007, 89 (89 ff.); Rattunde, ZIP 2003, 596 (596 ff.); Schneider/Höpfner, BB 2012, 87 (89); Uhlenbruck, NZI 1999, 41 (41 ff.).

256 Zu dieser Möglichkeit der Koordinierung Eidenmüller, ZHR 169 (2005), 528 (547).

257 Ehricke, ZInsO 2002, 393 (395); Eidenmüller, ZHR 169 (2005), 528 (546); Rostegge, Konzerninsolvenz, S. 354 f.; Verhoeven, Konzerninsolvenz, S. 135.

258 Zu den positiven Auswirkungen des Insolvenzplanverfahrens in Konzernkonstellationen vgl. Rattunde, ZIP 2003, 596 (596 ff.) – Der Fall *Herlitz;* Fritze, DZWIR 2007, 89 (89 ff.) – Der Fall *Senator Entertainment AG.*

259 Eidenmüller, Unternehmenssanierung, S 437 ff.; Paulus, ZGR 2005, 309 (321 f.).

auch die Entwicklung einheitlicher und aufeinander abgestimmter Insolvenzpläne durch die zur Vorlage berechtigten Insolvenzverwalter mit erheblichen Schwierigkeiten verbunden. Eine erfolgreiche Koordination erscheint in dieser Konstellation aufgrund des enormen Koordinierungsbedarfs nur dann erfolgversprechend, wenn zwischen den verschiedenen bestellten Insolvenzverwaltern entsprechende Kooperationsvorschriften bestehen oder in sämtlichen Verfahren die Bestellung eines einheitlichen Verwalters erfolgt. Letzteres ist jedoch nur dann wahrscheinlich, wenn eine Kooperation zwischen den verschiedenen zuständigen Gerichten stattfindet oder lediglich ein Gericht für die Eröffnung der Insolvenzverfahren, der zu einem Konzern gehörenden Unternehmen zuständig ist. Vor diesem Hintergrund wird teilweise vertreten, dass die Implementierung koordinierter Insolvenzpläne in Konzernkonstellationen lediglich bei einer Zuständigkeitskonzentration auf Ebene der Insolvenzgerichte und Insolvenzverwalter in Betracht käme.[260]

Zusammenfassend lässt sich feststellen, dass das Insolvenzplanverfahren grundsätzlich die Koordination der Insolvenzverfahren insolventer Konzerngesellschaften ermöglicht und gerade im Hinblick auf die Realisierung eines Gesamtreorganisationskonzepts von großer Bedeutung ist. Allerdings zeigen allein die vorstehend skizzierten Probleme, dass die effektive Umsetzung dieses Lösungsmodells auf anderen Kooperations- oder Koordinationsmaßnahmen beruht und zur Verwirklichung dieses Lösungsmodells ein entsprechendes Fundament erforderlich wäre.

B. Konsolidierung der Haftungsmassen konzernverbundener Unternehmen

Neben den bislang dargestellten Maßnahmen zur Koordinierung der Insolvenzverfahren konzernverbundener Unternehmen kommt als intensivere Form der insolvenzrechtlichen Behandlung auch die Konsolidierung der Haftungsmassen konzernverbundener Unternehmen in Betracht.[261] Dieses auf dem US-amerikanischen

260 Schneider/Höpfner, BB 2012, 87 (89); zu den Vorteilen einer einheitlichen Verwalterbestellung Brünkmans, Koordinierung, S. 291 ff. Diese These wird auch durch zwei Beispiele aus der Praxis gestützt. In den erfolgreich verlaufenden Insolvenzplanverfahren in den Fällen *Senator Entertainment AG* und *Herlitz* führte die einheitliche Zuständigkeit des Insolvenzgerichts zu der Bestellung eines einheitlichen Verwalters und trug daher maßgebend zum Gelingen der Insolvenzplanverfahren bei, vgl. Fritze, DZWIR 2007, 89 (89 ff.); Rattunde, ZIP 2003, 596 (596 ff.).

261 Zu diesem Lösungsmodell Paulus ZIP 2005, 1948 (1953); Adam/Poertzgen, ZInsO 2008, 347 (349 ff.); Hirte, in: FS K. Schmidt 2009, 641 (644 ff.); Schmidt, KTS 2011, 161 (172 ff.); ders., KTS 2010, 1 (13 ff.); Brünkmans, Koordinierung, S. 91 ff.; Grau, Konsolidierung, S. 17 ff.; Bezelgues, Konzerninsolvenzen, S. 15 ff.; Rühlemann, Verfahrenskonzentration, S. 45 ff.; Verhoeven, Konzerninsolvenz, S. 208 ff.; Vormstein, Zuständigkeit, S. 28 ff.

Regelungsinstitut der *substantive consolidation*[262] beruhende Lösungsmodell unterscheidet sich elementar von den bisher dargestellten Regelungsmechanismen und stellt im Hinblick auf den wirtschaftlichen Konzernverbund die Grundsätze der rechtlichen Selbständigkeit der einzelnen Konzerngesellschaften und der Rechtsträgerbezogenheit des Insolvenzverfahrens in Frage. Die zentralen Zielvorstellungen von Konsolidierungslösungen bestehen darin, den auf der Eigenständigkeit der Insolvenzverfahren beruhenden Kooperations- oder Koordinierungsaufwand zu vermeiden und durch eine Zusammenfassung beziehungsweise Verschmelzung der Vermögensmassen der insolventen Konzerngesellschaften eine effiziente Verfahrensabwicklung zu ermöglichen.[263] Der vielfach zitierte und auf dem rechtlichen Konzernverständnis beruhende Grundsatz „ein Schuldner, ein Insolvenzverfahren, ein Vermögen" hätte demnach ausgedient und würde durch die auf dem wirtschaftlichen Konzernverständnis basierende Fassung: „eine Konzerneinheit, ein Insolvenzverfahren, eine Insolvenzmasse" ersetzt.[264] Die Konsolidierung der Haftungsmassen erscheint im Hinblick auf das wirtschaftliche Konzernverständnis prima facie geradezu prädestiniert, um die insolvenzrechtliche Problematik von Unternehmensgruppen zu lösen.[265] Die folgenden Ausführungen setzen sich daher mit den grundsätzlichen dogmatischen Ansätzen dieses Lösungsmodells auseinander und stellen dabei zunächst die Grundzüge und Auswirkungen der Haftungskonsolidierung dar (I.). Sodann wird auf die Vorteile dieses Lösungsmodells eingegangen und untersucht, welche Anhaltspunkte im gegenwärtigen Recht diesen dogmatischen Paradigmenwechsel rechtfertigen könnten (II.). Die abschließenden Ausführungen in diesem Themenkomplex beschäftigen sich schließlich mit den Einwänden und rechtlichen Bedenken gegen diese Form der insolvenzrechtlichen Behandlung von Konzernunternehmen und sprechen sich im Ergebnis gegen Konsolidierungslösungen aus (III.).

---

262 Bei der *substantive consolidation* handelt es sich um ein aus dem US-amerikanischen Insolvenzrecht stammendes Institut des Richterrechts. Aufgrund der fundamentalen Unterschiede in den Rechtssystemen und der Tatsache, dass im Folgenden ein kodifiziertes Konzerninsolvenzrecht geschaffen werden soll, wird von einer eingehenden Behandlung dieses Rechtsinstituts abgesehen. Zu einer ausführlichen Darstellung in deutscher Sprache, vgl. Scheel, Konzerninsolvenzrecht, S. 241 ff.; Grau, Konsolidierung, S. 17 ff.

263 Mevorach, EBOR 2007, 179 (187).

264 Schmidt, KTS 2010, 1 (13).

265 Obwohl es verschiedene Formen und unterschiedliche Möglichkeiten der Haftungskonsolidierung gibt, setzen sich die folgenden Ausführungen lediglich mit den grundsätzlichen dogmatischen Ansätzen dieses Lösungsmodells auseinander. Die Einschränkung ist zum einen dadurch bedingt, dass mit den verschiedenen Differenzierungsmöglichkeiten unzählige weitere rechtliche Fragestellungen verbunden wären und zum anderen die Befassung mit den Einzelheiten dieses Lösungsmodells nur dann angezeigt wäre, wenn deren Grundüberlegungen überzeugten. Zu den unterschiedlichen „Schattierungsmöglichkeiten" der *substantive consolidation*, vgl. Paulus, ZIP 2005, 1948 (1953); Adam/Poertzgen, ZInsO 2008, 347 (351).

I. Auswirkungen der Haftungskonsolidierung in den Insolvenzverfahren

Die Haftungskonsolidierung hat zunächst weitgehende verfahrensrechtliche Auswirkungen und führt zu einem einheitlichen Insolvenzverfahren über die zusammengefassten Vermögenswerte und Verbindlichkeiten sämtlicher insolventer Konzerngesellschaften.[266] Die Zusammenlegung der Insolvenzmassen bewirkt daher, dass nicht mehr über das Vermögen jeder rechtlich selbständigen Konzerngesellschaft ein eigenständiges Insolvenzverfahren zu eröffnen ist, sondern nur noch ein Insolvenzverfahren über das Vermögen sämtlicher insolventer Konzerngesellschaften stattfindet.[267] Darüber hinaus ergeben sich auch weitreichende materiellrechtliche Rechtsänderungen.[268] Zunächst wirkt sich die Zusammenfassung der Insolvenzmassen auf konzerninterne Forderungen und Verbindlichkeiten der von der Konsolidierung betroffenen Konzerngesellschaften aus. Dabei führt insbesondere die mit der Zusammenlegung der Vermögensmassen eintretende Konfusion zum Erlöschen sämtlicher konzerninterner Ansprüche und Verbindlichkeiten zwischen den von der Konsolidierung betroffenen Konzernunternehmen.[269] Darüber hinaus ist zu beachten, dass die Gläubiger der einzelnen Konzerngesellschaften nicht mehr aus der Haftungsmasse ihres Schuldners, sondern aus der Haftungsmasse sämtlicher insolventer Konzerngesellschaften befriedigt werden.[270] Die Gläubiger der insolventen Konzerngesellschaft sind somit de facto als Konzerngläubiger anzusehen und erhalten unter Beachtung ihrer Rangklassen eine einheitliche Befriedigungsquote, unabhängig davon, gegen welche Konzerngesellschaft die ursprüngliche Forderung bestand.[271]

II. Mögliche Rechtfertigung einer Haftungskonsolidierung

Die materielle Zusammenfassung der Haftungsmassen insolventer Konzerngesellschaften erscheint auf den ersten Blick als nicht zu rechtfertigender Systembruch mit den grundlegenden gesellschaftsrechtlichen und insolvenzrechtlichen Prinzipien

---

266 Ehricke, Das abhängige Konzernunternehmen, S. 471 ff., ders., DZWIR 1999, 353 (358); Verhoeven, Konzerninsolvenz, S. 209 ff.; Bezelgues, Konzerninsolvenzen, S. 20.

267 Schmidt, KTS 2010, 1 (13); Vormstein, Zuständigkeit, S. 32; Bezelgues, Konzerninsolvenzen, S. 20.

268 Im Hinblick auf die aus dem US-amerikanischen Insolvenzrecht bekannte Form der *substantive consolidation* vgl. Scheel, Konzerninsolvenzrecht, S. 241 ff.

269 Westpfahl/Janjuah, ZIP 2009, Beilage zu Heft 3, 1 (6 f.); Westpfahl, in: FS Görg 2010, 569 (571); Scheel, Konzerninsolvenzrecht, S. 244; Grau, Konsolidierung, 61 ff.; Paulus, ZIP 2005, 1948 (1953).

270 Paulus, ZIP 2005, 1948, (1953); Westpfahl/Janjuah, ZIP 2009, Beilage zu Heft 3, 1 (6 f.); Westpfahl, in: FS Görg 2010, 569 (571); Scheel, Konzerninsolvenzrecht, S. 241 f.; Adam/Poertzgen, ZInsO 2008, 347 (349).

271 Scheel, Konzerninsolvenzrecht, S. 242 ff.; Brünkmans, Koordinierung, S. 99.

unserer Rechtsordnung. Die Verschmelzung der Vermögenswerte verschiedener Rechtsträger kollidiert nicht nur mit dem Grundsatz der rechtlichen Selbständigkeit der juristischen Person, sondern stellt auch grundsätzlich die Rechtsträgerbezogenheit des Insolvenzverfahrens in Frage. Die folgenden Ausführungen werden jedoch zeigen, dass sich für die Abkehr vom Rechtsträgerprinzip in der Insolvenz konzernverbundener Unternehmen sowohl wirtschaftliche als auch rechtliche Argumente vorbringen lassen.

1. *Entsprechung von Konsolidierung und wirtschaftlichem Konzernbegriff*

Die Verschmelzung der Haftungsmassen sämtlicher insolventer Konzerngesellschaften entspricht zunächst weitgehend dem wirtschaftlichen Konzernverständnis und bewirkt, dass aus der Haftungsmasse der einzelnen Konzerngesellschaften eine einheitliche Haftungsmasse entsteht.[272] Der Regelungsmechanismus der Konsolidierung führt somit in Übereinstimmung mit dem betriebswirtschaftlichen Konzernansatz dazu, dass das Vermögen der insolventen Gesellschaften, unabhängig von der rechtlichen Zuordnung, als wirtschaftliche Einheit anzusehen und als solche zu behandeln ist.

Die Verwaltung und Verwertung der konsolidierten Haftungsmasse führt zunächst zu einer verfahrensrechtlichen Vereinfachung und wirkt den aus der Rechtsträgerbezogenheit des Insolvenzverfahrens resultierenden Problemen und Effizienzverlusten entgegen.[273] Dies ergibt sich zunächst daraus, dass für das Insolvenzverfahren über das zusammengefasste Vermögen sämtlicher insolventer Konzerngesellschaften nur noch ein Insolvenzgericht zuständig und nur noch ein Insolvenzverwalter zu bestellen ist. Darüber hinaus hat nur noch eine Konzerngläubigerversammlung über den Fortgang des Verfahrens und die Verwertung der einheitlichen Haftungsmasse zu entscheiden.[274] Die verfahrensrechtlichen Vorteile der konsolidierten Insolvenzabwicklung zeigen sich schließlich auch im Insolvenzplanverfahren, indem aufgrund der einheitlichen Vermögensmasse nur noch ein Insolvenzplan zu erstellen ist und keine koordinierten Insolvenzpläne zwischen den einzelnen Konzerngesellschaften mehr erforderlich sind.[275]

Neben der verfahrensrechtlichen Vereinfachung kann sich die Haftungskonsolidierung auch positiv auf die Verwertung der insgesamt zur Verfügung stehenden Haftungsmasse auswirken und zu einer Verbesserung der Befriedigungschancen sämtlicher Konzerngläubiger führen. Die einheitliche Verwaltung und Verwertung der konsolidierten Insolvenzmasse verhindert die bei mehreren Insolvenzverfahren

---

272 Vormstein, Zuständigkeit, S. 37; Verhoeven, Konzerninsolvenz, S. 209; Grau, Konsolidierung, S. 82.

273 Brünkmans, Koordinierung, S. 92.

274 Brünkmans, Koordinierung, S. 92; Schelo, NZI 2005, V (V).

275 Paulus, ZIP 2005, 1948 (1953); Verhoeven, Konzerninsolvenz, S. 210; zu der Möglichkeit eines konsolidierten Insolvenzplanverfahrens unter der geltenden Rechtslage Uhlenbruck, NZI 1999, 41 (43).

über das Vermögen von Konzerngesellschaften auftretenden Reibungsverluste und ermöglicht eine bestmögliche Verwertung der zusammengefassten Vermögenswerte. Die Einsetzung lediglich eines Insolvenzverwalters eröffnet dabei die Möglichkeit, dass die zusammengefasste Insolvenzmasse als funktionierende Wirtschaftseinheit erhalten und der in der Haftungsmasse liegende Konzernmehrwert realisiert wird.[276] Der Insolvenzverwalter verfolgt im Gegensatz zu den rechtsträgerbezogenen Ansätzen nicht die Interessen der Gläubiger einzelner Konzerngesellschaften, sondern versucht im Interesse sämtlicher Konzerngläubiger durch die Berücksichtigung der konzernrechtlichen Verflechtungen die insgesamt zur Verfügung stehende Haftungsmasse zu maximieren.[277] Die zu erwartenden positiven Auswirkungen können sich schließlich auch auf Ebene der Gläubiger fortsetzen. Die Zusammenfassung der Gläubiger der verschiedenen insolventen Konzerngesellschaften zu einer Konzerngläubigerschaft führt dazu, dass die Gläubiger nicht mehr die bestmögliche Verwertung der rechtsträgerbezogenen Vermögensgegenstände vor Augen haben, sondern sämtliche Gläubiger gemeinsam im Interesse der konsolidierten Insolvenzmasse handeln. Dies kann im Ergebnis dazu führen, dass ökonomisch sinnvolle Konzernverbundlösungen umgesetzt werden und die insgesamt zur Verfügung stehende Haftungsmasse im Interesse sämtlicher Gläubiger steigt.[278]

Ein weiterer Vorteil dieses Lösungsmodells besteht darin, dass keine Trennung der den einzelnen Rechtsträgern zugeordneten Vermögensgegenstände in der Insolvenz mehr erforderlich ist.[279] Die Entflechtung der Vermögenswerte in Konzernkonstellationen bereitet insbesondere dann Schwierigkeiten, wenn die Konzernunternehmen wirtschaftlich eng miteinander verflochten sind und innerhalb der verschiedenen insolventen Konzernunternehmen Vermögensverschiebungen und Vermögensvermischungen stattgefunden haben.[280] Die Trennung und rechtsträgerspezifische Zuordnung der Vermögenswerte lassen sich oftmals nur mit erheblichem Zeit- und Kostenaufwand durchführen und führen daher zu einer Reduzierung der insgesamt zur Verfügung stehenden Haftungsmasse.[281] Darüber hinaus beseitigt der Lösungsmechanismus die aus den insolvenzrechtlichen Anfechtungsregeln (§ 129 ff. InsO) resultierenden Schwierigkeiten, welche sich bei der Insolvenz

276 Verhoeven, Konzerninsolvenz, S. 213; Hirte, in: FS K. Schmidt 2009, 641 (645).

277 Verhoeven, Konzerninsolvenz, S. 232; Grau, Konsolidierung, S. 82 f.

278 Nach obiger Darstellung kann sich der Konzernverbund bei sämtlichen Verwertungsmöglichkeiten positiv auf die insgesamt zur Verfügung stehende Haftungsmasse auswirken; vgl. dazu auch Hirte, in: FS K. Schmidt 2009, 641 (645); Adam/Poertzgen, ZInsO 2008, 347 (349 f.); zu den verbesserten Reorganisationschancen Scheel, Konzerninsolvenzrecht, S. 274; zu den nachteiligen Auswirkungen des rechtsträgerspezifischen Insolvenzverfahrens bei wirtschaftlicher Funktionseinheit am Beispiel der *KPNQwest N.V.* Paulus, ZIP 2005, 1948 (1954 ff.); Verhoeven, Konzerninsolvenz, S. 214 ff.

279 Verhoeven, Konzerninsolvenz, S. 213 ff. und 232.

280 Scheel, Konzerninsolvenzrecht, S. 271; Grau, Konsolidierung, S. 84.

281 Scheel, Konzerninsolvenzrecht, S. 273.

von Konzerngesellschaften oftmals negativ auf die Konzernhaftungsmasse auswirken. Die masseschmälernden Effekte entstehen insbesondere dadurch, dass die Insolvenzverwalter der betreffenden Konzerngesellschaften ausschließlich rechtsträgerspezifische Interessen verfolgen und versuchen durch die Anfechtung von konzerninternen Rechtshandlungen die Haftungsmasse auf Kosten anderer Konzerngesellschaften zu maximieren.[282] Die Anfechtbarkeit von konzerninternen Rechtshandlungen wirkt sich somit insgesamt negativ auf die Konzernhaftungsmasse aus, da die Massemehrung für eine Gesellschaft zwangsläufig mit der Masseminderung einer anderen Konzerngesellschaft verbunden ist und die zeit- und kostenintensive Rechtsverfolgung zu einer zusätzlichen Masseminderung führt.[283]

Zusammenfassend lässt sich feststellen, dass die Konsolidierungslösung weitgehend auf der wirtschaftlichen Konzernsichtweise beruht und die insolvenzrechtliche Behandlung der insolventen Konzerngesellschaften derjenigen beim Einheitsunternehmen ähnelt.[284] Die wirtschaftliche Funktionseinheit bleibt in der Insolvenz der Konzerngesellschaften erhalten und kann unabhängig von der rechtlichen Zuordnung der einzelnen Vermögenswerte als einheitliche Haftungsmasse behandelt werden.

2. Der Konzern als Rechtseinheit

Neben diesen überwiegend betriebswirtschaftlichen Argumenten stellt sich die Frage, ob sich auch rechtliche Argumente für die auf dem wirtschaftlichen Konzernverständnis beruhende Konsolidierungslösung finden lassen. Die folgenden Beispiele zeigen, dass verschiedene Rechtsvorschriften nicht stets auf die rechtliche Selbständigkeit der einzelnen Konzerngesellschaften abstellen, sondern vorrangig den nicht rechtsfähigen, wirtschaftlichen Konzernverbund im Visier haben.[285] Die entsprechenden Regelungen verfolgen gerade den Zweck, die aus der Konzernierung entstehende wirtschaftliche Funktionseinheit zu erfassen und die sich aus der Unternehmensverbindung ergebenden Folgen zu berücksichtigen.

a) Konzerneinheit gem. § 36 II 1 GWB

Eine diesbezügliche Regelung findet sich zunächst im Gesetz gegen Wettbewerbsbeschränkungen (GWB) unter den Vorschriften über die Kontrolle von Unternehmenszusammenschlüssen. Diese Vorschriften versuchen insbesondere den aus Unternehmensfusionen resultierenden Gefahren einer Marktbeherrschung entgegenzuwirken und eine Verschlechterung der Marktstruktur zu verhindern.[286]

---

282 Paulus, ZIP 2005, 1948 (1955).
283 Verhoeven, Konzerninsolvenz, S. 232.
284 Vormstein, Zuständigkeit, S. 32; Grau, Konsolidierung, 97 f.
285 Zu diesen einheitstheoretischen Ansätzen mit entsprechenden Beispielen Grau, Konsolidierung, S. 70 ff.
286 Mestmäcker/Veelken, in: Immenga/Mestmäcker, GWB, Vorb. § 35 Rn. 1 ff.

Die gesetzliche Regelung des § 36 II 1 GWB trägt diesen Zielvorstellungen in Konzernkonstellationen entsprechend Rechnung und sieht vor, dass bei der Beurteilung von Zusammenschlüssen die konzernrechtlichen Verbindungen der beteiligten Unternehmen zu berücksichtigen sind. Dies hat zur Folge, dass die in § 36 II 1 GWB genannten Unternehmen aufgrund des Abhängigkeitsverhältnisses oder dem im Konzerntatbestand innewohnenden Merkmal der einheitlichen Leitung trotz ihrer rechtlichen Selbständigkeit bei der Fusionskontrolle als wirtschaftliche Einheit behandelt werden. Die Regelung basiert somit offenbar nicht auf dem rechtlichen, sondern vielmehr auf dem wirtschaftlichen Konzernverständnis und betrachtet den Konzern mithin als wettbewerbsrechtliche Einheit.[287]

b) Konzerneinheit gem. § 54 BetrVG

Des Weiteren versucht auch die in § 54 I BetrVG enthaltene Regelung zur Errichtung des Konzernbetriebsrates die konzernrechtlichen Verbindungen zu beachten und die betriebsverfassungsrechtlichen Beteiligungsrechte der Arbeitnehmer auf Konzernebene zu gewährleisten. Die Vorschrift bezweckt insbesondere, dass in Unterordnungskonzernen (§ 18 I AktG) durch die Verlagerung von Entscheidungskompetenzen von den Konzerngesellschaften auf Ebene des Konzerns die Beteiligung der Arbeitnehmer nicht umgangen werden kann.[288] Die Regelung zur Errichtung eines Konzernbetriebsrates stellt sicher, dass die Arbeitnehmer an den für die einzelnen Konzernunternehmen bindenden Leitungsentscheidungen in sozialen, personellen und wirtschaftlichen Angelegenheiten beteiligt sind.[289] Die Konzernmitbestimmung trägt somit dem wirtschaftlichen Konzernverbund Rechnung und gewährleistet, dass durch die Bildung eines Konzernbetriebsrates nicht nur die Interessen der Arbeitnehmer auf Ebene der einzelnen Konzerngesellschaften, sondern auch auf Konzernebene beachtet werden.

c) Konzerneinheit gem. § 5 MitbestG

Während § 54 BetrVG die betriebliche Mitbestimmung der Arbeitnehmer sicherstellt, beabsichtigt § 5 MitbestG die unternehmerische Mitbestimmung der Arbeitnehmer in Unterordnungskonzernen (§ 18 I AktG) zu gewährleisten.[290] Die Sicherung

---

287 Bauer, in: Loewenheim/Meessen/Riesenkampff, Kartellrecht, § 36 Rn. 182; Mestmäcker/Veelken, in: Immenga/Mestmäcker, GWB, § 36 Rn. 781.

288 BAG 22. 11. 1995 AP BetrVG 1972 § 54 Nr. 7.

289 BAG 13. 10. 2004 AP BetrVG 1972 § 54 Nr. 9; BAG 21. 10. 1980 AP BetrVG 1972 § 54 Nr. 9.

290 Eine weitere, etwas anders ausgestaltete Regelung zur Umsetzung der betrieblichen Mitbestimmung findet sich in § 2 DrittelbG. Da diese Regelung jedoch grundsätzlich vergleichbare Ziele wie die Regelung in § 5 MitbestG verfolgt und mit der Darstellung des § 5 MitbestG bereits eine im Arbeitsrecht an den wirtschaftlichen Konzernverbund anknüpfende Vorschrift dargestellt wurde, erscheint eine ausführlichere Behandlung dieser Regelung an dieser Stelle entbehrlich.

der unternehmerischen Mitbestimmung aller Arbeitnehmer an der Konzernspitze erfolgt dergestalt, dass in Unterordnungskonzernen gem. § 5 I MitbestG die Arbeitnehmer der abhängigen Gesellschaften als Arbeitnehmer der herrschenden Gesellschaft gelten. Dieser Regelungsmechanismus kann zum einen dazu führen, dass die Konzernspitze gem. § 1 Nr. 2 MitbestG in den Anwendungsbereich des MitbestG fällt und zum anderen auch dazu beitragen, dass die Arbeitnehmer von nicht mitbestimmungspflichtigen Konzerngesellschaften ihr Mitbestimmungsrecht auf Konzernebene ausüben können.[291] Die Regelung beruht somit auf dem wirtschaftlichen Konzernverständnis und trägt unabhängig von der rechtlichen Selbständigkeit der einzelnen Konzerngesellschaften der unternehmerischen Mitbestimmung der Arbeitnehmer im Konzernverbund Rechnung.

d) Konzerneinheit gem. § 297 III 1 HGB

Darüber hinaus offenbaren auch die im Handelsgesetzbuch normierten Vorschriften zum Konzernabschluss, dass nicht stets die rechtliche Selbständigkeit der einzelnen Konzernunternehmen, sondern vielmehr der aus der Konzernierung entstehende wirtschaftliche Konzernverbund im Vordergrund steht. Dies zeigt sich insbesondere bei der Regelung zum Inhalt des Konzernabschlusses in § 297 III 1 HGB, wonach die Vermögens-, Finanz- und Ertragslage der einbezogenen Unternehmen im Konzernabschluss so darzustellen ist, als ob diese Unternehmen insgesamt ein einziges Unternehmen wären. Die gesetzliche Fiktion bewirkt, dass die konsolidierten Unternehmen also trotz rechtlicher Selbständigkeit im Konzernabschluss als Einheit zusammengefasst sind. In diesem Zusammenhang ist insbesondere zu beachten, dass im Hinblick auf die in § 297 III 1 HGB zum Ausdruck kommende Einheitstheorie nicht nur die wirtschaftliche, sondern auch die rechtliche Fiktion der konsolidierten Unternehmen vertreten wird.[292] Letztere hätte zur Folge, dass der Konzern nicht nur als Wirtschaftseinheit, sondern im Konzernabschluss auch als Rechtseinheit angesehen würde. Die Vorschriften über die Konzernrechnungslegung sehen also unabhängig davon, welche Art der Fiktion vertreten wird, den Konzern als Einheit an und beruhen somit weniger auf dem rechtlichen, als vielmehr auf dem wirtschaftlichen Konzernverständnis.

e) Konzerneinheit im Steuerrecht

Darüber hinaus finden sich auch im Steuerrecht verschiedene Beispiele, die weniger am rechtlichen, als vielmehr am wirtschaftlichen Konzernverständnis anknüpfen und die aus der Konzernierung entstehenden Folgen entsprechend berücksichtigen. Während manche steuerrechtlichen Vorschriften allein auf die rechtliche Selbständigkeit der einzelnen Konzerngesellschaften abstellen, steht im Rahmen der steuerlichen Organschaft, die aus dem Zusammenschluss resultierende wirtschaftliche

---

291 Bayer, in: MüKo, AktG, Band 1, § 18 Rn. 24.

292 Zu den verschiedenen Ansichten in der Literatur und für weitere Nachweise vgl. Busse von Colbe, in: MüKo, HGB, Band 4, § 297 Rn. 47 ff.

Einheit im Vordergrund. Dies zeigt sich zunächst im Umsatzsteuerrecht in der gesetzlichen Regelung des § 2 II Nr. 2 UStG. Demnach liegt die für den umsatzsteuerrechtlichen Unternehmensbegriff erforderliche selbständige Ausübung der gewerblichen oder beruflichen Tätigkeit nicht vor, wenn eine juristische Person nach dem Gesamtbild der tatsächlichen Verhältnisse finanziell, wirtschaftlich und organisatorisch in das Unternehmen des Organträgers eingegliedert ist. Sofern diese Voraussetzungen in Konzernkonstellationen vorliegen, führt die steuerrechtliche Organschaft dazu, dass die Unternehmen trotz ihrer rechtlichen Selbständigkeit als ein Unternehmen im Sinne des § 2 UStG behandelt und alle umsatzsteuerrechtlich relevanten Handlungen des Organs dem Organträger zugerechnet werden.[293]Eine inhaltlich vergleichbare Regelung findet sich auch im Gewerbesteuerrecht. Demnach gilt gemäß § 2 II 2 GewStG die Organgesellschaft im Sinne der §§ 14, 17, 18 des Körperschaftsteuergesetzes als Betriebsstätte des Organträgers. Dies hat zur Folge, dass der Gewerbeertrag der Organgesellschaft dem des Organträgers zugerechnet wird und der Organträger alleiniger Schuldner der gesamten Gewerbesteuer ist.[294]

f) Konzerneinheit bei der Rückforderung von Beihilfen auf europäischer Ebene

Neben diesen in den nationalen Rechtsvorschriften angelegten Beispielen zeigt sich auch auf europäischer Ebene, dass der Grundsatz der rechtlichen Selbständigkeit der einzelnen Konzerngesellschaften durchaus Einschränkungen unterliegt. Dies kommt beispielsweise dadurch zum Ausdruck, dass die Brüsseler Wettbewerbsabteilung in Sachen Beihilferückforderung nicht auf die rechtlich selbständigen Konzerngesellschaften, sondern den wirtschaftlichen Konzernverbund abstellt. Die in diesem Zusammenhang zu Tage getretene Praxis missachtet bei der Rückforderung gemeinschaftswidriger Beihilfen weitgehend das Konstrukt der juristischen Person und verlangt die Rückzahlung aller geleisteten Beihilfen unabhängig davon, welches Konzernmitglied die Leistung erhalten hat. Die Tatsache, dass es sich bei den einzelnen Konzerngesellschaften um eigenständige juristische Personen handelt, erscheint im Hinblick auf die zentrale Zielvorstellung, Wettbewerbsverzerrungen zu verhindern, als unbeachtlich.[295]

3. Haftungserweiterung in bestimmten Konzernkonstellationen

Ein weiteres Argument für die Haftungskonsolidierung könnte darin zu sehen sein, dass die aus der rechtlichen Selbständigkeit der einzelnen Konzerngesellschaften resultierenden Grundsätze der Vermögens- und Haftungstrennung in Konzernkonstellationen nicht ausnahmslos gelten und gewissen Einschränkungen

293 Korn, in: Bunjes, UStG, § 2 Rn. 138 ff.
294 Dietrich/Grashoff, in: Grashoff, Steuerrecht 2012, 2. Kapitel Rn. 309.
295 Paulus, ZIP 2002, 729 (730); dazu auch Ehricke, ZIP 2000, 1656 (1656 ff.); ders., ZIP 2001, 489 (489 ff.).

unterliegen.[296] Die folgenden Ausführungen werden zeigen, dass bei sämtlichen Formen des Unterordnungskonzerns die Begründung eines Konzernverhältnisses einerseits den Zugriff auf die Vermögenswerte der abhängigen Gesellschaft ermöglicht, andererseits jedoch auch zu einer zusätzlichen Inanspruchnahme der herrschenden Gesellschaft führen kann. Das Ausmaß der konzernrechtlichen Einflussnahme und der Umfang der Einstandspflicht der herrschenden Gesellschaft sind dabei von der Art der konzernrechtlichen Verbindung abhängig.

a) Eingliederungskonzern (§ 322 AktG)

Die Begründung eines Eingliederungskonzerns verleiht der Hauptgesellschaft die umfassende Befugnis auf die Leitung und die Vermögenswerte der eingegliederten Gesellschaft Einfluss zu nehmen (§ 323 AktG). Die Aufhebung der Kapitalerhaltungsvorschriften in § 323 II AktG führt insbesondere dazu, dass die Hauptgesellschaft innerhalb der Grenzen des § 324 III AktG auf die Vermögenswerte der eingegliederten Gesellschaft zugreifen kann und die Vermögenswerte dieser rechtlich selbständigen Gesellschaft weitgehend zur Disposition der Hauptgesellschaft stehen.[297] Die Schutzvorschriften der §§ 321 ff. AktG tragen dieser Gefahrenlage Rechnung und versuchen die aus der Eingliederung resultierenden Gefahren für die Gläubiger der eingegliederten Gesellschaft zu begrenzen. Die gesetzliche Regelung des § 322 AktG ist dabei Kernstück der Schutzvorschriften und beinhaltet eine gesamtschuldnerische Haftung der Hauptgesellschaft für die vor oder während der Eingliederung begründeten Verbindlichkeiten der eingegliederten Gesellschaft.[298] Die Gläubiger der abhängigen Gesellschaft können somit zur Erfüllung ihrer Verbindlichkeiten nicht nur die eingegliederte Gesellschaft, sondern auch die Hauptgesellschaft in Anspruch nehmen und erhalten somit einen zusätzlichen Haftungsschuldner. Die Grundsätze der Vermögens- und Haftungstrennung erfahren demnach in Eingliederungskonzernen insoweit eine Einschränkung, als dass die Hauptgesellschaft trotz rechtlicher Selbständigkeit der eingegliederten Gesellschaft einerseits weitgehend auf die vermögensrechtlichen Interessen dieser Gesellschaft einwirken kann, andererseits jedoch auch für sämtliche in diesem Zeitraum begründete Verbindlichkeiten dieser Gesellschaft haftet.

---

296 Zu diesem Gesichtspunkt auch Verhoeven, Konzerninsolvenz, S. 242; Grau, Konsolidierung, S. 75 ff.; Bezelgues, Konzerninsolvenzen, S. 78; dazu und zu den damit einhergehenden Gefahren eines Dominoeffekts, Specovius, in: Hdb. Konzerninsolvenzrecht, § 3 Rn. 124 ff.

297 Habersack, in: Emmerich/Habersack, Aktien- und GmbH-Konzernrecht, § 322 Rn. 1; § 323 Rn. 3.

298 Habersack, in: Emmerich/Habersack, Aktien- und GmbH-Konzernrecht § 322 Rn. 1, Grunewald, in: MüKo, AktG, Band 5, § 322 Rn. 1.

b) Vertragskonzern (§ 302 AktG)

Daneben lässt sich im Vertragskonzern eine Auflockerung der Grundsätze der Vermögens- und Haftungstrennung zwischen der herrschenden und der abhängigen Gesellschaft feststellen. Diese ist zunächst darin zu sehen, dass die herrschende Gesellschaft umfassend auf die Leitung der abhängigen Gesellschaft einwirken und aufgrund der fehlenden Anwendung der gesetzlichen Regelungen zur Kapitalerhaltung (§ 291 III AktG) weitgehend Einfluss auf die Vermögenswerte der abhängigen Gesellschaft nehmen kann.[299] Als Korrelat für die weitreichenden Eingriffsbefugnisse der herrschenden Gesellschaft ist insbesondere die Regelung des § 302 AktG anzusehen. Dieser Schutzmechanismus trägt der besonderen Situation im Vertragskonzern Rechnung und verpflichtet die herrschende Gesellschaft dazu, jeden während der Vertragsdauer entstehenden Jahresfehlbetrag der abhängigen Gesellschaft auszugleichen, soweit dieser nicht durch die Entnahme von Gewinnrücklagen ausgeglichen wird (§ 302 I AktG).[300] Die Verantwortung der herrschenden Gesellschaft für die vermögensrechtlichen Interessen der abhängigen Gesellschaft zeigt sich vor allem darin, dass die Pflicht zum Verlustausgleich unabhängig davon besteht, ob die entstandenen Verluste auf eine nachteilige Konzernleitung zurückzuführen sind oder auf einer Realisierung des allgemeinen Geschäftsrisikos der abhängigen Gesellschaft beruhen.[301] Die Regelungen im Vertragskonzern zeigen somit, dass die herrschende Gesellschaft aufgrund der weitreichenden Befugnisse zwar auf die Vermögenswerte eines anderen Rechtsträgers zugreifen kann, die konzernrechtlichen Befugnisse jedoch zu einer zusätzlichen Inanspruchnahme der herrschenden Gesellschaft führen können.

c) Faktischer Konzern (§§ 311, 317 AktG)

Schließlich lässt sich auch bei faktischen Konzernkonstellationen eine ansatzweise Aufweichung der Grundsätze der Vermögens- und Haftungstrennung feststellen. Dies zeigt sich zunächst darin, dass es der herrschenden Gesellschaft gemäß § 311 AktG im Einzelfall durchaus gestattet ist, auf die vermögensrechtlichen Interessen der abhängigen Gesellschaft einzuwirken, sofern nur die entsprechenden Nachteile ausgeglichen oder ein Nachteilsausgleich rechtsverbindlich versprochen wird.[302] Die Regelung verfolgt demnach nicht primär den Schutz der konkreten Vermögenswerte der rechtlich selbständigen Konzernunternehmen, sondern gewährleistet

---

299 Habersack, in: Emmerich/Habersack, Aktien- und GmbH-Konzernrecht, § 291 Rn. 77.

300 Altmeppen, in: MüKo, AktG, Band 5, § 302 Rn. 17 f; Kroppensteiner in: KöKo, AktG, § 302 Rn. 6.

301 Altmeppen, in: MüKo, AktG, Band 5, § 302 Rn. 19; Kroppensteiner in: KöKo, AktG, § 302 Rn. 18; Emmerich, in: Emmerich/Habersack, Aktien- und GmbH-Konzernrecht, § 302 Rn. 30.

302 Habersack, in: Emmerich/Habersack, Aktien- und GmbH-Konzernrecht, § 311 Rn. 2.

deren vermögensrechtliche Interessen durch Neutralisierung der durch die Nachteilszufügung verursachten bilanziellen Folgen.[303] Zudem zeigt die in § 317 I AktG geregelte Verantwortlichkeit des herrschenden Unternehmens, dass der Grundsatz der Vermögenstrennung bei Verletzung der in § 311 AktG normierten Verhaltenspflicht insoweit aufgeweicht wird, als die Regelung der abhängigen Gesellschaft und deren Aktionären den Zugriff beziehungsweise Durchgriff auf das Vermögen des herrschenden Unternehmens gestattet.

III. Einwände gegen eine Konsolidierung

Die bisherigen Ausführungen haben gezeigt, dass die Haftungskonsolidierung von insolventen Konzerngesellschaften zu einer verfahrensrechtlichen Vereinfachung der insolvenzrechtlichen Behandlung von konzernverbundenen Unternehmen beitragen und für die Umsetzung von ökonomisch sinnvollen Konzernverbundlösung förderlich sein könnte. Zudem lassen sich im geltenden Recht auch Ansatzpunkte dafür finden, dass nicht stets die rechtliche Selbständigkeit der einzelnen Konzerngesellschaften im Mittelpunkt steht, sondern verschiedene gesetzliche Regelungen den wirtschaftlichen Konzernverbund und die aus der Konzernierung entstehenden Folgen entsprechend berücksichtigen. Die folgende Darstellung befasst sich mit den negativen Aspekten dieses Lösungsmodells und wird zeigen, dass sich gegen ein auf diesen Grundüberlegungen beruhendes Konzerninsolvenzrecht erhebliche Einwände vorbringen lassen.[304]

1. Dogmatische Bedenken

Zunächst bestehen gegen die Zusammenfassung der Haftungsmassen in den Insolvenzverfahren insolventer Konzerngesellschaften sowohl gesellschaftsrechtliche als auch zivilrechtliche Bedenken. Diese zeigen sich im Bereich des Gesellschaftsrechts vor allem darin, dass dieses Lösungsmodell, das in unserer Wirtschaftsordnung grundlegende Rechtsinstitut der juristischen Person und die darauf beruhenden Grundsätze der Vermögens- und Haftungstrennung in Frage stellt und einen schwerwiegenden Eingriff in die Systematik des Gesellschaftsrechts zur Folge hat.[305] Die Möglichkeit ein Unternehmen in Rechtsform einer beschränkt

---

303 Habersack, in: Emmerich/Habersack, Aktien- und GmbH-Konzernrecht, § 311 Rn. 63.

304 Dazu auch Rühlemann, Verfahrenskonzentration, S. 51 ff. Zu einer Darstellung der Gefahren auch Bezelgues, Konzerninsolvenz, S. 76 ff. Bezelgues geht jedoch unter Berücksichtigung der Rechtslage in Amerika und Frankreich davon aus, dass die Interessen der Gläubiger auch bei der – ausnahmsweisen – Bildung einer gemeinsamen Insolvenzmasse durch strenge Anforderungen der Gerichte ausreichend berücksichtigt werden können.

305 Sester, ZIP 2005, 2099 (2100 f.); Vormstein, Zuständigkeit, S. 41 ff.; Nicht, Konzernorganisation, S. 273 ff.; Oberhammer, KTS 2009, 27 (63 ff.); Lutter, ZfB 1984, 781 (781).

haftenden Gesellschaft zu betreiben, trägt maßgebend zur positiven wirtschaftlichen Entwicklung bei, indem unternehmerisches Handeln gefördert und Anreize für die Realisierung von risikobehafteten, aber gesamtwirtschaftlich bedeutenden Vorhaben geschaffen werden. Das Rechtsinstitut der juristischen Person ist somit eine bewusste Wertentscheidung unserer Rechtsordnung und fundamentales Prinzip unseres Wirtschaftsrechts, dessen Bedeutung und Vertrauen nicht durch eine vorschnelle Aufgabe oder Durchbrechung dieses Grundsatzes zur Disposition gestellt werden sollte.[306] Die Entwicklung der allgemeinen Durchgriffslehre zeigt, dass eine Ausnahme von dem Grundsatz der Haftungsbeschränkung nur in seltenen Fallgruppen in Betracht kommt und über die „Rechtsfigur einer juristischen Person [...] nicht leichtfertig und schrankenlos hinweggegangen werden“[307] darf.[308] Die Durchgriffshaftung lässt sich vor diesem Hintergrund keineswegs als Argument für die grundsätzliche Aufgabe der Vermögenstrennung und die materielle Zusammenfassung der Haftungsmassen insolventer Konzerngesellschaften anführen. Vielmehr spricht die restriktive Handhabung dieses Rechtsinstituts dafür, die Ausnahme gerade nicht zur Regel werden zu lassen und auch im Insolvenzverfahren an den Grundsätzen der Vermögens- und Haftungstrennung festzuhalten. Zudem würde die Haftungskonsolidierung in der Insolvenz von Konzernunternehmen zu den auf dem Grundsatz der rechtlichen Selbständigkeit beruhenden Vorschriften des Konzernrechts in Widerspruch stehen. Die vorrangige Aufgabe des Insolvenzrechts besteht jedoch darin, eine effiziente Abwicklung der nach dem materiellen Recht zugeordneten Vermögenswerte zu gewährleisten und nicht im Hinblick auf die Vorzüge einer Verfahrensökonomie die materiellen Rechtsverhältnisse umzugestalten.[309] Die Haftungskonsolidierung würde somit zu dem seltsam anmutenden Ergebnis führen, dass die Grundsätze der Haftungs- und Vermögenstrennung gerade in der Insolvenz und somit in denjenigen Fällen aufgehoben würden, für die sie ursprünglich konzipiert wurden.[310] Insgesamt lässt sich somit feststellen, dass die Konsolidierungslösung mit wesentlichen dogmatischen gesellschaftsrechtlichen Grundsätzen kollidiert und zu einem prinzipiellen Systembruch mit der Struktur des geltenden Gesellschaftsrechts führt.

---

306 Sester, ZIP 2005, 2099 (2100).

307 S. BGHZ 61, 380 = NJW 1974, 134.

308 Zu dem Ausnahmecharakter des Haftungsdurchgriffs z. B.: Altmeppen, in: Roth/Altmeppen, GmbHG, § 13, Rn. 130 f. Die Entwicklung der Rechtsprechung zeigt jedoch deutlich eine Abkehr von dem Institut des Haftungsdurchgriffs und erkennt mit der Vermögensvermischung lediglich nur noch eine selbständige Fallgruppe des Haftungsdurchgriffs an. Ob die Rechtsprechung in dieser Fallgruppe weiterhin am Institut des Haftungsdurchgriffs festhält, erscheint aufgrund der Entwicklung der Rechtsprechung äußerst fraglich.

309 Adam/Poertzgen, ZInsO 2008, 347 (350). In diesem Sinne wohl auch Vormstein, Zuständigkeit, S. 41; Hirte, in: FS K. Schmidt 2009, 641 (645).

310 Lutter, ZfB 1984, 781 (781); Mertens, ZGR 1984, 542 (555); Oberhammer, KTS 2009, 27 (64); Sester ZIP 2005, 2099, (2100).

Dogmatische Bedenken bestehen jedoch nicht nur in gesellschaftsrechtlicher, sondern auch in zivilrechtlicher Hinsicht, da die materielle Zusammenfassung der Haftungsmassen den Grundsatz der Privatautonomie und somit das Fundament unserer Privatrechtsordnung erschüttert.[311] Das Prinzip der Vertragsfreiheit gewährleistet insbesondere, dass der Eingang rechtsgeschäftlicher Beziehungen und die daraus resultierenden Folgen und Risiken auf einer privatautonomen Entscheidung der Vertragspartner beruhen. Die mit der Konsolidierungslösung einhergehende Verschmelzung der Haftungsmassen der insolventen Konzerngesellschaften würde diese Wertentscheidung unserer Rechtsordnung missachten und im Ergebnis dazu führen, dass die Gläubiger der einzelnen Konzerngesellschaften mit einem anderen Schuldner konfrontiert wären, als demjenigen, mit dem sie in rechtsgeschäftliche Beziehungen getreten sind beziehungsweise kontrahiert haben.[312] Aufgrund der Tatsache, dass die Gläubiger in dieser Konstellation keinen zusätzlichen Schuldner erhielten, sondern vielmehr einem neuen aus der Konsolidierung der Haftungsmassen entstehenden Schuldner gegenüberstünden, lässt sich dieses Ergebnis in zivilrechtlicher Hinsicht eher mit einer Schuldübernahme als mit einem Schuldbeitritt vergleichen. Die in §§ 414 ff. BGB geregelte Schuldübernahme erfordert jedoch im Gegensatz zum Schuldbeitritt aus Gründen der Vertragsfreiheit die Mitwirkung des Gläubigers. Die Ursache dafür ist darin zu sehen, dass der Gläubiger bei der Schuldübernahme keinen zusätzlichen Schuldner erhält, sondern ein Schuldnerwechsel erfolgt und die Bonität des Schuldners für den Wert der Forderung von elementarer Bedeutung ist.[313] Die Übertragung dieser Überlegungen hätte für das Lösungsmodell der Haftungskonsolidierung jedoch zur Folge, dass für die materielle Zusammenfassung der Haftungsmassen die Mitwirkung der Gläubiger der von der Konsolidierung betroffenen Konzerngesellschaften erforderlich wäre und die Nichtberücksichtigung des Gläubigerwillens einen schwerwiegenden Eingriff in das durch Art. 2 GG verfassungsrechtlich geschützte Prinzip der Privatautonomie darstellen würde.

2. *Verstoß gegen den Grundsatz der gleichmäßigen Gläubigerbefriedigung*

Die aus dem Zivilrecht und dem Grundsatz der Privatautonomie resultierenden Bedenken setzen sich im Bereich des Insolvenzrechts fort. Die Zusammenfassung der Haftungsmassen insolventer Konzerngesellschaften stellt im Ergebnis zivilrechtlich nicht nur einen Schuldnerwechsel dar, sondern bedeutet insolvenzrechtlich

311 Zu diesem Gesichtspunkt Ehricke, Das abhängige Konzernunternehmen, S. 472, ders., DZWIR 1999, 353 (358 f.); Eidenmüller, ZHR 169 (2005), 528 (532).

312 Ehricke, Das abhängige Konzernunternehmen, S. 472; Rühlemann, Verfahrenskonzentration, S. 52.

313 Grüneberg, in: Palandt, BGB, vor § 414 Rn. 1 f.

auch einen Verstoß gegen das Prinzip der gleichmäßigen Gläubigerbefriedigung (*par conditio creditorum*).[314] Der in dieser Maxime zum Ausdruck kommende Gleichbehandlungsgrundsatz steht in engem Zusammenhang mit dem Grundsatz der Privatautonomie und gewährleistet eine einheitliche Befriedigung der Gläubiger eines Rechtsträgers. Die Verschmelzung der Vermögensmassen der insolventen Konzerngesellschaften verstößt jedoch gegen den rechtsträgerbezogenen Gleichbehandlungsgrundsatz und hat eine sachlich nicht zu rechtfertigende Umverteilung der Vermögenswerte zwischen den Gläubigern der einzelnen Konzerngesellschaften zur Folge. Die Zusammenfassung der Haftungsmassen und die Bildung einer einheitlichen Befriedigungsquote führen insbesondere dazu, dass die Gläubiger derjenigen Konzerngesellschaften, die eine überdurchschnittliche Haftungsmasse aufweisen, benachteiligt und die Gläubiger derjenigen Konzerngesellschaften, die über eine unterdurchschnittliche Haftungsmasse verfügen, bevorzugt werden.[315] Es mag jedoch nur schwer einleuchten, weshalb die Gläubiger, die ihren Vertragspartner im Rahmen eines privatautonomen Entscheidungsprozesses frei ausgewählt haben, auf die Vermögenswerte eines anderen Rechtsträgers zugreifen oder die Vermögenswerte ihres Rechtsträgers mit den Gläubigern eines anderen Rechtsträgers teilen sollen. Das an dieser Stelle oftmals ins Feld geführte Argument, dass die Gläubiger bei geschäftlichen Beziehungen mit Konzernunternehmen in der Regel mehr auf die Einbindung in den Konzernverbund als auf die rechtliche Selbständigkeit der jeweiligen Konzerngesellschaften vertrauen und deshalb eine Haftungskonsolidierung gerechtfertigt sei, mag an dieser Stelle nicht überzeugen.[316] Dieses Argument verkennt, dass die Gläubiger bei Vermögens- und Haftungstrennung zumindest die Möglichkeit haben, die geschäftlichen Risiken an Hand der Vermögens- und Haftungssituation des Vertragspartners zu bewerten, während bei der Haftungskonsolidierung von vornherein unklar ist, welcher Haftungsschuldner und welche Vermögenswerte im Fall der Fälle zur Verfügung stehen. Eine weitere Kritik der Konsolidierungslösung besteht darin, dass die Zusammenfassung der Haftungsmassen mit einer Benachteiligung spezieller Gläubiger einhergeht. Diese

314 Ehricke, Das abhängige Konzernunternehmen, S. 471 ff.; ders.; DZWIR 1999, 353 (358); Brünkmans, Koordinierung, S. 102 ff.; Vormstein, Zuständigkeit, S. 39 ff.; Adam/Poertzgen, ZInsO 2008, 347 (350 f.); Schelo, NZI 2005, V (VI); Rühlemann, Verfahrenskonzentration, S. 51.

315 Ehricke, Das abhängige Konzernunternehmen, S.471 ff.; Adam/Poertzgen, ZInsO 2008, 347 (350 f.); Westpfahl/Janjuah, ZIP 2008, Beilage zu Heft 3, 1 (6 f.); Westpfahl, in: FS Görg 2010, 569 (571); Brünkmans, Koordinierung, S. 102 f.; Wiebusch, Internationales Konzerninsolvenzrecht, S. 166. Im Gegensatz zu Wiebusch vergleicht Grau die Konsolidierung mit der umwandlungsrechtlichen Verschmelzung und verweist darauf, dass die Rechtsordnung Benachteiligungen von Gläubigern in diesem Zusammenhang duldet, solange sie angemessen ausgeglichen werden, Grau, Konsolidierung, S. 110.

316 Zu dieser Argumentation Verhoeven, Konzerninsolvenz, S. 245; Paulus, ZIP 2005, 1948 (1954).

entsteht beispielsweise dadurch, dass im Falle der gesamtschuldnerischen Haftung mehrerer Konzerngesellschaften, die Gesamtschuldnerschaft zum Nachteil mancher Gläubiger in der einheitlichen Haftungsmasse aufginge. Darüber hinaus könnte es zu einem vollständigen Verlust der Sicherheiten in denjenigen Fällen kommen, in denen sich die Gläubiger Sicherungsrechte an konzerninternen Forderungen einräumen ließen und diese Forderungen aufgrund der Masseverschmelzung samt den dazu gehörenden Sicherungsrechten erloschen wären.[317] Die im Hinblick auf die Sicherungsrechte vorgebrachte Argumentation, dass diese bereits die rechtsträgerbezogene Haftung in Frage stellen und für eine rechtsträgerübergreifende Haftung sprechen, übersieht, dass die Einräumung zusätzlicher Sicherungsrechte gerade auf dem Grundsatz der Vermögens- und Haftungstrennung basiert und im Übrigen nur denjenigen Gläubigern zugutekommt, die aufgrund ihrer Risikoanalyse auf entsprechende Sicherheiten bestanden haben.[318] Alles in allem lässt sich somit feststellen, dass die Konsolidierungslösung nicht nur gegen den Grundsatz der *par conditio creditorum* verstößt, sondern im Gegensatz zu den rechtsträgerbezogenen Ansätzen auch zu kaum zu rechtfertigenden Ergebnissen führt.

3. *Schwierigkeiten bei der sachgerechten Bemessung des Kreditrisikos*

Des Weiteren würde die rechtsträgerübergreifende Haftungsbefriedigung erhebliche Schwierigkeiten für die sachgerechte Einschätzung und Bewertung der Risiken für Kapitalgeber bedeuten.[319] Das Funktionieren des Kapitalmarktes erfordert, dass sowohl die Eigenkapitalgeber ihr Investitionsrisiko als auch die Fremdkapitalgeber ihr Kreditrisiko verlässlich bewerten und in ihrem Entscheidungsprozess entsprechend berücksichtigen können.[320] Eine fundierte Risikoanalyse setzt allerdings voraus, dass die Kreditgläubiger zum Zeitpunkt der Kreditvergabe die Vermögens- und Haftungssituation des Kreditschuldners einschätzen und das Ausfallrisiko bei Bemessung der Höhe der Kreditzinsen daran kalkulieren können. Bedingungen dafür sind jedoch die Beachtung der Grundsätze der Haftungsbeschränkung und der Vermögenstrennung. Die Einhaltung dieser Grundsätze, auf denen nicht zuletzt moderne Ratingverfahren beruhen, gewährleistet, dass die Gläubiger im Falle der Insolvenz diejenige Haftungssituation vorfinden, welche Grundlage ihrer Entscheidungen war.[321] Dagegen könnten die Gläubiger einzelner Konzerngesellschaften bei einer rechtsträgerübergreifenden Gläubigerbefriedigung ihre Risiken nur schwer kalkulieren, da stets die potentielle und nicht vorhersehbare Gefahr besteht, dass weitere Konzerngesellschaften

---

317 Adam/Poertzgen, ZInsO 2008, 347 (351); Scheel, Konzerninsolvenzrecht, S. 243 f.

318 Zu dieser Argumentation vgl. Paulus ZIP 2005, 1948 (1953); a.A.: Sester, ZIP 2005, 2099, (2100 f.).

319 Zu diesem Kritikpunkt vgl. Sester, ZIP 2005, 2099 (2100); Eidenmüller, ZHR 169 (2005), 528 (532); Thole, KTS 2014, 351 (353); Nicht, Konzernorganisation, S. 275 ff.; Scheel; Konzerninsolvenzrecht, S. 250, 278 f.

320 Sester, ZIP 2005, 2099 (2100).

321 Sester, ZIP 2005, 2099 (2100); Scheel, Konzerninsolvenzrecht, S. 278.

insolvent gehen und die zur Befriedigung stehende Haftungsmasse mit anderen Haftungsmassen vermischt und dadurch eventuell entwertet wird.[322] Dieses Konsolidierungsrisiko würde sich in den Ratingverfahren niederschlagen und dazu führen, dass die Kreditzinsen von massestärkeren Konzerngesellschaften stiegen.[323] Die materielle Zusammenfassung der Haftungsmassen hätte demnach zur Folge, dass die Bemessung des Kreditrisikos deutlich schwieriger wäre und vor dem Hintergrund, dass eine Konsolidierung selbst von Vertretern dieses Lösungsmodells nur in bestimmten Konzernkonstellationen befürwortet wird, mit erheblichen Rechts- und Prognoseunsicherheiten verbunden wäre.[324]

4. Förderung ökonomischer fragwürdiger Anreize

Schließlich hätte eine Haftungskonsolidierung auch die Förderung ökonomisch fragwürdiger Anreize in der Krise konzernverbundener Unternehmen zur Folge. Dieses insbesondere von *Eidenmüller* vorgetragene Argument beruht auf der Überlegung, dass die rechtsträgerspezifische Behandlung der Vermögenswerte vor der Insolvenz und die rechtsträgerübergreifende Behandlung der Vermögenswerte in der Insolvenz zu gesamtwirtschaftlich unerwünschten Effekten führen.[325] So könnten Gläubiger einer insolventen Konzerngesellschaft mit geringfügiger Haftungsmasse ein erhebliches Interesse daran haben, dass weitere massestärkere Konzerngesellschaften in die Insolvenz gerieten und durch die Bildung einer einheitlichen Haftungsmasse ihre Befriedigungsquoten stiegen. Auf der anderen Seite könnten die Gläubiger einer massestärkeren Konzerngesellschaft versucht sein, die Insolvenz dieser Gesellschaft zu verzögern und damit eventuell sogar eine in diesem Zeitpunkt noch aussichtsreiche Sanierungschance zunichtemachen, um die Konsolidierung mit einer bereits masseschwächeren insolventen Konzerngesellschaft und die damit einhergehende Entwertung ihrer Insolvenzquote zu vermeiden.[326] Diesen unerwünschten Anreizen ist bei einer rechtsträgerspezifischen Behandlung der Konzernunternehmen in der Insolvenz von vornherein ein Riegel vorgeschoben, da der Umfang der Haftung von Anfang an feststeht und nur die Vermögenswerte der rechtlich selbständigen Konzerngesellschaft umfasst.

---

322 Ehricke, Das abhängige Konzernunternehmen in der Insolvenz, S. 471; kritisch Grau, Konsolidierung, S. 112; zu einem ohnehin konsolidierten Denken der Gläubiger bei der Kreditvergabe Becker, Kooperationspflichten, S. 35 ff.

323 Sester, ZIP 2005, 2099 (2100).

324 Zu den verschiedenen Schattierungsmöglichkeiten und Fallgruppen einer Haftungskonsolidierung, Paulus, ZIP 2005, 1948 (1953 ff.).

325 Eidenmüller, ZHR 169 (2005), 528 (532).

326 So wohl Eidenmüller, ZHR 169 (2005), 528 (532); dazu ebenfalls Thole, KTS 2014, 351 (353).

5. *Sonstiges*

Abgesehen von diesen grundsätzlichen gegen das Lösungsmodell der Haftungskonsolidierung angeführten Gesichtspunkten erfordert diese Art der insolvenzrechtlichen Behandlung von Konzernunternehmen die Beantwortung komplexer und bislang weitgehend ungelöster rechtlicher Fragen. Die nachstehend aufgeworfenen Fragestellungen sollen lediglich einige Folgeprobleme skizzieren und den oftmals vermittelten Eindruck erschüttern, dass mit der materiellen Zusammenfassung der Haftungsmassen sämtliche mit der insolvenzrechtlichen Behandlung von Konzernunternehmen einhergehende Probleme gelöst wären.

Zunächst stellt sich die Frage nach der rechtlichen Umsetzung dieses Lösungsmodells. Die Schwierigkeit, die materielle Haftungszusammenfassung in das bestehende System des Insolvenzrechts zu integrieren, besteht vor allem darin, die Anwendungsfälle der Konsolidierung sachgerecht zu bestimmen. Dabei werden insbesondere die Probleme offensichtlich, die daraus resultieren, dass für dieses Lösungsmodell ein Rechtsinstitut aus einem anderen Rechtskreis mit unterschiedlichem Rechtssystem zum Vorbild stand. Bei der *substantive consolidation* handelt es sich um ein Regelungsmodell des US-amerikanischen Insolvenzrechts, welches nicht gesetzlich geregelt ist, sondern im Laufe der Zeit im Rahmen des Richterrechts durch die Herausbildung bestimmter für dieses Rechtsinstitut geeigneter Fallgruppen entwickelt wurde.[327] Während also im amerikanischen Recht die Anordnung der *substantive consolidation* von der Bewertung und Abwägung der Richter im konkreten Fall abhängig ist, stellt sich die Frage, ob ein in dieser Intensität vom Einzelfall abhängiges Rechtsinstitut überhaupt für eine im deutschen Rechtssystem erforderliche Kodifikationslösung geeignet erschiene. Die Festlegung entsprechender Tatbestandsvoraussetzungen und Rechtsfolgen wäre einerseits im Hinblick auf die Vielzahl der in Betracht kommenden Anwendungsfälle und andererseits in Zusammenhang mit den Anforderungen an den Bestimmtheitsgrundsatz (Art. 20 III GG) mit erheblichen Schwierigkeiten verbunden. Die Befürworter dieses Lösungsmodells scheinen sich dieser Problematik bewusst, indem bei den entsprechenden Ausführungen nicht die Entwicklung eines Gesamtkonzepts im Vordergrund steht, sondern lediglich einzelne Fallgruppen angesprochen werden, ohne auf eine entsprechende Kodifikationsmöglichkeit einzugehen.[328]

Neben diesen Kodifikationsschwierigkeiten müssten auch die rechtlichen Folgen der Konsolidierung im Detail geklärt werden. Damit müsste unabhängig von der Ausgestaltung im US-amerikanischen Recht festgelegt werden, ob die insolventen Konzerngesellschaften zu einer einheitlichen Haftungsmasse verschmelzen oder lediglich im Rahmen der Verwertung als einheitliche Haftungsmasse behandelt würden.

---

327 Dazu ausführlich Scheel, Konzerninsolvenzrecht, S. 245 ff., 260 ff.
328 Paulus, ZIP 2005, 1948 (1954 ff.).

Im ersten Fall stellten sich unter anderem folgende Fragen: Bestünde an Stelle der verschiedenen insolventen Rechtsträger nur noch eine einheitliche Vermögensmasse? Welchem Rechtsträger wäre diese nicht rechtsfähige Vermögensmasse zugeordnet? Kann über eine nicht rechtsfähige Insolvenzmasse ein Insolvenzverfahren eröffnet werden? Wären die Gesellschafter der einzelnen insolventen Gesellschaften nun Gesellschafter einer nicht rechtsfähigen Vermögensmasse? Welche Gesellschaftsanteile würden neue Gesellschafter erhalten? Würden im Fall der Reorganisation die Vermögenswerte nach Abschluss des Reorganisationsverfahrens wieder auf verschiedenen Rechtsträger verteilt? Falls ja, in welchem Verhältnis?

Im zweiten Fall könnten exemplarisch folgende Fragestellungen auftreten: Welche Rechtsträger blieben im Fall einer Reorganisation erhalten und an welchen Gesellschaften würden sich neue Gesellschafter beteiligen? Stünde die lediglich einheitliche Behandlung der Vermögensmassen im Rahmen der Verwertung nicht mit dem erstmaligen Fortbestand der verschiedenen Rechtsträger in Widerspruch? Wie und nach welchem Prinzip könnten die Vermögenswerte nach einer einheitlichen Behandlung der Vermögensmasse im Rahmen der Reorganisation wieder auf die einzelnen Rechtsträger aufgeteilt werden? Schließlich taucht bei dieser Alternative auch die entscheidende Frage auf, ob dieses Ergebnis nicht auch auf anderen Wegen und ohne Verstoß gegen grundlegende Rechtsprinzipien unseres Rechtssystems zu erreichen wäre. Hier ist insbesondere zu beachten, dass durch die oben dargestellten verfahrensrechtlichen Mechanismen, insbesondere einer Konzentration auf Ebene des Gerichts und des Verwalters ähnliche und auf den Prinzipien unserer Rechtsordnung beruhende Ergebnisse erzielt werden können.

Schließlich ist der Vorteil dieses Lösungsmodells auch deshalb fraglich, weil nicht sämtliche aus der verfahrensrechtlichen Zusammenfassung resultierende Fragen gelöst wären, sondern auch bei der materiellen Zusammenfassung der Haftungsmassen aufträten. Welches Gericht wäre für das Insolvenzverfahren über die einheitliche Vermögensmasse zuständig? Wie ist im Fall der sukzessiven Insolvenz zu verfahren, wenn zunächst eine Tochtergesellschaft die Eröffnung des Insolvenzverfahrens beantragt und erst später der in Konzernkonstellationen bekannte Dominoeffekt eintritt?[329]

Dieser lediglich exemplarische Ausschnitt der in Zusammenhang mit dem Lösungsmodell der Haftungskonsolidierung stehenden Problemkreise offenbart, dass einer entsprechenden Umsetzung nicht nur erhebliche dogmatischen Bedenken entgegenstehen, sondern in diesem Zusammenhang auch eine Vielzahl kaum überschaubarer Anschlussprobleme entstünde.

329 Zu den unzähligen mit der Haftungskonsolidierung in Zusammenhang stehenden Problemen Paulus, ZIP 2005, 1948 (1955).

C. Zusammenfassung

Die vorstehenden Ausführungen zeigten die grundsätzlich in Betracht kommenden Lösungsansätze zur Berücksichtigung der konzernrechtlichen Verbindungen in der Insolvenz von Konzernunternehmen. Dabei kann grundsätzlich zwischen Koordinierungs- und Konsolidierungslösungen differenziert werden. Während erstere die Grundsätze der rechtlichen Selbständigkeit der Konzerngesellschaften und die Rechtsträgerbezogenheit des Insolvenzverfahrens respektieren, setzen sich letztere darüber hinweg und versuchen durch eine materielle Zusammenfassung der Haftungsmassen, die aus der Parallelität der Verfahren resultierenden Probleme zu lösen. Obwohl eine rechtsträgerübergreifende Behandlung der insolventen Konzerngesellschaften der wirtschaftlichen Konzernvorstellung entspricht und sich im geltenden Recht auch Anhaltspunkte für eine Anknüpfung am wirtschaftlichen Konzernverbund finden, sprechen gewichtige Gründe gegen die Umsetzung dieses Lösungsmodells. Diese sind zunächst darin zu sehen, dass eine Haftungskonsolidierung gegen fundamentale dogmatische Grundsätze unseres Rechtssystems verstößt und mit grundlegenden Prinzipien unserer Rechtsordnung kollidiert. Hinzu kommt, dass der mit der Konsolidierungslösung einhergehende Paradigmenwechsel mit einer Vielzahl neuer komplexer Fragestellungen verbunden ist, welche den tatsächlichen Nutzen dieses Lösungsmodells anzweifeln. Vor dem Hintergrund, dass der wirtschaftliche Konzernverbund auch im Rahmen der rechtsträgerspezifischen Lösungsansätze entsprechend berücksichtigt werden kann, erscheinen für die insolvenzrechtliche Behandlung von insolventen Konzerngesellschaften die mit unserer Rechtsordnung in Einklang stehenden Koordinierungsmaßnahmen vorzugswürdig. Die Koordination der Insolvenzverfahren erfolgt bei diesem Lösungsansatz dergestalt, dass zwischen den verschiedenen am Verfahren beteiligten Akteuren eine Kooperation stattfindet oder verschiedene verfahrensrechtliche Mechanismen einen aufeinander abgestimmten Ablauf der Insolvenzverfahren ermöglichen. Während die Kooperation als weniger intensive Form der Koordination lediglich eine Zusammenarbeit der Verfahrensbeteiligten in den Insolvenzverfahren bezweckt, verfolgen die verfahrensrechtlichen Mechanismen, die aus der Kooperation resultierenden Nachteile durch eine intensivere Form der Koordination zu vermeiden und dadurch die Effizienz der Verfahren zu steigern. Dazu kann insbesondere eine institutionelle und personelle Verflechtung auf Ebene der Insolvenzgerichte und Insolvenzverwalter beitragen. Die Zuständigkeit eines Insolvenzgerichts ermöglicht die einheitliche Beurteilung der Konzernzusammenhänge und Konzernstrukturen und schafft daher eine fundierte Informationsgrundlage für die weiteren in den Verfahren zu treffenden Entscheidungen. Diese können dazu führen, dass in mehreren oder sämtlichen Insolvenzverfahren ein einheitlicher Insolvenzverwalter bestellt wird und dadurch die rechtsträgerübergreifenden Belange bei der Verwaltung und Verwertung der in den verschiedenen Verfahren zur Verfügung stehenden Vermögenswerte berücksichtigt werden. Die Bestellung eines Insolvenzverwalters vereinfacht beispielsweise eine Erstellung aufeinander abgestimmter Insolvenzpläne und kann demnach zur Verwirklichung anderer verfahrensrechtlicher Koordinationsmechanismen beitragen.

§ 5 Eignung der aktuellen Regelung zur Abwicklung von Konzerninsolvenzen

„Wenn man unterwegs wissen will, wo die Reise hingeht, ist es nicht selten der Orientierung förderlich, wenn man sich zunächst eine Klarheit darüber verschafft, wo man eigentlich herkommt“[330]

Nachdem nun die verschiedenen und potentiell in Betracht kommenden Lösungsmöglichkeiten aufgezeigt wurden, gilt es zu untersuchen, ob bereits die aktuell geltenden Regelungen Anknüpfungspunkte für die rechtsträgerspezifischen Lösungsmechanismen enthalten und eine entsprechende Koordinierung der Insolvenzverfahren ermöglichen. Die Darstellung der gegenwärtigen Rechtslage ist trotz der Reformprozesse grundsätzlich erforderlich und im Hinblick auf folgende Aspekte geboten. Die Einführung besonderer konzerninsolvenzrechtlicher Vorschriften setzt zunächst voraus, dass das vorhandene Regelungssystem keine Instrumentarien für die insolvenzrechtliche Behandlung von Konzernunternehmen bereithält und somit keine sachgerechte Abwicklung von Konzerninsolvenzen ermöglicht. Darüber hinaus ist die gegenwärtige Rechtslage auch für die bevorstehenden Regelungsänderungen von zentraler Bedeutung, da eine Vielzahl dieser Änderungen auf bereits im geltenden Recht vorgeschlagenen und praktizierten Gestaltungsmöglichkeiten beruht. Die Untersuchung der Rechtslage *de lege lata* ermöglicht daher teilweise die Entwicklung und Entstehung der Reformüberlegungen nachzuvollziehen und trägt vor diesem Hintergrund zu einem besseren Verständnis der Rechtslage *de lege ferenda* bei. Zudem dient diese Vorgehensweise auch dazu, die bereits im geltenden Recht diskutierten rechtlichen Fragestellungen und Kritikpunkte der jeweiligen Lösungsansätze zu verstehen und die daraus resultierenden Probleme bei der Umsetzung entsprechender Vorschriften zu beachten. Diesen Zielvorstellungen bewusst, beschäftigen sich die nachstehenden Ausführungen zunächst mit der gesetzlichen Regelung auf nationaler (A.) und auf europäischer Ebene (B.), bevor anschließend die wesentlichen Ergebnisse und die derzeitige Rechtslage im Hinblick auf die insolvenzrechtliche Behandlung von Konzernunternehmen kurz zusammengefasst werden (C.).

A. Rechtslage in Deutschland

Der folgende Abschnitt befasst sich zunächst mit der aktuellen Rechtslage in Deutschland und den Fällen der nationalen Konzerninsolvenz. Dabei ist insbesondere zu überprüfen, ob sich im Regelungssystem der InsO Mechanismen für eine insolvenzrechtliche Behandlung von Konzernunternehmen finden lassen und

330 S. Paulus, NZI 2008, 1 (1).

eine Umsetzung der im vorherigen Teil dieser Arbeit dargestellten Lösungsansätze in Betracht kommt.[331] Im Folgenden gilt es daher zu untersuchen, ob die aktuelle Rechtslage in der Insolvenz konzernverbundener Unternehmen für eine Kooperation der am Verfahren beteiligten Akteure nutzbar gemacht werden kann (I.) oder die verfahrensrechtlichen Regelungsmechanismen der InsO eine Koordination der Insolvenzverfahren konzernverbundener Unternehmen ermöglichen (II.).

I. Eignung der Regelungen für eine Kooperation

Das aktuelle Regelungssystem der InsO enthält keine ausdrücklich gesetzlich normierten Kooperationsvorschriften. Der Grund für die gesetzgeberische Abstinenz erschließt sich, wenn man sich den Anwendungsbereich der InsO und die Anwendungsfälle der Kooperation vor Augen führt. Die Anwendung von Kooperationsvorschriften setzt zunächst voraus, dass die Eröffnung einer Mehrzahl von verschiedenen und in Zusammenhang stehender Insolvenzverfahren möglich und darüber hinaus eine entsprechende Kooperation gewollt ist. Ein für die Kooperation erforderlicher Zusammenhang besteht, wenn über das Vermögen eines Schuldners mehrere Insolvenzverfahren eröffnet werden oder mehrere rechtlich selbständige, aber wirtschaftlich verbundene Schuldner Gegenstand eines jeweils eigenständigen Insolvenzverfahrens sind.[332] Während die erste Fallgruppe aufgrund der gesetzlichen Regelung und dem darin zum Ausdruck kommenden Grundsatz der Verfahrenseinheit von vornherein aus dem Anwendungsbereich der InsO ausscheidet, steht der in der zweiten Fallgruppe zum Ausdruck kommenden Konstellation der Konzerninsolvenz der Grundsatz der Rechtsträgerbezogenheit des Insolvenzverfahrens entgegen. Dies hat zur Folge, dass nach der gesetzlichen Konzeption der InsO keine Fallgruppen paralleler Insolvenzverfahren vorgesehen sind, die einer besonderen Kooperation der am Verfahren beteiligten Akteure bedürfen. Infolgedessen gilt es zu klären, ob eine Kooperation im aktuellen Regelungssystem der InsO überhaupt in Betracht kommt und sich zumindest Anhaltspunkte für eine Kooperation finden lassen. Dabei kann grundsätzlich zwischen Kooperationsvorschriften auf Ebene der Insolvenzgerichte, auf Ebene der Insolvenzverwalter und auf Ebene der Insolvenzgläubiger unterschieden werden.

1. *Kooperationsvorschriften auf Ebene der Insolvenzgerichte*

Mangels expliziter Vorschriften stellt sich zunächst die Frage nach etwaigen Rechtsgrundlagen für die Zusammenarbeit von unterschiedlich zuständigen Insolvenzgerichten. Das Fehlen gesetzlicher Regelungen schließt jedenfalls nicht die Möglichkeit aus, dass die verschiedenen Insolvenzgerichte beziehungsweise die zuständigen

331 Zur Abwicklung von Konzerninsolvenzen auf Grundlage des geltenden Rechts vgl. auch Schmollinger, Der Konzern, S. 20 ff.

332 Zu den verschiedenen Anwendungsfällen im Hinblick auf eine mögliche Kooperation der Insolvenzverwalter Hortig, Kooperation, S. 25 ff.

Insolvenzrichter von *Kooperationsmöglichkeiten* Gebrauch machen. Die Zulässigkeit einer freiwilligen Zusammenarbeit wird soweit ersichtlich nicht in Frage gestellt und stößt im Hinblick auf die Stellung der Insolvenzgerichte und die Funktion der Insolvenzrichter auf keine rechtlichen Bedenken. Die fakultative Kooperation der Insolvenzgerichte lässt sich bereits in der Praxis feststellen und ermöglicht eine Koordination der verschiedenen Insolvenzverfahren, indem sich die zuständigen Gerichte auf informeller Basis beraten oder sich im Hinblick auf den Verlauf der Verfahren abstimmen.[333] Da die Intensität einer freiwilligen Zusammenarbeit stets vom Einzelfall und den Kooperationsbemühungen respektive der Kooperationsbereitschaft der Insolvenzrichter abhängig ist, stellt sich die Frage, ob auf gerichtlicher Ebene nicht nur Kooperationsmöglichkeiten, sondern auch *Kooperationspflichten* bestehen.[334] Die für eine diesbezügliche Pflicht erforderliche Rechtsgrundlage könnte sich für die Insolvenzgerichte als Funktionsträger des Insolvenzverfahrens aus § 1 InsO ergeben. Demnach wird teilweise vertreten, dass die in dieser Vorschrift zum Ausdruck kommenden Ziele der bestmöglichen Verwertung und Maximierung der vorhandenen Haftungsmasse in spezifischen Fällen und unter bestimmten Voraussetzungen eine Koordinationspflicht der Insolvenzgerichte begründen.[335] Diese Pflicht könnte beispielsweise bei der zentralen Frage der Verwalterbestellung dazu führen, dass die Insolvenzgerichte im Hinblick auf die Optimierung der Verfahrenskoordination unter Umständen zur Bestellung eines einheitlichen Insolvenzverwalters verpflichtet wären.[336] Andere stehen einer Kooperationspflicht der Gerichte *de lege lata* skeptisch gegenüber und sehen keine gesetzliche Grundlage dafür, dass man die Insolvenzrichter in Konzernkonstellationen zu einer gegenseitigen Beratung oder Abstimmung verpflichten könnte.[337] Die Ableitung der für eine Koordination der Insolvenzverfahren förderlichen Kooperationspflicht aus § 1 InsO ist einerseits wünschenswert, andererseits jedoch auch rechtlich fragwürdig. Die in dieser Vorschrift normierten Ziele basieren nach der Konzeption der InsO auf

333 Ehricke, Das abhängige Konzernunternehmen, S. 485; ders., DZWIR 1999, 353 (361); Bedkowski, ZGR 2010, 295 (297) unter Verweis auf das Referat von Vallender.

334 Eingehend zur Herleitung von Kooperationspflichten der Insolvenzgerichte Becker, Kooperationspflichten, S. 208 ff. Becker nimmt im Ergebnis an, dass die Insolvenzgerichte keine allgemeine Kooperationspflicht gem. § 1 S. 1 InsO trifft. Ebenso wenig ist das Insolvenzgericht verpflichtet, gem. § 4 InsO i. V. m. § 147 ZPO parallele Insolvenzverfahren zu verbinden sowie gem. § 21 I S. 1 InsO Insolvenzverwaltungsverträge abzuschließen, Becker, Kooperationspflichten, S. 235.

335 Eidenmüller, ZHR 169 (2005), 528, (553 f.); Brünkmans, Koordinierung, S. 125.

336 Eidenmüller, ZHR 169 (2005), 528, (553 f.); a. A.: Ehricke, Das abhängige Konzernunternehmen, S. 487 ff.; ders., DZWIR 1999, 353 (362).

337 Ehricke, Das abhängige Konzernunternehmen, S. 485; ders., DZWIR 1999, 353 (361); Rostegge, Konzerninsolvenz, S. 394 f.; Graeber, NZI 2007, 265 (266); Wiebusch, Internationales Konzerninsolvenzrecht, S. 288; Schmollinger, Der Konzern, S. 191; Bedkowski, ZGR 2010, 295 (297) unter Verweis auf das Referat von Vallender, der auf eine fehlende gesetzlich normierte Pflicht zur Kooperation hinweist.

der Rechtsträgerbezogenheit des Insolvenzverfahrens und es erscheint zumindest fraglich, diese Ziele auf nicht geregelte rechtsträgerübergreifende Konstellationen auszudehnen. Der Wortlaut der Vorschrift („Gläubiger eines Schuldners") geht im Hinblick auf die Verfahrensziele von der Rechtsträgerbezogenheit und der Eigenständigkeit des Insolvenzverfahrens aus und gibt keine Anhaltspunkte dafür, dass im Hinblick auf die Verfahrensziele auch zwangsläufig rechtsträgerübergreifende Belange zu berücksichtigen wären. Darüber hinaus lässt sich auch die systematische Stellung der Norm nur schwer mit der Annahme einer gerichtlichen Kooperationspflicht vereinbaren, da diese Regelung als Bestandteil der allgemeinen Vorschriften lediglich die grundsätzlichen Verfahrensziele festlegt und nach dem Sinnzusammenhang in keiner Weise in Bezug zu Konzernkonstellationen zu stehen scheint. Schließlich sprechen auch die historische und teleologische Auslegung dieser Vorschrift gegen die Ableitung einer Kooperationsverpflichtung auf gerichtlicher Ebene. Dafür lässt sich zunächst anführen, dass das Problem der Konzerninsolvenz bei der Einführung der InsO sehr wohl bekannt war und trotz der damaligen Diskussion keine entsprechenden Vorschriften bezüglich der Insolvenz von Konzernunternehmen normiert wurden. Aufgrund der Nichtberücksichtigung dieses Problemkreises darf zumindest stark angezweifelt werden, dass nach der Intention des Gesetzgebers die Thematik der Konzerninsolvenz und entsprechende Lösungsansätze in den in § 1 InsO normierten Verfahrenszielen zum Ausdruck kommen sollten. Vielmehr erscheint es so, als ob der Gesetzgeber bewusst auf eine Regelung des Konzerninsolvenzrechts verzichtet und an der rechtsträgerspezifischen Behandlung von Konzernunternehmen festgehalten hat. Die Ableitung entsprechender Kooperationspflichten erscheint vor diesem Hintergrund zumindest zweifelhaft. Schließlich lässt sich eine Pflicht zur Kooperation auf gerichtlicher Ebene auch nicht aus § 839 BGB herleiten. Dieser von *Ehricke* in Erwägung gezogene, im Ergebnis jedoch abgelehnte, Ansatz zur Begründung einer Kooperationspflicht scheitert an dem Erfordernis der Drittbezogenheit der Amtspflichtverletzung.[338] Abgesehen von der Tatsache, dass bereits die Bewertung der informellen Zusammenarbeit als Amtspflicht im Sinne des § 839 BGB fraglich erscheint, fehlt es zumindest an der Drittbezogenheit dieser Pflicht. Obwohl die Gläubiger der insolventen Gesellschaft von einer entsprechenden Kooperation profitieren könnten, erfüllt dies noch nicht das Tatbestandsmerkmal der Drittbetroffenheit, da die Pflicht nicht gerade den Gläubigern gegenüber besteht, sondern diese nur als Teil der Allgemeinheit von der Amtspflicht des Beamten gem. § 839 BGB betroffen sind.[339]

Die verschiedenen Versuche zur Konstruktion einer Kooperationspflicht zeigen das zentrale mit dieser Thematik in Zusammenhang stehende Problem. Unabhängig davon, ob man im Ergebnis eine Kooperationspflicht auf Ebene der Insolvenzgerichte bejaht oder verneint, erscheinen die aktuellen gesetzlichen Regelungen

---

338 Ehricke, Das abhängige Konzernunternehmen, S. 485 f.; kritisch Becker, Kooperationspflichten, S. 207.

339 Ehricke, Das abhängige Konzernunternehmen, S. 485 f.

aufgrund der derzeitig bestehenden Rechtsunsicherheiten keine rechtssichere und effiziente Kooperation zu gewährleisten. Die Abstinenz entsprechender Vorschriften trägt nicht nur dazu bei, dass überhaupt das Bestehen von gerichtlichen Kooperationspflichten fraglich ist, sondern hat auch zur Folge, dass hinsichtlich Inhalt und Intensität etwaiger Pflichten erhebliche Unklarheiten bestehen.

2. Kooperationsvorschriften auf Ebene der Insolvenzverwalter

Des Weiteren könnte auch eine Kooperation der Insolvenzverwalter zu einer Koordination der Insolvenzverfahren in Konzernkonstellationen beitragen. Während der Zulässigkeit von *Kooperationsmöglichkeiten* auf Ebene der Insolvenzverwalter grundsätzlich keine rechtlichen Bedenken entgegenstehen, stellt sich die Frage, ob sich abgesehen von Fällen der freiwilligen Kooperation in bestimmten Konstellationen auch entsprechende *Kooperationspflichten* der Insolvenzverwalter aus dem Regelungssystem der InsO ableiten lassen. Eine diesbezügliche Pflicht der Insolvenzverwalter als Funktionsträger des Insolvenzverfahrens wird teilweise in §§ 1, 60 InsO verortet.[340] Demnach wird vertreten, dass die Insolvenzverwalter der verschiedenen Konzerngesellschaften zur Erreichung der in § 1 InsO zum Ausdruck kommenden Ziele der bestmöglichen Gläubigerbefriedigung und Haftungsmaximierung zu einer Kooperation beziehungsweise Koordination verpflichtet seien und ein Verstoß gegen diese Pflichten eine Haftung der Insolvenzverwalter gem. § 60 InsO zur Folge haben könne. Die Begründung einer Kooperationsverpflichtung auf Ebene der Insolvenzverwalter ist mangels entsprechender Vorschriften durchaus erstrebenswert, erscheint aber im Hinblick auf die rechtlichen und praktischen Bedenken dieser Vorgehensweise fraglich. Die rechtlichen Bedenken gegen die Ableitung von Kooperationsvorschriften aus den in § 1 InsO normierten Zielen der InsO entsprechen zunächst weitgehend denjenigen, die bereits auf Ebene der Insolvenzgerichte vorgetragen wurden. Es erscheint dabei insbesondere fraglich, ob die rechtsträgerspezifischen Ziele des Insolvenzverfahrens für rechtsträgerübergreifende Belange herangezogen werden können und ob die allgemeinen Zielvorstellungen des Insolvenzverfahrens geeignet sind, eine gesetzlich nicht geregelte Kooperationspflicht zu begründen.[341] Gegen die Ableitung einer diesbezüglichen Pflicht und für das Erfordernis einer ausdrücklichen gesetzlichen Regelung spricht auch die Vorschrift des § 357 InsO. Diese Regelung betrifft die Zusammenarbeit der Insolvenzverwalter außerhalb des Anwendungsbereichs der EuInsVO und lässt erkennen, dass der Gesetzgeber in Fällen, in denen er eine Kooperation der Insolvenzverwalter als möglich und erforderlich angesehen hat, entsprechende Vorschriften normiert hat. Das Fehlen einer gesetzlichen Regelung und die bereits damals geführten Diskussionen über die Notwendigkeit konzerninsolvenzrechtlicher Vorschriften legen vielmehr

340 Brünkmans, Koordinierung, S. 108 f.; Eidenmüller, ZHR 169 (2005), 528 (553 ff.); Becker, Kooperationspflichten; kritisch Ehricke, DZWIR 1999, 353 (362); Rostegge, Konzerninsolvenz, S. 215 f.

341 Ebenfalls ablehnend Wiebusch, Internationales Konzerninsolvenzrecht, S. 272.

die Vermutung nahe, dass bei Einführung der InsO bewusst von einer derartigen Regelung abgesehen wurde und das Herleiten entsprechender Kooperationspflichten in Konzernkonstellationen möglicherweise zur Intention des Gesetzgebers bei Einführung der InsO in Widerspruch stünde. Neben diesen rechtlichen Bedenken zeigen auch die folgenden praktischen Erwägungen, dass die Ableitung einer Kooperationspflicht im Gegensatz zu einer ausdrücklichen gesetzlichen Regelung mit Effizienzverlusten verbunden ist. Diese ergeben sich zunächst daraus, dass die Insolvenzverwalter gemäß § 60 InsO lediglich zur bestmöglichen Verwaltung und Verwertung der Haftungsmasse in den jeweiligen Einzelverfahren verpflichtet sind und die Kooperationspflichten der einzelnen Verwalter daher von den zu erwartenden positiven Auswirkungen oder Vorteilen in den jeweiligen Verfahren abhängig sind. Dies führt dazu, dass zumindest in denjenigen Fällen, in denen die Kooperation der Insolvenzverwalter zwar positive Folgen für den Unternehmensverbund erwarten lässt, jedoch andererseits für einzelne Gesellschaften mit negativen oder neutralen Auswirkungen verbunden sein kann, die Begründung einer Kooperationspflicht fraglich erscheint.[342] Schließlich wird der Nachteil von fehlenden expliziten Regelungen insbesondere dadurch deutlich, dass hinsichtlich Inhalt, Umfang und Intensität der Kooperationspflichten Unklarheiten bestehen, die sich nachteilig auf die Effizienz von Kooperationen auswirken.

Das Fehlen ausdrücklich gesetzlicher Kooperationsvorschriften hat demnach zur Folge, dass nicht nur das grundsätzliche Bestehen von Kooperationspflichten der Insolvenzverwalter in Konzernkonstellationen fraglich erscheint, sondern auch die Einzelheiten von möglicherweise bestehenden Kooperationspflichten mangels konkreter Regelungen kaum zu bestimmen sind. Den mit der aktuellen Rechtslage einhergehenden Rechtsunsicherheiten und Effizienzverlusten kann nur mit Hilfe einer ausdrücklichen gesetzlichen Regelung begegnet werden.

3. Kooperationsvorschriften auf Ebene der Gläubiger

Schließlich könnte auch die Kooperation auf Ebene der Gläubiger zu einer rechtsträgerübergreifenden Berücksichtigung der Konzernzusammenhänge in der Insolvenz konzernverbundener Unternehmen führen und zur Realisierung von Konzernverbundlösungen beitragen. Der Grund hierfür ist, dass die Gläubiger der einzelnen Gesellschaften entscheidenden Einfluss auf den Ablauf eines Insolvenzverfahrens nehmen und für wesentliche, den Fortgang des Verfahrens und die Verwertung des vorhandenen Schuldnervermögens betreffende Entscheidungen zuständig sind.[343] Mangels expliziter gesetzlicher Vorschriften stellt sich daher die Frage, ob für die Gläubiger der insolventen Konzerngesellschaften de *lege lata Kooperationsmöglichkeiten* oder *Kooperationspflichten* bestehen, die eine

342 Rostegge, Konzerninsolvenz, S. 215 f.; zu diesem Gesichtspunkt auch BMJ, DiskE Konzerninsolenz S. 21.

343 Brünkmans, Koordinierung, S. 111.

Koordination der Insolvenzverfahren konzernverbundener Gesellschaften ermöglichen. *Kooperationsmöglichkeiten* begegnen zunächst weniger rechtlichen, als vielmehr praktischen Bedenken. Die Umsetzung von rechtsträgerübergreifenden Kooperationsbemühungen erscheint insbesondere in der Insolvenz einer Vielzahl von Konzerngesellschaften mit erheblichen praktischen Schwierigkeiten verbunden, da nach der gesetzlichen Regelung lediglich eine rechtsträgerspezifische Organisation der Gläubigerinteressen in den jeweiligen Gläubigerversammlungen und Gläubigerausschüssen erfolgt und keine entsprechenden Gremien für eine rechtsträgerübergreifende Organisation der Gläubigerinteressen vorgesehen sind. Diese wären jedoch aufgrund der Vielzahl der Gläubiger erforderlich, um eine sachgerechte Kooperation in Konzernkonstellationen zu gewährleisten. Die Einleitung und Umsetzung von Kooperationsmaßnahmen wären ohne entsprechende Gremien anderenfalls aus organisatorischen Gründen kaum möglich und in der Praxis mit erheblichen und nur schwer überbrückbaren Schwierigkeiten verbunden. Während also Kooperationsmöglichkeiten auf Ebene der Gläubiger vor allem praktischen Bedenken begegnen, stehen bei *Kooperationspflichten* neben den praktischen, insbesondere die rechtlichen Bedenken im Vordergrund.[344] Dennoch wird teilweise versucht, in Konzernkonstellationen eine Kooperationspflicht auf Gläubigerebene durch eine gesellschaftsähnliche Sonderverbindung der Gläubiger zu begründen.[345] Der Ausgangspunkt dieser Überlegungen basiert auf der Vorstellung, dass sich zunächst die Gläubiger eines Rechtsträgers in der Krise der Gesellschaft kooperativ zu verhalten haben.[346] Diese gesellschaftsähnliche Verbindung wird damit begründet, dass die Gläubiger einen Kooperationsvertrag geschlossen hätten, wenn sie die Folgen eines unkooperativen Verhaltens bedacht hätten und die hohen Transaktionskosten, die asymmetrisch verteilten Informationen und das strategische Verhalten nicht einen Vertragsschluss verhindert hätten. Dieser hypothetische Vertragsschluss sei mehr als eine Fiktion und führe dazu, dass eine Regelung existiere, die dem Willen der Beteiligten entspreche und welchem die Gläubiger bei Kenntnis des unkooperativen Verhaltens und der damit verbundenen Folgen zugestimmt hätten. In dieser Situation hätten die Gläubiger eine Regelung akzeptiert, welche die Befriedigungschancen sämtlicher Gläubiger erhöhte und die

---

344 Zur Begründung von Kooperationspflichten auf Ebene der Gläubiger in der Insolvenz von konzernverbundenen Unternehmen Eidenmüller, Unternehmenssanierung, S. 799 ff.; ders., ZHR 169 (2005), 528 (555 ff.); Brünkmans, Koordinierung, S. 110 ff.

345 Eidenmüller, Unternehmenssanierung, S. 608 ff.; ders., ZHR 169 (2005), 528 (555 ff.); ders., ZHR 160 (1996), 343 (360); Becker, Kooperationspflichten, S. 262 ff.

346 Dieser Sichtweise steht zumindest im Fall der außergerichtlichen Sanierung die höchstrichterliche Rechtsprechung des BGH entgegen, der sich in diesem Fall gegen die Annahme einer Gefahrengemeinschaft aller Gläubiger des in die Krise geratenen Unternehmens ausgesprochen hat, vgl. BGH, Urteil vom 12.12.1991 - IX ZR 178/91 = BGHZ 116, 319 ff = NJW 1992, 967 ff.

Gefahr einer individuellen Interessenverwirklichung begegnete.[347] Diese für das Einzelunternehmen entwickelten Kooperationspflichten und die Begründung einer gesellschaftsähnlichen Sonderverbindung seien auf die Situation von Konzernkonstellationen übertragbar, da sämtliche Gläubiger aller Konzerngesellschaften an der Haftungsmaximierung der insgesamt zur Verfügung stehenden Vermögenswerte und an ökonomisch effizienten Konzernverbundlösungen interessiert seien.[348] Die Begründung einer derartigen Kooperationspflicht erfordert zum einen, dass die gesellschaftsrechtliche Treuepflicht beziehungsweise die gesellschaftsähnliche Sonderverbindung überhaupt auf Gläubigerebene übertragbar ist und zum anderen deren Grundsätze auch bei Gläubigern verschiedener Rechtsträger Anwendung finden können. Beides bereitet erhebliche rechtliche Bedenken.[349] Gegen die Übertragung der Grundsätze der gesellschaftsrechtlichen Treuepflicht auf Gläubigerebene spricht insbesondere, dass sich die Gläubiger eines Rechtsträgers im Gegensatz zu den Gesellschaftern nicht bewusst durch den Eintritt in die Gesellschaft einem Mehrheitsprinzip unterworfen haben, sondern durch die Insolvenz und den Grundsatz der *par conditio creditorum* in eine notwendige Zwangsgemeinschaft geraten sind.[350] Während also die Stellung als Gesellschafter und die mehrheitliche Willensbildung in der Gesellschafterversammlung auf einer privatautonomen Entscheidung der Beteiligten beruht, resultiert die Stellung als Insolvenzgläubiger und die Willensbildung in der Gläubigerversammlung aus der Eröffnung eines staatlichen und unabhängig vom Willen der Gläubiger stattfindenden Insolvenzverfahrens. Dieser Unterschied hat zur Folge, dass den Gefahren der Mehrheitsentscheidung in der Gesellschafterversammlung durch das auf der Privatautonomie beruhende Instrument der Treuepflicht und in der Gläubigerversammlung durch das hoheitliche Instrument des Interessenausgleichs begegnet wird (§ 78 InsO).[351] Während also bereits die unterschiedliche Ausgangssituation gegen eine Übertragung der Grundsätze der gesellschaftlichen Treuepflicht auf Gläubigerebene spricht, begegnet die Anwendung dieser Grundsätze in Konzernkonstellationen noch größeren Bedenken.[352] Insbesondere mag es kaum einleuchten, dass nicht nur die Gläubiger

347 Eidenmüller, Unternehmenssanierung, S. 608 ff.; ders., ZHR 169 (2005), 528 (556).

348 Eidenmüller, Unternehmenssanierung, S. 608 ff.; ders., ZHR 169 (2005), 528 (556); Becker, Kooperationspflichten, S. 311, der in Anlehnung an Eidenmüller die gesellschaftsähnliche Sonderverbindung damit begründet, dass die „Konzerngläubiger" trotz divergierender Zielsetzungen das objektiv übereinstimmende Interesse haben, die Wirtschaftseinheit Konzern bestmöglich zu verwerten.

349 Zu den grundsätzlichen Bedenken der Übertragung des gesellschaftsrechtlichen Treuepflichtansatzes auf Ebene der Gläubiger Ehricke, in: MüKo, InsO, Band 1, § 74, Rn. 9; ders., NZI 2000, 57 (59); Telke, Anforderungen an ein wettbewerbsfähiges Konzerninsolvenzrecht, S. 20 ff.

350 Ehricke, in: MüKo, InsO, Band 1, § 74 Rn. 9; ders., NZI 2000, 57 (59).

351 Ehricke, in: MüKo, InsO, Band 1, § 74 Rn. 9; ders., NZI 2000, 57 (59).

352 Gegen die Begründung einer Kooperationspflicht aus gesellschaftsähnlicher Sonderverbindung Brünkmans, Koordinierung, S. 114 ff. Brünkmans versucht

eines Rechtsträgers, sondern die Gläubiger verschiedener Rechtsträger einer gesellschaftsähnlichen Sonderverbindung unterliegen sollen. Dies würde im Ergebnis bedeuten, dass bereits aus der Eingehung vertraglicher Beziehungen mit einem Konzernunternehmen im Falle der Insolvenz Kooperationspflichten zu sämtlichen Gläubigern anderer insolventen Konzerngesellschaften entstehen können. Eine derartige Pflichtbegründung lässt sich nicht aus dem Sinn und Zweck einer gesellschaftsrechtlichen Treuepflicht ableiten und steht daher einer Übertragung auf Ebene der Gläubiger in Konzernkonstellationen entgegen.

Insgesamt lässt sich daher feststellen, dass *de lege lata* eine Kooperation auf Ebene der Gläubiger in der Insolvenz von Konzernunternehmen mit erheblicher Rechtsunsicherheit verbunden ist. Während die praktischen Bedenken insbesondere die Effektivität von Kooperationsmöglichkeiten betreffen, stellen die rechtlichen Bedenken das grundsätzliche Bestehen von Kooperationspflichten auf Gläubigerebene in Frage.

II. Eignung der Regelungen für eine verfahrensrechtliche Koordination

Die aktuellen Vorschriften der InsO enthalten zudem keine besonderen Regelungen für eine verfahrensrechtliche Koordination mehrerer in Zusammenhang stehender Insolvenzverfahren. Infolgedessen ist zu untersuchen, ob das aktuelle Regelungssystem zumindest Anhaltspunkte oder Möglichkeiten zur Umsetzung der im vorherigen Teil dieser Arbeit dargestellten verfahrensrechtlichen Mechanismen enthält und daher eine rechtssichere und effektive insolvenzrechtliche Behandlung von Konzernunternehmen ermöglichen könnte.

1. *Verfahrenskoordination auf Ebene des Gerichts*

Eine verfahrensrechtliche Koordination lässt sich zunächst durch die Zusammenfassung der Insolvenzverfahren auf gerichtlicher Ebene erreichen. Die Vorteile einer Zuständigkeitsbündelung wurden oben bereits dargestellt und bestehen insbesondere darin, dass ein Gericht mit sämtlichen, die einzelnen Insolvenzverfahren betreffenden Informationen betraut und für zahlreiche, den weiteren Verlauf der Verfahren bestimmende Entscheidungen zuständig ist. Im Folgenden ist daher auf die aktuelle Regelung zur Bestimmung der örtlichen Zuständigkeit einzugehen und zu untersuchen,

vielmehr den Verwertungsspielraum der Gläubiger zugunsten einer konzernweiten Gesamtverwertungsstrategie aus dem allgemeinen Prinzip von Treu und Glauben (§ 242 BGB) einzuschränken. Da auch dieser Ansatz aufgrund der Rechtsträgerbezogenheit des Insolvenzverfahrens mit erheblichen Begründungsschwierigkeiten verbunden ist und die erforderliche Rechtssicherheit nur durch eine explizite Kodifikation von Kooperationsvorschriften zu erreichen ist, wird auf eine Darstellung dieses Ansatzes verzichtet. Zu den Einzelheiten dieses Ansatzes vgl. Brünkmans, Koordinierung, S. 116 ff.

ob sich an Hand dieser Vorschrift eine einheitliche Gerichtszuständigkeit für die Insolvenzverfahren mehrerer oder sämtlicher Konzerngesellschaften begründen lässt.

a) Örtliche Zuständigkeit nach § 3 InsO

Die für eine Zuständigkeitskonzentration relevante Regelung der örtlichen Zuständigkeit ist in § 3 InsO statuiert. Demnach ist für das Insolvenzverfahren örtlich ausschließlich dasjenige Insolvenzgericht zuständig, in dessen Bezirk der Schuldner seinen allgemeinen Gerichtsstand hat (§ 3 I 1 InsO). Sofern sich jedoch der Mittelpunkt der selbständigen wirtschaftlichen Tätigkeit des Schuldners an einem anderen Ort befindet, so ist ausschließlich das Insolvenzgericht zuständig, in dessen Bezirk dieser Ort liegt (§ 3 I 2 InsO). Die gesetzliche Regelung gibt demnach zugleich die Prüfungsreihenfolge für die Bestimmung der örtlichen Zuständigkeit vor und sieht bei Vorliegen einer selbständigen wirtschaftlichen Tätigkeit nicht den allgemeinen Gerichtsstand, sondern vorrangig den wirtschaftlichen Tätigkeitsmittelpunkt des Insolvenzschuldners als maßgebend an.[353]

aa) Mittelpunkt der selbständigen wirtschaftlichen Tätigkeit

Die Regelung der örtlichen Zuständigkeit basiert auf Gerechtigkeits- und Zweckmäßigkeitserwägungen. Die Anknüpfung an den wirtschaftlichen Tätigkeitsmittelpunkt soll nach der Intention des Gesetzgebers eine Abwicklung des Insolvenzverfahrens an demjenigen Ort sicherstellen, an dem der Schuldner den Schwerpunkt seiner wirtschaftlichen Tätigkeit unterhalten hat und die maßgeblichen Schulden entstanden sind.[354] Die Bestimmung des Mittelpunkts der selbständigen wirtschaftlichen Tätigkeit des Schuldners ist jedoch aufgrund einer fehlenden gesetzlichen Legaldefinition in Wissenschaft und Praxis umstritten. Der Streit erlangt insbesondere in der Insolvenz von konzernverbundenen Unternehmen Bedeutung und ist daher Gegenstand der folgenden Ausführungen.

bb) Mittelpunkt der selbständigen wirtschaftlichen Tätigkeit in Konzernkonstellationen

Nach der gesetzlichen Regelung des § 3 I InsO ist für die Bestimmung der örtlichen Zuständigkeit der allgemeine Gerichtsstand oder der Mittelpunkt der selbständigen wirtschaftlichen Tätigkeit des Schuldners und mithin jeder rechtlich selbständigen Konzerngesellschaft maßgebend. Infolgedessen kommt eine einheitliche gerichtliche Zuständigkeit in Konzernkonstellationen nur in Betracht, sofern sich der satzungsmäßige Sitz oder der Mittelpunkt der selbständigen wirtschaftlichen Tätigkeit sämtlicher insolventer Konzerngesellschaften im Bezirk

---

353 Anstatt vieler Ganter/Lohmann, in: MüKo, InsO, Band 1, § 3 Rn. 4.

354 Pape, in: Uhlenbruck, InsO, § 3 Rn. 2; Ganter/Lohmann, in: MüKo, InsO, Band 1, § 3 Rn. 4; Becker, in: Nerlich/Römermann, InsO, § 3 Rn. 23 ff.

desselben Insolvenzgerichts verorten lässt.[355] Aufgrund der Tatsache, dass sich die Satzungssitze von Konzerngesellschaften in der Praxis oftmals in verschiedenen Zuständigkeitsbezirken befinden, wurde in der Vergangenheit oftmals versucht, durch eine entsprechende Auslegung des Mittelpunkts der selbständigen wirtschaftlichen Tätigkeit eine gerichtliche Zuständigkeitskonzentration zu begründen und dadurch eine Koordination der Insolvenzverfahren auf gerichtlicher Ebene zu ermöglichen. Die Ermittlung des Mittelpunkts der selbständigen wirtschaftlichen Tätigkeit von Konzernunternehmen bereitet aufgrund der oftmals interessengeleiteten Auslegung und der Vielzahl zur Bestimmung dieses Begriffs herangezogenen Kriterien erhebliche Schwierigkeiten.[356] Im Wesentlichen lassen sich dabei zumindest in formaler Hinsicht folgende Auffassungen unterscheiden.

Eine Ansicht scheint zur Begründung der örtlichen Zuständigkeit überwiegend interne Verwaltungsvorgänge und insbesondere die Art und Weise der Leitung der einzelnen Konzerngesellschaften zu berücksichtigen. Diese Vorgehensweise führt insbesondere dazu, dass in zentral geführten Konzernen der Mittelpunkt der wirtschaftlichen Tätigkeit der Konzernunternehmen am Sitz der Konzernleitung verortet und somit eine einheitliche Gerichtszuständigkeit am Sitz der Konzernmutter geschaffen wird.[357] Dabei scheinen jedoch unterschiedliche Anforderungen an das für eine Zuständigkeitskonzentration erforderliche Merkmal der zentralen Lenkung gestellt zu werden.[358] Während manche dafür es als erforderlich ansehen, dass die Geschäftsleitung der Tochtergesellschaft am Ort der Konzernleitung

355 Vallender/Deyda, NZI 2009, 825 (826); Rostegge, Konzerninsolvenz, S. 397 ff.; in diesem Sinne auch AG Köln, Beschluss vom 1.2.2008 – 73 IN 682/07. Der BGH hat bereits unter Geltung der KO klargestellt, dass allein das Vorliegen eines Unternehmensverbundes zuständigkeitsrechtlich keine Bedeutung hat, vgl. BGH Urteil vom 22.1.1998 – IX ZR 99–97 =NJW 1998, 1318 (1319).

356 Rostegge, ZIP 2008, 955 (957 f.).

357 LG Dessau, ZIP 1998, 1006 (1007); Pluta, ZIP 2009, 1826 (1827); Kießner, in: Braun: InsO, § 3 Rn. 19 f.; wohl auch OLG Brandenburg, Beschluss vom 19.6.2002 – 1 AR 27/02 =NZI 2002, 438 (439); Ganter/Lohmann, in: MüKo, InsO, Band 1, § 3 Rn. 14.

358 Ausführlich zu der Möglichkeit der Verfahrenskonzentration Rühlemann, Verfahrenskonzentration, S. 149 ff. Rühlemann versucht sowohl unter Berücksichtigung des rechtlichen und wirtschaftlichen Konzernverständnisses als auch unter Berücksichtigung von Erkennbarkeitserfordernissen den Begriff der zentralen Lenkung zu konkretisieren und zeigt die in diesem Zusammenhang bestehenden Schwierigkeiten auf. Nach Rühlemann verbleibt de lege lata letztlich nur die Indizienmethode, um den Gesichtspunkt der zentralen Lenkung derartig zu konkretisieren, dass sich eine wirtschaftliche Betrachtungsweise, mithin eine Verfahrenskonzentration in das Wertungsgefüge der InsO einordnen lässt. Die Indizienmethode stellt jedoch nach hier vertretener Auffassung – aufgrund der unterschiedlichen Gewichtung der im Einzelfall bestehenden Indizien – keine rechtssichere und effiziente Möglichkeit zur Zuständigkeitskonzentration in Konzernkonstellationen dar.

angesiedelt ist,[359] wurde es in anderen Fällen bereits als ausreichend angesehen, dass die Geschäftsleitung der Tochtergesellschaft zumindest einmal wöchentlich im Rahmen und am Ort eines „zentralen Lenkungsausschusses" zusammenkam.[360] Insgesamt scheinen für die Begründung einer zentralen Lenkung und mithin einer Zuständigkeitskonzentration, trotz gegenteiligen Bekenntnisses, oftmals auch pragmatische und teleologische Gesichtspunkte eine Rolle zu spielen, indem insbesondere auf die Gefahren einer Verfahrenszersplitterung oder die Bedeutung einer Zuständigkeitskonzentration verwiesen wird.[361]

Eine andere Auffassung stellt dagegen bei der Zuständigkeitsbestimmung überwiegend auf den für die Gläubiger erkennbaren Auftritt des Schuldners im geschäftlichen Rechtsverkehr ab und steht einer einheitlichen Zuständigkeitskonzentration in Konzernkonstellationen deshalb grundsätzlich skeptisch gegenüber.[362] Insbesondere zeige ein Blick auf die Bestimmung der internationalen Zuständigkeit im Rahmen des Art. 3 EuInsVO, dass auf die werbende und nach außen erkennbare Tätigkeit des Schuldners abgestellt werden sollte, da sich andererseits die im europäischen Kontext oftmals kritisierte „head-office-function-Theorie" im nationalen Kontext niederschlagen und zu Glaubwürdigkeitsverlusten hierzulande führen könnte.[363] Zudem gebiete auch die rechtliche Selbständigkeit der einzelnen Konzernunternehmen, dass bei einer abhängigen Tochtergesellschaft nicht an den Hauptverwaltungssitz der Obergesellschaft, sondern an ihren eigenen Hauptverwaltungssitz angeknüpft werden müsse, da an diesem Ort ihr eigener Wille – wenn auch unter Weisung der Mutter – gebildet werde.[364] Darüber hinaus wird sogar vertreten, dass sich für die Feststellung der in § 3 I 2 InsO normierten Zuständigkeit eine Berücksichtigung der Konzernstruktur verbiete, da der Wortlaut die Ermittlung des *selbständigen* Tätigkeitsmittelpunkts erfordere und dieser demnach für jede rechtlich selbständige Gesellschaft isoliert und unabhängig vom Konzernverbund zu ermitteln sei.[365] Zudem stünde eine die

359 Ganter/Lohmann, in: MüKo, InsO, Band 1, § 3 Rn. 14.

360 AG Köln, Beschluss vom 1.2.2008 – 73 IN 682/07 = NZI 2008, 254 (256).

361 Andres, in: Andres/Leithaus, InsO, § 3 Rn. 6; Kießner, in: Braun, InsO, § 3 Rn. 16 ff. Obwohl das AG Köln in der Entscheidung der PIN-Group ausführt, dass bloße Praktikabilität bei der Normanwendung des § 3 InsO ausscheiden müsse, scheinen in den folgenden Ausführungen Praktikabilitätserwägungen doch eine Rolle zu spielen, vgl. AG Köln, Beschluss vom 1.2.2008 – 73 IN 682/07 = NZI 2008, 254 (255); zustimmend Knof/Mock, ZInsO 2008, 253 (259 f.); ablehnend Frind, ZInsO 2008, 261 (262); Schmollinger, Der Konzern, S. 29 ff., wonach ein einheitlicher Gerichtsstand auf Grundlage des § 3 S. 1 InsO nur angenommen werden kann, wenn sich der effektive Verwaltungssitz aller Konzerngesellschaften im Bezirk desselben Insolvenzgerichts befindet.

362 Frind, ZInsO 2008, 261 (261 ff.); ders., ZInsO 2008, 363 (363 ff.); Vormstein, Zuständigkeit, S. 183 ff.; wohl auch Ehricke DZWIR 1999, 353 (359 f.).

363 Frind, ZInsO 2008, 261 (262 ff.); ders., ZInsO 2008, 363 (364 f.).

364 Ehricke, DZWIR 1999, 353 (360).

365 Vormstein, Zuständigkeit, S. 186 ff.

Zuständigkeitskonzentration bezweckende Argumentation in Konzernkonstellationen möglicherweise auch in Widerspruch zur Intention des Gesetzgebers, da trotz der damaligen Diskussion über die Notwendigkeit besonderer konzerninsolvenzrechtlicher Vorschriften kein Konzerngerichtsstand normiert wurde.[366]

Nach einer weiteren Ansicht scheidet eine schematische Beurteilung des wirtschaftlichen Tätigkeitsmittelpunkts in Konzernkonstellationen aus, da weder die alleinige Anknüpfung an den Auftritt im Rechtsverkehr noch das alleinige Abstellen auf die internen Verwaltungsvorgänge eine sachgerechte Bestimmung des Mittelpunkts der selbständigen wirtschaftlichen Tätigkeit erlauben würden.[367] Vielmehr müsse unter Berücksichtigung der konkreten Umstände, die für den Insolvenzschuldner wesentlichen und seinen wirtschaftlichen Mittelpunkt prägenden Kriterien ermittelt werden.[368] Dabei sei insbesondere der Ort entscheidend, an dem die konzernierte Gesellschaft ihre Geschäfts- und Unternehmenspolitik gestalte und manifestiere. Demnach sei insbesondere in Fällen, in denen sich die geschäftlichen Interessen des Schuldners nur durch eine zentrale Lenkung verwirklichen lassen oder die abhängige Gesellschaft aufgrund straffer Konzernleitung oder als faktisch eigene Abteilung geführt wird, eine Verortung an dem für die Muttergesellschaft zuständigen Insolvenzgericht naheliegend.[369]

Die aktuelle gesetzliche Regelung scheint aufgrund der verschiedenen Ansichten zur Ermittlung des örtlichen zuständigen Insolvenzgerichts für eine verfahrensrechtliche Koordination der Insolvenzverfahren konzernverbundener Unternehmen auf gerichtlicher Ebene nicht geeignet. Insbesondere führen die in Konzernkonstellationen vermehrt auftretenden pragmatischen Erwägungen und die teilweise interessengeleitete Herangehensweise dazu, dass eine sachgerechte Ermittlung des zuständigen Insolvenzgerichts kaum möglich erscheint. Die Entscheidung des AG Köln am Beispiel der Bremer „Pin-GmbH" und die daraufhin erfolgten gegenteiligen Reaktionen in der Wissenschaft offenbaren eindrucksvoll die mit den einzelnen Begründungsversuchen einhergehenden Unklarheiten und die insgesamt bestehenden Schwierigkeiten bei der Ermittlung der örtlichen Zuständigkeit von Konzernunternehmen.[370] Eine rechtssichere und effektive Koordination der Insolvenzverfahren auf gerichtliche Ebene erscheint daher *de lege lata* kaum möglich.

---

366 Diesen Gesichtspunkt erwähnend Ganter/Lohmann, in: MüKo, InsO, Band 1, § 3 Rn. 14.

367 Rostegge, ZIP 2008, 955 (957).

368 AG Köln, Beschluss vom 1.2.2008 – 73 IN 682/07 = NZI 2008, 254 (255); zustimmend Knof/Mock, ZInsO 2008, 253 (259); Rostegge, ZIP 2008, 955 (957).

369 Rostegge, ZIP 2008, 955 (956); AG Köln, Beschluss vom 1.2.2008 – 73 IN 682/07 = NZI 2008, 254 (255).

370 AG Köln, Beschluss vom 1.2.2008 – 73 IN 682/07 = NZI 2008, 253 (253 ff.); grundsätzlich zustimmend Knof/Mock, ZInsO 2008, 253 (253 ff.); grundsätzlich ablehnend Frind, ZInsO 2008, 261 (261 ff.); kritisch Rüther, in: HambKo, InsO, § 3 Rn. 15 f.

b) Möglichkeit der Verbindung oder Abgabe der Insolvenzverfahren

Darüber hinaus ließe sich eine örtliche Zuständigkeitskonzentration in Konzernkonstellation möglicherweise durch die Anwendung der Vorschriften der Zivilprozessordnung und der darin vorgesehenen Möglichkeit einer Verfahrensverbindung erreichen (§§ 4 InsO, 147 ZPO).[371] Demnach kann ein Gericht unter bestimmten Voraussetzungen die Verbindung mehrerer bei ihm anhängiger Prozesse derselben oder verschiedener Parteien zum Zwecke der gleichzeitigen Verhandlung und Entscheidung anordnen. Der Wortlaut dieser Regelung belegt jedoch, dass der Anwendungsbereich dieser Vorschrift lediglich bei der Zuständigkeit desselben Gerichts eröffnet ist und den Verfahrensablauf innerhalb eines Gerichts betrifft.[372] Dies hat zur Folge, dass die Regelung bei der Zuständigkeit verschiedener Insolvenzgerichte keine Anwendung findet und eine Verbindung der Insolvenzverfahren konzernverbundener Unternehmen grundsätzlich nur bei Zuständigkeit desselben Insolvenzgerichts in Betracht kommt.[373] Die Vorschrift dürfte somit in Konzernkonstellationen nur einen geringen Anwendungsbereich haben und nur unwesentlich zu einer verfahrensrechtlichen Koordination der Insolvenzverfahren konzernverbundener Unternehmen beitragen.[374]

Darüber hinaus stellt auch die Bündelung der Insolvenzverfahren durch Abgabe des Verfahrens an einen anderen Richter kein geeignetes Mittel zu einer Zuständigkeitskonzentration dar. Dabei ist insbesondere fraglich, ob eine Abgabe der Verfahren in Konzernkonstellationen überhaupt möglich und mit dem Gebot des gesetzlichen Richters (Art. 101 I 2 GG) zu vereinbaren ist. Während *Ehricke* davon ausgeht, dass eine innergerichtliche Abgabe des Verfahrens von einem Insolvenzrichter an einen anderen, bereits mit einem Verfahren über ein weiteres Konzernunternehmen betrauten, Insolvenzrichter desselben Gerichts aus prozessökonomischen Gründen zulässig sei, sieht er im Hinblick auf das Gebot des gesetzlichen Richters die Abgabe des Verfahrens an ein anderes Gericht ohne Mitwirkung der Beteiligten als nicht möglich an.[375] Abgesehen von der Tatsache, dass bereits die innergerichtliche Abgabe und die Abweichung vom Geschäftsverteilungsplan in Konzernkonstellationen allein aus prozessökonomischen Gründen zumindest rechtlichen Bedenken begegnet,[376] ließe sich eine Verfahrenskoordination somit

---

371 Zu diesem Gesichtspunkt u. a. Ehricke, Das abhängige Konzernunternehmen, S. 482 f.; ders., DZWIR 1999, 353 (361); Westpfahl/Janjuah, ZIP 2009, Beilage zu Heft 3, 1 (5); Nicht, Konzernorganisation, S. 277 f.

372 Anstatt vieler Stadler, in: Musielak, ZPO, § 147 Rn. 2.

373 Ehricke, Das abhängige Konzernunternehmen, S. 482; ders., DZWIR 1999, 353 (361); Rühlemann, Verfahrenskonzentration, S. 360 ff.

374 Ehricke, Das abhängige Konzernunternehmen, S. 482; ders., DZWIR 1999, 353 (361).

375 Ehricke, Das abhängige Konzernunternehmen, S. 482; ders., DZWIR 1999, 353 (361).

376 In der von *Ehricke* genannten und zur Begründung der innergerichtlichen Abgabe erwähnten Streitsache erfolgte die Abgabe des Verfahrens vom Zivilsenat an den

nur bei Zuständigkeit desselben Insolvenzgerichts erreichen. Aufgrund der in Konzernkonstellationen oftmals auftretenden Zuständigkeitsdiversifikation erscheint die Möglichkeit der Abgabe des Verfahrens daher nicht nur rechtlich zweifelhaft, sondern auch praktisch lediglich von geringem Nutzen und ist daher für eine rechtssichere und effektive Koordination der Insolvenzverfahren auf gerichtlicher Ebene nicht geeignet.

2. Verfahrenskoordination durch einen Konzerninsolvenzverwalter

Neben einer Verfahrenskonzentration auf gerichtlicher Ebene könnte insbesondere auch eine Verfahrenskonzentration auf Ebene der Insolvenzverwalter maßgebend zu einer Koordinierung der Insolvenzverfahren in Konzernkonstellationen beitragen. Die Vorteile einer einheitlichen Verwalterbestellung wurden oben bereits dargestellt und sind insbesondere darin zu sehen, dass der mit der Verwaltung beauftragte Insolvenzverwalter mit den konzernrechtlichen Verbindungen und leistungswirtschaftlichen Verflechtungen der Konzernunternehmen vertraut wäre und aufgrund seiner Verfahrensstellung ökonomisch sinnvolle Konzernverbundlösungen in die Wege leiten könnte.

a) Bestellung des Insolvenzverwalters nach § 56 InsO

Mangels expliziter konzerninsolvenzrechtlicher Vorschriften stellt sich die Frage, ob sich im gegenwärtigen Regelungssystem der InsO Anknüpfungspunkte für die Möglichkeit einer einheitlichen Verwalterbestellung finden lassen beziehungsweise die Bestellung eines Konzerninsolvenzverwalters mit den Vorschriften der InsO in Einklang stünde. Die Bestellung des Insolvenzverwalters und die entsprechenden Anforderungen an die Person des Insolvenzverwalters sind in § 56 I 1 InsO geregelt. Demnach ist zum Insolvenzverwalter eine für den jeweiligen Einzelfall geeignete, insbesondere geschäftskundige und von den Gläubigern und dem Schuldner unabhängige natürliche Person zu bestellen, die aus dem Kreis aller zur Übernahme von Insolvenzverwaltungen bereiten Personen auszuwählen ist.

aa) Geeignete, geschäftskundige und unabhängige natürliche Person

Während die überwiegend in § 56 InsO normierten Auswahlkriterien bei der Bestellung eines Insolvenzverwalters für konzernverbundene Unternehmen keine besonderen Schwierigkeiten bereiten, steht bei der Bestellung eines einheitlichen Insolvenzverwalters in Konzernkonstellationen insbesondere das Unabhängigkeitserfordernis im Mittelpunkt der Diskussion. Die Bestellung eines einheitlichen Insolvenzverwalters in Konzernkonstellationen begegnet unter diesem

---

Senat für Familiensachen jedoch nicht aus prozessökonomischen Gründen, sondern weil der Zivilsenat aufgrund der neuen Geschäftsverteilung den Senat für Familiensachen für zuständig ansah, vgl. BGH Beschluss vom 3.5.1978 – IV ARZ 26/78 = NJW 1978 (1978).

Gesichtspunkt erheblichen Bedenken. Diese bestehen insbesondere darin, dass aufgrund der wirtschaftlichen Verflechtungen der Konzernunternehmen und den wahrzunehmenden Aufgaben des Insolvenzverwalters die latente Gefahr einer Interessenkollision besteht und eine unabhängige Insolvenzverwaltung im Interesse der Gläubiger der jeweiligen Rechtsträger gefährdet erscheint. Dies zeigt sich bei leistungswirtschaftlichen Beziehungen der Konzernunternehmen beispielsweise im Rahmen der Forderungsanmeldung (§§ 174 ff. InsO) darin, dass der Insolvenzverwalter bei Mehrfachbestellung eine Forderung der Tochtergesellschaft gegen die Muttergesellschaft bei sich selbst anmelden und somit aus der Position des Insolvenzverwalters der Muttergesellschaft entgegennehmen müsste.[377] Dies könnte bei Zweifel über den Grund oder die Höhe der Forderung dazu führen, dass der Insolvenzverwalter einerseits im Interesse der Tochtergesellschaft verpflichtet wäre, die Forderung in der entsprechenden Höhe geltend zu machen und andererseits im Interesse der Muttergesellschaft die Forderung dem Grunde oder der Höhe nach bestreiten müsste.[378] Darüber hinaus entsteht ein ähnliches Konfliktpotential, wenn es aufgrund der konzerninternen wirtschaftlichen Verflechtungen gilt, die vermögensrechtlichen Verhältnisse zwischen den Konzerngesellschaften zu entwirren. Der Insolvenzverwalter müsste dabei insbesondere prüfen, ob die Rechtshandlungen der Konzerngesellschaften möglicherweise die Anfechtungstatbestände der §§ 129 ff. InsO erfüllen.[379] Dabei erscheint die unabhängige Stellung des Insolvenzverwalters durchaus beeinträchtigt, sofern die Anfechtungshandlung einerseits zwar zu Gunsten der Haftungsmasse einer Konzerngesellschaft erfolgt andererseits sich aber zu Lasten der Insolvenzmasse einer anderen Konzerngesellschaft und möglicherweise sogar zum Nachteil des Konzernverbundes auswirkt. Schließlich offenbaren sich die Interessenkonflikte auch dann, wenn die verschiedenen Gesellschaften intensive leistungswirtschaftliche Beziehungen unterhalten und in engem rechtsgeschäftlichen Kontakt stehen. Dabei bereitet insbesondere das Wahlrecht des Insolvenzverwalters (§ 103 InsO) bei gegenseitig zur Zeit der Eröffnung des Insolvenzverfahrens noch nicht oder nicht vollständig erfüllten Verträgen Schwierigkeiten.[380] Der Zweck des Erfüllungswahlrechts besteht vor allem darin, dem Insolvenzverwalter im Interesse der Masse und damit der Gläubigergemeinschaft durch die Erfüllung des Vertrages einen Anspruch auf die ihm vorteilhaft erscheinende Gegenleistung zu

377 Brünkmans, Koordinierung, S. 134; Ehricke, DZWIR 1999, 353 (356 f.).

378 In diesem Zusammenhang weist Brünkmans darauf hin, dass der Insolvenzverwalter bei einem Verlustausgleichsanspruch der Tochtergesellschaft (§ 302 InsO) im Rahmen des bilanziellen Beurteilungsspielraums im Interesse der Tochtergesellschaft den Verlustausgleichsanspruch möglichst hoch ansetzten müsste, aber im Interesse der Muttergesellschaft darauf achten müsste, dass die Forderung nicht zu hoch angesetzt würde, vgl. Brünkmans, Koordinierung, S. 135.

379 Ehricke, DZWIR 1999, 353 (356); Scheel, Konzerninsolvenzrecht, S. 40; Brünkmans, Koordinierung, S. 133; Paulus, ZGR 2010, 270 (285).

380 Brünkmans, Koordinierung, S. 133 f.

verschaffen.[381] Der einheitlich bestellte Konzerninsolvenzverwalter müsste jedoch bei konzerninternen Beziehungen, die mit dem Erfüllungswahlrecht verbundene Abwägung der Vor- und Nachteile auf Seiten beider Konzerngesellschaften vornehmen und könnte bei konträren Interessen der Konzerngesellschaften in der unabhängigen Ausübung des Verwalteramtes beeinträchtigt sein. Darüber hinaus ist bei den wahrzunehmenden Aufgaben und Befugnissen eines personenidentischen Insolvenzverwalters stets die Regelung des § 181 BGB zu berücksichtigen.[382] Diese Regelung erlangt neben den bereits erwähnten Aspekten insbesondere dann Bedeutung, wenn die Konzerngesellschaften gegenseitige Leistungen erbringen und für die Fortführung der jeweiligen Geschäftsbetriebe auf den Fortbestand der konzerninternen Austauschgeschäfte angewiesen sind.[383] Der Übergang der Verwaltungs- und Verfügungsbefugnis (§ 80 InsO) hätte zur Folge, dass die bei einheitlicher Verwalterbestellung getätigten konzerninternen Verpflichtungs- und Verfügungsgeschäfte als Insichgeschäft gem. § 181 BGB zu qualifizieren wären. Der Konzerninsolvenzverwalter wäre in diesen Fällen an den konzerninternen Rechtsgeschäften sowohl als Insolvenzverwalter der Masse der einen Konzerngesellschaft als auch als Insolvenzverwalter der Masse der anderen Konzerngesellschaft beteiligt und somit in eine Interessenkollision verwickelt, welche die Vorschrift des § 181 BGB zum Schutz des Vertretenen und seiner (Vermögens-)Interessen gerade verhindern will.[384]

Diese exemplarisch aufgeführten und die unabhängige Stellung des Insolvenzverwalters in Frage stellenden Aspekte führen dazu, dass die Bestellung des Insolvenzverwalters in Konzernkonstellationen sowohl in der gerichtlichen Praxis unterschiedlich gehandhabt als auch in der wissenschaftlichen Literatur kontrovers diskutiert wird.[385]

---

381 BGH 21.11.1991 – IX ZR 290/90, NJW 1992, 507; BGH 4.5.1995 – IX ZR 256/93, NJW 1995, 1966; BGH 27.2. 1997 – IX ZR 5/96, ZIP 1997, 688; BGH 22. 2. 2001 – IX ZR 191/98, NZI 2001, 537; BGH 7.3. 2002 – IX ZR 457/99, NZI 2002, 380.

382 Brünkmans, Koordinierung, S. 134. Nach *Rostegge* liegt bei der beidseitigen Insolvenzverwaltung durch einen personenidentischen Verwalter jedoch kein abstraktes Konfliktverhältnis vor. Vielmehr ist der Insolvenzverwalter aufgrund seiner Amtspflicht zur ordnungsgemäßen Verwaltung verpflichtet und bei Verstoß einem möglichen Haftungsanspruch aus § 60 InsO ausgesetzt, Rostegge, Konzerninsolvenz, S. 113.

383 Zur Anwendung des § 181 BGB auf die Verwalter fremden Vermögens und mithin auf den Insolvenzverwalter vgl. BGHZ 51, 209, 214 f. = NJW 1969, 841; BGHZ 30, 67, 69 = NJW 1959, 1429.

384 Brünkmans, Koordinierung, S. 134. Zu dem Normzweck des § 181 BGB, anstatt vieler, Schubert, in: MüKo, BGB, Band 1, § 181 Rn. 2.

385 Graeber, NZI 2007, 265 (266); Westpfahl/Janjuah, ZIP 2009, Beilage zu Heft 3, 1 (5); Telke, Anforderungen an ein wettbewerbsfähiges Konzerninsolvenzrecht, S. 30 ff. Ein umfassender Überblick über die verschiedenen Ansichten findet sich bei Brünkmans Koordinierung, S. 128, ebenso bei Schmollinger, Der Konzern, S. 123 ff.

Manche Insolvenzgerichte und ein Teil des wissenschaftlichen Schrifttums sind aufgrund der genannten Probleme der Ansicht, dass in Insolvenzverfahren von konzernverbundenen Unternehmen unterschiedliche Insolvenzverwalter einzusetzen seien, um der Gefahr einer möglichen Interessenkollision in der Person des Insolvenzverwalters von vornherein entgegenzuwirken.[386] Die Bestellung verschiedener Insolvenzverwalter gewährleiste nicht nur eine unabhängige Tätigkeit des Insolvenzverwalters im Interesse der jeweiligen Haftungsmasse, sondern diene dabei auch dem Schutz des Verwalters in strafrechtlicher und haftungsrechtlicher Hinsicht.[387] Schließlich liege die Bestellung personenverschiedener Insolvenzverwalter in Konzernkonstellationen auch im Interesse des Insolvenzgerichts, da eine mögliche Missachtung des in § 56 InsO normierten Unabhängigkeitserfordernisses eventuell Haftungsansprüche nach sich ziehen könnte.[388] Zudem streitet für diese Auffassung auch der Erste Bericht der Kommission für Insolvenzrecht, die in ihren Ausführungen zu dem Ergebnis gelangt, dass eine einheitliche Insolvenzverwaltung schwerwiegende Interessenkollisionen des Insolvenzverwalters zur Folge hätte und möglicherweise die Gefahr bestünde, dass die Interessen der Gläubiger des abhängigen Konzernunternehmens hinter den Interessen der Gläubiger und Gesellschafter des herrschenden Unternehmens zurückblieben.[389] Der Wille des Gesetzgebers dürfte vor diesem Hintergrund und der Tatsache, dass die InsO trotz der damaligen Diskussion über die Notwendigkeit eines Konzerninsolvenzrechts keine besonderen konzerninsolvenzrechtlichen Vorschriften enthält, für diese Ansicht und mithin für die Bestellung verschiedener Insolvenzverwalter in Konzernkonstellation sprechen.

Ein Teil der insolvenzgerichtlichen Praxis und Vertreter des Schrifttums gehen dagegen davon aus, dass die für eine koordinierte Abwicklung von Konzerninsolvenzen erforderliche Bestellung eines einheitlichen Insolvenzverwalters grundsätzlich möglich sei und der Gefahr von Interessenkollisionen durch die Einsetzung eines Sonderinsolvenzverwalters begegnet werden könne.[390] Obwohl die Figur des Sonderinsolvenzverwalters in dem gesetzlichen Regelungsmechanismus der

386 Smid, InsO, § 56 Rn. 23 ff.; Eickmann, in: HK, InsO, § 56 Rn. 8; Mohrbutter, in: Hdb. Insolvenzverwaltung, § 6 Rn. 32; tendenziell auch Graeber, in: MüKo, InsO, Band 1, § 56 Rn. 44 ff.; ders., NZI 2007, 265 (266); in Bezug auf grenzüberschreitende Insolvenzen, Adam/Poertzgen, ZInsO 2008, 281 (285 f.); Schmollinger, Der Konzern, S. 112 ff., wonach die §§ 56 I S. 1 InsO, 181, 450 Abs. 2 BGB die Bestellung eines Konzerninsolvenzverwalters ebenfalls grundsätzlich ausschließen. Ein solches Vorgehen sei nur dann zulässig, wenn in jedem Verfahren zusätzlich ein Sonderinsolvenzverwalter bestellt wird, dem sämtliche Rechte, die der jeweiligen Gesellschaft gegenüber einer anderen Gesellschaft zustehen, zur Verwaltung übertragen werden.

387 Smid, InsO, § 56 Rn. 24; Graeber, in: MüKo, InsO, Band 1, § 56 Rn. 44.

388 Smid, InsO, § 56, Rn. 24.

389 Erster Bericht der Kommission für Insolvenzrecht, S. 292.

390 Ehricke, DZWIR 1999, 353 (357); ders., Das abhängige Konzernunternehmen, S. 465 ff.; Eidenmüller, ZHR 169 (2005), 528 (541); Rostegge, Konzerninsolvenz, S. 113; Westpfahl/Janjuah, ZIP 2008, Beilage zu Heft 3, 1 (5 f.); Paulus, ZIP 2005,

InsO keinen Niederschlag gefunden hat, wird die Bestellung eines Sonderinsolvenzverwalters allgemein als zulässig erachtet.[391] Dabei bestehen jedoch bezüglich der Wahrung des Unabhängigkeitserfordernisses unterschiedliche Ansichten, die insbesondere im Hinblick auf den Zeitpunkt der Bestellung, den Umfang der wahrzunehmenden Aufgaben und der Person des Sonderinsolvenzverwalters divergieren. So wird teilweise davon ausgegangen, dass die Bestellung eines Konzerninsolvenzverwalters nur dann mit dem in § 56 InsO postulierten Unabhängigkeitserfordernis zu vereinbaren sei, wenn in den Insolvenzverfahren von Anfang an ein Sonderinsolvenzverwalter bestellt werde, dem sämtliche Rechte der einzelnen Insolvenzschuldnerin gegen die anderen Gesellschaften des Konzerns zustehen.[392] Darüber hinaus müssen die Gerichte bei der Auswahl des Sonderinsolvenzverwalters darauf achten, dass für jede einzelne Konzerngesellschaft ein anderer Verwalter bestellt werde.[393] Dagegen vertreten andere, dass grundsätzlich auch die nachträgliche Bestellung eines Sonderinsolvenzverwalters zum Zeitpunkt des Konfliktfalles zulässig sei[394] und die vom Sonderinsolvenzverwalter wahrzunehmenden Rechte und Pflichten auf die im Einzelfall bestellten Bereiche beschränkt werden können.[395] Dabei komme grundsätzlich auch die Bestellung eines personenidentischen Sonderinsolvenzverwalters in den Parallelverfahren in Betracht, um die aus der Konzentrationswirkung resultierenden Vorteile auch auf Ebene des Sonderinsolvenzverwalters zu realisieren.[396]

Insgesamt zeigen die verschiedenen Ansichten und die divergierende gerichtliche Praxis eindrucksvoll, dass die Auswahlkriterien des § 56 InsO und insbesondere das Unabhängigkeitserfordernis unterschiedliche Interpretationsmöglichkeiten zulassen und die Bestellung eines personenidentischen Insolvenzverwalters in Konzernkonstellationen *de lege lata* mit erheblichen Rechtsunsicherheiten verbunden ist.

bb) Zuständigkeit des Insolvenzgerichts

Die Beurteilung der Eignung und die Entscheidung über die Bestellung des Insolvenzverwalters obliegen dem zuständigen Insolvenzgericht (§§ 21 II Nr. 1, 27 I InsO). Mithin setzen sich die in Konzernkonstellationen auf Ebene der gerichtlichen

---

1948 (1951); Blümle, in: Braun, InsO, § 56, Rn. 46 ff.; Andres, in: Andres/Leithaus, InsO, § 56 Rn. 4; AG Duisburg, NZI 2002, 556 (556), Leitsatz 3.

391 Eine entsprechende Regelung im Regierungsentwurf der InsO (§ 77 RegEInsO) wurde vom Rechtssauschuss als überflüssig angesehen, da die Bestellung eines Sonderinsolvenzverwalters bereits unter Geltung der KO praktiziert wurde und die Bestellung auch in Zukunft ohne ausdrückliche Regelung in der InsO möglich sei. Ausführlich zu der Figur des Sonderinsolvenzverwalters vgl. Dahl, ZInsO 2004, 1014 (1014 ff.); Graeber/Pape, ZIP 2007, 992 (992 ff.); Graf/Wunsch, DZWIR 2002, 177 (177 ff.); Lüke, ZIP 2004, 1693 (1693 ff.); Vallender, in: FS Görg 2011, 527 (527 ff.).

392 Graeber, in: MüKo, InsO, Band 1, § 56 Rn. 50 ff.

393 Graeber, in: MüKo, InsO, Band 1, § 56 Rn. 51; ders., NZI 2007, 265 (269).

394 Rostegge, Konzerninsolvenz, S. 204.

395 Ehricke, DZWIR 1999, 353 (357).

396 Rostegge, Konzerninsolvenz, S. 206.

Zuständigkeit auftretenden Probleme bei der Bestellung des Insolvenzverwalters fort. Die unterschiedliche Vorgehensweise in der gerichtlichen Praxis zeigt in bemerkenswerter Weise, dass die Chancen einer einheitlichen Verwalterbestellung in Konzernkonstellationen von Konzentrations- und oder Kooperationsvorschriften auf Gerichtsebene abhängig sind. So dürfte die Bestellung eines personenidentischen Insolvenzverwalters wesentlich wahrscheinlicher sein, wenn lediglich ein Gericht für die Bestellung des Insolvenzverwalters zuständig wäre oder bei divergierender Zuständigkeit zumindest eine gerichtliche Zusammenarbeit bei der Insolvenzverwalterbestellung erfolgte. Eine gerichtliche Konzentration in Konzernkonstellationen ist jedoch aufgrund einer fehlenden expliziten Regelung mit erheblicher Rechtsunsicherheit verbunden und dürfte auf Grundlage der Regelung des § 3 I 2 InsO nur in seltenen Fällen in Betracht kommen.[397] Darüber hinaus scheint auch bei unterschiedlich zuständigen Insolvenzgerichten die Einsetzung eines personenidentischen Verwalters eher die Ausnahme als die Regel zu sein, da das Regelungssystem der InsO keine Kooperationsvorschriften enthält und eine entsprechende Kooperations- oder Koordinationsplicht *de lege lata* zumindest zweifelhaft erscheint. Dennoch gehen manche davon aus, dass die Insolvenzgerichte gem. § 1 InsO einer Koordinationspflicht unterliegen, aus der sich im konkreten Einzelfall und bei Erfüllung der in § 56 InsO normierten Voraussetzungen im Hinblick auf alle zu eröffnenden Insolvenzverfahren, eine Pflicht zur Bestellung desselben Insolvenzverwalters ergebe.[398] Dagegen geht die überwiegende Ansicht zu Recht davon aus, dass sich aus der Vorschrift des § 56 InsO keine Ermessensreduzierung der Insolvenzgerichte bei der Bestellung des Insolvenzverwalters in Konzernkonstellationen ableiten lasse. Eine solche Ermessensreduzierung könne weder mit dem Sinn und Zweck noch mit dem Wortlaut der Vorschrift begründet werden, der dem Insolvenzgericht bei mehreren zur Insolvenzverwaltung geeigneten Personen ein Auswahlermessen einräumt.[399] Insgesamt betrachtet, setzen sich die aus dem Fehlen besonderer konzerninsolvenzrechtlicher Vorschriften resultierenden Probleme bei der Bestellung eines einheitlichen Verwalters in Konzernkonstellation fort und offenbaren, dass eine effiziente und rechtssichere Koordination der Insolvenzverfahren konzernverbundener Unternehmen auf Ebene der Insolvenzverwalter einer expliziten gesetzlichen Regelung bedarf.

b) Gläubigerbeteiligung bei der Verwalterbestellung

Aufgrund der vorstehenden Probleme stellt sich die Frage, ob sich die Bestellung eines einheitlichen Insolvenzverwalters in Konzernkonstellationen durch Beteiligung der Gläubiger erreichen ließe. In diesem Zusammenhang könnte insbesondere die

397 Eidenmüller, ZZP 114 (2001), 1 (8).

398 Eidenmüller, ZHR 169 (2005), 528 (553 f.); ders., ZZP, 114 (2001), 1 (9); ihm folgend Brünkmans, Koordinierung, S. 157 f.; Becker, Kooperationspflichten S. 227.

399 Ehricke, DZWIR 1999, 353 (363); ders., in: Kölner Schrift zur InsO, S. 1056; Rostegge, Konzerninsolvenz, S. 193; Böcker, GmbHR 2004, 1314 (1316).

im Rahmen des ESUG in die Insolvenzordnung inkorporierte Regelung des § 56 a InsO von Bedeutung sein. Diese Vorschrift regelt die Beteiligung des vorläufigen Gläubigerausschusses bei der Bestellung eines (vorläufigen) Insolvenzverwalters (§ 21 II Nr. 1 InsO) und bezweckt die frühzeitige Einbeziehung der Gläubiger in Fragen der Insolvenzverwalterbestellung.[400] Soweit ein vorläufiger Gläubigerausschuss gebildet wurde (§§ 21 II Nr. 1a, 22a InsO), zeigt sich der weitgehende Einfluss der Gläubiger zunächst in der Vorschrift des § 56a II InsO, deren Regelungsinhalt zur Folge das Gericht von einem einstimmigen Vorschlag des Gläubigerausschusses zur Person des Verwalters nur abweichen darf, wenn die vorgeschlagene Person für die Übernahme des Amtes nicht geeignet ist. Diese zur Stärkung der Gläubigerrechte beitragende und daher insgesamt zu begrüßende Regelung dürfte jedoch die Chancen einer einheitlichen Insolvenzverwalterbestellung in Konzernkonstellationen kaum erhöhen. Dies ist zunächst dadurch bedingt, dass eine einheitliche Verwalterbestellung nach der gesetzlichen Regelung grundsätzlich nur dann in Betracht kommt, wenn sämtliche Gläubigerausschüsse einstimmig dieselbe Person als Insolvenzverwalter vorschlagen würden. Abgesehen von der Tatsache, dass dieses Ergebnis aufgrund fehlender Kooperationsvorschriften auf Gläubigerebene und möglicherweise konträren Interessen in den vorläufigen Gläubigerausschüssen erheblichen praktischen Bedenken ausgesetzt ist, scheinen auch die damit verbundenen rechtlichen Bedenken die einheitliche Bestellung eines Insolvenzverwalters in Frage zu stellen. Der Grund dafür liegt darin, dass die Insolvenzgerichte an den einstimmigen Vorschlag des vorläufigen Gläubigerausschusses nur insoweit gebunden sind, als sich die Person des Verwalters nicht als ungeeignet im Sinne des § 56 InsO erweist. Die Insolvenzgerichte haben somit die Eignung des Insolvenzverwalters an den Kriterien des § 56 InsO zu überprüfen und insbesondere festzustellen, ob es sich beim Insolvenzverwalter um eine von den Gläubigern und dem Schuldner unabhängige Person handelt.[401] Die bereits oben skizzierten und das Unabhängigkeitserfordernis betreffenden Probleme setzen sich somit in Konzernkonstellationen auch im Rahmen der Regelung des § 56a II InsO fort. In diesem Zusammenhang erlangt jedoch möglicherweise die Regelung des § 56a III InsO Bedeutung, die keine expliziten Aussagen über die Eignung des Insolvenzverwalters enthält. Dieser Regelung zur Folge kann der Gläubigerausschuss, sofern das Gericht von einer Anhörung gem. § 56a I InsO abgesehen hat, in seiner ersten Sitzung einstimmig eine andere Person als die bestellte zum Insolvenzverwalter wählen. Aus der Gesetzessystematik ergibt sich jedoch, dass auch diese Person zur Ausübung des Insolvenzverwalteramtes geeignet und mithin die Voraussetzungen des § 56 I InsO erfüllen muss. Dafür spricht zunächst die Annahme, dass der Gesetzgeber in § 56a III InsO lediglich die nachträgliche Mitwirkung des Gläubigerausschusses sicherstellen, jedoch nicht

---

400 Delhaes, in: Nerlich/Römermann, InsO, § 56a Rn. 1; Blümle, in: Braun, InsO, § 56a Rn. 1 ff.

401 Blümle, in: Braun, InsO, § 56a Rn. 23; Delhaes, in: Nerlich/Römermann, InsO, § 56a Rn. 15; Heyer, ZIP 2011, 557 (557 ff.); Pape, ZInsO 2011, 1033 (1039).

im Unterschied zu § 56a II InsO die Bestellung einer nicht geeigneten Person zum Insolvenzverwalter ermöglichen wollte. Schließlich zeigt sich die Regelungslücke auch darin, dass § 57 InsO eine entsprechende Eignungsprüfung vorschreibt und es kaum vorstellbar ist, dass dem vorläufigen Gläubigerausschuss weitgehendere Rechte zukommen sollten als der Gläubigerversammlung als höchstem Organ der Gläubigerautonomie.[402] Demzufolge erscheint die analoge Anwendung der Regelung des § 57 I 3 InsO durchaus geboten.[403]

Schließlich ist noch darauf hinzuweisen, dass die Gläubigerbeteiligung für die Bestellung eines einheitlichen Insolvenzverwalters nicht nur förderlich, sondern auch nachteilig sein kann. Demnach ermöglicht die Regelung des § 56a InsO, dass sich der vorläufige Gläubigerausschuss einer Konzerngesellschaft bewusst für eine andere Person als Insolvenzverwalter entscheidet oder im Rahmen des § 56a III InsO oder § 57 InsO einen von den Insolvenzgerichten in sämtlichen Verfahren bestellten Insolvenzverwalter abwählt und eine andere Person zum Insolvenzverwalter bestellt.

3. Verfahrenskoordination durch Aufrechterhaltung der Leitungsmacht

Der Konzerntatbestand erfordert gem. § 18 AktG zwingend die Zusammenfassung mehrerer Konzernunternehmen unter einheitlicher Leitung. Dabei gewährleisten die mit der Konzernierung einhergehenden und von der Art der konzernmäßigen Verbindung abhängigen konzernrechtlichen Befugnisse, dass die Konzernunternehmen die für die wirtschaftliche Funktionseinheit erforderlichen Aufgaben wahrnehmen und im Interesse des Konzernverbundes agieren. Die Fortgeltung dieser Befugnisse nach Eintritt der Insolvenz könnte dazu beitragen, dass die Situation vor der Insolvenz der Situation in der Insolvenz entspräche und mithin eine Möglichkeit zur Koordination der Insolvenzverfahren konzernverbundener Unternehmen bestünde. In diesem Zusammenhang stellt sich jedoch die Frage nach dem Schicksal der konzernrechtlichen Einflussmöglichkeiten in der Insolvenz von konzernverbundenen Unternehmen.

a) Eingegliederter Konzern

Die Eingliederung einer Gesellschaft stellt die intensivste Form der konzernmäßigen Verbindung dar und führt dazu, dass die Hauptgesellschaft gemäß § 323 AktG in umfassender Weise auf die Leitung der eingegliederten Gesellschaft einwirken und die Interessen im Eingliederungskonzern koordinieren kann. Diese Koordination ließe sich im Rahmen der Insolvenz jedoch nur fortsetzen, sofern die Eröffnung des Insolvenzverfahrens über das Vermögen der Haupt- und/oder der eingegliederten Gesellschaft nicht das Ende der Eingliederung und das Erlöschen der Leitungsmacht

402 Delhaes, in: Nerlich/Römermann, InsO, § 56a Rn. 21.
403 Delhaes, in: Nerlich/Römermann, InsO, § 56a Rn. 21.

bewirkten. Nach der gesetzlichen Regelung des § 327 I Nr. 4 AktG endet die Eingliederung jedoch durch Auflösung der Hauptgesellschaft und mithin durch die Eröffnung des Insolvenzverfahrens über das Vermögen dieser Gesellschaft (§ 262 I Nr. 3 AktG). Dieser Regelung liegt die Vorstellung zu Grunde, dass eine Gesellschaft in Abwicklung keine Hauptgesellschaft mehr sein könne und keine Leitungsmacht über eine eingegliederte Gesellschaft mehr haben dürfe.[404] Diese Rechtsfolge wird trotz Fehlen einer expliziten Regelung auch im Falle der Auflösung der eingegliederten Gesellschaft und daher auch bei Eröffnung eines Insolvenzverfahrens über das Vermögen dieser Gesellschaft angenommen.[405] Demnach haben sowohl die Eröffnung des Insolvenzverfahrens über das Vermögen der Hauptgesellschaft als auch über das Vermögen der eingegliederten Gesellschaft das Ende der Eingliederung zur Folge. Die Leitungsmacht der Hauptgesellschaft endet somit im Fall der Insolvenz und kann daher im Eingliederungskonzern nicht zur Koordination der Insolvenzverfahren beitragen.

b) Vertragskonzern

Während im Eingliederungskonzern die Rechtsfolgen der Eröffnung eines Insolvenzverfahrens teilweise der Regelung des § 327 AktG entnommen werden können, sind die Auswirkungen der Insolvenz im Vertragskonzern mangels expliziter Regelungen seit jeher umstritten. Der Meinungsstreit hat durch die Einführung der InsO wieder an Bedeutung gewonnen, findet seinen Ursprung jedoch bereits zu Zeiten der Geltung der Konkurs- und Vergleichsordnung. Während die Eröffnung eines Vergleichsverfahrens zur Abwendung des Konkurses nach einhelliger Ansicht keine Auswirkungen auf den Fortbestand des Unternehmensvertrages haben sollte, wurden die Rechtsfolgen bei Eröffnung eines Konkursverfahrens über das Vermögen eines Konzernunternehmens unterschiedlich beurteilt.[406] Während teilweise vertreten wurde, dass die Eröffnung eines Konkursverfahrens und die damit einhergehende Auflösung der Gesellschaft zu einer automatischen Beendigung des Beherrschungsvertrages führe, gingen andere davon aus, dass der Unternehmensvertrag in dieser Konstellation lediglich aus wichtigem Grund gekündigt werden könne. Der Meinungsstreit verlor unter Geltung der Konkurs- und Vergleichsordnung an Bedeutung, als der Bundesgerichtshof entschied, dass ein Beherrschungs- oder Gewinnabführungsvertrag regelmäßig mit Eröffnung des Insolvenzverfahrens über das Vermögen der herrschenden oder beherrschten Gesellschaft ende.[407] Die

404 Begründung Regierungenwurf, Kropff, S. 432; Grunewald, in: MüKo, AktG, Band 5, § 327 Rn. 8.

405 Grunewald, in: MüKo, AktG, Band 5, § 327 Rn. 12; Krieger, in: MüHdb. GesR, Band 4, § 73 Rn. 75 ff; Kroppensteiner, in: KöKo, AktG, Band 3, § 327 Rn. 16; Habersack, in: Emmerich/Habersack, Aktien- und GmbH-Konzernrecht, § 327 Rn. 11.

406 Zu den unterschiedlichen Ansichten unter Geltung der Konkurs- und Vergleichsordnung vgl. Krieger, in: FS Metzeler 2003, 139 (139 f.).

407 BGHZ 103, 1, 6 f. = NJW 1988, 1326 (1327).

Entscheidung wurde damit begründet, dass die konkursbedingte Auflösung und die damit einhergehende Zweckänderung (§ 262 I Nr. 3 AktG) der Gesellschaft nicht mit dem Unternehmensvertrag und einer auf Gewinn ausgerichteten Unternehmenspolitik für das Konzernganze zu vereinbaren sei. Darüber hinaus gehöre die Ausübung der Leitungsmacht nicht zu den Aufgaben des Konkursverwalters, der lediglich die Konkursmasse der Gläubigerschaft bestmöglich und gleichmäßig zu verwerten, nicht aber einen Konzern zu leiten und Konzerninteressen wahrzunehmen habe. Zudem wurde darauf hingewiesen, dass dem Konkursverwalter der abhängigen Gesellschaft aufgrund seiner eigenverantwortlichen Stellung keine Weisungen erteilt werden können.[408] Der damit weitgehend entschiedene Meinungsstreit entfachte mit Einführung der InsO erneut. Die Zusammenfassung von Konkursordnung und Vergleichsordnung zu einem einheitlichen Regelungswerk führte insbesondere dazu, dass die unter Geltung der alten Rechtslage gewonnenen Erkenntnisse in Frage gestellt und verschiedene, in den einzelnen Nuancen nur schwer zu unterscheidende Auffassungen zum Schicksal der Beherrschungsverträge in der Insolvenz vertreten werden. Zum besseren Verständnis der verschiedenen Ansichten und der divergierenden Argumentationsstrukturen wird im Folgenden zwischen der *Insolvenz der herrschenden* und der *Insolvenz der abhängigen Gesellschaft* unterschieden, während sich die Rechtsfolgen im Falle der Doppelinsolvenz aus der Kombination der entsprechenden Ausführungen entnehmen lassen. Ferner wird zunächst davon ausgegangen, dass im Falle der Insolvenz einer Konzerngesellschaft stets die Bestellung eines Insolvenzverwalters erfolgt, bevor im abschließenden Teil dieses Abschnittes die verschiedenen Auffassungen und die besonderen Begründungsversuche bei Anordnung der Eigenverwaltung dargestellt werden.

aa) Insolvenz der herrschenden Gesellschaft

Der überwiegende Teil der Literatur hält auch nach Einführung der InsO an den zu Zeiten der Konkursordnung entwickelten Grundsätzen fest und geht davon aus, dass die Eröffnung des Insolvenzverfahrens über das Vermögen der herrschenden Gesellschaft nach wie vor die automatische Beendigung der Unternehmensverträge zur Folge habe.[409] Diese Auffassung orientiert sich zunächst an den bereits unter Geltung der Konkursordnung vorgetragenen Argumenten und wird damit begründet, dass die Eröffnung des Insolvenzverfahrens auch nach neuem Recht die Auflösung der Gesellschaft bewirke (§ 262 I Nr. 3 AktG) und die Fortführung der

---

408 BGHZ 103, 1, 6 f. = NJW 1988, 1326 (1327).

409 Altmeppen, in: MüKo, AktG, Band 3, § 297 Rn. 106; Emmerich, in: Emmerich/Habersack, Aktien- und GmbH-Konzernrecht, § 297 Rn. 52 b; Koch, in: Hüffer/Koch, AktG, § 297 Rn. 22a; Deilmann, in: Hölters, AktG, § 297 Rn. 40; Veil, in: Spindler/Stilz, AktG, Band 2, § 297 Rn. 38; Krieger, in: FS Metzeler 2003, 139 (141 ff.); Berthold, Unternehmensverträge, S. 496, die ein automatisches Erlöschen des Beherrschungs- und Gewinnabführungsvertrages aus einer analogen Anwendung der Regelung des § 115 InsO folgert.

Gesellschaft im Rahmen des Insolvenzplanverfahrens lediglich durch Beschluss der Gesellschafter in Betracht komme (§ 274 II Nr. 1 AktG). Die Rechtslage entspreche daher der Situation im Konkursverfahren, in welchem die Gesellschafter unter bestimmten Umständen die Fortsetzung der Gesellschaft beschließen konnten und könne nicht mit der Situation im Vergleichsverfahren verglichen werden, welches von vornherein auf Fortführung der Gesellschaft ausgerichtet war.[410] Darüber hinaus wäre ein Fortbestand der Unternehmensverträge in der Insolvenz der herrschenden Gesellschaft nicht mit den vertraglichen Rechten und Pflichten aus dem Unternehmensvertrag vereinbar und würde insbesondere mit den Sicherungsmechanismen der §§ 302 ff AktG kollidieren.[411] So schiene insbesondere die als Korrelat für die umfassende Leitungsmacht geregelte Pflicht zur Verlustübernahme (§ 302 AktG) in dieser Konstellation nicht mehr praktikabel, da die herrschende Gesellschaft in der Insolvenz diese Garantie nicht mehr erfüllen könne und selbst bei Ausgestaltung des Verlustausgleichs als Masseverbindlichkeit keine Erfüllung des Verlustausgleichs gewährleistet wäre.[412] Schließlich wäre es für die Gesellschafter der abhängigen Gesellschaft auch nicht zumutbar, dass ohne entsprechende Mitsprache ein Vertrag mit der Obergesellschaft fortgesetzt werde, obwohl diese in der Zwischenzeit ein Insolvenzverfahren durchlaufen habe.[413] Vielmehr erfordere die grundlegende Veränderung der zum Zeitpunkt des Vertragsschlusses bestehenden Verhältnisse die erneute Beteiligung der Gesellschafter, welche lediglich bei einer automatischen Beendigung und einem Neuabschluss des Beherrschungsvertrages gesichert sei.[414]

Eine andere Auffassung geht davon aus, dass die zu Zeiten der Konkursordnung vorherrschende Auffassung mit der Einführung der InsO nicht mehr aufrechterhalten werden könne und die Eröffnung des Insolvenzverfahrens über das Vermögen der herrschenden Gesellschaft nicht zu einer automatischen Beendigung der Unternehmensverträge führe.[415] Zur Begründung dieser Auffassung wird darauf verwiesen, dass im Rahmen des Insolvenzverfahrens verschiedene Verwertungsmöglichkeiten in Betracht kommen und daher das Schicksal eines Unternehmens

---

410 Krieger, in: FS Metzeler 2003, 139 (141).

411 Krieger, in: FS Metzeler 2003, 139 (141); Altmeppen, in: MüKo, AktG, Band 3, § 297 Rn. 106; Emmerich, in: Emmerich/Habersack, Aktien- und GmbH-Konzernrecht, § 297 Rn. 52 a ff.

412 Altmeppen, in: MüKo, AktG, Band 3, § 297 Rn. 106; Emmerich, in: Emmerich/Habersack, Aktien- und GmbH-Konzernrecht, § 297 Rn. 52 a ff.; Krieger, in: FS Metzeler 2003, 139 (143).

413 Krieger, in: FS Metzeler 2003, 139 (144 f.).

414 Altmeppen, in: MüKo, AktG, Band 3, § 297 Rn. 107 f.; Krieger, in: FS Metzeler 2003, 139 (143).

415 Zeidler, NZG 1999, 692 (699 ff.); Noack, in: Kübler/Prütting, InsO, Kapitel 15 Rn. 723 ff.; Wilken/Ziems, in: FS Metzeler 2003, 153 (154 ff.); Trendelenburg, NJW 2002, 647 (647 ff.); Freudenberg, ZIP 2009, 2037 (2037 ff.); Schmollinger, Der Konzern, S. 207 ff.; Häsemeyer, Insolvenzrecht, 3. Teil, Rn. 32.09.

bei Eröffnung eines Insolvenzverfahrens grundsätzlich offen sei.[416] Ein Teil dieser Ansicht geht aufgrund der neuen Gesetzessystematik daher vom grundsätzlichen Fortbestand der Unternehmensverträge aus, wobei die Verträge oder die Wirkungen des Vertrages für die Dauer des Insolvenzverfahrens suspendiert seien.[417] Diese Sichtweise habe – im Gegensatz zu einer automatischen Beendigung der Unternehmensverträge – den Vorteil, dass bei Übergang der Fremd- in Eigenverwaltung oder bei Reorganisation des insolventen Rechtsträgers die Verträge oder die Wirkungen der Verträge wieder aufleben und kein Neuabschluss der Verträge erforderlich sei.[418] Andere dagegen vertreten in der Insolvenz der Obergesellschaft nicht nur den Fortbestand der Unternehmensverträge, sondern befürworten darüber hinaus auch die Fortgeltung der aus dem Beherrschungsvertrag resultierenden Leitungsmacht.[419] Demnach stehe das Weisungsrecht dem Insolvenzverwalter der insolventen Obergesellschaft zu und ermögliche, dass die herrschende Gesellschaft weiterhin auf die Leitung der abhängigen Gesellschaft Einfluss nehmen könne.[420] Die Ansicht, die sich für einen grundsätzlichen Fortbestand der Unternehmensverträge ausspricht, geht davon aus, dass die Interessen der abhängigen Gesellschaft durch die Möglichkeit der außerordentlichen Kündigung ausreichend geschützt seien.[421] Das Kündigungsrecht aus wichtigem Grund ergebe sich für die abhängige Gesellschaft aus § 297 I 2 AktG, da die Obergesellschaft in der Insolvenz voraussichtlich nicht in der Lage sei, ihre Pflicht zur Verlustübernahme (§ 302 AktG) zu erfüllen.[422] Darüber hinaus wird in dieser Konstellation teilweise angenommen, dass nicht nur der abhängigen

416 Freudenberg, ZIP 2009, 2037 (2040 f.); Noack, in: Kübler/Prütting, InsO, Kapitel 15 Rn. 723 f.

417 Noack, in: Kübler/Prütting, InsO, Kapitel 15 Rn. 723 ff.

418 Noack, in: Kübler/Prütting, InsO, Kapitel 15 Rn. 725 ff.

419 Zeidler, NZG 1999, 692 (697); wohl auch Trendelenburg, NJW 2002, 647 (647 ff.), die sich ausdrücklich gegen die automatische Beendigung der Unternehmensverträge ausspricht, aber keine klare Stellung zum Fortbestand der Unternehmensverträge beziehungsweise der daraus resultierenden Rechte und Pflichten bezieht; Freudenberg geht vom Fortbestand der Beherrschungs- und Gewinnabführungsverträge aus und nimmt für den Insolvenzverwalter gem. § 103 InsO ein Wahlrecht bezüglich der Geltendmachung der aus dem Vertrag resultierenden Rechte an, vgl. Freudenberg, ZIP 2009, 2037 (2039).

420 Zeidler, NZG 1999, 692 (697); Freudenberg, ZIP 2009, 2037 (2042).

421 Zeidler, NZG 1999, 692 (697); Trendelenburg, NJW 2002, 647 (650); Wilken/Ziems, in: FS Metzeler 2003, 153 (156); Bultman, ZInsO 2007, 785 (785 ff.).

422 Wilken/Ziems, in: FS Metzeler 2003, 153 (156); Zeidler, NZG 1999, 692 (697); Trendelenburg, NJW 2002, 647 (650); Bultman, ZInsO 2007, 785 (785 ff.). Für eine Beschränkung des Kündigungsrechts der abhängigen Gesellschaft Freudenberg, ZIP 2009, 2037 (2042). Diese Sichtweise erscheint jedoch im Hinblick auf den eindeutigen Wortlaut des § 297 I 2 AktG sehr zweifelhaft.

Gesellschaft, sondern auch der insolventen herrschenden Gesellschaft ein Recht zur außerordentlichen Kündigung zustehe.[423]

Die vorstehenden Ausführungen zeigen, dass die Fortgeltung der Leitungsmacht im Vertragskonzern bei der Eröffnung eines Insolvenzverfahrens über das Vermögen der herrschenden Gesellschaft sehr kontrovers diskutiert wird. Obwohl die überwiegend vertretenen Ansichten erheblich differieren, sind die damit verbundenen Auswirkungen für die vorliegende Thematik geringer, als dies auf den ersten Blick erscheinen mag. Dies ergibt sich zunächst daraus, dass sowohl die Lehre von der automatischen Beendigung als auch die Suspensionslehre zumindest darin übereinstimmen, dass die für eine Koordination der Insolvenzverfahren erforderliche Ausübung der Leitungsmacht während der Dauer des Insolvenzverfahrens nicht möglich ist. Darüber hinaus wäre eine effektive Verfahrenskoordination auch nicht bei Fortgeltung der aus dem Beherrschungsvertrag resultierenden Leitungsmacht gewährleistet, da der abhängigen Gesellschaft in dieser Konstellation das Recht zur Vertragskündigung aus wichtigem Grund zustünde und die Gesellschaft dieses Recht zum Schutz ihrer Interessen oftmals in Anspruch nehmen dürfte. Insgesamt lässt sich damit feststellen, dass in der Insolvenz der herrschenden Gesellschaft weder eine rechtssichere noch eine effektive Verfahrenskoordination durch die Aufrechterhaltung der Leitungsmacht gewährleistet ist.[424]

bb) Insolvenz der abhängigen Gesellschaft

Abgesehen von der Tatsache, dass eine alleinige Insolvenz der Tochtergesellschaft auf Grund der in § 302 AktG geregelten Pflicht zur Verlustübernahme teilweise in Frage gestellt wird, setzen sich die bereits in der Insolvenz der herrschenden Gesellschaft vorgetragenen Standpunkte im wesentlichen auch bei der Eröffnung eines Insolvenzverfahrens über das Vermögen der abhängigen Gesellschaft fort.[425]

Dabei vertritt die überwiegende Ansicht in der Literatur, dass auch die Insolvenz der verpflichteten Gesellschaft zu einer Beendigung der Unternehmensverträge führe.[426] Neben den bereits oben referierten Argumenten wird die automatische Beendigung des Beherrschungsvertrags insbesondere damit begründet, dass der Fortbestand der Leitungsmacht weder mit dem veränderten Unternehmenszweck

423 Wilken/Ziems, in: FS Metzeler 2003, 153 (153); Kroppensteiner, in: KöKo, AktG, Band 3, § 297 Rn. 10; Koch, in: Hüffer/Koch, AktG, § 297 Rn. 5; a.A.: Trendelenburg, NJW 2002, 647 (650).

424 Im Ergebnis auch Schmollinger, Der Konzern, S. 220.

425 Zu der Auffassung, dass eine Insolvenz der abhängigen Gesellschaft lediglich bei gleichzeitiger Insolvenz der herrschenden Gesellschaft in Betracht kommt vgl. Altmeppen, in: MüKo, AktG, Band 3, § 297 Rn. 117 ff.

426 Emmerich, in: Emmerich/Habersack, Aktien- und GmbH-Konzernrecht, § 297 Rn. 52 b; Koch, in: Hüffer/Koch, AktG, § 297 Rn. 22a; Deilmann, in: Hölters, AktG, § 297 Rn. 40; Veil, in: Spindler/Stilz, AktG, Band 2, § 297 Rn. 38; Krieger, in: FS Metzeler 2003, 139 (147 ff.).

der insolventen Gesellschaft (§ 262 I Nr. 3 AktG) noch mit der unabhängigen Stellung des Insolvenzverwalters (§ 56 I InsO) zu vereinbaren sei.[427]

Die Gegenansicht geht aufgrund der bereits erwähnten Argumente davon aus, dass die Lehre der automatischen Beendigung seit der Einführung der InsO überholt sei und der Fortbestand der Unternehmensverträge besser den Zielsetzungen der InsO entspreche.[428] Demnach ende der Beherrschungsvertrag nicht automatisch mit Eröffnung des Insolvenzverfahrens über das Vermögen der abhängigen Gesellschaft, sondern könne lediglich gekündigt werden.[429] Dabei wird jedoch anerkannt, dass die aus dem Beherrschungsvertrag resultierenden Rechte und Pflichten während der Dauer des Insolvenzverfahrens nicht erfüllt werden können, da die gesellschaftsrechtlich vermittelte Leitungsmacht nur gegenüber den Geschäftsleitern der abhängigen Gesellschaft, nicht aber gegenüber dem unabhängigen Insolvenzverwalter (§ 56 InsO) besteht und dieser aus dem Beherrschungsvertrag nicht verpflichtet sei.[430] Während also bei der Insolvenz der herrschenden Gesellschaft sowohl die Fortgeltung als auch die Suspension der Vertragswirkungen vertreten wurde, gehen die Vertreter der Fortsetzungslehre in der Insolvenz der abhängigen Gesellschaft einhellig davon aus, dass die vertraglichen Pflichten suspendiert seien beziehungsweise das Weisungsrecht der Mutter gegenüber den Organen der Tochtergesellschaft lediglich noch für diejenigen Bereiche besteht, die nicht in den Zuständigkeitsbereich des Insolvenzverwalters fallen.[431]

Die Unterschiede der vorstehenden Ausführungen sind demnach sehr gering und für die vorliegende Thematik von untergeordneter Bedeutung. Während nach der Lehre von der automatischen Beendigung des Beherrschungsvertrages von Anfang an keine Leitungsmacht gegenüber der abhängigen insolventen Gesellschaft besteht, führt die Suspensionslehre dazu, dass die aus dem Beherrschungsvertrag resultierende Leitungsmacht gegenüber dem Insolvenzverwalter der abhängigen Gesellschaft nicht ausgeübt werden kann und demnach die Möglichkeit zur Erteilung von Weisungen weitgehend eingeschränkt ist. Kurzum: Die Bestellung eines Insolvenzverwalters in der Insolvenz der abhängigen Gesellschaft führt dazu,

---

427 Emmerich, in: Emmerich/Habersack, Aktien- und GmbH-Konzernrecht, § 297 Rn. 52 a ff.; Krieger, in: FS Metzeler 2003, 139 (147 ff.) Für eine Weisungsgebundenheit des Insolvenzverwalters de lege ferenda jedoch Schelo, NZI 20005, V (VI).

428 Böcker, GmbHR 2004, 1257 (1258); Zeidler, NZG 1999, 692, (699 ff.); Noack, in: Kübler/Prütting, InsO, Kapitel 15 Rn. 723 ff, Wilken/Ziems, in: FS Metzeler 2003, 153 (154 ff.).

429 Böcker, GmbHR 2004, 1257 (1258); Zeidler, NZG 1999, 692, (699 ff.), Noack, in: Kübler/Prütting, InsO, Kapitel 15 Rn. 723 ff, Wilken/Ziems, in: FS Metzeler 2003, 153 (157 ff.); Hirte, in: Uhlenbruck, InsO, § 11 Rn. 398.

430 Noack, in: Kübler/Prütting, InsO, Kapitel 15 Rn. 725; Eidenmüller, ZHR 169 (2005), 528 (548).

431 Zeidler, NZG 1999, 692 (699 ff.); Noack, in: Kübler/Prütting, InsO, Kapitel 15 Rn. 725; Böcker, GmbHR, 2004, 1257 (1258); Hirte, in: Uhlenbruck, InsO, § 11, Rn. 398.

dass die herrschende Gesellschaft nicht mehr auf die Leitung der abhängigen Gesellschaften einwirken kann und eine Verfahrenskoordination der Insolvenzverfahren konzernverbundener Unternehmen durch Aufrechterhaltung der Leitungsmacht ausscheidet.

c) Faktischer Konzern

Schließlich stellt sich die Frage nach den Auswirkungen der Insolvenz in faktischen Konzernverhältnissen. Diese Art der konzernmäßigen Verbindung zeichnet sich dadurch aus, dass die Möglichkeit zur Einflussnahme der herrschenden Gesellschaft nicht auf beherrschungsvertraglicher Grundlage beruht, sondern durch die Ausübung der gesellschaftsrechtlich vermittelten Abhängigkeit erfolgt. Während sich also im Vertragskonzern mit Eröffnung des Insolvenzverfahrens die Frage nach dem Schicksal des Unternehmensvertrages stellt, geht es in faktischen Konzernverhältnissen um das Schicksal der faktischen Einflussmöglichkeit.[432] Da in beiden Konstellationen die Einflussmöglichkeiten der Obergesellschaft in der Insolvenz im Mittelpunkt der Betrachtungen stehen, kann im Wesentlichen auf die bereits im Rahmen des Vertragskonzerns vertretenen Ansichten und die dort gewonnen Erkenntnisse zurückgegriffen werden. Während teilweise davon ausgegangen wird, dass die faktische Konzernierung weder in der Insolvenz der Ober- noch der Untergesellschaft ende,[433] geht der überwiegende Teil der Literatur davon aus, dass sowohl die Eröffnung des Regelinsolvenzverfahrens über das Vermögen der herrschenden als auch der abhängigen Gesellschaft zur Beendigung des faktischen Konzernverhältnisses führe.[434] Dies wird insbesondere dadurch begründet, dass die Ausübung oder Erduldung der gesellschaftsrechtlich vermittelten Leitungsmacht den Gesellschaftsorganen zugewiesen sei und nicht zu den Aufgaben des Insolvenzverwalters gehöre.[435] Darüber hinaus sei die „Wieder“-Begründung der Konzernherrschaft nach Abschluss des Insolvenzverfahrens informell möglich und es bestehe unter diesem Gesichtspunkt nicht die Notwendigkeit für den Zeitraum des Insolvenzverfahrens lediglich eine Suspension anzunehmen.[436] Selbst wenn man jedoch davon ausgeht, dass die Konzernherrschaft mit Eröffnung des Insolvenzverfahrens nicht automatisch endet, sind die gesellschaftsrechtlichen Befugnisse während der Dauer des Insolvenzverfahrens weitgehend eingeschränkt und nicht für eine verfahrensrechtliche Koordination der Insolvenzverfahren im faktischen Konzernverbund geeignet. Dies ergibt sich in der Insolvenz der abhängigen

432 Verhoeven, Konzerninsolvenz, S. 93.

433 Specovius/Kuske, in: Gottwald, InsHdb., § 95 Rn. 24.

434 Hirte, in: Uhlenbruck, InsO, § 11 Rn. 413; Ehricke, ZInsO 2002, 393 (394); Kort, ZIP 1988, 681 (687 f.).

435 Noack, in: Kübler/Noack, InsO, Rn. 732; Hirte, in: Uhlenbruck, InsO, § 11 Rn. 413; Ehricke, ZInsO 2002, 393 (394); Kort ZIP 1988, 681 (687 f.); Böcker, GmbHR 2004, 1257 (1259).

436 Hirte, in: Uhlenbruck, InsO, § 11 Rn. 413.

Gesellschaft, unabhängig ob diese als AG oder GmbH organisiert ist, daraus, dass der Insolvenzverwalter der abhängigen Gesellschaft nicht Adressat von Weisungen der herrschenden Gesellschaft sein kann. Eine entsprechende Weisungsbefugnis wäre weder mit der unabhängigen Stellung des Insolvenzverwalters (§ 56 InsO) noch damit vereinbar, dass die Entscheidungen des Insolvenzverwalters allein im Interesse der bestmöglichen Haftungsverwirklichung der Gläubiger dieses Rechtsträger zu treffen sind (§ 1 InsO).[437]

d) Konzernleitungsmacht bei Anordnung der Eigenverwaltung

Die vorstehenden Ausführungen haben gezeigt, dass die Fortgeltung der konzernrechtlichen Befugnisse in der Insolvenz der abhängigen Gesellschaft sowohl in vertraglichen als auch faktischen Konzernverbindungen nicht mit der unabhängigen Stellung des Insolvenzverwalters zu vereinbaren ist und eine einheitliche Leitung des Konzernverbundes in dieser Konstellation de facto ausscheidet. Vor diesem Hintergrund wird in Konzernkonstellationen oftmals das Regelungsinstitut der Eigenverwaltung als probates Mittel angesehen, um die konzernrechtlichen Einflussmöglichkeiten zu erhalten und eine einheitliche Leitung des Konzernverbundes in der Insolvenz zu ermöglichen. Das Verfahren der Eigenverwaltung ist in den §§ 270 ff. InsO geregelt und zeichnet sich dadurch aus, dass der Schuldner unter der Aufsicht eines Sachwalters berechtigt ist, die Insolvenzmasse zu verwalten und über sie zu verfügen. Die Tatsache, dass der Schuldner bei Anordnung der Eigenverwaltung die Verwaltungs- und Verfügungsbefugnis behält und diese nicht auf einen unabhängigen Insolvenzverwalter übergeht, rechtfertigt die Überlegung, ob die konzernrechtlichen Befugnisse bei Anordnung der Eigenverwaltung in der Insolvenz der abhängigen Gesellschaft weiterhin ausgeübt werden können. Bei dieser seit jeher kontrovers diskutierten Thematik sind insbesondere die im Rahmen des ESUG eingeführten Änderungen des Eigenverwaltungsverfahrens zu beachten. Aufgrund der Tatsache, dass das Regelungsinstitut der Eigenverwaltung in den §§ 270 ff. InsO nunmehr sowohl Vorschriften über die Anordnung der Eigenverwaltung im *eröffneten Verfahren* als auch im *Eröffnungsverfahren* enthält, differenzieren die folgenden Ausführungen nach den verschiedenen Verfahrensstadien.

aa) Eröffnetes Verfahren

Die Fortgeltung der konzernrechtlichen Befugnisse ist bei *Eröffnung eines Insolvenzverfahrens* über das Vermögen einer abhängigen Gesellschaft unter Anordnung der Eigenverwaltung in der Literatur umstritten.

---

437 Eidenmüller, ZHR 169 (2005), 528 (548).

(1) Faktische Konzernkonstellationen

In *faktischen Konzernkonstellationen* wurde zum Teil angenommen, dass die gesellschaftsrechtlichen Beschränkungen der Geschäftsführung der abhängigen Gesellschaft bestehen blieben,[438] während andere davon ausgingen, dass den Geschäftsleitungsorganen bei Anordnung der Eigenverwaltung die gleichen Befugnisse wie einem Insolvenzverwalter im Regelinsolvenzverfahren zustünden und gesellschaftsrechtliche Beschränkungen lediglich nur insoweit bindend seien, als diese auch einen Insolvenzverwalter an der Ausübung seiner Verfügungsbefugnis hätten hindern können.[439] Eine fundierte Darstellung der einzelnen Ansichten und der entsprechenden Begründungsansätze erscheint an dieser Stelle entbehrlich, da der Meinungsstreit in faktischen Konzernkonstellationen durch die Einführung des § 276a InsO an Bedeutung verloren haben dürfte.[440] Diese Regelung behandelt nunmehr explizit die Mitwirkungsrechte der Überwachungsorgane und klärt das Verhältnis der Eigenverwaltung zu den gesellschaftsrechtlichen Bindungen der Geschäftsleitung. Die Vorschrift des § 276a S. 1 InsO schließt sich dabei inhaltlich weitgehend der letztgenannten Ansicht an und stellt der Situation im Regelinsolvenzverfahren entsprechend klar, dass bei juristischen Personen oder Gesellschaften ohne Rechtspersönlichkeit der Aufsichtsrat, die Gesellschaftsversammlung oder entsprechende Organe keinen Einfluss auf die Geschäftsführung des Schuldners haben.[441] Darüber hinaus wird die Möglichkeit zur Einwirkung auf die Unternehmenspolitik der abhängigen Gesellschaft auch dadurch beschränkt, dass bei Ausübung der aus der Mehrheitsbeteiligung entstehenden Personalentscheidungsgewalt die Regelungen des § 276a S. 2 und 3 InsO zu beachten sind. Demnach bleibt die Abberufung und Neubestellung von Mitgliedern der Geschäftsleitung nach den gesellschaftsrechtlichen Mechanismen zwar möglich, bedarf jedoch der Zustimmung des Sachwalters (S. 2), die nur dann verweigert werden darf, wenn die Maßnahme zu Nachteilen für die Gläubiger führen würde. Diese die Personalentscheidungskompetenz betreffenden Vorschriften verhindern einen missbräuchlichen Austausch der Geschäftsleitung und stärken die Unabhängigkeit der Geschäftsleitung von den übrigen Gesellschaftsorganen.[442] Die Regelung des § 276a InsO führt demnach in faktischen Konzernkonstellationen dazu, dass auch bei Anordnung der Eigenverwaltung die gesellschaftsrechtlich vermittelten Möglichkeiten zur Einflussnahme weitgehend ausgeschlossen sind.[443]

---

438 Ringstmeier/Homann, NZI 2002, 406 (406 ff.); Tschernig, Konzerninsolvenz, S. 101 ff.; Bous, Konzernleitungsmacht, S. 298 ff.; Brünkmans, Koordinierung, S. 219 ff.; Ehricke, ZInsO 2002, 393 (395); Rostegge, Konzerninsolvenz, S. 314 f.

439 Prütting/Huhn, ZIP 2002, 777 (777 ff.); Eidenmüller, ZHR 169 (2005), 528 (548 f.).

440 So auch Schmollinger, Der Konzern S. S. 233; Brünkmans, in: MüKo, InsO, Band 3, Zwölfter Teil, Rn. 5.

441 Zu dem Vergleich mit dem Regelinsolvenzverfahren BReg, RegE ESUG, S. 65; Riggert, in: Nerlich/Römermann, InsO, § 276a Rn. 1 f.; Foltis, in: FK, InsO, § 276a Rn. 3.

442 BReg, RegE ESUG, S. 65.

443 Dazu auch Brünkmans, Der Konzern 2013, 169 (177); Wiebusch, Internationales Konzerninsolvenzrecht, S. 228 ff. Wiebusch schlägt vor, die Regelung des § 276a

(2) Vertragliche Konzernkonstellationen

Bei *vertraglichen Konzernverbindungen* werden im Wesentlichen die bereits im Regelinsolvenzverfahren dargestellten Auffassungen zum Schicksal der vertraglichen Konzernleitungsmacht vertreten. Demnach wird zum Teil angenommen, dass bei Anordnung der Eigenverwaltung die Eröffnung des Insolvenzverfahrens über das Vermögen der abhängigen Gesellschaft entweder die automatische Beendigung des Beherrschungsvertrages zur Folge habe[444] oder der Beherrschungsvertrag für die Dauer des Insolvenzverfahrens suspendiert sei.[445] Während sich diese Ansichten zwar in dogmatischer Hinsicht unterscheiden, jedoch im Ergebnis darin übereinstimmen, dass die aus dem Beherrschungsvertrag resultierenden Rechte während des Insolvenzverfahrens nicht geltend gemacht werden können, geht ein Großteil der Literatur davon aus, dass die herrschende Gesellschaft das konzernrechtliche Weisungsrecht im Eigenverwaltungsverfahren der insolventen abhängigen Gesellschaft ausüben könne.[446] Die letztgenannte Ansicht hält somit unter Beachtung verschiedener sich aus dem Insolvenzverfahrenszweck (§ 1 InsO) ergebender Einschränkungen an der Aufrechterhaltung des konzernvertraglichen Weisungsrechts fest und scheint daher prima facie geeignet, eine koordinierte Abwicklung der Insolvenzverfahren im Konzernverbund zu ermöglichen.[447] Abgesehen von der Tatsache, dass die aus den verschiedenen Ansichten resultierende Rechtsunsicherheit den Nutzen dieses Lösungsmodells bereits in Frage stellt, werden die folgenden

---

S. 1 InsO zu streichen, damit die Weisungs- und Kontrollrechte in der Insolvenz erhalten bleiben, die die Koordination paralleler Insolvenzverfahren erleichtern; ebenso Schmollinger, Der Konzern, S. 291; für eine Suspendierung des § 276a InsO Madaus, ZRP 2014, 192 (195).

444 Krieger, in: MüHdb. GesR, Band 4 § 71 Rn. 207; ders., in: FS Metzeler 2003, 139 (149); Berthold, Unternehmensverträge, S. 112.

445 Emmerich, in: Emmerich/Habersack, Aktien- und GmbH-Konzernrecht, § 297 Rn. 52b; wohl auch, Liebscher, in: MüKo, GmbHG, Band 1, Anhang § 13 Rn. 1044; ähnlich auch Deyda, Der Konzern, S. 108 ff.; AG Duisburg, NZI 2002, 556, (559).

446 Böcker, GmbHR 2004, 1257 (1258); Noack, in: Kübler/Noack, InsO, Rn. 732; Ehricke, ZInsO 2002, 393 (395); Tschernig, Konzerninsolvenz, S. 101; Bous, Konzernleitungsmacht, S. 298 ff.; Rostegge, Konzerninsolvenz, S. 318 ff.; Brünkmans, Koordinierung, S. 219 ff. Die Regelung des § 276a InsO dürfte dieser Sichtweise nicht entgegenstehen, da sie nicht das Schicksal von Unternehmensverträgen, sondern lediglich die gesellschaftsrechtlich vermittelte Mitwirkungsmöglichkeiten der Überwachungsorgane innerhalb der jeweiligen Gesellschaft regelt. Darüber hinaus wird die Leitungsmacht im Vertragskonzern von den gesetzlichen Vertretern des anderen Vertragsteils (§ 309 I AktG) und nicht von den Überwachungsorganen des anderen Vertragsteils ausgeübt.

447 Die Leitungsmacht wird nach dieser Ansicht beispielsweise dadurch eingeschränkt, dass die herrschende Gesellschaft bei der Ausübung der Leitungsmacht nicht gegen zwingende Vorschriften verstoßen dürfe und unter anderem die Zweckbindung der abhängigen Gesellschaft aus § 1 InsO zu beachten habe, vgl. Ehricke, ZInsO 2002, 393 (395); Rostegge, Konzerninsolvenz, S. 318 ff.

Gesichtspunkte zeigen, dass selbst bei Zugrundelegung der letztgenannten Ansicht, die Eigenverwaltung nicht als probates Mittel zur Koordinierung der Insolvenzverfahren konzernverbundener Unternehmen angesehen werden kann. Diese Einschätzung ist zunächst dadurch bedingt, dass eine weit verbreitete Ansicht bei Eröffnung des Insolvenzverfahrens über das Vermögen einer am Unternehmensvertrag beteiligten Gesellschaft beiden Vertragsparteien ein Kündigungsrecht aus wichtigem Grund einräumt und daher auch bei Anordnung der Eigenverwaltung die Möglichkeit besteht, den Beherrschungsvertrag zu beenden.[448] Des Weiteren wird oftmals verkannt, dass die Eigenverwaltung nach der Intention des Gesetzgebers nicht als Regelungsmechanismus für die Abwicklung von Konzerninsolvenzen konzipiert wurde, sondern für Fälle vorgesehen ist, in denen die wirtschaftliche Schieflage überwiegend auf externen Markteinflüssen beruht und die Kenntnisse und Erfahrungen des grundsätzlich fähigen Managements für einen positiven Ablauf des Insolvenzverfahrens genutzt werden können.[449] Zudem kann die Eigenverwaltung in Konzernkonstellationen nicht beliebig angeordnet werden, sondern setzt für jeden einzelnen Insolvenzschuldner – unabhängig von der Mitgliedschaft in einem Konzernverbund – die Erfüllung der teilweise sehr restriktiv interpretierten Voraussetzungen des § 270 II InsO voraus.[450] Demnach darf die Eigenverwaltung gem. § 270 II Nr. 2 InsO zum Schutz der Gläubiger nur dann angeordnet werden, wenn keine Umstände bekannt sind, welche erwarten lassen, dass die Anordnung zu Nachteilen für die Gläubiger führen wird. Darüber hinaus sieht die Regelung des § 270 III InsO bei Einsetzung eines vorläufigen Gläubigerausschusses die Anhörung desselben vor. Trotz der Tatsache, dass ein einstimmiger oder mehrheitlicher Beschluss der Gläubiger gegen die Anordnung der Eigenverwaltung gem. § 270 III InsO für das Insolvenzgericht keine Bindungswirkung entfaltet, kommt einem solchen Beschluss zumindest ein Anregungscharakter zu.[451] Dies ergibt sich bereits daraus, dass die Regelung des § 272 InsO dem Grundsatz der Gläubigerautonomie Rechnung trägt und die Anordnung der Eigenverwaltung unter den dort genannten Voraussetzungen wieder aufzuheben ist. Die Gläubiger der einzelnen Konzerngesellschaften können demnach im Rahmen dieser Vorschrift jederzeit die Aufhebung der Anordnung beantragen und letztlich einer koordinierten Abwicklung im Konzernverbund entgegenwirken. Schließlich zeigen auch die praktischen Erfahrungswerte, dass die Eigenverwaltung seit Einführung in weniger als 1 % der

448 Hirte, in: Uhlenbruck, InsO, § 11 Rn. 398; Altmeppen, in: MüKo, AktG, Band 5, § 297 Rn. 116; Noack, in: Kübler/Noack, InsO, Rn. 726; Kroppensteiner, in: KöKo, Band 6, AktG, § 297 Rn. 46 f. Für eine Einschränkung des Kündigungsrechts in dieser Konstellation Böcker, GmbHR 2004, 1257 (1258).

449 Schneider/Höpfner, BB 2012, 87 (88).

450 Zu der restriktiven Einstellung der Insolvenzgerichte BGH v 11. 1. 2007, NZI 2007, 231.

451 Riggert, in: Nerlich/Römermann, InsO, § 270 Rn. 23.

Insolvenzverfahren angeordnet wurde und somit überhaupt nur in wenigen Fällen als taugliches Lösungsmittel in Betracht kommt.[452]

bb) Eröffnungsverfahren

Nach der Reform der InsO durch das ESUG enthalten die Vorschriften der §§ 270 ff. InsO explizite Regelungen, die das Regelungsinstitut der Eigenverwaltung im *Eröffnungsverfahren* zum Gegenstand haben. Während § 270a InsO das vorläufige Eigenverwaltungsverfahren regelt, ermöglicht die Vorschrift des § 270b InsO mittels des sogenannten Schutzschirmverfahrens eine Eigensanierung über einen Insolvenzplan vorzubereiten.[453] Die letztgenannte Vorschrift stellt dem Schuldner die Möglichkeit zur Verfügung, unter bestimmten Voraussetzungen im Schutz eines besonderen Verfahrens in Eigenverwaltung einen Sanierungsplan zu erstellen, der anschließend durch einen Insolvenzplan umgesetzt werden kann.[454] Diese die Sanierung fördernde und daher insgesamt zu begrüßende Regelung könnte auch in der Insolvenz von Konzernunternehmen förderlich sein und zur Realisierung von rechtsträgerübergreifenden Sanierungslösungen verhelfen. Sofern man davon ausgeht, dass in diesem Verfahrensstadium die konzernrechtlichen Befugnisse sowohl in vertraglichen als auch in faktischen Konzernkonstellationen fortgelten, könnte die Einflussnahme der herrschenden Gesellschaft die Entwicklung inhaltlich aufeinander abgestimmter Sanierungspläne ermöglichen und somit zu einer konzernweiten Sanierungslösung beitragen.[455] Obwohl die Regelung des § 270b InsO in Zukunft, insbesondere in Kombination mit besonderen konzerninsolvenzrechtlichen Vorschriften von großem Nutzen sein könnte, ist sie im aktuellen Regelungssystem der InsO für die Abwicklung von Konzerninsolvenzen nur bedingt geeignet. Abgesehen von der Tatsache, dass die Voraussetzungen des Schutzschirmverfahrens (§ 270 b I InsO) bei jedem einzelnen Schuldner und mithin bei sämtlichen insolventen Konzerngesellschaften vorliegen müssen, ist die zentrale Problematik in

---

452 Statistisches Bundesamt, ZIP 2011, 1337 (1337). Jedoch ist zu beachten, dass das Instrument der Eigenverwaltung in der Vergangenheit bei Konzerninsolvenzen oftmals zur Anwendung kam (Bsp.: *Philipp Holtzmann AG, Babcock Borsig AG, Kirch Media GmbH & Co.KG*), Zipperer, in: Uhlenbruck, InsO § 270 Rn. 9. In diesen Situationen dürften auch Zweckmäßigkeitserwägungen eine Rolle gespielt haben, die insbesondere Folge eines fehlenden Konzerninsolvenzrechts sein dürften.

453 Riggert, in: Nerlich/Römermann, InsO, § 276a Rn. 6.

454 BReg, RegE ESUG, S. 61.

455 Nach bislang herrschender Lehre ist die Regelung des § 276a InsO auf das Eigenverwaltungsvorverfahren (§§ 270a, 270b InsO) nicht anwendbar, da die §§ 270a, 270b nicht auf die Regelung des § 276a InsO verweisen, die Regelung des § 276a InsO Teil der Regelungen über das eröffnete Verfahren sei und schließlich ein Eingriff in die gesellschaftsrechtliche Position vor Verfahrenseröffnung unangemessen wäre, Zipperer, ZIP 2012, 1493 (1494); Klöhn, NZG 2013, 81 (84); Riggert, in: Braun, InsO, § 276a Rn. 2; Riggert, in: Nerlich/Römermann, InsO, § 276a Rn. 6; Foltis, in: FK, InsO, § 276 a Rn. 4; a.A.: Ströhmann/Längsfeld, NZI 2013, 271 (273 f.).

Konzernkonstellationen darin zu sehen, dass die Umsetzung einer konzernweiten Sanierungslösung aufgrund fehlender konzerninsolvenzrechtlicher Vorschriften äußerst zweifelhaft erscheint. Nach der aktuellen gesetzlichen Regelung können die Gläubiger jeder einzelner Konzerngesellschaft unter den Voraussetzungen des § 270b IV InsO noch vor Ablauf der Frist zur Vorlage eines Insolvenzplans die Aufhebung des Schutzschirmverfahrens beantragen und somit einer Lösung im Konzernverbund entgegenwirken. Darüber hinaus ist zu beachten, dass sich die Umsetzung der Pläne bei jedem Schuldner im eröffneten Insolvenzverfahren nach den allgemeinen Vorschriften über den Insolvenzplan bestimmt.[456] Die Regelungen des Insolvenzplanverfahrens sind jedoch in Konzernkonstellationen oftmals nicht praktikabel, da beispielsweise das für die Umsetzung eines Insolvenzplans förderliche Obstruktionsverbot gem. § 245 InsO nur innerhalb der jeweiligen Rechtsträger Anwendung findet und die Gläubiger einer einzelnen Konzerngesellschaft vor diesem Hintergrund eine möglicherweise wirtschaftliche sinnvolle und konzernweite Sanierungslösung torpedieren können. Schließlich ist zu beachten, dass im aktuellen Regelungssystem der InsO aufgrund der Regelung der örtlichen Zuständigkeit in § 3 InsO in der Regel unterschiedliche Insolvenzgerichte für die jeweiligen Konzerngesellschaften zuständig sein dürften und diese über die Voraussetzungen des § 270b InsO zu befinden haben. Es braucht an dieser Stelle nicht näher ausgeführt werden, dass eine gerichtliche Zuständigkeitskonzentration oder zumindest Kooperationsvorschriften zwischen den verschiedenen zuständigen Gerichten für eine konzernweite Sanierung im Rahmen des Schutzschirmverfahrens förderlich sein dürften.[457]

Kurzum: Auch wenn das Regelungsinstitut der Eigenverwaltung durch die Änderungen im Rahmen des ESUG für die Abwicklung von Konzerninsolvenzen an Bedeutung gewinnen dürfte, zeigen die vorstehenden Bedenken, dass die Eigenverwaltung de lege lata kein effektives und rechtssicheres Instrument für die Behandlung von Konzerninsolvenzen darstellt und das Fehlen expliziter konzerninsolvenzrechtlicher Vorschriften nicht zu kompensieren vermag.

4. Verfahrenskoordination durch Insolvenzpläne

Während vorstehend bereits die Kombination von Eigenverwaltung und Insolvenzplan angesprochen wurde, beschäftigen sich die folgenden Ausführungen mit dem Insolvenzplan und untersuchen, ob die entsprechenden Regelungen in der jetzigen Fassung für eine rechtsträgerübergreifende Konzernsanierung geeignet sind. Das Insolvenzplanverfahren ist in den §§ 217 ff. InsO normiert und findet als privatautonomes Sanierungsverfahren insbesondere bei Reorganisation des insolventen Rechtsträgers Anwendung. Das Planverfahren hat im Rahmen des ESUG einige, die Sanierung fördernde Änderungen erfahren und dürfte daher als Sanierungsinstrument für die Reorganisation von Unternehmen in Zukunft an Bedeutung

456 BReg, RegE ESUG, S. 63.

457 Schneider/Höpfner, BB 2012, 87 (89).

gewinnen.[458] Dies ist zunächst dadurch bedingt, dass die Regelungen zum Planverfahren nunmehr die Einbeziehung der Anteils- oder Mitgliedschaftsrechte der am Schuldner beteiligten Personen im Plan erlauben (§ 217 S. 2 InsO) und durch die Möglichkeit der Umwandlung von Gläubigerforderungen in Anteils- oder Mitgliedschaftsrechte *(Dept-Equity-Swap)* am Schuldner (§ 225a InsO) ein wesentliches Sanierungshindernis beseitigt wird.[459] Darüber hinaus trägt auch die Neuregelung der Beschwerdemöglichkeiten zu einer Förderung der Sanierung bei, in dem die Einlegung von taktischen Rechtsmitteln weitgehend verhindert wird und die sofortige Beschwerde nur noch unter den Voraussetzungen des § 253 II InsO zulässig ist.[460]

Das Insolvenzplanverfahren trägt aufgrund der genannten Änderungen zu einer erleichterten Reorganisation des Unternehmensträgers bei, ist jedoch für eine Sanierung im Konzernverbund nur bedingt geeignet. Dies ergibt sich daraus, dass die Regelungen der §§ 217 ff. InsO auf die Insolvenz eines Rechtsträgers zugeschnitten sind und mithin der besonderen Situation einer rechtsträgerübergreifenden Sanierung nicht gerecht werden. Aufgrund der Tatsache, dass auch im Rahmen der privatautonomen Sanierung nicht von dem Grundsatz der Rechtsträgerbezogenheit des Insolvenzverfahrens abgewichen werden kann und dadurch die Möglichkeit eines rechtsträgerübergreifenden Insolvenzplans mit einheitlicher Gruppenbildung ausscheidet, ließe sich eine Verfahrenskoordination im Rahmen des Planverfahrens nur dergestalt erreichen, dass die zur Vorlage Berechtigten (§ 218 I InsO) in den verschiedenen Insolvenzverfahren inhaltlich aufeinander abgestimmte Insolvenzpläne vorlegten.[461]

Die Berechtigung des Schuldners zur Vorlage eines Insolvenzplans (§ 218 I 1 InsO) führt dazu, dass oftmals die Anordnung der Eigenverwaltung in sämtlichen Insolvenzverfahren als taugliches Lösungsmodell für die Implementierung koordinierter Insolvenzpläne vorgeschlagen wird.[462] Demnach soll die Verbindung dieser insolvenzrechtlichen Regelungsinstitute insbesondere dazu führen, dass die gesellschaftsrechtliche Leitungsbefugnis aufrechterhalten wird und auf diese Weise Einfluss auf die Erstellung, inhaltliche Ausgestaltung und Umsetzung der

---

458 Braun/Heinrich, NZI 2011, 505 (506); Schneider/Höpfner, BB 2012, 87 (89); Brinkmann, WM 2011, 97 (97); Hirte/Knof/Mock, DB 2011, 632 (638).

459 BReg, RegE ESUG, S. 45; Schneider/Höpfner, BB 2012, 87 (89); Braun/Heinrich, NZI 2011, 505 (506 ff.).

460 BReg, RegE ESUG, S. 54, Braun/Fink, in: Braun, InsO, § 253, Rn. 1; Schneider/Höpfner, BB 2012, 87 (89).

461 Zu dieser absolut herrschenden Lehre Eidenmüller, ZHR 169 (2005), 528 (546 f.), ders., in: MüKo, InsO, Band 3,Vorb. §§ 217–269 Rn. 36, Ehricke, ZInsO 2002, 393 (394); Hirte, in: Uhlenbruck, InsO, § 11 Rn. 414 f.; Thole, in: Hdb. Konzerninsolvenzrecht, § 2 Rn. 58; Rattunde, ZIP 2003, 596 (597); Liebscher, in: MüKo, GmbHG, Band, 1, Anhang § 13 Rn. 1286 ff.; Schmollinger, Der Konzern, S. 237 ff.; a.A.: Uhlenbruck, NZI 1999, 41 (43 f.).

462 Körner, NZI 2007, 270 (273); Ehricke, ZInsO 2002, 393 (395).

Insolvenzpläne genommen werden kann.[463] Die vorstehenden Ausführungen haben jedoch gezeigt, dass die Frage nach dem Schicksal der konzernrechtlichen Befugnisse in der Insolvenz unterschiedlich beantwortet wird und in dieser Hinsicht erhebliche Rechtsunsicherheit besteht. Darüber hinaus wurde festgestellt, dass die Vorschriften über die Anordnung und Aufhebung der Eigenverwaltung dieses Regelungsinstitut sehr fragil erscheinen lassen und somit keine rechtssichere Koordination in Konzernkonstellationen gewährleisten.[464]

Dagegen begegnet die Implementierung koordinierter Insolvenzpläne durch die zur Vorlage berechtigen Insolvenzverwalter (§ 218 I 1 InsO) weniger rechtlichen, als vielmehr praktischen Bedenken, deren Ursache in dem Fehlen besonderer konzerninsolvenzrechtlicher Vorschriften zu sehen ist. Aufgrund des erheblichen Koordinierungsaufwandes erscheint eine erfolgreiche Koordination im Rahmen der Planverfahren nur dann erfolgversprechend, wenn in sämtlichen Verfahren ein einheitlicher Insolvenzverwalter bestellt würde oder zwischen verschiedenen bestellten Insolvenzverwaltern Kooperationspflichten bestünden. Die Bestellung eines einheitlichen Insolvenzverwalters in Konzernkonstellationen scheint im gegenwärtigen Regelungssystem der InsO jedoch unwahrscheinlich, da gem. § 3 InsO für die Bestellung der Insolvenzverwalter oftmals verschiedene Gerichte zuständig sein dürften und aufgrund fehlender gerichtlicher Kooperationsvorschriften eine Verständigung der Gerichte in Fragen der Insolvenzverwalterbestellung oftmals unterbleiben dürfte.[465] Schließlich enthält das Regelungssystem der InsO auch keine Regelung bezüglich der Kooperation von Insolvenzverwaltern, so dass eine Zusammenarbeit nur auf freiwilliger Basis und bei entsprechender Initiative der Insolvenzverwalter in Betracht kommt.

Sollte trotz dieser Bedenken die Ausarbeitung inhaltlich aufeinander abgestimmter Insolvenzpläne gelingen, setzen sich die Schwierigkeiten mangels besonderer konzerninsolvenzrechtlicher Vorschriften im Verlauf des Planverfahrens fort. Während bei nicht konzernverbundenen Unternehmen beispielsweise das in § 245 InsO normierte Obstruktionsverbot oder die in § 253 II InsO geregelte Einschränkung der Beschwerdemöglichkeit zur erfolgreichen Umsetzung von Insolvenzplänen beitragen, begegnet die Verwirklichung von rechtsträgerübergreifenden Sanierungslösungen in Konzernkonstellationen mangels entsprechender Vorschriften

463 In diesem Sinne Schneider/Höpfner, BB 2012, 87 (88); Körner, NZI 2007, 270 (273); Ehricke, ZInsO 2002, 393 (395).

464 So auch Rattunde, ZIP 2003, 596 (600).

465 Ein Blick auf die Praxis belegt den Zusammenhang zwischen der Zuständigkeitskonzentration auf Gerichts- und Verwalterebene und den positiven Ablauf von Insolvenzplanverfahren in Konzernkonstellationen. In den Fällen *Senator Entertainment AG* und *Herlitz* führte die einheitliche Zuständigkeit des Insolvenzgerichts zu der Bestellung eines einheitlichen Verwalters und trug daher maßgebend zum Gelingen der Insolvenzplanverfahren bei, vgl. Fritze, DZWIR 2007, 89 (89 ff.); Rattunde, ZIP 2003, 596 (596 ff.).

Bedenken.[466] Für die Umsetzung von konzernweiten Sanierungsoptionen im Rahmen des Insolvenzplanverfahrens wäre vielmehr erforderlich, dass die Regelungen der §§ 217 ff. InsO der besonderen Situation in Konzernkonstellationen Rechnung trügen und insbesondere die Regelungen zum Obstruktionsverbot, (§ 245 InsO), dem Minderheitenschutz (§ 251 InsO) und der Beschwerdemöglichkeit (§ 253 InsO) um konzerndimensionale Aspekte erweitert würden.

Zusammenfassend lässt sich somit sagen, dass das Insolvenzplanverfahren durch die Änderungen im Rahmen des ESUG die Reorganisation von Unternehmensträgern erleichtern wird, jedoch aufgrund der genannten Schwierigkeiten nicht als effektives und rechtssicheres Lösungsmodell für die Sanierung eines Unternehmensverbundes angesehen werden kann.[467]

B. Rechtslage in Europa

Die zunehmende Internationalisierung des Wirtschaftslebens bewirkt, dass in der Insolvenz großer Wirtschaftsunternehmen nicht nur nationale, sondern auch internationale Gesichtspunkte zu berücksichtigen und insbesondere kollisionsrechtliche Fragen zu klären sind. Während im Verhältnis zu Drittstaaten die jeweiligen Vorschriften des nationalen Insolvenzkollisionsrechts gelten (Bsp.: §§ 335 ff. InsO), wurde mit der Verordnung (EG) Nr. 1346/2000 ein auf den Binnenmarkt beschränktes einheitliches Regelungssystem zur Abwicklung von grenzüberschreitenden Insolvenzen geschaffen. Die Verordnung trägt zu einer Annäherung der verschiedenen mitgliedschaftlichen Insolvenzrechte bei und schafft mit dem vorhandenen Regelungsmechanismus die rechtlichen Rahmenbedingungen für die Abwicklung grenzüberschreitender Insolvenzverfahren auf europäischer Ebene.[468] Die nachfolgenden Ausführungen geben zunächst einen allgemeinen Überblick und stellen die für die vorliegende Untersuchung erforderlichen Grundlagen der EuInsVO dar (I.). Anschließend wird untersucht, ob die Verordnung (EG) Nr. 1346/2000 – welche auch nach Inkrafttreten der Verordnung (EU) 2015/848 für Verfahren gilt, die in den Geltungsbereich der Verordnung fallen und vor dem 26.06.2017 eröffnet wurden – für die hier zu behandelnde Thematik geeignet erscheint und Regelungsansätze für eine koordinierte Abwicklung von Insolvenzverfahren in Konzernkonstellationen enthält. Dies wäre insbesondere dann der Fall, wenn die entsprechenden Vorschriften für eine Kooperation der am Verfahren beteiligten Akteure geeignet wären (II.) oder die verfahrensrechtlichen Regelungsmechanismen der EuInsVO eine Koordination der Insolvenzverfahren konzernverbundener Unternehmen ermöglichten (III.).

466 Ehricke, in: Kölner Schrift zur InsO, Kapitel 42 Rn. 49; K. Schmidt, KTS 2011, 161 (182 f.).

467 Im Ergebnis ebenso Schmollinger, Der Konzern, S. 251.

468 Lehr, KTS 2000, 577 (577).

I. Grundlagen der EuInsVO

Die Verordnung (EG) Nr. 1346/2000 des Rates vom 29. Mai 2000 über Insolvenzverfahren ist am 31.05.2002 in Kraft getreten.[469] Die Verordnung entspricht weitgehend dem Europäischen Übereinkommen über Insolvenzverfahren aus dem Jahre 1995 (EuIÜ) und enthält in 5 Kapiteln, denen 33 Erwägungsgründe voran- und 3 Anhänge nachstehen, das maßgebliche Regelungswerk für die Abwicklung grenzüberschreitender Insolvenzverfahren auf europäischer Ebene. Die Anwendung der EuInsVO setzt voraus, dass das Insolvenzverfahren einen grenzüberschreitenden innergemeinschaftlichen Bezug aufweist und der zeitliche (Art. 43 EuInsVO), persönliche (Art. 1 II EuInsVO), sachliche (Art. 1 I EuInsVO) und räumliche Anwendungsbereich (Art. 3 EuInsVO) der Verordnung eröffnet ist.[470]

1. *Ziele und Zwecke der EuInsVO*

Die Europäische Union hat sich gem. Art 26 AEUV (ex-Art. 14 EGV) die Verwirklichung und das Funktionieren eines gemeinsamen Binnenmarkts zum Ziel gesetzt, in dem der freie Verkehr von Waren, Personen, Dienstleistungen und Kapital im Sinne der Verträge gewährleistet ist. Die Geschäftstätigkeit von Unternehmen weist mehr und mehr einen grenzüberschreitenden Bezug auf und unterliegt daher in zunehmendem Maße den Vorschriften des Gemeinschaftsrechts.[471] Während die grenzüberschreitende Tätigkeit und mithin der Markteintritt von Unternehmen innerhalb des Binnenmarkts geregelt wurde, ist das Fehlen einer gemeinschaftlichen Regelung zum Marktaustritt von Unternehmen als Manko bei der Vollendung des Binnenmarktes angesehen worden.[472] Die EuInsVO behebt diese Regelungslücke und trägt mit der Durchführung effizienter und wirksamer grenzüberschreitender Insolvenzverfahren zu einem reibungslosen Funktionieren des Binnenmarktes bei.[473] Der Verordnungsgeber hielt es zur Verwirklichung dieser Ziele für notwendig und angemessen, die Bestimmungen über den Gerichtsstand, die Anerkennung und das anwendbare Recht in einem gemeinschaftlichen Rechtsakt zu regeln, der in den Mitgliedstaaten verbindliche und unmittelbare Wirkung entfaltet.[474]

469 Zu der Entwicklung der EuInsVO vgl. Reinhart, in: MüKo, InsO, Band 3, Anhang, EuInsVO, Vorb. Art. 1 Rn. 1 ff.

470 Vallender, KTS 2005, 283 (285).

471 Nerlich, in: Nerlich/Römermann, InsO, EuInsVO, Vorb. Art.1 Rn. 10.

472 Reinhart, in: MüKo, InsO, Band 3, Anhang, EuInsVO, Vorb. Art. 1 Rn. 2; Virgos/Schmit, Erläuternder Bericht, Nr. 1.

473 Erwägungsgrund 2.

474 Erwägungsgrund 8.

2. *Grundlegende Funktionsweise der EuInsVO*

Die Funktionsweise der EuInsVO basiert auf bekannten Prinzipien des internationalen Insolvenzrechts und folgt zur Harmonisierung der mitgliedschaftlichen Insolvenzrechte einem Modell, das die Grundsätze der Universalität/Territorialität der Wirkungen sowie der Einheit /Pluralität des oder der Verfahren miteinander kombiniert.[475] Der Verordnung liegt die Vorstellung zu Grunde, dass aufgrund der großen Unterschiede im materiellen Recht die ausnahmslose Anwendung des Rechts des Staates der Verfahrenseröffnung zu Schwierigkeiten führen würde.[476] Die EuInsVO versucht vor diesem Hintergrund sowohl die Vorteile der universellen Wirkungserstreckung zu realisieren als auch den notwendigen Schutz der inländischen Interessen zu gewährleisten.[477] Der Grundsatz der kontrollierten Universalität bringt diese Interessen vernünftig miteinander in Einklang, indem die grundsätzlich universelle Wirkung des Insolvenzverfahrens teilweise zugunsten territorialer Anknüpfungen durchbrochen wird.[478] Abgesehen von der Tatsache, dass in der Verordnung für besonders bedeutsame Rechte und Rechtsverhältnisse Sonderanknüpfungen vorgesehen sind, wird den Regelungsunterschieden in den nationalen Insolvenzrechten dadurch Rechnung getragen, dass neben dem Hauptinsolvenzverfahren auch Sekundärinsolvenzverfahren, die lediglich das im Eröffnungsstaat belegene Vermögen erfassen, zugelassen werden.[479] Letzeres stellt eine Durchbrechung des Grundsatzes der Einheit des Verfahrens dar und ermöglicht zum Schutz inländischer Interessen die Durchführung territorial begrenzter Sonderverfahren.

a) Eröffnung eines universell wirkenden Hauptinsolvenzverfahrens

Die Grundsätze der Universalität der Wirkungen und der Einheit des Verfahrens zeigen sich zunächst darin, dass nach der Funktionsweise der EuInsVO lediglich die Durchführung eines Hauptinsolvenzverfahrens in Betracht kommt.[480] Für die Eröffnung dieses Insolvenzverfahrens sind die Gerichte des Mitgliedstaates zuständig, in dessen Gebiet der Schuldner den Mittelpunkt seiner hauptsächlichen Interessen hat (Art. 3 I 1 EuInsVO). Das Verfahren hat universale Geltung und bewirkt, dass das gesamte Vermögen des Schuldners, unabhängig von dessen Belegenheit, dem Insolvenzbeschlag des Hauptinsolvenzverfahrens unterliegt.[481] Das für das Hauptinsolvenzverfahren maßgebende Insolvenzstatut bestimmt sich nach der gesetzlichen Regelung des Art. 4 EuInsVO. Demnach gelten für das Insolvenzverfahren und seine Wirkungen,

475 Virgos/Schmit, Erläuternder Bericht, Nr. 12.
476 Erwägungsgrund 11.
477 Virgos/Schmit, Erläuternder Bericht, Nr. 13.
478 Kindler, in: MüKo, BGB, Band 11, EuInsVO, Vorb. Art.1 Rn. 14.
479 Erwägungsgrund 11.
480 Kindler, in: MüKo, BGB, Band 11, EuInsVO, Art. 3 Rn. 6; Virgos/Schmit, Erläuternder Bericht, Nr. 15, 73; Fritz/Bähr, DZWIR 2001, 221 (224).
481 Erwägungsgrund Nr. 12; Huber, in: Haß/Huber/Gruber/Heiderhoff, EuInsVO, Einl. Rn. 4.

soweit die Verordnung nichts anderes bestimmt (Art. 5–15 EuInsVO), das Insolvenzrecht des Mitgliedstaates, in dem das Verfahren eröffnet wird *(lex fori concursus)*. Die Bestimmung des maßgebenden Rechts nach dem Staat der Verfahrenseröffnung bewirkt einen Gleichlauf von internationaler Zuständigkeit und anwendbarem Recht und gewährleistet die einheitliche Anwendung des Insolvenzrechts des Mitgliedstaates, in dem der hauptsächliche Interessensmittelpunkt des Schuldners liegt.[482] Schließlich stellen die Vorschriften über die Anerkennung der Insolvenzverfahren sicher, dass die Eröffnungsentscheidung innerhalb der Grenzen des Art. 26 EuInsVO in den übrigen Mitgliedstaaten anerkannt wird und tragen daher maßgebend zur Verwirklichung des Universalitätsprinzips bei. Während Art. 16 EuInsVO die Voraussetzungen der Anerkennung regelt, bestimmen sich die Rechtsfolgen der Anerkennung nach Art. 17 EuInsVO.[483] Demnach entfaltet die Eröffnung eines Hauptinsolvenzverfahrens in jedem anderen Mitgliedstaat die Wirkungen, die das Recht des Staates der Verfahrenseröffnung beilegt, sofern die Verordnung nichts anderes bestimmt und solange in diesem anderen Mitgliedstaat kein Verfahren nach Art. 3 II EuInsVO eröffnet ist.

b) Eröffnung territorial begrenzter Sonderverfahren

Die Grundsätze der Universalität der Wirkungen und der Einheit des Verfahrens werden zum Schutz nationaler Interessen durch die Möglichkeit der Eröffnung territorial beschränkter Partikularinsolvenzverfahren teilweise durchbrochen.[484] Dabei ist zwischen sekundären Partikularverfahren (Art. 3 II, III EuInsVO) und unabhängigen Partikularverfahren (Art. 3 IV EuInsVO) zu differenzieren.[485] Während diese Verfahren übereinstimmend voraussetzen, dass der Schuldner im Gebiet dieses Mitgliedstaates eine Niederlassung, nicht aber den Mittelpunkt seiner hauptsächlichen Interessen hat (Art. 3 II EuInsVO), unterscheiden sie sich darin, dass ein Sekundärinsolvenzverfahren nur nach Eröffnung eines Hauptinsolvenzverfahrens in Betracht kommt, während die Eröffnung eines unabhängigen Partikularinsolvenzverfahrens bereits vor und damit unabhängig von dem Hauptinsolvenzverfahren möglich ist.[486] Im Gegensatz zum Hauptinsolvenzverfahren sind die Wirkungen der Partikularinsolvenzverfahren auf das Schuldnervermögen im Gebiet des Mitgliedstaates beschränkt, in dem sich die Niederlassung des Schuldners befindet (Art 3 I 2 EuInsVO, Art. 27 EuInsVO).[487] Die Ermittlung des maßgebenden Insolvenzstatuts bestimmt sich dabei nach der gesetzlichen Regelung des Art. 28 EuInsVO und führt dazu, dass für das Insolvenzverfahren die Rechtsvorschriften

---

482 Haß/Herweg, in: Haß/Huber/Gruber/Heiderhoff, EuInsVO, Art. 3 Rn. 1.

483 Reinhart, in: MüKo, InsO, Band 3, Anhang, EuInsVO, Art. 16 Rn. 1, 3.

484 Huber, ZZP 114 (2001), 133 (134).

485 Virgos/Schmit, Erläuternder Bericht, Nr. 25; Kindler, in: MüKo, BGB, Band 11, EuInsVO, Art. 3 Rn. 6.

486 Kindler, in: MüKo, BGB, Band 11, EuInsVO, Art. 3 Rn. 53; Haß/Herweg, in: Haß/Huber/Gruber/Heiderhoff, EuInsVO, Art. 3 Rn. 39.

487 Haß/Herweg, in: Haß/Huber/Gruber/Heiderhoff, EuInsVO, Art. 3 Rn. 38.

des Mitgliedstaates Anwendung finden, in dem das Verfahren eröffnet worden ist. Die Möglichkeit der Eröffnung eines Partikularinsolvenzverfahrens trägt den großen Unterschieden in den nationalen Rechtsordnungen Rechnung und schützt die inländischen Gläubiger vor der Anwendung fremder Insolvenzrechtsvorschriften und den Mühen einer Rechtsdurchsetzung im Ausland.[488] Die Durchbrechung der universellen Wirkung des Hauptverfahrens stellt für die Gläubiger sicher, dass sie rechtlich genauso gestellt sind wie bei einem inländischen Verfahren, auch wenn der Mittelpunkt der hauptsächlichen Interessen des Schuldners in einem anderen Mitgliedstaat liegt.[489] Darüber hinaus sind die nationalen Insolvenzverfahren im Verhältnis zum Hauptverfahren als Hilfsverfahren anzusehen und können in bestimmten Situationen zu einer effizienten Verwaltung der Masse beitragen. Dies ist beispielsweise der Fall, wenn das komplexe Schuldnervermögen auf verschiedene Mitgliedstaaten verteilt ist oder aufgrund der elementaren Unterschiede in den Rechtsordnungen eine Wirkungserstreckung des Hauptverfahrens zu erheblichen Schwierigkeiten führen würde.[490] Die Regelung des Art. 29 EuInsVO trägt diesen Zielsetzungen Rechnung und berechtigt alle Personen, denen nach dem Recht des Mitgliedstaates ein Antragsrecht zusteht, sowie den Verwalter des Hauptinsolvenzverfahrens, die Eröffnung eines Sekundärinsolvenzverfahrens zu beantragen. Die Abstimmung und Koordinierung von Haupt- und Sekundärinsolvenzverfahren erfolgen nach den Vorschriften der Art. 31 ff. EuInsVO. Dieser Regelungsmechanismus gewährleistet einen sachgerechten Interessenausgleich und stellt sicher, dass die Belange des Hauptinsolvenzverfahrens – unter Wahrung der Funktion des Sekundärinsolvenzverfahrens – gebührend berücksichtigt werden.[491]

c) Keine besonderen Regelungen für die Insolvenz von Konzernen

Neben diesen allgemeinen Erwägungen und der grundlegenden Funktionsweise der EuInsVO ist für die hier zu behandelnde Thematik von zentraler Bedeutung, dass die Verordnung aus dem Jahr 2000 keine besonderen Regelungen für die Insolvenz konzernverbundener Unternehmen enthält.[492] Das Fehlen konzerninsolvenzrechtlicher Vorschriften wird als Auslassungssünde der Verordnung angesehen und führt dazu, dass die Insolvenz konzernverbundener Unternehmen dem allgemeinen Regelungsmechanismus der Verordnung folgt und die konzernrechtlichen Beziehungen keine

488 Virgos/Schmit, Erläuternder Bericht, Nr 32; Kindler, in: MüKo, BGB, Band 11, EuInsVO, Art. 3 Rn. 54.
489 Virgos/Schmit, Erläuternder Bericht, Nr. 32.
490 Virgos/Schmit, Erläuternder Bericht, Nr. 32.
491 Virgos/Schmit, Erläuternder Bericht, Nr. 35.
492 Virgos/Schmit, Erläuternder Bericht, Nr. 76; Duursma/Duursma-Kepplinger, IPRax 2003, 505 (509), Eidenmüller, IPRax 2001, 2 (4); Huber, ZZP 114 (2001), 133 (143); Ehricke, EWS 2002, 101 (101 f.); Kübler, in: FS Gerhard 2004, 527 (529); Paulus EWS 2002, 497 (500); Braun NZI 2004, V (V); Bezelgues, Konzerninsolvenzen, S. 2 f.

besondere Berücksichtigung erfahren.[493] Die nachfolgenden Ausführungen untersuchen daher, ob die Verordnung (EG) Nr. 1346/2000, welche trotz der mittlerweile in Kraft getretenen Neufassung der Europäischen Insolvenzverordnung weiterhin für Verfahren gilt, die in den Geltungsbereich der Verordnung fallen und vor dem 26.06.2017 eröffnet wurden, zumindest Anknüpfungspunkte für die Behandlung von Insolvenzverfahren konzernverbundener Unternehmen enthält.

II. Eignung der Regelungen für eine Kooperation

Zunächst ist zu untersuchen, ob sich in der Verordnung Vorschriften finden lassen, die bei in Zusammenhang stehenden Insolvenzverfahren eine Kooperation der am Verfahren beteiligten Akteure regeln. Sofern dies der Fall sein sollte, stellt sich die Frage, ob diese Kooperationsvorschriften auch zu einer koordinierten Abwicklung von Konzerninsolvenzen beitragen könnten. Dies wäre insbesondere der Fall, wenn die vorhandenen Regelungen in Konzernkonstellationen direkt oder entsprechend anwendbar wären und eine sachgerechte Kooperation der Verfahrensbeteiligten ermöglichten. Dabei sind nicht nur die explizit in der Verordnung geregelten Kooperationsvorschriften, sondern auch die in der Wissenschaft und Praxis entwickelten Richtlinien zur Kommunikation und Kooperation in parallelen Insolvenzverfahren auf europäischer Ebene zu beachten.

1. Art. 31 ff. EuInsVO

Der Grundsatz der beschränkten oder modifizierten Universalität hat zur Folge, dass im Anwendungsbereich der Verordnung nicht nur ein universal wirkendes Hauptverfahren, sondern auch territorial geltende Nebenverfahren über das Vermögen eines Schuldners eröffnet werden können. Die Eröffnung paralleler Insolvenzverfahren über das Vermögen eines Schuldners birgt die Gefahr, dass die Verfahren unabhängig voneinander stattfinden und eine bestmögliche Verwaltung und Verwertung des Schuldnervermögens verhindert wird. Der Regelungsmechanismus der Art. 31 ff. EuInsVO trägt dieser Gefahrenlage Rechnung und versucht, die aus der Pluralität und Parallelität der Verfahren entstehenden Effizienzverluste so gering wie möglich zu halten und einen koordinierten Ablauf von Haupt- und Sekundärinsolvenzverfahren zu gewährleisten.[494] Dies erfolgt in Art. 31 EuInsVO zunächst dergestalt, dass sowohl dem Verwalter des Haupt- als auch dem Verwalter des Sekundärinsolvenzverfahrens Koordinationspflichten auferlegt werden. Demnach wird in Art. 31 I EuInsVO für die Insolvenzverwalter zunächst eine Pflicht zur gegenseitigen Unterrichtung statuiert und auf diese Weise der Informationsfluss der verfahrensübergreifend bedeutenden Informationen garantiert. Die Informationspflicht ist zugleich Grundlage für die in Art. 31 II EuInsVO geregelte Pflicht zur

493 Paulus, NZI 2001, 505 (508).
494 Reinhart, in: MüKo, InsO, Band 3, Anhang, EuInsVO, Art. 31 Rn. 1; Ehricke, ZIP 2005, 1104 (1106).

gegenseitigen Zusammenarbeit, die divergierende oder sich widersprechende Maßnahmen der Verwalter verhindert und eine aufeinander abgestimmte Vorgehensweise der Insolvenzverwalter sicherstellt.[495] Diese Koordinationsmaßnahmen werden schließlich durch die besonderen Kooperationsregeln bezüglich der Verwertung der Insolvenzmasse komplettiert. Während Art. 33 I EuInsVO dem Verwalter des Hauptinsolvenzverfahrens im Hinblick auf eine effiziente und einheitliche Verwertung der Insolvenzmasse gestattet, die Aussetzung der Verwertung im Sekundärinsolvenzverfahren zu beantragen und dadurch eine Zerschlagung des Schuldnervermögens zu verhindern, ermöglicht die Regelung des Art. 31 III EuInsVO dem Insolvenzverwalter, aktiv Vorschläge für die Verwertung der Masse im Sekundärinsolvenzverfahren zu unterbreiten und somit koordinierte Verwertungsmöglichkeiten in die Wege zu leiten.[496] Vor diesem Hintergrund stellt die Regelung des Art. 34 EuInsVO sicher, dass das Sekundärinsolvenzverfahren entgegen der Regelung des Art. 27 S. 2 EuInsVO nicht zwangsläufig zu einer Liquidation führt und somit auch Sanierungslösungen realisiert werden können.[497]

a) *Unmittelbare Anwendung von Art. 31 ff. EuInsVO*

Die Art. 31 ff. EuInsVO befinden sich in Kapitel 3 der Verordnung unter dem Titel Sekundärinsolvenzverfahren. Eine unmittelbare Anwendung der Kooperationsvorschriften kommt in Konzernkonstellationen demnach nur in Betracht, wenn über das Vermögen der Muttergesellschaft gem. Art. 3 I EuInsVO ein Hauptinsolvenzverfahren und über das Vermögen der ausländischen Tochtergesellschaft gem. Art. 3 II EuInsVO ein Sekundärinsolvenzverfahren eröffnet werden könnte. Die Eröffnung eines Sekundärinsolvenzverfahrens setzt gem. Art. 3 II EuInsVO voraus, dass der Schuldner im Gebiet dieses Mitgliedstaates eine Niederlassung hat. Nach der Legaldefinition des Art. 2 lit. h) EuInsVO handelt es sich bei einer Niederlassung um jeden Tätigkeitsort, an dem der Schuldner einer wirtschaftlichen Tätigkeit von nicht vorübergehender Art nachgeht, die den Einsatz von Personal und Vermögenswerten voraussetzt. Dieses relativ weite Verständnis des Niederlassungsbegriffs ist Resultat einer Kompromisslösung zwischen den Staaten, die bereits bei bloßer Belegenheit von Vermögen ein Sekundärinsolvenzverfahren befürworteten und denen, die sich für eine Anwendung des engeren Niederlassungsbegriffs des Art. 5 Nr. 5 EuGVVO aussprachen.[498]

In der Literatur wird zum Teil unter Hinweis auf die weite Auslegung des Niederlassungsbegriffs zur Bewältigung von Konzerninsolvenzen vorgeschlagen, die rechtlich selbständige Tochtergesellschaft als Niederlassung der Muttergesellschaft

---

495 Kindler, in: MüKo, BGB, Band 11, EuInsVO, Art. 31 Rn. 17 ff.; Ehricke, ZIP 2005, 1104 (1108).

496 Reinhart, in: MüKo, InsO, Band 3, Anhang, EuInsVO, Art. 31 Rn. 27.

497 Kindler, in: MüKo, Band 11, EuInsVO, Art. 34 Rn. 1.

498 Ehricke, EWS 2002, 101 (105); Virgos/Schmit, Erläuternder Bericht, Nr. 70; Reinhart, in: MüKo, InsO, Band 3, Anhang, EuInsVO, Art. 2 Rn. 25 ff.

anzusehen.[499] Zur Begründung dieser Ansicht wird darauf verwiesen, dass es für die Erfüllung des Niederlassungsbegriffs ausreiche, dass der Schuldner des Hauptverfahrens Eigentumsrechte an der Niederlassung habe, in der somit mittelbar „sein" Personal tätig sei. Diese Sichtweise dränge sich bei Annahme einer Konzernleitungspflicht geradezu auf, da die Verknüpfung zwischen Mutter- und Tochtergesellschaft dann eng genug sei, um letztere unter dem weit auszulegenden Niederlassungsbegriff zu subsumieren.[500] Gegen die strikte Beachtung der rechtlichen Selbständigkeit jedes Konzernunternehmens lasse sich schließlich anführen, dass die Brüsseler Wettbewerbsabteilung in Sachen Beihilfeforderungen das Konstrukt der juristischen Person weitgehend missachtet und die rechtliche Selbständigkeit von Konzernunternehmen ignoriert.[501]

Die besseren Argumente sprechen indes für die absolut herrschende Meinung, die aufgrund des Wortlauts und der Systematik der Verordnung davon ausgeht, dass rechtlich selbständige Tochtergesellschaften nicht als Niederlassung der Muttergesellschaft qualifiziert werden können.[502] Dies ergebe sich zunächst aus der Formulierung des Art. 2 lit. h) EuInsVO, die in Bezug auf den Niederlassungsbegriff auf den Tätigkeitsort des Schuldners abstellt und mithin davon ausgeht, dass Haupt- und Sekundärinsolvenzverfahren nur über das Vermögen eines Rechtsträgers eröffnet werden können.[503] Diese Sichtweise spiegelt sich auch in den Erwägungsgründen und zahlreichen Vorschriften der Verordnung wider, die stets auf den Schuldner Bezug nehmen und diesen als eigenständige Rechtsperson wahrnehmen.[504] Des Weiteren spricht für diese Ansicht Art. 27 S. 1 EuInsVO, wonach bei Eröffnung eines Sekundärinsolvenzverfahrens die Insolvenz des Schuldners nicht mehr geprüft werden müsse. Diese Regelung zeigt augenscheinlich, dass Haupt- und

---

499 Paulus, ZIP 2002, 729 (730); ders., EWS 2002, 497 (501); ders., NZI 2001, 505 (510); ders., ZIP 2005, 1948 (1955). Bezelgues schlägt in diesem Zusammenhang eine Ergänzung der EuInsVO in Bezug auf die Anordnungskriterien der Qualifikation einer Tochtergesellschaft als Niederlassung ihrer Muttergesellschaft (Bsp.: Vermögensvermischung, Missbrauch der Rechtspersönlichkeit) vor und erwägt in diesen Konstellationen – ähnlich einer substantive consolidation – die Zusammenfassung der Insolvenzverfahren über das Vermögen der Mutter- und der Tochtergesellschaft, vgl. Bezelgues, Konzerninsolvenzen S. 214 ff.

500 Paulus, ZIP 2002, 729 (730).

501 Paulus, ZIP 2002, 729 (730); ders., EWS 2002, 497 (501).

502 Ehricke, EWS 2002, 101 (104 ff.); Huber ZZP 114 (2001), 133 (143); Kindler, in: MüKo, BGB, Band 11, EuInsVO, Art. 2 Rn. 28; Vallender KTS 2005, 283 (303); Duursma/Duursma-Kepplinger, DZWIR 2003, 447 (448); Rostegge, Konzerninsolvenz, S. 226 f.; Brünkmans, Koordinierung, S. 361 f.; Deyda, Der Konzern, S. 37 ff.; Mohrs, Konzerngebundene Kapitalgesellschaft, S. 156 ff. u. 165 ff., der aus diesem Grunde de lege ferenda die Ausweitung der Kooperations- und Unterrichtungspflicht im Sinne von Art. 31 EuInsVO auf konzerngebundene Kapitalgesellschaften befürwortet.

503 Deyda, Der Konzern, S. 37.

504 Rostegge, Konzerninsolvenz, S. 227.

Sekundärinsolvenzverfahren denselben Rechtsträger betreffen, da man anderenfalls zu dem kaum einleuchtenden und offensichtlich nicht im Interesse der Verordnung liegenden Ergebnis käme, dass über das Vermögen einer solventen Tochtergesellschaft ein Insolvenzverfahren eröffnet werden könnte.[505] Ein weiteres Argument für diese Sichtweise lässt sich aus der Regelung des Art. 32 I EuInsVO entnehmen, welche den Gläubigern gestattet, ihre Forderungen sowohl im Haupt- als auch im Sekundärinsolvenzverfahren anzumelden. Die Behandlung der Tochtergesellschaft als Niederlassung der Muttergesellschaft würde dieser Regelung zur Folge dazu führen, dass die Gläubiger ihre Forderungen gegen einen Schuldner geltend machen können, mit dem sie keine vertraglichen Beziehungen eingegangen sind.[506] Schließlich erscheint es auch nicht ersichtlich, weshalb bei der Eröffnung eines Haupt- und eines Sekundärinsolvenzverfahrens über das Vermögen unterschiedlicher Rechtssubjekte ein etwaiger Überschuss im Sekundärinsolvenzverfahren gem. Art. 35 EuInsVO den Gläubigern des Hauptverfahrens und mithin den Gläubigern eines anderen Rechtsträgers zugutekommen sollte. Zuletzt zeigt auch die Regelungssystematik des selbständigen Partikularinsolvenzverfahrens, dass die Niederlassung als unselbständiger Teil der Hauptstelle zu verstehen ist. Dies folge vor allem daraus, dass bei nachträglicher Eröffnung eines Hauptinsolvenzverfahrens über das Vermögen desselben Schuldners aus dem Partikularinsolvenzverfahren entsprechend den Bestimmungen der Art. 36 und 37 EuInsVO ein Sekundärinsolvenzverfahren wird.[507]

Die vorstehenden Argumente sprechen eindeutig dafür, dass nach der Regelungssystematik der EuInsVO rechtlich selbständige Tochtergesellschaften nicht als Niederlassungen der Muttergesellschaften angesehen werden können. Dies hat zur Folge, dass einer Koordinierung der Insolvenzverfahren dergestalt, dass über das Vermögen der Muttergesellschaft ein Hauptinsolvenzverfahren und über das Vermögen der Tochtergesellschaft ein Sekundärinsolvenzverfahren eröffnet wird, nicht in Betracht kommt und eine unmittelbare Anwendung der Art. 31 ff. EuInsVO ausscheidet.

b) *Keine analoge Anwendung der Art. 31 ff. EuInsVO wegen fehlender planwidriger Regelungslücke*

Die Systematik der EuInsVO zeigt, dass die Möglichkeit der Eröffnung eines Haupt- und Sekundärinsolvenzverfahrens in Konzernkonstellationen ausscheidet und mithin über das Vermögen jeder rechtlich selbständigen Konzerngesellschaft bei Vorliegen der entsprechenden Voraussetzungen ein eigenständiges Hauptinsolvenzverfahren zu eröffnen ist. Während die EuInsVO entsprechende Regelungen für die Koordination von Haupt- und Sekundärinsolvenzverfahren enthält, bestehen keine expliziten Vorschriften, welche die Koordination mehrerer in Zusammenhang stehender Hauptinsolvenzverfahren regeln. Vor diesem Hintergrund stellt sich die Frage, ob sich eine Koordination der Hauptinsolvenzverfahren über das Vermögen

---

505 Ehricke, EWS 2002, 101 (105).
506 Ehricke, EWS 2002, 101 (105).
507 Ehricke, EWS 2002, 101 (105).

konzernverbundener Unternehmen durch eine analoge Anwendung der Art. 31 ff. EuInsVO erreichen ließe. Voraussetzung dafür wäre eine planwidrige Regelungslücke und eine vergleichbare Interessenlage.

Zunächst ist bereits das Vorliegen einer planwidrigen Regelungslücke zu verneinen. Denn der Verordnungsgeber wollte eine Koordination paralleler Hauptinsolvenzverfahren offensichtlich nicht regeln.[508] Die entsprechende Anwendung der Art. 31 ff. EuInsVO hätte jedoch zur Folge, dass ein Instrumentarium zur Koordination der Insolvenzverfahren konzernverbundener Unternehmen zur Verfügung stünde und möglicherweise gegen den Willen des Gesetzgebers ein Abwicklungsmechanismus zur Bewältigung von Konzerninsolvenzen geschaffen würde.

Darüber hinaus liegt auch keine vergleichbare Interessenlage vor.[509] Dies ergibt sich zunächst daraus, dass die Vorschriften über die Koordination von Haupt- und Sekundärinsolvenzverfahren die Verhältnisse eines Rechtsträgers betreffen, wohingegen in Konzernkonstellationen das Verhältnis mehrerer rechtlich selbständiger Rechtssubjekte und mehrerer grundsätzlich unabhängiger Insolvenzverfahren zu klären ist. Während die Vorschriften zur Koordination von Haupt- und Sekundärinsolvenzverfahren erkennbar auf einem Über-/Unterordnungsverhältnis beruhen und das Sekundärinsolvenzverfahren als Hilfsverfahren des Hauptverfahrens angesehen wird, erscheint eine Übertragung dieser Grundsätze auf die Situation in Konzernkonstellationen zweifelhaft.[510] Dies ergibt sich daraus, dass es sich in dieser Konstellation um grundsätzlich voneinander unabhängige Hauptverfahren handelt und es keineswegs selbstverständlich erscheint, dass dem Insolvenzverfahren der Muttergesellschaft eine dominierende Stellung zukommt. Während es in Haupt- und Sekundärinsolvenzverfahren um die Haftungsmaximierung der Vermögenswerte eines Rechtsträgers geht, steht in der Insolvenz mehrerer rechtlich selbständiger Konzernunternehmen primär die Haftungsmaximierung der den einzelnen Rechtsträgern zugeordneten Vermögenswerte im Vordergrund. Diese grundsätzlich unterschiedliche Ausgangssituation führt dazu, dass eine vergleichbare Interessenlage in Konzernkonstellationen zu verneinen ist und eine entsprechende Anwendung der Kooperations- und Koordinierungsvorschriften in den Insolvenzverfahren konzernverbundener Unternehmen ausscheidet.

2. *European Communication and Cooperation Guidelines for Cross-border Insolvency*

Während auf internationaler Ebene eine Vielzahl von Prinzipien, Richtlinien und Empfehlungen zur Kooperation und Kommunikation in grenzüberschreitenden Insolvenzverfahren entwickelt wurde, beschäftigen sich die folgenden

508 Virgos/Schmit, Erläuternder Bericht, Nr. 76; Huber, ZZP 114 (2001), 133 (143); Kindler, in: MüKo, BGB, Band 11, EuInsVO, Art. 2 Rn. 29.

509 Rostegge, Konzerninsolvenz, S. 277 ff., Vormstein, Zuständigkeit, S. 168 f.

510 Vormstein, Zuständigkeit, S. 168 f.

Ausführungen mit den auf europäischer Ebene entwickelten *Communication and Cooperation Guidelines for Cross-Border Insolvency (CoCo-Guidelines)*, um einen grundsätzlichen Einblick in das Verständnis dieser Regelungsmechanismen zu gewinnen und deren etwaigen Nutzen für die hier zu behandelnde Thematik aufzuzeigen.[511]

Die *CoCo-Guidelines* wurden von *Insol Europe*, unter Führung von *Virgos* und *Wessels* entworfen und regeln überwiegend verfahrensrechtliche Fragen der Information und Kooperation in grenzüberschreitenden Insolvenzverfahren.[512] Die Verfasser haben sich bei ihren Arbeiten an bereits auf internationaler Ebene bestehenden Kooperations- und Koordinationsregelungen orientiert und als Vorlage bei der Entwicklung der Richtlinien insbesondere auf das *UNCITRAL-Modellgesetz*[513] und die *ALI Principles*[514] zurückgegriffen.[515] Bei ersterem handelt es sich um einen Vorschlag von *UNCITRAL*, der den nationalen Gesetzgebern aller Staaten als Muster bei der Schaffung eines einheitlichen Insolvenzrechts dienen soll, um die nationalen Insolvenzrechte zu harmonisieren und die Abwicklung grenzüberschreitender Insolvenzverfahren zu vereinfachen.[516] Letzteres ist eine Übereinkunft der NAFTA-Mitgliedstaaten, die eine Kommunikation der Gerichte in grenzüberschreitenden Fällen sicherstellen und dadurch zur Koordination und Vereinheitlichung der Insolvenzverfahren beitragen soll.[517] Vor dem Hintergrund, dass die voranstehenden internationalen Vorhaben effektive Kooperationsregelungen für die Abwicklung grenzüberschreitender Insolvenzverfahren enthalten, bezwecken die *CoCo-Guidelines* im Anwendungsbereich der EuInsVO die unzureichende

---

511 Zu einem Überblick über die verschiedenen Vorhaben vgl. Fletcher/Wessels, ILLR 2013, 2 (6 f.). Die Textfassung der *European Communications and Cooperations Guidelines for Cross-border Insolvency* ist abrufbar unter: http://www.insol.org/INSOLfaculty/pdfs/BasicReading /Session %205/European%20Communication%20and%20Cooperation%20Guidelines%20for%20Cross-border%20Insolvency%20.pdf.

512 Reinhart, in: MüKo, InsO, Band 3, Anhang, EuInsVO, Art. 31 Rn. 3.

513 Die Textfassung des UNCITRAL *Model Law on Cross-Border Insolvency, with Guide to Enactment* ist abrufbar unter: http://www.uncitral.org/pdf/english/texts/insolven/insolvency-e.pdf.

514 Die Textfassung des *Americans Law Institute's Transnational Insolvency Project regarding Cooperation among NAFTA Countries (USA, Canada, Mexico)* ist abrufbar unter: http://www.ali.org/doc/InsolvencyPrinciples.pdf. Obwohl diese Richtlinien zunächst in dem Projekt zur Verbesserung der Kommunikation zwischen den Insolvenzgerichten innerhalb der NAFTA Staaten entwickelt wurden, sind diese Richtlinien auch vom International Insolvency Institute angenommen worden und haben somit in internationalen Insolvenzfällen erheblich an Bedeutung gewonnen. Eine deutsche Fassung der *Richtlinien anzuwenden bei der Kommunikation zwischen Gerichten in grenzüberschreitenden Fällen* findet sich unter: http://www.iiiglobal.org/component/jdownloads/finish/394/1502.html.

515 Insol Europe, Introduction CoCo Guidelines, S. 26.

516 Benning/Wehling, EuZW 1997, 618 (619).

517 American Law Institute, Introduction ALI Prinicples, S. 1 ff.

Kooperationsregelung des Art. 31 EuInsVO inhaltlich auszugestalten und durch die Etablierung entsprechender Rahmenbedingungen zu einer effizienten und effektiven Verwaltung grenzüberschreitender Insolvenzverfahren beizutragen.[518] Die Richtlinien versuchen dabei insbesondere durch die Schaffung eines einheitlichen Kommunikations- und Kooperationsstandards eine wirksame Zusammenarbeit zu ermöglichen und infolgedessen eine effiziente Koordination paralleler Insolvenzverfahren im Interesse sämtlicher Beteiligter zu gewährleisten.[519] Dabei erscheint erfreulich, dass die Verfasser nicht nur die Verbesserung der Kooperation zwischen den Insolvenzverwaltern vor Augen hatten, sondern auch die Bedeutung der Kooperation zwischen den Insolvenzgerichten bei der Abwicklung grenzüberschreitender Insolvenzverfahren erkannten. Während Art. 31 EuInsVO lediglich Informations- und Kooperationspflichten zwischen den Insolvenzverwaltern statuiert und die ganz herrschende Meinung eine entsprechende Pflicht für die Insolvenzgerichte aus einer entsprechenden Anwendung dieser Vorschriften ablehnt,[520] enthalten die Richtlinien Regelungen, die sich mit der grundsätzlich zulässigen Kooperation auf Ebene der Insolvenzgerichte befassen und dadurch die Möglichkeiten der Richterkooperation verbessern (Guideline 16).

Obwohl die Richtlinien insgesamt positiv zu bewerten sind, wird auf eine genaue Darstellung deren Inhalts an dieser Stelle verzichtet, da die Kooperationsvorschriften für Konzernkonstellationen nur bedingt geeignet sind. Ein grundsätzlicher Nachteil dieser Regelungsmechanismen ist zunächst darin zu sehen, dass es sich bei den *CoCo-Guidelines* – in Übereinstimmung mit anderen internationalen Koordinations- und Kooperationsvorschriften - um grundsätzlich unverbindliche Regelungen handelt, welche keine unmittelbaren Rechtswirkungen entfalten.[521] Nichtsdestotrotz gehen die *CoCo-Guidelines* in ihren Zielvorstellungen über einen bloßen Empfehlungscharakter hinaus und versuchen durch die inhaltliche Ausgestaltung des Art. 31 EuInsVO einen einheitlichen Kooperationsstandard zu etablieren.[522]

---

518 Insol Europe, Introduction CoCo Guidelines Nr. 15.

519 Hortig, Kooperation, S. 244 f.

520 Kindler, in: MüKo, BGB, Band 11, EuInsVO, Art. 31 Rn. 8; Ehricke, in: FS MPI 2001, 337 (347); ders., WM 2005, 397 (401); ders., ZIP 2007, 2395 (2400); Staak, NZI 2004, 480 (483); Commandeur, in: Nerlich/Römermann, EuInsVO, Art. 31 Rn. 28 ff.; Vallender, KTS 2008, 59 (66 f.); Busch/Remmert/Rüntz/Vallender, NZI 2010, 417 (418).

521 Insol Europe, CoCo Guidelines, Explanation, Nr. 34, 36 a. E. Darüber hinaus handelt es sich auch bei den internationalen Koordinations- oder Kooperationsvorschriften oftmals um nicht verbindliche Regelungen. Während beispielsweise das *UNCITRAL Model Law on Cross-Border Insolvency* lediglich ein unverbindlicher Vorschlag für die nationalen Gesetzgeber zur Gestaltung der nationalen Insolvenzrechte ist, handelt es sich auch bei den *Richtlinien anzuwenden bei der Kommunikation zwischen den Gerichten in grenzüberschreitenden Fällen* um grundsätzlich unverbindliche Regelungen (Leitlinie 16 u 17), vgl. Busch/Remmert/Rüntz/Vallender, NZI 2010, 417 (418 f.).

522 Hortig, Kooperation, S. 166.

Demnach erscheint es durchaus möglich, dass die Richtlinien als maßgebliches Mittel zur Bestimmung des Aufgaben- und Pflichtenkreises der Insolvenzverwalter herangezogen und als Maßstab für eine ordnungsgemäße Pflichtenerfüllung angesehen werden können. Dies würde schließlich zu einer mittelbaren Rechtswirkung der Richtlinien führen, indem die Insolvenzverwalter im Rahmen ihrer Kooperationspflicht (Art. 31 EuInsVO) zur Einhaltung dieser Richtlinien gezwungen wären und eine Missachtung möglicherweise eine Haftung nach der jeweiligen *lex fori concursus* (Bsp. §§ 58–60 InsO) zur Folge hätte.[523] Letztlich bleibt jedoch festzustellen, dass der grundsätzlich unverbindliche Regelungsmechanismus der *CoCo-Guidelines de lege lata* noch keine rechtssichere und effektive Kooperation gewährleistet und im Übrigen auch nicht die ursprünglichen Regelungsdefizite der Verordnung zu kompensieren vermag. Dazu gehört insbesondere, dass die Verordnung keine Kooperationspflicht zwischen den Insolvenzgerichten enthält und die Richtlinien demzufolge eine solche auch nicht begründen können.

Darüber hinaus ist im Hinblick auf die vorliegende Thematik zu beachten, dass die *CoCo-Guidelines* in Konkretisierung des Art. 31 EuInsVO ihre Wirkungen grundsätzlich nur im Anwendungsbereich der EuInsVO entfalten und mithin grundsätzlich nicht die Situation der Konzerninsolvenz erfassen.[524] Dieses Ergebnis lässt sich daraus entnehmen, dass das Ziel der Richtlinien darin besteht, die Koordination der Insolvenzverfahren über das Vermögen desselben Schuldners zu vereinfachen (Guideline 2.1). Nichtsdestotrotz werden die Insolvenzverwalter und Gerichte ermutigt, die Richtlinien auch außerhalb des Anwendungsbereichs der EuInsVO anzuwenden (Guideline 18). Demnach könnten die Richtlinien in sämtlichen parallelen Insolvenzverfahren Anwendung finden und infolgedessen auch zur Koordination der Insolvenzverfahren konzernverbundener Unternehmen nutzbar gemacht werden. In diesem Zusammenhang ist jedoch zu beachten, dass es sich hierbei lediglich um eine gänzlich unverbindliche Anregung handelt, deren Umsetzung im Belieben der Beteiligten steht und von einer etwaigen Kooperationsbereitschaft der zuständigen Insolvenzgerichte und der bestellten Insolvenzverwalter abhängt. Im Gegensatz zu Haupt- und Sekundärinsolvenzverfahren können die Richtlinien in der Situation der Konzerninsolvenz auch keine mittelbaren Rechtswirkungen entfalten, da eine Kooperation der Insolvenzverwalter bei mehreren Hauptverfahren nicht vom Anwendungsbereich der Verordnung erfasst ist und eine Missachtung demnach unter keinen Umständen einen Verstoß gegen Art. 31 EuInsVO darstellt. Die Richtlinien eröffnen demnach in den Insolvenzverfahren über das Vermögen mehrerer Konzernunternehmen lediglich eine Kooperationsmöglichkeit, können jedoch mangels verbindlicher Regelungen keine effektive und rechtssichere Kooperation in Konzernkonstellationen gewährleisten.

523 Hortig, Kooperation, S. 167.
524 Hortig, Kooperation, S. 249.

III. Eignung der Regelungen für eine verfahrensrechtliche Zusammenfassung

Mangels besonderer konzerninsolvenzrechtlicher Vorschriften verfügt die Verordnung (EG) Nr. 1346/2000 auch über keine expliziten verfahrensrechtlichen Mechanismen zur Koordination der Insolvenzverfahren konzernverbundener Unternehmen. Eine verfahrensrechtliche Koordination der Insolvenzverfahren ließe sich demnach nur dann erreichen, wenn die Verordnung zumindest entsprechende Anknüpfungspunkte dafür enthielte und eine Umsetzung dieser Erwägungen mit dem Regelungssystem der Verordnung vereinbar wäre. Schließlich läge ein taugliches Lösungsmodell nur dann vor, wenn die Anwendung der verfahrensrechtlichen Mechanismen eine rechtssichere und effektive Abwicklung von Konzerninsolvenzen ermöglichte.

1. Internationale Zuständigkeit gem. Art. 3 EuInsVO

Eine Koordination der Insolvenzverfahren konzernverbundener Unternehmen käme insbesondere dann in Betracht, wenn für die Eröffnung der Hauptinsolvenzverfahren über das Vermögen mehrerer oder sämtlicher Konzerngesellschaften die Gerichte desselben Mitgliedstaates zuständig wären. Die maßgebende Regelung für die Bestimmung der internationalen Zuständigkeit ist in Art. 3 I EuInsVO statuiert. Demnach sind für die Eröffnung des Insolvenzverfahrens die Gerichte des Mitgliedstaates zuständig, in dessen Gebiet der Schuldner den Mittelpunkt seiner hauptsächlichen Interessen hat (Art. 3 I 1 EuInsVO). Bei Gesellschaften und juristischen Personen wird bis zum Beweis des Gegenteils vermutet, dass der Mittelpunkt ihrer hauptsächlichen Interessen der Ort des satzungsmäßigen Sitzes ist (Art. 3 I 2 EuInsVO).

a) Mittelpunkt der hauptsächlichen Interessen

Der Mittelpunkt der hauptsächlichen Interessen (*center of main interest – COMI*) ist der zentrale Begriff bei der Ermittlung der internationalen Zuständigkeit im Anwendungsbereich der EuInsVO.[525] Der Anknüpfung an diesen Rechtsbegriff liegt die Vorstellung des Verordnungsgebers zu Grunde, dass für die Bestimmung der internationalen Zuständigkeit und der damit einhergehenden Ermittlung des maßgebenden Insolvenzstatuts der Ort maßgebend sein müsse, an dem sich die meisten Vermögensgegenstände befinden und die Mehrzahl der Gläubiger sich bewusst auf eine Zusammenarbeit mit dem Schuldner einlässt.[526] Darüber hinaus sollen die Gläubiger die Risiken eines Insolvenzfalls kalkulieren und vorhersehen können, mit

525 Haß/Herweg, in: Haß/Huber/Gruber/Heiderhoff, EuInsVO, Art. 3 Rn. 6.

526 Virgos/Schmit, Erläuternder Bericht, Nr. 75; Duursma/Duursma-Kepplinger, DZWIR 2003, 447 (448); Haß/Herweg, in: Haß/Huber/Gruber/Heiderhoff, EuIns-VO, Art. 3 Rn. 6 f.

welchen Gerichten und welchem Insolvenzrecht sie im Fall der Fälle konfrontiert werden. Angesichts der Bedeutung des hauptsächlichen Interessenmittelpunkts erscheint es erstaunlich, dass die EuInsVO keine Legaldefinition dieses Begriffs enthält und lediglich in den Erwägungsgründen darauf verweist, dass als Mittelpunkt der hauptsächlichen Interessen der Ort gelten sollte, an dem der Schuldner gewöhnlich der Verwaltung seiner Interessen nachgeht und damit für Dritte feststellbar ist.[527] Die fehlende gesetzliche Definition und die verschiedenen aus dem unbestimmten Rechtsbegriff resultierenden Interpretationsmöglichkeiten führten dazu, dass sich die Bestimmung des COMI zum zentralen Streitthema der Verordnung entwickelte und verschiedene Auffassungen zur Auslegung des Begriffs in Wissenschaft und Praxis vertreten werden.[528] Im Mittelpunkt der Diskussionen steht dabei insbesondere die Frage, ob bei der Bestimmung des hauptsächlichen Interessenmittelpunkts einer Gesellschaft die interne Struktur oder das nach außen erkennbare Verhalten des Unternehmens maßgeblich ist. Dieser Streit entfachte vor allem bei konzernverbundenen Unternehmen und ist daher Gegenstand der folgenden Ausführungen.

b) Mittelpunkt der hauptsächlichen Interessen in Konzernkonstellationen

Nach der gesetzlichen Regelung des Art. 3 EuInsVO ist für die Bestimmung der internationalen Zuständigkeit der Mittelpunkt der hauptsächlichen Interessen des Schuldners maßgebend. Diese Regelung hat zur Folge, dass es in Konzernkonstellationen nicht auf den hauptsächlichen Interessenmittelpunkt des Konzerns ankommt, sondern der hauptsächliche Interessenmittelpunkt der jeweiligen rechtlich selbständigen Konzerngesellschaft für die Begründung der internationalen Zuständigkeit entscheidend ist.[529] Infolgedessen kommt eine einheitliche internationale Zuständigkeit in Konzernkonstellationen nur dann in Betracht, wenn sich der satzungsmäßige Sitz oder der hauptsächliche Mittelpunkt sämtlicher Konzernunternehmen in demselben Mitgliedstaat befindet. Da der statuarische Sitz der verschiedenen Konzerngesellschaften in der Praxis regelmäßig divergiert, wurde in der Vergangenheit zum Teil versucht, die in Art. 3 I 2 EuInsVO normierte Vermutung zu widerlegen und durch eine entsprechende Auslegung den Mittelpunkt der hauptsächlichen Interessen sämtlicher Konzerngesellschaften am Sitz der Konzernleitung zu verorten. Während zunächst die Gerichte des Vereinigten Königreichs diese Entwicklung in Gang setzten und damit anfangs einen Sturmlauf der Entrüstungen hervorriefen, machte die Vorgehensweise der englischen Gerichte[530] getreu dem Sprichwort: „Wir

527 Erwägungsgrund 13.

528 Reinhart, in: MüKo, InsO, Band 3, Anhang, EuInsVO, Art. 3 Rn. 7; ausführlich zur internationalen Zuständigkeit in Konzernkonstellationen Wiebusch, Internationales Konzerninsolvenzrecht, S. 89 ff.

529 Virgos/Schmit, Erläuternder Bericht, Nr. 76; Deyda, Der Konzern, S. 64 f.; Haß/Herweg, in: Haß/Huber/Gruber/Heiderhoff, EuInsVO, Art. 3 Rn. 56.

530 The High Court of Justice London, Beschluss vom 4.6.2002 – *Enron Directo Sociedad Limitada*, unreported, dazu Pannen/Riedemann, NZI 2005, 646 (648); The High

ernten, was wir säen" nach und nach in anderen Mitgliedstaaten Schule und führte dazu, dass auch deutsche[531] und italienische[532] Gerichte die extensive Auslegung der Zuständigkeitsregelung des Art. 3 EuInsVO als probates Mittel zur Abwicklung von Konzerninsolvenzen ansahen.[533] Die Diskussion um den Mittelpunkt der hauptsächlichen Interessen und die in diesem Kontext ergangenen Urteile des EuGH sind Gegenstand zahlreicher wissenschaftlicher Abhandlungen und sollen an dieser Stelle nicht nochmals wiedergegeben werden. Die folgenden Ausführungen begnügen sich daher, die Grundsätze der in Zusammenhang mit Art. 3 EuInsVO stehenden Problematik in Wissenschaft und gerichtlicher Praxis aufzuzeigen und die damit verbunden Konsequenzen für die hier zu behandelnde Thematik darzustellen.

Ein Teil der gerichtlichen Praxis stellte bei der Ermittlung der internationalen Zuständigkeit überwiegend auf unternehmensinterne und weniger auf externe, nach außen erkennbare Gesichtspunkte ab.[534] Demnach sahen zunächst insbesondere englische Gerichte den Mittelpunkt der hauptsächlichen Interessen von Gesellschaften an dem Ort lokalisiert, an dem für das Unternehmen die wesentlichen Entscheidungen (*mind of management*) getroffen oder die zentralen Verwaltungsfunktionen

Court of Justice London, Beschluss vom 20.05.2003 – *Crisscross Telecommunications Group*, unreported, dazu Pannen/Riedemann, NZI 2005, 646 (648); The High Court of Justice Birmignham, Beschluss vom 18.04.2005 – *MG-Rover*, NZI 2005, 467 (467 ff.) mit Anmerkung Penzlin/Riedemann NZI 2005, 467 (469 ff.); The High Court of Justice Leeds, Beschluss vom 16.05. 2003 – *Daisytek-ISA*, ZIP 2003, 1362 (2362 ff.); NZI 2004, 219 (219 ff.).

531 Beschluss des AG München vom 4.5.2004 – 1501 IE 1276/04 – *Hettlage*, NZI 2004, 450 (450 ff.) mit Anmerkung Mankowski, NZI 2004, 450 (450 ff.).

532 Tribunale di Parma, Beschluss vom 20.04.2004 – *Parmalat*, ZIP 2004, 1220 (1220 ff.).

533 Für eine Übersicht über die Rechtsprechungsentwicklung vgl. Reinhart, in: MüKo, InsO, Band 3, Anhang, EuInsVO, Art. 3 Rn. 8 ff.; Bezelgues, Konzerninsolvenzen, S. 143 ff.; Wiebusch, Internationales Konzerninsolvenzrecht, S. 98 ff.; Mohrs, Konzerngebundene Kapitalgesellschaft, S. 94 ff.; Pannen/Riedemann, NZI 2004, 646 (648 ff.).

534 The High Court of Justice London, Beschluss vom 4.6.2002 – *Enron Directo Sociedad Limitada*, unreported, dazu Pannen/Riedemann, NZI 2004, 646 (648); The High Court of Justice London, Beschluss vom 20.05.2003 – *Crisscross Telecommunications Group*, unreported, dazu Pannen/Riedemann, NZI 2004, 646 (648); The High Court of Justice Birmignham, Beschluss vom 18.04.2005 – *MG-Rover*, NZI 2005, 467 (467 ff.) mit Anmerkung Penzlin/Riedemann NZI 2005, 467 (469 ff.); dazu auch Herchen, ZInsO 2004, 61 (61 ff.); Oberhammer, ZInsO 2004, 761 (767 f.); Paulus, EWiR 2003, 709 (709 ff.); The High Court of Justice Leeds, Beschluss vom 16.05. 2003 – *Daisytek- ISA*, ZIP 2003, 1362 (1362 ff.), NZI 2004, 219 (219 ff.), dazu Paulus ZIP 2003, 1725 (1725 ff.); ders., EWIR 2003, 709 (709 ff.); Smid, DZWIR 2003, 397 (400 ff.); Herchen, ZinsO 2004, 61 (61 ff.); Pannen/Riedemann, NZI 2004, 641 (648); Beschluss des AG München vom 4.5.2004 – 1501 IE 1276/04 – *Hettlage*, NZI 2004, 450 (450 ff.) mit Anmerkung Mankowski, NZI 2004, 450 (450 ff.); Paulus, EWIR 2004, 493 (493 ff.).

(*head office functions*) wahrgenommen wurden.[535] Dabei wurde für die Bestimmung des COMI der Tochtergesellschaft insbesondere als entscheidend angesehen, an welchem Ort die Kontrolle über die Tochtergesellschaft ausgeübt wird, die strategischen und operativen Entscheidungen getroffen werden und an welchem Ort die entscheidenden Verwaltungsfunktionen (Geschäfts-, Vertriebs- und Personalleitung) der Tochtergesellschaft angesiedelt sind.[536] Diese vor allem auf Zweckmäßigkeitserwägungen beruhende Auslegung des COMI führt dazu, dass sich insbesondere in zentral geführten Konzernen der Mittelpunkt der hauptsächlichen Interessen der Tochtergesellschaft oftmals am Sitz der Konzernleitung befinden dürfte und de facto entgegen dem ursprünglichen Willen des Verordnungsgebers ein Konzerngerichtsstand am Sitz der Muttergesellschaft geschaffen wird.[537] Die vorrangige Berücksichtigung der internen Lenkungsstrukturen und die weitgehende Missachtung der wirtschaftlichen Geschäftstätigkeit hat unter Umständen zur Folge, dass Hauptinsolvenzverfahren in Mitgliedstaaten durchgeführt werden, in denen keine oder kaum nennenswerte Vermögensgegenstände vorhanden sind und sich keine oder nur wenige Gläubiger und Arbeitnehmer befinden.[538] Darüber hinaus zeigt die Praxis, dass in diesen Fällen oftmals mit Eröffnung von Sekundärinsolvenzverfahren zu rechnen ist, da die Gerichte aufgrund der wirtschaftlichen Entfaltung und werbenden Tätigkeit der Tochtergesellschaft die Voraussetzungen des in Art. 2 lit. h) EuInsVO normierten Niederlassungsbegriffs als erfüllt ansehen.[539] Die Eröffnung eines Sekundärinsolvenzverfahrens bewirkt dabei entgegen der ursprünglichen Intention einer extensiven Auslegung, dass die im Gebiet dieses Mitgliedstaates belegenen Vermögensgegenstände und damit oftmals nahezu das gesamte Vermögen des Schuldners den Wirkungen des Sekundärinsolvenzverfahrens unterfallen und infolgedessen das Hauptinsolvenzverfahren weitgehend entwertet beziehungsweise ausgehöhlt wird.[540]

---

535 Vgl. Schnittmann/Hesselmann, ZInsO 2008, 957 (961); Bähr/Riedemann, ZIP 2004, 1064 (1067). Mit dieser Ansicht sympathisierend Paulus, ZIP 2005, 1948 (1952); ders., NZI 2008, 1 (1 ff.).

536 Weller, ZHR 169 (2005), 570 (579 f.). Für eine Übersicht über die nach dieser Ansicht herangezogenen Kriterien zur Bestimmung des Interessenmittelpunkts vgl. Kindler, in: MüKo, BGB, Band 11, EuInsVO, Art. 3 Rn. 19.

537 Eidenmüller, NJW 2004, 3455 (3456); Weller, ZHR 169 (2005), 570 (581 ff.); ähnlich auch Ehricke, in: Kölner Schrift zur InsO, Kapitel 32 Rn. 28.

538 Sabel, NZI 2004, 126 (127).

539 AG Köln, Beschluss vom 23.01.2004 – 71 IN 1/04, NZI 2004, 151 (151).

540 Sabel, NZI 2004, 126 (127); Mankowski, RIW 2005, 561 (575), Schmollinger, Der Konzern, S. 93 ff.; Bezelgues, Konzerninsolvenzen, S. 193. Dieser Entwicklung versucht Wiebusch mit einem dezentralisierten Ansatz entgegenzuwirken, wonach – zur Vermeidung der „störenden" Sekundärinsolvenzverfahren – die Hauptinsolvenzverfahren stets an dem Ort eröffnet werden sollen, an dem sich das Vermögen des jeweiligen Rechtsträgers befindet. Die konzerneinheitliche Abwicklung erfolgt auf Grundlage dieses dezentralisierten Ansatzes durch Koordinations- und

Ein Teil der gerichtlichen Praxis und die herrschende Ansicht in der deutschsprachigen Literatur gingen dagegen davon aus, dass für die Bestimmung der internationalen Zuständigkeit keine unternehmensinternen Faktoren herangezogen werden können, sondern vielmehr externe Kriterien maßgebend seien.[541] Diese Sichtweise ergebe sich insbesondere daraus, dass laut Erwägungsgründen als Mittelpunkt der hauptsächlichen Interessen der Ort gelten sollte, an dem der Schuldner gewöhnlich der Verwaltung seiner Interessen nachgeht und der damit für Dritte feststellbar ist.[542] Die Verwirklichung des letzteren Merkmals erfordere, dass für die Zuständigkeitsermittlung das operative Geschäft der Gesellschaft maßgebend sei und auf den nach außen erkennbaren Hauptort der werbenden Geschäftstätigkeit (*business-activity)* jedes einzelnen Konzernunternehmens abgestellt werden müsse.[543] Entscheidend für dessen Bestimmung sei eine Gesamtschau verschiedener Faktoren, wie beispielsweise der Geschäftsabschluss, der Einsatz von Mitarbeitern, die Mehrzahl der Kundenbeziehungen und der Marktauftritt der Gesellschaft.[544] Das Abstellen auf die nach außen erkennbaren geschäftlichen Aktivitäten gewährleiste, dass die potentiellen Gläubiger den Mittelpunkt der hauptsächlichen Interessen des Schuldners erkennen können und in Übereinstimmung mit den Zielvorstellungen der Verordnung eine sachgerechte Einschätzung der insolvenzbedingten Gefahren und Risiken ermöglicht wird.[545]

Schließlich zog eine andere Ansicht in Anknüpfung an die aus dem internationalen Gesellschaftsrecht bekannte Sitztheorie, den effektiven Verwaltungssitz zur Bestimmung der internationalen Zuständigkeit heran.[546] Dieser Theorie zur Folge befindet sich der effektive Verwaltungssitz und mithin der Mittelpunkt der hauptsächlichen Interessen der Gesellschaft am Tätigkeitsort der Geschäftsführung, d. h. an dem Ort, an dem die grundlegenden Entscheidungen der Unternehmensleitung

---

Kooperationsregelungen auf Ebene der Insolvenzverwalter und Insolvenzgerichte, vgl. Wiebusch, Internationales Konzerninsolvenzrecht, S. 187 ff.

541 AG Mönchengladbach, Beschluss vom 27.04.2004 – 19 IN 54/04 – *EMBIC,* NZI 2004, 383 (383 ff.) mit Anmerkung Lautenbach NZI 2004, 383 (384 ff.); Kübler, in: FS Gerhardt 2004, 528 (550 ff.); Weller, ZHR 169 (2005), 570 (581 ff.); Bähr/Riedemann, ZIP 2004, 1066 (1067); Pannen/Riedemann, NZI 2004, 646 (651); Ehricke, EWS 2001, 101 (103 ff.); Luer, in: FS Greiner 2005, 201 (205 ff.); Kammel, NZI 2006, 332 (336), Vallender, KTS 2005, 283 (292 ff.); Wimmer ZinsO 2005, 119 (121 ff.).

542 Erwägungsgrund 13.

543 Weller, ZHR 169 (2005), 570 (581 ff.); AG Mönchengladbach, Beschluss vom 27.04.2004 – 19 IN 54/04– *EMBIC,* NZI 2004, 383 (383 ff.) mit Anmerkung Lautenbach NZI 2004, 383 (384 ff.); Bär/Riedemann, ZIP 2004, 1066 (1067); Pannen/Riedemann, NZI 2004, 646 (648); Kübler, in: FS Gerhardt 2004, 528 (555 ff.).

544 Weller, ZHR 169 (2005), 570 (579); ähnliche und weitere Kriterien bei Bähr/Riedemann, ZIP 2004, 1064 (1067); Kammel, NZI 2006, 334 (336); Kübler, in: FS Gerhardt 2004, 528 (556).

545 Weller, ZHR 169 (2005), 570 (581 ff.).

546 Eidenmüller, NJW 2004, 3455 (3457); Ehricke, DZWIR 1999, 353 (360); Laukemann, RIW 2005, 104 (107).

effektiv in laufende Geschäftsführungsakte umgesetzt werden.[547] Diese Auffassung unterscheidet sich zunächst von der *mind of management*-Theorie dadurch, dass sie weniger auf konzerninterne Lenkungsentscheidungen, als vielmehr auf den für Dritte erkennbaren Sitz der Geschäftsleitung der einzelnen Tochtergesellschaften abstellt.[548] Darüber hinaus sieht sie im Gegensatz zur *business activity*-Theorie den Mittelpunkt der hauptsächlichen Interessen nicht an dem Ort lokalisiert, an dem die Tochtergesellschaft ihren Unternehmensgegenstand im Rechtsverkehr umsetzt, sondern an dem die Geschäftsleitung tätig ist.[549] Nach dieser Ansicht dürfte eine internationale Zuständigkeitskonzentration insbesondere in zentral geführten Konzernen in Betracht kommen, da die Geschäftsführungsorgane der jeweiligen Tochtergesellschaft in diesen Konzernkonstellationen oftmals nicht am Hauptort der werbenden Tätigkeit, sondern am Sitz der Konzernleitung angesiedelt sind.[550]

Der vorstehende Meinungsstreit beschäftigt seit Inkrafttreten der EuInsVO Wissenschaft und Praxis, hat jedoch durch die grundlegende Entscheidung des EuGH in der Rechtssache *Eurofood/Parmalat*[551] an Bedeutung verloren. Der EuGH stellte in dieser Entscheidung klar, dass die in Art. 3 I 2 EuInsVO enthaltene Vermutungsregel nur dann widerlegt werden könne, sofern objektive und für Dritte feststellbare Kriterien belegen, dass die wirkliche Lage nicht derjenigen entspricht, die die Verortung am genannten satzungsmäßigen Sitz widerspiegeln soll. Eine Widerlegung der Vermutung komme demnach in Betracht, wenn die Gesellschaft am Ort des satzungsmäßigen Sitzes keiner geschäftlichen Tätigkeit nachgehe. Sofern jedoch die Gesellschaft ihre Tätigkeit am Ort des satzungsmäßigen Sitzes ausübe, reiche die Tatsache, dass ihre wirtschaftlichen Entscheidungen von einer Muttergesellschaft mit Sitz in einem anderen Mitgliedstaat kontrolliert werden können nicht aus, um die in der Verordnung enthaltene Vermutung zu entkräften.[552] Die Entscheidung des EuGH lässt erkennen, dass der Vermutungsregel bei der Bestimmung der internationalen Zuständigkeit eine grundlegende Bedeutung zukommt und eine Widerlegung der Vermutung grundsätzlich nur in Ausnahmefällen möglich ist und keinesfalls als Regelfall angesehen werden darf. Des Weiteren zeigt die Entscheidung, dass der

---

547 Sandrock, in: FS Beitzke 1979, 669 (683); BGH, Urteil vom 21.3.1986 – VZR 10/85, BGHZ 97, 269 (272).

548 Weller, ZHR 169 (2005), 570 (580).

549 Weller, ZHR 169 (2005), 570 (580).

550 The High Court of Justice Birmignham, Beschluss vom 18.04.2005 – *MG-Rover*; AG Offenburg, Beschluss vom 2.8.2004 – 2 IN 133/04, NZI 2004, 673 (673); Weller, ZHR 169 (2005), 570 (583).

551 EuGH, Urteil vom 2.5.2006 – C-341/04 – *Eurofood IFSC Ltd.*, NZI 2006, 360 (360 ff.), dazu Bezelgues, Konzerninsolvenzen, S. 165 ff.; Rühlemann, Verfahrenskonzentration, S. 106 ff.; Freitag/Leible, RIW 2006, 641 (641 ff.); Kammel NZI 2006, 334 (334 ff.); Liersch, NZI 2006, V (V ff.); Mankowski, BB 2006, 1753 (1753 ff.); Paulus, NZG 2006, 609 (609 ff.); ders. NZI 2008, 1 (1 ff.) Smid, DZWIR 2006, 325 (325 ff.); Poertzgen/Adam, ZinsO 2006, 505 (505 ff.).

552 EuGH, Urteil vom 2.5.2006 – C-341/04 – *Eurofood IFSC Ltd.*, NZI 2006, 360 (360).

EuGH in Übereinstimmung mit den Erwägungsgründen die nach außen erkennbaren Kriterien als maßgebend für die Ermittlung der internationalen Zuständigkeit ansieht und eine Widerlegung der Vermutung nur bei Vorliegen objektiver und für Dritte feststellbarer Kriterien in Betracht kommt. Auch wenn sich der EuGH in der Urteilsbegründung nicht mit den einzelnen in Wissenschaft und Praxis vertretenen Auffassungen befasst, lassen die vorstehenden Ausführungen erkennen, dass die *mind of management*-Theorie in Reinform nicht mit den Aussagen des EuGH zu vereinbaren ist und rein konzerninterne Vorgänge demnach nicht ausreichen, um den Mittelpunkt der hauptsächlichen Interessen der Tochtergesellschaft am Sitz der Konzernmutter zu verorten.[553] Während also in der Entscheidung *Eurofood/Parmalat* die zentrale Weichenstellung für die Bestimmung der internationalen Zuständigkeit erfolgte, wurde der zu beschreitende Weg durch die erstmalige Herausbildung konkreter Kriterien in der Rechtssache *Interedil*[554] konkretisiert und in der Rechtssache *Rastelli Davide*[555] schließlich bestätigt. Der EuGH bekräftigt in diesen Urteilen seinen bereits in der *Eurofood*-Entscheidung dargelegten Standpunkt und führt darüber hinaus aus, dass eine Widerlegung der für den Satzungssitz sprechenden Vermutung in den Fällen ausscheide, in denen sich die Kontroll- und Verwaltungsorgane der Gesellschaft am satzungsmäßigen Sitz befinden und die Verwaltungsentscheidungen der Gesellschaft in durch Dritte feststellbarer Weise an diesem Ort getroffen werden.[556] Sofern jedoch der Ort der Hauptverwaltung und der satzungsmäßige Sitz der Gesellschaft divergieren, können das Vorhandensein von Gesellschaftsaktiva und das Bestehen von Verträgen über deren finanzielle Nutzung in einem anderen Mitgliedstaat nur dann als zur Widerlegung dieser Vermutung ausreichende Faktoren angesehen werden, wenn eine Gesamtbetrachtung aller relevanten Faktoren, die von Dritten überprüfbare Feststellung zulässt, dass sich der tatsächliche Mittelpunkt der Verwaltung und der Kontrolle der Gesellschaft sowie der Verwaltung ihrer Interessen in diesem anderen Mitgliedstaat befindet.[557] Zu den berücksichtigenden Faktoren zählen unter anderen alle Orte, an denen die Schuldnergesellschaft eine wirtschaftliche Tätigkeit ausübt und an denen sie Vermögenswerte besitzt, sofern diese Orte für Dritte erkennbar sind.[558] Die genannten Entscheidungen des EuGH

553 EuGH, Urteil vom 2.5.2006 – C-341/04 *Eurofood IFSC Ltd.*, NZI 2006, 360 (360 ff.); Reinhart, in: MüKo, InsO, Band 3, Anhang, EuInsVO, Art. 3 Rn. 30; Brünkmans, Koordinierung, S. 324; Mankowski BB 2006, 1753 (1754); Freitag/Leible RIW 2006, 641 (643 ff.); Schmidt, KTS 2015, 19 (34); Bezelgues, Konzerninsolvenzen, S. 172; Rühlemann, Verfahrenskonzentration, S. 120; Mohrs, Konzerngebundene Kapitalgesellschaft, S. 117 ff.

554 EuGH, Urteil vom 20.11.2011 – C-396/09 – *Interedil*, NZI 2011, 990 (990 ff.) mit Anmerkung Mankowski, NZI 2011, 990 (994 ff.).

555 EuGH, Urteil vom 15.12.2011 – C-J019/10 – *Rastelli Davide*, BeckEuRS 2011, 628555; dazu auch, Pannen ZInsO 2014, 222 (227 f.).

556 EuGH, Urteil vom 20.11.2011 – C-396/09, NZI 2011, 990 (990).

557 EuGH, Urteil vom 20.11.2011 – C-396/09, NZI 2011, 990 (990).

558 EuGH, Urteil vom 20.11.2011 – C-396/09, NZI 2011, 990 (993).

sind für die Bestimmung der internationalen Zuständigkeit als positive Entwicklung anzusehen, werden jedoch den Streit um das COMI nicht beenden und keine endgültige Klärung der Fragen, betreffend den Mittelpunkt der hauptsächlichen Interessen herbeiführen. Das Positive in den Entscheidungen ist darin zu sehen, dass der EuGH der in Art. 3 I 2 EuInsVO normierten Vermutung weiterhin große Bedeutung beimisst und die Stärkung der Vermutungsregel zu einer erhöhten Rechtssicherheit bei der Ermittlung der internationalen Zuständigkeit beiträgt.[559] Des Weiteren ist erfreulich, dass die Entscheidung anstatt vager Formulierungen zunehmend auch konkrete, die Rechtssicherheit fördernde Kriterien nennt und beispielsweise klarstellt, dass eine Widerlegung der Vermutung ausscheide, wenn sich die Verwaltungs- und Kontrollorgane am satzungsmäßigen Sitz befinden und die Verwaltungsentscheidungen der Gesellschaft in durch Dritte feststellbarer Weise an diesem Ort getroffen werden. Die Formulierung des EuGH erinnert teilweise an diejenige, die bei der Begriffsbestimmung des effektiven Verwaltungssitzes verwendet wurde und zeigt, dass der Ort, an dem die Verwaltungsorgane tätig sind und die Verwaltungsentscheidungen in einer für Dritte erkennbaren Weise treffen bei der Bestimmung der internationalen Zuständigkeit von Bedeutung ist. Während dieser Teil der Entscheidung in den Fällen, in denen der satzungsmäßige Sitz und der Ort der Hauptverwaltung übereinstimmen zu einer erhöhten Rechtssicherheit führt, bleiben die für die vorliegende Thematik relevanten Ausführungen des EuGH zu den Konstellationen, in denen der satzungsmäßige Sitz und der Ort der Hauptverwaltung divergieren, sehr vage und unklar. Bei dieser oftmals in Konzernkonstellationen auftretenden Situation ist nach den Ausführungen des EuGH bei der Widerlegung der Vermutung eine Gesamtbetrachtung aller relevanten und für Dritte erkennbaren Faktoren im Einzelfall erforderlich. Darüber hinaus sind die Ausführungen des EuGH an dieser Stelle durchaus ambivalent, indem einerseits in Anlehnung an die *business activity Theorie* durch die Bezugnahme auf die wirtschaftliche Tätigkeit und der Belegenheit der Vermögensgegenstände auf externe Kriterien abgestellt wird, andererseits jedoch auch in einer der zur Bestimmung des effektiven Verwaltungssitzes ähnelnder Weise der tatsächliche Mittelpunkt der Verwaltung und Kontrolle der Gesellschaft und somit auch unternehmensinterne Kriterien genannt werden.[560] Die Erwähnung des Mittelpunktes der Kontrolle erinnert dabei sogar an die bereits oben dargestellte und insbesondere im angelsächsischen Bereich vertretene *mind-of-management-Theorie.* Insgesamt lässt sich somit feststellen, dass die Unklarheiten bei Bestimmung des COMI durch die Entscheidungen des EuGH zwar nach und nach beseitigt werden, jedoch die Ermittlung der im Einzelfall maßgebenden Kriterien und deren Gewichtung nach wie vor Schwierigkeiten bereitet und die damit

---

559 So auch Schmollinger, Der Konzern, S. 56. Eine einheitliche internationale Zuständigkeit kommt danach nur in Betracht, sofern bei allen Gesellschaften die Vermutung des Art. 3 Abs. 1 Satz 2 EuInsVO widerlegt werden kann.

560 In diesem Sinne auch Reinhart, NZI 2012, 304 (305); Rühlemann, Verfahrenskonzentration, S. 122.

in Zusammenhang stehenden Fragen auch weiterhin Wissenschaft und gerichtliche Praxis beschäftigen werden.[561]

2. Zusammenfassung

Die vorstehenden Ausführungen zeigen, dass die Regelung der internationalen Zuständigkeit (Art. 3 EuInsVO) in der Verordnung (EG) Nr. 1346/2000 keinen geeigneten Anknüpfungspunkt für eine rechtssichere und effiziente verfahrensrechtliche Koordination in Konzernkonstellationen bietet. Die Versuche der Praxis, das Fehlen besonderer konzerninsolvenzrechtlicher Vorschriften dadurch zu kompensieren, dass der in Art. 3 I 2 EuInsVO enthaltenen Vermutungsregel keine nennenswerte Bedeutung beigemessen und bei der Widerlegung der Vermutung allein auf interne und aus der Konzernzugehörigkeit resultierende Kriterien abgestellt wird, sind gescheitert. Die Entscheidung des EuGH in der Sache *Eurofood* hat dieser Vorgehensweise eine klare Absage erteilt, indem einerseits die Vermutung des satzungsmäßigen Sitzes gestärkt und andererseits unmissverständlich klargestellt wurde, dass eine Widerlegung der Vermutung nur bei objektiven und für Dritte feststellbaren Kriterien in Betracht kommt. Diese Entscheidung bedeutet für die vorliegende Thematik, dass sich in der Insolvenz von konzernverbundenen Unternehmen der hauptsächliche Interessenmittelpunkt dieser Gesellschaften oftmals in verschiedenen Mitgliedstaaten befindet und eine internationale Zuständigkeitskonzentration nur in wenigen Konstellationen in Betracht kommen dürfte.[562] Dieses Ergebnis hat nach den Entscheidungen des EuGH in den Rechtssachen *Interedil* und *Rastelli Davide* noch Bestand. Eine einheitliche internationale Zuständigkeit in Konzernkonstellationen kommt nur in Betracht, wenn bei den einzelnen Konzerngesellschaften eine Gesamtbetrachtung aller relevanten und für Dritte erkennbaren Faktoren eine Widerlegung der für den Satzungssitz sprechenden Vermutung rechtfertigt.

C. Zusammenfassung

Die voranstehenden Ausführungen zeigen, dass die aktuell geltenden Regelungen auf nationaler und europäischer Ebene nicht für eine Koordination der Insolvenzverfahren konzernverbundener Unternehmen geeignet sind.[563]

Dies ist im nationalen Bereich zunächst dadurch bedingt, dass das Regelungssystem der InsO über keine expliziten Kooperationsvorschriften verfügt. Das Fehlen ausdrücklich gesetzlicher Regelungen hat zur Folge, dass bereits das Bestehen von Kooperationspflichten umstritten ist und selbst bei Annahme entsprechender Pflichten Unklarheiten bezüglich deren Inhalt und Umfang bestehen. Darüber hinaus ist

561 Im Ergebnis auch Mohrs, Konzerngebundene Kapitalgesellschaft, S. 132 ff.

562 Vallender/Deyda, NZI 2009, 825 (831); Kindler, in: MüKo, BGB, Band 11, EuInsVO, Art. 3 Rn. 31; Freitag/Leible, RIW 2009, 641 (644).

563 Im Ergebnis ebenfalls Schmollinger, Der Konzern, S. 251.

das aktuelle Regelungssystem der InsO auch nicht geeignet, durch verfahrensrechtliche Mechanismen einen aufeinander abgestimmten Ablauf der Insolvenzverfahren sicherzustellen. Dies ergibt sich zunächst daraus, dass für die Bestimmung der örtlichen Zuständigkeit der allgemeine Gerichtsstand oder der Mittelpunkt der selbständigen wirtschaftlichen Tätigkeit jeder einzelnen Konzerngesellschaft maßgebend sind. Die Begründung eines faktischen Konzerngerichtsstands durch eine entsprechende Auslegung des § 3 InsO ist in Wissenschaft und Praxis äußerst umstritten und aufgrund der bestehenden Rechtsunsicherheiten nicht als taugliches Lösungsmodell für eine gerichtliche Zuständigkeitskonzentration in Konzernkonstellationen anzusehen. Darüber hinaus dürfte im aktuellen Regelungssystem der InsO auch die Bestellung eines einheitlichen Insolvenzverwalters für sämtliche insolvente Konzerngesellschaften nur in seltenen Fällen in Betracht kommen. Während die rechtlichen Probleme darin zu sehen sind, dass die Bestellung eines einheitlichen Insolvenzverwalters mit den in § 56 InsO normierten Unabhängigkeitserfordernis kollidieren könnte, entstehen die praktischen Probleme dadurch, dass aufgrund der oftmals unterschiedlich zuständigen Insolvenzgerichte und fehlender Kooperationsvorschriften auf gerichtlicher Ebene die Bestellung eines personenidentischen Insolvenzverwalters lediglich in Ausnahmefällen in Betracht kommen dürfte. Ferner können auch die konzernrechtlichen Befugnisse nicht als taugliches Lösungsmittel zur Koordination der Insolvenzverfahren konzernverbundener Unternehmen angesehen werden. Der Grund dafür ist zunächst darin zu sehen, dass die Frage nach dem Fortbestand der konzernrechtlichen Befugnisse in der Insolvenz aufgrund fehlender gesetzlicher Regelungen oftmals unterschiedlich beantwortet wird und die in diesem Zusammenhang auftretenden Aspekte des Insolvenz- und Gesellschaftsrechts bei Beantwortung dieser Fragestellung erhebliche Schwierigkeiten bereiten. Abgesehen von den unzählig vertretenen Ansichten und der daraus resultierenden Rechtsunsicherheit, besteht die zentrale Problematik dieses Lösungsansatzes darin, dass die Bestellung eines unabhängigen Insolvenzverwalters in der Insolvenz der abhängigen Gesellschaft eine Einflussnahme auf die Geschicke dieser Gesellschaft weitgehend verhindert und eine Koordination der Insolvenzverfahren in diesen Fällen nahezu ausgeschlossen ist. Die damit in Zusammenhang stehenden Probleme können auch nicht durch Anordnung der Eigenverwaltung in dem Insolvenzverfahren der abhängigen Gesellschaft gelöst werden. Diese in der Vergangenheit oftmals angestellten Überlegungen verkennen, dass das Eigenverwaltungsverfahren nicht für die Koordination der Insolvenzverfahren konzernverbundener Unternehmen, sondern für andere Konstellationen konzipiert wurde. Darüber hinaus ist zu beachten, dass die Anordnung der Eigenverwaltung nur bei Erfüllung der in § 270 InsO normierten und im Hinblick auf jeden einzelnen Schuldner zu beurteilenden Voraussetzungen in Betracht kommt, bei Vorliegen der in § 272 InsO geregelten Voraussetzungen wieder aufzuheben ist und das Regelungsinstitut der Eigenverwaltung vor diesem Hintergrund als äußerst fragil erscheint. Schließlich bietet auch das Insolvenzplanverfahren (§§ 217 ff. InsO) keine sachgerechte Möglichkeit, einen aufeinander abgestimmten Ablauf der Insolvenzverfahren zu gewährleisten. Während sich bei der Implementierung koordinierter Insolvenzpläne durch die zur Vorlage berechtigten Schuldner erneut die Frage nach dem Schicksal der konzernrechtlichen Befugnisse stellt, setzen sich bei Erstellung inhaltlich aufeinander abgestimmter Insolvenzpläne durch die zur Vorlage berechtigten Insolvenzverwalter, die aus dem Fehlen besonderer konzerninsolvenzrechtlicher Vorschriften resultierenden Probleme fort. Diese sind darin zu sehen, dass aus der Zuständigkeit unterschiedlicher Insolvenzgerichte oftmals die Bestellung unterschiedlicher Insolvenzverwalter resultiert und fehlende Kooperationsvorschriften auf Ebene der Insolvenzverwalter die Erstellung koordinierter Insolvenzpläne erschweren. Darüber hinaus erscheint eine Reorganisation des Konzernverbundes nur dann wahrscheinlich, wenn das Insolvenzplanverfahren der besonderen Situation der Konzerninsolvenz Rechnung trüge und die zur Förderung der Sanierung eines Rechtsträgers geschaffenen Regelungen um konzerndimensionale Aspekte erweitert würden.

Die in Zusammenhang mit der Insolvenz konzernverbundener Unternehmen auftretenden Schwierigkeiten zeigen sich nicht nur auf nationaler, sondern auch auf europäischer Ebene. Die Vorschriften der Verordnung (EG) Nr. 1346/2000 enthalten keine Regelungsmechanismen, die eine Koordination der Insolvenzverfahren konzernverbundener Unternehmen ermöglichen. Dies liegt zunächst daran, dass nach dem Regelungssystem der EuInsVO über das Vermögen jeder rechtlich selbständigen Konzerngesellschaft ein eigenes Hauptinsolvenzverfahren zu eröffnen ist und die in Art. 31 ff. EuInsVO enthaltenen Kooperationsregelungen nicht für die Koordination mehrerer Hauptinsolvenzverfahren gelten, sondern nur im Verhältnis von Haupt- und Sekundärinsolvenzverfahren Anwendung finden. Darüber hinaus bietet auch die Regelung der internationalen Zuständigkeit (Art. 3 EuInsVO) keinen geeigneten Anknüpfungspunkt für eine verfahrensrechtliche Koordination der Insolvenzverfahren. Die Ausführungen des EuGH zeigen, dass dem Satzungssitz von Gesellschaften bei der Ermittlung der internationalen Zuständigkeit eine wesentliche Bedeutung zukommt und eine Widerlegung der Vermutung nur bei objektiven und für Dritte festellbare Kriterien in Betracht kommt. Der Mittelpunkt der hauptsächlichen Interessen dürfte sich demnach bei divergierenden Satzungssitzen der jeweiligen Konzerngesellschaften im Regelfall in unterschiedlichen Jurisdiktionen befinden und eine Zuständigkeitskonzentration am Sitz der Konzernmutter nur noch in Ausnahmefällen möglich sein. Die unbefriedigende Rechtslage zeigt sich insbesondere, wenn man sich vor Augen führt, dass bei einem europaweit tätigen Konzern über das Vermögen jeder rechtlich selbständigen Konzerngesellschaft ein Hauptinsolvenzverfahren und bei Vorliegen der entsprechenden Voraussetzungen mehrere Sekundärinsolvenzverfahren eröffnet werden können.[564] Während die Regelungen der Art. 31 ff. EuInsVO zumindest eine Koordination von Haupt- und Sekundärinsolvenzerfahren sicherstellen, enthält das Regelungssystem der EuInsVO keine Mechanismen zur Koordination der in Zusammenhang stehenden Hauptinsolvenzverfahren. Diese wären jedoch Voraussetzung, um die konzernrechtlichen Verflechtungen in der Insolvenz von Konzernunternehmen ausreichend zu

564 Dazu auch Pannen, ZInsO 2014, 222 (225).

berücksichtigen und im Interesse der Gläubiger sämtlicher Konzerngesellschaften den im Konzernverbund liegenden Mehrwert zu realisieren.

Fazit: Die Regelungsmechanismen der InsO und der Verordnung (EG) Nr. 1346/2000 verfügen über keine besonderen konzerninsolvenzrechtlichen Vorschriften und enthalten keine geeigneten Anknüpfungspunkte für eine koordinierte Abwicklung der Insolvenzverfahren in Konzernkonstellationen.

§ 6 Eignung der Reformüberlegungen zur Abwicklung von Konzerninsolvenzen

„Auf dem Weg zu einem [...] Konzerninsolvenzrecht“[565]

Die voranstehenden Ausführungen haben ergeben, dass die Regelungen der InsO und der Verordnung (EG) Nr. 1346/2000 keine sachgerechten Ansätze zur insolvenzrechtlichen Behandlung konzernverbundener Unternehmen enthalten und deshalb reformbedürftig sind. Die folgenden Darlegungen befassen sich daher mit den Reformprozessen in Bezug auf die Schaffung eines Konzerninsolvenzrechts. Dabei haben die seit Jahrzehnten andauernden Diskussionen über die Notwendigkeit besonderer konzerninsolvenzrechtlicher Vorschriften den Weg zu einer gesetzlichen Regelung geebnet. Der Impetus zur Beschreitung dieses Weges erfolgte durch die *United Nations Commission on International Trade Law (UNCITRAL)*, die im Jahre 2010 in Part three zum *Legislative Guide on Insolvency Law* ihre Empfehlungen zur Umsetzung eines nationalen und internationalen Konzerninsolvenzrechts zusammengestellt und zur Kodifikation entsprechender Vorschläge ermutigt hat.[566] Der Startschuss zur Schaffung gesetzlicher Regelungen fiel auf nationaler Ebene mit dem Diskussionsentwurf eines Gesetzes zur Erleichterung der Bewältigung von Konzerninsolvenzen und auf europäischer Ebene mit dem Bericht der Kommission über die Anwendung der EuInsVO. Die folgenden Ausführungen beschäftigen sich daher mit den Reformüberlegungen bzw. zukünftigen Regelungen und untersuchen, ob diese auf nationaler (A.) und europäischer Ebene (B.) geeignet sind, eine rechtssichere und effiziente insolvenzrechtliche Behandlung konzernverbundener Unternehmen zu erreichen.

A. Reformüberlegungen im nationalen Bereich

Nachdem die erste Stufe der Reform des Insolvenzrechts mit dem Inkrafttreten des Gesetzes zur weiteren Erleichterung der Sanierung von Unternehmen (ESUG) erfolgreich umgesetzt worden ist und die zweite Stufe der Reform mit dem Inkrafttreten des Gesetzes zur Verkürzung des Restschuldbefreiungsverfahrens und zur Stärkung der Gläubigerrechte seinen Abschluss findet, hat zu Beginn des Jahres 2013 die dritte und letzte Stufe der vorhergesehenen Reformen des Insolvenzrechts begonnen und soll mit der erfolgreichen Kodifikation eines nationalen Konzerninsolvenzrechts ihren Abschluss finden.[567] Bevor die geplanten Änderungen im

565 S. Brünkmans, ZInsO 2013, 797 (797).
566 Uncitral, Legislative Guide, Part three.
567 Für einen Überblick über die geplante Reform des Insolvenzrechts, vgl. Leutheusser-Schnarrenberger, Rede Insolvenzrechtstag 2012.

nationalen Bereich dargestellt werden, wird zunächst in gebotener Kürze auf die Vorschläge von *UNCITRAL* eingegangen, welche bereits im Vorfeld der nationalen Reformüberlegungen Vorschläge zur Kodifikation eines nationalen Konzerninsolvenzrechts unterbreitet hat, die sich in den nationalen Reformüberlegungen zum Teil wiederfinden (I.) Die folgenden Ausführungen stellen sodann die angestellten Reformüberlegungen im Diskussionsentwurf dar und untersuchen, ob die darin enthaltenen Lösungsmechanismen eine sachgerechte Abwicklung der Insolvenzverfahren konzernverbundener Unternehmen ermöglichen (II.). Die daran anschließenden Ausführungen befassen sich mit dem kurz vor dem Ende der letzten Legislaturperiode erschienenen Regierungsentwurf und stellen insbesondere die am Diskussionsentwurf vorgenommenen Änderungen respektive Modifizierung dar (III).

I. *UNCITRAL: Legislative Guide* on Insolvency Law: Part three: Treatments of enterprise groups in insolvency

Die folgenden Ausführungen beschäftigen sich zunächst mit den Empfehlungen der *United Nations Commission on International Trade Law* (*UNCITRAL*), welche sich bereits im Jahr 2010 der Thematik der Konzerninsolvenz angenommen hat. *UNCITRAL* ist eine aufgrund der Resolution der Generalversammlung vom 17.12.1996 geschaffene Unterorganisation der United Nations Organisation (UNO), welche die Modernisierung und Harmonisierung des internationalen Handelsrechts verfolgt und zur Verwirklichung dieser Ziele Empfehlungen und Mustergesetze zur Gestaltung nationaler Rechtsordnungen erstellt.[568] Die wichtigsten im Bereich des Insolvenzrechts verwirklichten Projekte waren die Schaffung des *Model Law on Cross-Border Insolvency* und die Erstellung des *Legislative Guide on Insolvency Law.*[569] Während mit ersterem ein Modellgesetz zur insolvenzrechtlichen Behandlung grenzüberschreitender Insolvenzverfahren geschaffen wurde, enthält letzteres einen gesetzgeberischen Leitfaden für die Gestaltung eines effektiven nationalen Insolvenzrechts. Die Thematik der Konzerninsolvenz wurde aufgrund ihrer Komplexität bei diesen Projekten bewusst ausgeklammert und erst im Anschluss daran einer genaueren Untersuchung unterzogen.[570] Die Ergebnisse dieser Arbeiten finden sich in Part three zum *Legislative Guide on Insolvency Law* und enthalten Empfehlungen zur insolvenzrechtlichen Behandlung von Konzerninsolvenzen. Part three des *Legislative Guide* beinhaltet zunächst allgemeine Erwägungen, die mit der Einführung in die Thematik beginnen, die verfolgten Ziele aufzeigen und mit den für das Verständnis der Ausführungen relevanten Begriffsdefinitionen schließen. Im Anschluss daran findet sich eine kurze Darstellung von allgemeinen Konzerngesichtspunkten,

568 Uncitral, A guide to UNCITRAL, Basic facts about the United Nations Commission on International Trade Law, S. 1, abrufbar, unter: http://www.uncitral.org/pdf/english/texts/general/12–57491-Guide-to-UNCITRAL-e.pdf.

569 Holzer, ZIP 2011, 1894 (1894).

570 Uncitral, Legislative Guide, Part three.

bevor anschließend die Empfehlungen zur insolvenzrechtlichen Behandlung von nationalen und grenzüberschreitenden Konzerninsolvenzen dargestellt werden. Die folgenden Ausführungen zeigen die Eckpunkte der Empfehlungen zur Abwicklung nationaler Konzerninsolvenzen auf und nehmen zu den einzelnen Vorschlägen und deren Bedeutung für die nationalen Reformüberlegungen Stellung.

1. Empfehlungen zur Stellung eines gemeinsamen Insolvenzantrags

a) Darstellung

Die Ausführungen beschäftigen sich zunächst mit den aus der rechtlichen Selbständigkeit der einzelnen Konzerngesellschaften resultierenden Folgen bei der Insolvenzantragstellung und empfehlen für die insolvenzrechtliche Behandlung von Konzernunternehmen die Schaffung einer gesetzlichen Regelung zur Stellung eines gemeinsamen Insolvenzantrages. Die nationalen Insolvenzrechte sollten daher zur Verbesserung der Effizienz, zur Reduzierung der Kosten und zur Vereinfachung der Koordination eine Regelung enthalten, welche die Stellung eines gemeinsamen Insolvenzantrages gegen Konzernunternehmen ermöglicht, sofern sie die nach dem jeweiligen Recht erforderlichen Voraussetzungen erfüllen.[571] Die Empfehlungen respektieren somit die rechtsträgerspezifischen Voraussetzungen der Antragstellung und befürworten lediglich in verfahrensrechtlicher Hinsicht die Stellung kumulativer Insolvenzanträge, in dem zwei oder mehrere Konzernunternehmen oder Gläubiger aller von dem Antrag betroffenen Konzernmitglieder zur gemeinsamen Antragstellung berechtigt sind.[572] Des Weiteren sollten die nationalen Insolvenzstatute zur Verwirklichung der Vorteile dieses Regelungsmechanismus die Antragstellung bei verschiedenen zuständigen Gerichten verhindern und durch eine entsprechende Regelung die gemeinsame Antragstellung an einem zentralen Insolvenzgericht sicherstellen.[573] Die gemeinsame Antragstellung hat nach der Vorstellung der Kommission keine Auswirkungen auf den weiteren Verlauf der einzelnen Verfahren und ist insbesondere von einer verfahrensmäßigen Koordination der Insolvenzverfahren zu unterscheiden.[574]

b) Stellungnahme

Die Empfehlungen zur Stellung eines gemeinsamen Insolvenzantrages ermöglichen es, die konzernrechtlichen Verhältnisse schon bei der Antragstellung zu berücksichtigen, ohne zu diesem Zeitpunkt bereits auf den verfahrensrechtlichen Ablauf der Insolvenzverfahren einzuwirken. Der entscheidende Vorteil dieses Regelungsmodells liegt darin, dass eine koordinierte Betrachtung der Insolvenzanträge erfolgt

---

571 Uncitral, Legislative Guide, Part three, Empfehlung 199; Holzer, ZIP 2011, 1894 (1896).

572 Uncitral, Legislative Guide, Part three, Empfehlung 200.

573 Uncitral, Legislative Guide, Part three, Empfehlung 201.

574 Uncitral, Legislative Guide, Part three, S. 19 f.

und dass das Gericht über die notwendigen Informationen über die konzernrechtlichen Verflechtungen verfügt. Sofern hierzulande an der Stellung separater Insolvenzanträge festgehalten wird, ließen sich die mit den Empfehlungen verbundenen Zielsetzungen teilweise auch dadurch verwirklichen, dass sämtliche Eröffnungsanträge an einem zentralen Gericht zu stellen wären. Eine entsprechende Regelung würde im Unterschied zu den Empfehlungen eine einheitliche Betrachtung der Insolvenzanträge in sämtlichen Konzernkonstellationen gewährleisten und sollte in Übereinstimmung mit den Empfehlungen keine Auswirkungen auf den weiteren Verlauf der Verfahren haben. Vielmehr sollte sich das für die Stellung der Anträge zuständige Insolvenzgericht unter bestimmten Voraussetzungen für die Verfahren zuständig erklären und bei Nichtvorliegen dieser Voraussetzungen an die für die einzelnen Verfahren zuständigen Gerichte verweisen können. Diese Regelung würde sowohl eine einheitliche Betrachtung der Insolvenzanträge als auch eine einheitliche Prüfung der Zuständigkeit an einem zentralen Insolvenzgericht ermöglichen.

2. *Empfehlungen zur Koordination der Insolvenzverfahren konzernverbundener Unternehmen*

a) Darstellung

Die anschließenden Empfehlungen des *Legislative Guide* beschäftigen sich mit der von der gemeinsamen Antragstellung zu unterscheidenden verfahrensrechtlichen Koordination. Darunter versteht man nach der Begriffsbestimmung in den allgemeinen Erwägungen die Koordination der Verwaltung in Bezug auf zwei oder mehrere Konzernunternehmen unter Beachtung der rechtlichen Selbständigkeit und der rechtsträgerspezifischen Zuordnung der Vermögenswerte und Verbindlichkeiten der einzelnen Konzerngesellschaften.[575] Der Regelungsmechanismus der *procedural coordination* hat somit keine materiellen Rechtsänderungen zur Folge, sondern bezweckt, die verfahrensrechtliche Abwicklung zu erleichtern, die Kosteneffizienz zu steigern und eine bessere Gläubigerbefriedigung zu ermöglichen.[576] Die nationalen Insolvenzrechte sollten zur Verwirklichung dieser Ziele die verfahrensrechtliche Koordination bei Insolvenzverfahren über zwei oder mehrere Konzernunternehmen regeln und die Anordnung derselben auf eigene Initiative des Gerichts oder auf Antrag eines Berechtigten hin vorsehen.[577] Der Antrag sollte zum Zeitpunkt des Insolvenzantrages oder zu jedem späteren Zeitpunkt möglich sein und von einem Konzernunternehmen, welches Gegenstand eines Eröffnungsantrages oder Insolvenzverfahrens ist, von dem Insolvenzverwalter eines Konzernunternehmens oder den Gläubigern eines betroffenen Konzernunternehmens gestellt werden können.[578] Neben der Anordnung sollte auch die konkrete Ausgestaltung

575 Uncitral, Legislative Guide, Part three, S. 2.
576 Uncitral, Legislative Guide, Part three, S. 27.
577 Uncitral, Legislative Guide, Part three, Empfehlungen 202 und 203.
578 Uncitral, Legislative Guide, Part three, Empfehlungen 205 und 206.

der verfahrensrechtlichen Koordination der Entscheidung des Insolvenzgerichts obliegen. Die Ausführungen sehen verschiedene Koordinationsmechanismen vor und empfehlen beispielsweise die Bestellung eines einheitlichen Insolvenzverwalters, die Errichtung eines einzigen Gläubigerausschusses, die Kooperation zwischen Gerichten, die Kooperation zwischen Insolvenzverwaltern, die Koordination von Gläubigerversammlungen und die Koordination bei der Geltendmachung von Ansprüchen oder anfechtbaren Rechtshandlungen zu ermöglichen.[579] Des Weiteren sollten die Regelungen der verfahrensrechtlichen Koordination eine Veränderung der relevanten Umstände berücksichtigen und die Modifikation oder den Widerruf der verfahrensrechtlichen Koordination ermöglichen, ohne dadurch bereits getroffene Entscheidungen zu beeinflussen.[580] Schließlich gehen die Ausführungen erneut auf die bereits im Rahmen der gemeinsamen Antragstellung besprochene Thematik der Gerichtszuständigkeit ein und empfehlen die verfahrensrechtliche Koordination durch eine gerichtliche Zuständigkeitskonzentration zu verbessern[581].

b) Stellungnahme

Die Empfehlungen zur verfahrensrechtlichen Koordination und die später noch darzustellenden Einzelheiten der Koordination stellen nach Ansicht des Autors die zentralen Überlegungen zur insolvenzrechtlichen Behandlung von Konzernunternehmen dar. Die verfahrensrechtliche Koordination stellt eine zielführende Lösung zur sachgerechten Abwicklung der Insolvenzverfahren sicher, da der Regelungsansatz einerseits das rechtliche Konzernverständnis beachtet und andererseits durch die Abstimmung der Verfahren auch das wirtschaftliche Konzernverständnis entsprechend berücksichtigt. Die Vielzahl der in den Empfehlungen dargestellten Regelungsmechanismen trägt den verschiedenen konzernrechtlichen Erscheinungsformen Rechnung und zeigt den nationalen Gesetzgebern zahlreiche Möglichkeiten zur Koordination der Verfahren auf. Dabei ist zu begrüßen, dass sowohl die Anordnung der verfahrensrechtlichen Koordination als auch deren konkrete Ausgestaltung, der Entscheidung des Insolvenzgerichts obliegen soll. Die Empfehlungen stellen sicher, dass die Entscheidung über die Anordnung der Verfahrenskoordination nicht zwangsläufig einen Antrag erfordert, sondern vom Insolvenzgericht aus eigener Initiative im Interesse der Gläubiger getroffen werden kann. Des Weiteren ermöglicht die gerichtliche Entscheidung über das „Ob“ und „Wie“ der Verfahrenskoordination die besonderen Konzernkonstellationen zu berücksichtigen und die im jeweiligen Einzelfall gebotenen Koordinationsmechanismen zu ergreifen. Die Überlegungen stellen vor diesem Hintergrund einen effektiven und flexiblen Lösungsansatz zur insolvenzrechtlichen Behandlung von Konzernunternehmen dar.

---

579 Uncitral, Legislative Guide, Part three, Empfehlung 204.
580 Uncitral, Legislative Guide, Part three, Empfehlung 208.
581 Uncitral, Legislative Guide, Part three, Empfehlung 209.

3. *Empfehlungen zur Finanzierung von Insolvenzverfahren*

a) Darstellung

Die folgenden Ausführungen des *Legislative Guide* beschäftigen sich mit den für die Fortführung der Konzernunternehmen bedeutsamen finanziellen Aspekten und enthalten Empfehlungen zur Finanzierung der Insolvenzverfahren nach Verfahrenseröffnung. Die Finanzierungsmöglichkeiten sollen zur Aufrechterhaltung der Geschäftsbetriebe der insolventen Konzerngesellschaften beitragen und auf diese Weise die Möglichkeit zur Umsetzung von rechtsträgerübergreifenden Konzernverbundlösungen erhalten. Die *Legislative Guide* befürwortet dabei insbesondere konzerninterne Finanzierungsmöglichkeiten zwischen den insolventen Konzerngesellschaften und empfiehlt den nationalen Gesetzgebern, die Zurverfügungstellung und den Erhalt der Finanzmittel entsprechend zu regeln. Demnach sollte es insolventen Konzerngesellschaften grundsätzlich gestattet sein, die Finanzierung anderer insolventer Konzernunternehmen zu unterstützen, indem Kreditsicherheiten bestellt oder sonstige Sicherheitsleistungen erbracht werden.[582] Diese Möglichkeit soll nach den Empfehlungen dann in Betracht kommen, wenn der Insolvenzverwalter des gewährenden Konzernunternehmens der Ansicht ist, dass die finanzielle Unterstützung zum Fortbestand des vom ihm verwalteten Unternehmens erforderlich ist und ein möglicher Schaden der Gläubiger dieses Unternehmens durch die Vorteile der finanziellen Unterstützung ausgeglichen wird.[583] Zusätzlich können die rechtsträgerspezifischen Interessen der unterstützenden Konzerngesellschaften dadurch gewahrt werden, dass derartige Finanzierungsmöglichkeiten der Erlaubnis des Insolvenzgerichts bedürfen oder die Zustimmung der Gläubiger dieser Gesellschaft erfordern.[584] Die Empfehlungen beschäftigen sich ferner auch mit den von der Finanzierung profitierenden Konzernunternehmen und befürworten in Anlehnung an die obigen Erwägungen die Verfahrensfinanzierung in den Fällen, in denen der Insolvenzverwalter der begünstigten Konzerngesellschaft die Finanzierungsmöglichkeiten für den Fortbestand des Unternehmens oder den Erhalt deren Vermögenswerte als nötig erachtet. Zudem sollten die Regelungen auch in diesem Fall die Erlaubnis des Insolvenzgerichts oder die Zustimmung der Gläubiger des Konzernunternehmens, welchem die Finanzierung gewährt wird, erfordern.[585] Die abschließenden Darstellungen befassen sich sodann mit der Priorität von derart gegebenen Sicherheiten und versuchen die in diesem Zusammenhang relevanten Aspekte im Interesse einer konzerninternen Verfahrensfinanzierung zu berücksichtigen.[586]

---

582 Uncitral, Legislative Guide, Part three, Empfehlung 211.
583 Uncitral, Legislative Guide, Part three, Empfehlung 212.
584 Uncitral, Legislative Guide, Part three, Empfehlung 213.
585 Uncitral, Legislative Guide, Part three, Empfehlung 214.
586 Uncitral, Legislative Guide, Part three, Empfehlung 215 und 216.

b) Stellungnahme

Die Finanzierung des fortlaufenden Geschäftsbetriebs ist für die Reorganisation der einzelnen Konzerngesellschaften und des Konzernverbundes von entscheidender Bedeutung. Das deutsche Insolvenzrecht trägt dem Sanierungsgedanken durchaus Rechnung und stellt beispielsweise mit der Möglichkeit der Vorfinanzierung des Insolvenzgeldes und den Wahlmöglichkeiten des Insolvenzverwalters bei nicht vollständig erfüllten Verträgen (§ 103 ff. InsO) sachgerechte Ansätze zur zumindest vorübergehenden Fortführung der einzelnen Unternehmen zur Verfügung. Darüber hinaus kann sich der Insolvenzverwalter durch die Aufnahme von Darlehen zusätzliche liquide Mittel verschaffen. Die Regelung des § 264 InsO trägt schließlich zur Förderung der Finanzierung im Insolvenzplanverfahren bei und ermöglicht im gestaltenden Teil des Insolvenzplans bestimmte Kredite, die während der Überwachung neu gewährt oder prolongiert werden, zu privilegieren.[587] Die Insolvenzordnung stellt daher ausreichende Mechanismen zur Finanzierung des fortlaufenden Geschäftsbetriebes zur Verfügung, so dass es der Umsetzung der Empfehlungen nicht bedarf. Diese bergen zunächst die grundsätzliche Gefahr, dass die den Gläubigern der einzelnen Konzerngesellschaften zustehenden Vermögensmassen durch die in den Empfehlungen vorgesehenen Finanzierungsmöglichkeiten beeinträchtigt werden und der rechtsträgerspezifischen Gläubigerbefriedigung zuwiderlaufen. Darüber hinaus scheinen die vom Insolvenzverwalter zur Finanzierung der Verfahren maßgebenden Umstände nur schwer zu bestimmen und erheblichen Prognoseunsicherheiten zu unterliegen. Schließlich dürften die insolventen Konzernunternehmen die Finanzierungsvorhaben anderer insolventer Konzerngesellschaften auch nur selten unterstützen können, da die Vermögenswerte dieser Gesellschaften bereits belastet sein und nicht mehr als Kreditsicherheiten in Betracht kommen dürften.

4. Empfehlungen zum Anfechtungsrecht in Konzernkonstellationen

a) Darstellung

Die anschließenden Empfehlungen des *Legislative Guide* behandeln die Thematik der Insolvenzanfechtung und gehen auf die entsprechenden Besonderheiten in Konzernkonstellationen ein. Diese sind dadurch bedingt, dass die Rechtsgeschäfte zwischen Konzernunternehmen von den Rechtsgeschäften nicht konzernierter Unternehmen erheblich differieren und sich aufgrund der wirtschaftlichen Verflechtungen im Konzernverbund eine Vielzahl konzerninterner Rechtsgeschäfte als anfechtbare Rechtshandlungen erweisen könnten, deren Feststellung einen erheblichen, zeitlichen und finanziellen Aufwand erfordern würde.[588] Die Ausführungen des *Legislative Guide* bauen grundsätzlich auf den rechtsträgerspezifischen Erwägungen zur Regelung des Anfechtungsrechts auf, empfehlen jedoch den nationalen Insolvenzstatuten, den rechtsträgerübergreifenden Konzernzusammenhang

587 Luer/Streit, in: Uhlenbruck, InsO, § 264 Rn. 1.
588 Uncitral, Legislative Guide, Part three, S.48 ff.

zu beachten und dem Gericht zu erlauben, diesen bei konzerninternen Rechtshandlungen entsprechend zu berücksichtigen.[589] Das Insolvenzrecht sollte dem Gericht daher ermöglichen, die Qualifikation von konzerninternen Geschäften als anfechtbare Rechtshandlungen von den Umständen der in Frage stehenden Rechtshandlung abhängig zu machen. Die in Konzernkonstellationen zu beachtenden Umstände können beispielsweise die Beziehung und den Grad der Integration der an der Rechtshandlung beteiligten Parteien umfassen.[590] Abgesehen von den weitreichenden Entscheidungsbefugnissen des Gerichts, wird empfohlen, festzulegen, inwieweit die im Rahmen der Anfechtung relevanten Vermutungs-, Beweislast- und Verteidigungsregeln in Konzernkonstellationen Anwendung finden oder aufgrund des besonderen Konzernzusammenhangs eigenständige Regelungen erforderlich sind.[591]

b) Stellungnahme

Die Thematik der Insolvenzanfechtung spielt aufgrund der konzernwirtschaftlichen Verflechtungen eine zentrale Rolle bei der Abwicklung von Insolvenzverfahren konzernverbundener Unternehmen. Die Regelungen zur Insolvenzanfechtung können sich aufgrund der Vielzahl der anfechtbaren Rechtshandlungen und den damit einhergehenden Streitigkeiten nachteilig auf den Konzernverbund auswirken und zu einer Reduzierung der insgesamt zur Verfügung stehenden Haftungsmasse führen. Die sachgerechte Berücksichtigung der konzerninternen Rechtshandlungen durch abstrakt generelle Regelungen stellt die nationalen Gesetzgeber aufgrund der konzernrechtlichen Vielfalt und der unterschiedlichen Intensität konzerninterner Beziehungen vor erhebliche Schwierigkeiten und ließe sich am ehesten durch einen flexiblen und dem Einzelfall gerecht werdenden Regelungsmechanismus verwirklichen. Die Empfehlungen versuchen vor diesem Hintergrund die konzerninternen Rechtsbeziehungen im Einzelfall entsprechend zu beachten und ermöglichen dem Insolvenzgericht bei der Qualifikation der in Frage stehenden Rechtshandlungen, die besonderen Umstände des Einzelfalls zu berücksichtigen. Diese Empfehlungen mögen sich im angloamerikanischen Rechtsraum als effektiver Lösungsansatz zur insolvenzrechtlichen Behandlung konzerninterner Rechtshandlungen erweisen, dürften jedoch im kontinentaleuropäischen Rechtsraum im Hinblick auf den Bestimmtheitsgrundsatz nur schwer zu verwirklichen sein.[592] Demnach sind nach der hier vertretenen Ansicht weder die Einführung besonderer gesetzlicher Regelungen noch der in den Empfehlungen dargestellte Lösungsansatz zur Verbesserung der Situation hierzulande geeignet. Vielmehr sollte grundsätzlich an der rechtsträgerspezifischen Zuordnung der Vermögenswerte festgehalten und lediglich Möglichkeiten zur Beilegung gruppeninterner Streitigkeiten geschaffen werden. Dabei

589 Uncitral, Legislative Guide, Part three, S. 48 ff.

590 Uncitral, Legislative Guide, Part three, Empfehlung, 217.

591 Uncitral, Legislative Guide, Part three, Empfehlung 218, Paulus, ZGR 2010, 270 (276).

592 Dazu Paulus ZGR 2010, 270 (276).

sollten die Insolvenzverwalter grundsätzlich zur Geltendmachung von konzerninternen Ansprüchen verpflichtet sein, jedoch bei entsprechender Kompensation darauf verzichten können.[593] Dieser flexible Regelungsansatz stellt einerseits die rechtsträgerspezifische Zuordnung der Vermögenswerte im Interesse der Gläubiger der einzelnen Gesellschaften sicher und ermöglicht anderseits die konzernrechtlichen Besonderheiten im Interesse der Gläubiger sämtlicher Konzerngesellschaften entsprechend zu berücksichtigen und unnötige Anfechtungsprozesse zu Lasten der Konzernmasse zu verhindern.

5. *Empfehlungen zur Konsolidierung der Vermögensmassen konzernverbundener Unternehmen*

a) Darstellung

Der *Legislative Guide* geht im Weiteren auf die Ausnahmen von den Grundsätzen der Vermögens- und Haftungstrennung bei juristischen Personen ein und enthält Empfehlungen zur Konsolidierung der Haftungsmassen in der Insolvenz konzernverbundener Unternehmen. Unter diesem, als *substantive consolidation* bezeichneten Regelungsmechanismus, versteht man die Behandlung der Vermögenswerte und Verbindlichkeiten von zwei oder mehreren Konzerngesellschaften, als ob sie Teil einer einzigen Insolvenzmasse wären.[594] Part three des *Legislative Guide* empfiehlt den nationalen Gesetzgebern grundsätzlich, die rechtliche Selbständigkeit der einzelnen Konzerngesellschaften bei der insolvenzrechtlichen Behandlung von Konzernunternehmen zu respektieren und Abweichungen von diesem Grundsatz nur in eng begrenzten Ausnahmesituationen zu erlauben.[595] Diesem restriktiven Regelungsansatz zur Folge kommt die Anordnung der Haftungskonsolidierung von zwei oder mehreren Konzernunternehmen lediglich in den Fällen in Betracht, in denen das Gericht zu der Überzeugung gelangt, dass entweder die Vermögensgegenstände und Verbindlichkeiten der Konzernunternehmen derart vermischt sind, dass eine Entflechtung nur mit unverhältnismäßigen Kosten und Zeitverlust möglich wäre oder die Gesellschaften in betrügerischer Weise gehandelt haben und die Zusammenfassung der Vermögensmassen für die Berichtigung dieser Aktivitäten unerlässlich wäre.[596] Darüber hinaus sehen die Empfehlungen vor, dass die Anordnung der materiellen Haftungskonsolidierung aufgrund der weitreichenden Auswirkungen die Stellung eines entsprechenden Antrags erfordert und im Gegensatz zur Anordnung der Verfahrenskoordination nicht auf eigene Initiative des Gerichts erfolgen kann. Der Antrag auf Haftungskonsolidierung soll bereits zum Zeitpunkt des Eröffnungsantrages oder zu jedem späteren Zeitpunkt möglich sein und gemäß den Empfehlungen von einem Konzernunternehmen, einem Gläubiger oder dem

593 BMJ, DiskE Konzerninsolvenz, S. 50; § 269 h II Nr. 2 InsO-E.
594 Uncitral, Legislative Guide, Part three, S. 2.
595 Uncitral, Legislative Guide, Part three, Empfehlung 219.
596 Uncitral, Legislative Guide, Part three, Empfehlung 220.

Insolvenzverwalter einer dieser Konzernunternehmen gestellt werden können.[597] Die Anordnung der Haftungskonsolidierung bewirkt, dass die Vermögenswerte und Verbindlichkeiten der konsolidierten Konzernunternehmen eine einheitliche Haftungsmasse bilden, die gegenseitigen Ansprüche und Verbindlichkeiten der betroffenen Konzerngesellschaften erlöschen und die Ansprüche gegen die Konzerngesellschaften als Ansprüche gegen die konsolidierte Insolvenzmasse behandelt werden.[598] Die substantielle Zusammenfassung der Haftungsmassen wirkt sich daher sowohl auf die verfahrensrechtliche Abwicklung als auch auf die bestehenden materiellen Rechtsverhältnisse aus und erfordert besondere Regelungen, die den veränderten Umständen entsprechend Rechnung tragen. Der *Legislative Guide* empfiehlt daher in verfahrensrechtlicher Hinsicht neben der bereits im Rahmen der gemeinsamen Antragstellung und Verfahrenskoordination erwähnten gerichtlichen Zuständigkeitskonzentration, die Durchführung einer gemeinsamen Gläubigerversammlung zu ermöglichen, an deren Teilnahme die Gläubiger sämtlicher konsolidierter Konzernunternehmen berechtigt sind.[599] Darüber hinaus gehen die Darstellungen auf die weitgehenden materiellen Rechtsänderungen ein und versuchen im Rahmen der Befriedigung bestimmte, von der Haftungskonsolidierung betroffene Interessen der Gläubiger zu berücksichtigen. Die Ausführungen scheinen dabei insbesondere die Bedeutung der Kreditsicherheiten für die Finanzierung der Konzernunternehmen im Sinn zu haben und empfehlen den nationalen Insolvenzrechten sowohl die Sicherungsrechte als auch die Grundsätze der vorrangigen Gläubigerbefriedigung zu beachten und lediglich in eng beschriebenen Ausnahmesituationen davon abzuweichen.[600] Als derartige Ausnahmen können im Bereich der Sicherungsrechte angesehen werden, dass die gesicherte, konzerninterne Forderung aufgrund der Konfusion erloschen ist, dass die Sicherheit auf arglistige Weise erhalten wurde oder sich die Bestellung der Sicherheit als anfechtbare Rechtshandlung erweist.[601] Die Ausführungen beschäftigen sich im Weiteren mit den bei der Insolvenzanfechtung zu beachtenden Besonderheiten und unterbreiten entsprechende Vorschläge für die Berechnung der Verdachtsperiode bei der Haftungskonsolidierung zweier oder mehrerer Konzernunternehmen.[602] Schließlich versuchen die Empfehlungen auch die notwendige Flexibilität im Rahmen der Haftungskonsolidierung zu gewährleisten und eine Berücksichtigung der jeweiligen Gegebenheiten im Einzelfall zu ermöglichen. Dies zeigt sich zunächst darin, dass es den Gerichten unter bestimmten Umständen erlaubt sein soll, gewisse Vermögensgegenstände von der Anordnung der Haftungskonsolidierung auszunehmen.[603] Darüber hinaus soll das Insolvenzrecht festlegen, dass das Insolvenzgericht auf entsprechende Veränderungen reagieren

597 Uncitral, Legislative Guide, Part three, Empfehlungen 222 und 223.
598 Uncitral, Legislative Guide, Part three, Empfehlung 224.
599 Uncitral, Legislative Guide, Part three, Empfehlungen 230 und 227.
600 Uncitral, Legislative Guide, Part three, Empfehlungen 225 und 226.
601 Uncitral, Legislative Guide, Part three, Empfehlung 225.
602 Uncitral, Legislative Guide, Part three, Empfehlungen 228 und 229.
603 Uncitral, Legislative Guide, Part three, Empfehlung 221.

und die Anordnung der Haftungskonsolidierung entsprechend modifizieren kann, ohne dass dadurch bereits getroffene Entscheidungen beeinflusst werden.[604]

b) Stellungnahme

Die Einwände gegen die *substantive consolidation* wurden bereits oben (§ 4, B. III.) dargestellt und sollen an dieser Stelle nicht nochmals wiederholt werden. Die Empfehlungen des *Legislative Guide* tragen erfreulicherweise den grundsätzlichen, gesellschaftsrechtlichen und insolvenzrechtlichen Bedenken der Haftungskonsolidierung Rechnung und sehen die auf dem rechtsträgerspezifischen Ansatz basierende verfahrensrechtliche Koordination als Regelfall zur Abwicklung der Insolvenzverfahren konzernverbundener Unternehmen an. Dagegen soll der die rechtliche Selbständigkeit der einzelnen Konzernunternehmen missachtende Regelungsmechanismus der Haftungskonsolidierung nur sehr begrenzt Anwendung finden und nach den Empfehlungen lediglich in den eng beschriebenen Ausnahmefällen zugelassen werden.[605] Dabei ist jedoch auch die restriktive Anwendung der *substantive consolidation* mit erheblichen Schwierigkeiten verbunden. Diese ergeben sich daraus, dass die Anordnung der Haftungskonsolidierung aufgrund der Vielzahl der zu berücksichtigen Faktoren einen flexiblen Regelungsmechanismus erfordert und einer Abwägung der jeweiligen Umstände des Einzelfalls bedarf. Während die sachgerechte Anwendung der Haftungskonsolidierung im anglo-amerikanischen Rechtsraum durch eine weitgehende Entscheidungsfreiheit des Insolvenzgerichts als möglich erscheint, begegnet die Umsetzung dieses flexiblen Regelungsmechanismus hierzulande im Hinblick auf den Bestimmtheitsgrundsatz und der Festlegung entsprechender Tatbestandsvoraussetzungen und Rechtsfolgen erheblichen praktischen Bedenken. Darüber hinaus müssten auch die zahlreichen aus der Anordnung der Haftungskonsolidierung resultierenden Auswirkungen bei der Normierung entsprechender Vorschriften sachgerecht berücksichtigt werden. Neben den verfahrensrechtlichen Aspekten zeigen insbesondere die Ausführungen zur Behandlung der Sicherungsrechte, der vorrangigen Gläubigerbefriedigung und der Insolvenzanfechtung die verschiedenen materiell-rechtlichen Fragestellungen und lassen den Umfang des mit der Haftungskonsolidierung einhergehenden Regelungsbedarfs erkennen. Dieser steht in keinem Verhältnis zu der Ausnahmeerscheinung der *substantive consolidation*. Vielmehr erinnern die in den Empfehlungen angesprochenen Fälle der Haftungskonsolidierung an die wenigen hierzulande unter dem Gesichtspunkt des Haftungsdurchgriffs besprochenen Fallgruppen und zeigen, dass in seltenen Ausnahmefällen Möglichkeiten und Wege bestehen, um einem Missbrauch des Konstrukts der juristischen Person entsprechend entgegenzuwirken.

604 Uncitral, Legislative Guide, Part three, Empfehlung 229.
605 So auch Holzer, ZIP 2011, 1894 (1898).

6. *Empfehlungen zur Bestellung des Insolvenzverwalters*

a) *Darstellung*

Die anschließenden Ausführungen beschäftigen sich mit der in Konzernkonstellationen bedeutsamen Thematik der Verwalterbestellung und empfehlen den nationalen Insolvenzrechten im Interesse einer bestmöglichen Verwaltung der Insolvenzverfahren über das Vermögen zweier oder mehrerer Konzerngesellschaften die Bestellung eines einzigen oder desselben Insolvenzverwalters.[606] Dabei wird auch auf die Gefahr möglicher Interessenkonflikte bei der einheitlichen Verwalterbestellung hingewiesen und zu deren Verhinderung unter anderem die Bestellung eines oder mehrerer Sonderinsolvenzverwalter vorgeschlagen.[607] Darüber hinaus wollen die Empfehlungen die koordinierte Verwaltung der Verfahren auch bei Bestellung verschiedener Insolvenzverwalter sicherstellen und plädieren für eine gesetzliche Regelung in den nationalen Insolvenzstatuten, welche die Insolvenzverwalter untereinander verpflichten, in größtmöglichem Umfang zu kooperieren.[608] Die Pflicht zur gegenseitigen Zusammenarbeit kann nach den Empfehlungen beispielsweise den gegenseitigen Informationsaustausch oder den Abschluss von Vereinbarungen umfassen, welche die Verteilung der Aufgaben oder Verantwortlichkeiten zwischen den Insolvenzverwaltern regeln. Darüber hinaus nennen die Empfehlungen zahlreiche konzerninterne Angelegenheiten, die im Rahmen der Koordination der einzelnen Verfahren von Bedeutung sein und im Wege der Kooperation geregelt werden können. Ferner kommt die Kooperation nach den Empfehlungen auch zur Ausgestaltung und Erstellung von Insolvenzplänen in Betracht und kann auf diese Weise zu einer koordinierten Abwicklung der Verfahren beitragen.[609] Schließlich weisen die Ausführungen noch auf die Besonderheiten in den Fällen hin, in denen der Schuldner die Verwaltungs- und Verfügungsbefugnis über das Vermögen behält und empfehlen den nationalen Gesetzgebern diese Konstellationen entsprechend zu berücksichtigen und deren Besonderheiten entsprechend Rechnung zu tragen.

b) *Stellungnahme*

Die Verwalterbestellung ist für den Ablauf der Insolvenzverfahren konzernverbundener Unternehmen von zentraler Bedeutung. Die voranstehenden Empfehlungen beinhalten einen flexiblen und effektiven Regelungsansatz zur Verwalterbestellung und ermöglichen in sämtlichen Fällen eine sachgerechte Koordination der Verfahren auf Ebene der Insolvenzverwalter. Die Überlegungen tragen zunächst den verschiedenen konzernrechtlichen Verbindungen Rechnung und legen die Entscheidung über die Verwalterbestellung in das Ermessen des Insolvenzgerichts, welches im Interesse der besten Verwaltung über die Bestellung personenidentischer oder

---

606 Uncitral, Legislative Guide, Part three, Empfehlung 232.
607 Uncitral, Legislative Guide, Part three, Empfehlung 233.
608 Uncitral, Legislative Guide, Part three, Empfehlung 234.
609 Uncitral, Legislative Guide, Part three, Empfehlung 236.

personenverschiedener Insolvenzverwalter zu entscheiden hat. Das Gericht kann somit die konkreten Umstände der konzernrechtlichen Verbindung berücksichtigen und die im Einzelfall beste Entscheidung für die Verwaltung der Insolvenzverfahren treffen. Die Empfehlungen ermöglichen durch die Bestellung derselben Person zum Insolvenzverwalter eine intensive Form der Koordination und versuchen durch die personelle Verflechtung der Verfahren die rechtsträgerübergreifenden Zusammenhänge bestmöglich zu berücksichtigen. Darüber hinaus stellen die Empfehlungen auch bei Bestellung verschiedener Insolvenzverwalter eine koordinierte Verwaltung der einzelnen Verfahren sicher und verpflichten die Insolvenzverwalter in dieser Konstellation untereinander in größtmöglichem Umfang zu kooperieren. Dieser Regelungsmechanismus berücksichtigt somit das im Einzelfall erforderliche Koordinationsbedürfnis und gewährleistet mit der Möglichkeit der Konzentration und der Pflicht zur Kooperation eine im jeweiligen Einzelfall sachgerechte und aufeinander abgestimmte Verwaltung der Verfahren. Die Überlegungen sind daher für die Kodifikation eines nationalen Konzerninsolvenzrechts von zentraler Bedeutung und sollten in ihren Grundsätzen sowohl in den Fällen der Fremd- als auch in den Fällen der Eigenverwaltung entsprechend berücksichtigt werden.

7. Empfehlungen zur Reorganisation von zwei oder mehreren Konzerngesellschaften

a) Darstellung

Die Überlegungen des *Legislative Guide* zur nationalen Konzerninsolvenz schließen mit Empfehlungen zur Reorganisation von zwei oder mehreren Konzerngesellschaften. Demnach könnten die nationalen Insolvenzrechte zur Berücksichtigung der rechtsträgerübergreifenden Zusammenhänge die Erstellung eines gemeinsamen Insolvenzplans oder mehrerer aufeinander abgestimmter Insolvenzpläne ermöglichen und zur Sanierung des Konzernverbundes verhelfen.[610] Dabei sollen die Gläubiger der einzelnen Gesellschaften gesondert über den oder die Insolvenzpläne abstimmen und auf diese Weise zur rechtsträgerübergreifenden Reorganisation beitragen. Darüber hinaus befassen sich die Empfehlungen auch mit der Möglichkeit, solvente Konzernunternehmen in die Sanierungsüberlegungen mit einzubeziehen. Die Empfehlungen weisen auf die besondere Problematik dieser Überlegungen hin und empfehlen den nationalen Insolvenzrechten aus diesem Grund lediglich die freiwillige Einbeziehung solventer Gesellschaften zu ermöglichen und eine entsprechende Rechtsgrundlage dafür zu schaffen.[611] Die Entscheidung könnte sich positiv auf den Reorganisationsprozess auswirken und kann nach den Empfehlungen als gewöhnliche Geschäftsentscheidung ohne Zustimmung der Gläubiger getroffen werden.

610 Uncitral, Legislative Guide, Part three, Empfehlung 237.
611 Uncitral, Legislative Guide, Part three, Empfehlung 238.

b) Stellungnahme

Der *Legislative Guide* trägt dem Sanierungsgedanken im Konzernverbund Rechnung und empfiehlt den nationalen Rechtsordnungen, konzernweite Sanierungsoptionen im Rahmen des Insolvenzplanverfahrens durch die Erstellung eines Insolvenzplans oder mehrerer aufeinander abgestimmter Insolvenzpläne zu ermöglichen. Bei der Umsetzung dieser Erwägungen sollte an dem rechtsträgerbezogenen Ansatz des Planverfahrens festgehalten werden und es sollten lediglich gesetzliche Regelungen zur Erleichterung der Implementierung koordinierter Insolvenzpläne in Konzernkonstellationen geschaffen werden. Dieser Regelungsmechanismus berücksichtigt sowohl das rechtliche als auch das wirtschaftliche Konzernverständnis in der Insolvenz von Konzernunternehmen und stellt somit grundsätzlich einen geeigneten Lösungsansatz im Rahmen des Insolvenzplanverfahrens dar. Die in den Empfehlungen dargestellten Überlegungen sind jedoch aufgrund der Unterschiede in den nationalen Insolvenzrechten sehr allgemein formuliert und bedürfen zur effektiven Umsetzung der Konkretisierung durch die nationalen Gesetzgeber. Dabei sollte von den Überlegungen zur Einbeziehung solventer Konzernunternehmen von vornherein Abstand genommen werden. Unabhängig von der konkreten Ausgestaltung würde eine derartige Behandlung solventer Konzernunternehmen sowohl die Rechtsposition der Gesellschafter als auch diejenige der Gläubiger schwerwiegend beeinträchtigen. Die Einbeziehung solventer Konzerngesellschaften würde somit im Hinblick auf Art. 14 GG erheblichen verfassungsrechtlichen Bedenken begegnen und stünde darüber hinaus auch in elementarem Widerspruch zur Systematik der InsO.[612]

II. Diskussionsentwurf des Bundesministeriums der Justiz

Unter teilweiser Berücksichtigung der voranstehend dargestellten Empfehlungen hat das Bundesministerium der Justiz in dem Diskussionsentwurf eines Gesetzes zur Erleichterung der Bewältigung von Konzerninsolvenzen vom 03.01.2013 seine Reformvorschläge zur insolvenzrechtlichen Behandlung von Konzernunternehmen vorgestellt. Die folgenden Ausführungen stellen die im Diskussionsentwurf enthaltenen Regelungen dar und nehmen zu den vorgeschlagenen Normierungen Stellung.

1. Allgemeine Erwägungen zur Schaffung eines Konzerninsolvenzrechts

Zunächst befassen sich die Darstellungen mit den im Diskussionsentwurf enthaltenen allgemeinen Erwägungen zur Normierung besonderer konzerninsolvenzrechtlicher Vorschriften. Diese Vorgehensweise ermöglicht einerseits, die grundsätzlichen Zielvorstellungen und die zur Erreichung dieser Ziele vorgesehenen Lösungsmechanismen kennenzulernen und trägt andererseits dazu bei, die konkreten Gesetzgebungsvorschläge unter Kenntnis der allgemeinen Erwägungen

612 Zu den verfassungsrechtlichen Bedenken, Holzer, ZIP 2011, 1894 (1899).

und der gesetzgeberischen Intention zu würdigen und bei etwaigen Unklarheiten entsprechend auszulegen.

a) Zielsetzung und Notwendigkeit besonderer gesetzlicher Regelungen

Der allgemeine Teil zur Begründung des Diskussionsentwurfs beginnt mit der Feststellung, dass das geltende Regelungssystem der InsO lediglich für die Bewältigung der Insolvenz einzelner Rechtsträger zugeschnitten sei. Der rechtsträgerbezogene Ansatz des Insolvenzrechts habe zur Folge, dass in der Insolvenz von konzernverbundenen Unternehmen über das Vermögen jedes Rechtsträgers ein eigenständiges Insolvenzverfahren zu eröffnen sei.[613] Dieser Regelungsmechanismus könne bei wirtschaftlicher Einheit der zusammengeschlossenen Unternehmen zu erheblichen Nachteilen führen. Diese entstehen insbesondere dadurch, dass die konzernweit verfügbaren Ressourcen nicht mehr durch die Ausübung konzernrechtlicher Befugnisse koordiniert werden können, sondern mit Eintritt der Insolvenz der Verwaltungs- und Verfügungsbefugnis der jeweiligen Insolvenzverwalter unterliegen. In dieser Situation erscheint die Fortführung des Konzerns als wirtschaftliche Einheit und die Realisierung des im Konzernverbund liegenden Mehrwerts gefährdet und es drohen suboptimale Verwertungsergebnisse, die aus divergierenden und unkoordinierten Verwertungsstrategien der verschiedenen Insolvenzverwalter resultieren können.[614]

Darüber hinaus wird im Diskussionsentwurf darauf hingewiesen, dass die bestehenden gesetzlichen Regelungen den Besonderheiten der Insolvenz konzernverbundener Unternehmen nicht Rechnung tragen und der Erfolg der in der Praxis herangezogenen Lösungen und Strategien zur insolvenzrechtlichen Behandlung konzernverbundener Unternehmen mangels fehlender gesetzlicher Vorschriften als unsicher erscheint.[615] Die daran anschließenden Ausführungen zeigen die derzeitig unbefriedigende Situation auf und stellen die bestehenden Rechtsunsicherheiten am Beispiel der einheitlichen Verwalterbestellung dar. Einer personellen Verflechtung der Verfahren auf Ebene der Insolvenzverwalter stehe insbesondere der Umstand entgegen, dass nach der gesetzlichen Regelung zur örtlichen Zuständigkeit gem. § 3 I 1 InsO oftmals verschiedene Insolvenzgerichte für die Verwalterbestellung zuständig seien und die Begründung einer gerichtlichen Zuständigkeitskonzentration am Sitz der Konzernleitung durch eine extensive Auslegung des § 3 I 2 InsO erheblichen rechtlichen Bedenken begegne. Aufgrund der dadurch oftmals eintretenden Zuständigkeit verschiedener Insolvenzgerichte, bedürfte die Bestellung eines personenidentischen Insolvenzverwalters für sämtliche Konzerngesellschaften einer zwischengerichtlichen Kooperation, die jedoch in Ermangelung expliziter Vorschriften mit Rechtsunsicherheit behaftet sei.[616]

---

613 BMJ, DiskE Konzerninsolvenz, S. 1, 11.
614 BMJ, DiskE Konzerninsolvenz, S. 1, 11.
615 BMJ, DiskE Konzerninsolvenz, S. 12, kritisch dazu Frind, ZInsO 2014, 927 (927 f.).
616 BMJ, DiskE Konzerninsolvenz, S. 12 f.

Diese unbefriedigende Rechtslage wird der besonderen Situation der Konzerninsolvenz nicht gerecht und trägt der Realität des Wirtschaftslebens nicht ausreichend Rechnung. Der Bedarf für besondere gesetzliche Regelungen ergebe sich zunächst daraus, dass das Phänomen der Konzerninsolvenz nicht mehr nur als theoretischer Ausnahmefall anzusehen sei, sondern durch die spektakulären Konzerninsolvenzen in den vergangenen Jahren auch erhebliche praktische Bedeutung erlangte.[617] Darüber hinaus erforderen die zunehmende Verbreitung von konzernverbundenen Unternehmen und deren wachsende Bedeutung in der Wirtschaftspraxis, dass die insolvenzrechtlichen Vorschriften diese wirtschaftliche Entwicklung beachten und durch entsprechende Vorschriften die besondere Situation des Konzernverbundes und die gesamtwirtschaftliche Bedeutung von Konzerninsolvenzen berücksichtigen.[618] Schließlich zeige sich die Aktualität der Thematik und die Notwendigkeit von expliziten Sonderreglungen auch darin, dass sowohl *UNCITRAL* in einem Anhang zum *Legislative Guide* Empfehlungen für die Kodifikation eines Konzerninsolvenzrechts zusammengestellt als auch die Europäische Kommission in ihrem Vorschlag zur Reform der EuInsVO spezifische konzerninsolvenzrechtliche Vorschriften zur insolvenzrechtlichen Behandlung von Konzernunternehmen aufgenommen habe.[619]

Die derzeitige Situation erfordere daher, besondere Regelungen zur Bewältigung von Konzerninsolvenzen in das vorhandene Regelungssystem der InsO zu integrieren, ohne dabei die Grundsätze und Zielbestimmungen des geltenden Insolvenzrechts in Frage zu stellen oder abzuändern. Die Verwirklichung dieser Grundsätze im Konzernkontext erfordere, dass zwar die Nachteile einer unkoordinierten Insolvenzabwicklung zwischen den verschiedenen Rechtsträgern beseitigt, jedoch die rechtsträgerspezifische Zuordnung der Vermögenswerte beachtet und Verteilungseffekte zwischen Gläubigern verschiedener Rechtsträger ausgeschlossen würden.[620]

b) Koordinierung anstatt Konsolidierung

Das Bundesministerium der Justiz setzt zur Erreichung dieser Ziele – im Gegensatz zu den Empfehlungen von *UNCITRAL* – allein auf Koordinierungslösungen anstatt auf Konsolidierungslösungen. Die Einführung flexibler Koordinierungsmechanismen trage nicht nur der Vielzahl der konzernrechtlichen Erscheinungsformen Rechnung, sondern verhindere auch die bei Konsolidierungsmechanismen eintretenden Nachteile.[621] Diese bestehen insbesondere darin, dass Konsolidierungslösungen nicht mit den grundlegenden im Gesellschafts- und Konzernrecht verankerten Prinzipien der Haftungstrennung und der rechtlichen Selbständigkeit zu vereinbaren seien. Dies offenbare sich zunächst bei der materiellen Konsolidierung darin, dass die Haftungsmassen und Verbindlichkeiten der einzelnen Gesellschaften zusammengefasst

617 BMJ, DiskE Konzerninsolvenz, S. 11.
618 BMJ, DiskE Konzerninsolvenz, S. 12 f.
619 BMJ, DiskE Konzerninsolvenz, S. 12.
620 BMJ, DiskE Konzerninsolvenz, S. 13.
621 BMJ, DiskE Konzerninsolvenz, S. 2, 14, dazu auch Beck, DZWiR 2014, 381 (383 f.).

und die Gläubiger der verschiedenen Rechtsträger de facto als Gläubiger eines Rechtsträgers behandelt würden. Diese Art der Behandlung von Konzerninsolvenzen missachte die genannten Grundsätze und bewirke Verteilungseffekte zwischen den Gläubigern der verschiedenen Konzernunternehmen, die den Haftungserwartungen im geltenden Recht widersprechen.[622] Darüber hinaus kann nach Ansicht des Bundesjustizministeriums auch die verfahrensrechtliche Konsolidierung nicht als taugliches Lösungsmodell zur sachgerechten Bewältigung von Konzerninsolvenzen angesehen werden. Dies ergebe sich zunächst daraus, dass mit der Unterstellung einer Mehrzahl von Konzerngesellschaften unter das Dach eines Konzernverfahrens Folgeprobleme bei der verfahrensinternen Bewältigung von Interessenkonflikten zwischen den Konzerngesellschaften und deren Gläubigern einhergingen und eine verfahrensrechtliche Konsolidierung bei losen konzernrechtlichen Verbindungen nicht sachgerecht erschiene. Hinzu kommt, dass die mit einer verfahrensmäßigen Konsolidierung einhergehenden Vorteile weitgehend durch verfahrensübergreifende Koordinierungsmechanismen zu realisieren seien und deren flexible Ausgestaltung auch Konzernsituationen mit wenig Koordinierungsbedarf gerecht werden.[623]

c) Kombination verschiedener Koordinationsmaßnahmen

Der Entwurf eines Gesetzes zur Erleichterung der Bewältigung von Konzerninsolvenzen hat die Intention, durch flexible Koordinationsmaßnahmen die verschiedenen Insolvenzverfahren aufeinander abzustimmen und verfolgt zur Erreichung dieser Zielsetzungen zwei aufeinander aufbauende Ansätze.[624]

Dabei beabsichtigt der Entwurf zunächst die geltende Rechtslage an die Situation der Konzerninsolvenz anzupassen und die für eine koordinierte Abwicklung der Insolvenzverfahren erforderlichen Rechtsgrundlagen zu schaffen. Dazu sieht der Entwurf zunächst explizite Vorschriften zur Koordination der Insolvenzverfahren auf gerichtlicher Ebene vor, welche es ermöglichen, dass sämtliche Verfahren an einem Insolvenzgericht anhängig gemacht oder die vor verschiedenen Gerichten geführten Verfahren an ein einziges Gericht verwiesen werden können. Darüber hinaus sieht der Entwurf bei Zuständigkeit mehrerer Insolvenzgerichte und der Bestellung verschiedener Insolvenzverwalter eine Zusammenarbeit zwischen den verschiedenen Gerichten und Insolvenzverwaltern vor und schafft damit die gesetzlichen Grundlagen für eine Kooperation der an den verschiedenen Verfahren beteiligten Funktionsträger.[625]

Darüber hinaus geht der Entwurf neue Wege und verfolgt mit dem Koordinationsverfahren einen bislang weitgehend unbekannten Lösungsansatz zur insolvenzrechtlichen Behandlung konzernverbundener Unternehmen. Das Koordinierungsverfahren bezweckt die einzelnen Verfahren aufeinander abzustimmen

622 BMJ, DiskE Konzerninsolvenz, S. 2, 14.
623 BMJ, DiskE Konzerninsolvenz, S. 2, 15.
624 BMJ, DiskE Konzerninsolvenz, S. 1 f., 15 f.
625 BMJ, DiskE Konzerninsolvenz, S. 1, 15 f.

und beauftragt mit der Erfüllung dieser Aufgabe einen aus dem Kreis der Insolvenzverwalter stammenden Koordinationsverwalter. Der Koordinationsverwalter kann dazu insbesondere einen Koordinationsplan vorlegen, welcher zwar keine unmittelbaren Rechtswirkungen entfaltet, aber als Referenzplan für die in einzelnen Insolvenzverfahren zu erstellenden Insolvenzpläne dient.[626]

d) Stellungnahme

Die allgemeinen Erwägungen des Diskussionsentwurfs überschneiden sich nahezu mit den bisherigen im Rahmen dieser Arbeit getroffenen Feststellungen und bilden ein solides Fundament für die insolvenzrechtliche Behandlung konzernverbundener Unternehmen.

Das praktische Bedürfnis nach der Notwendigkeit besonderer konzerninsolvenzrechtlicher Vorschriften wurde schon zu Beginn dieser Arbeit bei der Einführung in die zu behandelnde Thematik deutlich (§ 1). Dabei offenbarten bereits die einleitend erwähnten empirischen Untersuchungen den wirtschaftlichen Stellenwert von Konzernen und die gesamtwirtschaftlichen Konsequenzen, die aus dem Zusammenbruch dieser Wirtschaftsgebilde resultieren können. Die spektakulären Konzerninsolvenzen in den vergangenen Jahren haben gezeigt, dass das Phänomen der Konzerninsolvenz nicht nur die Theorie, sondern zunehmend auch die Praxis beschäftigt und das gesetzliche Regelungssystem zur Bewältigung dieser Herausforderung nicht geeignet ist. Dies ist zunächst dadurch bedingt, dass die konzern- und insolvenzrechtlichen Regelungen zwar in rechtlicher Hinsicht übereinstimmen, jedoch in wirtschaftlicher Hinsicht differieren (§ 3). Während die Regelungen des Konzernrechts eine einheitliche Leitung des Konzernverbundes ermöglichen, bewirken die Regelungen des Insolvenzrechts eine rechtsträgerspezifische Abwicklung der einzelnen Konzernunternehmen, unabhängig vom Konzernverbund. Die vor der Insolvenz bestehende wirtschaftliche Einheit und die aus der Insolvenz resultierende rechtliche Vielfalt ließe sich nur dann vernünftig miteinander in Einklang bringen, wenn die konzernrechtlichen Strukturen in der Insolvenz berücksichtigt und die einzelnen Insolvenzverfahren aufeinander abgestimmt würden. Das aktuelle Regelungssystem der InsO bietet jedoch keine geeigneten Lösungsansätze für eine Berücksichtigung der rechtsträgerübergreifenden Konzernzusammenhänge (§ 5). Die in diesem Zusammenhang erfolgten Ausführungen haben gezeigt, dass die in der Praxis verfolgten Strategien mangels expliziter Regelungen mit erheblichen Rechtsunsicherheiten verbunden sind und deshalb keine rechtssichere und effektive Koordination der Insolvenzverfahren konzernverbundener Unternehmen gewährleisten. Der Gesetzgeber weist in seinen Ausführungen auf die derzeitig bestehenden Probleme hin und möchte diesen mit der Kodifikation entsprechender Vorschriften entgegentreten. Den vom Bundesministerium der Justiz vorgetragenen Erwägungen zur Notwendigkeit besonderer konzerninsolvenzrechtlicher Regelungen ist somit vollumfänglich zuzustimmen.

---

626 BMJ, DiskE Konzerninsolvenz, S. 1 f., 16.

Darüber hinaus ist auch die im Diskussionsentwurf erfolgte grundsätzliche Weichenstellung zur insolvenzrechtlichen Behandlung konzernverbundener Unternehmen ausdrücklich zu begrüßen. Die Entscheidung für Koordinationslösungen und gegen Konsolidierungslösungen stellt den dogmatisch korrekten Lösungsansatz dar und entspricht den bislang in dieser Arbeit getroffenen Feststellungen (§ 4). Bei der Darstellung der grundsätzlich in Betracht kommenden Lösungsmodelle zur Bewältigung von Konzerninsolvenzen wurde die Erkenntnis gewonnen, dass Konsolidierungslösungen mit dem gegenwärtigen Rechtssystem kaum zu vereinbaren wären und gegen fundamentale Prinzipien des Gesellschafts- und Insolvenzrechts verstießen. Hinzu kommt, dass der mit Konsolidierungslösungen einhergehende Paradigmenwechsel mit einer Vielzahl neuer komplexer Fragestellungen verbunden wäre und die in diesem Zusammenhang auftretenden und bislang nicht oder nicht vollständig geklärten Probleme den tatsächlichen Nutzen dieses Lösungsmodells in Frage stellten. Dagegen stellen Koordinierungslösungen einen auf den Grundsätzen unserer Rechtsordnung beruhenden Lösungsansatz dar und bieten darüber hinaus durch verschiedene Mechanismen einen ausreichenden und flexiblen Rahmen für die Berücksichtigung des wirtschaftlichen Konzernverbundes in der Insolvenz konzernverbundener Unternehmen. Damit wurde aus Sicht des Verfassers der richtige Weg zur insolvenzrechtlichen Behandlung konzernverbundener Unternehmen eingeschlagen.

Schließlich sind auch die grundsätzlich im Diskussionsentwurf enthaltenen Ansätze zur insolvenzrechtlichen Behandlung konzernverbundener Unternehmen zu befürworten. Die Kombination verschiedener Koordinierungsmaßnahmen trägt den Besonderheiten von Konzerninsolvenzen Rechnung und stellt einen flexiblen Regelungsmechanismus zur Abwicklung sämtlicher konzernrechtlicher Erscheinungsformen zur Verfügung. Eine sachgerechte Bewältigung von Konzerninsolvenzen erfordert, dass die in der Praxis existierende Konzernvielfalt berücksichtigt und die unterschiedliche Intensität konzernrechtlicher Verbindungen beachtet wird (§ 4). Das Bundesministerium ist sich der Komplexität der zu behandelnden Thematik bewusst und greift zur Bewältigung dieser Herausforderung in einem ersten Ansatz sowohl auf weniger intensive Kooperationsmaßnahmen als auch auf weitergehende verfahrensrechtliche Koordinationsmaßnahmen zurück (§ 5). Während erstere dafür Sorge tragen, dass die konzernrechtlichen Belange in sämtlichen Insolvenzverfahren konzernverbundener Unternehmen ausreichend beachtet werden, ermöglichen letztere mit der institutionellen und personellen Verflechtungen der Insolvenzverfahren eine intensivere Berücksichtigung der konzernrechtlichen Verbindungen bei der Abwicklung von Konzerninsolvenzen. Dabei ist es jedoch als Manko des Entwurfes anzusehen, dass das Regelungsinstitut der Eigenverwaltung keine Berücksichtigung erfahren hat und die fehlende Verzahnung sowohl mit den Kooperations- als auch mit den Koordinationsmechanismen in diesen Konstellationen zu Unklarheiten führt. Inwieweit der zweite Ansatz des Bundesjustizministeriums und die Einführung eines Koordinierungsverfahrens zu einer koordinierten Abwicklung der Insolvenzverfahren konzernverbundener Unternehmen beitragen, werden die zukünftigen Erfahrungen aus der Praxis zeigen. Dabei wird sich insbesondere herausstellen, ob die grundsätzlich unverbindliche Ausgestaltung des Koordinationsplans zur Umsetzung von Konzernverbundlösungen genügt oder sich als zahnloser Tiger bei der Implementierung rechtsträgerübergreifender Insolvenzpläne erweist.

2. *Wesentlicher Inhalt des Entwurfs und konkrete Änderungen der InsO*

Nachdem nun die allgemeinen Erwägungen zur Kodifikation konzerninsolvenzrechtlicher Vorschriften dargestellt wurden, befassen sich die folgenden Ausführungen mit dem wesentlichen Inhalt des Entwurfs und den damit einhergehenden Änderungen der InsO. Dabei sind als Eckpfeiler des Entwurfs die Einführung eines als Wahlgerichtsstand ausgestalteten Konzerngerichtsstands, die Regelung einer einheitlichen Verwalterbestellung, die Einführung besonderer Kooperationsvorschriften und die Schaffung eines Koordinationsverfahrens anzusehen.[627] Während die Vorschriften zum Gerichtsstand und der Verwalterbestellung an den entsprechenden mit der jeweiligen Thematik in Zusammenhang stehenden Stellen im *Ersten* und *Zweiten Teil* der InsO eingefügt werden, sind die gesetzlichen Grundlagen der Kooperation und des Koordinierungsverfahrens in einem eigens nach § 269 InsO eingefügten und die Koordinierung der Insolvenzverfahren konzernverbundener Unternehmen betreffenden *Siebten Teil* zusammengefasst.

a) Möglichkeit zur Begründung eines Gruppen-Gerichtsstands

Der Diskussionsentwurf schafft zunächst durch besondere Gerichtsstands- und Verweisungsregeln die Möglichkeit, mehrere oder sämtliche Insolvenzverfahren über das Vermögen von Konzernunternehmen an einem Insolvenzgericht zu führen. Die maßgebenden gesetzlichen Regelungen finden sich in den §§ 3a, 3b, 13a InsO-E.

aa) Darstellung und Erläuterung der konkreten Änderung

Die Vorschrift des § 3a InsO-E bildet die gesetzliche Grundlage für eine institutionelle Verflechtung der Insolvenzverfahren und führt für Schuldner, die einer Unternehmensgruppe im Sinne des Absatzes 4 angehören (gruppenangehöriger Schuldner), einen zusätzlichen Gerichtsstand ein.[628]

Demnach eröffnet Absatz 1 zunächst für den gruppenangehörigen Schuldner selbst die Möglichkeit, einen Antrag auf Begründung eines Gruppen-Gerichtsstands zu stellen. Dieser ist vom Insolvenzeröffnungsantrag zu unterscheiden und kann im Gegensatz zu letzterem allein und fakultativ vom Schuldner gestellt werden.[629] Das Antragsrecht bei juristischen Personen und Gesellschaften ohne Rechtspersönlichkeit bestimmt sich aufgrund der vorstehend genannten Differenzierung nicht nach der gesetzlichen Regelung des § 15 InsO, sondern nach den gesetzlichen

---

627 Leutheusser, ZIP 20013, 97 (97).
628 BMJ, DiskE Konzerninsolvenz, S. 29.
629 BMJ, DiskE Konzerninsolvenz, S. 29; Beck, DZWiR 2014, 381 (382).

und gesellschaftsvertraglichen Regelungen zur Vertretungsmacht.[630] Eine besondere Regelung des Antragsrechts erscheint dabei aufgrund der unterschiedlichen Funktionen und Zielsetzungen von Eröffnungsantrag und Antrag auf Begründung eines Gruppen-Gerichtsstands auch nicht erforderlich. Die Antragstellung beruht auf dem Prioritätsprinzip und erklärt bei mehreren Anträgen zunächst den zuerst gestellten Antrag auf Begründung eines Gruppen-Gerichtsstands – nicht den Insolvenzeröffnungsantrag[631]– für maßgebend und stellt erst dann auf die Höhe der Bilanzsumme der antragstellenden Schuldner ab, wenn mehrere gruppenangehörige Schuldner einen Antrag nach Satz 1 gestellt haben oder sich nicht mehr nachvollziehen lässt, welcher Antrag zuerst gestellt worden ist (§ 3a I 2 InsO).[632] In dem Antrag sollen die in § 13a InsO-E enthaltenen Angaben mitgeteilt werden, wobei die Unvollständigkeit oder das Fehlen dieser Angaben aufgrund der Ausgestaltung als Soll-Vorschrift nicht die Unzulässigkeit des Antrags bewirkt. Die in dem Antrag zur Begründung eines Gruppen-Gerichtsstands anzugebenden Informationen nach § 13a InsO-E gehen über die in einem Insolvenzeröffnungsantrag enthaltenen Angaben des § 13 InsO hinaus und bezwecken, dass das Gericht die für die Prüfung des Antrags auf Begründung des Gruppen-Gerichtsstands erforderlichen Informationen erhält und von den weiteren mit der Insolvenz von gruppenangehörigen Schuldnern einhergehenden Besonderheiten erfährt.[633] Die weiteren für die Begründung eines Gruppen-Gerichtsstands kumulativ zu erfüllenden Voraussetzungen sind in § 3a I 1 Nr. 1–3 InsO-E normiert. Erforderlich ist demnach zunächst, dass in Bezug auf den Schuldner ein zulässiger Eröffnungsantrag vorliegt (§ 3a I 1 Nr. 1 InsO-E). Dabei enthält die gesetzliche Regelung – im Gegensatz zum Antrag zur Begründung eines Gruppen-Gerichtsstands – an dieser Stelle keine Einschränkung des Antragsrechts. Der Eröffnungsantrag kann somit gemäß § 13 I 2 InsO sowohl vom Schuldner als auch von jedem Gläubiger gestellt werden und bedarf der Erfüllung der allgemeinen und speziellen Zulassungsvoraussetzungen der §§ 13 ff. InsO. Dem Erfordernis eines zulässigen Eröffnungsantrags lässt sich

---

630 Brünkmans, in: MüKo, InsO, Band 3, Zwölfter Teil Rn. 37.

631 Die gesetzliche Regelung des § 3a I 2 InsO-E verweist eindeutig auf den Antrag nach § 3a I 1 InsO-E und somit nicht auf den *Eröffnungsantrag*, sondern auf den *Antrag zur Begründung eines Gruppengerichtsstands*. Die genaue Differenzierung der Anträge ist durchaus von praktischer Bedeutung. Bei der Stellung mehrerer *Insolvenzeröffnungsanträge* (Eigen- oder Fremdanträge) in Bezug auf verschiedene gruppenangehörige Schuldner, ist die zeitliche Reihenfolge dieser Anträge für die Bestimmung des Gruppengerichtsstands unbeachtlich. Das Prioritätsprinzip greift lediglich bei mehreren *Anträgen zur Begründung des Gruppengerichtsstandes* (nur Eigenanträge nach § 3a I 1 InsO-E) und erklärt für den Gruppengerichtsstand den ersten hierauf gerichteten Antrag für maßgebend. Insoweit missverständlich und terminologisch ungenau, Leutheusser-Schnarrenberger, ZIP 2013, 97 (100).

632 BMJ, DiskE Konzerninsolvenz, S. 29; Thole, KTS 2014, 351 (358).

633 BMJ, DiskE Konzerninsolvenz, S. 32 f.; v. Wilcken, in: Hdb. Konzerninsolvenzrecht, § 4 Rn. 51.

somit entnehmen, dass ein Eigenantrag auf Begründung eines Gruppen-Gerichtsstands auch bei einem Eröffnungsantrag des Gläubigers gestellt werden kann und in diesem Fall an dem für den Schuldner sachlich (§ 2 InsO) und örtlich (§ 3 InsO) zuständigen Insolvenzgericht zu stellen ist. Weitere Voraussetzung für die Begründung eines Gruppen-Gerichtsstands ist, dass eine Verfahrenskonzentration am angerufenen Insolvenzgericht im gemeinsamen Interesse der Gläubiger liegt (§ 3a I 1 Nr. 2 InsO-E). Der Wortlaut der Vorschrift lässt vermuten, dass das angerufene Insolvenzgericht selbst über seine Eignung als tauglicher Gruppen-Gerichtsstand zu entscheiden und über die Interessen der Gläubiger an einer Verfahrenskonzentration an diesem Gericht zu befinden hat.[634] Dabei lässt sich der Begründung des Diskussionsentwurfs entnehmen, dass es nicht auf die Interessen der Gläubiger des antragstellenden Schuldners, sondern auf die Interessen der Gläubiger sämtlicher gruppenangehöriger Schuldner ankommt. Demnach ist ein gemeinsames Interesse anzunehmen, wenn die koordinierte Abwicklung der Einzelverfahren zu Koordinationsgewinnen führt, die sämtlichen Insolvenzmassen und sämtlichen Gläubigern zugutekommen.[635] Schließlich erfordert die letzte Tatbestandsvoraussetzung für die Begründung eines Gruppen-Gerichtsstands, dass der Schuldner nicht offensichtlich von untergeordneter Bedeutung für die Unternehmensgruppe ist (§ 3a I 1 Nr. 3 HS 1 InsO-E). Dabei ist nach der gesetzlichen Regelung eine untergeordnete Bedeutung in der Regel nicht anzunehmen, wenn die Bilanzsumme und die Umsatzerlöse des Schuldners im vorangegangenen Geschäftsjahr mehr als zehn Prozent der zusammengefassten Bilanzsumme und Umsatzerlöse der Unternehmensgruppe ausmachen oder wenn der Schuldner wesentliche Aufgaben oder Funktionen für die Tätigkeit der Gruppe wahrnimmt (§ 3a I 1 Nr. 3 HS 2 InsO-E). Der zusätzliche durch diese Tatbestandsvoraussetzung entstehende Prüfungsaufwand des Gerichts wird somit dadurch relativiert, dass die untergeordnete Bedeutung zum einen offensichtlich sein muss und zum anderen quantitative und qualitative Regelbeispiele angegeben werden, bei deren alternativer Erfüllung eine untergeordnete Bedeutung des Schuldners regelmäßig zu verneinen ist. Während für die quantitativen Charakteristika die Angaben des vorangegangen Geschäftsjahrs und somit das vollständige Geschäftsjahr im Sinne des § 242 HGB und nicht das in der gesetzlichen Regelung des § 240 HGB zum Ausdruck kommende Rumpfgeschäftsjahr gemeint sein dürfte, enthält die gesetzliche Regelung für die qualitativen Charakteristika keinen zeitlichen Bezugspunkt und erfasst demnach auch vom Schuldner erst kurz vor Eintritt der Insolvenz übernommene Aufgaben und Funktionen. Die gesetzliche Regelung des § 13a InsO-E trägt dazu bei, dass das Gericht die untergeordnete Bedeutung ermitteln kann und die für die Prüfung der Merkmale erforderlichen Informationen erhält. Sofern die soeben dargestellten Tatbestandsvoraussetzungen erfüllt sind,

634 Andres/Möhlenkamp, BB 2013, 579 (584). Kritisch zur fehlenden Einbeziehung der Interessenlage der Gläubiger von insolvenznahen oder insolvenzgefährdeten Gesellschaften Rühlemann, Verfahrenskonzentration, S. 523.

635 BMJ, DiskE Konzerninsolvenz, S. 29.

erklärt sich das angerufene Insolvenzgericht für die Insolvenzverfahren über die anderen gruppenangehörigen Schuldner (Gruppen-Folgeverfahren) für zuständig. Der Wortlaut der gesetzlichen Regelung macht deutlich, dass die Entscheidung bei Erfüllung der Tatbestandsvoraussetzungen nicht im richterlichen Ermessen liegt, sondern sich das angerufene Insolvenzgericht bei einem erfolgreichen Antrag zwingend für zuständig zu erklären hat. Die Entscheidung des Insolvenzgerichts unterliegt keinem Rechtsmittel, da die gesetzliche Regelung die sofortige Beschwerde in diesen Fällen nicht vorsieht (§ 6 InsO).

Die gesetzliche Regelung des Absatzes 2 stellt klar, dass der Gruppen-Gerichtsstand nicht als ausschließlicher Gerichtsstand anzusehen ist, sondern als Wahlgerichtsstand neben den nach § 3 I InsO maßgebenden Gerichtsstand tritt. Demzufolge können die Eröffnungsanträge für die Insolvenzverfahren über die anderen gruppenangehörigen Schuldner (Gruppen-Folgeverfahren) nicht nur am Gruppen-Gerichtsstand, sondern auch bei dem nach § 3 I InsO zuständigen Gericht gestellt werden (§ 3a II InsO-E). Der gesetzlichen Regelung liegt die Vorstellung zugrunde, dass eine verdrängende Zuständigkeit in den Fällen nicht sachgerecht erscheint, in denen kein besonderer Koordinierungsbedarf besteht oder der Koordinierungsbedarf nicht zwingend eine gerichtliche Zuständigkeitskonzentration erfordert.[636] Schließlich gewährleistet die gesetzliche Regelung, dass die Geschäftsleiter der einzelnen Konzerngesellschaften ihre strafbewehrten Pflichten nach § 15a InsO bei dem nach § 3 I InsO zuständigen Gericht erfüllen können, sofern keine konzernweite Koordinierung der Antragstellung erfolgt.[637]

Die Regelung des Absatzes 3 stellt sicher, dass die Vorteile der Zuständigkeitskonzentration auch in den Fällen realisiert werden können, in denen die Geschäftsleiter der gruppenangehörigen Schuldner die nach Absatz 1 bestehende Möglichkeit zur Begründung eines Gruppen-Gerichtsstands haben verstreichen lassen.[638] Sofern noch kein Gerichtsstand nach Absatz 1 (Gruppen-Gerichtsstand) begründet worden ist, eröffnet diese Regelung dem in einem eröffneten Verfahren bestellten Insolvenzverwalter die Möglichkeit, einen Antrag auf Begründung eines Gruppen-Gerichtsstands unter Angabe der in § 13a InsO-E enthaltenen Informationen zu stellen (§ 3a III 1 InsO-E). Während der Wortlaut der gesetzlichen Regelung demnach nur den Fall des eröffneten Verfahrens und nicht den Fall des Eröffnungsverfahrens erfasst,

636 BMJ, DiskE Konzerninsolvenz, S. 19. Ebenfalls für die Einführung eines Wahlgerichtsstands Wiebusch, Internationales Konzerninsolvenzrecht, S. 206 ff. Danach soll der Antragsteller die Wahl zwischen dem eigenen Insolvenzgerichtsstand des Schuldners und dem Insolvenzgerichtsstand des herrschenden Unternehmens haben. Gibt es keinen herrschenden Rechtsträger oder befindet sich dieser im Ausland, soll für den Antragsteller die Wahl zwischen dem eigenen Insolvenzgerichtsstand des Schuldners und dem Gericht, bei dem über das Vermögen eines anderen Rechtsträgeres des Konzernverbunds die Eröffnung eines Insolvenzverfahrens beantragt wurde, bestehen.

637 BMJ, DiskE Konzerninsolvenz, S. 19.

638 BMJ, DiskE Konzerninsolvenz, S. 19, 30.

geht die Begründung im Diskussionsentwurf unproblematisch davon aus, dass der Antrag vor Verfahrenseröffnung auch durch einen vorläufigen Insolvenzverwalter gestellt werden kann und legt daher den Schluss nahe, dass auch die Antragstellung im Eröffnungsverfahren – trotz anders lautenden Wortlauts – von der gesetzlichen Regelung des Absatzes 3 erfasst ist. In diesem Fall bliebe aber ferner unklar, ob der Antrag lediglich von einem vorläufig starken (§§ 21 II Nr. 1 Alt. 1, 22 I InsO) oder auch von einem vorläufig schwachen Insolvenzverwalter (§ 21 II Nr. 1 Alt 2, 22 II InsO) gestellt werden kann. Für die erste Alternative dürfte sowohl der Vergleich mit der gesetzlichen Regelung des § 3b II 2 InsO-E als auch die Tatsache sprechen, dass ein vorläufig schwacher Insolvenzverwalter keine Verfügungen treffen, sondern lediglich Verfügungen des Schuldners widersprechen kann.[639] Die Voraussetzungen für die nachträgliche Begründung eines Gruppen-Gerichtsstands entsprechen den bereits in Absatz 1 dargestellten, wobei sich die gesetzliche Verweisung nicht auf den zulässigen Eröffnungsantrag gem. § 3a I 1 Nr. 1 InsO-E bezieht (§ 3a II 1 InsO-E), da die Regelung des Absatzes 3 diesen bereits impliziert. Die Erfüllung der Tatbestandsvoraussetzungen bewirkt, dass sich das angerufene Gericht durch Beschluss für die Gruppen-Folgeverfahren für zuständig erklären kann, aber im Gegensatz zur Regelung des Absatzes 1 nicht für zuständig erklären muss. Dabei ist wie in Absatz 1 kein Rechtsmittel gegen die Entscheidung des Gerichts vorgesehen (§ 6 InsO). Schließlich stellt der entsprechende Verweis auf § 3a I 2 InsO-E sicher, dass das Prioritätsprinzip auch in dieser Konstellation Anwendung findet und die Ermittlung des maßgebenden Antrags ermöglicht wird (§ 3a II 2 InsO-E).

Die Regelung des Absatz IV enthält schließlich eine gesetzliche Definition der Unternehmensgruppe und legt daher den Konzernbegriff im Insolvenzrecht bindend fest. Demnach besteht eine Unternehmensgruppe aus rechtlich selbständigen Unternehmen, die den Mittelpunkt ihrer wirtschaftlichen Tätigkeit im Inland haben und unmittelbar oder mittelbar über eines der beiden in der Vorschrift genannten Kriterien verbunden sind. Die Vorschrift definiert die Unternehmensgruppe rechtsformunabhängig und legt damit das Fundament für ein rechtsformneutrales Konzerninsolvenzrecht. Die gesetzliche Regelung des § 3a IV Nr. 1 InsO-E knüpft zunächst an den handelsrechtlichen Konzernbegriff des § 290 HGB und der Möglichkeit der Ausübung eines beherrschenden Einflusses an und erfordert im Gegensatz zum aktienrechtlichen Konzernbegriff des § 18 AktG und dem darin enthaltenen Merkmal der einheitlichen Leitung nicht, dass das Mutterunternehmen von der Beherrschungsmöglichkeit tatsächlich Gebrauch macht.[640] Das Kriterium der möglichen Beherrschung wird nach der Begründung des Diskussionsentwurfs durch die

639 Dies ist jedoch von der konkreten Bestimmung der Rechte und Pflichten des Insolvenzverwalters gem. § 22 II InsO abhängig. Zu den verschiedenen Möglichkeiten im Rahmen der vorläufigen Insolvenzverwaltung vgl. Haarmeyer, in: MüKo, InsO, Band 1, § 22 Rn. 28 ff.

640 BMJ, DiskE Konzerninsolvenz, S. 31; Thole, in: Hdb. Konzerninsolvenzrecht, § 2 Rn. 28 ff.; Brünkmans, in: MüKo, InsO, Band 3, Zwölfter Teil Rn. 24.

typisierenden Tatbestände des § 290 II HGB konkretisiert, die stets zu der Annahme eines beherrschenden Einflusses führen und somit unwiderlegliche Vermutungen aufstellen.[641] Die insolvenzrechtliche Regelung des § 3a IV Nr. 1 InsO-E basiert somit weitgehend auf der handelsrechtlichen Regelung des § 290 HGB, kommt jedoch im Gegensatz zu dieser unabhängig davon zur Anwendung, ob die Muttergesellschaft als Kapitalgesellschaft verfasst ist (290 I HGB) oder die Tochtergesellschaften nach handelsrechtlichen Vorschriften in den Konzernabschluss aufzunehmen sind (§ 290 V, § 296 HGB).[642] Die Regelung des § 3a IV Nr. 2 InsO-E stellt dagegen auf das aus dem aktienrechtlichen Konzernbegriff bekannte Merkmal der einheitlichen Leitung ab. Die alternative Anknüpfung an das Erfordernis der einheitlichen Leitung stellt nach der Begründung des Diskussionsentwurfs sicher, dass auch Gleichordnungskonzerne vom Anwendungsbereich des Absatzes IV erfasst werden und die im Diskussionsentwurf enthaltenen Koordinierungsmechanismen auch in diesen Konzernkonstellationen Anwendung finden.[643]

Die Vorschrift des § 3a InsO-E wird durch die gesetzliche Regelung des § 3b InsO-E und der Möglichkeit der Verweisung an den Gruppen-Gerichtsstand flankiert. Sofern gruppenangehörige Schuldner oder deren Gläubiger die Eröffnung des Insolvenzverfahrens nicht bei dem nach § 3a I InsO-E zuständigen Gericht beantragen, ermöglicht die Vorschrift des Absatzes 1 eine Verweisung an den Gruppen-Gerichtsstand. Die Verweisung liegt dabei grundsätzlich im Ermessen des Gerichts (§ 3b I 1 InsO-E), welches bei seiner Entscheidung insbesondere den aktuellen Verfahrensstand und die Gläubigerinteressen des Schuldners zu berücksichtigen hat.[644] Da das angerufene Gericht in dieser Konstellation nicht über die in § 13a InsO-E enthaltenen Informationen verfügt, dürfte die Regelung zur Zusammenarbeit der Gerichte (§ 269 b InsO-E) zum Erhalt der für die Entscheidung relevanten Informationen sorgen. Dagegen steht dem Gericht kein Ermessen zu. Eine Verweisung hat auf Antrag zu erfolgen, wenn der Schuldner unverzüglich nachdem er Kenntnis von dem Eröffnungsantrag eines Gläubigers erlangt hat, einen zulässigen Eröffnungsantrag bei dem Gericht des Gruppen-Gerichtsstands stellt (§ 3b I 2 InsO-E). Die Entscheidung ist dabei nach dem allgemeinen Rechtsgrundsatz der Bindung von Verweisungsentscheidungen für das im Beschluss benannte Gericht bindend.[645] Die Entscheidung des Insolvenzgerichts unterliegt keinem Rechtsmittel, da die gesetzliche Regelung die sofortige Beschwerde in diesen Fällen nicht vorsieht (§ 6 InsO.).

Die Berechtigung zur Stellung eines Verweisungsantrags ist in Absatz 2 geregelt. Antragsberechtigt ist zunächst der Schuldner (§ 3b II 1 InsO-E), im Eröffnungsverfahren jedoch anstelle des Schuldners ein vorläufig bestellter (starker)

641 BMJ, DiskE Konzerninsolvenz, S. 31.
642 BMJ, DiskE Konzerninsolvenz, S. 31.
643 BMJ, DiskE Konzerninsolvenz, S. 31.
644 BMJ, DiskE Konzerninsolvenz, S. 32.
645 BMJ, DiskE Konzerninsolvenz, S. 32.

Insolvenzverwalter (§ 3b II 2 InsO-E) und im eröffneten Verfahren schließlich der Insolvenzverwalter (§ 3b II 3 InsO-E).

Absatz 3 erhält auch im Fall der Verweisung an den Gruppen-Gerichtsstand die Möglichkeit zur Bestellung eines einheitlichen Insolvenzverwalters aufrecht und trägt somit der personellen Verflechtung der Verfahren auf Ebene der Insolvenzverwalter Rechnung. Dieser Vorschrift zufolge kann das Gericht des Gruppen-Gerichtsstands den vom Erstgericht bestellten vorläufigen Insolvenzverwalter entlassen, wenn dies erforderlich ist, um nach § 56b InsO-E eine Person zum Insolvenzverwalter in mehreren oder allen Verfahren über die gruppenangehörigen Schuldner zu bestellen (§ 3b III InsO-E). Dagegen ist eine Entlassung des Insolvenzverwalters im eröffneten Verfahren nach dem Wortlaut der Vorschrift nicht mehr möglich.

bb) Stellungnahme

Die bisherigen Ausführungen haben gezeigt, dass die gerichtliche Zuständigkeitskonzentration als zentrale Maßnahme zur Koordination der Insolvenzverfahren gruppenangehöriger Schuldner anzusehen ist (§ 4) und dieser Koordinationsmechanismus aus Gründen der Effektivität und Rechtssicherheit einer ausdrücklichen gesetzlichen Grundlage bedarf (§ 5). Die Entscheidung des Bundesjustizministeriums zur Kodifikation besonderer konzernrechtlicher Zuständigkeitsvorschriften ist daher explizit zu begrüßen, die Art und Weise der gesetzlichen Ausgestaltung dagegen jedoch zu kritisieren. Während mit der Einführung von Wahlgerichtsstands- und Verweisungsregeln (§§ 3a, 3b InsO-E) zwar flexible und die Vielfalt konzernrechtlicher Erscheinungsformen berücksichtigende Gruppengerichtsstandsregelungen geschaffen werden, lassen sich gegen dieses Regelungssystem und die zugrunde liegenden Erwägungen erhebliche allgemeine und besondere Einwände anführen.

Die im Diskussionsentwurf enthaltene Vorschrift zum Gruppen-Gerichtsstand (§ 3a InsO-E) ist erkennbar als Wahlgerichtsstandsregelung ausgestaltet worden und soll – neben den Gerichtsständen des § 3 InsO – als besonderer Gerichtsstand fungieren.[646] Die Entscheidung mehrere oder sämtliche Insolvenzverfahren an einem Insolvenzgericht zu führen, liegt somit primär in den Händen der gruppenangehörigen Schuldner. Der gesetzlichen Regelung des § 3a I 1 InsO-E und dem Erfordernis eines Eigenantrags des Schuldners liegen nach der Begründung im Entwurf die Erkenntnisse zugrunde, dass die Begründung eines Gruppen-Gerichtsstands insbesondere bei einer im Vorfeld koordinierten Antragstellung der Schuldner in Betracht kommt und sich erfolgreiche Sanierungen kaum jemals gegen den Willen einer Unternehmensleitung planen und durchführen lassen.[647] Die Erwägungen des

646 v. Wilcken, in: Hdb. Konzerninsolvenzrecht, § 4 Rn. 49.

647 BMJ, DiskE Konzerninsolvenz, S. 18 f. Dieses Regelungsmodell entspricht zum Teil den Überlegungen von Schmollinger. Danach sollte es – abweichend vom Diskussionsentwurf – allen Konzerngesellschaften ermöglicht werden, einen Eigenantrag auf Eröffnung des Insolvenzverfahrens bei jedem Insolvenzgericht zu stellen, welches für eine insolvente Konzerngesellschaft nach § 3 I InsO zuständig ist.

Bundesjustizministeriums verkennen jedoch, dass eine Koordination der Insolvenzverfahren bei sämtlichen Verwertungsmöglichkeiten sinnvoll sein kann und die für eine Koordination der einzelnen Verfahren wesentliche Entscheidung der Zuständigkeitskonzentration keinen Antrag des Schuldners erfordern sollte. Dies lässt sich damit begründen, dass bei einer erforderlichen Antragstellung des Schuldners die Gefahr besteht, dass das zum Zeitpunkt der Insolvenznähe oftmals überforderte Management die Vorteile einer Verfahrenskonzentration nicht sachgerecht einschätzt oder die nach § 13 a InsO-E erforderlichen Angaben nicht rechtzeitig beschafft und eine mangelnde, unkoordinierte oder fehlerhafte Antragstellung zu Lasten der Gläubiger geht. Des Weiteren ist zu beachten, dass nach dem gesetzlichen Regelungssystem der InsO mit Eintritt der Insolvenz nicht mehr die Interessen des Schuldners, sondern diejenigen der Gläubiger im Vordergrund stehen und die maßgebenden Entscheidungen unabhängig vom Willen des Insolvenzschuldners getroffen werden. Mit Eröffnung des Insolvenzverfahrens geht die Verwaltungs- und Verfügungsbefugnis vom Schuldner auf den Insolvenzverwalter übert (§ 80 InsO) und die Gläubiger haben über den Fortgang des Verfahrens und die bestmögliche Verwertung des vorhandenen Schuldnervermögens zu entscheiden (§ 157 InsO). Vor diesem Hintergrund erscheint es nicht sachgerecht, die im Interesse der Gläubiger liegende und für die Koordination der Verfahren zentrale Entscheidung der Zuständigkeitskonzentration primär von einem Antrag des Schuldners abhängig zu machen. Vielmehr sollte die Entscheidung über die Zuständigkeitskonzentration keiner schuldnerspezifischen Voraussetzungen bedürfen und insbesondere antragsunabhängig auf gerichtlicher Ebene getroffen werden können.

Neben diesem grundsätzlichen Einwand setzen sich die Bedenken auch im Hinblick auf die konkrete Ausgestaltung der gesetzlichen Regelung des § 3a I 1 InsO-E fort. Dabei drohen insbesondere die dort normierten Voraussetzungen erhebliche Probleme bei der Prüfung des Antrags auf Begründung eines Gruppen-Gerichtsstands zu verursachen.[648] Diese bestehen zunächst darin, dass die für die Zuständigkeitskonzentration erforderliche positive Feststellung des gemeinsamen Gläubigerinteresses (§ 3a I 1 Nr. 2 InsO-E) erhebliche Schwierigkeiten mit sich bringt und die Annahme dieser Tatbestandsvoraussetzungen durch das stets verbleibende Restrisiko kaum möglich erscheint. Die gerichtliche Prüfung sollte an dieser Stelle deutlich vereinfacht werden und für die Annahme eines gemeinsamen Interesses grundsätzlich ausreichen, dass nach dem derzeitigen Verfahrensstand eine Zuständigkeitskonzentration sinnvoll erscheint und mit überwiegender

Dem Antrag sollten Nachweise über die Konzernzugehörigkeit der betreffenden Gesellschaft sowie eine Begründung der Wahl des angerufenen Insolvenzgerichts beizufügen sein. Sofern für die einzelnen Konzerngesellschaften bei verschiedenen Insolvenzgerichten Insolvenzanträge gestellt werden, sollte jede Konzerngesellschaft eine Verweisung an ein für eine andere Konzerngesellschaft zuständiges Gericht beantragen können, vgl. Schmollinger, Der Konzern, S. 276 ff.

648 So auch Frind, ZInsO 2013, 429 (430 f.); Zipperer, ZIP 2013, 1007 (1011 ff.); Andres/Möhlenkamp, BB 2013, 579 (584); Vallender, Der Konzern 2013, 162 (165 f.).

Wahrscheinlichkeit mit Koordinationsgewinnen zu rechnen ist.[649] Die Schwierigkeiten setzen sich auch bei der gerichtlichen Prüfung der untergeordneten Bedeutung des Schuldners fort (§ 3a I Nr. 3 HS 2 InsO-E). Während die Prüfung der quantitativen Charakteristika insbesondere bei einer fehlenden Verpflichtung zur Erstellung von Konzernabschlüssen schwierig erscheint,[650] können die qualitativen Kriterien und das Erfordernis einer wesentlichen Aufgabe oder Funktion zu unerwünschten Effekten bei Bestimmung der untergeordneten Bedeutung des Schuldners führen. Die gesetzliche Regelung birgt an dieser Stelle die Gefahr eines Missbrauchs, da sich eine wesentliche Aufgabe oder Funktion in der Unternehmensgruppe zum einen leicht begründen lassen dürfte und zum anderen keine zeitliche Grenzen für die Ausübung der wesentlichen Aufgabe oder Funktion vorgesehen sind. Es sollte daher sowohl für die quantitativen als auch für die qualitativen Kriterien das vollständige letzte Geschäftsjahr als zeitlicher Bezugspunkt herangezogen werden.[651] Schließlich stellt sich die Frage, woher der gruppenangehörige Schuldner die im Antrag anzugebenden und für die Prüfung der Tatbestandsvoraussetzungen erforderlichen Angaben erhält (§ 13 a InsO-E). Die vollständige Mitteilung dieser Angaben erscheint zwar im Falle einer bereits im Vorfeld koordinierten Antragstellung möglich, im Falle einer nicht konzernweit organisierten Antragstellung jedoch schwierig. Die gesetzliche Regelung ist somit erkennbar auf eine koordinierte Antragstellung zugeschnitten und wird somit den Fällen einer unkoordinierten Antragstellung nicht gerecht.

§ 3a I 2 InsO-E erklärt grundsätzlich den ersten Antrag auf Begründung eines Gruppen-Gerichtsstands für maßgebend. Das Bundesjustizministerium hat sich somit bedauerlicherweise gegen einen Gruppen-Gerichtsstand am Sitz der Konzernmutter und bewusst für das Prioritätsprinzip entschieden. Gegen das Prioritätsprinzip und für den Muttergerichtsstand spricht, dass die zentrale Koordination der Konzerngesellschaften regelmäßig am Sitz der Konzernzentrale erfolgt und dort auch folgerichtig die Koordination der einzelnen Insolvenzverfahren erfolgen sollte.[652] Das Prioritätsprinzip geht jedoch andere Wege und sieht für die Zuständigkeitskonzentration und den Ausgangspunkt weiterer Koordinierungsmechanismen nicht den Kopf des Konzerngebildes, sondern dessen einzelne Glieder als maßgebend an. Dieser Regelungsmechanismus hat zur Folge, dass in zahlreichen Konzernkonstellationen eine Vielzahl möglicher Gruppengerichtsstände in Betracht kommt und die Gläubiger der einzelnen Konzerngesellschaften de facto keine

---

649 Ähnlich Andres/Möhlenkamp, BB 2013, 579 (584).

650 Nach der Begründung des Diskussionsentwurfs ist in diesen Fällen das Vorliegen der quantitativen Schwellen anhand untechnischer Zusammenschlüsse der Abschlüsse abzuschätzen.

651 So auch Gravenbucher Kreis, Stellungnahme DiskE, abrufbar, unter: http://www.gravenbrucherkreis.de/uploads/media/20130215_Stellungnahme_GK_Konzerninsolvenzrecht.pdf.

652 Für eine Anknüpfung am Gerichtsstand des Mutterunternehmens auch Verhoeven, ZInsO 2014, 217 (218).

Möglichkeit zur Erkennbarkeit des potentiellen Gruppen-Gerichtsstands haben.[653] Dieses Ergebnis steht jedoch in Widerspruch zu den aktuellen insolvenzrechtlichen Zuständigkeitsvorschriften und der sich in diesem Zusammenhang abzeichnenden Rechtsprechungstendenz auf nationaler und europäischer Ebene. Während die Vorschriften des § 3 InsO und Art. 3 EuInsVO mit dem Satzungssitz grundsätzlich an einem für Gläubiger feststellbaren Kriterium anknüpfen, spielen bei der Prüfung des Mittelpunktes der selbständigen wirtschaftlichen Tätigkeit (§ 3 I 2 InsO) oder des Mittelpunktes der hauptsächlichen Interessen (Art. 3 I 2 EuInsVO) des Schuldners nach außen und für Dritte erkennbare Kriterien eine erhebliche Rolle.[654] Des Weiteren besteht – im Gegensatz zum Muttergerichtsstand – beim Prioritätsprinzip die erhöhte Gefahr, dass sowohl der Ort des Gerichtsstands als auch das zuständige Insolvenzgericht selbst als nicht sachgerecht für die gerichtliche Zuständigkeitskonzentration erscheinen. Die Maßgeblichkeit des ersten Antrags kann insbesondere dazu führen, dass der Gruppen-Gerichtsstand an einem Ort begründet wird, der aufgrund seiner geographischen Lage und infrastrukturellen Voraussetzungen nicht für die Abwicklung derartiger Großverfahren geeignet ist. Darüber hinaus ist zu befürchten, dass verschiedene Insolvenzgerichte nicht über die für Insolvenzverfahren dieser Größenordnung erforderlichen Kapazitäten verfügen und zahlreiche Richter nicht die notwendigen Erfahrungen in Zusammenhang mit der Abwicklung von Konzerninsolvenzen haben. Das Prioritätsprinzip ignoriert diese Bedenken jedoch weitgehend und führt dazu, dass grundsätzlich sämtliche Insolvenzgerichte im Bundesgebiet – unabhängig von den örtlichen Gegebenheiten und den vorhandenen Kapazitäten – für eine verfahrensrechtliche Verflechtung der Insolvenzverfahren auf gerichtlicher Ebene in Betracht kommen. Fraglich ist, ob die gesetzliche Regelung des 3a I Nr. 2 InsO-E zur Lösung dieser Problematik beitragen kann. Während man einerseits aus dem Wortlaut der Vorschrift entnehmen könnte, dass sich das gemeinsame Interesse auch auf den Gruppen-Gerichtsstand als solchen bezieht („am angerufenen Insolvenzgericht"), erscheint es anderseits fraglich, ob dieses Ergebnis wirklich der Intention der Entwurfsverfasser entspricht und tatsächlich auf diesem Wege die geeigneten Gruppengerichtsstände für die Abwicklung der Insolvenzverfahren gruppenangehöriger Schuldner ermittelt werden sollen.[655] Eine Professionalisierung der Insolvenzgerichte ließe sich besser durch eine Konzentration des Gruppen-Gerichtsstands auf Bundesland- respektive OLG-Bezirksebene

---

653 Dazu ebenfalls kritisch Specovius/Kuske, in: Gottwald, InsHdb., § 95 Rn. 36; Rühlemann, Verfahrenskonzentration, S. 519 ff.; v. Wilcken, in: Hdb. Konzerninsolvenzrecht, § 4 Rn. 50; Naraschewski, in: Bork/Hölzle, Hdb. Insolvenzrecht, Kapitel 23 Rn. 19.

654 Im Hinblick auf § 3 InsO vgl. beispielsweise OLG Braunschweig, Beschluss vom 13.4.2000 – 1 W 29/00; im Hinblick auf Art. 3 EuInsVO vgl. EuGH, Urteil vom 2.5.2006 – C-341/04 – *Eurofood IFSC Ltd* NZI 2006, 360 (360 ff.); EuGH, Urteil vom 20.11.2011 – C-396/09 – *Interedil*, NZI 2011, 990 (990 ff.); ähnlich auch Frind, ZInsO 2013, 429 (431).

655 Ähnlich Andres/Möhlenkamp, BB 2013, 579 (584).

erreichen.[656] Dies hätte zur Folge, dass die dann in Betracht kommenden Städte und Gerichte über die nötigen strukturellen Voraussetzungen verfügen dürften und an diesen Gerichten speziell qualifizierte und mit der Materie bereits vertraute Richter eingesetzt werden könnten. Schließlich ist in diesem Zusammenhang noch zu beachten, dass die gesetzlichen Regelungen im Diskussionsentwurf zwar eine Zuständigkeitskonzentration auf Ebene der Insolvenzgerichte, nicht jedoch in der Person des Insolvenzrichters ermöglichen. Die Vorteile einer gerichtlichen Verfahrenskonzentration ließen sich jedoch unter Umständen besser verwirklichen, wenn lediglich ein Insolvenzrichter für die Insolvenzverfahren über die gruppenangehörigen Schuldner zuständig wäre oder zumindest verschiedene zuständige Richter eines Gerichts zur Zusammenarbeit verpflichtet wären. Während ersteres eine Änderung des GVG (§ 21e GVG) erfordern würde, sollte letzteres aus Gründen der Rechtssicherheit explizit in die Regelung des § 269b InsO-E aufgenommen werden, welche die Kooperationspflicht expressis verbis nur bei Zuständigkeit verschiedener Gerichte regelt.[657]

Des Weiteren birgt die Vorschrift des § 3a I 2 InsO-E die Gefahr eines nationalen *forum shopping*.[658] Darunter versteht man im Anschluss an den US-amerikanischen Sprachgebrauch, dass der Kläger das *forum* berechnend zu seinen Gunsten auswählt oder die Voraussetzungen für das Vorliegen eines für ihn günstigen Gerichtsstands schafft.[659] Die gesetzliche Regelung des § 3a I 2 InsO-E ermöglicht dieses Szenario und gestattet Konzernen durch eine gezielte und koordinierte Antragstellung maßgebenden Einfluss auf die Bestimmung des Gruppen-Gerichtsstands zu nehmen. Das Bundesjustizministerium schätzt jedoch in seiner Begründung die Vorteile der im Prioritätsprinzip angelegten Wahlmöglichkeiten größer ein als die möglicherweise damit verbundenen Nachteile. Dabei haben die Erfahrungen in der Vergangenheit gezeigt, dass *forum shopping* nicht nur im internationalen, sondern auch im nationalen Bereich ungewünschte Effekte herbeiführen kann. Die Zuständigkeitsregelung im amerikanischen Konzerninsolvenzrecht offenbart eindrucksvoll die potentiellen Gefahren eines Wahlgerichtsstands im nationalen Kontext und sollte dem deutschen Gesetzgeber als Warnung für die Kodifikation einer entsprechenden Regelung dienen.[660] Die Eröffnung von Wahlmöglichkeiten führte in den Vereinigten Staaten dazu, dass die Beteiligten die Insolvenzgerichte für ihre Fälle bewusst auswählten und favorisierte Gerichtsstände für die Abwicklung

656 Zu diesem Vorschlag u. a. Vallender, Der Konzern 2013, 162 (167).

657 So auch Vallender, Der Konzern, 2013, 162 (166 f.); Gravenbucher Kreis, Stellungnahme DiskE S. 2.

658 Dazu auch Frind, ZInsO 2013, 429 (431); ders., ZInsO, 2014, 927 (931 ff.); Andres/Möhlenkamp, BB 2013, 579 (584); a. A.: Brünkmans, in: MüKo, InsO, Band 3, Zwölfter Teil Rn. 30 ff.

659 Patzina, in: MüKo, ZPO, Band 1, § 12 Rn. 103, Kropholler, in: Hdb. Internationales Zivilverfahrensrecht, Kapitel III Rn. 159.

660 Dazu eingehend LoPucki, ZInsO 2013, 420 (420 ff.); auch Frind, ZInsO 2014, 927 (933 f.).

von Konzerninsolvenzen entstanden. Die Gründe dafür sind beispielsweise darin zu sehen, dass Gerichte auch unter Geltung eines einheitlichen Insolvenzstatuts Gesetze anders interpretieren können oder bei bestimmten Insolvenzgerichten mit einer schnelleren Abwicklung des Verfahrens zu rechnen ist.[661] Diese Entwicklung bewirkte aufgrund der weitreichenden mit der Abwicklung von Konzerninsolvenzen verbundenen wirtschaftlichen Folgen, dass die Insolvenzgerichte in Amerika untereinander in Wettbewerb traten und ihre Rechtsprechung entsprechend anpassten, um von den Parteien als attraktiver Gerichtsstand für die Abwicklung von Konzerninsolvenzen wahrgenommen zu werden. Die Statistiken belegen die aus dem Wettbewerb der Insolvenzgerichte resultierenden Auswirkungen und zeigen, dass die an dem favorisierten Gerichtsstand Delaware reorganisierten Gesellschaften in den Jahren 1991–1996 zwei- bis zehnmal so oft im Vergleich zu Reorganisationen an anderen Gerichten erneut die Insolvenz beantragen mussten. Die Beteiligten entschieden sich somit für einen Gerichtsstand, an dem eine erfolgreiche Sanierung am wenigsten wahrscheinlich war.[662] Diese Bedenken können nicht mit einem Verweis auf die unterschiedlichen Rechtssysteme und Besonderheiten der jeweiligen Rechtsordnungen ausgeräumt werden, sondern sollten auch hierzulande bei der Kodifikation entsprechender Vorschriften nicht unterschätzt werden. Die Erfahrungen mit der Abwicklung von Konzerninsolvenzen haben gezeigt, dass die Gerichte auch hierzulande den Mittelpunkt der selbstständigen wirtschaftlichen Tätigkeit von Konzernunternehmen unterschiedlich beurteilen oder die gerichtliche Praxis bei der Bestellung eines einheitlichen Insolvenzverwalters und der Beurteilung des in § 56 InsO normierten Unabhängigkeitserfordernisses divergiert.[663] Diese Entwicklung könnte sich auch in Zukunft fortsetzen, indem beispielsweise Gerichte die Anordnungsvoraussetzungen der Eigenverwaltung (insbesondere § 270 II Nr. 3 InsO) unterschiedlich interpretieren und infolgedessen der Antrag auf Begründung eines Gruppen-Gerichtsstands bewusst bei den Gerichten gestellt wird, bei denen die Anordnung der Eigenverwaltung erfolgversprechender erscheint. Diese Beispiele zeigen, dass die Auswirkungen eines nationalen Wahlgerichtsstands nicht so geringfügig sind, wie dies auf den ersten Blick erscheinen mag und die gewonnenen Erkenntnisse aus den Untersuchungen in den Vereinigten Staaten bei der geplanten Reform hierzulande besser berücksichtigt werden sollten.[664]

§ 3a III InsO-E gestattet dem Insolvenzverwalter unter den dort genannten Voraussetzungen einen entsprechenden Antrag auf Begründung des Gruppen-Gerichtsstands zu stellen. Diese Vorschrift erfasst somit die im Diskussionsentwurf als weniger wichtig erscheinenden Fälle der nicht koordinierten Antragstellung der Schuldner und stellt sicher, dass die Vorteile der Verfahrenskonzentration auch dann

661 LoPucki, ZInsO 2013, 420 (420 ff.).

662 LoPucki, ZInsO 2013, 420 (423); hierzu auch Rühlemann, Verfahrenskonzentration, S. 434 ff.

663 Vgl. hierzu die Ausführungen in § 5.

664 LoPucki, ZInsO 2013, 420 (428).

realisiert werden können, wenn die gruppenangehörigen Schuldner die Möglichkeit zur Beantragung eines Gruppen-Gerichtsstands haben verstreichen lassen. Diese Regelung ist von immenser Bedeutung und lässt im Gegensatz zu der Regelung des Absatz 1 erkennen, dass die Entscheidung über die Verfahrenskonzentration vorrangig im Interesse der Gläubiger getroffen werden sollte. Die gesetzliche Regelung sollte jedoch im Hinblick auf die Vorteile einer frühzeitigen Verfahrenskonzentration und zur Vermeidung von entsprechenden Rechtsunsicherheiten explizit klarstellen, dass ein entsprechender Antrag bereits im Eröffnungsverfahren vom vorläufigen Insolvenzverwalter gestellt werden kann. Dabei stellt sich allerdings die Frage, woher der (vorläufige) Insolvenzverwalter die in dem Antrag auf Begründung des Gruppen-Gerichtsstands anzugebenden Informationen (§§ 3a, 13 a InsO-E) erhält.

§ 3 Absatz 4 InsO-E definiert den Begriff der Unternehmensgruppe und legt somit verbindlich fest, in welchen Konzernkonstellationen die insolvenzrechtlichen Kooperations- und Koordinationsvorschriften Anwendung finden. Die gesetzliche Regelung knüpft zunächst mit der Möglichkeit der Ausübung eines beherrschenden Einflusses (§ 3a IV Nr. 1 InsO-E) erfreulicherweise an dem handelsrechtlichen Konzernbegriff (§ 290 HGB) an und zieht zur Bestimmung der Unternehmensgruppe nicht den aktienrechtlichen Konzernbegriff (§ 18 AktG) heran. Dieser Regelungsansatz erleichtert den Insolvenzgerichten die gerichtliche Prüfung in Bezug auf das Vorliegen einer Unternehmensgruppe, indem die Möglichkeit zur Ausübung des beherrschenden Einflusses einfacher als dessen tatsächliche Ausübung festzustellen ist.[665] Darüber hinaus ist zu beachten, dass der handelsrechtliche Konzernbegriff zum Teil auf einer europäischen Richtlinie[666] basiert und im Gegensatz zum aktienrechtlichen Konzernbegriff auch bei der Regelung des Konzerninsolvenzrechts in anderen Rechtsordnungen oder auf europäischer Ebene eine Rolle spielen könnte. Eine einheitliche Begriffsbestimmung der Unternehmensgruppe erscheint im Hinblick auf die Zielvorstellung, die nationalen Insolvenzstatute innerhalb der Europäischen Union anzugleichen, durchaus wünschenswert.

Die Regelung des § 3b InsO-E versucht der flexiblen Ausgestaltung des Gruppen-Gerichtsstands als Wahlgerichtsstand Rechnung zu tragen. Die Wahlmöglichkeiten des § 3a InsO-E bestehen darin, dass nicht nur die Beantragung des Gruppen-Gerichtsstands der Entscheidungsfreiheit der gruppenangehörigen Schuldner unterliegt, sondern auch im Falle der Begründung eines Gruppen-Gerichtsstands der Antrag auf Eröffnung eines Gruppen-Folgeverfahrens sowohl am Gruppen-Gerichtsstand als auch an dem nach § 3 I InsO zuständigen Gericht gestellt werden kann (§ 3a II InsO-E). Sofern die Gläubiger oder die gruppenangehörigen Schuldner die Anträge nicht an dem Gericht des Gruppen-Gerichtsstands stellen, eröffnet § 3b InsO-E die Möglichkeit, die entsprechenden Verfahren an das Gericht des Gruppen-Gerichtsstands zu verweisen und auf diese Weise eine Verfahrenskonzentration

---

665 Leutheusser-Schnarrenberger, ZIP 2013, 97 (98 f.).

666 Art 1 II der Siebenten Richtlinie 83/349/EWG des Rates vom 13. Juni 1983.

herbeizuführen. Dabei ist positiv zu bewerten, dass die Entscheidung über die Verweisung nach § 3b I 1 InsO-E dem angerufenen Insolvenzgericht obliegt. Dieses erscheint aufgrund seiner unabhängigen Stellung geradezu prädestiniert, die Interessen der Gläubiger des gruppenangehörigen Schuldners zu bewerten und über die Vorteile einer Verfahrenskonzentration am Gericht des Gruppen-Gerichtsstands zu befinden. Dagegen erscheint die in § 3b I 2 InsO-E geregelte Pflicht zur Verweisung des Verfahrens auf Antrag des Schuldners (§ 3b II 1 InsO-E), des vorläufigen Insolvenzverwalters (§ 3b II 2 InsO-E) oder des Insolvenzverwalters (3 b II 3 InsO-E) durchaus zweifelhaft. Der Grund hierfür ist, dass der Schuldner durch das Antragsrecht allein über die im Interesse der Gläubiger liegende Verweisungsentscheidung befinden kann und das Gericht auch dann zu einer Verweisung des Verfahrens verpflichtet ist, wenn diese möglicherweise nicht im Interesse der Gläubiger des gruppenangehörigen Schuldners liegt.[667] Während das Antragsrecht des Schuldners somit durchaus zweifelhaft erscheint, dürfte das Antragsrecht des vorläufigen Insolvenzverwalters in der Praxis keine große Rolle spielen. Der vorläufige Insolvenzverwalter eines gruppenangehörigen Schuldners dürfte von dieser Möglichkeit nur selten Gebrauch machen, da er in diesen Fällen Gefahr läuft, vom Gericht des Gruppen-Gerichtsstands entlassen zu werden, damit in mehreren oder sämtlichen Verfahren ein einheitlicher Insolvenzverwalter bestellt werden kann (§ 3b III InsO-E).[668] Insgesamt erschiene es somit vorzugswürdig, wenn die für die Gläubiger wesentliche Frage der Verweisung an den Gruppen-Gerichtsstand nicht von den interessengeleiteten Motiven der Schuldner und Insolvenzverwalter abhängig wäre, sondern allein der Entscheidungshoheit der unabhängigen Insolvenzgerichte unterstehen und von Amts wegen getroffen würde. Dabei könnte man zusätzlich die Überlegung anstellen, die Verweisungsmöglichkeit nicht als reine Ermessensregelung („kann“) auszugestalten, sondern beispielsweise bei positiver Prognose als intendierte Ermessensregelung („soll“) zu konzipieren.

b) Möglichkeit zur Bestellung eines einheitlichen Insolvenzverwalters

Der Diskussionsentwurf ermöglicht nicht nur eine Verflechtung der Insolvenzverfahren auf Ebene der Insolvenzgerichte, sondern – in Übereinstimmung mit den Empfehlungen von *UNCITRAL* – auch auf Ebene der Insolvenzverwalter. Die maßgebliche gesetzliche Regelung wird bei den entsprechenden Vorschriften betreffend der Bestellung des Insolvenzverwalters integriert und fügt sich somit in die gesetzliche Systematik ein.

---

667 ebenfalls kritisch zu der damit einhergehenden starken Stellung des Schuldners, Rühlemnann, Verfahrenskonzentration, S. 525.

668 Andres/Möhlenkamp, BB 2013, 579 (585).

aa) Darstellung und Erläuterung der konkreten Änderung

Die Regelung des § 56b InsO-E schafft die gesetzliche Grundlage für die Verwalterbestellung bei Schuldnern derselben Unternehmensgruppe.

Sofern über das Vermögen von gruppenangehörigen Schuldnern die Eröffnung eines Insolvenzverfahrens beantragt wird, sieht § 56b I 1 InsO-E vor, dass sich die angegangenen Insolvenzgerichte darüber abzustimmen haben, ob es im Interesse der Gläubiger liegt, lediglich eine Person zum Insolvenzverwalter zu bestellen. Der Abstimmungsprozess kann dabei als besondere Ausprägung der in § 269b InsO-E geregelten Pflicht zur Zusammenarbeit der Gerichte angesehen werden und ermöglicht die Bestellung eines einheitlichen Insolvenzverwalters in sämtlichen Fällen, in denen die Insolvenzanträge über das Vermögen von gruppenangehörigen Schuldnern, unabhängig ob Eigen- oder Fremdanträge,[669] bei verschiedenen Insolvenzgerichten gestellt werden. Die gesetzliche Regelung findet bereits im Eröffnungsverfahren Anwendung (§ 21 II 1 Nr. 1 InsO-E) und verpflichtet die Gerichte schon bei Bestellung des vorläufigen Insolvenzverwalters, die Möglichkeit einer einheitlichen Verwalterbestellung zu prüfen und sich darüber abzustimmen. Ferner ist die Vorschrift aufgrund der Verweisung in § 274 I InsO auf die §§ 56 - 60 InsO auch im Eigenverwaltungsverfahren bei der Bestellung des Sachwalters anwendbar, obwohl der Gesetzesentwurf die Thematik der Eigenverwaltung gänzlich ausgeklammert hat und auch die fehlende Begründung des Diskussionsentwurfs vermuten lassen könnte, dass diese Rechtsfolge nicht unbedingt gesehen wurde. Die zentrale Frage bei der einheitlichen Verwalterbestellung ist, ob die Bestellung lediglich einer Person zum Insolvenzverwalter im Interesse der Gläubiger liegt. Dem Sinn und Zweck der Vorschrift kann entnommen werden, dass es hierbei auf die Interessen der Gläubiger sämtlicher gruppenangehöriger Schuldner ankommt, auch wenn sich die gesetzliche Regelung in ihrem Wortlaut von derjenigen des § 3a I 1 Nr. 1 InsO-E unterscheidet und nicht explizit vom „gemeinsamen Interesse der Gläubiger" die Rede ist. Die Formulierung sollte zur Vermeidung etwaiger Unklarheiten angepasst und in stringenter Weise um den entsprechenden Zusatz erweitert werden.[670]

Die Gerichte haben bei dem Abstimmungsprozess gem. § 56b I 2 InsO-E zu erörtern, ob diese Person alle Verfahren über die gruppenangehörigen Schuldner mit der gebotenen Unabhängigkeit wahrnehmen kann und ob mögliche Interessenkonflikte durch die Bestellung eines Sonderinsolvenzverwalters ausgeräumt werden können. Die Beantwortung dieser zentralen Fragestellungen ist von den konkreten Umständen des Einzelfalls abhängig und stellt die Gerichte vor eine schwierige Aufgabe, da zum einen die erforderliche Unabhängigkeit der in Betracht kommenden Person in Bezug auf jedes der beantragten, eröffneten und möglicherweise noch zu erwartenden Verfahren zu prüfen ist[671] und zum anderen Interessenkonflikte

669 BMJ, DiskE Konzerninsolvenz, S. 35.
670 Zipper, ZIP 2013, 1007 (1012).
671 BMJ, DiskE Konzerninsolvenz, S. 20.

zu diesem Verfahrenszeitpunkt möglicherweise noch gar nicht ersichtlich sind.[672] Letztere schließen nach der gesetzlichen Regelung die Möglichkeit einer einheitlichen Verwalterbestellung nicht per se aus, sondern können durch die Bestellung eines Sonderinsolvenzverwalters ausgeräumt werden. Die Gerichte haben in diesen Fällen abzuwägen, ob die Bestellung eines einheitlichen Insolvenzverwalters noch im Interesse der Gläubiger liegt oder die zur Vermeidung von Interessenkonflikten erforderliche Bestellung von Sonderinsolvenzverwaltern die Vorteile einer Verfahrensverflechtung auf Ebene der Insolvenzverwalter nivelliert.[673] Während die gesetzliche Regelung somit zwar eine grundsätzliche Prüf- und Abstimmungspflicht der angegangenen Insolvenzgerichte statuiert, bleiben die Einzelheiten und insbesondere die Art und Weise der vorzunehmenden Abstimmung gesetzlich ungeregelt und daher der Entwicklung der Praxis überlassen. Dabei stellt sich mangels gesetzlicher Regelung auch die Frage, wie zu verfahren ist, wenn sich die Insolvenzgerichte im Rahmen der Abstimmung auf kein gemeinsames Vorgehen einigen können. Die Begründung des Diskussionsentwurfs legt die Vermutung nahe, dass die Regelungen lediglich die gesetzlichen Rahmenbedingungen für einen bislang nicht geregelten Abstimmungsprozess in Fragen der Insolvenzverwalterbestellung schaffen, nicht jedoch die Frage der Verwalterbestellung durch eine Mehrheitsentscheidung der Insolvenzgerichte regeln wollte.[674] Des Weiteren ist auch aus dem Fehlen besonderer Abstimmungsmodalitäten zu schließen, dass „abstimmen" nicht im Sinne einer durch Stimmabgabe herbeigeführten Entscheidung, sondern vielmehr im Sinne von sich absprechen zu verstehen ist.[675] Schließlich lässt der rechtsträgerbezogene Ansatz des Diskussionsentwurfs vermuten, dass die letztendlich verbindliche Entscheidung über die Bestellung des Insolvenzverwalters dem jeweils zuständigen Insolvenzgericht obliegt. Eine gesetzliche Klarstellung der Rechtsfolgen wäre an dieser Stelle jedoch wünschenswert.

Die Vorschrift des § 56b II InsO-E steht in Zusammenhang mit der gesetzlichen Regelung des § 56a InsO. Während letztere die frühzeitige Einbindung und Beteiligung der Gläubiger in Fragen der Insolvenzverwalterbestellung bezweckt, trägt erstere den daraus resultierenden Besonderheiten in Konzernkonstellationen Rechnung und versucht, die Gläubigerbeteiligung der einzelnen gruppenangehörigen Schuldner und die Möglichkeit einer einheitlichen Verwalterbestellung sachgerecht miteinander in Einklang zu bringen. Demnach kann das Gericht von dem Vorschlag oder den Vorgaben eines vorläufigen Gläubigerausschusses nach § 56a InsO abweichen, wenn der für einen anderen gruppenangehörigen Schuldner bestellte vorläufige Gläubigerausschuss eine anderen Person einstimmig vorschlägt, die sich für eine Tätigkeit nach Absatz 1 Satz 1 eignet (§ 56b II 1 InsO-E). Die Vorschrift

672 Zipperer, ZIP 2013, 1007 (1012).
673 BMJ, DiskE Konzerninsolvenz, S. 20, 34 f.
674 BMJ, DiskE Konzerninsolvenz, S. 34.
675 Die verschiedenen Wortbedeutungen wurden den Ausführungen im Duden unter dem Verb „abstimmen" entnommen.

erfasst somit die Situationen, in denen gemäß §§ 21 II Nr. 1a, 22a InsO vorläufige Gläubigerausschüsse bestellt worden sind, diese jeweils einstimmig verschiedene geeignete Personen als Verwalter vorgeschlagen oder unterschiedliche Anforderungen an die Person des Verwalters gestellt haben und die Insolvenzgerichte gemäß § 56a II InsO an einer einheitlichen Verwalterbestellung gehindert wären.[676] Die Interessen des vorläufigen Gläubigerausschusses, von dessen Vorschlag oder Vorgaben abgewichen wird, werden im Rahmen der gesetzlichen Regelung insoweit berücksichtigt, als eine Abweichung lediglich bei einem einstimmigen Vorschlag eines vorläufigen Gläubigerausschusses eines anderen gruppenangehörigen Schuldners in Betracht kommt und die vorgesehene Person für die Tätigkeit nach § 56b I 1 geeignet sein muss. Schließlich sieht die Vorschrift des § 56 b II InsO-E vor, dass der betroffene Gläubigerausschuss vor der Bestellung dieser Person zum Insolvenzverwalter anzuhören ist (§ 56 II 2 InsO-.E).[677] Die Regelung des § 56b II 3 InsO-E regelt schließlich die Gläubigerbeteiligung in den Fällen, in denen zur Auflösung von Interessenkonflikten die Bestellung eines Sonderinsolvenzverwalters erforderlich ist und erklärt in diesen Fällen die Regelung des § 56a InsO für entsprechend anwendbar. Demnach findet die Gläubigerbeteiligung bei der Bestellung des Sonderinsolvenzverwalters und aufgrund des vollumfänglichen Verweises in § 21 I Nr. 1 InsO-E auf die Regelung des § 56b InsO-E auch bereits bei der Bestellung eines vorläufigen Sonderinsolvenzverwalters im Eröffnungsverfahren Anwendung.[678] Zudem ist § 56b II 2 InsO-E zu entnehmen, dass sich die Gläubigerbeteiligung bei der Bestellung des Sonderinsolvenzverwalters allein nach § 56a InsO bestimmt und somit nicht den Einschränkungen des § 56 b II 1 InsO-E unterliegt. Der Sinn und Zweck ist darin zu sehen, dass die Bestellung des Sonderinsolvenzverwalters allein der Wahrung der rechtsträgerspezifischen Gläubigerinteressen dient und eine Einschränkung der Gläubigerautonomie im Hinblick auf die Funktion des Sonderinsolvenzverwalters nicht sachgerecht erscheint.[679]

bb) Stellungnahme

Neben der institutionellen Verflechtung der Insolvenzverfahren auf Ebene der Insolvenzgerichte stellt auch die personelle Verflechtung der Insolvenzverfahren auf Ebene der Insolvenzverwalter einen zentralen Koordinationsmechanismus für die insolvenzrechtliche Behandlung gruppenangehöriger Schuldner dar. Die in diesem Zusammenhang erfolgten Ausführungen haben bereits gezeigt, dass der Insolvenzverwalter aufgrund seiner Stellung für wesentliche, die rechtsträgerübergreifende Koordination der Insolvenzverfahren betreffende Entscheidungen zuständig ist und die Vorteile der einheitlichen Verwalterbestellung bei der Abwicklung von Konzerninsolvenzen im Vergleich zu den damit einhergehenden Nachteilen überwiegen

676 BMJ, DiskE Konzerninsolvenz, S. 35.
677 BMJ, DiskE Konzerninsolvenz, S. 36.
678 BMJ, DiskE Konzerninsolvenz, S. 36.
679 BMJ, DiskE Konzerninsolvenz, S. 36.

(§ 4). Darüber hinaus hat die Darstellung der aktuellen Rechtslage gezeigt, dass in Wissenschaft und gerichtlicher Praxis verschiedene Ansichten zur Bestellung eines einheitlichen Insolvenzverwalters auf Grundlage des § 56 InsO vertreten werden und aus Gründen der Rechtssicherheit und Effektivität eine explizite Regelung zur einheitlichen Verwalterbestellung in Konzernkonstellation erforderlich ist (§ 5). Der Ansatz des Diskussionsentwurfs, die Verwalterbestellung bei Schuldnern derselben Unternehmensgruppe zu regeln, ist somit vollumfänglich zu unterstützen. Dies gilt auch für die Entscheidung, auf eine Pflicht der Gerichte zur Bestellung eines einheitlichen Verwalters zu verzichten und anstatt einer strikten, eine flexible Regelung zur Verwalterbestellung in Konzernkonstellationen zu schaffen. Während der grundsätzliche Regelungsmechanismus somit zwar der Vielfalt konzernrechtlicher Erscheinungsformen Rechnung trägt, scheint die konkrete gesetzliche Ausgestaltung der Vorschrift den praktischen Bedürfnissen einer einheitlichen Verwalterbestellung in Konzernkonstellationen nicht gerecht zu werden.

§ 56b I 1 InsO-E regelt die Modalitäten der einheitlichen Verwalterbestellung bei Zuständigkeit verschiedener Insolvenzgerichte. Die Ausgestaltung des Gruppen-Gerichtsstands als Wahlgerichtsstand und die Möglichkeit auch bei Begründung eines Gruppen-Gerichtsstands den Insolvenzantrag bei dem nach § 3 I InsO zuständigen Gericht zu stellen (§ 3a II InsO-E) dürften in Konzernkonstellationen oftmals dazu führen, dass unterschiedliche Gerichte für die Insolvenzverfahren über die Vermögen der gruppenangehörigen Schuldner zuständig sind. Die Regelung des Gruppen-Gerichtsstands erschwert somit aufgrund der unzureichenden Konzentration und der dadurch erforderlichen Koordination die einheitliche Verwalterbestellung in zahlreichen Fällen, da diese bei Zuständigkeit eines Gerichts wesentlich wahrscheinlicher ist, als wenn unterschiedliche Gerichte die Frage der einheitlichen Verwalterbestellung zu beantworten haben und sich auf eine gemeinsame Vorgehensweise einigen müssen. Die gesetzliche Regelung scheint diesen Gedanken insoweit in sich zu tragen, als sie die einheitliche Verwalterbestellung lediglich für die Fälle der gerichtlichen Zuständigkeitsdivergenz („angegangene Insolvenzgerichte") regelt und keine Bestimmungen für die Fälle der gerichtlichen Zuständigkeitskonzentration enthält. Die gesetzliche Regelung des § 56b InsO-E findet in diesem Fall keine Anwendung, obwohl sich auch in dieser Konstellation die Fragen stellen, nach welchen Kriterien die Bestellung eines einheitlichen Verwalters zu beurteilen ist und ob sich gegebenenfalls verschiedene zuständige Richter eines Gerichts in Fragen der Verwalterbestellung abzustimmen haben.[680] Es sollte daher zunächst geklärt werden, inwieweit bei Zuständigkeit lediglich eines Richters die Erfordernisse des § 56b I 2 InsO-E bei der Verwalterbestellung zu berücksichtigen sind und ob nicht auch in dieser Situation bei unterschiedlichen Vorschlägen oder Vorgaben der vorläufigen Gläubigerausschüsse die Regelung des § 56b II InsO-E Anwendung finden sollte. Ferner sollte explizit geregelt werden, dass die Regelung

680 Für eine Abstimmungspflicht auch in diesen Fällen Specovius/Kuske, in: Gottwald, InsHdb., § 95 Rn. 48; Brünkmans, in: MüKo, InsO, Band 3, Zwölfter Teil Rn. 60.

des § 56b InsO-E auch dann anwendbar ist, wenn mehrere Richter eines Gerichts mit den Insolvenzverfahren über die Vermögen der gruppenangehörigen Schuldner betraut sind. Die Abstimmung erscheint in dieser Situation genauso erforderlich wie bei Zuständigkeit verschiedener Insolvenzgerichte und sollte daher vom Anwendungsbereich des § 56b InsO-E erfasst sein. In diesem Zusammenhang besteht somit noch erheblicher gesetzgeberischer Handlungsbedarf.

Des Weiteren ist zu kritisieren, dass § 56b InsO-E durch die vorgesehenen Abstimmungs- und Anhörungserfordernisse die Einsetzung eines einheitlichen Insolvenzverwalters erheblich erschwert. Dabei wirkt sich insbesondere die in § 56b II InsO-E geregelte Gläubigerbeteiligung nachteilig auf die Möglichkeit zur Bestellung eines einheitlichen Insolvenzverwalters aus, da die Insolvenzgerichte im Rahmen des Abstimmungsprozesses grundsätzlich an die Vorschläge und Vorgaben der vorläufigen Gläubigerausschüsse gebunden sind und eine Abweichung davon lediglich in Betracht kommt, wenn der für einen anderen gruppenangehörigen Schuldner bestellte vorläufige Gläubigerausschuss einstimmig eine andere geeignete Person für die Tätigkeit nach Absatz 1 Satz 1 vorschlägt. Sofern dies jedoch nicht der Fall ist und davon ist aufgrund des Erfordernisses eines einstimmigen Beschlusses durchaus auszugehen, sind die einzelnen Gerichte bei der Bestellung des Insolvenzverwalters an die verschiedenen Vorschläge und Vorgaben der einzelnen vorläufigen Gläubigerausschüsse gebunden und daher in Fragen der einheitlichen Verwalterbestellung erheblich eingeschränkt. Ferner ist zu beachten, dass die in § 56 b II InsO-E vorgesehene Gläubigerbeteiligung auch zu zeitlichen Verzögerungen bei der (vorläufigen) Verwalterbestellung führen kann und insbesondere den in Betriebsfortführungs- und Massesicherungsfällen bestehenden Zeitdruck nicht sachgerecht berücksichtigt.[681] Die zwingende „Ist-Regelung" des § 56 b II 2 InsO-E lässt in diesem Zusammenhang sogar vermuten, dass von einer Anhörung des vorläufigen Gläubigerausschusses, von dessen Vorschlag oder Vorgaben abgewichen wird, selbst in den Fällen nicht abgesehen werden darf, in denen die Anhörung offensichtlich zu einer nachteiligen Veränderung der Vermögenslage des Schuldners führen würde (§ 56 a I HS 2 InsO).[682] Die gesetzliche Regelung des § 56 b InsO-E trägt somit dem Erfordernis einer unkomplizierten und schnellen Verwalterbestellung in Konzernkonstellation nicht ausreichend Rechnung. Dabei wird insbesondere § 56a InsO und das darin zum Ausdruck kommende Ziel einer frühzeitigen Einbindung der Gläubiger in Fragen der Verwalterbestellung den praktischen Bedürfnissen in Konzernkonstellationen nicht gerecht. Obwohl die im Rahmen des ESUG verfolgte frühzeitige Einbindung der Gläubiger in die Verfahrensabwicklung grundsätzlich zu begrüßen ist, sollte sie in Situationen unterbleiben, in denen die Mitwirkung der Gläubiger die Erreichung der mit der gesetzlichen Regelung verfolgten Ziele gefährdet und möglicherweise sogar Nachteile für die Verfahrensabwicklung erwarten lässt. Es wird daher dafür plädiert, die Frage der Verwalterbestellung

681 Frind, ZInsO 2013, 429 (432).
682 Frind, ZInsO 2013, 429 (432).

bei Schuldnern derselben Unternehmensgruppe primär der Entscheidungshoheit der Insolvenzgerichte zu unterstellen und mithin die in § 56 b InsO-E normierte Gläubigerbeteiligung zu beschränken. Die Beteiligungsrechte der Gläubiger wären ausreichend gewahrt, wenn in Konzernkonstellationen lediglich § 56a III InsO Anwendung finden würde und die jeweiligen vorläufigen Gläubigerausschüsse in den ersten Sitzungen einstimmig eine andere Person zum Insolvenzverwalter wählen könnten. Die entsprechende Anwendbarkeit des § 56 a III InsO würde aufgrund des Erfordernisses eines einstimmigen Beschlusses einerseits das in § 56b InsO-E zum Ausdruck kommende Ziel einer einheitlichen Verwalterbestellung nur bedingt gefährden und anderseits aber auch die Gläubigerautonomie bei der Verwalterbestellung nicht völlig außer Acht lassen.

c) Kooperationsvorschriften zwischen den Verfahrensorganen

Der Diskussionsentwurf sieht nicht nur die Möglichkeit vor, die Insolvenzverfahren über die Vermögen der gruppenangehörigen Schuldner auf institutioneller und personeller Ebene zu verzahnen, sondern trägt – in Übereinstimmung mit den Empfehlungen von *UNCITRAL* – durch die Kodifikation von Kooperationsvorschriften auch bei fehlender verfahrensrechtlicher Verflechtung der Insolvenzverfahren dem Koordinationsbedürfnis in Konzernkonstellationen Rechnung. Die maßgebenden Vorschriften finden sich im *Ersten Abschnitt* des nach § 269 InsO eingefügten *Siebten Teils* und bilden die gesetzliche Grundlage für eine Kooperation auf Ebene der Insolvenzverwalter (§ 269a InsO-E), der Insolvenzgerichte (§269b InsO-E) und der Gläubiger (§ 269c InsO-E).

aa) Darstellung und Erläuterung der konkreten Änderung

Die Vorschrift des § 269a InsO-E regelt die Zusammenarbeit der Insolvenzverwalter und gewährleistet bei Bestellung verschiedener Verwalter eine Verfahrenskoordination durch Kooperation. Demnach besteht für die Insolvenzverwalter und über den Verweis in § 21 II 1 Nr. 1 InsO-E auch für die vorläufigen Insolvenzverwalter der gruppenangehörigen Schuldner die Pflicht zur Unterrichtung und Zusammenarbeit, soweit hierdurch nicht die Interessen der Beteiligten des Verfahrens beeinträchtigt werden, für das sie bestellt sind (§ 269a S. 1 InsO-E). Die Unterrichtung ist dabei als besonders wichtiger Fall der Zusammenarbeit anzusehen und stellt sicher, dass die Insolvenzverwalter die erforderlichen Kenntnisse über die rechtsträgerübergreifenden Zusammenhänge erhalten. Der Begründung des Diskussionsentwurfs lässt sich dabei entnehmen, dass sich die Pflicht zur Unterrichtung insbesondere auf die grundlegenden Informationen bezieht, die den weiteren Verlauf sämtlicher Verfahren beeinflussen und auf die sämtliche Verwalter der gruppenangehörigen Schuldner angewiesen sind.[683] Darüber hinaus stellt die gesetzliche Regelung sicher, dass die Insolvenzverwalter nicht nur über die *grundlegenden* in sämtlichen

683 BMJ, DiskE Konzerninsolvenz, S. 37.

Verfahren relevanten Informationen verfügen, sondern auch die *sonstigen* für die jeweiligen Einzelverfahren bedeutsamen Informationen erhalten.[684] Demnach haben die Insolvenzverwalter auf Anforderung unverzüglich alle Informationen mitzuteilen, die für die anderen Verfahren von Bedeutung sein können (§ 269a S. 2 InsO-E). Die Art und Weise der Unterrichtung bleibt gesetzlich ungeregelt und somit der Entwicklung der Praxis überlassen, wobei jedoch aus Zeit- und Kostengründen oftmals auf moderne Kommunikationsmittel, wie E-Mail, Video- oder Telefonkonferenzen zurückgegriffen werden dürfte. Die Pflicht zur Unterrichtung und Zusammenarbeit findet ihre Grenze in der Beeinträchtigung der Interessen der Beteiligten des Verfahrens. Die Vorschrift lässt den rechtsträgerspezifischen Ansatz des Diskussionsentwurfs erkennen und stellt sicher, dass die legitimen Interessen der Beteiligten der einzelnen Rechtsträger nicht nachteilig durch ein übergeordnetes Konzerninteresse beeinträchtigt werden. Die gesetzliche Regelung zeigt, dass die insolvenzspezifischen Pflichten des Verwalters primär gegenüber den Gläubigern des eigenen Verfahrens bestehen und begründet daher eine Pflicht zur Unterrichtung und Zusammenarbeit nur insoweit, wie sie für die Masse des zur Zusammenarbeit verpflichteten Verwalters vorteilhaft oder neutral ist.[685] Die Pflicht zur Kooperation ist als insolvenzspezifische Pflicht des Insolvenzverwalters anzusehen und unterliegt daher den allgemeinen Aufsichts- und Sanktionsmechanismen der §§ 58 ff. InsO. Neben der Festsetzung von Zwangsgeld (§ 58 II InsO) und der Möglichkeit der Entlassung (§ 59 InsO), wird insbesondere die mögliche Haftung des Insolvenzverwalters (§ 60 InsO) zu einer ordnungsgemäßen Erfüllung der in § 269a InsO-E normierten Kooperationspflicht beitragen. Eine Haftung dürfte allerdings lediglich dann in Betracht kommen, wenn der Insolvenzverwalter die Pflicht zur Kooperation interessenwidrig zum Nachteil seines Verfahrens verletzt und den Beteiligten seines Einzelverfahrens daraus ein Schaden entsteht.[686] Dagegen dürfte eine Schadensersatzpflicht des Insolvenzverwalters gegenüber den Beteiligten der anderen Verfahren ausscheiden, da anderenfalls das Pflichtengefüge in systemwidriger Weise hinsichtlich des Schutzbereichs über die Beteiligten des eigenen Verfahrens hinaus erstreckt werden und dies dem rechtsträgerspezifischen Ansatz des Diskussionsentwurfs widersprechen würde.[687]

Darüber hinaus sieht der Diskussionsentwurf in § 269b InsO-E auch eine Kooperation auf Ebene der Insolvenzgerichte vor. Sofern die Insolvenzverfahren über das Vermögen von gruppenangehörigen Schuldnern bei verschiedenen Insolvenzgerichten geführt werden, sind die Gerichte zur Zusammenarbeit und insbesondere zum Austausch der Informationen verpflichtet, die für das andere Verfahren von

684 BMJ, DiskE Konzerninsolvenz, S. 37, im Hinblick auf die Unterscheidung zwischen *grundlegenden* und *sonstigen* Informationen.

685 BMJ, DiskE Konzerninsolvenz, S. 21, 37.

686 Thole, Der Konzern 2013, 182 (189); ders., KTS 2014, 351 (361); Brünkmans, in: MüKo, InsO, Band 3, Zwölfter Teil Rn. 81.

687 Thole, Der Konzern 2013, 182 (189); ders., KTS 2014, 351 (361).

Bedeutung sein können (§ 269b S. 1 InsO-E). Während die Vorschrift lediglich die Fälle der gerichtlichen Zuständigkeitsdivergenz zu erfassen scheint, lässt sich der Begründung des Diskussionsentwurfs entnehmen, dass die Regelung auch dann Anwendung finden soll, wenn verschiedene Richter eines Gerichts für die Insolvenzverfahren gruppenangehöriger Schuldner zuständig sind.[688] Die Regelung des § 269b InsO-E entspricht inhaltlich weitgehend derjenigen des § 269a InsO-E und statuiert die Pflicht zur gegenseitigen Zusammenarbeit, als deren besonders wichtige Ausprägung ebenfalls der Austausch von Informationen anzusehen ist. Dabei haben die Insolvenzgerichte jedoch im Gegensatz zur Regelung des § 269a InsO-E die für die anderen Verfahren relevanten Informationen von sich aus und ohne Anforderung an die jeweiligen Insolvenzgerichte mitzuteilen. Die Regelung des § 269b S. 2 InsO-E enthält eine nicht abschließende („insbesondere") Aufzählung von besonders bedeutsamen gerichtlichen Entscheidungen und Informationen, die für das andere Verfahren von Belang sein können und stellt durch die gesetzliche Konkretisierung einen Austausch dieser grundlegenden Informationen sicher.[689] Die Art und Weise des Informationsaustauschs bleibt wie auf Ebene der Insolvenzverwalter gesetzlich ungeregelt und daher grundsätzlich den Insolvenzgerichten überlassen. Dagegen verwundert es, dass die gesetzliche Regelung des § 269b InsO im Unterschied zur Regelung des § 269a InsO-E keine explizite Beschränkung der Pflicht zur Kooperation enthält. Jedoch ergibt sich aus der Begründung des Diskussionsentwurfs, dass die rechtsträgerspezifischen Interessen auch bei der Kooperation auf gerichtlicher Ebene im Vordergrund stehen und die Pflicht der Insolvenzgerichte ihre Grenzen in Verfahrenshandlungen findet, welche den Zielen des bei diesem Gericht geführten Insolvenzverfahrens zuwiderlaufen. Die Beschränkung der Kooperationspflicht sollte jedoch in Übereinstimmung mit der gesetzlichen Regelung des § 269a InsO-E in der gesetzlichen Vorschrift zum Ausdruck kommen und die Regelung des § 269b InsO-E aus Gründen der Systematik und Rechtssicherheit entsprechend angepasst werden. Schließlich stellt sich die Frage nach den etwaigen Rechtsfolgen bei Verstoß gegen die Kooperationspflicht. Dabei könnte bei schuldhafter Verletzung der gerichtlichen Kooperationspflicht ein möglicher Schadensersatzanspruch der Geschädigten nach § 839 BGB, Art. 34 GG in Betracht kommen.[690] In diesem Zusammenhang ist jedoch zunächst zu beachten, dass die Schadensersatzpflicht aus den gleichen Gründen wie auf Ebene der Insolvenzverwalter auf die Beteiligten des eigenen Verfahrens beschränkt ist und darüber hinaus die Kooperationspflicht auch keine den Beteiligten anderer Verfahren gegenüber obliegende Amtspflicht im Sinne des § 839 I 1 BGB darstellt. Die Pflicht zur Kooperation kann jedoch als Amtspflicht gegenüber den Gläubigern des eigenen Verfahrens angesehen werden, da die Pflicht zur Kooperation nicht nur allgemeinen Koordinationszwecken dient,

688 BMJ, DiskE Konzerninsolvenz, S. 39.
689 BMJ, DiskE Konzerninsolvenz, S. 39.
690 So auch Thole, KTS 2014, 351 (363).

sondern grundsätzlich auf die Verbesserung der Befriedigungschancen in den einzelnen Verfahren abzielt.

Schließlich schafft der Diskussionsentwurf durch eine institutionelle Zusammenarbeit der Gläubigerausschüsse auch die gesetzliche Grundlage für eine Kooperation auf Ebene der Gläubiger (§ 269c InsO-E). Dieser Vorschrift zur Folge setzt das für das Gruppen-Folgeverfahren zuständige Gericht auf Antrag eines (vorläufigen) Gläubigerausschusses, der in einem Verfahren über das Vermögen eines gruppenangehörigen Schuldners bestellt ist, nach Anhörung der anderen (vorläufigen) Gläubigerausschüsse einen Gruppen-Gläubigerausschuss ein, in dem die (vorläufigen) Gläubigerausschüsse der gruppenangehörigen Schuldner durch je eine Person vertreten sind (§ 269c I InsO-E). Die Regelung statuiert somit im Gegensatz zu den Kooperationsregelungen auf Ebene der Insolvenzgerichte und Insolvenzverwalter keine Pflicht zur Kooperation, sondern eröffnet bei Antragstellung des (vorläufigen) Gläubigerausschusses lediglich die Möglichkeit zur Kooperation. Dabei ist mangels expliziter Regelung davon auszugehen, dass der Antrag des (vorläufigen) Gläubigerausschusses einen gültigen Beschluss nach §§ 21 II Nr. 1a, 72 InsO voraussetzt, an dem die Mehrheit der Mitglieder teilgenommen hat und der mit der Mehrheit der abgegebenen Stimmen gefasst worden ist.[691] Des Weiteren ist zu beachten, dass nach der gesetzlichen Regelung eine Zusammenarbeit der (vorläufigen) Gläubigerausschüsse nur bei Begründung eines Gruppen-Gerichtsstands in Betracht kommt („das für das Gruppen-Folgeverfahren zuständige Gericht") und in den sonstigen Fällen keine Kooperation auf Ebene der Gläubiger vorgesehen ist. Was die Zusammensetzung des Gruppengläubigerausschusses betrifft, bestimmt die gesetzliche Regelung zwar, dass die (vorläufigen) Gläubigerausschüsse der gruppenangehörigen Schuldner durch je eine Person vertreten sind, enthält dagegen jedoch keine Angaben zur Art und Weise der Bestimmung der zu entsendenden Mitglieder. Der Wortlaut der Vorschrift („setzt ein") und der Vergleich mit der allgemeinen Regelung zur Einsetzung des Gläubigerausschusses in § 67 InsO lassen jedoch vermuten, dass das für das Gruppen-Folgeverfahren zuständige Gericht über die Vertreter der (vorläufigen) Gläubigerausschüsse entscheidet und diese nicht durch Mehrheitsentscheidung in den einzelnen (vorläufigen) Gläubigerausschüssen bestimmt werden. An dieser Stelle sollte durch eine ausdrückliche gesetzliche Regelung Klarheit geschaffen werden. Die zentrale Aufgabe des Gruppengläubigerausschusses ist in der Unterstützung der Insolvenzverwalter und Gläubigerausschüsse in den einzelnen Verfahren zu sehen, um eine abgestimmte Abwicklung dieser Verfahren zu erleichtern (§ 269c II InsO-E). Des Weiteren ist zu beachten, dass der Gruppengläubigerausschuss auch in die für eine Koordination der einzelnen Verfahren bedeutsame Entscheidung über die Person des Koordinationsverwalters einbezogen ist (§ 269e II InsO-E) und darüber hinaus auch der zu einer abgestimmten Abwicklung der Insolvenzverfahren vorgelegte Koordinationsplan der Zustimmung eines bestellten Gruppen-Gläubigerausschusses bedarf (§ 269h I 2 InsO-E).

691 So auch v. Wilcken, in: Hdb. Konzerninsolvenzrecht, § 4 Rn. 81.

bb) Stellungnahme

Der Diskussionsentwurf ermöglicht eine Verfahrenskoordination sowohl durch Konzentration als auch durch Kooperation. Die Entscheidung zur Einführung von Kooperationsvorschriften ist ausdrücklich zu begrüßen, da sie als weniger intensive Form der Koordination die bereits dargestellten intensiveren Koordinationsmechanismen sinnvoll ergänzen und der in Praxis existierenden Konzernvielfalt entsprechend Rechnung tragen (§ 4). Darüber hinaus beseitigen die gesetzlichen Regelungen die unter der geltenden Rechtslage bestehenden Unsicherheiten in Bezug auf die Begründung und den Umfang etwaiger Kooperationspflichten (§ 5) und ermöglichen dadurch eine rechtssichere und effektive Kooperation der Verfahrensbeteiligten bei der insolvenzrechtlichen Behandlung gruppenangehöriger Schuldner. Während also die grundsätzlichen Überlegungen des Bundesministeriums der Justiz zur Kodifikation besonderer Kooperationsvorschriften durchaus sachgerecht erscheinen, besteht hinsichtlich der Art und Weise der gesetzlichen Ausgestaltung noch Verbesserungspotential.

Die Regelung zur Zusammenarbeit der Insolvenzverwalter (§ 269a InsO-E) erinnert in ihrem Inhalt und ihrer Formulierung teilweise an die Kooperationsvorschriften der § 357 I 1 InsO und Art 31 I, II EuInsVO. Während die genannten Regelungen bei grenzüberschreitenden Insolvenzen die Kooperation der Insolvenzverwalter in den verschiedenen Verfahren über das Vermögen eines Schuldners sicherstellen, finden sich in den Reformüberlegungen auf nationaler (§ 269a InsO-E) und europäischer Ebene erstmals Kooperationsvorschriften, welche die Kooperation der Insolvenzverwalter in den Verfahren über das Vermögen verschiedener gruppenangehöriger Schuldner zum Gegenstand haben. Der Gesetzgeber sollte sich bei der gesetzlichen Ausgestaltung des § 269a InsO-E an den Kooperationsregelungen in der Neufassung der EuInsVO orientieren und die nationale Regelung in stärkerem Maße an die europäische Regelung anpassen. Die etwaige Anpassung der Vorschrift würde zunächst dazu beitragen, dass die Insolvenzverwalter bei nationalen und europäischen Konzerninsolvenzen gleiche oder zumindest gleichartige Kooperationspflichten zu beachten hätten und sich auf nationaler und europäischer Ebene ein einheitlicher Kooperationsstandard entwickelte. Zudem könnte die weitgehende Angleichung der Kooperationsregelungen dazu führen, dass die bereits auf europäischer Ebene entwickelten Richtlinien zur Kommunikation und Kooperation (Bsp.: CoCo-Guidelines) auch im nationalen Bereich Anwendung finden und somit zur Konkretisierung und effektiven Umsetzung der nationalen Kooperationsvorschriften beitragen könnten. Die Reformen auf nationaler und europäischer Ebene sollten somit genutzt werden, um einen einheitlichen Kommunikations- und Kooperationsstandard bei der insolvenzrechtlichen Behandlung gruppenangehöriger Schuldner zu schaffen. Abgesehen von diesen grundsätzlichen Überlegungen ist im Hinblick auf die konkrete gesetzliche Ausgestaltung insbesondere zu kritisieren, dass die Vorschrift des § 269a InsO-E lediglich die Zusammenarbeit der (vorläufigen) Insolvenzverwalter regelt und keine Kooperationsregelungen für den Fall der

Anordnung der Eigenverwaltung vorgesehen sind.[692] Dem Wortlaut der Regelung zur Folge unterliegen weder die in den einzelnen Verfahren bestellten Sachwalter noch die Geschäftsleitungen der einzelnen gruppenangehörigen Schuldner der in § 269a InsO-E normierten Kooperationspflicht. Eine effektive Koordination der Insolvenzverfahren gruppenangehöriger Schuldner ist jedoch nur dann gewährleistet, wenn sowohl die Sachwalter als auch die Geschäftsleitungen der einzelnen Schuldner vom Anwendungsbereich der Kooperationspflicht erfasst werden. Das Erfordernis einer Kooperation auf Ebene der vertretungsberechtigten Organe ergibt sich insbesondere daraus, dass die Geschäftsführungsorgane bei Anordnung der Eigenverwaltung aufgrund der Regelung des § 276a InsO keinen gesellschaftsrechtlichen Bindungen mehr unterliegen und die Koordination der einzelnen Insolvenzverfahren daher zwingend die Anwendung der Kooperationsvorschriften erfordert.[693] Das Regelungsinstitut der Eigenverwaltung hat bei Erstellung des Diskussionsentwurfs bedauerlicherweise keinen Eingang in die Überlegungen des Bundesjustizministeriums gefunden, sollte jedoch aus den genannten Gründen im Verlauf des weiteren Gesetzgebungsverfahrens entsprechend berücksichtigt und in das bereits vorhandene Regelungssystem integriert werden.

Darüber hinaus enthält der Diskussionsentwurf auch eine explizite Regelung zur Zusammenarbeit der Insolvenzgerichte (§ 269b InsO-E). Die Kodifikation gerichtlicher Kooperationsvorschriften ist nicht nur Bestandteil der geplanten Änderungen im Rahmen der InsO, sondern auch im Rahmen der EuInsVO. Der Gesetzgeber sollte sich aus den bereits genannten Gründen an der entsprechenden europäischen Regelung orientieren und die Regelung zur Schaffung eines einheitlichen Kommunikations- und Kooperationsstandards der Insolvenzgerichte auf nationaler und europäischer Ebene entsprechend anpassen. Was die konkrete gesetzliche Ausgestaltung der Vorschrift betrifft, sollte aus Gründen der Rechtssicherheit sowohl die Kooperationspflicht der verschiedenen Richter eines Insolvenzgerichts als auch die Grenze der gerichtlichen Kooperationspflicht in der gesetzlichen Regelung selbst und nicht nur in der Begründung des Diskussionsentwurfs zum Ausdruck kommen. Des Weiteren sollte im Hinblick auf den Informationsaustausch die Überlegung angestellt werden, ob in Konzernkonstellationen nicht die Errichtung eines zentralen Datenpools sinnvoll erschiene. Unabhängig von den konkreten Einzelheiten, könnte die Schaffung eines solchen Informationsportals zu einem schnellen und effektiven Informationsaustausch in Konzernkonstellationen beitragen, indem die in den einzelnen Verfahren bedeutsamen rechtsträgerübergreifenden Informationen von den jeweiligen Insolvenzgerichten und Insolvenzverwaltern in das Informationsportal eingespeist und von den anderen Insolvenzgerichten und Insolvenzverwaltern ohne zeitliche Verzögerung abgerufen werden könnten. Diese Art der Kommunikation würde den mit dem Informationsaustausch einhergehenden Zeitverlust minimieren

---

692 Brünkmans, Der Konzern 2013, 169 (177); ders., ZIP 2013, 193 (199 f.).
693 So auch, Brünkmans, Der Konzern 2013, 169 (177); ders., ZIP 2013, 193 (199 f.).

und den eilbedürftigen Entscheidungen und Maßnahmen der Insolvenzgerichte und Insolvenzverwalter entsprechend Rechnung tragen.

Schließlich wird mit der Regelung des § 269c InsO-E auch die gesetzliche Grundlage für eine Kooperation auf Ebene der Gläubiger geschaffen. Die Einführung eines Gruppengläubigerausschusses ist dabei als sachgerechter und effektiver Kooperationsmechanismus anzusehen, da einerseits die Interessen der einzelnen (vorläufigen) Gläubigerausschüsse durch die jeweiligen Vertreter ausreichend Berücksichtigung finden und andererseits eine Kooperation aufgrund der Vielzahl der Gläubiger aus organisatorischen Gründen lediglich durch ein die Gläubiger der einzelnen Konzerngesellschaften repräsentierendes Gremium möglich erscheint. Der Gesetzgeber sollte jedoch bei der gesetzlichen Ausgestaltung die bereits oben aufgezeigten Unklarheiten beseitigen und durch entsprechende Verweisungen insbesondere klarstellen, ob und gegebenenfalls inwieweit die Regelungen zu den Gläubigerausschüssen, namentlich die Vorschriften des §§ 68 II InsO, 70 - 73 InsO in Bezug auf den Gruppengläubigerausschuss Anwendung finden. Eine explizite gesetzliche Klarstellung könnte die möglicherweise in diesem Zusammenhang auftretenden rechtlichen Fragestellungen bereits im Keim ersticken und wäre zur Vermeidung etwaiger Rechtsunsicherheiten wünschenswert.

d) Koordinationsverfahren

Schließlich beschreitet der Diskussionsentwurf mit der Einführung eines besonderen Koordinationsverfahrens einen neuen und bislang weitgehend unbekannten Weg zur insolvenzrechtlichen Behandlung gruppenangehöriger Schuldner. Die maßgebenden Vorschriften (§§ 269d- 269i InsO-E) finden sich im Anschluss an die Kooperationsvorschriften im *Zweiten Abschnitt* des im Zuge der Kodifikation des Konzerninsolvenzrechts eigens nach § 269 InsO einzufügenden *Siebten Teils* der InsO und schaffen die verfahrensrechtlichen Voraussetzungen für eine über die Kooperation (§§ 269a- 269c InsO-E) hinausgehende intensivere Form der Koordination.[694]

aa) Darstellung und Erläuterung der konkreten Änderung

Die Durchführung eines Koordinationsverfahrens ist fakultativ und setzt gemäß § 269d I InsO-E zunächst voraus, dass über die Vermögen von gruppenangehörigen Schuldnern die Eröffnung von Insolvenzverfahren beantragt wird oder solche Verfahren eröffnet wurden und darüber hinaus ein Antrag auf Einleitung eines Koordinationsverfahrens gestellt worden ist. Das Recht zur Antragstellung hat im Eröffnungsverfahren jeder gruppenangehörige Schuldner oder anstelle des Schuldners ein vorläufig bestellter starker Insolvenzverwalter (§ 269d II Nr. 1 InsO-E), im eröffneten Verfahren der Insolvenzverwalter eines gruppenangehörigen Schuldners (§ 269d II Nr. 2 InsO-E) und steht im Übrigen auch dem (vorläufigen) Gläubigerausschuss eines gruppenangehörigen Schuldners auf der Grundlage eines einstimmigen

694 BMJ, DiskE Konzerninsolvenz, S. 22.

Beschlusses zu (§ 269d II Nr. 3 InsO-E). Neben dem Antragserfordernis setzt die Durchführung eines Koordinationsverfahrens die vorherige Begründung eines Gruppen-Gerichtsstands (§ 3a InsO-E) voraus, da die nach § 269d I InsO-E zu treffende Entscheidung dem für die Eröffnung von Gruppen-Folgeverfahren zuständigen Gericht (Koordinationsgericht) obliegt.[695] Während die Vorschrift die Entscheidung über die Einleitung des Koordinationsverfahrens in das Ermessen des Koordinationsgerichts stellt („kann") und auch keine weiteren Kriterien zur Beurteilung des Antrages enthält, lässt sich der Begründung des Diskussionsentwurfs entnehmen, dass die Entscheidung des Koordinationsgerichts im Interesse der Gläubiger zu treffen ist und dabei insbesondere das Verhältnis von Kosten und Nutzen eines Koordinationsverfahrens zu berücksichtigen ist.[696] Die Entscheidung des Koordinationsgerichts kann von den Antragsberechtigten nicht angefochten werden, da die Regelung des § 269d InsO-E die Möglichkeit der sofortigen Beschwerde in diesem Fall nicht vorsieht (§ 6 InsO).

Die Vorschriften der §§ 269e, 269f und 269g InsO-E befassen sich mit der Person des Koordinationsverwalters. Der Koordinationsverwalter ist als zentrale Figur des Koordinationsverfahrens anzusehen und wird vom Koordinationsgericht aus dem Kreise der Insolvenzverwalter oder vorläufigen Insolvenzverwalter der gruppenangehörigen Schuldner bestellt (§ 269e I InsO-E). Die gesetzliche Regelung geht erkennbar davon aus, dass die Durchführung eines Koordinationsverfahrens lediglich bei Bestellung verschiedener Insolvenzverwalter in Betracht kommt. Für die Bestellung des Koordinationsverwalters gelten die allgemeinen Regelungen der §§ 56–60 InsO entsprechend (§ 269 f III InsO-E). Das Koordinationsgericht hat somit bei der Bestellung des Koordinationsverwalters zunächst die in § 56 InsO genannten Qualifikationsanforderungen zu berücksichtigen und darauf zu achten, dass die zu bestellende Person auf Grund ihrer Persönlichkeitsstruktur geeignet ist, konfligierende Interessen zu entschärfen und gemeinsame Zielvorstellungen zu verwirklichen.[697] Darüber hinaus zeigt sich bei der Bestellung des Koordinationsverwalters die bereits im Rahmen des ESUG zum Ausdruck kommende stärkere Einbindung der Gläubiger in Fragen der Verwalterbestellung. Während die Regelung des § 269e II InsO-E dem Gruppengläubigerausschuss vor der Bestellung des Koordinationsverwalters die Gelegenheit einräumt, sich zu der Person des Koordinationsverwalters und den an ihn zu stellenden Anforderungen zu äußern, stellt die Verweisung in § 269f III InsO-E auf § 56a InsO sicher, dass die Anhörung des Gruppengläubigerausschusses nicht im Unverbindlichen bleibt.[698] Demnach darf von einem einstimmigen Vorschlag des Gruppengläubigerausschusses zur Person

695 So auch Brünkmans, in: MüKo, InsO, Band 3, Zwölfter Teil Rn. 94; a. A.: Specovius/Kuske, in: Gottwald, InsHdb., § 95 Rn. 59.

696 BMJ, DiskE Konzerninsolvenz, S. 41.

697 BMJ, DiskE Konzerninsolvenz, S. 42.

698 BMJ, DiskE Konzerninsolvenz, S. 42 f.; v. Wilcken, in: Hdb. Konzerninsolvenzrecht, § 4 Rn. 111.

des Koordinationsverwalters nur dann abgewichen werden, wenn die vorgeschlagene Person zur Übernahme des Amtes nicht geeignet ist (§§ 269 f III InsO-E, 56a II InsO, § 27 II Nr. 5 InsO). Das Koordinationsgericht kann von einer Anhörung des Gruppengläubigerausschusses auch nicht absehen, da § 269e II InsO-E keinen Anhörungsverzicht vorsieht. Schließlich ist in § 269f III InsO-E auch die Verweisung auf § 57 InsO vorgesehen. Die entsprechende Anwendung der Vorschrift kann mangels Existenz einer Gruppengläubigerversammlung nur die erneute Zuständigkeit des Gruppengläubigerausschusses zur Folge haben, obwohl dessen Wille bereits bei Bestellung des Koordinationsverwalters berücksichtigt wurde (§§ 269e II InsO, § 269f III InsO-E, § 56a II) und die Verweisung auf § 57 InsO nur in den Fällen von Bedeutung wäre, in denen bei Bestellung des Koordinationsverwalters noch kein Gruppengläubigerausschuss bestand und erst im Nachhinein eingesetzt wurde. In diesen Fällen ist jedoch nicht ersichtlich, wie das in § 57 S. 2 InsO geregelte Mehrheitserfordernis bei einer Entscheidung des Gruppengläubigerausschusses entsprechend angewandt werden soll.

§ 269f InsO-E beschäftigt sich mit den Aufgaben und der Rechtsstellung des Koordinationsverwalters und sieht seine zentrale Funktion darin, für eine abgestimmte Abwicklung der Verfahren über die Vermögen der gruppenangehörigen Schuldner zu sorgen, soweit dies im Interesse der Gläubiger ist (§ 269f I 1 InsO-E). Das Interesse der Gläubiger ist nach der Begründung des Diskussionsentwurfs an Hand der Pareto Effizienz zu bestimmen und in den Fällen zu bejahen, in denen durch die koordinierte Abwicklung zumindest in einem Verfahren eine höhere Befriedigungsquote erreicht werden kann, ohne dass sich die Befriedigungsquote dadurch in den anderen Verfahren verschlechtert.[699] Der Koordinationsverwalter kann zur Erfüllung seiner Aufgabe auf eine Vielzahl geeigneter Koordinationsmaßnahmen zurückgreifen und insbesondere einen Koordinationsplan vorlegen und diesen in den jeweiligen Gläubigerversammlungen erläutern (§ 269f I 2 InsO-E). Zur sachgerechten Erfüllung der dem Koordinationsverwalter zugewiesenen Aufgaben verpflichtet Absatz 2 die (vorläufigen) Insolvenzverwalter zur Zusammenarbeit mit dem Koordinationsverwalter (§ 269f II 1 InsO-E). § 269f II 2 InsO-E enthält die wichtigste Form der Zusammenarbeit und bestimmt, dass die vorläufigen (Insolvenzverwalter) auf Aufforderung dem Koordinationsverwalter insbesondere die Informationen mitzuteilen haben, die er für eine zweckentsprechende Ausübung seiner Tätigkeit benötigt. Obwohl die Regelung im Gegensatz zu § 269a S. 1 InsO-E keine Beschränkung der Pflicht zur Zusammenarbeit vorsieht, lassen sich sowohl der Begründung als auch dem rechtsträgerbezogenen Ansatz des Diskussionsentwurfs entnehmen, dass die Insolvenzverwalter vorrangig die Interessen der Beteiligten des eigenen Verfahrens zu berücksichtigen haben und lediglich bei Wahrung der rechtsträgerspezifischen Interessen zu einer Unterstützung des Koordinationsverwalters verpflichtet sind.[700] Die Regelung des Absatzes 3 verweist schließlich im Hinblick auf die Rechtsstellung

699 BMJ, DiskE Konzerninsolvenz, S. 44.
700 BMJ, DiskE Konzerninsolvenz, S. 44.

des Koordinationsverwalters weitgehend auf die entsprechenden Vorschriften über den Insolvenzverwalter. Abgesehen von den bereits im Rahmen der Bestellung angesprochenen Vorschriften der §§ 27 II Nr. 5, 56–57 InsO gelten für die Aufsicht durch das Insolvenzgericht die §§ 58, 59 InsO, für die Haftung die §§ 60, 62 InsO und für die Vergütung des Koordinationsverwalters die §§ 63–65 InsO entsprechend.[701]

Die §§ 269h, 269i InsO-E schließen die Vorschriften des Koordinationsverfahrens ab und befassen sich mit den Einzelheiten des Koordinationsplans. Dieser kann zur abgestimmten Abwicklung der Insolvenzverfahren über das Vermögen von gruppenangehörigen Schuldnern vom Koordinationsverwalter und wenn ein solcher noch nicht bestellt ist, von den Insolvenzverwaltern der gruppenangehörigen Schuldner gemeinsam dem Koordinationsgericht zur Bestätigung vorgelegt werden (§ 269h I 1 InsO-E). Der Koordinationsplan ist als zentraler Koordinationsmechanismus des Koordinationsverfahrens anzusehen und ermöglicht eine koordinierte Abwicklung der Einzelverfahren sowohl in Fällen der Liquidation als auch in Fällen der Sanierung, wobei die entscheidenden Vorteile insbesondere bei Restrukturierung und Wiederherstellung der wirtschaftlichen Leistungsfähigkeit des Konzernverbundes zu erwarten sind.[702] Der Koordinationsplan ist als kupierter Insolvenzplan zu qualifizieren, der keinen gestaltenden, sondern lediglich einen darstellenden Teil enthält und zur Verwirklichung der darin enthaltenen einheitlichen Konzernstrategie der Umsetzung in den jeweiligen Einzelverfahren bedarf.[703] Der Diskussionsentwurf sieht aus diesem Grunde bereits die frühzeitige Einbindung der Gläubiger der einzelnen gruppenangehörigen Schuldner vor und bestimmt, dass der vorgelegte Koordinationsplan der Zustimmung eines bestellten Gruppengläubigerausschusses bedarf (§ 269h I 2 InsO-E). Die Prüfung des Koordinationsplans ist in § 269h I 3 InsO-E geregelt und erfolgt durch das Koordinationsgericht, welches den Koordinationsplan von Amts wegen zurückweist, wenn die Vorschriften über das Recht zur Vorlage, den Inhalt des Plans oder über die verfahrensmäßige Behandlung nicht beachtet worden sind und die Vorlegenden den Mangel nicht beheben können oder innerhalb einer angemessenen vom Gericht gesetzten Frist nicht beheben. Was den Inhalt des Plans betrifft, bestimmt § 269h II InsO-E, dass im Koordinationsplan alle für eine abgestimmte Abwicklung der Verfahren sachdienlichen Maßnahmen beschrieben werden können (§ 269h II 1 InsO-E) und stellt im Anschluss daran in nicht abschließender Weise („insbesondere") einige in Betracht kommende Regelungsbereiche dar. Neben der bereits angesprochenen Wiederherstellung der wirtschaftlichen Leistungsfähigkeit der einzelnen gruppenangehörigen Schuldner und der Unternehmensgruppe (§ 269h II 2 Nr. 1 InsO-E), kann der Plan Vorschläge zur Beilegung von gruppeninternen Streitigkeiten (§ 269h II 2 Nr. 2 InsO-E) und zu vertraglichen Vereinbarungen zwischen den Insolvenzverwaltern enthalten (§ 269h II 2

701 Ausführlich zu der Haftung des Koordinationsverwalters vgl. Thole, Der Konzern 2013, 182 (182 ff.).
702 BMJ, DiskE Konzerninsolvenz, S. 47.
703 BMJ, DiskE Konzerninsolvenz, S. 48.

Nr. 3 InsO-E). Die Vorschrift trägt durch ihre Regelungstechnik nicht nur zur Konkretisierung des Inhalts des Koordinationsplans bei, sondern schafft durch die exemplarische Aufzählung auch das rechtliche Fundament für die bei der Koordination der einzelnen Verfahren besonders relevanten Fragestellungen. Während § 269h II Nr. 2 InsO-E auf Vorschläge zur Beilegung von gruppeninternen Streitigkeiten Bezug nimmt und somit auch die Klärung der in Konzernkonstellationen besonders bedeutsamen Fälle der Insolvenzanfechtung zulässt, wird mit § 269h II Nr. 3 InsO-E die rechtliche Grundlage für die bereits im geltenden Recht praktizierten und die Koordination der einzelnen Verfahren fördernden Insolvenzverwaltungsverträge geschaffen. Absatz 3 enthält schließlich eine Regelung des gegen die Entscheidung des Koordinationsgerichts in Betracht kommenden Rechtsmittels und sieht vor, dass jedem Vorlegenden gegen den die Bestätigung des Koordinationsplans versagenden Beschluss die sofortige Beschwerde zusteht (§ 269h III 1 InsO-E) und in diesem Verfahren aufgrund der Einheitlichkeit der Entscheidung die übrigen Vorlegenden zuzuziehen sind (§ 269h III 2 InsO-E).

§ 269i InsO-E versucht schließlich dem grundsätzlich unverbindlichen Charakter des Koordinationsplans und den daraus resultierenden Schwierigkeiten bei der Umsetzung der darin enthaltenen Maßnahmen in den einzelnen Verfahren Rechnung zu tragen. Demzufolge besteht für den Insolvenzverwalter eines gruppenangehörigen Schuldners im Berichtstermin (§ 269i I 1 InsO-E) oder, sofern zu diesem Zeitpunkt noch kein Koordinationsplan vorliegt, im Erörterungs- und Abstimmungstermin (§ 269i I 2 InsO-E) die Pflicht, den Koordinationsplan zu erläutern und zu begründen, von welchen im Plan beschriebenen Maßnahmen er abweichen will. Der Insolvenzverwalter hat dabei insbesondere zu berücksichtigen, ob die im Koordinationsplan dargestellten Maßnahmen die Gläubiger seines Verfahrens voraussichtlich besser stellen als alternative Verwertungsstrategien und kann bei schuldhafter Verletzung der Pflicht zur bestmöglichen Verwertung der Haftungsmasse den Gläubigern des eigenen Verfahrens zum Ersatz des daraus entstehenden Schadens verpflichtet sein (§ 60 InsO).[704] Während die potentielle Haftung des Insolvenzverwalters mittelbar die Umsetzung eines im Interesse der Gläubiger liegenden Koordinationsplans gewährleistet, können die Gläubiger im Rahmen des Absatzes 2 auch unmittelbar auf die Durchsetzung der im Koordinationsplan enthaltenen Maßnahmen in den einzelnen Verfahren einwirken und beschließen, dass der Koordinationsplan zwingend dem vom Insolvenzverwalter auszuarbeitenden Insolvenzplan zugrunde zu legen ist.[705] Die Regelung trägt der Tatsache Rechnung, dass die Entscheidung über die bestmögliche Verwertung des vorhandenen Schuldnervermögens den Gläubigern obliegt und bewirkt, dass der Insolvenzverwalter an die grundsätzliche Entscheidung der Gläubiger gebunden ist und bei der Planausarbeitung nur noch

704 BMJ, DiskE Konzerninsolvenz, S. 23.
705 BMJ, DiskE Konzerninsolvenz, S. 52.

in Detailfragen in Bezug auf die bestmögliche Umsetzung der Vorgaben des Insolvenzplans frei entscheiden kann.[706]

bb) Stellungnahme

Das Koordinationsverfahren stellt einen neuen Ansatz zur insolvenzrechtlichen Behandlung gruppenangehöriger Schuldner dar und kann im Hinblick auf die Intensität der Koordination als Mittelweg zwischen Konzentrations- und Kooperationsmechanismen angesehen werden. Jedoch erscheint weder die Einführung eines besonderen Koordinationsverfahrens erforderlich noch ist die konkrete gesetzliche Ausgestaltung dieses Koordinationsmechanismus sachgerecht.

Die Einführung eines besonderen Koordinationsverfahrens wäre bei intensiverer Verflechtung der Insolvenzverfahren auf institutioneller und personeller Ebene gänzlich entbehrlich und ist lediglich der unzureichenden verfahrensrechtlichen Konzentrationswirkung des Diskussionsentwurfs geschuldet. Dieser geht erkennbar davon aus, dass die Durchführung eines Koordinationsverfahrens lediglich bei Begründung eines Gruppen-Gerichtsstands (§ 269d I InsO-E) und bei Bestellung verschiedener Insolvenzverwalter über die Vermögen der gruppenangehörigen Schuldner (§ 269e I InsO-E) in Betracht kommt. Die weitgehende Möglichkeit der Bestellung verschiedener Insolvenzverwalter ist eine wesentliche Schwäche des Diskussionsentwurfs und insbesondere dadurch bedingt, dass selbst bei Begründung eines Gruppen-Gerichtsstands oftmals verschiedene Gerichte für die Verfahren und mithin für die Bestellung der Verwalter zuständig sein können (§ 3a II InsO-E) und die Kooperationspflicht bei Zuständigkeit verschiedener Gerichte (§ 56b InsO-E) nicht im erforderlichen Maße eine einheitliche Verwalterbestellung gewährleistet. Dagegen würde sich eine stärkere Konzentration der Verfahren auf Ebene der Insolvenzgerichte positiv auf die Konzentration der Verfahren auf Ebene der Insolvenzverwalter auswirken. Die Zentralisierung und einheitliche Beurteilung der Frage der Verwalterbestellung ließen in Fällen mit entsprechendem Koordinationsbedarf die Bestellung eines einheitlichen Insolvenzverwalters erwarten und lediglich in den nicht für eine Verwalterkonzentration geeigneten Fällen zu der Bestellung personenverschiedener Insolvenzverwalter führen. Während in der ersten Konstellation die Durchführung eines besonderen Koordinationsverfahrens aufgrund der einheitlichen Verwalterbestellung nicht erforderlich ist, erscheint ein Mindestmaß an Koordination in der zweiten Konstellation bereits durch die normierte Kooperationspflicht der Insolvenzverwalter gewährleistet (§ 269a InsO-E) und es bedarf keines besonderen Koordinationsverfahrens.

Des Weiteren bringt das Koordinationsverfahren in der jetzigen Fassung keine nennenswerten Vorteile im Vergleich zu den Kooperationsvorschriften mit sich und dürfte aufgrund seiner gesetzlichen Ausgestaltung nur selten zur Verwirklichung

706 BMJ, DiskE Konzerninsolvenz, S. 52.

von Konzerngesamtstrategien führen.[707] Das Koordinationsverfahren ermöglicht zwar durch den zentralen Koordinationsmechanismus des Koordinationsplans die Erarbeitung einer konzernweiten Gruppenstrategie, gewährleistet jedoch keine verlässliche Umsetzung derselben in den jeweiligen Insolvenzplänen der gruppenangehörigen Schuldner. Dabei erscheint weder das in § 269f I 2 InsO-E vorgesehene Recht des Koordinationsverwalters zur Erläuterung des Koordinationsplans die nötige Einwirkung auf die Einzelverfahren sicherzustellen noch trägt die im Diskussionsentwurf angesprochene Haftung der Insolvenzverwalter zu einer einheitlichen Abwicklung der Insolvenzverfahren bei. Die Insolvenzverwalter haben lediglich die Interessen der Gläubiger ihres Verfahrens zu berücksichtigen und sind bei entsprechenden Nachteilen sogar verpflichtet, von den Vorgaben eines für die Konzerngruppe möglicherweise vielversprechenden Koordinationsplans abzuweichen. Die zentrale Schwäche des Koordinationsverfahrens ist somit darin zusehen, dass einzelne Konzerngesellschaften die Verwirklichung eines konzernweiten Gesamtkonzepts verhindern können und effektive Konzernverbundlösungen unterbleiben.[708] Sofern im Gesetzgebungsverfahren an dem Regelungsinstitut des Koordinationsverfahrens festgehalten wird, sollte dem Vorschlag von *Brünkmans* gefolgt und die Möglichkeit zur Ersetzung der Zustimmung einzelner obstruierender Gläubigerversammlungen geschaffen werden.[709] Nach diesem Ansatz sollte dem Koordinationsverwalter neben der Möglichkeit zur Erläuterung des Koordinationsplans (§ 269f I 2 InsO-E) auch das Recht eingeräumt werden, den Koordinationsplan in den einzelnen Gläubigerversammlungen zur Abstimmung zu stellen, um auf diese Weise die Bindungswirkung des Koordinationsplans gemäß § 269i II InsO-E herbeiführen zu können. Des Weiteren sollte bei einem den Koordinationsplan ablehnenden Beschluss einzelner Gläubigerversammlungen die Möglichkeit vorgesehen sein, unter bestimmten Voraussetzungen vom Willen der Gläubiger abzuweichen und die Zustimmung der Gläubigerversammlung durch das Koordinationsgericht ersetzen zu lassen.[710] *Brünkmans* schlägt dazu eine Regelung in Anlehnung an das Obstruktionsverbot in § 245 InsO vor und sieht zur Verwirklichung von Konzerngesamtstrategien die Ersetzung der Zustimmung der Gläubigerversammlung als gerechtfertigt an, wenn die Befriedigungsquoten der Gläubiger nicht geringer sind als bei der Einzelverwertung, durch die Gesamtverwertungsstrategie offensichtlich ein Mehrwert im Vergleich zu einer Einzelverwertungsstrategie geschaffen wird, die Gläubiger der Einzelmassen angemessen daran partizipieren und die Mehrheit der gruppenangehörigen Schuldner dem Koordinationsplan durch Beschluss

707 Kritisch ebenfalls Verhoeven, ZInsO 2014, 217 (221); Brünkmans, in: MüKo, InsO, Band 3, Zwölfter Teil Rn. 118 ff; Schmollinger, Der Konzern, S. 281 f.; Telke, Anforderungen an ein wettbewerbsfähiges Konzerninsolvenzrecht, S. 94 f.

708 So auch Madaus, ZRP 2014, 192 (195); Naraschewski, in: Bork/Hölzle, Hdb. Insolvenzrecht, Kapitel 23 Rn. 79 ff.

709 Brünkmans, Der Konzern 2013, 169 (181).

710 Brünkmans, Der Konzern 2013, 169 (181).

zugestimmt hat.[711] Dieser Ansatz würde im Gegensatz zu der aktuellen Ausgestaltung des Koordinationsverfahrens einerseits die praktische Umsetzung rechtsträgerübergreifender Konzernverbundlösungen in den Einzelverfahren erleichtern und andererseits jedoch auch in gebotener Weise die Berücksichtigung der rechtsträgerspezifischen Interessen in den Einzelverfahren gewährleisten.

Schließlich setzen sich auch im Rahmen des Koordinationsverfahrens die aus der Nichtberücksichtigung der Eigenverwaltung resultierenden Probleme fort und führen in diesem Zusammenhang zu folgenden exemplarischen Fragestellungen:[712] Wer ist bei Anordnung der Eigenverwaltung zur Stellung eines Antrags auf Einleitung eines Koordinationsverfahrens berechtigt (§ 269d II InsO-E)?[713] Kann im Falle der Anordnung der Eigenverwaltung ein Sachwalter zum Koordinationsverwalter bestellt werden (§ 269e I InsO-E)? Sind die (vorläufigen) Sachwalter oder die Geschäftsleiter der einzelnen gruppenangehörigen Schuldner zur Zusammenarbeit mit dem Koordinationsverwalter verpflichtet (§ 269f II InsO-E)?[714] Wie verhält es sich mit dem Planinitiativrecht der Insolvenzverwalter bei Anordnung der Eigenverwaltung (§ 269h I InsO-E)? Wer hat im Eigenverwaltungsverfahren den Koordinationsplan im Berichtstermin zu erläutern (§ 269i I InsO-E)? Diese Fragen bleiben im Diskussionsentwurf unbeantwortet und zeigen, dass die gesetzlichen Regelungen des Koordinationsverfahrens in der jetzigen Fassung den Besonderheiten des Eigenverwaltungsverfahrens nicht gerecht werden und – sofern am Koordinationsverfahren festgehalten wird – eine etwaige Klarstellung respektive Bezugnahme auf die entsprechenden Vorschriften erforderlich ist.

III. Gesetzentwurf der Bundesregierung

Der vom Bundesministerium der Justiz eingeschlagene Weg zur insolvenzrechtlichen Behandlung von Konzernunternehmen nimmt durch den vom Bundeskabinett beschlossenen Gesetzentwurf zur Regelung des Konzerninsolvenzrechts weiter Form an.[715] Der vom Bundeskabinett verfolgte Ansatz hält an den im Diskussionsentwurf und bereits oben dargestellten allgemeinen Erwägungen zur Schaffung eines Konzerninsolvenzrechts fest und macht eine erneute Darstellung der allgemeinen Thematik entbehrlich. Nachdem auch die einzelnen im Diskussionsentwurf vorgesehenen Regelungen bereits vorgestellt und entsprechend bewertet wurden, beschäftigen sich die folgenden Ausführungen insbesondere mit den im Regierungsentwurf vorgesehenen Änderungen.

---

711 Brünkmans, Der Konzern 2013, 169 (181); kritisch dazu, Thole, KTS 2014, 351 (369).

712 So auch Dellit, Der Konzern 2013, 190 (195); Pleister ZIP 2013, 1013 (1014).

713 Pleister ZIP 2013, 1013 (1014).

714 Ebenso Pleister, ZIP 2013, 1013 (1015).

715 Dieser Entwurf stimmt inhaltlich mit dem Gesetzentwurf der Bundesregierung vom 30.01.2014 (Drucksache 18/407) überein, sodass auf eine gesonderte Darstellung verzichtet werden kann.

1. *Regelungen zur Begründung eines Gruppen-Gerichtsstands*

Der Regierungsentwurf enthält zunächst einige Veränderungen zur gerichtlichen Zuständigkeitskonzentration und modifiziert und ergänzt die im Diskussionsentwurf vorgesehenen Regelungen zur Begründung des Gruppen-Gerichtsstands. Die maßgebenden gesetzlichen Vorschriften finden sich jetzt in §§ 2 III, 3a-3e und § 13a InsO-E.

Der Regierungsentwurf hält grundsätzlich an dem im Diskussionsentwurf vorgesehenen Ansatz zur Begründung des Gruppen-Gerichtsstands fest. Der Gesetzentwurf reagiert jedoch auf die Vielzahl der aus dem Prioritätsprinzip resultierenden möglichen Gerichtsstände und ermächtigt mit der Regelung des § 2 III InsO-E die Länder zur Zentralisierung der Gerichtszuständigkeit in Konzernkonstellationen. Demnach sollen die Rechtsverordnungen nach § 2 II InsO je Bezirk eines Oberlandesgerichts ein Insolvenzgericht bestimmen, an dem ein Gruppen-Gerichtsstand nach § 3a InsO-E begründet werden kann (§ 2 III 1 InsO-E). Dabei besteht die Möglichkeit, die Zuständigkeit des bestimmten Insolvenzgerichts innerhalb eines Landes auch über den Bezirk eines Oberlandesgerichts zu erstrecken (§ 2 III 2 InsO-E). Die Regelung des § 2 III InsO-E bezweckt, dass die Richter und Rechtspfleger durch die wiederholte Behandlung der Fälle besondere Erfahrung und Sachkunde bei großen Unternehmensinsolvenzen erwerben und die komplexen konzernspezifischen Verfahren an dafür spezialisierten Gerichtsständen konzentriert werden.[716] Der Regelung zur Folge kann beispielsweise im Freistaat Bayern in jedem der drei Oberlandesgerichtsbezirke ein Insolvenzgericht bestimmt werden, an dem ein Gruppen-Gerichtsstand begründet werden kann oder es wird die Zuständigkeit eines Insolvenzgerichts innerhalb eines Landes über die Grenzen des Oberlandesgerichtsbezirks erstreckt und die konzernspezifischen Verfahren an einem Insolvenzgericht zentralisiert. Die Regelung ist ausdrücklich zu begrüßen und wirkt der Vielzahl der in Betracht kommenden Gerichtsstände bei der Begründung eines Gruppen-Gerichtsstands entgegen.[717] Der Regelungsansatz führt zu einer stärkeren Zuständigkeitskonzentration auf Ebene der Insolvenzgerichte und stellt sicher, dass nicht jedes Insolvenzgericht, das für einen Schuldner von nicht untergeordneter Bedeutung zuständig ist, als Gruppen-Gerichtsstand für derartige Großverfahren in Betracht kommt. Vielmehr bewirkt die Regelung, dass die Durchführung von Konzerninsolvenzverfahren an Gerichtsstandorten erfolgt, welche über die nötigen strukturellen Voraussetzungen und die erforderlichen Ressourcen in sachlicher und personeller Hinsicht verfügen. Die ebenfalls damit einhergehende

716 BT-Drucks 18/407, S. 19 u. 25 f.

717 Für eine Ergänzung dieses Kriteriums Vallender, Der Konzern 2013, 162 (166); Flöther, in: Hdb. Konzerninsolvenzrecht, § 4 Rn. 171; Brünkmans, in: MüKo, InsO, Band 3, Zwölfter Teil Rn. 58; Graf-Schlicker/Bornemann, in: Graf-Schlicker, InsO, RegE, § 2 Rn. 1; ASU, Stellungnahme DiskE Konzerninsolvenz, S. 1, NIVD, Stellungnahme DiskE Konzerninsolvenz, ZinsO 2013, 434 (435); DStV, Stellungnahme DiskE Konzerninsolvenz, S. 2; DAV, Stellungnahme DiskE Konzerninsolvenz, S. 5.

Professionalisierung der Insolvenzrichter ist ebenfalls zu befürworten und könnte gewährleisten, dass erfahrene und auf konzernspezifische Verfahren spezialisierte Insolvenzrichter mit der Abwicklung von Konzerninsolvenzverfahren betraut sind.

Die Vorschrift zum Gruppen-Gerichtsstand befindet sich nach wie vor in § 3a InsO-E und ist im Vergleich zur Regelung im Diskussionsentwurf an einigen Stellen modifiziert worden. Absatz I verzichtet auf eine numerische Aufzählung der Anforderungen zur Begründung des Gruppen-Gerichtsstands und setzt im Gegensatz zum Diskussionsentwurf nur noch voraus, dass in Bezug auf den Schuldner ein zulässiger Eröffnungsantrag vorliegt und der Schuldner nicht offensichtlich von untergeordneter Bedeutung für die Unternehmensgruppe ist (§ 3a I 1 InsO-E). Die quantitativen Kriterien zur Bestimmung der untergeordneten Bedeutung sind nunmehr in § 3a I 2 Nr. 1–3 InsO-E geregelt und beziehen sich nach dem Wortlaut der Regelung nunmehr ausdrücklich auf das vorangegangene *abgeschlossene* Geschäftsjahr. Eine untergeordnete Bedeutung des Schuldners ist demnach in der Regel nicht anzunehmen, wenn neben den bereits aus dem Diskussionsentwurf bekannten Kriterien der Bilanzsumme und des Umsatzerlöses auch die Zahl der vom Schuldner im Jahresdurchschnitt beschäftigten Arbeitnehmer mehr als zehn Prozent der in der Unternehmensgruppe im Jahresdurchschnitt beschäftigen Arbeitnehmer ausmacht (§ 3a I 2 Nr. 3 InsO-E). Damit wird ein zusätzliches aussagekräftiges Kriterium zur Bestimmung der untergeordneten Bedeutung des Schuldners im Unternehmensverbund eingeführt.[718] Dagegen enthält der Regierungsentwurf im Unterschied zum Diskussionsentwurf keine expliziten qualitativen Anforderungen zur Beurteilung der untergeordneten Bedeutung des Schuldners. Die Begründung zum Regierungsentwurf lässt jedoch erkennen, dass die qualitativen Merkmale bei der Ermittlung der untergeordneten Bedeutung nach wie vor eine Rolle spielen und auch weiterhin auf die Aufgaben und Funktionen des Schuldners im Gruppenkontext abgestellt werden kann.[719]

§ 3a I 3 InsO-E erklärt wie die entsprechende Vorschrift im Diskussionsentwurf (§ 3a I 2 InsO-E) grundsätzlich den ersten Antrag auf Begründung des Gruppen-Gerichtsstands und lediglich bei zeitgleicher und zeitlich nicht feststellbarer Mehrfachantragstellung den Antrag mit der größten Bilanzsumme für maßgebend, wobei die anderen Anträge nunmehr als unzulässig anzusehen sind.

Die neu eingefügte Regelung des Absatzes 2 greift den in § 3a I 1 Nr. 2 InsO-E innewohnenden Gedanken des Diskussionsentwurfs auf und bestimmt, dass das Gericht den Antrag auf Begründung eines Gruppen-Gerichtsstands nach Absatz 1 Satz 1 ablehnen kann, wenn Zweifel daran bestehen, dass eine Verfahrenskonzentration

---

718 Für eine Einführung dieses Kriteriums Vallender, Der Konzern 2013, 162 (166).

719 BT-Drucks 18/407, S. 26. Fraglich ist allerdings, weshalb § 13a I Nr. 2 InsO-E ersatzlos gestrichen wurde und die qualitativen Angaben, also die Aufgaben und Funktionen, die der Schuldner im Interesse des Unternehmensverbunds wahrnimmt, im Rahmen des Antrags auf Begründung eines Gruppengerichtsstands nicht mehr anzugeben sind.

am angerufenen Insolvenzgericht im gemeinsamen Interesse der Gläubiger liegt. Während das Insolvenzgericht nach dem Diskussionsentwurf feststellen musste, dass eine Verfahrenskonzentration im gemeinsamen Interesse der Gläubiger liegt, reduziert der Regierungsentwurf die Anforderungen zur Begründung des Gruppen-Gerichtsstands und sieht die positive Feststellung dieser Voraussetzung nicht mehr als zwingend erforderlich für die Zuständigkeitskonzentration in Konzernkonstellationen an.[720] Damit wird die gerichtliche Prüfung erheblich vereinfacht und die Begründung des Gruppen-Gerichtsstands auch bei verbleibenden Prognoseunsicherheiten ermöglicht. Dem neuen Regelungsansatz zur Folge führen also Zweifel über die Vorteile der Verfahrenskonzentration nicht mehr dazu, dass die Gerichte den Antrag auf Begründung des Gruppen-Gerichtsstands zwingend abzulehnen haben, sondern über ihn nach pflichtgemäßem Ermessen entscheiden können. Die Änderungen wirken sich somit positiv auf die Zuständigkeitskonzentration in Konzernkonstellationen aus und sind daher zu begrüßen.[721]

Die Einführung der Vorschrift des § 3b InsO-E berücksichtigt eine im Diskussionsentwurf nicht beachtete Problemstellung und trägt den Situationen Rechnung, in denen der Eröffnungsantrag unbegründet war oder andere Umstände zur Aufhebung des Gruppen-Gerichtsstands führen könnten. Die neue Regelung sichert das Fortbestehen des Gruppen-Gerichtsstands und stellt klar, dass ein nach § 3a InsO-E begründeter Gruppen-Gerichtsstand von der Nichteröffnung, Aufhebung oder Einstellung des Insolvenzverfahrens unberührt bleibt, solange an diesem Gerichtsstand ein Verfahren über einen anderen gruppenangehörigen Schuldner anhängig ist.[722] Die Regelung geht damit über den allgemeinen Grundsatz der *perpetuatio fori* (§§ 4 InsO, 261 III Nr. 2 InsO) hinaus und lässt den Gruppen-Gerichtsstand auch für noch nicht anhängig gemachte Gruppen-Folgeverfahren unter der Voraussetzung bestehen, dass an diesem Gerichtsstand noch ein Verfahren anhängig ist. Die Regelung verhindert somit, dass in diesen Konstellationen ein neuer Gerichtsstand begründet werden müsste, obwohl die Durchführung der Verfahren an diesem Gerichtsstand weiterhin von Nutzen sein könnte.[723]

Die neu eingefügte Vorschrift des § 3c InsO-E regelt jetzt die Zuständigkeit für Gruppen-Folgeverfahren und sieht nunmehr auch eine Zuständigkeitskonzentration auf Ebene der Insolvenzrichter vor. Demnach ist nach Absatz 1 für das Gruppen-Folgeverfahren am Gericht des Gruppen-Gerichtsstands der Richter zuständig, der

720 BT-Drucks 18/407, S. 27 f.; Verhoeven, ZInsO 2014, 217 (219); für eine Änderung ebenfalls Zipperer, ZIP 2013, 1007, (1011); Andres/Möhlenkamp, BB 2013, 579 (584).

721 Ebenso Brünkmans, in: MüKo, InsO, Band 3, Zwölfter Teil, Rn. 46 ff.; Naraschewski, in: Bork/Hölzle, Hdb. Insolvenzrecht, Kapitel 23 Rn. 16.

722 v. Wilcken, in: Hdb Konzerninsolvenzrecht, § 4 Rn. 55 sieht diese Regelung als Hilfsmittel zur Begründung eines Gruppen-Gerichtsstands am Gerichtsstand der Konzernmutter an, da der Gerichtsstand auch dann bestehen bleibt, wenn bei der Konzernmutter kein Insolvenzgrund vorliegt und sich der Antrag mithin als unbegründet erweist.

723 BT-Drucks 18/407, S. 27 f.

für das Verfahren zuständig ist, für welches der Gruppen-Gerichtsstand begründet wurde. Der Regierungsentwurf reagiert damit auf die Kritik, dass auch bei Begründung eines Gruppen-Gerichtsstands unterschiedliche Richter mit den einzelnen Verfahren befasst sein könnten und daher erheblicher Abstimmungsbedarf innerhalb des zuständigen Gerichts bestünde. Die Regelung stellt somit sicher, dass bei Begründung eines Gruppen-Gerichtsstands der gleiche Richter mit den einzelnen Verfahren befasst ist und keine Abstimmung zwischen verschiedenen zuständigen Richtern innerhalb des Insolvenzgerichts erforderlich ist, sodass die Vorteile der gerichtlichen Zuständigkeitskonzentration vollständig zum Tragen kommen und eine effizientere Behandlung der Verfahren ermöglicht wird.[724] Die Konzentration auf Ebene der Insolvenzrichter ist daher neben der Konzentration auf Ebene der Insolvenzgerichte (§ 2 III InsO-E) als zentrale Veränderung bei den Regelungen zur Begründung des Gruppen-Gerichtsstands anzusehen und trägt maßgeblich zu einer Verbesserung des im Diskussionsentwurf vorgesehenen Regelungsansatzes bei.[725] Absatz 2 entspricht vollständig der vormals im Diskussionsentwurf enthaltenen Vorschrift des § 3a II InsO-E und stellt weiterhin klar, dass der Gruppen-Gerichtsstand keine Sperrwirkungen entfaltet und der Antrag auf Eröffnung eines Gruppen-Folgeverfahrens auch bei dem nach § 3 I InsO zuständigen Gericht gestellt werden kann.

Die §§ 3d und 3e InsO-E bedürfen keiner weiteren Erläuterung. Die Vorschrift des § 3d InsO-E regelt in Übereinstimmung mit der Vorschrift des § 3b InsO-E des Diskussionsentwurfs die Verweisung an das Gericht des Gruppen-Gerichtsstands und unterscheidet sich lediglich im Wortlaut darin, dass bei der Antragsberechtigung in Absatz 2 Satz 2 auf die Vorschrift des § 3a III InsO-E verwiesen wird, womit jedoch keine inhaltlichen Änderungen verbunden sind. Die Vorschrift des § 3e InsO-E ist mit der Regelung des § 3a IV InsO-E des Diskussionsentwurfs identisch und bestimmt den Begriff der Unternehmensgruppe nunmehr in einer eigens dafür vorgesehenen Regelung.

Den Abschluss der in diesem Zusammenhang stehenden Vorschriften bildet § 13a InsO-E und bestimmt die in dem Antrag nach § 3a I InsO-E anzugebenden Tatsachen. Absatz 1 wurde zunächst insoweit verändert, als die im Antrag anzugebenden Tatsachen nicht mehr lediglich angegeben werden *sollen*, sondern jetzt anzugeben *sind*. Die Unvollständigkeit oder das Fehlen der Angaben hat auch in der jetzigen Fassung nicht die Unzulässigkeit des Antrags zur Folge, kann jedoch dazu führen, dass das Gericht daran Zweifel hat, dass die Zuständigkeitsbegründung im gemeinsamen Interesse der Gläubiger liegt und den Antrag nach § 3a II InsO-E ablehnt.[726] § 13a I Nr. 1 InsO-E wurde um einen neuen Halbsatz ergänzt und sieht vor, dass

---

724 Siehe dazu auch BT-Drucks 18/407, S. 19 f. u. 28 f.

725 Ebenfalls für eine Konzentration der Verfahren auf Ebene der Insolvenzrichter Vallender, Der Konzern 2013, 162 (166); Andres/Möhlenkamp, BB 2013, 579 (585); BRAK, Stellungnahme DiskE Konzerninsolvenz, S 4;

726 BT-Drucks 18/407, S. 29.

für gruppenangehörige Schuldner von untergeordneter Bedeutung die in Halbsatz 1 vorgesehenen Angaben gemacht werden sollen. Darüber hinaus hat der Antrag nach der neu eingefügten Regelung in Nr. 2 auch Angaben darüber zu enthalten, aus welchen Gründen eine Verfahrenskonzentration am angerufenen Gericht im gemeinsamen Interesse der Gläubiger liegt. Die Vorschrift in Nr. 4 wurde im Regierungsentwurf neu eingefügt und hat zur Folge, dass die bislang dort enthaltenen Angaben nunmehr in Nr. 5 geregelt werden. Die Neuerung ermöglicht dem Insolvenzgericht zu überprüfen, ob gruppenangehörige Unternehmen einem besonderen Regime unterliegen und der Antrag auf Eröffnung eines Insolvenzverfahrens nur von der Bundesanstalt für Finanzdienstleistung gestellt werden kann.[727] Schließlich wurde auch Absatz 2 dahingehend geändert, dass die dort enthaltenen Angaben nunmehr beizufügen sind und lediglich die Jahresabschlüsse der gruppenangehörigen Unternehmen von untergeordneter Bedeutung nur beigefügt werden sollen. Die Änderung führt jedoch wie diejenige in Absatz 1 nicht dazu, dass fehlende Angaben zwingend die Unzulässigkeit des Antrags zur Folge haben.

2. *Regelung zur Bestellung eines einheitlichen Insolvenzverwalters*

Die Regelung des § 56b InsO-E des Regierungsentwurfs entspricht vollständig der im Diskussionsentwurf enthaltenen Regelung, sodass an dieser Stelle keine weiteren Ausführungen zur Verwalterbestellung bei Schuldnern derselben Unternehmensgruppe erforderlich sind.

3. *Regelungen zur Kooperation zwischen den Verfahrensorganen*

Der Regierungsentwurf lässt die Regelungen zur Kooperation der Verfahrensbeteiligten weitgehend unverändert und enthält lediglich bei der Zusammenarbeit der Gläubiger geringfüge Veränderungen. Die Regelung des § 269c I 1 InsO-E wurde zunächst dahingehend geändert, dass das Gericht nunmehr auf Antrag eines (vorläufigen) Gläubigerausschusses einen Gruppengläubigerausschuss einsetzen *kann* und im Gegensatz zur Regelung im Diskussionsentwurf nicht mehr einzusetzen *hat.* Die Ersetzung der vormals gebundenen Entscheidung durch eine pflichtgemäße Ermessensentscheidung ist zu begrüßen und ermöglicht dem Insolvenzgericht insbesondere den Aufwand und Nutzen oder das Bedürfnis für einen Gruppengläubigerausschuss zu berücksichtigen und im Einzelfall eine sachgerechte Entscheidung zu treffen.[728] Dagegen ist es zu kritisieren, dass nach der Neufassung der Regelung lediglich noch diejenigen gruppenangehörigen Schuldner im Gruppengläubigerausschuss vertreten sind, die nicht offensichtlich von untergeordneter Bedeutung für die gesamte Unternehmensgruppe sind. Der Gruppengläubigerausschuss sollte für eine abgestimmte Abwicklung der Verfahren und im Hinblick auf die erforderliche Umsetzung der Gruppenstrategie in den einzelnen Verfahren die Interessen

727 BT-Drucks 18/407, S. 29.
728 BT-Drucks 18/407, S. 34.

sämtlicher gruppenangehöriger Schuldner berücksichtigen. Demnach sollten auch Gesellschaften von offensichtlich untergeordneter Bedeutung nicht von der rechtsträgerübergreifenden Kooperation im Rahmen des Gruppengläubigerausschusses ausgeschlossen werden, zumal für die Beschlüsse des Gruppengläubigerausschusses nunmehr explizit das einfache Mehrheitsprinzip (§§ 269c II InsO-E, 72 InsO) gilt und die Einbeziehung der Vertreter dieser Gesellschaften die Mehrheitsbildung nicht gefährden dürfte. Was die Art und Weise der Bestimmung der zu entsendenden Mitglieder betrifft, stellt die Begründung des Regierungsentwurfs nunmehr klar, dass das Insolvenzgericht nicht nur über die Bestellung, sondern auch über die Besetzung des Gläubigerausschusses entscheidet und somit ebenso wie im Rahmen des § 67 InsO die jeweiligen Vertreter bestimmt.[729]

Absatz 2 enthält nach wie vor die zentralen Aufgaben des Gruppengläubigerausschusses und wird zur Beseitigung einzelner im Diskussionsentwurf enthaltener Unklarheiten um zwei weitere Sätze ergänzt. Demzufolge stellt zunächst § 269c II 2 InsO-E den erforderlichen Bezug zu den im Dritten Abschnitt geregelten Vorschriften her und bestimmt, dass die in §§ 70–73 normierten Regelungen zum Gläubigerausschuss entsprechend gelten. Zudem ist nun in § 269c II 3 InsO-E vorgesehen, dass hinsichtlich der Vergütung die Tätigkeit als Mitglied im Gruppengläubigerausschuss als Tätigkeit in dem Gläubigerausschuss gilt, den das Mitglied des Gruppengläubigerausschusses vertritt.

4. Regelungen zum Koordinationsverfahren

Der Regierungsentwurf bleibt auch im Rahmen des Koordinationsverfahrens grundsätzlich dem im Diskussionsentwurf verfolgten Ansatz treu und sieht lediglich an vereinzelten Stellen geringfügigen Änderungsbedarf.

§ 269d InsO-E entspricht weitgehend der im Diskussionsentwurf enthaltenen Vorschrift und unterscheidet sich lediglich in Absatz 2 in der Regelungstechnik, welche jedoch keine Auswirkungen auf die bislang bestehende Antragsberechtigung hat und inhaltlich zu keiner erklärungsbedürftigen Veränderung der bereits oben dargestellten Rechtslage führt.

Die weitreichendsten Veränderungen im Rahmen des Koordinationsverfahrens betreffen dagegen die in § 269e InsO-E geregelte Person des Koordinationsverwalters. Die Vorschrift stellt zunächst den Bezug zu den allgemeinen Grundsätzen der Verwalterbestellung her und bestimmt, dass das Koordinationsgericht eine von den gruppenangehörigen Schuldnern und deren Gläubigern unabhängige Person zum Koordinationsverwalter bestellt (§ 269e I 1 InsO-E). Zudem sieht die gesetzliche Regelung nun vor, dass die zu bestellende Person auch von den Insolvenzverwaltern und Sachwaltern der gruppenangehörigen Schuldner unabhängig sein soll. Der Regierungsentwurf spricht sich somit im Gegensatz zum Diskussionsentwurf gegen eine Bestellung des Koordinationsverwalters aus dem Kreise der bestellten

729 BT-Drucks 18/407, S. 34.

Insolvenzverwalter aus und begründet die damit vollzogene Kehrtwendung mit der erforderlichen Neutralität des Koordinationsverwalters und der damit einhergehenden Akzeptanz seiner Person und seiner Maßnahmen.[730] Diese Änderung ist zu kritisieren. Die Bestellung einer neutralen dritten Person zum Insolvenzverwalter führt zunächst dazu, dass sich eine weitere Person in die komplexen konzernrechtlichen Zusammenhänge einarbeiten muss und die damit einhergehende zeitliche Verzögerung und der zusätzlich entstehende Vergütungsanspruch grundsätzlich negativ zu bewerten sind. Dagegen wäre ein aus dem Kreise der Insolvenzverwalter zu bestellender Koordinationsverwalter bereits mit den Belangen der Unternehmensgruppe vertraut und könnte unmittelbar mit seiner Bestellung für eine abgestimmte Abwicklung der Verfahren sorgen. Dabei scheint auch in diesem Fall die Verfolgung von verfahrensspezifischen Eigeninteressen weitgehend ausgeschlossen, da der Koordinationsverwalter zur Umsetzung einer koordinierten Verfahrensabwicklung auf die Zustimmung der Gläubiger sämtlicher Konzerngesellschaften angewiesen ist und somit naturgemäß die Interessen der Gläubiger jedes gruppenangehörigen Schuldners berücksichtigen wird. Schließlich dürften in diesem Fall auch die Aufsicht des Insolvenzgerichts (§§ 58 InsO, § 269f III InsO-E) und die mögliche Haftung des Verwalters (§§ 60 InsO, 269f III InsO-E) eine ordentliche und gewissenhafte Ausübung des Amtes des Koordinationsverwalters sicherstellen und der Verfolgung etwaiger Eigeninteressen entgegenwirken. Der im Regierungsentwurf vorgenommene Kurswechsel scheint somit weder erforderlich noch zweckmäßig.

§ 269e I 3 InsO-E berücksichtigt nunmehr die Situation der Eigenverwaltung und stellt klar, dass die Bestellung eines gruppenangehörigen Schuldners zum Koordinationsverwalter ausgeschlossen ist. Der Regierungsentwurf weist in seiner Begründung darauf hin, dass bei Bestellung eines eigenverwaltenden Schuldners zwangsläufig die Bestellung eines Koordinationssachwalters erforderlich wäre und die damit erforderliche Abstimmung die notwendige Flexibilität der Koordinationsverwaltung beschränken würde. Zudem wäre die Wahrnehmung von Koordinationsaufgaben in den Fällen problematisch, in denen der eigenverwaltende Schuldner vor dem Insolvenzfall nicht mit Aufgaben in Zusammenhang mit der Konzernleitung befasst gewesen sei.[731]

730 BT-Drucks 18/407, S. 35. Dazu besteht ein sehr unterschiedliches Meinungsbild. Für die Bestellung einer neutralen Person zum Koordinationsverwalter DRB, Stellungnahme DiskE Konzerninsolvenz, S. 6; DStV, Stellungnahme DiskE Konzerninsolvenz, S. 5; Fölsing, ZInsO 2013, 413 (419); GDV, Stellungnahme DiskE Konzerninsolvenz, S. 5, Pleister, ZIP 2013, 1013 (1015); für die Bestellung eines Koordinationsverwalters aus dem Kreis der Insolvenzverwalter BRAK, Stellungnahme DiskE Konzerninsolvenz, S. 6; Lienau, Der Konzern 2013, 157 (162); NIVD, Stellungnahme DiskE Konzerninsolvenz, ZInsO 201, 434 (438); für eine gemischte Lösung Brünkmans, Der Konzern 2013, 169 (178); Gravenbrucher Kreis, Stellungnahme DiskE Konzerninsolvenz, S. 4 f.

731 BT-Drucks 18/407, S. 35.

§ 269f InsO-E regelt die Aufgaben und Rechtsstellung des Koordinationsverwalters und stimmt fast vollständig mit der im Diskussionsentwurf vorgesehenen Regelung überein. Die Neufassung unterscheidet sich lediglich darin, dass der Insolvenzverwalter den Koordinationsplan jetzt auch durch eine von ihm bevollmächtigte Person in den jeweiligen Gläubigerversammlungen erläutern lassen kann (§ 269f I 3 InsO-E).

Der Regierungsentwurf sieht schließlich, abgesehen von der für die Koordination nicht relevanten Modifizierung der Vergütungsregelung, auch eine geringfügige Änderung der das Koordinationsverfahren abschließenden Regelung des § 269i InsO-E vor. Die Vorschrift enthält zunächst in Absatz 1 Satz 1 eine aus der Einführung des § 269f I 3 InsO-E resultierende Folgeänderung und regelt die Pflicht zur Erläuterung des Insolvenzplans im Berichtstermin durch den Insolvenzverwalter, wenn dies nicht durch den Koordinationsverwalter oder nunmehr durch eine von diesem bevollmächtige Person erfolgt. Der Insolvenzverwalter hat jetzt im Anschluss an die Erläuterung zu begründen, von welchen im Plan beschriebenen Maßnahmen er abweichen will (§ 269i I 2 InsO-E). Liegt zum Zeitpunkt des Berichtstermins noch kein Koordinationsplan vor, so kommt er seinen Pflichten nicht mehr im Erörterungs- oder Abstimmungstermin, sondern in einer Gläubigerversammlung nach, für die das Insolvenzgericht alsbald einen Termin bestimmt (§ 269i I 3 InsO).

5. *Einbeziehung der Eigenverwaltung*

§ 270d InsO-E behebt eine zentrale Schwäche des Diskussionsentwurfs und stellt neben der Regelung des § 269e I 3 InsO-E die erforderliche Verknüpfung der konzerninsolvenzrechtlichen Vorschriften zum Rechtsinstitut der Eigenverwaltung her. Die Vorschrift wird bei den entsprechenden Regeln zur Eigenverwaltung eingefügt und stellt nun in Satz 1 klar, dass der Schuldner bei Anordnung der Eigenverwaltung oder vorläufigen Eigenverwaltung wie der Insolvenzverwalter den Kooperationspflichten des § 269a InsO-E unterliegt und zur Zusammenarbeit verpflichtet ist. Darüber hinaus beseitigt der Regierungsentwurf in Satz 2 weitere im Diskussionsentwurf offen gebliebene Fragestellungen und bestimmt, dass dem eigenverwaltenden Schuldner nach Verfahrenseröffnung die Antragsrechte nach §§ 3a I, 3d II und § 269d II InsO-E zustehen. Der Schuldner ist somit bei Anordnung der Eigenverwaltung nach Verfahrenseröffnung berechtigt, einen Antrag auf Begründung des Gruppen-Gerichtsstands zu stellen, die Verweisung des Verfahrens an das Gericht des Gruppen-Gerichtsstands zu beantragen und den für die Eröffnung des Koordinationsverfahrens erforderlichen Antrag einzureichen. Die Neuerungen tragen zur Vermeidung von Rechtsunsicherheiten bei und sind daher ausdrücklich zu begrüßen, wobei im weiteren Gesetzgebungsverfahren die verbleibenden Zweifel vollständig ausgeräumt und die offenen Fragestellungen auch im Rahmen der §§ 269f II, 269h I 1, 269i I 1 InsO-E geklärt werden sollten.

B. Reformvorhaben im europäischen Bereich

Die internationale Tätigkeit von Konzernen und der daraus resultierende grenzüberschreitende Bezug erfordern einen über das nationale Recht hinausgehenden Regelungsmechanismus zur insolvenzrechtlichen Behandlung von Konzernunternehmen. Besondere Regelungen zur Insolvenz von Mitgliedern einer Unternehmensgruppe wird es daher nicht nur auf nationaler, sondern auch auf europäischer Ebene geben. Die folgenden Ausführungen beschäftigen sich zunächst mit den Empfehlungen von *UNCITRAL* zur Regelung von internationalen Gruppeninsolvenzverfahren (I.) und stellen sodann die Vorschläge von *Insol Europe* zur Behandlung von Gruppeninsolvenzverfahren im Anwendungsbereich der EuInsVO vor (II.) Unter Berücksichtigung dieser Überlegungen werden – in Bezug auf die Aspekte zur Behandlung von Gruppeninsolvenzen – der Vorschlag der Europäischen Kommission (III.), die Einigungsfassung des Rates und des Parlaments Ende des Jahres 2014 (IV.), der Standpunkt des Rates in erster Lesung (V.) und schließlich die dem Standpunkt des Rates entsprechende Neufassung der EuInsVO (VI.) vorgestellt.

I. *UNCITRAL*: *Legislative Guide* on Insolvency Law: Part three: Treatments of enterprise groups in insolvency

Die grenzüberschreitende Tätigkeit von Konzernunternehmen erfordert neben der nationalen auch eine internationale Betrachtung der Thematik der Konzerninsolvenz. Part three zum *Legislative Guide on Insolvency Law* enthält daher auch Empfehlungen zur insolvenzrechtlichen Behandlung von Konzernunternehmen in grenzüberschreitenden Fällen und versucht, bei Eröffnung mehrerer Insolvenzverfahren in unterschiedlichen Jurisdiktionen die Verfahren zu koordinieren und auf diese Weise die konzernrechtlichen Zusammenhänge zu berücksichtigen. Die Ausführungen behandeln zunächst zahlreiche kollisionsrechtliche Problemstellungen und gehen anschließend auf die möglichen Regelungsmechanismen zur Behandlung von grenzüberschreitenden Konzerninsolvenzen ein.

Die Überlegungen befassen sich mit der Möglichkeit, den Ansatz zur Bestimmung des Mittelpunkts der hauptsächlichen Interessen des Schuldners auf die Unternehmensgruppe als solche zu übertragen, um sämtliche Insolvenzverfahren an einem Ort, gegebenenfalls durch ein Gericht eröffnen und nach dem Recht dieses Staates abwickeln zu können.[732]

Ein anderer Ansatz sieht dagegen weiterhin die Insolvenzgerichte der jeweiligen Staaten für die Eröffnung der Insolvenzverfahren über das Vermögen der einzelnen Konzerngesellschaften als zuständig an und versucht lediglich durch die Schaffung eines Koordinationszentrums am Sitz des herrschenden Konzernunternehmens eine

732 Uncitral, Legislative Guide, Part three, S. 83 ff.

koordinierte Abwicklung der nach den jeweiligen nationalen Rechten stattfindenden Verfahren zu ermöglichen.[733]

Part three zum *Legislative Guide* weist jedoch auf die mit diesen Regelungsansätzen einhergehenden Probleme hin und enthält bis zur deren Klärung weniger einschneidende Maßnahmen für eine koordinierte Abwicklung der Insolvenzverfahren.[734] Die Empfehlungen beschränken sich zunächst darauf, den Zugang von ausländischen Insolvenzverwaltern und Gläubigern zu inländischen Verfahren sicherzustellen und die Anerkennung ausländischer Verfahren zu gewährleisten.[735] Da die EuInsVO bereits Regelungen in Bezug auf den Zugang zu den Gerichten und der Anerkennung ausländischer Verfahren enthält, befassen sich die folgenden Ausführungen insbesondere mit den daran anschließenden Koordinationsmechanismen.

1. Kooperation der Insolvenzgerichte

Die Überlegungen betreffen die Kooperation unter Beteiligung der Insolvenzgerichte und befürworten zur Koordination der einzelnen Verfahren eine gesetzliche Regelung, die dem für das Insolvenzverfahren über das Vermögen eines Konzernunternehmens zuständigen Gericht erlaubt, im größtmöglichen Umfang mit den in den anderen nationalen Verfahren zuständigen Gerichten oder bestellten Insolvenzverwaltern zu kooperieren.[736] Die Kooperation kann dabei grundsätzlich auf jedem geeigneten Weg erfolgen und beispielsweise die Mitteilung von Informationen auf jede vom Gericht als geeignet empfundene Weise umfassen oder die Koordinierung der Verwaltung und Überwachung der Geschäfte der insolventen Konzernunternehmen beinhalten. Ferner kann die Zusammenarbeit auch darin bestehen, dass bestimmte Stellen oder Personen auf Weisung des Gerichts hin tätig werden oder die Gerichte, die Zustimmung oder Umsetzung von Vereinbarungen bzw. Protokollen bezüglich einer aufeinander abgestimmten Verwaltung der Verfahren entsprechend koordinieren.[737] Darüber hinaus sehen die Empfehlungen vor, dass das für das nationale Insolvenzverfahren zuständige Gericht direkt mit den in anderen Verfahren zuständigen Gerichten oder bestellten Insolvenzverwaltern kommunizieren oder sie auf direktem Weg um Information oder Unterstützung ersuchen kann.[738] Die weiteren Ausführungen befassen sich sodann mit den Einzelheiten der grenzüberschreitenden Gerichtskommunikation und beziehen sich beispielsweise auf Zeit,

---

733 Uncitral, Legislative Guide, Part three, S. 83 ff.

734 Die Überlegungen der Arbeitsgruppe V greifen die Thematik des COMI erneut auf und wollen die Möglichkeit einer Verfahrenskonzentration in Konzernkonstellation weiterhin überprüfen, vgl. Uncitral, Working Group V, Working Paper, A/CN.9/WG.V/WP.114, abrufbar unter: http://www.uncitral.org/uncitral/en/commission/working_groups/5Insolvency.html.

735 Uncitral, Legislative Guide, Part three, Empfehlung 239.

736 Uncitral, Legislative Guide, Part three, Empfehlung 240.

737 Uncitral, Legislative Guide, Part three, Empfehlung 241.

738 Uncitral, Legislative Guide, Part three, Empfehlung 242.

Ort, Art, Mitteilung, Aufzeichnung, Geheimhaltung und Kosten der Kommunikation.[739] Die Empfehlungen bezwecken einen umfassenden Informationsaustausch und sehen zur Förderung der Kommunikationsbereitschaft der Verfahrensbeteiligten vor, dass die Kommunikation zu keinen Einschränkungen der Befugnisse der jeweiligen Insolvenzgerichte führt, keine Auswirkungen auf die bereits von den Gerichten getroffenen Entscheidungen hat und mit keinem Verzicht auf materielle oder prozessuale Rechte verbunden ist.[740] Die Empfehlungen wollen sicherstellen, dass die Gerichte in grenzüberschreitenden Insolvenzverfahren rege miteinander in Kontakt treten und die für eine weitere Kooperation erforderliche Ausgangsbasis schaffen. Die weitergehende Zusammenarbeit kann sich beispielsweise darin zeigen, dass die Gerichte koordinierte Anhörungen oder Gläubigerversammlungen abhalten und auf diese Weise die Berücksichtigung der rechtsträgerübergreifenden Zusammenhänge ermöglicht wird.[741] Diese Form der Verfahrenskoordination kann trotz des damit einhergehenden Organisationsaufwands zu einer effizienten Abwicklung der Verfahren beitragen und somit im Interesse der Verfahrensbeteiligten sämtlicher insolventer Konzerngesellschaften sein.

2. *Kooperation der Insolvenzverwalter*

Zudem sehen die Vorschläge aufgrund der zentralen Stellung der Insolvenzverwalter sowohl eine Zusammenarbeit der Verwalter untereinander als auch mit den Insolvenzgerichten für eine erfolgreiche Abwicklung der Insolvenzverfahren in Konzernkonstellationen als erforderlich an. Die Empfehlungen befürworten daher die Schaffung gesetzlicher Regelungen, welche den Insolvenzverwaltern in Ausübung ihrer Funktion und unter Aufsicht des Gerichts gestatten, im größtmöglichen Umfang mit den in ausländischen Verfahren zuständigen Gerichten und bestellten Verwaltern von anderen Konzerngesellschaften zu kooperieren, um die Koordination der Verfahren über die insolventen Mitglieder derselben Unternehmensgruppe zu vereinfachen.[742] Die Zusammenarbeit der Insolvenzverwalter kann nach den Empfehlungen grundsätzlich auf jedem geeigneten Weg erfolgen und neben den für eine weitere Kooperation erforderlichen Informationsaustausch auch den Abschluss von Vereinbarungen oder Protokollen beinhalten. Die Insolvenzverwalter können darüber hinaus Regelungen zur Aufgabenverteilung treffen und einem Insolvenzverwalter eine koordinierende Rolle bei der Abwicklung der Insolvenzverfahren zukommen lassen. Schließlich zeigt sich die Zusammenarbeit auch darin, dass die Insolvenzverwalter die Verwaltung und Überwachung der Geschäfte der insolventen Konzerngesellschaften aufeinander abstimmen und im Interesse von Konzernrestrukturierungsmaßnahmen eine Koordination im Hinblick auf den Vorschlag und

739 Uncitral, Legislative Guide, Part three, Empfehlung 243.
740 Uncitral, Legislative Guide, Part three, Empfehlung 244.
741 Uncitral, Legislative Guide, Part three, Empfehlung 245.
742 Uncitral, Legislative Guide, Part three, Empfehlungen 246 und 247.

Aushandlung der einzelnen Insolvenzpläne erfolgt.[743] Die Empfehlungen sehen zur Erleichterung der Verfahrenskoordination zudem vor, dass die Insolvenzverwalter direkt mit den in ausländischen Verfahren zuständigen Gerichten oder Insolvenzverwaltern kommunizieren oder diese direkt um Informationen oder Unterstützung ersuchen können.[744] Die Empfehlung schafft somit die Grundlage für eine schnelle und unkomplizierte Kommunikation der Verfahrensbeteiligten und trägt auf diese Weise zu einem effizienten Informationsaustausch bei grenzüberschreitenden Insolvenzverfahren von zwei oder mehreren Mitglieder einer Unternehmensgruppe bei. Part three zum *Legislative Guide* versucht somit durch eine umfassende Kooperation und Kommunikation unter Beteiligung der Insolvenzgerichte und Insolvenzverwalter, die konzernrechtlichen Strukturen bei der Abwicklung der einzelnen Insolvenzverfahren zu berücksichtigen und dadurch zu einer bestmöglichen Verfahrenskoordination beizutragen.

3. Einheitliche Verwalterbestellung

Die Verfahrenskoordination auf Ebene der Insolvenzverwalter lässt sich nach den Darstellungen in Part three zum *Legislative Guide* nicht nur durch Kooperation, sondern auch durch eine einheitliche Verwalterbestellung erreichen. Letztere ermöglicht die einheitliche Berücksichtigung der konzernrechtlichen Verbindungen in den einzelnen Verfahren und erleichtert die Umsetzung koordinierter Restrukturierungsmaßnahmen im Interesse der Unternehmensgruppe. Die Vorschläge berücksichtigen dabei grundsätzlich die jeweiligen Konzernkonstellationen und empfehlen eine gesetzliche Regelung, die dem Insolvenzgericht in geeigneten Fällen erlaubt, sich mit den in den anderen Verfahren zuständigen Gerichten darüber abzustimmen für alle Konzernunternehmen einen oder denselben Insolvenzverwalter zu bestellen, sofern sich dieser in sämtlichen Verfahren als geeignet erweisen würde.[745] Die Empfehlungen berücksichtigen damit die unterschiedliche Intensität konzernrechtlicher Verbindungen und stellen mit der Möglichkeit zur Abstimmung einen flexiblen und die Umstände des Einzelfalls beachtenden Lösungsansatz zur Verwalterbestellung bei grenzüberschreitenden Konzerninsolvenzverfahren zur Verfügung. Die einheitliche Verwalterbestellung hat nach den Empfehlungen zur Folge, dass der Insolvenzverwalter nach dem Insolvenzrecht des jeweiligen Staates handelt und der in den nationalen Rechten geregelten Aufsicht des jeweiligen Insolvenzgerichts untersteht. Die Ausführungen gehen sodann auf die bei der einheitlichen Verwalterbetellung drohende Gefahr von Interessenkonflikten ein und verweisen zur Wahrung der rechtsträgerspezifischen Interessen insbesondere auf die Möglichkeit, in den Verfahren einen oder mehrere Sonderinsolvenzverwalter zu bestellen.[746] Die einheitliche Verwalterbestellung erweist sich nach den Empfehlungen somit nicht

743 Uncitral, Legislative Guide, Part three, Empfehlung 250.
744 Uncitral, Legislative Guide, Part three, Empfehlungen 248 und 249.
745 Uncitral, Legislative Guide, Part three, Empfehlung 251.
746 Uncitral, Legislative Guide, Part three, Empfehlung 252.

nur bei nationalen, sondern auch bei grenzüberschreitenden Konzerninsolvenzen als effizienter Regelungsmechanismus für eine koordinierte Verfahrensabwicklung.

4. *Grenzüberschreitende Insolvenzverwaltungsverträge*

Die abschließenden Ausführungen im Anhang zum *Legislative Guide* betreffen den Abschluss grenzüberschreitender Insolvenzvereinbarungen. Diese Form der Zusammenarbeit dient dazu, verfahrensrechtliche Fragen zwischen den Verfahrensbeteiligten zu koordinieren und dadurch den Ablauf der einzelnen Insolvenzverfahren zu harmonisieren.[747] Die Verwendung privatautonomer Vereinbarungen stellt dabei grundsätzlich einen flexiblen Regelungsmechanismus dar und ermöglicht den Parteien, das Verfahrensstadium und die Umstände des jeweiligen Einzelfalls zu berücksichtigen. Die Vereinbarungen können grundsätzlich zu jedem Zeitpunkt des Verfahrens abgeschlossen werden und inhaltlich lediglich die allgemeine Kommunikation und Kooperation zwischen den Beteiligten regeln oder die Koordination spezifischer Einzelheiten des jeweiligen Falls betreffen.[748] Die Empfehlungen befürworten eine gesetzliche Regelung, die es den Insolvenzverwaltern und anderen Verfahrensbeteiligten erlaubt, grenzüberschreitende Vereinbarungen auch in Bezug auf zwei oder mehrere Konzerngesellschaften abzuschließen, um die Koordination dieser Insolvenzverfahren zu vereinfachen. Dabei ist zu beachten, dass verschiedene nationale Regelungen die Zustimmung der Gerichte zum Abschluss von Insolvenzvereinbarungen lediglich zur Koordination der Verfahren über das Vermögen eines Schuldners regeln.[749] Die Insolvenzrechte sollten daher die besondere Situation der Konzerninsolvenz berücksichtigen und die Zustimmung der Insolvenzgerichte auch in denjenigen Fällen regeln, in denen der Abschluss der privatautonomen Vereinbarungen der koordinierten Abwicklung der Verfahren über das Vermögen mehrerer Konzernunternehmen in unterschiedlichen Jurisdiktionen dient.[750]

5. *Stellungnahme*

Part three zum *Legislative Guide* sieht bei internationalen Konzerninsolvenzen weniger intensive Koordinationsmechanismen als bei nationalen Konzerninsolvenzen vor und setzt auf bislang bereits bekannte und bewährte Regelungsmechanismen zur Abwicklung grenzüberschreitender Insolvenzverfahren.

Die Empfehlungen verzichten zunächst aufgrund der Unterschiede in den nationalen Insolvenzstatuten auf eine verfahrensrechtliche Verflechtung der Insolvenzverfahren auf der Ebene der Insolvenzgerichte. Die Arbeiten von *UNCITRAL* weisen jedoch auf die Vorteile einer gerichtlichen Zuständigkeitskonzentration hin und lassen erkennen, dass der Ansatz des COMI in Konzernkonstellationen nach

747 Uncitral, Legislative Guide, Part three, S. 108 f.,
748 Uncitral, Legislative Guide, Part three, S. 108 f.
749 Uncitral, Legislative Guide, Part three, S. 110.
750 Uncitral, Legislative Guide, Part three, Empfehlung 254.

wie vor diskutiert wird und bei weiterer Angleichung der nationalen Insolvenzrechte in Zukunft als Regelungsmechanismus zur Abwicklung grenzüberschreitender Insolvenzverfahren in Betracht kommen könnte. Während also die aktuellen Empfehlungen aufgrund der derzeitigen Rechtsunterschiede keine einheitliche Gerichtszuständigkeit vorsehen, bestehen erfreulicherweise bereits Erwägungen, die auch bei internationalen Insolvenzverfahren eines Tages und bei weiterer Annäherung der einzelnen Insolvenzrechte eine gerichtliche Zuständigkeitskonzentration erwarten lassen.[751] Dagegen sehen die Empfehlungen bereits jetzt eine teilweise Verfahrenskonzentration auf personeller Ebene vor und befürworten die Möglichkeit, in geeigneten Konstellationen denselben Insolvenzverwalter zu bestellen. Die verfahrensrechtliche Verflechtung auf Ebene der Insolvenzverwalter ist grundsätzlich zu begrüßen, begegnet jedoch mangels gerichtlicher Zuständigkeitskonzentration durchaus praktischen Bedenken. Die Eröffnung der einzelnen Insolvenzverfahren in den verschiedenen Jurisdiktionen führt dazu, dass für das Insolvenzverfahren und seine Wirkungen das jeweilige Recht des Staates der Verfahrenseröffnung Anwendung findet und die einheitliche Verwalterbestellung Kenntnisse in den jeweiligen nationalen Insolvenzrechten voraussetzt und die Erfüllung der jeweiligen Bestellungsvoraussetzungen erfordert. Die einheitliche Verwalterbestellung ist somit zwar als ambitionierter Ansatz zur Abwicklung von Insolvenzverfahren konzernverbundener Unternehmen anzusehen, dürfte jedoch aufgrund der gerichtlichen Zuständigkeitsdivergenz und der Geltung unterschiedlicher Insolvenzrechte nur in seltenen Fällen erfolgreich sein.

Die wichtigsten Empfehlungen zur insolvenzrechtlichen Behandlung internationaler Konzerninsolvenzen sind deshalb in den vorgeschlagenen Regelungen zur Kooperation der Verfahrensbeteiligten zu sehen. Die Kooperationsregelungen sind im Gegensatz zu Konzentrationsregelungen als weniger intensive Koordinationsmechanismen anzusehen und stellen bei fehlender verfahrensrechtlicher Verflechtung eine aufeinander abgestimmte Abwicklung der einzelnen Verfahren sicher. Der Anhang des *Legislative Guide* empfiehlt den nationalen Insolvenzrechten daher, die gesetzliche Grundlage für eine Kooperation der Verfahrensbeteiligten zu schaffen und auf diese Weise zu einer Koordination der Verfahren beizutragen. Die Ausführungen sehen im Interesse einer koordinierten Verfahrensabwicklung eine umfassende Kooperation zwischen den Verfahrensbeteiligten vor und ermöglichen den beteiligten Insolvenzgerichten und Insolvenzverwaltern schnell und unkompliziert miteinander in Kontakt zu treten und die rechtsträgerübergreifenden Zusammenhänge bei der Abwicklung der Verfahren zu berücksichtigen. Darüber hinaus wird empfohlen, den Abschluss grenzüberschreitender Insolvenzvereinbarungen entsprechend zu regeln und damit die gesetzliche Grundlage für diesen bereits praktizierten Koordinationsmechanismus zu schaffen. Die Möglichkeit zum Abschluss privatautonomer

751 UNCITRAL, Working Group V, Working Paper, A/CN.9/WG.V/WP.114, abrufbar unter: http://www.uncitral.org/uncitral/en/commission/working_groups/5Insolvency.html.

Vereinbarungen ist dabei als sinnvolle Ergänzung zu den Kooperationsregelungen anzusehen und eröffnet den Verfahrensbeteiligten die Möglichkeit, die Verhältnisse des jeweiligen Falls zu berücksichtigen und weitere im Einzelfall geeignete Koordinationsmaßnahmen zu treffen. Part three zum *Legislative Guide* setzt somit aufgrund der Unterschiede in den nationalen Rechten auf eine Verfahrenskoordination durch Kooperation und tritt somit der bislang bestehenden Gefahr einer unkoordinierten Abwicklung der einzelnen Insolvenzverfahren auf internationaler Ebene entgegen.

II. *INSOL Europe*: Revision of the European Insolvency Regulation

Mit Blick auf die Regelung des Art. 46 EuInsVO hat auch *Insol Europe* die Regelungen der Verordnung einer Prüfung unterzogen und vor Erscheinen des Berichts der Kommission zur Anwendung der Verordnung einen Vorschlag zu deren Anpassung unterbreitet.[752] Die Vereinigung von Insolvenzrechtspraktikern und Restrukturierungsexperten sieht zehn Jahre nach Inkrafttreten der Verordnung eine Änderung als erforderlich an und unterbreitet konkrete Regelungsvorschläge zur gesetzlichen Ausgestaltung der zukünftigen Insolvenzverordnung. Die Ausführungen beschäftigen sich auch mit der bislang nicht geregelten Thematik der Konzerninsolvenz und enthalten zur besseren Berücksichtigung der konzernrechtlichen Verbindungen explizite Regelungen zur insolvenzrechtlichen Behandlung konzernverbundener Unternehmen im Anwendungsbereich der Verordnung. Neben den neu einzuführenden Begriffsbestimmungen (Art. 2 lit j) – o) EuInsVO-E) sind die zentralen Vorschläge zur Regelung der Insolvenz von Konzernunternehmen in den Kapiteln V (Art. 43–46 EuInsVO-E) und VI (Art. 47–55 EuInsVO-E) der Insolvenzverordnung enthalten.

1. *Einführung eines zusätzlichen Kapitels V: Die Insolvenz von Unternehmensgruppen*

Das neu in die Verordnung einzufügende Kapitel V trägt die Überschrift: „Insolvenz von Unternehmensgruppen". Unter einer Unternehmensgruppe versteht man laut Definition in Art. 2 lit. j) EuInsVO-E eine Anzahl von Unternehmen, bestehend aus Mutter- und Tochtergesellschaften. Als Muttergesellschaft ist dabei in Anlehnung an die Formulierung des Art. 1 der 7. EG Richtlinie 83/349/EWG die Gesellschaft anzusehen, (i) die die Mehrheit der Stimmrechte der Aktionäre oder Gesellschafter eines Unternehmens hat oder, sofern keine Gesellschaft diese Definition erfüllt, (ii) diejenige, die das Recht hat, die Mehrheit der Mitglieder des Verwaltungs-, Leitungs- oder Aufsichtsorganes eines Unternehmens zu bestellen oder abzuberufen

752 Insol Europe, Revision of the European Insolvency Regulation, Proposals by Insol Europe vom 20.06.2012, abrufbar unter: http://www.insol-europe.org/technical-content/revision-of-the-european-insolvency-regulation-proposals-by-insol-europe/.

und gleichzeitig Aktionär oder Gesellschafter dieses Unternehmens ist und falls keine Gesellschaft die voranstehenden Definitionen erfüllt, (iii) diejenige, die das Recht hat, auf ein Unternehmen, dessen Aktionär oder Gesellschafter es ist, einen beherrschenden Einfluss aufgrund eines mit dem Unternehmen geschlossenen Vertrages oder aufgrund einer Satzungsbestimmung dieses Unternehmens auszuüben (Art. 2 lit. l) EuInsVO-E).[753] Die Gesellschaft, die den in Art. 2 lit. l) EuInsVO-E genannten Einflussmöglichkeiten unterliegt, wird als Tochtergesellschaft bezeichnet (Art. 2 lit. m) EuInsVO-E).

Der zentrale Ansatz zur insolvenzrechtlichen Behandlung der vorstehend definierten Unternehmensgruppen besteht darin, den bereits bekannten Regelungsmechanismus zur Koordination von Haupt- und Sekundärinsolvenzverfahren auf die Situation der Konzerninsolvenz entsprechend zu übertragen. Demnach sieht der Vorschlag (Art. 43 EuInsVO-E) vor, dass das für die Eröffnung des Hauptinsolvenzverfahrens über das Vermögen der obersten Muttergesellschaft zuständige Insolvenzgericht dieses Verfahren in seiner Eröffnungsentscheidung oder einer späteren Entscheidung zum Gruppenhauptverfahren erklären kann. Als oberste Muttergesellschaft ist nach der Begriffsbestimmung in Art. 2 lit. n) EuInsVO-E die Muttergesellschaft anzusehen, die ihren Mittelpunkt der hauptsächlichen Interessen innerhalb der Europäischen Union hat, Gegenstand eines Hauptinsolvenzverfahrens nach Art. 3 I EuInsVO-E ist und selbst keine Muttergesellschaft im Sinne des Art. 3 lit. l) EuInsVO-E hat, deren Mittelpunkt der hauptsächlichen Interessen sich innerhalb der Grenzen der EU befindet. Dieser Regelungsmechanismus sichert die Anwendung der Vorschriften der EuInsVO und ermöglicht auch bei nachträglicher Insolvenz einer übergeordneten Muttergesellschaft stets das Insolvenzverfahren über die ranghöchste Muttergesellschaft mit Mittelpunkt der hauptsächlichen Interessen innerhalb der EU zum Gruppenhauptverfahren zu erklären.

Art. 44 EuInsVO-E sieht besondere Befugnisse des Insolvenzverwalters des Gruppenhauptverfahrens vor und erklärt die zur Koordination von Haupt- und Sekundärinsolvenzverfahren über das Vermögen eines Schuldners vorgesehenen Regelungen in der Situation von Insolvenzverfahren über das Vermögen mehrerer konzernverbundener Schuldner unter Berücksichtigung der daraus resultierenden Besonderheiten teils für entsprechend anwendbar. Demzufolge stehen dem Insolvenzverwalter des Gruppenhauptverfahrens in dem Insolvenzverfahren über das Vermögen von Tochtergesellschaften bestimmte in den Art. 29–37 EuInsVO-E vorgesehene Befugnisse des Insolvenzverwalters des Hauptinsolvenzverfahrens zu (Art. 44 I EuInsVO-E), während die Rechte und Befugnisse des Insolvenzverwalters in dem Hauptinsolvenzverfahren über das Vermögen der Tochtergesellschaft entsprechend eingeschränkt werden (Art. 44 II EuInsVO-E). Die Regelungsvorschläge verweisen in diesem Zusammenhang u. a. auf die Vorschriften betreffend das Antragsrecht (Art. 29a EuInsVO-E), die Aussetzung der Verwertung (Art. 33 EuInsVO-E),

753 Vgl. Siebente Richtlinie 83/349/EWG des Rates vom 13. Juni 1983 aufgrund von Artikel 54 Absatz 3 Buchstabe g) des Vertrages über den konsolidierten Abschluss.

die Einleitung verfahrensbeendender Maßnahmen (Art. 34 EuInsVO-E) und die Umwandlung des Verfahrens (Art. 37 EuInsVO-E).[754]

Art. 45 EuInsVO-E stellt in Anlehnung an Art. 34 EuInsVO sicher, dass nicht nur bei Haupt- und Sekundärinsolvenzverfahren, sondern auch bei mehreren Hauptinsolvenzverfahren von Konzernunternehmen, die verfahrensrechtlichen Zusammenhänge berücksichtigt und verfahrensübergreifende Sanierungslösungen verwirklicht werden können. Demnach ermöglicht Art. 45 EuInsVO-E dem Insolvenzverwalter des Gruppenhauptverfahrens grundsätzlich, auf den Ablauf der Haupt- oder Sekundärinsolvenzverfahren der Tochtergesellschaften einzuwirken. Sofern diese Verfahren nach dem jeweils geltenden Recht ohne Liquidation durch einen Sanierungsplan, einen Vergleich oder vergleichbare Maßnahmen beendet werden können, soll der Insolvenzverwalter des Gruppenhauptverfahrens eine solche Maßnahme vorschlagen können (Art. 45 I 1 EuInsVO-E). Darüber hinaus sieht die Regelung vor, dass die Beendigung der Verfahren durch eine im vorherigen Satz beschriebene Maßnahme grundsätzlich die Zustimmung des Insolvenzverwalters des Gruppenhauptverfahrens erfordert oder, falls dieser nicht zustimmt, die finanziellen Interessen der Gläubiger der sich im Insolvenzverfahren befindenden Konzerngesellschaften nicht übermäßig beeinträchtigt werden (Art. 45 I 2 EuInsVO-E). Ferner sieht der Vorschlag vor, dass während einer nach Art. 33 i. V. m. Art. 44 EuInsVO-E angeordneten Aussetzung der Verwertung nur der Verwalter des Hauptinsolvenzverfahrens oder der Schuldner mit dessen Zustimmung, Maßnahmen im Sinne von Absatz 1 Satz 1 in dem Insolvenzverfahren über das Vermögen der Tochtergesellschaft vorschlagen kann (Art. 45 II EuInsVO-E). Schließlich ist im Interesse einer verfahrensübergreifenden Sanierung vorgesehen, dass im Falle der Vorlage oder Erstellung des in Kapitels VI näher geregelten europäischen Sanierungsplans, das für die Eröffnung des Insolvenzverfahrens über das Vermögen der Tochtergesellschaft zuständige Gericht auf Antrag des Insolvenzverwalters des Gruppenhauptinsolvenzverfahrens, das Verfahren in Bezug auf einen Sanierungsplan, einen Vergleich oder einer vergleichbaren Maßnahme auszusetzen hat (Art. 45 III EuInsVO-E).

Der Vorschlag zu Art. 46 EuInsVO-E schließt die Vorschriften des Kapitels V ab und sieht in besonderen Konstellationen die Möglichkeit einer materiellen Haftungskonsolidierung vor. Die substantielle Zusammenfassung der Haftungsmassen ist dabei jedoch als Ausnahmefall vorgesehen und kommt lediglich in Betracht, wenn sich die Vermögenswerte und Verbindlichkeiten nicht mehr den einzelnen Konzernunternehmen zuordnen lassen und daher eine sinnvolle Abwicklung der Insolvenzverfahren nicht mehr möglich ist (Art. 46 I EuInsVO-E). Die verfahrensrechtliche Behandlung erfolgt dergestalt, dass die Vermögenswerte in dem Hauptinsolvenzverfahren der Muttergesellschaft oder falls keine Muttergesellschaft identifiziert werden kann, in dem Hauptinsolvenzverfahren des Konzernunternehmens, welchem die größten Vermögenswerte zugeordnet werden können, zusammengefasst und verwertet werden (Art. 46 II EuInsVO-E). Der Antrag auf

754 Zu den Einzelheiten vgl. Insol Europe, Revision EIR, Art. 44 EuInsVO-E.

Zusammenfassung der Haftungsmassen ist aufgrund der weitreichenden Wirkungen der Haftungskonsolidierung und den damit verbundenen Auswirkungen in Bezug auf jede Konzerngesellschaft bei dem Gericht zu stellen, dessen Verfahren von der Zusammenlegung betroffen ist (Art 46 III EuInsVO-E). Die Anordnung der Haftungskonsolidierung führt dazu, dass alle in dem Mitgliedstaat des fortbestehenden Hauptinsolvenzverfahrens eröffneten Insolvenzverfahren im Sinne von Absatz 3 beendet und sämtliche in anderen Mitgliedstaaten eröffneten Hauptinsolvenzverfahren in Sekundärinsolvenzverfahren umgewandelt werden (Art. 46 IV EuInsVO-E). Die substantielle Zusammenlegung der Haftungsmassen setzt sich über die Grenzen der rechtlichen Selbständigkeit der einzelnen Konzernunternehmen hinweg und behandelt die von der Konsolidierung betroffenen Gesellschaften für die Zwecke des Insolvenzverfahrens als Einzelunternehmen (Art. 46 V EuInsVO-E).

2. Einführung eines zusätzlichen Kapitels VI: Der europäische Sanierungsplan

Das Herzstück der konzerninsolvenzrechtlichen Reformüberlegungen von *Insol Europe* ist in der Einführung des in Kapitel 6 geregelten europäischen Sanierungsplans zu sehen.[755] Dieser Regelungsmechanismus ist als zusätzliche Möglichkeit zur koordinierten Abwicklung der Insolvenzverfahren konzernverbundener Unternehmen anzusehen und stellt ein eigenes Konzerninsolvenzplanverfahren im Anwendungsbereich der Verordnung zur Verfügung. Die Vorschläge sind an die Vorschriften des US-amerikanischen Verfahrens nach *Chapter 11* angelehnt und ermöglichen die Umsetzung eines grenzüberschreitenden Sanierungsplans unter Beteiligung mehrerer Konzernunternehmen.[756]

Nach dem Vorschlag zu Art. 47 EuInsVO-E ist grundsätzlich der Insolvenzverwalter des Gruppenhauptverfahrens in dem Insolvenzverfahren der ranghöchsten Muttergesellschaft zur Vorlage eines europäischen Sanierungsplans in Bezug auf zwei oder mehrere Konzerngesellschaften berechtigt (Art. 47 I EuInsVO-E). Darüber hinaus hat auch die ranghöchste Muttergesellschaft selbst das Recht, einen Sanierungsplan bereits mit dem Antrag auf Eröffnung des Insolvenzverfahrens oder noch während des Eröffnungsverfahrens vorzulegen (Art. 47 II EuInsVO-E). Der europäische Sanierungsplan braucht nicht zwangsläufig die Muttergesellschaft zu betreffen und kann grundsätzlich verschiedene im Insolvenzverfahren befindende Konzernunternehmen und auch nicht insolvente Konzernunternehmen umfassen, wobei die Gläubiger letzterer nicht durch den Plan geschädigt werden dürfen.[757] Die zur Vorlage Berechtigten haben dem Insolvenzplan ein Gruppenverzeichnis („Class Schedule“) und ein Informationsmemorandum („Information Memorandum“) beizufügen (Art. 47 III EuInsVO-E).

755 Insol Europe, Revision EIR, S. 101.
756 Insol Europe, Revision EIR, S. 101 f.
757 Insol Europe, Revision EIR, S. 103.

Das Gruppenverzeichnis ist näher in Art. 48 EuInsVO-E geregelt und berücksichtigt, dass von dem europäischen Sanierungsplan sowohl die Gläubiger mehrerer Rechtsträger als auch die Gläubiger mit unterschiedlichen Rechtspositionen betroffen sind. Demzufolge sieht der Vorschlag in Bezug auf die Gruppenbildung vor, dass sowohl die Gläubiger verschiedener Konzernunternehmen als auch die Gläubiger unterschiedlicher Rechtsstellung, also beispielsweise bevorrechtigte, gesicherte und normale Insolvenzgläubiger in unterschiedliche Gruppen einzuteilen sind.[758]

Das in Art. 49 EuInsVO-E vorgesehene Informationsmemorandum entspricht in etwa dem darstellenden Teil des Insolvenzplans (§ 220 InsO) und stellt die Mittelung der für die Bewertung des Europäischen Sanierungsplans erforderlichen Informationen sicher. Die darin anzugebenden Informationen sollen in der Weise und in dem Umfang beschrieben werden, dass die Gläubiger und die Gesellschafter der in den Plan einbezogenen Konzernunternehmen in die Lage versetzt werden, eine sachgerechte Entscheidung über den Plan und das Gruppenverzeichnis zu treffen (Art. 49 EuInsVO-E).

Der Inhalt des Sanierungsplans ist in Art. 50 EuInsVO-E vorgesehen und grundsätzlich frei bestimmbar. Der Vorschlag stellt somit ein flexibles Regelungssystem zur Verfügung und eröffnet dem Vorlegenden einen weitgehenden Handlungsspielraum im Hinblick auf die Rechtsänderungen, die mit dem Plan verwirklicht werden sollen. Die im Sanierungsplan zu ergreifenden Maßnahmen ermöglichen beispielsweise in die Rechtspositionen der Gläubiger oder Gesellschafter der in den Plan einbezogenen Konzernunternehmen einzugreifen (Art. 50 lit. a) – c) EuInsVO-E). Darüber hinaus können im Plan Maßnahmen enthalten sein, welche die Beendigung von Verträgen, die Übertragung von Betrieben oder Betriebsteilen der am Plan beteiligten Unternehmen oder den Verkauf deren Gesamtvermögens oder Teile davon vorsehen oder sonstige Rechtsgeschäfte in Bezug auf die einzelnen Konzernunternehmen betreffen (Art. 50 lit. d) – e) EuInsVO-E).

Art. 51 EuInsVO-E betrifft das weitere Verfahren und sieht vor, dass das Insolvenzgericht, sofern es das Informationsmemorandum als angemessen erachtet, einen Erörterungs- und Abstimmungstermin bestimmt oder anderenfalls den Vorlegenden über vorzunehmende Verbesserungen informiert oder den Antrag zurückweist (Art. 51 S. 1 u. 2 EuInsVO-E). Sofern das Informationsmemorandum nicht beanstandet wird, bestimmt das für das Gruppenhauptverfahren zuständige Gericht, dass der Sanierungsplan, das bestätigte Informationsmemorandum und das Gruppenverzeichnis innerhalb einer bestimmten Frist an die Gläubiger und Gesellschafter der in den Sanierungsplan einbezogenen Konzernunternehmen weiterzuleiten ist.

Der Vorschlag zu Art. 52 EuInsVO-E sieht keine supranationale Regelung zu Einberufung und Ablauf des Erörterungstermins auf europäischer Ebene vor und verweist auf die nationalen Rechtsvorschriften. Demnach finden im Hinblick auf die Einberufung der Gläubiger und Gesellschafter, die Geltendmachung von

758 Insol Europe, Revision EIR, S. 103.

Ansprüchen und den Ablauf des Erörterungstermins die Rechtsvorschriften des Mitgliedstaates Anwendung, in welchem das Gruppenhauptverfahren eröffnet wurde.

Art. 53 EuInsVO-E erinnert an die Vorschriften der §§ 236, 237 InsO und betrifft die Erörterung und Festsetzung der Stimmrechte der Beteiligten. Die der Abstimmung vorausgehende Prüfung der Stimmrechte sieht vor, dass jedes in den Sanierungsplan einbezogene Konzernunternehmen, deren Insolvenzverwalter, die ranghöchste Muttergesellschaft, der Insolvenzverwalter der Muttergesellschaft, jeder Gesellschafter eines in den Plan einbezogenen Konzernunternehmens, der nicht selbst ein Konzernunternehmen ist und jeder Gläubiger jedes Konzernunternehmens die angemeldeten Forderungen bestreiten kann (Art. 53 S. 1 EuInsVO-E). Sofern die Forderung bestritten wird, entscheidet das für das Gruppenhauptverfahren zuständige Gericht, ob und in welcher Höhe der Gläubiger zur Abstimmung berechtigt ist (Art. 53 S. 2 EuInsVO-E). Darüber hinaus entscheidet das Gericht über die Gruppenbildung im Sanierungsplan und stellt nach Anhörung der Gläubiger und Gesellschafter das Gruppenverzeichnis fest.

Nach Prüfung der Forderungen und Festsetzung des Gruppenverzeichnisses stimmen die Gläubiger der in den Plan einbezogenen Konzernunternehmen nach Gruppen ab. Dabei haben die Gläubigergruppen, deren Forderungen durch den Plan nicht beeinträchtigt werden oder keine Befriedigung erhalten, kein Recht über den Plan abzustimmen (Art. 54 II, III EuInsVO-E). Der Sinn dieser Regelungen ergibt sich daraus, dass erstere kein Interesse an der Abstimmung haben und letztere dem Plan offensichtlich widersprechen dürften.[759] Die Annahme des Insolvenzplans erfordert wie nach § 244 InsO eine Kopf- und Summenmehrheit und setzt in jeder Gruppe voraus, dass die Summe der Ansprüche der zustimmenden Gläubiger mehr als 2/3 der Summe der abstimmenden Gläubiger beträgt und die Mehrheit der Gläubiger dem Plan zustimmt (Art. 54 IV EuInsVO-E). Sofern eine der Gläubigergruppen den Plan ablehnt, hat das Insolvenzgericht ähnlich der Regelung des § 245 InsO die Möglichkeit bei obstruierendem Verhalten der Gläubiger die Zustimmung zu ersetzen. Voraussetzung dafür ist, dass die Ablehnung treuwidrig ist, die Gläubiger dieser Gruppe durch den Insolvenzplan nicht schlechter gestellt werden als sie ohne den Plan stünden und die nachrangigen Gläubiger und Gesellschafter keine Befriedigung erhalten (Art. 54 V EuInsVO-E). Dagegen weist das Insolvenzgericht den Plan zurück, falls eine Gruppe den Plan ablehnt und eine Ersetzung der Zustimmung nach den soeben genannten Voraussetzungen nicht in Betracht kommt (Art. 54 VI EuInsVO-E).

Der Insolvenzplan bedarf nach der Annahme durch die Gläubigergruppen noch der gerichtlichen Bestätigung (Art. 55 EuInsVO-E). Das für das Gruppenhauptverfahren zuständige Gericht bestätigt den Plan, sofern nicht ein Gläubiger eines in den Plan einbezogenen Konzernunternehmens, ein Gesellschafter, der kein am Plan beteiligtes Konzernunternehmen ist, der Insolvenzverwalter der ranghöchsten Muttergesellschaft oder eines anderen beteiligten Konzernunternehmens nicht

759 Insol Europe, Revision EIR, S. 106.

innerhalb der nach dem Recht des Staates der Eröffnung des Gruppenhauptverfahrens vorgesehenen Frist Rechtsmittel gegen den Plan einlegt (Art. 55 I EuInsVO-E). Die Regelung stellt sicher, dass auch die Interessen der nicht zur Abstimmung berechtigten Gläubiger und Gesellschafter berücksichtigt werden und bei deren Missachtung der Plan nicht bestätigt wird. Sofern der Plan nicht zurückgewiesen wird und kein Rechtsmittelverfahren eröffnet wurde, findet eine Anhörung statt, bei welcher die Gläubiger, der Insolvenzverwalter der in den Plan einbezogenen Konzernunternehmen und der Insolvenzverwalter der ranghöchsten Muttergesellschaft gehört werden (Art. 55 II EuInsVO-E). Die Regelung des Art. 55 III EuInsVO-E sieht zur Berücksichtigung der Interessen einzelner Gläubiger und Gesellschafter vor, dass das Gericht den Plan nur bestätigt, sofern keine Rechtsmittelverfahren eröffnet wurden und keine der folgenden Voraussetzungen erfüllt ist. Demnach kommt die Bestätigung des Insolvenzplans nicht in Betracht, wenn der Plan einen oder mehrere Gläubiger oder Gesellschafter ungerechterweise bevorzugt oder ein nachrangigerer Gläubiger oder Gesellschafter im Sinne des Art. 54 III EuInsVO-E eine Befriedigung erhält (Art. 55 III lit. a) u. b) EuInsVO-E). Des Weiteren wird die Bestätigung des Insolvenzplans versagt, wenn der Gläubiger oder Gesellschafter durch den Plan eine geringere Befriedigung erhält als er ohne den Plan erhalten würde oder keine ausreichende Gewissheit besteht, dass der Plan überhaupt umgesetzt werden kann (Art. 55 III EuInsVO-E lit. c) u d) EuInsVO-E).

Art. 56 und 57 EuInsVO-E schließen die Vorschriften zum Europäischen Insolvenzplan ab und verweisen trotz der Regelung des Sanierungsplans auf supranationaler Ebene auf die Vorschriften der einzelnen Mitgliedstaaten. Demnach bestimmen sich sowohl die möglichen Rechtsmittel gegen die Bestätigung oder Versagung des Insolvenzplans als auch die Konsequenzen bei Nichtbeachtung der im Plan vorgesehenen Maßnahmen nach dem Recht des Mitgliedstaates, dessen Gericht für die Entscheidung über die Bestätigung des Insolvenzplans zuständig ist.

3. Stellungnahme

Die Reformüberlegungen von *Insol Europe* befassen sich ausführlich mit der Regelung des Konzerninsolvenzrechts und zeigen erneut die Notwendigkeit und Bedeutung besonderer konzerninsolvenzrechtlicher Vorschriften auf europäischer Ebene.

Die Vorschläge in Kapitel 5 sehen erfreulicherweise die verfahrensrechtliche Koordination als Regelfall zur Bewältigung von grenzüberschreitenden Konzerninsolvenzverfahren vor. Die Vorschläge verzichten – wie der spätere Kommissionsentwurf – auf eine verfahrensrechtliche Verflechtung auf gerichtlicher Ebene und stellen grundsätzlich auf den satzungsmäßigen Sitz der einzelnen Gesellschaften zur Ermittlung der internationalen Zuständigkeit ab. Eine Widerlegung der für den Satzungssitz sprechenden Vermutung und eine einheitliche Zuständigkeitsbegründung kommen nach der vorgesehenen Definition des COMI (Art. 2 lit. a) EuInsVO-E) nur dann in Betracht, wenn die operativen zentralen Verwaltungsfunktionen der einzelnen Gesellschaften in einem anderen Mitgliedstaat als dem des satzungsmäßigen Sitzes wahrgenommen werden und diese Funktionen in dem anderen Mitgliedstaat in einer für aktuelle und potentielle Gläubiger feststellbaren Weise ausgeübt werden (Art. 2 lit a) S. 1 EuInsVO-E). Während die neue Begriffsbestimmung des COMI und die Anknüpfung an die zentralen Verwaltungsfunktionen somit in Einzelfällen zu einer Zuständigkeitskonzentration am Sitz der europäischen Konzernmutter führen können, besteht der zentrale Ansatz der Überlegungen in der Übertragung der zur Koordination von Haupt- und Sekundärinsolvenzverfahren bekannten Regelungsmechanismen auf die Situation der Konzerninsolvenz.

Dies erfolgt dergestalt, dass dem Insolvenzverwalter des Gruppenhauptinsolvenzverfahrens verschiedene Befugnisse eingeräumt werden, um auf diese Weise eine koordinierte Abwicklung der einzelnen Verfahren zu erreichen. Demnach hat der Insolvenzverwalter beispielsweise die Möglichkeit, die Aussetzung des Verfahrens über das Vermögen eines anderen Konzernunternehmens zu beantragen oder in den anderen Verfahren einen Sanierungsplan, einen Vergleich oder eine vergleichbare Maßnahme vorschlagen oder vorlegen zu können.

Die Ausgestaltung des Gruppenhauptverfahrens als dominierendes Verfahren stellt sicher, dass lediglich der im Gruppenhauptverfahren bestellte Verwalter über die entsprechenden Befugnisse verfügt und zur Entwicklung rechtsträgerübergreifender Sanierungskonzepte berechtigt ist.[760]

Darüber hinaus führt diese Ausgestaltung auch zu keiner nachteiligen Beeinträchtigung der rechtsträgerspezifischen Gläubigerinteressen, da die entsprechenden Maßnahmen in den einzelnen Verfahren umgesetzt werden müssen und somit der Zustimmung der Gläubiger der jeweiligen Konzerngesellschaft bedürfen. Die hierarchische Ausgestaltung der Verfahren erleichtert daher die Umsetzung rechtsträgerübergreifender Konzernverbundlösungen.

Neben der verfahrensrechtlichen Koordination beschäftigen sich die Regelungen in Kapitel 5 auch mit der materiellen Haftungskonsolidierung. Die Ausführungen sehen erfreulicherweise eine sehr restriktive Anwendung der materiellen Haftungskonsolidierung vor und stellen die Grundsätze der rechtlichen Selbständigkeit und der Rechtsträgerbezogenheit des Verfahrens lediglich dann in Frage, wenn die Vermögenswerte und Verbindlichkeiten den einzelnen Gesellschaften nicht mehr zugeordnet werden können. Jedoch sollte auch in diesen Fällen auf entsprechende Regelungen verzichtet werden, da eine untrennbare Vermögensvermischung nur in seltenen Fällen vorliegen dürfte und allein durch die Normierung dieser Ausnahme nicht das Vertrauen in die Regel, nämlich die Grundsätze der Vermögens- und Haftungstrennung unnötigerweise erschüttert oder leichtfertig aufs Spiel gesetzt werden sollte.

In Kapitel 6 wird ein neuer und bislang unbekannter Weg zur insolvenzrechtlichen Behandlung grenzüberschreitender Konzerninsolvenzen eingeschlagen. Während die Verordnung bislang durch kollissionsrechtliche Vorschriften das für das Insolvenzverfahren und seine Wirkungen maßgebende Insolvenzrecht bestimmt, enthält das Kapitel zum europäischen Sanierungsplan eigene, materiell-rechtliche

760 In diesem Sinne auch Brünkmans, Der Konzern 2013, 234 (248).

Regelungen und schlägt somit einen supranationalen Regelungsmechanismus zur Umsetzung konzernweiter Sanierungslösungen vor. Die Vorschriften zum europäischen Sanierungsplan finden somit unabhängig von der Durchführung der Verfahren in den einzelnen Mitgliedstaaten und der jeweiligen *lex fori concursus* Anwendung. Das System von *Insol Europe* würde vor diesem Hintergrund zur Erleichterung der Umsetzung rechtsträgerübergreifender Sanierungslösungen beitragen, indem nicht mehrere Insolvenzpläne aufeinander abgestimmt und nach dem Insolvenzrecht der jeweiligen Mitgliedstaaten implementiert werden müssen, sondern die Umsetzung der Konzernsanierungsstrategie in einem konzernweiten Sanierungsplan mit einheitlichen Regelungen ermöglicht wird. Das Regelungsmodell tritt somit einerseits den bei der Umsetzung einer Vielzahl rechtsträgerbezogener Insolvenzpläne entstehenden Schwierigkeiten entgegen, stellt jedoch anderseits auch im Rahmen des rechtsträgerübergreifenden Sanierungsplans die Berücksichtigung der rechtsträgerspezifischen Interessen der Gläubiger der einzelnen Konzernunternehmen sicher. Dies erfolgt zunächst dadurch, dass die Gläubiger der einzelnen Konzernunternehmen eine eigene Gläubigergruppe bilden und grundsätzlich die Zustimmung jeder Gläubigergruppe zur Umsetzung des konzernweiten Sanierungsplans erforderlich ist. Die Ersetzung der Zustimmung einer Gläubigergruppe kommt nämlich nur in Betracht, wenn die Gläubiger dieser Gruppe durch den Sanierungsplan nicht schlechter gestellt werden, als sie ohne den Plan stünden. Dieser Regelungsansatz stellt somit sicher, dass sowohl die Interessen der Gläubiger einzelner Konzernunternehmen als auch die Interessen der Gläubigergesamtheit im Rahmen des rechtsträgerübergreifenden Sanierungsplans sachgerecht berücksichtigt werden. Der Europäische Sanierungsplan ist somit als interessengerechter und effizienter Regelungsmechanismus zur insolvenzrechtlichen Behandlung grenzüberschreitender Insolvenzverfahren anzusehen und stellt auch bei Fehlen besonderer konzerninsolvenzrechtlicher Vorschriften in den einzelnen Mitgliedstaaten die Berücksichtigung der konzernrechtlichen Verbindungen im Anwendungsbereich der Verordnung sicher.

III. Vorschlag für eine Verordnung des Europäischen Parlaments und des Rates zur Änderung der Verordnung (EG) Nr. 1346/2000 des Rates über Insolvenzverfahren

Die Kommission hat mit halbjähriger Verspätung ihre in Art. 46 S. 1 EuInsVO normierte Pflicht erfüllt und dem Europäischen Parlament, dem Rat und dem Wirtschafts- und Sozialausschuss am 12.12.2012 einen Bericht über die Anwendung der Verordnung vorgelegt.[761] Der Bericht sieht eine Änderung der Verordnung als erforderlich an und enthält gem. Art. 46 S. 2 EuInsVO bereits einen Vorschlag zur

761 Europäische Kommission, Vorschlag für eine Verordnung des Europäischen Parlaments und des Rates zur Änderung der Verordnung (EG) Nr. 1346/2000 des Rates über Insolvenzverfahren, COM (2012) 744 final.

Anpassung der Insolvenzverordnung. Der Reformvorschlag versucht die im Rahmen der Evaluierung festgestellten zentralen Mängel zu beseitigen. Die Änderungen betreffen zunächst die Erweiterung des Anwendungsbereichs der Verordnung, um auch Vorinsolvenzverfahren oder Verfahren in Eigenverwaltung zu erfassen und effizient im grenzüberschreitenden Kontext abwickeln zu können.[762] Des Weiteren sollen die im Mittelpunkt der wissenschaftlichen Diskussion und gerichtlichen Praxis stehenden Zuständigkeitsvorschriften präzisiert werden.[763] Ferner werden im Interesse einer effizienten Verwaltung der Schuldnermasse die Vorschriften zum Sekundärinsolvenzverfahren modifiziert, indem das Verfahren nicht mehr zwingend als Liquidationsverfahren ausgestaltet ist, die Abstimmung zwischen Haupt- und Sekundärinsolvenzverfahren durch eine gerichtliche Kooperationspflicht verbessert wird und von einer Eröffnung des Sekundärinsolvenzverfahrens abgesehen werden kann, wenn die Durchführung desselben zum Schutz der inländischen Gläubiger nicht notwendig ist.[764] Des Weiteren sieht der Vorschlag zur Verbesserung der Publizität der Verfahren vor, dass die nationalen Mitgliedstaaten die Gerichtsentscheidungen in grenzüberschreitenden Fällen in einem zentralen öffentlichen Register bekanntmachen müssen und darüber hinaus eine Vernetzung der nationalen Insolvenzregister erfolgt.[765] Während sich die vorstehend genannten Änderungen nur unwesentlich auf die derzeitige Situation zur insolvenzrechtlichen Behandlung konzernverbundener Unternehmen auswirken, sieht der Kommissionsentwurf auch die Koordinierung der Verfahren von Konzernunternehmen als erforderlich an und enthält besondere Vorschriften für die Insolvenz von Mitgliedern einer Unternehmensgruppe.[766]

1. *Allgemeine Erwägungen*

Der Reformvorschlag hält an dem in der geltenden Insolvenzverordnung enthaltenen Grundsatz der Einzelinsolvenz fest und sieht weder eine materiell-rechtliche Konsolidierungs- noch eine verfahrensrechtliche Konzentrationslösung zur insolvenzrechtlichen Behandlung konzernverbundener Unternehmen vor. Der Kommissionsentwurf enthält keine besondere Gerichtsstandsregelung und erklärt für die Eröffnung des Insolvenzverfahrens über das Vermögen der jeweiligen Konzerngesellschaft die Gerichte des Mitgliedstaates für zuständig, in dessen Gebiet der Schuldner den Mittelpunkt seiner hauptsächlichen Interessen hat (Art. 3 I 1 EuInsVO-E). Die Regelung nimmt die in Erwägungsgrund 13 enthaltene Formulierung auf und bestimmt nunmehr per Legaldefinition den Mittelpunkt der hauptsächlichen Interessen an dem Ort, an dem der Schuldner gewöhnlich der Verwaltung seiner Interessen nachgeht und der für Dritte bestimmbar ist (Art. 3 I 2 EuInsVO-E). Darüber

762 Europäische Kommission, Reformvorschlag EuInsVO, S. 6 f.
763 Europäische Kommission, Reformvorschlag EuInsVO S. 7.
764 Europäische Kommission, Reformvorschlag EuInsVO S. 8 f.
765 Europäische Kommission, Reformvorschlag EuInsVO S. 9 f.
766 Europäische Kommission, Reformvorschlag EuInsVO S. 10 f., Erwägungsgrund 7.

hinaus präzisiert Erwägungsgrund 13a, unter welchen Umständen die in Art. 3 I UA II EuInsVO-E geregelte Vermutung, dass sich der Mittelpunkt der hauptsächlichen Interessen von Gesellschaften und juristischen Personen am Ort ihres satzungsmäßigen Sitzes befindet, widerlegt werden kann. Die Erwägungen entsprechen der Formulierung des EuGH in der Rechtssache Interedil[767] und sehen unabhängig von einer etwaigen Konzernierung eine Widerlegung der Vermutung vor, „wenn sich die Hauptverwaltung der Gesellschaft in einem anderen Mitgliedstaat befindet als der Sitz und wenn eine Gesamtbetrachtung aller relevanten Faktoren die von Dritten überprüfbare Feststellung zulässt, dass sich der tatsächliche Mittelpunkt der Verwaltung und der Kontrolle der Gesellschaft sowie der Verwaltung ihrer Interessen in diesem anderen Mitgliedstaat befindet."[768] Dagegen sollte eine Widerlegung der Vermutung dann nicht in Betracht kommen, „wenn sich die Verwaltungs- und Kontrollorgane einer Gesellschaft am Ort ihres Sitzes befinden und die Verwaltungsentscheidungen der Gesellschaft in für Dritte feststellbarer Weise an diesem Ort getroffen werden."[769] Die Erwägungen spiegeln somit die vom EuGH entwickelte Rechtsprechung wider und zeigen die auch in Konzernkonstellationen erforderlichen Anforderungen zur Widerlegung der für den Satzungssitz sprechenden Vermutung auf. Der Kommissionsentwurf stellt jedoch trotz Fehlen einer besonderen Regelung zur Zuständigkeitskonzentration in Konzernkonstellationen klar, dass er die bei stark integrierten Unternehmensgruppen gängige Praxis, den Mittelpunkt der hautsächlichen Interessen der Konzerngesellschaften an ein und demselben Ort anzunehmen, nicht unterbinden will.[770]

2. *Besondere Erwägungen zur Insolvenz von Mitgliedern einer Unternehmensgruppe*

Neben den Erwägungsgründen 7, 20a und 20b EuInsVO-E finden sich die Einzelheiten zur Regelung des europäischen Konzerninsolvenzrechts in den Art. 2 lit. i) und j) EuInsVO-E und den Vorschriften der Art. 42a – 42d EuInsVO-E des neu einzufügenden und die Insolvenz von Mitgliedern einer Unternehmensgruppe betreffenden Kapitels IVa der zukünftigen Insolvenzverordnung. Die darin vorgesehenen Regelungen versuchen zunächst durch Einführung besonderer Kooperationspflichten (Art. 42a – 42c EuInsVO-E) die Insolvenzverfahren über mehrere Mitglieder derselben Unternehmensgruppe zu koordinieren. Darüber hinaus werden den Insolvenzverwaltern von Mitgliedern einer Unternehmensgruppe besondere Befugnisse eingeräumt (Art. 42d EuInsVO), die eine Berücksichtigung der rechtsträgerübergreifenden Zusammenhänge in den einzelnen Insolvenzverfahren ermöglichen.[771]

---

767 EuGH, Urteil vom 20.11.2011 – C-396/09 – *Interedil.*

768 Europäische Kommission, Reformvorschlag EuInsVO, Erwägungsgrund 13a.

769 Europäische Kommission, Reformvorschlag EuInsVO, Erwägungsgrund 13a.

770 Europäische Kommission, Reformvorschlag EuInsVO, S. 10; Erwägungsgrund 20b.

771 Zu diesem Lösungsmodell vgl. auch Mohrs, Konzerngebundene Kapitalgesellschaft, S. 168, der in ähnlicher Weise ebenfalls die Übertragung der bereits aus dem

a) *Anwendungsbereich der Art. 42a ff. EuInsVO-E*

Die besonderen, in Kapitel IV a der Verordnung enthaltenen, Vorschriften zur Regelung des Konzerninsolvenzrechts setzen zunächst das Vorliegen einer Unternehmensgruppe im Sinne der Verordnung voraus. Darunter versteht man laut der Begriffsbestimmung in Art. 2 lit. i) EuInsVO-E eine Anzahl von Unternehmen, bestehend aus Mutter- und Tochtergesellschaften. Muttergesellschaft ist dabei gem. Art. 2 lit. j) EuInsVO-E eine Gesellschaft, die (i) in einer anderen Gesellschaft (Tochtergesellschaft) über die Mehrheit der Stimmrechte der Aktionäre oder Gesellschafter verfügt oder (ii) Aktionär oder Gesellschafterin der Tochtergesellschaft ist und das Recht hat, (aa) die Mehrheit der Mitglieder des Verwaltungs-, Geschäftsführungs- oder Aufsichtsorgans dieser Tochtergesellschaft zu ernennen oder abzuberufen oder (bb) auf Grundlage eines mit der Tochtergesellschaft geschlossenen Vertrages oder einer Bestimmung in deren Satzung einen beherrschenden Einfluss auf diese Tochtergesellschaft auszuüben. Die Definition versucht durch die verschiedenen Anknüpfungspunkte die jeweiligen Konzernkonstellationen in den nationalen Mitgliedstaaten zu erfassen und trägt beispielsweise der hierzulande bekannten Konzernierung mittels Beherrschungsvertrag (§ 291 I 1 Alt. 1 AktG) Rechnung.[772] Die Begriffsbestimmung stellt bei den verschiedenen Kriterien lediglich auf die Möglichkeit zur Ausübung des beherrschenden Einflusses ab und erfordert in Übereinstimmung mit dem Diskussionsentwurf nicht, dass die Muttergesellschaft davon tatsächlich Gebrauch macht.[773] Der Gleichordnungskonzern (§ 18 II AktG) erfüllt keines der in Art. 2 lit j) EuInsVO-E genannten Kriterien und ist somit nicht vom Begriff der Unternehmensgruppe und folglich auch nicht vom Anwendungsbereich der Art. 42a ff. EuInsVO-E erfasst.[774]

b) *Pflicht zur Kooperation und Kommunikation unter Verwaltern*

Die Regelung des Art. 42a EuInsVO-E erinnert in ihrer Regelungstechnik an die Vorschrift zur Kooperation und Kommunikation zwischen dem Verwalter des Haupt- und dem Verwalter des Sekundärinsolvenzverfahrens (Art. 31 EuInsVO-E) und normiert bei Insolvenzverfahren gegen zwei oder mehrere Mitglieder derselben Unternehmensgruppe in vergleichbarer Weise eine Kooperationspflicht zwischen den Verwaltern der jeweiligen Hauptinsolvenzverfahren. Die Pflicht zur Zusammenarbeit trifft aufgrund der Definition des Verwalters in Art. 2 lit. b) EuInsVO-E auch den im Eigenverwaltungsverfahren bestellten Sachwalter und den in diesen Fällen zur Verwaltung und Verfügung über die Insolvenzmasse berechtigten Schuldner, also

---

Verhältnis von Haupt- und Sekundärinsolvenzverfahren bekannten Mechanismen auf Konzernsachverhalte befürwortet.

772 Thole, ZEuP 2014, 40 (68); Thole/Swierczok, ZIP 2013, 550 (556); Kindler, KTS 2014, 25 (40).

773 Brünkmans, ZInsO 2013, 797 (799).

774 Für eine entsprechende Anpassung der Definition Reuß, EuZW 2013, 165 (168); Kindler / Sakka, EuZW 2015, 460 (465).

die vertretungsberechtigten Organe der zur Eigenverwaltung berechtigten Konzerngesellschaften.[775] Die Zusammenarbeit kann dabei grundsätzlich auf jede denkbare Weise und ausdrücklich auch in Form von Vereinbarungen oder Protokollen erfolgen (Art. 42a I 2 EuInsVO-E). Der Kommissionsentwurf erwähnt somit ebenso wie der Diskussionsentwurf explizit diese Form der Zusammenarbeit und versucht auf diese Weise die Bedeutung dieser privatautonomen Vereinbarungen zu unterstreichen und deren weitere Verbreitung zu fördern.[776] Die Pflicht zur Zusammenarbeit setzt nach Art. 42a I 1 EuInsVO-E die kumulative Erfüllung mehrerer Tatbestandsvoraussetzungen voraus und erfordert zunächst, dass die Zusammenarbeit die effiziente Abwicklung der Verfahren erleichtern kann. Diese Voraussetzung dürfte dann erfüllt sein, wenn die Kooperation zum Verständnis der in den einzelnen Verfahren erforderlichen konzernrechtlichen Zusammenhänge beiträgt und die Zusammenarbeit eine bessere Abwicklung der Verfahren erwarten lässt als im Falle einer unterbliebenen Kooperation. Weitere Voraussetzung ist, dass die Pflicht zur Kooperation mit den für die einzelnen Verfahren geltenden Vorschriften vereinbar ist. Diese zum Teil kritisierte und die Kooperation möglicherweise einschränkende Voraussetzung dürfte aufgrund des Vorrangs des Europarechts so zu verstehen sein, dass lediglich die Art und Weise der Zusammenarbeit mit den Vorschriften der jeweiligen Rechtsordnungen vereinbar sein muss und nicht die Kooperationspflicht als solche unter dem Vorbehalt des nationalen Rechts steht.[777] Schließlich setzt die Pflicht zur Zusammenarbeit noch voraus, dass sie keine Interessenkonflikte nach sich zieht. Demnach besteht die Kooperationspflicht der Verwalter nur insoweit, als durch die Kooperation die Interessen des eigenen Verfahrens nicht beeinträchtigt werden.

Sofern die soeben dargestellten Voraussetzungen erfüllt sind, haben die Verwalter bei der Zusammenarbeit die in Absatz 2 normierten Kooperationspflichten zu beachten. Diese erinnern weitgehend an diejenigen des Art. 31 II EuInsVO-E und verpflichten die Insolvenzverwalter zunächst im Interesse einer rechtsträgerübergreifenden Informationsversorgung, die in den anderen Verfahren möglicherweise bedeutsamen Informationen zu teilen, sofern geeignete Vereinbarungen zum Schutz dieser vertraulichen Informationen bestehen (Art. 42a II lit. a) EuInsVO-E). Darüber hinaus haben die Insolvenzverwalter die Pflicht, eine mögliche Restrukturierung der Gruppe zu prüfen und bei entsprechender Möglichkeit sich über den Vorschlag eines koordinierten Restrukturierungsplans und dessen Aushandlung abzustimmen (Art. 42a lit. b) EuInsVO-E). Diese Pflicht berücksichtigt die konzernrechtlichen Verflechtungen in der Unternehmensgruppe und kann im Interesse der Gläubiger sämtlicher Konzerngesellschaften zur Verwirklichung rechtsträgerübergreifender Restrukturierungsmaßnahmen verhelfen, welche ohne Kooperation gegebenenfalls

775 Brünkmans, Der Konzern 2013, 234 (242).

776 Europäische Kommission, Reformvorschlag EuInsVO, S. 10.

777 Brünkmans, ZInsO 2013, 797 (800); für eine Streichung dieser Voraussetzungen aufgrund der potentiellen Gefahren, Eidenmüller/Frobenius, ZIP 2013, Beilage zu Heft 22, 1 (15 f.); kritisch ebenfalls Thole ZEuP 2014, 40 (69).

nicht möglich gewesen wären. Schließlich obliegt den Insolvenzverwaltern nach der gesetzlichen Regelung auch die Pflicht, die Verwaltung und Überwachung der Geschäfte der Gruppenmitglieder, gegen die ein Insolvenzverfahren eröffnet wurde, zu koordinieren (Art. 42a II lit. c) EuInsVO-E).

Die Regelung des Absatzes 3 eröffnet den Verwaltern im Rahmen der Kooperation die Möglichkeit, einem Verwalter aus ihrer Mitte zusätzliche Befugnisse zu übertragen, sofern eine solche Vereinbarung nach den für die einzelnen Verfahren geltenden Vorschriften zulässig ist. In Deutschland könnte eine entsprechende Vereinbarung mit dem höchstpersönlichen Amt des Insolvenzverwalters kollidieren, welches einer Übertragung der Verfahrensabwicklung an dritte Personen grundsätzlich entgegensteht.[778] Der Insolvenzverwalter kann jedoch nach allgemeiner Ansicht grundsätzlich Vollmachten zur Durchführung von Einzelakten der Verwaltung und Verwertung erteilen und könnte auf diese Weise einem ausländischen Verwalter Befugnisse übertragen.[779] Diese Möglichkeit scheidet nach überwiegender Ansicht jedoch bei insolvenzspezifischen, respektive originären Kernaufgaben des Insolvenzverwalters, wie der Erfüllungswahl (§ 103 ff. InsO) oder der Forderungsüberprüfung (§ 176 InsO) aus und dürfte lediglich bei den als delegationsfähig anzusehenden Verwalteraufgaben in Betracht kommen.[780] Welche Aufgaben übertragen werden, hängt von den Umständen des Einzelfalls ab und ist von dem zuständigen Insolvenzgericht im konkreten Verfahren zu bestimmen.[781]

c) Kommunikation und Zusammenarbeit unter Gerichten

Art. 42b EuInsVO-E ist an die im Rahmen der Reform neu einzuführende Regelung des Art. 31a EuInsVO-E angelehnt und stellt die Kommunikation und Zusammenarbeit der Gerichte (Art. 2 lit. c) EuInsVO-E) im Verhältnis der gruppenbezogenen Hauptinsolvenzverfahren sicher. Demnach ist bei Insolvenzverfahren gegen zwei oder mehrere Mitglieder derselben Unternehmensgruppe (Art. 2 lit. i) EuInsVO-E) eine Zusammenarbeit der Gerichte, die mit einem Antrag auf Eröffnung eines Insolvenzverfahrens gegen ein Mitglied einer Unternehmensgruppe befasst sind oder ein solches Verfahren eröffnet haben, vorgesehen. Die Pflicht zur Kooperation im Eröffnungsverfahren und im eröffneten Verfahren besteht soweit, als die Zusammenarbeit die effiziente Abwicklung der Verfahren erleichtern kann und mit den für die einzelnen Verfahren geltenden Vorschriften vereinbar ist (Art. 42b I 1 EuInsVO). Diese Voraussetzungen sind dem Wortlaut des Art. 42a EuInsVO-E entnommen und somit an dieser Stelle nicht mehr erörterungsbedürftig.

---

778 Zipperer, in: Uhlenbruck, InsO, § 56 Rn. 19; Graeber, in: MüKo, InsO, Band 1, § 56 Rn. 149; Undritz, in: Hdb. Konzerninsolvenzrecht, § 8 Rn. 95; zu dieser Problematik auch Brünkmans, ZInsO 2013, 797 (801).

779 Zur Zulässigkeit der Bevollmächtigung Klopp/Kluth/Pechartscheck, in: Gottwald, InsHdb., § 22 Rn. 12.

780 Dazu Graeber, NZI 2003, 569 (569 ff.); Zipperer, in: Uhlenbruck, InsO, § 56 Rn. 20 ff.

781 BVerfG, Beschluss vom 3.8.2009 – 1 BvR 369/08 = NZI 2009, 641 (644).

Die Gerichte können zur Erfüllung der in Absatz 1 geregelten Pflicht direkt miteinander kommunizieren oder einander direkt um Informationen oder Unterstützung ersuchen (Art. 42b II EuInsVO-E). Die Zusammenarbeit kann dabei nach Absatz 3 auf jedem geeigneten Weg erfolgen und zunächst die für eine Kooperation stets erforderliche Mitteilung von Informationen beinhalten. Die gesetzliche Regelung überlässt die Art und Weise der Informationsmitteilung den jeweiligen Gerichten, erfordert jedoch, dass die Mitteilung unentgeltlich erfolgt und die Verfahrensrechte der Parteien sowie die Vertraulichkeit der Information gewahrt werden (Art. 42b III lit. a)). Des Weiteren kann die Zusammenarbeit der Gerichte nach der beispielhaften Aufzählung in Absatz 3 auch durch die Koordinierung der Verwaltung und Überwachung des Vermögens und der Geschäfte der Mitglieder der Unternehmensgruppe erfolgen (Art. 42b III lit. b)). Dabei ist jedoch zu beachten, dass diese Aufgaben nach der InsO überwiegend vom Insolvenzverwalter wahrgenommen werden und eine derartige Zusammenarbeit bei Beteiligung deutscher Insolvenzgerichte einen sehr beschränkten Anwendungsbereich haben dürfte.[782] Schließlich kann die Zusammenarbeit auch die Koordinierung der Verhandlungen (Art. 42b III lit. c)) oder die Koordinierung der Zustimmung zu einem Protokoll betreffen (Art. 42 b III lit. d)). Die grundsätzlich sehr weite Formulierung der nicht abschließend genannten Kooperationsmaßnahmen dürfte dem Umstand geschuldet sein, dass die Insolvenzgerichte in verschiedenen Mitgliedstaaten über unterschiedliche Kompetenzen verfügen und die gesetzliche Regelung eine weitgehende Zusammenarbeit der Insolvenzgerichte ermöglichen will.[783] Die Gerichte sollten zur Konkretisierung der Zusammenarbeit den in grenzüberschreitenden Insolvenzfällen bewährten Kommunikations- und Kooperationsgrundsätzen folgen, die von europäischen und internationalen Vereinigungen auf dem Gebiet des Insolvenzrechts ausgearbeitet worden sind.[784] Diese Empfehlung bezieht sich nach Erwägungsgrund 20 EuInsVO-E zwar lediglich auf die Kooperation der beteiligten Verwalter und Gerichte im Verhältnis von Haupt- und Sekundärverfahren, erscheint jedoch nach der hier vertretenen Auffassung auch bei der Kooperation zwischen mehreren Hauptverfahren zweckmäßig.[785]

d) Kooperation und Kommunikation zwischen Verwaltern und Gerichten

Die Kooperationsvorschriften werden schließlich durch Art. 42c EuInsVO-E komplettiert. Diese Vorschrift erweitert die bislang dargestellten Ebenen einer möglichen Kooperation und schafft im Interesse eines koordinierten Verfahrensablaufs die

782 Ähnlich Brünkmans, ZInsO 2013, 797 (802).

783 Brünkmans, ZInsO 2013, 797 (802).

784 Europäische Kommission, Reformvorschlag EuInsVO, Erwägungsgrund 20; International Insolvency Institute, Prospective principles for coordination of multinational corporate group insolvencies, abrufbar unter: http://www.iiiglobal.org/component/jdownloads/finish/362/5953.html.

785 Europäische Kommission, Reformvorschlag EuInsVO, Erwägungsgrund 20.

gesetzliche Grundlage für eine Kooperation und Kommunikation zwischen Verwaltern und Gerichten. Die Regelung ermöglicht somit eine unmittelbare und direkte Zusammenarbeit von Insolvenzgerichten und Insolvenzverwaltern und versucht auf diese Weise zu einer weiteren Harmonisierung der Hauptinsolvenzverfahren über Mitglieder einer Unternehmensgruppe beizutragen. Art. 42c EuInsVO-E sieht vor, dass ein Verwalter, der in einem Insolvenzverfahren gegen ein Mitglied einer Unternehmensgruppe bestellt worden ist, mit den Gerichten kommuniziert und kooperiert, die mit einem Antrag auf Eröffnung eines Insolvenzverfahrens gegen ein anderes Mitglied der Unternehmensgruppe befasst sind oder ein solches Verfahren eröffnet haben. Die Pflicht zur Kooperation besteht unter den Voraussetzungen, dass die Zusammenarbeit die Koordinierung der Verfahren erleichtern kann und mit den in den einzelnen Verfahren geltenden Vorschriften vereinbar ist (Art. 42c S. 1 EuInsVO-E). Die Formulierung der zuerst genannten Voraussetzung entspricht dabei nicht exakt derjenigen in Art. 42a und 42b EuInsVO-E, dürfte jedoch zu kaum anderen Ergebnissen führen, da die Regelungen grundsätzlich die gleiche Intention verfolgen. Die Regelung des Art. 42 I 2 EuInsVO-E zeigt schließlich einen geeigneten Weg der Zusammenarbeit auf und sieht insbesondere vor, dass der Verwalter diese Gerichte um Informationen über die Verfahren gegen andere Mitglieder der Unternehmensgruppe oder um Unterstützung in dem Verfahren ersuchen kann, für das er bestellt worden ist.

e) Befugnisse der Verwalter und Aussetzung der Verfahren

Der Kommissionsentwurf enthält neben den dargestellten Kooperationsvorschriften noch eine Regelung zu den Befugnissen der Verwalter in der Insolvenz von Mitgliedern einer Unternehmensgruppe. Art. 42d EuInsVO-E ermöglicht eine über die Kooperation hinausgehende intensivere Form der Verfahrenskoordination und gestattet den Insolvenzverwaltern in verfahrensübergreifender Weise auf die Abwicklung der Insolvenzverfahren Einfluss zu nehmen. Demnach hat zunächst jeder Verwalter eines Verfahrens, das gegen ein Mitglied einer Unternehmensgruppe eröffnet wurde, das Recht, in dem eröffneten Verfahren gegen ein anderes Mitglied dieser Unternehmensgruppe sowohl gehört zu werden als auch mitzuwirken, wobei letzteres insbesondere durch die Teilnahme an der Gläubigerversammlung ausgeübt wird (Art. 42d I lit. a) EuInsVO-E). Das Recht zur Mitwirkung dürfte sich aufgrund der Formulierung („insbesondere") hierzulande auch auf die Teilnahme von Sitzungen des Gläubigerausschusses erstrecken und ermöglicht dem Insolvenzverwalter, die konzernrechtlichen Zusammenhänge und die Möglichkeiten zu deren Berücksichtigung aufzuzeigen und die Beteiligten in den einzelnen Verfahren davon zu überzeugen.[786] Darüber hinaus sieht die gesetzliche Regelung eine sehr intensive

786 Für ein Mitwirkungsrecht an den Sitzungen der Gläubigerausschüsse Prager/Keller, NZI 2013, 57 (63); Brünkmans, ZInsO 2013, 797 (802); Europäische Kommission, Reformvorschlag EuInsVO, S. 10.

Möglichkeit zur Einwirkung auf die einzelnen Verfahren vor und gestattet jedem Insolvenzverwalter, die Aussetzung eines Verfahrens zu beantragen, das gegen ein anderes Mitglied derselben Unternehmensgruppe eröffnet worden ist (Art. 42d I lit. b) EuInsVO-E). Diese Regelung erinnert an die bereits im Verhältnis von Haupt- und Sekundärinsolvenzverfahren bestehende Regelung des Art. 33 EuInsVO und versucht im Interesse der Konzerngesamtheit die Schaffung vollendeter Tatsachen in den Einzelverfahren zu verhindern und die Umsetzung rechtsträgerübergreifender Konzernverbundlösungen zu ermöglichen. Das Ziel dieser Regelung erschließt sich insbesondere mit Blick auf die zusätzlichen in Art. 42d I EuInsVO-E geregelten Befugnisse und die daraus resultierenden Möglichkeiten der Insolvenzverwalter zur Berücksichtigung der konzernrechtlichen Verflechtungen. Diese erlauben dem Insolvenzverwalter zunächst einen Sanierungsplan, einen Vergleich oder eine andere vergleichbare Maßnahme für alle oder einige Mitglieder der Unternehmensgruppe vorzuschlagen und im Einklang mit dem für das jeweilige Verfahren geltende Recht vorzulegen (Art. 42d I lit. c) EuInsVO-E). Die einzelnen Insolvenzverwalter haben somit die Möglichkeit, eine über das einzelne Verfahren hinausgehende Konzerngesamtstrategie zu entwickeln und beispielsweise einen Reorganisationsplan offiziell in das Insolvenzverfahren gegen ein anderes Gruppenmitglied einzubringen und auf diese Weise die Abwicklung der Verfahren zu beeinflussen.[787] Darüber hinaus hat der Insolvenzverwalter in diesen Fällen die Möglichkeit, nach dem für das jeweilige Verfahren geltenden Recht zusätzliche verfahrensleitende Maßnahmen zu beantragen, die für eine Sanierung erforderlich sein können, einschließlich der Umwandlung des Insolvenzverfahrens in ein anderes Verfahren (42d lit. d) EuInsVO-E). Die Entscheidung über den Antrag ist im Gegensatz zur Entscheidung über die Aussetzung des Verfahrens nicht explizit geregelt, dürfte jedoch vom jeweils zuständigen Gericht unter Beachtung der sogleich in Absatz 2 geregelten Voraussetzungen getroffen werden. Diese Auffassung lässt sich damit begründen, dass die Beantragung einer für die Sanierung erforderlichen Maßnahme im Sinne des Art. 42d I lit. d) EuInsVO-E oftmals mit einem Antrag auf Aussetzung des Verfahrens gem. Art. 42d I lit. b) EuInsVO-E einhergehen dürfte und im Übrigen die Beantragung der verfahrensleitenden Maßnahmen auch den Gläubigern des davon betroffenen Verfahrens zugutekommen sollte.

Die Entscheidung über die Aussetzung des Verfahrens trifft das für das jeweilige Verfahren zuständige nationale Insolvenzgericht und setzt das Verfahren ganz oder teilweise aus, wenn dies den Gläubigern dieses Verfahrens nachweislich zugute käme (Art. 42d II 1 EuInsVO-E). Diese Voraussetzung dürfte aufgrund der hohen Anforderungshürde des Nachweises oftmals nur schwer zu erfüllen sein und insbesondere aufgrund der verbleibenden Prognoseunsicherheiten vielen rechtsträgerübergreifenden Sanierungsversuchen entgegenstehen.[788] Die Vorschrift sollte daher im Gesetzgebungsverfahren entsprechend angepasst werden und die

787 Europäische Kommission, Reformvorschlag EuInsVO, S. 10.

788 Ähnlich Eidenmüller/Frobenius, ZIP 2013, Beilage zur Heft 22, 1 (16).

Aussetzung des Verfahrens bereits dann möglich sein, wenn diese die Interessen der Gläubiger des von der Aussetzung betroffenen Verfahrens nicht beeinträchtigt. Diese Regelung würde einerseits die Berücksichtigung der rechtsträgerspezifischen Gläubigerinteressen sicherstellen und andererseits die Chancen zur Verwirklichung rechtsträgerübergreifender Konzernverbundlösungen signifikant erhöhen. Die gesetzliche Regelung stellt die Entscheidung über die Aussetzung der Verwertung nicht in das Ermessen des Insolvenzgerichts, sondern sieht bei Erfüllung der genannten Voraussetzungen als Rechtsfolge zwingend vor, dass das Verfahren ganz oder teilweise auszusetzen ist. Dabei stellt sich zunächst die Frage, was unter der Terminologie „Aussetzung des Verfahrens" zu verstehen ist. Diese nun ebenfalls in der Regelung des Art. 33 EuInsVO-E zu findende Formulierung ist grundsätzlich verordnungsautonom auszulegen und lässt sich aus den nachfolgend genannten Gründen nicht im Sinne einer vollständigen Aufhebung oder Suspendierung der Wirkungen des Insolvenzverfahrens verstehen. Die damit einhergehende Aufhebung des Insolvenzbeschlages und die mögliche Schmälerung der Haftungsmasse durch Einzelzwangsvollstreckungen widersprächen der mit der Änderung der Formulierung verfolgten Intention des Gesetzgebers.[789] Darüber hinaus würde die für eine Gesamtsanierungsstrategie erforderliche Fortführung des notwendigen Geschäftsbetriebes der einzelnen Gesellschaften unmöglich gemacht werden und der zentralen Zielvorstellung der Vorschrift entgegenlaufen. Schließlich lässt die teleologische Auslegung an Hand der Erwägungsgründe vermuten, dass der primäre Zweck der Regelung nach wie vor in der „Aussetzung der Verwertung"[790] zu sehen ist und die weitere Formulierung „Aussetzung des Verfahrens" lediglich die vom Wortlaut der ehemaligen Vorschrift nicht erfassten, aber zum Teil dennoch darunter subsumierten Sanierungshindernisse zu erfassen versucht.[791] Eine entsprechende Klarstellung des Verordnungsgebers erscheint aufgrund der Gefahr von Fehlinterpretationen wünschenswert. Die Aussetzung des Verfahrens kann für höchstens drei Monate angeordnet und für jeweils denselben Zeitraum verlängert oder erneuert werden (Art. 42d II 2 EuInsVO-E). Diese Regelung entspricht der bereits im Rahmen des Art. 33 I 3 und 4 EuInsVO verwendeten Formulierung und dürfte zu einer erneuten Diskussion der bereits in diesem Zusammenhang diskutierten Fragestellungen führen. Der Gesetzgeber sollte daher insbesondere klarstellen, ob die Verlängerung der Frist um drei Monate nur einmal oder mehrfach erfolgen kann.[792] Schließlich kann das Gericht, das die Aussetzung der Verwertung angeordnet hat, vom Verwalter verlangen, dass dieser alle geeigneten Maßnahmen zum Schutz der Interessen der Gläubiger des Verfahrens ergreift (Art. 42d II 3 EuInsVO-E). Die Regelung stellt die Entscheidung in das Ermessen des Insolvenzgerichts und ermöglicht

789 Brünkmans, ZInsO 2013, 797 (804), dazu auch Thole, ZEuP 2014, 40 (71).

790 Europäische Kommission, Reformvorschlag EuInsVO, Formulierung in Erwägungsgrund 29.

791 Brünkmans, ZInsO 2013, 797 (804).

792 Prager/Keller, NZI 2013, 57 (64); Brünkmans, ZInsO 2013, 797 (805).

die Ergreifung sämtlicher geeigneter Maßnahmen der jeweiligen *lex fori concursus*. Der Gesetzgeber sieht somit besondere Schutzvorkehrungen zugunsten der von der Aussetzung des Verfahrens betroffenen Gläubiger vor und trägt somit den rechtsträgerspezifischen Interessen ausreichend Rechnung.

3. *Stellungnahme*

Die aktuellen Vorschriften der EuInsVO sind nicht zur Abwicklung von Insolvenzverfahren konzernverbundener Unternehmen geeignet und deshalb reformbedürftig (§ 5). Der Kommissionsentwurf teilt diese Auffassung und behebt mit den Regelungen zur Insolvenz von Mitgliedern einer Unternehmensgruppe eine zentrale Auslassungssünde der Verordnung. Die Entscheidung der Kommission zur Kodifikation eines europäischen Konzerninsolvenzrechts ist grundsätzlich zu begrüßen, die Art und Weise der gesetzlichen Ausgestaltung jedoch zu zaghaft und daher zu kritisieren.[793]

Der Kommissionsentwurf sollte eine Regelung zur verfahrensrechtlichen Verflechtung der Insolvenzverfahren auf Ebene der Insolvenzgerichte vorsehen.[794] Dabei könnte zunächst eine die jeweiligen Konzernverhältnisse berücksichtigende Regelung zur Zuständigkeitskonzentration eine effiziente Abwicklung der Verfahren erleichtern. Der Reformvorschlag verzichtet dagegen bedauerlicherweise auf eine gesetzliche Regelung zur Verfahrenskonzentration und verweist stattdessen bei stark integrierten Unternehmensgruppen auf die bislang übliche Praxis, den Mittelpunkt der hauptsächlichen Interessen aller Mitglieder der Gruppe an ein und demselben Ort anzunehmen und die Verfahren demzufolge nur an einem Ort zu eröffnen.[795] Der Begründungsansatz der Kommission wird auch nach Konkretisierung der Begriffsbestimmung des Mittelpunkts der hauptsächlichen Interessen dazu führen, dass innerhalb der in den Erwägungen präzisierten und für eine Widerlegung des Satzungssitzes erforderlichen Umstände versucht werden wird, den Mittelpunkt der hauptsächlichen Interessen von zentral geführten Konzernunternehmen am Sitz der Konzernzentrale zu begründen. Der Kommissionsentwurf führt somit zu keiner Verbesserung der derzeitig unbefriedigenden Situation bei der Bestimmung der internationalen Zuständigkeit von Konzernunternehmen und läuft durch seine Begründung Gefahr, die eigentlich durch die Präzisierung der Zuständigkeitsvorschrift zum Abschluss kommende Diskussion zur Bestimmung des COMI in Konzernkonstellationen neu zu entfachen. Die Kommission hätte die Lehren aus den Schwierigkeiten der vergangenen Jahre bei der Bestimmung der internationalen Zuständigkeit von Konzernunternehmen ziehen sollen und anstatt der zu weiteren Streitigkeiten führenden Begründung eine explizite Regelung zur verfahrensrechtlichen Verflechtung auf Ebene der Insolvenzgerichte normieren

793 Ähnlich Eidenmüller/Frobenius, ZIP 2013, Beilage zu Heft 22, 1 (15 ff.); Madaus, IILR 2015, 235 (247).

794 So auch Eidenmüller/Frobenius, ZIP 2013, Beilage zu Heft 22, 1 (15 ff.).

795 Europäische Kommission, Reformvorschlag EuInsVO, S. 10.

sollen. Die Bestimmung der internationalen Zuständigkeit erweist sich in Konzernkonstellationen als Schicksalsfrage im Hinblick auf eine koordinierte Verfahrensabwicklung und bedarf daher einer entsprechenden Regelung. Die Regelung der institutionellen Verflechtung ermöglicht den Einzelstaaten weitere Maßnahmen zur koordinierten Abwicklung zu ergreifen und beispielsweise auch die personelle Verflechtung auf Ebene der Insolvenzverwalter zu regeln. Die Regelung der institutionellen Verflechtung würde somit die Grundlage für eine effiziente Abwicklung der Insolvenzverfahren konzernverbundener Unternehmen im Anwendungsbereich der Verordnung schaffen und in den dafür geeigneten Konstellationen eine intensive und über die Effizienz von Kooperationsvorschriften hinausgehende Koordination der Insolvenzverfahren ermöglichen.[796]

Die im Entwurf vorgesehenen Kooperationsvorschriften sind dabei als sinnvolle Ergänzung zu den soeben geforderten Konzentrationsvorschriften anzusehen und würden eine ausreichende Berücksichtigung der Konzernstrukturen in den nicht für eine Verfahrenskonzentration geeigneten Fällen ermöglichen. Die Vorschriften der Art. 42a – 42c EuInsVO-E tragen wie die Kooperationsregelungen im Verhältnis von Haupt- und Sekundärinsolvenzverfahren der wirtschaftlichen Funktionseinheit Rechnung und bezwecken eine bestmögliche Verwertung der insgesamt zur Verfügung stehenden Vermögenswerte im Interesse der Gläubigergesamtheit. Die Kooperationsregelungen sehen zur Verwirklichung dieser Ziele eine Pflicht zur Zusammenarbeit auf sämtlichen in Betracht kommenden Ebenen vor. Der Gesetzentwurf stellt somit einen für die Zusammenarbeit erforderlichen umfassenden Informationsaustausch zwischen den einzelnen Verfahren sicher und legt durch die Konkretisierung der den Verfahrensbeteiligten obliegenden Pflichten die Art und Weise der zu erfolgenden Kooperation fest. Die Kooperationsvorschriften sind dabei im Wesentlichen an die bereits auf europäischer und internationaler Ebene entwickelten Kommunikations- und Kooperationsregelungen angelehnt und versuchen durch eine grundsätzlich weite Formulierung der unterschiedlichen Ausgestaltung der Aufgaben und Befugnisse der Verfahrensbeteiligten in den einzelnen Mitgliedstaaten Rechnung zu tragen.[797] Der Gesetzgeber schafft mit der Einführung der Kooperationsvorschriften die Grundlage für die Berücksichtigung der konzernrechtlichen Verbindungen in der Insolvenz von Mitgliedern derselben Unternehmensgruppe und tritt somit der bislang bestehenden Gefahr einer unkoordinierten Abwicklung der einzelnen Insolvenzverfahren entgegen.

Darüber hinaus sieht der Gesetzgeber – in Übereinstimmung mit den Vorschlägen von Insol Europe – besondere Befugnisse der Insolvenzverwalter zur Koordination

---

796 Gegen eine gesetzliche Regelung der internationalen Zuständigkeit und stattdessen für die Übertragung der Art. 29 ff. EuInsVO auf parallele Hauptinsolvenzverfahren verschiedener Konzerngesellschaften Schmollinger, Der Konzern, S. 340 ff.

797 So auch Brünkmans, ZInsO 2013, 797 (802). Die Kooperationspflichten sind mit keinen eigenständigen Haftungstatbeständen verbunden, sodass das jeweilige innerstaatliche Haftungsrecht anwendbar ist., vgl. Commandeur/Römer, NZG 2015, 988 (990).

der Insolvenzverfahren von Mitgliedern derselben Unternehmensgruppe vor (Art. 42d EuInsVO-E). Diese Befugnisse beinhalten für die Insolvenzverwalter weitgehende Möglichkeiten, auf die Insolvenzverfahren anderer Konzernunternehmen einzuwirken und machen damit eine über die Kooperation hinausgehende intensivere Form der Verfahrenskoordination möglich. Die Regelung stellt grundsätzlich einen sinnvollen Ansatz zur Verwirklichung rechtsträgerübergreifender Sanierungsmaßnahmen zur Verfügung, läuft aber in der jetzigen Fassung Gefahr, dass mehrere Insolvenzverwalter von ihrem jeweiligen Recht zur Vorlage von Sanierungsplänen Gebrauch machen und in unkoordinierter Weise die Aussetzung von Verfahren beantragen.[798] Der zentrale Unterschied zu den Vorschlägen von Insol Europe besteht darin, dass der Kommissionsentwurf die entsprechenden Befugnisse jedem in dem Insolvenzverfahren über das Vermögen eines Konzernunternehmens bestellten Insolvenzverwalter einräumt, während nach dem Vorschlag von *Insol Europe* die besonderen Befugnisse lediglich dem Insolvenzverwalter des Gruppenhauptinsolvenzverfahrens zustehen sollen. Der Kommissionsentwurf birgt daher die Gefahr, dass sämtliche Verwalter von den ihn eingeräumten Befugnissen Gebrauch machen und eine Vielzahl konfligierender Maßnahmen beantragt wird, die bei widerstreitenden Interessen der Insolvenzverwalter Gesamtverwertungsstrategien gefährden können.

Es wird daher dafür plädiert, bei Bestellung mehrerer Insolvenzverwalter das Recht zur Vorlage von Sanierungsplänen zu beschränken und beispielsweise lediglich dem Insolvenzverwalter der herrschenden Konzerngesellschaft zu erlauben, in den anderen Verfahren Sanierungspläne vorschlagen und vorlegen zu können.[799]

IV. Einigung des Rates der Europäischen Union und des Europäischen Parlaments

Das Europäische Parlament hat in seiner legislativen Entschließung vom 05.02.2014 die Vorschläge zur Regelung der Insolvenz von Unternehmensgruppen grundsätzlich gebilligt, darüber hinaus jedoch ergänzende Vorschriften zur Einführung eines besonderen Koordinationsverfahrens auf europäischer Ebene vorgelegt.[800] Nachdem der Rat der Europäischen Union im Anschluss daran verschiedene Änderungsvorschläge unterbreitet hat, einigten sich der Rat und das Parlament schließlich Ende des Jahres 2014 auf eine Fassung, die im Wesentlichen auf der von den Justizministern im Juni 2014 erzielten Einigung beruht.[801]

798 Brünkmans, ZInsO 2013, 797 (803).

799 So auch Schmollinger, Der Konzern, S. 340 f.

800 Legislative Entschließung des Europäischen Parlaments vom 5. Februar 2014 zu dem Vorschlag für eine Verordnung des Europäischen Parlaments und des Rates zur Änderung der Verordnung (EG) Nr. 1346/2000 des Rates über Insolvenzverfahren (COM(2012)0744 - C7-0413/2012/0360(COD)).

801 Vallender, ZInsO 2015,57 (59); Rat der Europäischen Union, Interinstitutionelles Dossier 2012(0360 (COD), Dokument 15414/14 ADD 1 v. 20.11.2014.

Der Kompromissvorschlag befasst sich zunächst in den dem Gesetzestext voranstehenden Gründen 48–58 mit den maßgebenden Erwägungen des Konzerninsolvenzrechts und enthält neben den für die Insolvenz von Mitgliedern von Unternehmensgruppen zu beachtenden Definitionen die zentralen Vorschriften in Kapitel V der EuInsVO-E. Dieses Kapitel trägt den Titel „Insolvenzverfahren über das Vermögen von Mitgliedern einer Unternehmensgruppe" und beinhaltet in Abschnitt 1 und Abschnitt 2 verschiedene und den Kommissionsvorschlag ergänzende Regelungsmechanismen zur Bewältigung der Konzerninsolvenz auf europäischer Ebene.

1. Anwendungsbereich der Regelungen

Voraussetzung für die Anwendung der in Kapitel V normierten Vorschriften ist zunächst das Vorliegen einer Unternehmensgruppe. Diese wird in Art. 2 XII EuInsVO-E als ein Mutterunternehmen und alle seine Tochterunternehmen definiert. Nach der Regelung des Art. 2 XIII S. 1 EuInsVO-E versteht man unter einem Mutterunternehmen ein Unternehmen, das ein oder mehrere Unternehmen unmittelbar kontrolliert. Der Kompromissvorschlag streicht demnach die im Kommissionsentwurf einzeln aufgelisteten Kriterien, welche auf verschiedene Weise auf die Möglichkeit zur Ausübung eines beherrschenden Einflusses Bezug nahmen und stellt stattdessen allein auf die unmittelbare oder mittelbare Kontrolle durch das Mutterunternehmen ab. Ferner enthält die Vorschrift nunmehr eine entsprechende Vermutungsregel, was die Beantwortung der Frage bzgl. des Vorliegens eines Mutterunternehmens in der Praxis erleichtern dürfte. Demnach gilt nach der Regelung des Art. 2 XIII S. 2 EuInsVO-E ein Unternehmen, das einen konsolidierten Abschluss gemäß der Richtlinie 2013/34/EU vom 26. Juni 2013 erstellt, als Mutterunternehmen.[802]

Neben den Änderungen der Begriffe der „Unternehmensgruppe" und des „Mutterunternehmens" enthält die Einigungsfassung nun auch Aussagen zum Anwendungsbereich der Vorschriften über die Insolvenz von Unternehmensgruppen im Verhältnis zu etwaigen nationalen Regelungen. Unter Zugrundelegung von Erwägungsgrund 58 sollten die Vorschriften dieser Verordnung über die Zusammenarbeit, Kommunikation und Koordinierung im Rahmen eines Insolvenzverfahrens über das Vermögen von Mitgliedern einer Unternehmensgruppe nur insoweit angewendet werden, als Verfahren über das Vermögen verschiedener Mitglieder derselben Unternehmensgruppe in mehr als einem Mitgliedstaat eröffnet worden sind.[803] Dies hat zur Folge, dass – trotz grenzüberschreitenden Bezugs – in den Fällen, in denen Insolvenzverfahren über das Vermögen von gruppenangehörigen

802 Kritisch dazu Eble, NZI 2016, 115 (119 f.). Eble kritisiert, dass durch diese Anknüpfung bei der Abgrenzung der Unternehmensgruppe auf die Umsetzung der europäischen Bilanzrichtlinie zurückgegriffen und damit im Rahmen der EuInsVO auch auf die mitgliedschaftliche Ausübung der sich aus der Bilanzrichtlinie ergebenden Wahlrechte verwiesen wird.

803 Erwägungsgrund 58.

Schuldnern lediglich in Deutschland eröffnet werden, die nationalen konzerninsolvenzrechtlichen Regelungen Anwendung finden, während bei Eröffnung der Insolvenzverfahren in mehr als einem Mitgliedstaat – dann jedoch auch im Verhältnis der nationalen Verfahren untereinander – die Vorschriften der EuInsVO über die Zusammenarbeit, Kommunikation und Koordinierung gelten dürften.[804]

2. *Kapitel V: Abschnitt 1: Zusammenarbeit und Kommunikation*

Das in dem Kompromissvorschlag enthaltene Kapitel V regelt in Abschnitt 1 (Art. 56–60 EuInsVO-E) zunächst die Zusammenarbeit und Kommunikation der am Verfahren Beteiligten bei Insolvenzverfahren über das Vermögen von Mitgliedern einer Unternehmensgruppe. Die Regelungen stimmen im Wesentlichen mit den im Rahmen des Kommissionsentwurfs dargestellten und erläuterten Regelungen der Art. 42a – 42d EuInsVO-E überein, sodass sich die folgenden Ausführungen lediglich mit den in diesem Zusammenhang beachtenswerten Änderungen befassen.[805]

Art. 56 EuInsVO-E der Einigungsfassung entspricht inhaltlich weitgehend Art. 42a EuInsVO-E des Kommissionsvorschlags und enthält lediglich geringfügige Modifizierungen. Diese beschränken sich in Absatz 1 – abgesehen von unwesentlichen terminologischen Änderungen – in Satz 2 darauf, dass die Regelung nunmehr vorsieht, dass die Zusammenarbeit der Insolvenzverwalter in beliebiger Form erfolgen könne und somit klarstellt, dass der Abschluss von Vereinbarungen oder Protokollen lediglich eine Form der Zusammenarbeit darstelle. Darüber hinaus stimmen auch die in Absatz 2 lit. a) – c) EuInsVO-E normierten Pflichten im Wesentlichen mit den im Kommissionsvorschlag vorgesehenen überein, wobei jedoch lit. b) und lit. c) entsprechend ausgetauscht worden sind. Den Insolvenzverwaltern obliegt es nunmehr nach Absatz 2 lit. b) EuInsVO-E – im Gegensatz zu der im Kommissionsentwurf vorgesehenen Regelung – zunächst, die Möglichkeit einer Koordinierung der Verwaltung und Überwachung der Insolvenzmasse der Gruppenmitglieder, über deren Vermögen ein Insolvenzverfahren eröffnet wurde, zu prüfen und erst falls eine solche besteht, die Verwaltung und Überwachung dieser Geschäfte zu koordinieren. Dieser Regelungsmechanismus findet sich auch in der Vorschrift des Abs. 2 lit. c) EuInsVO-E, welche inhaltlich Art. 42 II lit. c) EuInsVO-E des Kommissionsentwurfs entspricht. Die daran anschließende Regelung bzgl. der Möglichkeit der Insolvenzverwalter zur Übertragung etwaiger Befugnisse auf einen Insolvenzverwalter aus ihrer Mitte bezieht sich nun explizit auf die in Abs. 2 lit. b) und c) geregelten Pflichten und eröffnet zudem die Möglichkeit, die Wahrnehmung bestimmter Aufgaben untereinander aufzuteilen. Voraussetzung dafür ist jedoch wie im Fall der Übertragung zusätzlicher Befugnisse, dass die Aufteilung nach den für

804 Zu dieser Thematik Thole, KTS 2014, 351 (371 f.); Vallender ZInsO 2015, 57 (61).

805 Die Regelung des Art. 59 EuInsVO-E regelt lediglich die Kosten der Zusammenarbeit und Kommunikation, sodass mangels Auswirkungen auf die hier im Vordergrund stehenden verfahrensrechtlichen Koordinationsmaßnahmen auf eine detaillierte Darstellung der geplanten Regelung verzichtet wird.

die einzelnen Verfahren geltenden Vorschriften zulässig ist, sodass dies letztlich von der Ausgestaltung der nationalen Rechtsvorschriften abhängig ist.

Die Vorschrift des Art. 57 EuInsVO-E regelt die Zusammenarbeit und Kommunikation auf Ebene der Gerichte und stimmt im Wesentlichen ebenfalls mit der im Kommissionsentwurf vorgesehenen Fassung des Art. 42b EuInsVO-E überein. Neben den ebenfalls geringfügigen begrifflichen Änderungen setzt die Zusammenarbeit auf Ebene der Gerichte zusätzlich zu den bereits aus Art. 42b EuInsVO-E bekannten Erfordernissen nunmehr – wie auf Ebene der Insolvenzverwalter – voraus, dass die Zusammenarbeit keine Interessenkonflikte nach sich zieht. Demnach wird die bereits auf Ebene der Zusammenarbeit der Insolvenzverwalter bekannte Voraussetzung übernommen, wobei die Gefahr von Interessenkonflikten bei der Zusammenarbeit der Insolvenzgerichte als geringer einzuschätzen sein dürfte. Absatz 2 regelt – wie bereits bekannt – die Kommunikation bei der Durchführung der Zusammenarbeit und sieht vor, dass neben den Gerichten auch eine von den Gerichten bestellte bzw. bestimmte und in ihrem Auftrag tätige Person oder Stelle direkt miteinander kommunizieren oder einander direkt um Informationen oder Unterstützung ersuchen können. Voraussetzungen dafür sind jedoch nunmehr, dass bei dieser Kommunikation die Verfahrensrechte der Parteien sowie die Vertraulichkeit der Informationen gewahrt sind, sodass die aus dem Kommissionsentwurf in Art. 42b III EuInsVO-E bekannte Regelung in Abs. 2 integriert worden ist. Die Regelung des Absatzes 3 regelt sodann in nicht abschließender Weise die geeigneten Wege der Zusammenarbeit auf Ebene der Gerichte und wird – abgesehen von den bereits bekannten Regelungen – in lit. a) um eine zusätzliche Regelung ergänzt. Demnach betrifft die Zusammenarbeit nunmehr auch die Koordinierung bei der Bestellung von Insolvenzverwaltern, sodass einer der zentralen Punkte auf Kooperationsebene der Gerichte eine explizite gesetzliche Regelunge erfährt.

Art. 58 EuInsVO-E enthält die gesetzliche Grundlage für die Zusammenarbeit und Kommunikation zwischen Insolvenzverwaltern und Gerichten und unterscheidet sich im Wesentlichen lediglich in der Regelungstechnik von dem bereits im Kommissionsentwurf dargestellten Art. 42c EuInsVO-E. Die ursprünglich in Art. 42c S. 1 EuInsVO-E geregelte Kooperation und Kommunikation zwischen dem Insolvenzverwalter und dem Gericht finden sich jetzt in Art. 58 lit. a) EuInsVO-E, während das in Art. 42c S. 3 EuInsVO-E geregelte Informations- und Unterstützungsersuchen des Insolvenzverwalters nun in Art. 58 lit. b) EuInsVO-E normiert ist. Voraussetzungen der Zusammenarbeit und Kommunikation sind, dass diese die wirksame Verfahrensführung erleichtern können, keine Interessenkonflikte nach sich ziehen und mit den für die einzelnen Verfahren geltenden Vorschriften vereinbar sind. Demnach erfordert die Zusammenarbeit und Kommunikation neben den bereits bekannten Kriterien, dass diese – wie auf Ebene der Verwalter als auch der Gerichte – keine Interessenkonflikte nach sich ziehen, sodass sich diese Voraussetzung, welche die Interessen der selbständigen Verfahren schützt, übereinstimmend auf sämtlichen Kooperationsebenen wiederfindet und eine einheitliche Systematik der Kooperationsvorschriften gewährleistet.

Die wohl weitestgehenden Änderungen betreffen die Rechte des Insolvenzverwalters bei Verfahren über das Vermögen von Mitgliedern einer Unternehmensgruppe gemäß Art. 60 EuInsVO-E, auch wenn diese Regelung in ihrem Kernbereich noch mit der entsprechenden Vorschrift des Kommissionsentwurfs übereinstimmt. Als Voraussetzung der nachstehend genannten Maßnahmen sieht der Kompromissvorschlag jetzt vor, dass diese eine wirksame Verfahrensführung erleichtern können, sodass sich das bereits in Art. 56–58 EuInsVO-E normierte Kriterium nunmehr auch in der Regelung des Art. 60 EuInsVO-E wiederfindet. Absatz 1 lit. a) gewährt dem Insolvenzverwalter unter dieser Voraussetzung zunächst das Recht, in den anderen Verfahren gehört zu werden, wohingegen die noch im Kommissionsentwurf enthaltenen Mitwirkungsrechte gestrichen wurden. Die Vorschrift des Absatzes 1 lit. b) EuInsVO-E ermöglicht dem Insolvenzverwalter ferner eine „Aussetzung jeder Maßnahme im Zusammenhang mit der Verwertung der Masse" in einem anderen Verfahren zu beantragen und beseitigt damit die mit der im Kommissionsentwurf verwendeten Formulierung „Aussetzung des Verfahrens" einhergehenden Unklarheiten. Der Antrag auf Aussetzung setzt voraus, dass für alle oder einige sich im Insolvenzverfahren befindende Mitglieder der Unternehmensgruppe ein Restrukturierungsplan gemäß Art. 56 Absatz 2 lit. c) EuInsVO-E vorgeschlagen wurde und hinreichende Aussicht auf Erfolg hat (Art. 60 I lit. b) (i) EuInsVO-E); die Aussetzung notwendig ist, um die ordnungsgemäße Durchführung des Plans sicherzustellen (Art. 60 I lit. b) (ii) EuInsVO-E); der Plan den Gläubigern des Verfahrens, für das die Aussetzung beantragt wird, zugute käme (Art. 60 I lit. b) (iii) EuInsVO-E) und weder das Insolvenzverfahren, für das der Insolvenzverwalter gemäß Abs. 1 bestellt wurde, noch das Verfahren, für das die Aussetzung beantragt wird, einer Koordinierung gemäß Abschnitt 2 dieses Kapitels unterliegen (Art. 60 I lit. b) (iv) EuInsVO-E). Die letzte dieser vier kumulativ zu erfüllenden Voraussetzungen ist auf die Einführung des in Abschnitt 2 geregelten Koordinationsverfahrens zurückzuführen und macht dessen Vorrangstellung deutlich. Mit letzterer geht auch das in Art. 60 Abs. 1 lit. c) EuInsVO-E geregelte Recht des Insolvenzverwalters einher, die Eröffnung eines Gruppeninsolvenzverfahrens zu beantragen. Sofern sich das Gericht, das das Verfahren nach Absatz 1 lit. b) eröffnet hat, davon überzeugt hat, dass die in Absatz 1 lit. b) normierten Voraussetzungen erfüllt sind, setzt das Gericht alle Maßnahmen im Zusammenhang mit der Verwertung der Masse für einen Zeitraum bis zu 3 Monaten aus (Art. 60 II EuInsVO-E) – sofern dies mit den für das Verfahren geltenden Vorschriften vereinbar ist – und hat vor Anordnung der Aussetzung den Insolvenzverwalter dieses Verfahrens zu hören. Neben der Gewährung rechtlichen Gehörs ist zum Schutz des jeweiligen Verfahrens – wie bereits im Kommissionsentwurf – vorgesehen, dass das Gericht, das die Aussetzung der Verwertung angeordnet hat, vom Verwalter, der die Aussetzung beantragt hat, die Ergreifung aller geeigneten Maßnahmen zum Schutz der Interessen der Gläubiger des Verfahrens verlangen kann. Zum Abschluss regelt die Vorschrift noch die Verlängerung der Aussetzung, wobei diese um eine oder mehrere Zeiträume verlängert werden kann. Dies ist möglich, wenn die in Absatz 1 lit. b) EuInsVO-E genannten Voraussetzungen weiterhin erfüllt sind und die Gesamtdauer der Aussetzung sechs Monate nicht überschreitet.

3. Kapitel V: Abschnitt 2: Koordinierung

Darüber hinaus finden sich in dem Kompromissvorschlag auch Vorschläge zur Einführung eines besonderen Koordinationsverfahrens auf europäischer Ebene. Die Einführung dieses bereits aus den deutschen Reformüberlegungen bekannten Regulierungsmechanismus und dessen Ausgestaltung in Abschnitt 2 (Art. 61–77 EuInsVO-E) von Kapitel V lässt den deutschen Einfluss auf europäischer Ebene erkennen und zeigt, dass den europäischen Regelungen die bereits dargestellten nationalen als Vorbild dienten.[806] Das Koordinationsverfahren hat – wie auf nationaler Ebene – keine Auswirkungen auf die Selbständigkeit der Verfahren und schafft lediglich die verfahrensrechtlichen Voraussetzungen für eine engere Koordinierung der Einzelverfahren auf europäischer Ebene. Im Einzelnen enthält Abschnitt 2 Regelungen zum Verfahren und allgemeine Regelungen.[807]

a) Verfahren

Voraussetzung der Koordinierung ist zunächst ein Antrag auf Eröffnung eines Gruppen-Koordinationsverfahrens. Dieses kann nach der Regelung des Art. 61 I EuInsVO-E von einem Insolvenzverwalter, der in einem Insolvenzverfahren über das Vermögen eines Mitglieds der Gruppe bestellt worden ist, bei jedem Gericht, das für das Insolvenzverfahren eines Mitglieds der Gruppe zuständig ist, beantragt werden. Die Regelung ist unter Berücksichtigung des Sinn und Zwecks so zu verstehen, dass lediglich die Gerichte in Betracht kommen, bei denen bereits ein Insolvenzverfahren über das Vermögen eines Mitglieds der Gruppe eröffnet worden ist. Der Antrag erfolgt nach Absatz 2 gemäß den gesetzlichen Bestimmungen des Verfahrens, für das der Insolvenzverwalter bestellt worden ist, auch wenn die dem Antrag beizufügenden Bestandteile in der Verordnung selbst in Absatz 3 geregelt werden. Demnach hat der Insolvenzverwalter dem Antrag einen Vorschlag bzgl. der Person des Koordinationsverwalters, Einzelheiten zu ihrer Eignung und Qualifikation und ihre schriftliche Zustimmung zur Tätigkeit als Koordinationsverwalter beizufügen (Art. 61 III lit. a) EuInsVO-E). Hinzu kommt die Darlegung der vorgeschlagenen Gruppenkoordination, insbesondere der Gründe, weshalb die Bestimmungen nach Art. 63 Absatz 1 erfüllt sind (Art. 61 III lit. b) EuInsVO-E). Zudem ist dem Antrag eine Liste der für die Mitglieder der Gruppe bestellten Insolvenzverwalter und, sofern zutreffend, der an den Verfahren beteiligten Gerichten und Behörden (Art. 61 III lit. c) EuInsVO-E) sowie eine Darlegung der geschätzten Kosten beizufügen (Art. 61 III lit. d) EuInsVO-E).

---

806 Prager/Keller, WM 2015, 805 (809); Schmidt KTS 2015, 19 (46).

807 Die Regelung des Art. 77 EuInsVO-E regelt dabei die Kosten und Kostenaufteilung, sodass mangels Auswirkungen auf die hier im Vordergrund stehenden verfahrensrechtlichen Koordinationsmaßnahmen auf eine detaillierte Darstellung der geplanten Regelung verzichtet wird.

Der Insolvenzverwalter hat somit eine Vielzahl von zeitintensiven Aufgaben zu erfüllen, um einen Antrag auf Eröffnung des Gruppen-Koordinationsverfahrens stellen zu können. Fraglich ist, woher der Insolvenzverwalter über die dem Antrag beizufügenden Informationen verfügt und insbesondere, ob es dem Insolvenzverwalter eines Einzelverfahrens zu dem Zeitpunkt des Antrags auf Eröffnung eines Gruppen-Koordinationsverfahrens bereits möglich ist, einen Vorschlag der Gruppen-Koordination sowie die geschätzten Kosten der Gruppenkoordination darlegen und v. a. das Vorliegen der Voraussetzungen des § 63 I EuInsVO-E beurteilen zu können. Die Antragstellung erfordert demnach im Vorfeld einen erheblichen Arbeitsaufwand des Insolvenzverwalters.

Art. 62 EuInsVO-E regelt den Fall, dass die Eröffnung eines Gruppen-Koordinationsverfahrens bei Gerichten verschiedener Mitgliedstaaten beantragt wird. Die Regelung erklärt – unbeschadet des Artikels 66 EuInsVO-E – in diesen Fällen, die wohl auf eine unzureichende Zusammenarbeit der Verwalter zurückzuführen sein dürften, grundsätzlich das Prioritätsprinzip für maßgebend und sieht vor, dass sich die später angerufenen Gerichte zugunsten des zuerst angerufenen Gerichts für unzuständig erklären. Dabei wird jedoch nach dem Wortlaut der Formulierung nur die Situation erfasst, in welcher die Eröffnung eines Gruppen-Koordinationsverfahrens bei Gerichten verschiedener Mitgliedstaaten beantragt wird, sodass sich die Frage stellt, wie bei mehreren Anträgen in demselben Mitgliedstaat zu verfahren ist. Sinnvollerweise sollte auch in dieser Situation die Prioritätsregel Anwendung finden.

Die Regelung des Art. 63 EuInsVO-E beschäftigt sich mit dem Verfahren nach Eingang eines entsprechenden Antrags. Demnach unterrichtet das Gericht so bald als möglich die für die Mitglieder der Gruppe bestellten Insolvenzverwalter, die im Antrag gemäß Art. 61 Abs. 3 lit. c) EuInsVO-E angegeben sind, über den Antrag auf Eröffnung eines Gruppen-Koordinationsverfahrens und den vorgeschlagenen Koordinationsverwalter, was für die später noch zu erläuternden Einwände der Insolvenzverwalter (Art. 64 EuInsVO-E) maßgebend ist. Die Unterrichtung setzt nach Absatz 1 voraus, dass sich das Gericht davon überzeugt hat, dass die Eröffnung eines solchen Verfahrens die wirksame Führung der Insolvenzverfahren über das Vermögen der verschiedenen Mitglieder der Gruppe erleichtern kann (Art. 63 I lit. a) EuInsVO-E), nicht zu erwarten ist, dass ein Gläubiger eines Mitglieds der Gruppe, der voraussichtlich am Verfahren teilnehmen wird, durch die Einbeziehung dieses Mitglieds in das Verfahren finanziell benachteiligt wird (Art. 64 I lit. b) EuInsVO-E) und der vorgeschlagene Koordinationsverwalter die Anforderungen gemäß Art. 71 erfüllt (Art. 64 I lit. c) EuInsVO-E). Das Erfordernis der Überzeugung des Gerichts, welches verordnungsautonom und daher nicht im Sinne der §§ 4 InsO, 286 ZPO zu bestimmen ist, birgt die Gefahr einer zu hohen Anforderungshürde an das Gruppen-Koordinationsverfahren. Dies zeigt sich evident in der Regelung des Absatzes 1 lit. b). Danach hat sich das Insolvenzgericht davon zu überzeugen, dass nicht zu erwarten ist, dass der Gläubiger eines an dem Verfahren einbezogenen Mitglieds durch die Einbeziehung schlechter gestellt wird, wobei diese Entscheidung zum Zeitpunkt der Antragstellung nur schwer zu treffen sein dürfte. Die Voraussetzung der Überzeugung scheint daher zu hoch und im Übrigen auch im Hinblick auf die grundsätzlich unverbindliche Ausgestaltung des Koordinationsverfahrens und den zum Schutz der einzelnen Verfahren bestehenden Vorschriften auch gar nicht erforderlich. Sofern das Gericht von dem Vorliegen der Voraussetzung überzeugt ist, regeln die Absätze 2–4 die Einzelheiten der Mitteilung und die Möglichkeit der Stellungnahme der Insolvenzverwalter.

Die Mitteilung gegenüber den Insolvenzverwaltern ist für die Regelung des Art. 64 EuInsVO-E von Bedeutung, wonach der für ein Mitglied einer Gruppe bestellte Insolvenzverwalter Einwände gegen die Verfahrenskoordinierung erheben kann. Dabei ist zwischen Einwänden gegen die Einbeziehung des Insolvenzverfahrens in ein Gruppenkoordinationsverfahren (Art. 64 I lit. a) EuInsVO-E) und Einwänden gegen die als Koordinationsverwalter vorgeschlagene Person (Art. 64 I lit. b) EuInsVO-E) zu differenzieren. Die Einwände sind nach der Regelung des Absatzes 2 innerhalb von 30 Tagen nach Eingang der Mitteilung über den Antrag auf Eröffnung eines Gruppen-Koordinationsverfahrens bei dem Gericht nach Art. 63 einzulegen. Das Verstreichen der Frist führt nach der Konzeption des Kompromissvorschlags dazu, dass der Insolvenzverwalter sowohl mit der Einbeziehung als auch mit der Person des Koordinationsverwalters Einverständnis signalisiert und nachträglich keine Einwände mehr geltend machen kann. Die Regelung des Absatzes 3 trägt den jeweiligen nationalen Rechtsvorschriften Rechnung und sieht vor, dass der Insolvenzverwalter vor der Entscheidung über die Teilnahme bzw. Nichtteilnahme an der Koordination gemäß Absatz 1 die Genehmigungen erwirkt, die gegebenenfalls nach dem Recht des Mitgliedstaats der Eröffnung des Insolvenzverfahrens, für das er bestellt wurde, erforderlich sind.

Die Vorschrift des Art. 65 EuInsVO-E befasst sich mit den Folgen des Einwands eines Insolvenzverwalters nach Art. 64 I lit. a) EuInsVO-E und sieht vor, dass dieses Verfahren nicht in das Gruppen-Koordinationsverfahren mit einzubeziehen ist. Die Erhebung dieses Einwands führt zudem dazu, dass auch die Befugnisse des Gerichts gemäß Art. 68 oder des Koordinationsverwalters keine Wirkungen hinsichtlich des betreffenden Mitglieds haben und keine Kosten für dieses Mitglied nach sich ziehen. Die Vorschrift zeigt die grundsätzlich unverbindliche Ausgestaltung des Koordinationsverfahrens und legt die Entscheidung über die Einbeziehung der jeweiligen Verfahren letztlich in die Hände der nationalen Insolvenzverwalter. Jeder einzelne Insolvenzverwalter hat damit durch die Erhebung des Einwands die Möglichkeit, das jeweilige Verfahren unabhängig von den Wirkungen eines etwaigen Gruppen-Koordinationsverfahrens durchzuführen.

Art. 66 EuInsVO-E enthält eine Regelung betreffend die Wahl des Gerichts für ein Gruppen-Koordinationsverfahren. Die Vorschrift steht im Zusammenhang mit Art. 62 EuInsVO-E und ermöglicht in Absatz 1 eine Abweichung vom grundsätzlich geltenden Prioritätsprinzip. Sind mindestens zwei Drittel aller Insolvenzverwalter, die über das Vermögen der Mitglieder der Gruppe bestellt wurden, darüber einig, dass ein zuständiges Gericht eines anderen Mitgliedstaats am besten für die Eröffnung eines Gruppenverfahrens geeignet ist, so ist dieses Gericht ausschließlich zuständig. Demnach besteht für die bereits bestellten Verwalter bei Erreichen der entsprechenden Mehrheit die Möglichkeit, das Koordinationsverfahren nicht bei dem zuerst angerufenen, sondern bei einem zuständigen Gericht eines anderen Mitgliedstaates durchführen zu können. Die Wahl des anderen Gerichts erfolgt nach der Regelung in Absatz 2 in Schriftform oder wird schriftlich festgehalten und kann bis zum Zeitpunkt der Eröffnung des Gruppen-Koordinationsverfahrens gemäß Art. 68 erfolgen. Sofern dies der Fall ist, erklärt sich nach Absatz 3 jedes andere als das gemäß Absatz 1 befasste Gericht zugunsten dieses Gerichts für unzuständig. Der Antrag auf Eröffnung eines Gruppen-Koordinationsverfahrens wird nach Absatz 3 sodann bei dem benannten Gericht in Einklang mit Art. 61 eingereicht, sodass das Verfahren nach Art. 61 ff. EuInsVO-E von Neuem beginnt und die abweichende Wahl mit einer Verzögerung der Verfahrenskoordination einhergeht.

Die Rechtsfolgen von Einwänden gegen den vorgeschlagenen Koordinationsverwalter sind in Art. 67 EuInsVO-E geregelt. Werden von einem Insolvenzverwalter Einwände gegen die Person des vorgeschlagenen Koordinationsverwalters erhoben, kann das Gericht davon absehen, diese Person zu ernennen und den oder die Insolvenzverwalter, der/die Einwände erhebt/erheben, zur Einreichung eines neuen Antrags gemäß Art. 61 Absatz 3 auffordern. Die Regelung enthält keine Einschränkungen im Hinblick auf die in Betracht kommenden Einwände, sodass sich diese nicht nur auf die in Art. 71 EuInsVO-E genannten Anforderungen, sondern auch auf sonstige Anforderungskriterien etc. beziehen können. Die Entscheidung über die Ernennung der vorgeschlagenen Person steht letztlich im Ermessen des Insolvenzgerichts, wobei leider unklar bleibt, an welchen Kriterien sich das Gericht bei seiner Entscheidung zu orientieren hat. Sofern sich das Gericht gegen die Ernennung und für die Aufforderung zur Einreichung eines neuen Antrags entscheiden sollte, dürfte damit eine nicht zu unterschätzende Verzögerung des Gruppen-Koordinationsverfahrens einhergehen.

Die Eröffnung des Gruppen-Koordinationsverfahrens wird in Art. 68 EuInsVO-E geregelt. Danach kann das Gericht nach Ablauf der in Artikel 64 Abs. 2 genannten Frist ein Gruppen-Koordinationsverfahren eröffnen, sofern es sich davon überzeugt hat, dass die Bedingungen nach Artikel 63 Absatz 1 erfüllt sind. Demnach hat das Gericht nach Ablauf der Einwendungsfrist nochmals die in Art. 63 I EuInsVO-E normierten Voraussetzungen zu prüfen. Sofern die Voraussetzungen erfüllt sind, kann das Gericht das Gruppen-Koordinationsverfahren eröffnen; die Entscheidung darüber steht im Ermessen des Gerichts. Die Ausgestaltung dieser Rechtsfolge überrascht. Vielmehr hätte die Regelung im Interesse einer verlässlichen und effizienten Verfahrenskoordinierung vorsehen sollen, dass das Gericht bei Vorliegen der Voraussetzungen das Gruppen-Koordinationsverfahren zu eröffnen hat. Im Fall der Eröffnung bestellt das Gericht einen Koordinationsverwalter (Art. 68 I 2 lit. a) EuInsVO-E), entscheidet über den Entwurf der Koordination (Art. 68 I 2 lit.b) EuInsVO-E) und über die Kostenschätzung und den Anteil, der von den Mitgliedern der Gruppe zu tragen ist (Art. 68 I 2 lit. c) EuInsVO-E). Die Entscheidung zur Eröffnung eines Gruppen-Koordinationsverfahrens wird nach Absatz 2 den beteiligten Insolvenzverwaltern und dem Koordinationsverwalter mitgeteilt.

Art. 69 EuInsVO-E regelt die nachträgliche Einbeziehung in das Gruppen-Koordinationsverfahren und ermöglicht jedem Insolvenzverwalter im Anschluss an die

Entscheidung des Gerichts nach Art. 68 und im Einklang mit seinem nationalen Recht die Einbeziehung des Verfahrens, für das er bestellt wurde, zu beantragen. Die nachträgliche Einbeziehung kommt nach der gesetzlichen Regelung in den Fällen in Betracht, in denen zunächst ein Einwand gegen die Einbeziehung des Insolvenzverfahrens in das Gruppen-Koordinationsverfahren erhoben wurde (Art. 69 I lit. a) EuInsVO-E) oder ein Insolvenzverfahren über das Vermögen eines Gruppenmitglieds nach Eröffnung des Gruppen-Koordinationsverfahrens eröffnet wurde (Art. 69 I lit. b) EuInsVO-E). Die Vorschrift ermöglicht daher trotz eines ursprünglich erklärten Einwands die nachträgliche Einbeziehung in das Gruppen-Koordinationsverfahren und trägt darüber hinaus den zeitlich versetzten Verfahrenseröffnungen Rechnung, sodass diesbezüglich ein flexibler Regelungsmechanismus zur Verfügung gestellt wird. Der Koordinationsverwalter kann unbeschadet des Absatzes 4 einem solchen Antrag nach Anhörung der beteiligten Insolvenzverwalter stattgeben, sofern er sich davon überzeugt hat, dass unter Berücksichtigung des Stands, den das Gruppen-Koordinationsverfahren zum Zeitpunkt des Antrags erreicht hat, die Bedingungen gemäß Art. 63 I lit. b) und c) EuInsVO-E erfüllt sind (Art. 69 II lit. a) EuInsVO-E), oder alle beteiligten Insolvenzverwalter gemäß den Bestimmungen ihres nationalen Rechts zustimmen (Art. 69 II lit. a) EuInsVO-E). Dabei stellt sich die Frage, weshalb die Entscheidung über die nachträgliche Einbeziehung in die Hände des Koordinationsverwalters gelegt wird. Es wäre durchaus denkbar gewesen, die Entscheidung über die nachträgliche Einbeziehung in die Hände des Gerichts, welches bereits die Entscheidung über die Eröffnung des Gruppen-Koordinationsverfahrens und über das Vorliegen der Eröffnungsvoraussetzungen getroffen hat, zu legen. Dies wäre auch aufgrund der unabhängigen Stellung der Gerichte und der Ausgestaltung der Regelung als Ermessensvorschrift vorzugswürdig gewesen. Nach der Regelung des Absatzes 3 unterrichtet der Koordinationsverwalter das Gericht und die teilnehmenden Insolvenzverwalter über seine Entscheidung nach Absatz 2 und über die Gründe dafür. Jeder beteiligte Insolvenzverwalter oder jeder Insolvenzverwalter, dessen Antrag auf Einbeziehung in das Gruppen-Koordinationsverfahren abgelehnt wurde, kann die in Absatz 2 genannte Entscheidung gemäß dem Verfahren anfechten, das im Recht des Mitgliedstaats, in dem das Gruppen-Koordinationsverfahren eröffnet wurde, vorgesehen ist (Art. 69 IV EuInsVO-E).

Während sich die bislang dargestellten Regelungen überwiegend auf die verfahrensrechtliche Ausgestaltung bezogen, enthält Art. 70 EuInsVO-E die entscheidende Regelung zu den materiellen Auswirkungen der Eröffnung des Gruppen-Koordinationsverfahrens. Dabei sollen insbesondere die Empfehlungen des Koordinationsverwalters und der Gruppen-Koordinationsplan eine koordinierte Abwicklung der Einzelverfahren gewährleisten, wobei der Gruppen-Koordinationsplan – wie auf nationaler Ebene – als Herzstück des Koordinationsverfahrens anzusehen ist. Gemäß Art. 70 I EuInsVO-E berücksichtigen die Insolvenzverwalter bei der Durchführung ihrer Insolvenzverfahren die Empfehlungen des Koordinationsverwalters und den Inhalt des in Art. 72 Absatz 1 genannten Gruppen-Koordinationplans. Die Regelung des Absatzes 2 bringt jedoch die Unverbindlichkeit dieser Pflichten zum Ausdruck und stellt klar, dass der Insolvenzverwalter nicht verpflichtet ist, den Empfehlungen des Koordinationsverwalters oder dem Gruppen-Koordinationsplan ganz oder teilweise Folge zu leisten. Folgt der Insolvenzverwalter den Empfehlungen oder dem Plan nicht, so sieht Absatz 3 lediglich vor, dass der Insolvenzverwalter die Personen oder Stellen, denen er nach seinem nationalen Recht Bericht erstatten muss und den Koordinationsverwalter über die Gründe dafür informieren muss. Die europäische Regelung setzt somit letztlich ebenfalls auf den unverbindlichen Charakter des Koordinationsplans und der Empfehlungen, sodass das Gruppen-Koordinationsverfahren keine verlässliche Umsetzung einer entworfenen Gesamtstrategie gewährleistet, sondern dessen Erfolg an der Überzeugungsfähigkeit des Koordinationsverwalters und der Kompromissfähigkeit der Einzelinsolvenzverwalter abhängen dürfte. Ob dies der Fall ist, wird die Praxis zeigen.

b) Allgemeine Vorschriften

Die als allgemeine Vorschriften bezeichneten Regelungen der Artikel 71 ff. EuInsVO-E beschäftigen sich zunächst mit der Person des Koordinationsverwalters. Der Koordinationsverwalter ist nach der Regelung des Art. 71 I EuInsVO-E eine Person, die nach dem Recht eines Mitgliedstaats befugt ist, als Insolvenzverwalter tätig zu werden, sodass grundsätzlich jede Person, die die jeweils nationalen Voraussetzungen des Amtes des Insolvenzverwalters erfüllt, als Koordinationsverwalter in Betracht kommt.[808] Absatz 2 schränkt jedoch den in Betracht kommenden Personenkreis insoweit ein, als der Koordinationsverwalter keiner der Insolvenzverwalter sein darf, die für die Mitglieder der Gruppe bestellt wurden und kein Interessenkonflikt hinsichtlich der Mitglieder der Gruppe, ihrer Gläubiger und der für Mitglieder der Gruppe bestellten Insolvenzverwalter vorliegen darf. Der Kompromissvorschlag sieht somit – wie auf nationaler Ebene – eine von den jeweiligen Verfahren unabhängige Person als Koordinationsverwalter vor. Der Sinn und Zweck dieser Regelung ist ebenfalls darin zu sehen, dass die Bestellung einer neutralen und unabhängigen Person mit der notwendigen Akzeptanz einhergeht und diese Person die über die einzelnen Verfahren hinausgehenden Interessen zu Gunsten des Konzernverbundes verfolgen dürfte.[809]

Art. 72 EuInsVO-E regelt sodann detailliert die Aufgaben und Rechte des Koordinationsverwalters. Die zentralen Aufgaben bestehen insbesondere darin, die Empfehlungen für die koordinierte Durchführung der Insolvenzverfahren zu entwerfen und festzulegen (Art. 72 I lit. a) EuInsVO-E) und einen Gruppen-Koordinationsplan vorzuschlagen, der ein umfassendes Paket von Maßnahmen für einen integrierten Ansatz zur Bewältigung der Insolvenz der Gruppenmitglieder festlegt, beschreibt und empfiehlt (Art. 72 I lit. b) EuInsVO-E), wobei die Empfehlungen und der Gruppen-Koordinationsplan sodann in den Einzelverfahren im Rahmen der Regelung des Art. 70 EuInsVO-E zu berücksichtigen sind. Der Koordinationsplan stellt dabei den zentralen Koordinationsmechanismus dar und ist als maßgebendes Mittel

808 Für weitere Anforderungskriterien Vallender, ZinsO 2015, 57 (62 f.).
809 So auch Vallender, ZinsO 2015, 57 (62 f.).

zur Umsetzung einer rechtsträgerübergreifenden Konzernstrategie anzusehen. Der Plan darf nach Art. 72 III EuInsVO-E keine Empfehlungen bezüglich der Konsolidierung von Verfahren oder Insolvenzmassen umfassen, sodass es in begrüßenswerter Weise auch auf europäischer Ebene weder eine verfahrensrechtliche noch eine materielle Konsolidierung gibt und es ebenfalls bei den Grundsätzen der Selbständigkeit der Verfahren und der Vermögens- und Haftungstrennung verbleibt. Im Übrigen kann der Plan eine Vielzahl von Maßnahmen regeln, wobei in Art. 72 I lit. b) EuInsVO-E in nicht abschließender Weise („insbesondere") einige in Betracht kommende Regelungsbereiche dargestellt werden, welche weitgehend mit den im nationalen Bereich dargestellten Maßnahmen übereinstimmen. Danach kann der Plan zunächst Vorschläge zu Maßnahmen enthalten, die zur Wiederherstellung der wirtschaftlichen Leistungsfähigkeit und der Solvenz der Gruppe oder einzelner Mitglieder zu ergreifen sind (Art. 72 I lit. b) (i) EuInsVO-E), sodass die entscheidenden Grundlagen für eine erfolgreiche Restrukturierung des Konzernverbundes gelegt werden können. Darüber hinaus kann der Plan Vorschläge zur Beilegung gruppeninterner Streitigkeiten in Bezug auf gruppeninterne Transaktionen und Anfechtungsklagen (Art. 72 I lit. b) (ii) EuInsVO-E) und Vereinbarungen zwischen den Insolvenzverwaltern der insolventen Gruppenmitglieder beinhalten (Art. 72 I lit. c) (ii) EuInsvO-E). Während also die erstgenannte Regelung die Klärung der in Konzernkonstellationen besonders bedeutsamen Fälle der Insolvenzanfechtung zulässt, wird mit letzterer die rechtliche Grundlage für die bereits praktizierten *protocols* im Anwendungsbereich der EuInsVO geschaffen.

Die in Absatz 1 geregelten Kernkompetenzen werden in Absatz 2 um weitere Rechte des Koordinationsverwalters ergänzt. Demnach kann der Koordinationsverwalter gehört werden, an den Einzelverfahren, insbesondere durch Teilnahme an der Gläubigerversammlung, mitwirken (Art. 72 I lit. a) EuInsVO-E) und zudem bei Streitigkeiten zwischen zwei oder mehreren Insolvenzverwaltern vermitteln (Art. 72 I lit. b) EuInsVO-E). Neben der Regelung zur Vorlage des Gruppen-Koordinationsplans (Art. 72 I lit. c) EuInsvO-E) sieht die Vorschrift zudem vor, dass der Koordinationsverwalter von jedem Insolvenzverwalter Informationen in Bezug auf jedes Mitglied der Gruppe anfordern kann (Art. 72 I lit. d) EuInsVO-E). Voraussetzung dafür ist jedoch, dass diese Informationen bei der Festlegung und dem Entwurf von Strategien und Maßnahmen zur Koordinierung der Verfahren von Nutzen sind oder sein könnten, sodass dem Koordinationsverwalter diesbezüglich ein gewisser Ermessensspielraum eingeräumt wird. Die entscheidende Befugnis in Absatz 2 betrifft das Recht des Koordinationsverwalters, die Aussetzung des Verfahrens über das Vermögen jedes Mitglieds der Gruppe für bis zu sechs Monate oder die Aufhebung jeder bestehenden Aussetzung zu beantragen (Art. 72 I lit. e) EuInsVO-E), um die Umsetzung der im Plan vorgesehenen Maßnahmen zu ermöglichen. Das Recht, die Aussetzung zu beantragen, besteht, sofern diese notwendig ist, um die ordnungsgemäße Durchführung des Plans sicherzustellen und den Gläubigern des Verfahrens, für das die Aussetzung beantragt wird, zugute käme. Das Antragsrecht des Koordinationsverwalters geht dem bereits in Art. 60 I lit. b) EuInsVO-E dargestellten Antragsrecht der einzelnen Verwalter vor, sodass im Fall

des Koordinationsverfahrens der Gefahr etwaiger konkurrierender Befugnisse in entsprechender Weise entgegengetreten wird. Der Antrag ist nach dem Inhalt der Regelung bei dem Gericht zu stellen, das das Verfahren eröffnet hat, für welches die Aussetzung beantragt wird (Art. 72 II lit. e) S. 2 EuInsVO-E). Das Gericht hat dann anhand der genannten Voraussetzungen die Entscheidung über die Aussetzung zu treffen, wobei jedoch unklar bleibt, ob es sich dabei um eine gebundene oder eine Ermessensentscheidung handelt.

Neben dem in Absatz 3 geregelten Ausschluss einer verfahrensrechtlichen und materiellen Haftungskonsolidierung enthält Absatz 4 eine weitere – sich bereits aus der Konzeption des Koordinationsverfahrens ergebende – Einschränkung. Demnach dürfen die in Art. 72 EuInsVO-E festgelegten Aufgaben und Rechte des Koordinationsverwalters auf kein Mitglied der Gruppe, das nicht am Gruppen-Koordinationsverfahren beteiligt ist, ausgeweitet werden, sodass sich die Aufgaben und Rechte auf die in das Koordinationsverfahren einbezogenen Mitglieder beschränken.

Absatzes 5 legt schließlich fest, dass der Koordinationsverwalter seine Pflichten unparteiisch und mit der gebotenen Sorgfalt auszuüben hat. Während sich dies bereits aus dem Anforderungsprofil und der Stellung des Koordinationsverwalters ableiten lässt, bleiben die Rechtsfolgen bei Verstoß gegen diese Pflichten unklar, da der Kompromissvorschlag selbst keine Regelung zu einer etwaigen Haftung des Koordinationsverwalters enthält. Darüber hinaus bestehen auch gegen die Anwendbarkeit der Haftungsvorschriften des Mitgliedsstaates, in dem das Gruppen-Koordinationsverfahren eröffnet wurde, Bedenken, da durchaus fraglich ist, ob der Koordinationsverwalter aufgrund seiner in der Verordnung geregelten Stellung den Haftungsvorschriften der lex fori concursus unterliegt und falls ja, ob die Regelungen zur Haftung des Insolvenzverwalters auf den Koordinationsverwalter überhaupt Anwendung finden können.

Art. 72 VI EuInsVO-E betrifft das Problem, dass die geschätzten Kosten steigen und sieht unter den dort genannten Voraussetzungen vor, dass der Koordinationsverwalter die beteiligten Insolvenzverwalter unverzüglich zu informieren (Art. 72 VI lit. a) EuInsVO-E) und die vorherige Zustimmung des Gerichts, das das Koordinationsverfahren eröffnet hat, einzuholen hat (Art. 72 VI lit. b) EuInsVO-E).

Die daran anschließende Vorschrift des Art. 73 EuInsVO-E befasst sich mit dem bei grenzüberschreitenden Konstellationen auftretenden Problem der Sprachenvielfalt, wobei zwischen der Kommunikation zwischen dem Koordinationsverwalter und den jeweiligen Verwaltern und der Kommunikation zwischen dem Koordinationsverwalter und den jeweils für die einzelnen Verfahren zuständigen Gerichten differenziert wird. Nach der Regelung des Absatzes 1 kommuniziert der Koordinationsverwalter mit dem Insolvenzverwalter eines beteiligten Gruppenmitglieds in der mit dem Insolvenzverwalter vereinbarten Sprache oder mangels einer entsprechenden Vereinbarung in der Amtssprache oder einer der Amtssprachen der Organe der Europäischen Union, die das Gericht, das das Verfahren gegen dieses Gruppenmitglied eröffnet hat, verwendet. Sofern sich der Koordinationsverwalter mit den jeweiligen Verwaltern demnach nicht auf eine gemeinsame Sprache einigen kann, hat der Koordinationsverwalter mit den Verwaltern stets in der in den jeweiligen

Ländern geltenden Sprache zu kommunizieren, sodass bei Eröffnung einer Vielzahl von Verfahren in verschiedenen Ländern selbst bei sprachgewandten Koordinationsverwaltern mit erheblichen Kosten für Übersetzungen und Dolmetscher zu rechnen sein dürfte. Dies erscheint unnötig. Da man bei Insolvenzverfahren mit grenzüberschreitendem Bezug von den jeweils bestellten Insolvenzverwaltern erwarten darf, dass diese der englischen Sprache hinreichend mächtig sind, sollte zur Vermeidung unnötigen Aufwands geregelt werden, dass die Insolvenzverwalter mit dem Koordinationsverwalter in englischer Sprache zu kommunizieren haben. Die Regelung des Absatzes 2 sieht darüber hinaus vor, dass der Koordinationsverwalter auch mit dem jeweiligen Gericht in der Amtssprache kommuniziert, die dieses Gericht verwendet, was ebenfalls Übersetzungen oder Ähnliches erforderlich machen und damit zu einem entsprechenden Zeit- und Kostenaufwand führen dürfte.

Neben der voranstehend dargestellten Regelung zur Kommunikationssprache ist die Zusammenarbeit zwischen den Insolvenzverwaltern und dem Koordinationsverwalter in Art. 74 EuInsVO-E geregelt. Die Formulierung ist teilweise an die Formulierung des Art. 56 EuInsVO-E angelehnt und sieht in Absatz 1 vor, dass die für Mitglieder der Gruppe bestellten Insolvenzverwalter mit dem Koordinationsverwalter zusammenarbeiten, soweit diese Zusammenarbeit mit den für das betreffende Verfahren geltenden Vorschriften vereinbar ist, sodass – im Gegensatz zur Zusammenarbeit der Verwalter – allein diese Voraussetzung maßgebend ist. Ob diese Voraussetzung im Interesse einer effizienten Zusammenarbeit ist, darf durchaus hinterfragt werden. Hier wäre auch denkbar gewesen, dass die europäische Regelung auf einen entsprechenden Vorbehalt verzichtet und die Zusammenarbeit unabhängig von den nationalen Rechtsvorschriften ausgestaltet wird, um eine wirksame Zusammenarbeit zu gewährleisten.[810] Die Insolvenzverwalter haben nach Absatz 2 im Rahmen dieser Zusammenarbeit insbesondere jede Information zu übermitteln, die für den Koordinationsverwalter für die Wahrnehmung seiner Aufgaben von Belang ist. Diese Regelung erinnert ebenfalls an Art. 56 II lit. b) EuInsVO-E, enthält im Gegensatz zu der letztgenannten jedoch keine zeitlichen Vorgaben zur Übermittlung der Informationen und steht zudem nicht unter dem Vorbehalt, dass geeignete Vereinbarungen zum Schutz vertraulicher Informationen bestehen.

Art. 75 EuInsVO-E regelt die Abberufung des Koordinationsverwalters. Diese erfolgt von Amts wegen oder auf Antrag des Insolvenzverwalters eines beteiligten Gruppenmitglieds, wenn der Koordinationsverwalter zum Schaden der Gläubiger eines beteiligten Gruppenmitglieds handelt (Art. 75 lit a) EuInsVO-E) oder nicht seinen Verpflichtungen im Rahmen des Kapitels nachkommt (Art. 75 lit b) EuInsVO-E). Während der Kompromissvorschlag keine Regelungen zu einer etwaigen Haftung des Insolvenzverwalters enthält, wird die Abberufung des Koordinationsverwalters bei Verstoß gegen seine Pflichten explizit geregelt. Unklar bleibt jedoch, ob das Gericht in diesem Fall einen neuen Koordinationsverwalter bestellt oder entsprechend der Vorschrift des Art. 67 EuInsVO-E (Folgen von Einwänden gegen den

810 Eidenmüller/Frobenius, ZIP 2013, Beilage zu Heft 22, 1 (15 f.).

vorgeschlagenen Koordinationsverwalter) zu verfahren ist, wobei Letzteres mit erheblichen zeitlichen Verzögerungen einhergehen dürfte.

Die Vorschrift des Art. 76 EuInsVO-E stellt die erforderliche Verknüpfung zum Rechtsinstitut der Eigenverwaltung her und stellt klar, dass die in diesem Kapitel für den Insolvenzverwalter geltenden Bestimmungen für den Schuldner in Eigenverwaltung entsprechend gelten. Der Begriff „Schuldner in Eigenverwaltung" ist in Art. 2 III EuInsVO-E legaldefiniert. Er umfasst sämtliche Verfahren hierzulande, in denen das Gericht in dem Beschluss über die Eröffnung des Insolvenzverfahrens die Eigenverwaltung nach § 270 InsO angeordnet hat.

Den Abschluss der Vorschriften zum Koordinationsverfahren bildet die Regelung des Art. 77 EuInsVO-E betreffend die Kosten und Kostenaufteilung, wobei mangels Auswirkungen auf die verfahrensrechtlichen Koordinationsmaßnahmen auf eine detaillierte Darstellung der geplanten Regelung verzichtet wird.

4. Stellungnahme

Während der Ende des Jahres 2012 erschienene Kommissionsentwurf ein an dem Vorbild der Koordination von Haupt- und Sekundärinsolvenzverfahren orientiertes Modell zur Koordination der Insolvenzverfahren über das Vermögen von Mitgliedern einer Unternehmensgruppe vorgesehen hat, wird dieses Modell in dem am Ende des Jahres 2014 erschienenen Kompromissvorschlag mit der Einführung des bereits aus den nationalen Reformüberlegungen bekannten Koordinationsverfahrens ergänzt. Da die Vorschriften zur Zusammenarbeit und Kommunikation weitgehend übernommen worden sind, beschäftigen sich die folgenden Ausführungen mit dem neu hinzugekommenen Koordinationsverfahren, welches offensichtlich auf Grundlage des deutschen Konzepts entwickelt wurde und eine äußerst detaillierte Regelung in Art. 61–77 EuInsVO-E erfahren hat.

Um jedoch die Einführung des Koordinationsverfahrens im Anwendungsbereich der Verordnung entsprechend beurteilen zu können, muss man sich nochmals die Intensität dieses Koordinationsmechanismus im Vergleich zu den bereits bekannten Maßnahmen vor Augen führen. Das Koordinationsverfahren stellt eine weniger intensive Art der Verfahrenskoordination als die institutionelle oder personelle Verfahrensverflechtung dar, geht jedoch aufgrund der besonderen Ausgestaltung über die Wirkung der ebenfalls bekannten Kooperationsvorschriften hinaus. Da im Anwendungsbereich der Verordnung aufgrund der weitreichenden Auswirkungen stets Bedenken gegen eine gerichtliche Zuständigkeitskonzentration geäußert wurden, erscheint das vorliegend dargestellte Verfahren prima facie als der geeignete Weg für eine Koordination der Insolvenzverfahren konzernverbundener Unternehmen auf europäischer Ebene. Unabhängig davon, dass nach Ansicht des Verfassers auch sachgerechte Möglichkeiten zur Ausgestaltung einer Zuständigkeitskonzentration bestehen,[811] müsste das Koordinationsverfahren nennenswerte Vorteile gegenüber

811 Dazu unter § 7.

den Kooperationsvorschriften mit sich bringen, welche die durch das Verfahren entstehenden Transaktionskosten rechtfertigen würden. Vorliegend erscheint jedoch durchaus fraglich, ob der mit dem Koordinationsverfahren entstehende Organisationsaufwand im Verhältnis zu den ggf. damit einhergehenden Vorteilen steht.

Fakt ist, dass bereits die detaillierte Ausgestaltung des Koordinationsverfahrens in Art. 61–77 EuInsVO-E den verfahrensrechtlichen Aufwand dieses Regelungsmechanismus' erkennen lässt. Dieser zeigt sich bereits bei dem Antrag auf Eröffnung des Koordinationsverfahrens, welcher aufgrund der Regelung des Art. 61 III EuInsVO-E im Vorfeld einen zeit- und kostenintensiven Arbeitsaufwand des antragstellenden Insolvenzverwalters erfordert. Dieser Aufwand setzt sich sodann fort, indem das Gericht zunächst sämtliche bestellten Insolvenzverwalter informiert und diese – trotz der unverbindlichen Ausgestaltung des Verfahrens – sowohl Einwände gegen die Einbeziehung in das Verfahren als auch gegen die Person des Koordinationsverwalters (Art. 64 EuInsVO-E) äußern können. Dies und die Möglichkeit der Wahl eines anderen Gerichts für ein Gruppen-Koordinationsverfahren (Art. 66 EuInsVO-E) lassen zum einen einen weiteren mit Zeit- und Kostenaufwand verbundenen Prüfungsaufwand entstehen und führen zum anderen zu enormen zeitlichen Verzögerungen. Ferner erfordert das Koordinationsverfahren die Bestellung eines separaten Koordinationsverwalters, dessen zentrale Aufgabe in der Erstellung eines Gruppen-Koordinationsplans zu sehen ist (Art. 72 I lit. b) EuInsVO-E). Diese Aufgabe dürfte nicht nur zu einem erheblichen Arbeitsaufwand führen, sondern auch immense Kosten mit sich bringen. Die Schwerfälligkeit des Koordinationsverfahrens zeigt sich schließlich auch darin, dass der Koordinationsverwalter bei der Wahrnehmung seiner Aufgaben mit den Verwaltern und Gerichten in den Sprachen, die in den jeweiligen Verfahren verwendet werden, zu kommunizieren hat (Art. 73, 74 EuInsVO). Die Regelung hat demnach zur Folge, dass in Zukunft regelmäßig Dolmetscher eingesetzt und eine Vielzahl von Dokumenten mit großen zeitlichen Verzögerungen übersetzt werden dürften, was den Gegebenheiten des internationalen Geschäftsverkehrs nicht wirklich entspricht. Dieser nur stichpunktartig aufgelistete Organisationsaufwand muss daher zu den mit den Koordinationsverfahren einhergehenden Vorteilen in Verhältnis gesetzt werden. Dem entscheidenden Vortei, dass durch das Koordinationsverfahren die Umsetzung einer Konzerngesamtstrategie ermöglicht wird, steht der gravierende Nachteil gegenüber, dass dieser Mechanismus die Umsetzung dieser Strategien nicht hinreichend gewährleistet. Die Insolvenzverwalter sind gerade nicht verpflichtet, den zentralen Koordinationsmechanismen, wie dem Gruppen-Koordinationsplan oder den Empfehlungen des Koordinationsverwalters Folge zu leisten, sodass die Umsetzung letztlich unverbindlich bleibt (Art. 70 II EuInsVO-E).[812] Das Koordinationsverfahren in der jetzigen Ausgestaltung wird demnach in vielerlei Hinsicht einen

812 A. A.: Schmidt, die die Unverbindlichkeit des Koordinationsplans als Anreiz für den Koordinationsverwalter sieht, einen Koordinationsplan vorzulegen, der im Interesse aller Konzernunternehmen ist, vgl. Schmidt, KTS, 19 (42).

erheblichen Aufwand mit sich bringen, jedoch nur in manchen Fällen zum Erfolg führen, sodass das Verhältnis von Aufwand und Ertrag nicht angemessen erscheint.

Sofern man an dem Koordinationsverfahren festhält, sollten diese Regelungen entsprechend modifiziert werden. Der mit dem Koordinationsverfahren einhergehende Verwaltungs- und Organisationsaufwand sollte dabei erst einmal gekürzt werden. Des Weiteren sollte nach einem Weg gesucht werden, der eine optimierte Umsetzung der mit den Verfahren verfolgten Ziele ermöglicht. Demnach sollten die in der aktuellen Fassung geregelten Einwände im Zusammenhang mit dem Koordinationsverfahren (Art. 64 EuInsVO-E) überdacht werden. Diese können zum einen erheblichen Prüfungsaufwand und zeitliche Verzögerungen verursachen und scheinen zum anderen aufgrund der relativ unverbindlichen Ausgestaltung des Koordinationsverfahrens auch gar nicht erforderlich. Dies zeigt sich insbesondere bei potentiellen Einwänden gegen die Person des Koordinationsverwalters. Das mit dem Antrag befasste Gericht hat unter Beachtung der Regelung des Art. 71 EuInsVO-E die Person des Koordinationsverwalters zu bestimmen, sodass die Person bereits die vorgegebenen gesetzlichen Anforderungskriterien erfüllt. Die Möglichkeit zur Erhebung von Einwänden gegen die Person des Koordinationsverwalters führt dagegen zu immensen Verzögerungen und scheint aufgrund der gesetzlichen Anforderungskriterien und der weniger weitreichenden Befugnisse des Koordinationsverwalters auch nicht nötig. Darüber hinaus müssten die Regelungen eine bessere Umsetzung der Koordinationsmaßnahmen gewährleisten. Demnach sollten die Einzelverwalter grundsätzlich verpflichtet sein, den Empfehlungen des Koordinationsverwalters und dem Gruppen-Koordinationsplan Folge zu leisten. Die Verwalter sollten nur in den Fällen, in denen bei Umsetzung der Empfehlung oder des Gruppen-Koordinationsplans entsprechende Nachteile in den Einzelverfahren zu erwarten sind, das Recht haben, von dem Gruppen-Koordinationsplan oder den Empfehlungen abzuweichen. Dieser Ansatz würde im Gegensatz zu der aktuellen Ausgestaltung des Koordinationsverfahrens einerseits die praktische Umsetzung rechtsträgerübergreifender Konzernverbundlösungen in den Einzelverfahren wesentlich erleichtern und andererseits jedoch auch in gebotener Weise die Berücksichtigung der rechtsträgerspezifischen Interessen in den Einzelverfahren gewährleisten.

Schließlich wäre es nach Ansicht des Verfassers sinnvoller, wenn das für die konzernleitende Gesellschaft zuständige Gericht für das Gruppen-Koordinationsverfahren und nicht das zuerst angerufene Gericht auf Grundlage des Prioritätsprinzips für die Eröffnung des Gruppen-Koordinationsverfahrens zuständig wäre. Diese Regelung würde zunächst Klarheit schaffen, an welchem Gericht ein solches Verfahren durchzuführen ist und die mit dem Prioritätsprinzip verbundene Eile zur Einreichung des entsprechenden Antrags beseitigen. Im Übrigen kann in diesem Zusammenhang auf die bereits in den nationalen Reformüberlegungen geübte Kritik an dem Prioritätsprinzip verwiesen werden. Es sei jedoch nochmals darauf hingewiesen, dass die Koordination der Konzerngesellschaften regelmäßig am Sitz der Konzernzentrale erfolgt und dort auch folgerichtig die Koordination der einzelnen Insolvenzverfahren und mithin auch das Koordinationsverfahren stattfinden sollte.

V. Standpunkt des Rates in erster Lesung

Mittlerweile hat der Rat gemäß dem ordentlichen Gesetzgebungsverfahren nach Artikel 294 des Vertrags über die Arbeitsweise der Europäischen Union am 12. März 2015 seinen Standpunkt in erster Lesung festgelegt.[813] Der Text der Verordnung stimmt hinsichtlich der für diese Arbeit maßgebenden Regelungen fast vollständig mit der voranstehend dargestellten Einigungsfassung überein und hat lediglich noch geringfüge terminologische Änderungen erfahren.

Die maßgebenden Erwägungen zur insolvenzrechtlichen Behandlung von Unternehmensgruppen finden sich nunmehr in den dem Verordnungstext voranstehenden Gründen 51–62, entsprechen aber abgesehen von geringfügigen sprachlichen Modifizierungen, inhaltlich den bereits aus der Einigungsfassung bekannten Erwägungen. Der für die Anwendung der in Kapitel V normierten Vorschriften erforderliche und unveränderte Begriff der Unternehmensgruppe wird nun in Art. 2 Nr. 13 EuInsVO-E geregelt, während sich die Definition des Mutterunternehmens in Art. 2 Nr. 14 EuInsVO-E wiederfindet. Letztere wurde lediglich insoweit geändert, als der Verordnungstext nicht mehr die vollständige Bezeichnung der Richtlinie 2013/34 EU enthält und das Mutterunternehmen, das einen nach dieser Richtlinie konsolidierten Jahresabschluss erstellt, nicht mehr als Mutterunternehmen gilt, sondern als solches angesehen wird.

Auch die in Kapitel V enthaltenen Vorschriften stimmen fast vollständig mit den bereits im Kompromissvorschlag dargestellten Regelungen überein, sodass die Änderungen in Abschnitt 1 und 2 fast ausschließlich von begrifflicher Natur sind. Die vorweg in diesem Zusammenhang zu beachtenden Änderungen bestehen insbesondere darin, dass aufgrund der in Art. 2 V EuInsVO-E geänderten Begriffsbestimmung nunmehr der Begriff „Insolvenzverwalter" durch „Verwalter" ersetzt worden ist und anstelle des Koordinationsverwalters nunmehr die Terminologie „Koordinator" (Art. 61 III lit. a) EuInsVO-E) verwendet wird.

1. Abschnitt 1: Zusammenarbeit und Kommunikation

In Art. 56 EuInsVO-E wurde aufgrund der terminologischen Änderung der Begriff „Insolvenzverwalter" durch den Begriff „Verwalter" ersetzt. Im Übrigen beschränken sich die inhaltlichen Änderungen darauf, dass von einer Koordinierung der Verwaltung und Überwachung der „Geschäfte" und nicht mehr von einer Koordinierung der Verwaltung und Überwachung der „Insolvenzmasse" gesprochen wird. Auch die im Anschluss geregelte Vorschrift zur Zusammenarbeit und Kommunikation der Gerichte wurde nur insoweit geändert, als in Absatz 2 bei der Zusammenarbeit die Verfahrensrechte der „Verfahrensbeteiligten" anstatt der „Parteien" gewahrt

813 Rat der Europäischen Union, Interinstitutionelles Dossier 2012(0360 (COD), Dokument 16636/5/14, REV 5, Standpunkt des Rates in erster Lesung im Hinblick auf den Erlass der VEORDUNG DES EUROPÄISCHEN PARLAMENTS UND DES RATES über Insolvenzverfahren.

sein müssen und in Absatz 3 bei den geeigneten Wegen der Zusammenarbeit ein zusätzlicher Satz 2 eingeführt wurde, der nochmals den nicht abschließenden Charakter der Zusammenarbeit zum Ausdruck bringt. Nach der Regelung des Art. 57 III EuInsVO-E kann die Zusammenarbeit soweit erforderlich die Koordinierung der Zustimmung zu einer Verständigung der Verwalter betreffen, sodass der aus der internationalen Zusammenarbeit bekannte Begriff der *protocols* ersetzt worden ist und eine eigenständige Terminologie auf europäischer Ebene geschaffen wurde. Die Änderungen der Vorschrift zur Zusammenarbeit und Kommunikation zwischen Verwalter und Gerichten gemäß Art. 58 EuInsVO-E beschränken sich darauf, dass die Terminologie „wirksame Verfahrensführung" durch den Begriff „wirkungsvolle Verfahrensführung" ersetzt worden ist. Während also sowohl in Art. 56 EuInsVO-E und Art. 57 EuInsVO-E von einer wirksamen Verfahrensführung gesprochen wird, ist nun also in Art. 58 EuInsVO-E von einer wirkungsvollen Zusammenarbeit die Rede, sodass in unnötiger Weise verschiedene Terminologien geschaffen wurden. Diese uneinheitliche Begriffsbestimmung setzt sich schließlich sodann in Art. 60 EuInsVO-E fort, in dem im Zusammenhang mit den Rechten des Verwalters bei Verfahren über das Vermögen von Mitgliedern einer Unternehmensgruppe von einer „effektiven Verfahrensführung" die Rede ist. Darüber hinaus ist im Rahmen des Art. 60 EuInsVO-E noch zu erwähnen, dass der Begriff „Restrukturierungsplan" durch den Begriff „Sanierungsplan" ersetzt worden ist, wobei dies letztlich inhaltlich ohne Auswirkungen bleibt.

2. *Abschnitt 2: Koordinierung*

Die in Abschnitt 2 normierte Koordinierung regelt in Unterabschnitt 1 das Verfahren und enthält in Unterabschnitt 2 die allgemeinen Vorschriften, wobei die Regelungen ebenfalls fast vollständig mit den in der Einigungsfassung enthaltenen Vorschriften übereinstimmen.

Die Vorschrift betreffend den Antrag auf Eröffnung eines Gruppen-Koordinationsverfahrens enthält in Absatz 2 und 3 geringfügige sprachliche Änderungen und ersetzt den Begriff des „Koordinationsverwalters" durch denjenigen des „Gruppenkoordinators", welcher im Folgenden sodann als „Koordinator" bezeichnet wird (Art. 61 III lit. a) EuInsVO-E). Die Regelung zur Mitteilung durch das befasste Gericht nach Art. 63 EuInsVO-E wurde ebenfalls lediglich sprachlich angepasst. Hinzuweisen ist in diesem Zusammenhang darauf, dass in Absatz 1 lit a) wie in Art. 60 I EuInsVO-E nunmehr von einer effektiven Führung der Insolvenzverfahren die Rede ist, wobei – wie bereits erwähnt – unklar bleibt, weshalb die bislang einheitliche Terminologie „wirksamen Verfahrensführung" aufgegeben worden ist. Die weniger inhaltlichen als vielmehr sprachlichen Anpassungen setzen sich auch in den Regelungen zu den Einwänden der Verwalter und deren Rechtsfolgen (Art. 64, 65, 67 EuInsVO-E) fort. Während Art. 64 II EuInsVO-E nunmehr terminologisch richtig vorsieht, dass die Einwände nicht mehr „einzulegen" sondern zu „erheben" sind, bestehen die inhaltlich ebenfalls ohne Auswirkung bleibenden Änderungen in Art. 65 EuInsVO-E darin, dass bei Einwänden des Verwalters gegen die Einbeziehung in das Gruppen-Koordinationsverfahren dieses Verfahren nicht mehr in das Verfahren einzubeziehen „ist“, sondern nicht mehr einbezogen „wird“. In Art. 67 EuInsVO-E wird nun geregelt, dass das Gericht bei Einwänden gegen den vorgeschlagenen Koordinator nicht davon absehen kann, diese Person zu „bestellen“, und den die Einwände erhebenden Verwalter auffordern kann, einen den Anforderungen nach Art. 61 Absatz 3 entsprechenden Antrag einzureichen. Die Vorschrift des Art. 68 EuInsVO-E regelt jetzt in terminologisch zutreffender Weise die Entscheidung zur Eröffnung eines Gruppen-Koordinationsverfahrens und bleibt – abgesehen von den sprachlichen Änderungen in Absatz 1 lit. a) – c) – inhaltlich ebenfalls weitgehend unverändert. Dies gilt im Übrigen auch für die den Unterabschnitt 1 abschließenden Vorschriften der Art. 69–70 EuInsVO-E. Die formalen Änderungen bestehen in Art. 79 EuInsVO-E insbesondere darin, dass in Absatz 2 der Begriff „stattgeben“ durch „entsprechen“, in Absatz 3 die Terminologie „Bedingungen“ durch „Voraussetzungen“ und in Absatz 4 das Wort „vorgesehen“ durch „bestimmt“ ersetzt worden ist.

Darüber hinaus sind auch die in Unterabschnitt 2 geregelten Allgemeinen Vorschriften ebenfalls fast ausschließlich in sprachlicher Hinsicht verändert worden. Die Regelung des Art. 71 I EuInsVO-E sieht nun vor, dass der Koordinator eine Person sein „muss“, die nach dem Recht eines Mitgliedstaats „geeignet“ ist, als Verwalter tätig zu sein, wobei die Ersetzung der Begriffe „ist“ und „befugt“ letztlich mit keinen Auswirkungen verbunden ist. Darüber hinaus sind auch die Änderungen in Art. 72 EuInsVO-E hinsichtlich der Aufgaben und Rechte des Koordinationsverwalters nur sprachlicher Natur. Diese bestehen u. a. darin, dass der Koordinator die Empfehlungen für die koordinierte Durchführung der Insolvenzverfahren darstellt und nicht mehr festlegt (Art. 72 I lit. a) EuInsVO-E) und einen Gruppen-Koordinationsplan vorschlägt, der einen umfassenden „Katalog“ und nicht wie bislang ein umfassendes „Paket“ an geeigneten Maßnahmen für einen integrierten Ansatz zur Bewältigung der Insolvenz der Gruppenmitglieder festlegt, beschreibt und empfiehlt. Zudem wurde Absatz 2 dahingehend geändert, dass die Formulierung der „Koordinationsverwalter kann zudem“ durch die Formulierung der „Koordinator hat zudem das Recht“ ersetzt worden ist. Schließlich haben auch die abschließenden Regelungen zum Verfahren in Art. 73–76 EuInsVO-E nur minimale begriffliche Änderungen erfahren, sodass diesbezüglich auch keine weitergehende Darstellung der Änderungen erforderlich erscheint.

Zusammenfassend lässt sich daher feststellen, dass die Regelungen in großem Maße mit den bereits in der Kompromissfassung dargestellten Vorschriften übereinstimmen und ohne inhaltliche Änderungen lediglich in terminologischer Hinsicht geringfügig angepasst worden sind.

VI. Neufassung der Europäischen Insolvenzverordnung

Den Standpunkt des Rates vom 12.03.2015 hat das Europäische Parlament am 20.05.2015 ohne Abänderung angenommen. Die Verordnung (EU) Nr. 2015/848 über Insolvenzverfahren wurde am 05.06.2015 im Amtsblatt der Union veröffentlicht und ersetzt die Verordnung (EG) Nr. 1346/2000 über Insolvenzverfahren vom 29.05.2000. Die Verordnung trat gem. Art. 92 I EuInsVO am 26.06.2015 in Kraft und gilt – bis auf wenige Ausnahmen – ab dem 26.06.2017 in allen Mitgliedstaaten mit Ausnahme Dänemarks. Ab diesem Zeitpunkt gelten somit auch die voranstehend dargestellten und in Kapitel V der Verordnung enthaltenen Vorschriften in Bezug auf Insolvenzverfahren über das Vermögen von Mitgliedern einer Unternehmensgruppe.

C. Zusammenfassung

Die voranstehenden Ausführungen beschäftigen sich mit den zentralen Reformüberlegungen zur Kodifikation konzerninsolvenzrechtlicher Vorschriften auf nationaler und europäischer Ebene.

Die allgemeinen Erwägungen des nationalen Gesetzgebers beruhen zum Teil auf den Empfehlungen von *UNCITRAL* zur verfahrensrechtlichen Koordination und bilden grundsätzlich ein solides Fundament für die insolvenzrechtliche Behandlung konzernverbundener Unternehmen. Neben dem Entschluss zur Kodifikation expliziter konzerninsolvenzrechtlicher Regelungen ist zu begrüßen, dass sich der Gesetzgeber für eine verfahrensrechtliche Koordination und gegen eine der geltenden Systematik widersprechende materielle Konsolidation entscheidet. Die Kombination verschiedener Koordinierungsmaßnahmen trägt den Besonderheiten von Konzerninsolvenzen Rechnung und stellt einen flexiblen Regelungsmechanismus zur Abwicklung sämtlicher konzernrechtlicher Erscheinungsformen zur Verfügung.

Während also die allgemeinen Überlegungen durchaus zu überzeugen vermögen, erscheint die konkrete Ausgestaltung verbesserungsbedürftig. Der Gesetzgeber hat sich bei der für eine koordinierte Abwicklung erforderlichen verfahrensrechtlichen Verflechtung auf Ebene der Insolvenzgerichte bedauerlicherweise gegen eine Muttergerichtsstandslösung und für das Prioritätsprinzip entschieden. Das Prioritätsprinzip führt zu einer Vielzahl potentieller Gerichtsstände, obwohl die konzernleitenden Entscheidungen vor der Insolvenz am Sitz der Konzernmutter getroffen werden und allein dieser Gerichtsstand auch für die verfahrensrechtliche Verflechtung in der Insolvenz maßgebend sein sollte. Darüber hinaus sollte die für die Gläubiger wesentliche Entscheidung der Zuständigkeitskonzentration antragsunabhängig auf gerichtlicher Ebene getroffen werden, da die Gläubiger im Falle der Insolvenz als wirtschaftliche Eigentümer des Unternehmens anzusehen sind und die in deren Interesse zu treffende Entscheidung somit keiner schuldnerspezifischen Voraussetzung bedürfen sollte. Die Regelung des Gruppengerichtsstands als Wahlgerichtsstand erschwert schließlich auch die einheitliche Verwalterbestellung, da diese bei Zuständigkeit eines Gerichts wesentlich wahrscheinlicher sein dürfte, als wenn eine Vielzahl unterschiedlicher Gerichte im Rahmen des § 56b InsO-E eine Einigung über die Frage der einheitlichen Verwalterbestellung erzielen muss. Darüber hinaus erschweren auch die im Rahmen des § 56b InsO-E vorgesehenen umfassenden Beteiligungsrechte der Gläubiger die einheitliche Verwalterbestellung und tragen dem Erfordernis einer schnellen und unkomplizierten Entscheidung über die Frage der Verwalterbestellung nicht ausreichend Rechnung, obwohl die erforderliche Gläubigerautonomie bereits durch die Anwendung des § 56a III InsO gewährleistet werden könnte.

Die weiteren Regelungen zur verfahrensrechtliche Kooperation zwischen den Verfahrensbeteiligten sind zu begrüßen und als sinnvolle Ergänzung zu den verfahrensrechtlichen Konzentrationslösungen anzusehen, wobei eine weitergehende Anpassung an die Kooperationsregelungen auf europäischer Ebene zur Schaffung eines einheitlichen Kommunikations- und Kooperationsstandes wünschenswert wäre.

Dagegen erscheint die Einführung des Koordinationsverfahrens in seiner jetzigen Fassung nicht zielführend, da zum einen bereits die Kooperationsvorschriften das notwendige Maß an Koordination sicherstellen und zum anderen mit der grundsätzlich unverbindlichen Ausgestaltung des Koordinationsplans nur in seltenen Fällen eine darüber hinausgehende Verfahrenskoordination verwirklicht werden dürfte.

Die Neufassung der Europäischen Insolvenzverordnung orientiert sich an den Vorschlägen von Insol Europe und insbesondere an den Empfehlungen von *UNCITRAL* zur Regelung internationaler Konzerninsolvenzen und setzt in Übereinstimmung mit den Empfehlungen insbesondere auf verfahrensrechtliche Kooperationsmaßnahmen. Hinzu kam das bereits aus den nationalen Reformüberlegungen bekannte Koordinationsverfahren. Die Entscheidung zur Kodifikation konzerninsolvenzrechtlicher Vorschriften im Rahmen der EuInsVO ist zu begrüßen, die Art und Weise der gesetzlichen Ausgestaltung jedoch leider zu zaghaft. Die Bestimmung der internationalen Zuständigkeit erweist sich in Konzernkonstellationen als Schicksalsfrage und hätte trotz der damit einhergehenden Schwierigkeiten im Hinblick auf eine koordinierte Verfahrensabwicklung einer entsprechenden Regelung bedurft. Die Regelung der Zuständigkeitskonzentration auf europäischer Ebene würde die Grundlage für eine effiziente Abwicklung der Insolvenzverfahren konzernverbundener Unternehmen schaffen und eine intensive und über die Effizienz der vorgesehenen Kooperationsvorschriften hinausgehende Koordination ermöglichen. Die in der Neufassung enthaltenen Kooperationsvorschriften wären dabei als sinnvolle Ergänzung zu einer Zuständigkeitskonzentrationsregelung anzusehen und könnten insbesondere in den nicht für eine Verfahrenskonzentration geeigneten Fällen eine ausreichende Koordination gewährleisten. Das mit einem immensen Organisationsaufwand verbundene Koordinationsverfahren bedürfte es in diesem Fall dagegen nicht.

§ 7 Vorschlag zur Abwicklung von Konzerninsolvenzen

„Verfahrenskoordination durch Verfahrenskonzentration“

Die voranstehenden Ausführungen haben sich mit den Reformprozessen bzw. den künftig geltenden Regelungen auf nationaler und europäischer Ebene befasst. Der folgende und abschließende Teil der Untersuchung unterbreitet nun unter Berücksichtigung dieser Erwägungen und den bislang gewonnenen Erkenntnissen einen Vorschlag zur Abwicklung von Insolvenzverfahren konzernverbundener Unternehmen. Die Ausführungen gehen zunächst auf die wesentlichen Voraussetzungen für ein funktionierendes Regelungssystem ein (A.) und stellen im Anschluss daran die maßgebenden Erwägungen zur sachgerechten Bewältigung von Konzerninsolvenzen auf nationaler (B.) und europäischer Ebene (C.) dar.

A. Grundüberlegungen des Lösungsansatzes

Die Bewältigung von Konzerninsolvenzen erfordert unter Berücksichtigung der konzernrechtlichen Vielfalt zunächst ein flexibles und im Einzelfall effizientes System zur bestmöglichen Abwicklung konzernverbundener Unternehmen (I.). Darüber hinaus sollten im Hinblick auf die zunehmende grenzüberschreitende Tätigkeit von Konzernunternehmen auf nationaler und europäischer Ebene grundsätzlich gleichartige Regelungsmechanismen zur insolvenzrechtlichen Behandlung von Konzernunternehmen geschaffen werden (II.).

I. Flexibilität und Effizienz

Ein sachgerechter Lösungsvorschlag zur Abwicklung von Konzerninsolvenzen bedarf zunächst der notwendigen Flexibilität. Die Unternehmenspraxis zeichnet sich sowohl in rechtlicher als auch in wirtschaftlicher Hinsicht durch verschiedene Formen von Unternehmenszusammenschlüssen aus und bringt daher eine Vielzahl konzernrechtlicher Erscheinungsformen mit sich (§ 2). Die in der Praxis existierende Konzernvielfalt erfordert somit einen differenzierten und dem jeweiligen Einzelfall gerecht werdenden Regelungsmechanismus zur Berücksichtigung der jeweiligen Konzernzusammenhänge. Die flexible Ausgestaltung des Lösungsansatzes soll dabei insbesondere die Erreichung der entsprechenden ökonomischen Zielsetzungen sicherstellen. Zentrales Kriterium ist vor dem Hintergrund der Masseinsuffizienz die Erhöhung der insgesamt zur Verfügung stehenden Haftungsmasse. Der Lösungsansatz sollte demnach nur in den Konstellationen zur Anwendung kommen, in denen die besonderen konzerninsolvenzrechtlichen Regelungsmechanismen einen höheren Verwertungserlös als die nicht koordinierte Abwicklung der jeweiligen

Konzerngesellschaften erwarten lassen und somit im gemeinsamen Interesse der Gläubiger liegen (§ 3).

II. Gleichartigkeit auf nationaler und europäischer Ebene

Darüber hinaus sollten die simultanen Reformüberlegungen auf nationaler und europäischer Ebene zum Anlass genommen werden, gleichartige und aufeinander abgestimmte Regelungsmechanismen zur Koordination der Insolvenzverfahren konzernverbundener Unternehmen zu entwickeln. Das Erfordernis einer entsprechenden Abstimmung ergibt sich zunächst aus der Funktionsweise der Verordnung, die aufgrund der kollisionsrechtlichen Regelung des Art. 4 EuInsVO auf die Insolvenzrechte der Mitgliedstaaten verweist und das im jeweiligen Einzelfall anzuwendende Recht bestimmt. Darüber hinaus ist bei der Einführung konzerninsolvenzrechtlicher Vorschriften auch das Verhältnis des Gemeinschaftsrechts zum Recht der Mitgliedstaaten zu beachten. Dabei spielt insbesondere die Normenhierarchie des Unionsrechts zum Recht der Mitgliedstaaten bei der Ausgestaltung der jeweiligen Vorschriften eine zentrale Rolle. Der Anwendungsvorrang der Verordnung bewirkt, dass die nationalen Vorschriften insoweit verdrängt werden, als die entsprechende Thematik abschließend auf europäischer Ebene geregelt wird und lediglich in den verbleibenden Fällen Anwendung finden.[814] Dieses Konkurrenzverhältnis und die daraus resultierenden Schwierigkeiten offenbaren sich beispielsweise zwischen den im Entwurf der Europäischen Kommission vorgesehenen Kooperationsvorschriften (Art. 42a – 42c EuInsVO-E) und den im Diskussionsentwurf vorgesehenen Koordinationsverfahren (§§ 269d – 269i InsO-E). Dabei stellt sich insbesondere die Frage, ob die europäischen Kooperationsvorschriften die Koordinierung der Verfahren abschließend regeln oder das Koordinationsverfahren bei Anwendung des deutschen Insolvenzrechts als zusätzliche Möglichkeit zur Verfahrenskoordinierung zur Verfügung steht.[815] Das Verhältnis von nationalem zu europäischem Recht kann somit zu schwierigen Abgrenzungsfragen führen und ist bei der Erarbeitung etwaiger Lösungsansätze entsprechend zu berücksichtigen. Darüber hinaus sollten die nationalen Regelungsansätze zur insolvenzverfahrensrechtlichen Behandlung konzernverbundener Unternehmen den grundsätzlichen Regelungsmechanismen der Verordnung entsprechen. Diese Vorgehensweise ermöglicht im Interesse sämtlicher Verfahrensbeteiligter die Entwicklung eines einheitlichen Regelungssystems auf nationaler und europäischer Ebene und trägt zur Harmonisierung der mitgliedstaatlichen Insolvenzrechte bei. Der Autor plädiert daher für eine einheitliche Regelung des Begriffs der Unternehmensgruppe und spricht sich für die Einführung gleichartiger Regelungsansätze zur Abwicklung von Konzerninsolvenzverfahren im Rahmen der InsO und EuInsVO aus.

---

814 Dazu Brünkmans, Der Konzern 2013, 234 (247); ders., ZInsO 2013, 797 (807); Eidenmüller/Frobenius, ZIP 2013, Beilage zu Heft 3, 1 (11 f.).
815 Brünkmans, Der Konzern 2013, 234 (247); ders., ZInsO 2013, 797 (807).

1. Begriff der Unternehmensgruppe

Der Begriff der Unternehmensgruppe sollte sich zunächst von dem gesellschaftsrechtlichen Konzernbegriff des § 18 AktG unterscheiden. Das diesem Konzernbegriff innewohnende Merkmal der einheitlichen Leitung ist mitunter schwer zu bestimmen und kann eine intensive und aufwändige gerichtliche Prüfung erfordern, die im Interesse einer schnellen und unkomplizierten Entscheidung verhindert werden sollte.[816] Darüber hinaus ist das Kriterium der einheitlichen Leitung lediglich hierzulande für die Bestimmung des Konzerntatbestandes von Bedeutung und somit nicht als Vorbild für eine gemeinsame nationale und europäische Begriffsbestimmung geeignet. Die Regelung der Unternehmensgruppe erfordert somit eine sachgerechte und bereits auf europäischer Ebene entwickelte Begriffsbestimmung. Die in der Richtlinie zum konsolidierten Konzernabschluss verwendete Begriffsbestimmung erfüllt diese Voraussetzungen und hat aus diesen Gründen offensichtlich auch Eingang in die Reformüberlegungen auf nationaler und europäischer Ebene gefunden.[817] Während die Regelung im nationalen Bereich (§ 3e InsO-E) an die Möglichkeit zur Ausübung eines beherrschenden Einflusses und somit mittelbar an die Konzernrichtlinie und die darauf basierende Regelung des § 290 HGB anknüpft, zeigt sich der Vorbildcharakter der in der Richtlinie verwendeten Begriffsbestimmungen unmittelbar auf europäischer Ebene (Art. 2 Nr. 13 u. 14 EuInsVO) und den Reformüberlegungen von *Insol Europe* (Art. 2 j) – m) EuInsVO-E).

Diese sehen die Unternehmensgruppe als eine Anzahl von Unternehmen, bestehend aus Mutter- und Tochtergesellschaften an und definieren die Begriffe der Mutter- und Tochtergesellschaft in Anlehnung an Art. 1 I lit. a) – c) der Konzernabschlussrichtlinie und unter Anknüpfung an die dort genannten Kriterien. Die Ansätze zur Definition der Unternehmensgruppe stimmen somit in ihren Grundüberlegungen überein und sollten daher auf nationaler und europäischer Ebene auch eine einheitliche Formulierung erhalten. Dabei sollten die nationalen Begriffsbestimmungen den europäischen Begriffsbestimmungen folgen und angepasst werden.

Darüber hinaus sollten die nationalen und europäischen Begriffsbestimmungen in Anlehnung an den Reformvorschlag von *Insol Europe* auch eine Definition der obersten oder konzernleitenden Muttergesellschaft enthalten. Diese für den nachfolgend vorzustellenden Lösungsansatz erforderliche Begriffsbestimmung sollte sich jedoch von der Regelung des Art. 2 lit. m) EuInsVO-E des Reformvorschlags von *Insol Europe* insoweit unterscheiden, als dass die konzernleitende Gesellschaft nicht Gegenstand eines Insolvenzverfahrens sein muss. Als konzernleitendes Unternehmen sollte somit auf nationaler Ebene das ranghöchste Unternehmen anzusehen sein, das hierzulande keine Muttergesellschaft im Sinne der obigen Definition hat und deren Insolvenzverfahren im Fall der Insolvenz in Deutschland stattfinden

816 So auch Brünkmans, ZInsO 2013, 797 (799); ders., ZIP 2013, 193 (195); Leutheusser-Schnarrenberger, ZIP 2013, 97 (100).

817 Siebente Richtlinie des Rates vom 13. Juni 1983 aufgrund von Art. 54 Absatz 3 Buchstabe g) des Vertrages über den konsolidierten Abschluss ((83/349/EWG).

würde. Demnach sollte im europäischen Recht als konzernleitendes Unternehmen die Muttergesellschaft angesehen werden, die selbst keine Muttergesellschaft im Geltungsbereich der EU hat und dessen Insolvenzverfahren im Falle der Insolvenz innerhalb der EU stattfinden würde.

2. Regelungsansätze zur Abwicklung von Konzerninsolvenzverfahren

Darüber hinaus sollten aufgrund der Funktionsweise der Verordnung und im Interesse einer weiteren Angleichung der mitgliedstaatlichen Insolvenzrechte auch gleichartige Regelungsansätze zur Abwicklung von Konzerninsolvenzverfahren auf nationaler und europäischer Ebene entwickelt werden. Die grundsätzlichen Möglichkeiten zur insolvenzverfahrensrechtlichen Behandlung von Konzernunternehmen finden sich zum Teil in den bereits dargestellten Reformüberlegungen wieder und sind auch im Rahmen dieser Arbeit bereits dargestellt worden (§ 4). Dabei lässt sich grundsätzlich zwischen einer die rechtliche Selbständigkeit der Konzernunternehmen beachtenden Verfahrenskoordinierung und einer die rechtliche Selbständigkeit der Konzernunternehmen missachtenden Haftungskonsolidierung unterscheiden. Letztere findet aufgrund der damit einhergehenden Bedenken keine Berücksichtigung in den geplanten Regelungen auf nationaler und europäischer Ebene und sollte auch nicht in den von *Insol Europe* und *UNCITRAL* vorgeschlagenen Ausnahmesituationen zur Anwendung kommen. Der folgende Regelungsansatz beschränkt sich somit auf eine verfahrensrechtliche Koordinierung der Insolvenzverfahren konzernverbundener Unternehmen.

B. Erwägungen im nationalen Recht

Die folgenden Ausführungen stellen den im nationalen Recht favorisierten Ansatz zur insolvenzrechtlichen Behandlung von Konzernunternehmen dar und zeigen die dafür erforderlichen und in das nationale Insolvenzrecht zu integrierenden Regelungsmechanismen auf. Dabei werden zunächst die intensiveren verfahrensrechtlichen Koordinationsmechanismen (I.) und im Anschluss daran die als sinnvolle Ergänzung zu diesen Regelungen vorgesehenen Kooperationsvorschriften (II.) vorgestellt.

I. Verfahrensrechtliche Koordinationsmechanismen

Die verfahrensrechtlichen Maßnahmen beinhalten aufgrund der zahlreichen Vorteile einer Verfahrenskonzentration zunächst die Einführung flexibler Regelungen zur institutionellen und personellen Verfahrensverflechtung. Darüber hinaus erscheint auch das Regelungssystem des Insolvenzplans auf die Situation der Konzerninsolvenz übertragbar und lässt bessere Ergebnisse als der in der jetzigen Fassung im Koordinationsverfahren vorgesehene Koordinationsplan erwarten. Dagegen wird von Vorschlägen in Zusammenhang mit der Aufrechterhaltung der Leitungsmacht abgesehen, da die Einflussmöglichkeiten zu Lasten einzelner Gesellschaften den rechtsträgerspezifischen Interessen zuwiderlaufen könnten.

1. *Regelung der Zuständigkeitskonzentration*

Das nationale Insolvenzrecht bedarf zunächst einer besonderen Regelung der gerichtlichen Zuständigkeit in Konzernkonstellationen. Die Frage der Gerichtszuständigkeit ist bei der Abwicklung von Insolvenzverfahren konzernverbundener Unternehmen von zentraler Bedeutung und erfordert daher eine sachgerechte Lösung. Der folgende Lösungsansatz berücksichtigt die in Konzernkonstellationen bestehenden Besonderheiten und macht eine flexible und im Interesse der Gläubiger liegende Entscheidung über eine etwaige Zuständigkeitskonzentration möglich.

a) Darstellung des Lösungsvorschlags

Die Berücksichtigung der in Konzernkonstellationen zu beachtenden Besonderheiten erfordert zunächst eine modifizierte Form der Insolvenzantragstellung. Demnach sollten in Anlehnung an die Empfehlungen von Uncitral grundsätzlich sämtliche Anträge auf Eröffnung eines Insolvenzverfahrens über das Vermögen von Schuldnern einer Unternehmensgruppe an dem für die konzernleitende Gesellschaft zuständigen Insolvenzgericht gestellt werden. Dieser Regelungsmechanismus sollte zum einen unabhängig von der vermögensrechtlichen Situation der konzernleitenden Gesellschaft und zum anderen sowohl bei der Stellung von Fremd- als auch Eigenanträgen zur Anwendung kommen. Letztere sind dabei in Anlehnung an die Vorschrift des § 13a InsO-E mit Angaben zu versehen, die über die Konzernstruktur, die Stellung, die Aufgaben und Funktionen des Schuldners im Konzernverbund informieren und für die gerichtliche Zuständigkeitsprüfung erforderlich sind.

Während also in einem ersten Schritt lediglich sämtliche Eröffnungsanträge bei dem für das konzernleitende Unternehmen zuständigen Gericht zu stellen sind, erfolgt die eigentliche gerichtliche Zuständigkeitsprüfung in einem zweiten Schritt. Dabei hat das für die Antragstellung zentrale Insolvenzgericht die gerichtliche Zuständigkeitsprüfung im Hinblick auf jede einzelne Konzerngesellschaft vorzunehmen und die für die Prüfung erforderlichen Umstände von Amts wegen zu ermitteln. Die Entscheidung über die gerichtliche Zuständigkeitskonzentration hat das Gericht im Interesse der Gläubiger zu treffen.[818] Demnach erklärt sich das Insolvenzgericht der konzernleitenden Gesellschaft für das Insolvenzverfahren über das Vermögen einer Konzerngesellschaft für zuständig, wenn eine Verfahrenskonzentration an diesem Gericht vorteilhaft ist. Dies ist dann der Fall, wenn aufgrund der konzernrechtlichen Struktur die Durchführung des Insolvenzverfahrens am Gerichtsstand der konzernleitenden Gesellschaft voraussichtlich einen höheren Verwertungserlös

---

818 Zur Anknüpfung an das (gemeinsame) Interesse der Gläubiger vgl. BMJ, DiskE Konzerninsolvenz, § 3a I Nr. 2 InsO-E; Eidenmüller/Frobenius, ZIP 2013, Beilage zu Heft 22, 1 (9).

als die Abwicklung dieser Gesellschaft an dem für sie zuständigen Gerichtsstand erwarten lässt und mithin dem Willen der Gläubiger entspricht. Dagegen verweist das Insolvenzgericht das Insolvenzverfahren an das nach § 3 InsO zuständige Gericht, wenn die Durchführung dieses Insolvenzverfahrens an dem für die konzernleitende Gesellschaft zuständigen Gericht voraussichtlich nicht im Interesse der Gläubiger liegt.

b) Begründung des Lösungsvorschlags

Der voranstehende Regelungsmechanismus ermöglicht durch das zweistufige System eine sachgerechte Bestimmung des Gerichtsstands in Konzernkonstellationen.

Die Einreichung sämtlicher Insolvenzanträge an dem für das konzernleitende Unternehmen zuständigen Gericht stellt in einem ersten Schritt zunächst die zentrale und einheitliche Erfassung der Konzernstruktur sicher. Das Gericht erhält durch die zentralisierte Antragstellung einen umfassenden Einblick in die Funktionsweise des Konzernverbundes und die bestehenden konzernrechtlichen Zusammenhänge. Dabei lässt sich zunächst die Informationsbündelung an der Konzernzentrale für die Einreichung sämtlicher Eröffnungsanträge bei dem Gerichtsstand des konzernleitenden Unternehmens anführen. Für die Anknüpfung an die konzernleitende Gesellschaft spricht zudem, dass das Konzernhaupt für die Steuerung der Konzernglieder zuständig ist und dort auch der Beginn der verfahrensrechtlichen Koordination im Rahmen der einheitlichen Antragstellung erfolgen sollte.[819] Diese Argumente rechtfertigen die von der Zuständigkeitsbegründung unabhängige einheitliche Antragstellung selbst in den Fällen, in denen die Muttergesellschaft nicht insolvent ist und auch nicht in Insolvenz gerät.[820] Dabei ist jedoch zu beachten, dass aufgrund der in den konzernrechtlichen Vorschriften enthaltenen Ausgleichsmechanismen die Insolvenz der Untergesellschaft oftmals mit der Insolvenz der Obergesellschaft einhergeht und beispielsweise im Vertragskonzern regelmäßig erst die Insolvenz der herrschenden Gesellschaft und die daraus resultierende Nichterfüllung der Verlustausgleichspflicht (§ 302 I AktG) die Insolvenz der abhängigen Gesellschaft bedingt und somit auch vor diesem Hintergrund der Gerichtsstand der konzernleitenden Gesellschaft maßgebend sein sollte.

Die zentralisierte Antragstellung wirkt sich aufgrund der Informationsbündelung zudem positiv auf die in einem zweiten Schritt durchzuführende gerichtliche Zuständigkeitsprüfung aus. Die Entscheidung über die mögliche Zuständigkeitskonzentration erfolgt dabei von Amts wegen und setzt im Gegensatz zu dem vorgesehenen Regelungsansatz auf nationaler Ebene keinen entsprechenden Antrag des Schuldners voraus. Dieser Regelungsansatz ermöglicht somit sowohl bei Eigen- als

---

819 Für eine Muttergerichtsstandslösung Vallender/Deyda, NZI 2009, 825 (828 ff.); Jaffé/Friedrich, ZIP 2008, 1849 (1851 f.); Andres/Möhlenkamp, BB 2013, 579 (584); Westpfahl/Janjuah ZIP 2009, Beilage zu Heft 3, 1 (7); Frind, ZInsO 2013, 429 (433).

820 Ebenso Verhoeven, ZinsO 2012, 1689 (1695); Wiebusch, Internationales Konzerninsolvenzrecht, S. 194; kritisch Schmollinger, Der Konzern, S. 265 f.

auch bei Fremdanträgen die Vorteile einer Verfahrenskonzentration zu ermitteln und legt die Entscheidungshoheit stets antragsunabhängig in die Hände des für die konzernleitende Gesellschaft zuständigen Insolvenzgerichts. Dieses hat in jedem Einzelfall die Vor- und Nachteile einer Zuständigkeitskonzentration abzuwägen und eine Entscheidung über den Gerichtsstand jeder einzelnen insolventen Gesellschaft zu treffen. Dieses System verfügt im Vergleich zu ausschließlichen Gerichtsstandslösungen über die notwendige Flexibilität und ermöglicht im Interesse der Gläubiger, das Insolvenzverfahren über das Vermögen eines Konzernunternehmens entweder am Gerichtsstand des konzernleitenden Unternehmens durchzuführen oder an das nach § 3 InsO zuständige Gericht zu verweisen. Letzteres könnte beispielsweise der Fall sein, wenn es sich bei dem konzernleitenden Unternehmen lediglich um eine reine Finanzholding handelt oder aufgrund der losen konzernrechtlichen Verflechtung der insolventen Tochtergesellschaft eine Durchführung dieses Verfahrens am Gerichtsstand des konzernleitenden Unternehmens keinen höheren Verwertungserlös erwarten lässt.

Darüber hinaus ermöglicht der Lösungsansatz im Vergleich zu dem Prioritätsprinzip auch eine bessere Vorhersehbarkeit des potentiellen Gerichtsstandes, in dem eine Verfahrenskonzentration lediglich an dem Gerichtsstand des konzernleitenden Unternehmens in Betracht kommt. Dabei müssen die für die Antragstellung und Vorhersehbarkeit des potentiellen Gerichtsstandes erforderlichen Informationen, insbesondere auch die konzernleitende Gesellschaft einer Unternehmensgruppe als solche für die Gläubiger erkennbar sein. Die Informationen zur konzernleitenden Gesellschaft sollten daher in Zukunft als eintragungspflichtige Tatsache im Handelsregister angesehen werden und zudem auch Bestandteil der Pflichtangaben auf den Geschäftsbriefen der einzelnen Konzernunternehmen sein.

Schließlich stellt der Regelungsmechanismus durch seine Anknüpfung an den Gerichtsstand des ranghöchsten nationalen Konzernunternehmens sicher, dass die deutschen Gerichte zuständig bleiben und die Durchführung der Verfahren hierzulande erfolgt.

2. *Regelung der Verwalterkonzentration*

Die Vorschriften des nationalen Insolvenzrechts bedürfen zudem einer besonderen Regelung zur Bestellung des Insolvenzverwalters in Konzernkonstellationen. Neben der verfahrensrechtlichen Verflechtung der Insolvenzverfahren auf Ebene der Insolvenzgerichte stellt die verfahrensrechtliche Zusammenfassung auf Ebene der Insolvenzverwalter den entscheidenden Regelungsmechanismus für eine koordinierte Verfahrensabwicklung dar. Der folgende Lösungsansatz versucht wie auf Ebene der Insolvenzgerichte durch eine flexible Regelung die im Einzelfall bestehenden Besonderheiten zu berücksichtigen und eine im Interesse der Gläubiger liegende Entscheidung zu gewährleisten.

a) Darstellung des Lösungsvorschlags

Die Bestellung des Insolvenzverwalters wird zum Teil als Schicksalsfrage des Insolvenzverfahrens bezeichnet und ist gerade in Konzernkonstellationen als zentrale Weichenstellung für eine koordinierte Verfahrensabwicklung anzusehen. Die Entscheidung über die Verfahrenskonzentration hat die konzernwirtschaftlichen Verflechtungen der einzelnen Konzerngesellschaften zu berücksichtigen und ist von verschiedenen rechtlichen und wirtschaftlichen Faktoren abhängig. Der zentrale Maßstab für eine Verfahrenskonzentration ist dabei erneut das Interesse der Gläubiger.[821] Demnach hat das Insolvenzgericht, das sich für die Durchführung einzelner oder mehrerer Verfahren für zuständig erklärt hat, in den jeweiligen Verfahren dieselbe Person zum Insolvenzverwalter zu bestellen, wenn die Verfahrenskonzentration auf Ebene der Insolvenzverwalter voraussichtlich dem Interesse der Gläubiger entspricht. Dies ist in wirtschaftlicher Hinsicht und dem zentralen Ziel der bestmöglichen Gläubigerbefriedigung dann der Fall, wenn die Bestellung derselben Person zum Insolvenzverwalter in dem Verfahren voraussichtlich einen höheren Verwertungserlös erwarten lässt als bei Bestellung verschiedener Verwalter zu realisieren wäre.

Ferner hat das Insolvenzgericht im Interesse der Gläubiger auch die rechtlichen Anforderungen an die Person des Insolvenzverwalters zu beachten und bei Bestellung in den jeweiligen Verfahren zu berücksichtigen. Bei nachträglicher Insolvenz einzelner Konzernunternehmen hat das Insolvenzgericht die Eignung des bereits in anderen Verfahren bestellten Insolvenzverwalters für eine weitere Verwalterbestellung zu überprüfen. Dabei ist im Hinblick auf das Unabhängigkeitserfordernis zu untersuchen, ob mögliche Interessenkonflikte einer erneuten Bestellung dieser Person entgegenstehen oder durch die Bestellung eines Sonderinsolvenzverwalters ausgeräumt werden können. Dabei sollte das für die Entscheidung zuständige Insolvenzgericht die Gefahr von Interessenkollisionen nicht vorschnell bejahen und die in der Insolvenzordnung vorgesehenen Mechanismen zur Begegnung derselben vor Augen haben. Dabei dürfte sowohl die Aufsicht des Insolvenzgerichts (§ 58 InsO) als auch die mögliche Haftung des Insolvenzverwalters bei Verletzung seiner insolvenzspezifischen Pflichten (§ 60 InsO) bereits oftmals die sachgerechte Lösung von Interessenkonflikten sicherstellen und eine ordentliche und gewissenhafte Ausübung des Amtes des Insolvenzverwalters auch bei Mehrfachbestellung gewährleisten.[822] Das Insolvenzgericht sollte aus diesem Grund grundsätzlich einen restriktiven Ansatz bei der Bestellung von Sonderinsolvenzverwaltern verfolgen. Darüber hinaus sollte das Insolvenzgericht einen Sonderinsolvenzverwalter in den einzelnen Verfahren erst bei Auftreten von Interessenkonflikten einsetzen und von der Möglichkeit einer nachträglichen Bestellung des Sonderinsolvenzverwalters

821 Zur Anknüpfung an das Interesse der Gläubiger oder das gemeinsame Interesse der Gläubiger vgl. § 56b DiskE, Eidenmüller/Frobenius, ZIP 2013, Beilage zu Heft 22, 1 (9).

822 So auch Brünkmans, Koordinierung, S. 146, ders., ZIP 2013, 193 (198).

Gebrauch machen. Die Aufgaben und Befugnisse des Sonderinsolvenzverwalters sind dabei vom Insolvenzgericht im Einzelfall zu bestimmen und sollten im Interesse einer effizienten Verwaltung auf das notwendigste Maß beschränkt werden.[823]

Schließlich sollte das Insolvenzgericht im Rahmen der Sonderinsolvenzverwaltung überprüfen, ob die konzernrechtlichen Verflechtungen die Bestellung verschiedener Sonderinsolvenzverwalter in den einzelnen Verfahren erfordern oder nicht die Bestellung einer Person zum Sonderinsolvenzverwalter in mehreren oder sämtlichen Verfahren genügt. Die Beteiligungsrechte der Gläubiger sollten aufgrund des Erfordernisses einer schnellen und unkomplizierten Verwalterbestellung in Konzernkonstellationen und somit letztlich im Interesse der Gläubiger eingeschränkt und lediglich durch die entsprechende Anwendung der Regelung des § 56a III InsO gesichert werden.

b) Begründung des Lösungsvorschlags

Die Regelung der gerichtlichen Zuständigkeit führt dazu, dass das für die konzernleitende Gesellschaft zuständige Gericht auch über die verfahrensrechtliche Verflechtung auf Ebene der Insolvenzverwalter entscheidet. Die Zuständigkeitskonzentration erleichtert somit die Bestellung eines personenidentischen Verwalters und macht eine nach dem Gesetzesentwurf der Bundesregierung möglicherweise erforderliche und die einheitliche Verwalterbestellung gefährdende Abstimmung verschiedener Insolvenzgerichte entbehrlich. Diese ist erforderlich, wenn kein Antrag des Schuldners auf Begründung eines Gruppengerichtsstands gestellt wurde oder trotz Begründung eines Gruppengerichtsstands die Insolvenzanträge bei dem nach § 3 InsO zuständigen Gericht gestellt werden. Dagegen ermöglicht die zentrale Antragstellung beim Insolvenzgericht der konzernleitenden Gesellschaft in sämtlichen Verfahren, in denen es sich für zuständig erklärt hat, die Entscheidung über die Bestellung des Insolvenzverwalters zu treffen. Dabei wird bewusst auf eine generelle Pflicht des Insolvenzgerichts zur Einsetzung eines personenidentischen Verwalters verzichtet und vielmehr ein flexibler Regelungsmechanismus der einheitlichen Verwalterbestellung vorgeschlagen.[824] Die Vorgehensweise ermöglicht die jeweiligen Besonderheiten zu berücksichtigen und eine im jeweiligen Einzelfall sachgerechte und im Interesse der Gläubiger liegende Entscheidung zu fällen. Das Interesse der Gläubiger ist somit sowohl für die gerichtliche Zuständigkeit als auch für die Verwalterbestellung entscheidend und dürfte in der Regel einen Gleichlauf von Zuständigkeits- und Verwalterkonzentration zur Folge haben. Demnach wird das für die Durchführung mehrerer Insolvenzverfahren zuständige Gericht im Regelfall auch dieselbe Person zum Insolvenzverwalter in mehreren oder sämtlichen Verfahren bestellen. Darüber hinaus berücksichtigt der Regelungsansatz auch Ausnahmesituationen und trägt beispielsweise Konstellationen Rechnung, in

823 Ebenso Brünkmans, Koordinierung, S. 145; ders., ZIP 2013, 193 (198).

824 Für eine generelle Pflicht der Gerichte zur Bestellung eines einheitlichen Verwalters Hirte, ZIP 2008, 44 (446).

denen Interessenkonflikte zwar durch die Bestellung von Sonderinsolvenzverwaltern gelöst werden können, aber die einheitliche Verwalterbestellung aufgrund der Vielzahl der zu erwartenden Kollisionen nicht mehr im gemeinsamen Interesse der Gläubiger ist.[825] Ferner kann sich das Insolvenzgericht auch dann gegen die einheitliche Verwalterbestellung entscheiden, wenn aufgrund einer weniger intensiven konzernwirtschaftlichen Beziehung einzelner Gesellschaften oder der im Einzelfall erforderlichen Sach- und Ortsnähe, die Einsetzung von personenverschiedenen Insolvenzverwaltern vorteilhaft erscheint und daher im Interesse der Gläubiger ist. Die Möglichkeit zur Berücksichtigung der konkreten Konzernzusammenhänge stellt somit eine flexible, sachgerechte und im Interesse der Gläubiger liegende Entscheidung des Insolvenzgerichts in Fragen der Verwalterbestellung sicher. Die im Regierungsentwurf vorgesehene umfassende Beteiligung der Gläubiger in Fragen der einheitlichen Verwalterbestellung ist dagegen weder zwingend erforderlich noch wird sie dem Erfordernis einer schnellen und unkomplizierten Verwalterbestellung in Konzernkonstellationen gerecht. Die Beteiligungsrechte der Gläubiger sind ausreichend gewahrt, wenn in Konzernkonstellationen lediglich die Regelung des § 56a III InsO Anwendung finden würde und die jeweiligen vorläufigen Gläubigerausschüsse in den ersten Sitzungen einstimmig eine andere Person zum Insolvenzverwalter wählen können.

3. Koordinierte Insolvenzpläne

Schließlich erscheint auch das Insolvenzplanverfahren (§§ 217 ff. InsO) für eine koordinierte Abwicklung der Insolvenzverfahren konzernverbundener Unternehmen geeignet. Dabei wird im Hinblick auf den rechtsträgerspezifischen Ansatz des Insolvenzrechts von der Überlegung eines einheitlichen Gruppeninsolvenzplans Abstand genommen und für die Umsetzung koordinierter Insolvenzpläne in den einzelnen Verfahren plädiert.

a) Darstellung des Lösungsvorschlags

Die voranstehenden Regelungsmechanismen zur Verfahrenskonzentration auf Ebene der Insolvenzgerichte und Insolvenzverwalter ebnen auch den Weg für eine koordinierte Konzernverbundlösung im Rahmen des Planverfahrens. Die Regelung zum Gerichtsstand führt in den für eine Koordination geeigneten Verfahren zu einer einheitlichen Gerichtszuständigkeit und stellt damit auch die entscheidenden Weichen für eine einheitliche Verwalterbestellung. Demnach setzt das für die verschiedenen Insolvenzverfahren zuständige Gericht in den für eine einheitliche Verwalterbestellung geeigneten Verfahren dieselbe Person als Insolvenzverwalter ein und ermöglicht dadurch die Erstellung koordinierter Insolvenzpläne. Der personenidentische Insolvenzverwalter hat somit die Möglichkeit, die konzernrechtlichen Verflechtungen im Rahmen der Insolvenzpläne zu berücksichtigen und ökonomisch sinnvolle

825 BMJ, DiskE Konzerninsolvenz, S. 20 u 34 f.

Konzernverbundlösungen zu entwickeln. Der Gefahr von Interessenkonflikten kann dabei erneut durch die Möglichkeit der Einsetzung von Sonderinsolvenzverwaltern begegnet werden. Darüber hinaus trägt auch der Regelungsmechanismus des Insolvenzplanverfahrens zum Schutz der rechtsträgerspezifischen Gläubigerinteressen bei, in dem die einzelnen Pläne der Annahme in den jeweiligen Verfahren bedürfen und somit der Zustimmung der Gläubiger unterliegen (§ 244 InsO).[826] Der Insolvenzverwalter hat demnach sowohl im Rahmen seiner verfahrensspezifischen Pflichten als auch im Interesse an der Verwirklichung einer Konzernverbundlösung die Belange der Gläubiger der einzelnen Gesellschaften zu beachten und danach zu handeln. Der Schutz der rechtsträgerspezifischen Interessen gebietet auch in Zukunft an der Annahme der Insolvenzpläne in den einzelnen Verfahren festzuhalten. Dabei sollten jedoch in Anlehnung an *Brünkmans* zur Verhinderung obstruktiven Verhaltens die Grundsätze der Regelung des § 245 InsO auf die Situation der Konzerninsolvenz übertragen und die Regelungen des Insolvenzrechts um ein konzerndimensionales Obstruktionsverbot erweitert werden.[827] Demnach sollte auch bei Nichterreichen der erforderlichen Mehrheiten (§ 244 InsO) in einem Verfahren die Zustimmung zu dem Insolvenzplan als erteilt gelten, wenn die Gläubiger dieser Gesellschaft durch den Plan voraussichtlich nicht schlechter gestellt werden, als sie ohne den Plan stünden, die Gläubiger dieser Gesellschaft angemessen an dem wirtschaftlichen Mehrwert beteiligt werden und in der Mehrheit der Verfahren der jeweilige Insolvenzplan mit der erforderlichen Mehrheit angenommen wurde. Das für die verschiedenen Insolvenzverfahren zuständige Gericht sollte dabei die Termine zur Abstimmung über die Insolvenzpläne entsprechend koordinieren (§ 241 InsO), um das Vorliegen obstruktiven Verhaltens zeitnah ermitteln zu können.

b) Begründung des Lösungsvorschlags

Die Vorschläge zur verfahrensrechtlichen Verflechtung wirken sich positiv auf das Insolvenzplanverfahren aus und erleichtern in Konzernkonstellationen die Erstellung koordinierter Insolvenzpläne. Das voranstehende Lösungskonzept stellt somit eine einfache und effektive Möglichkeit für eine weitere Koordinierung der

---

826 Schmollinger schlägt stattdessen die Vorlage eines das Vermögen aller insolventen Konzerngesellschaften umfassenden Konzerninsolvenzplans vor, bei welchem im Rahmen der Gruppenbildung die Gläubiger und Anteilsinhaber der einzelnen Konzerngesellschaften verschiedenen Gruppen zugeordnet werden. Dieser Konzerninsolvenzplan sollte Vorrang vor den in den einzelnen Verfahren vorgelegten Insolvenzplänen haben, vgl. Schmollinger, Der Konzern, S. 313 f.

827 Für eine Übertragung der Regelung des § 245 auf Konzernkonstellationen vgl. Brünkmans, Koordinierung, S. 114 ff. im Hinblick auf die Begründung von Kooperationspflichten zwischen den Gläubigern der einzelnen Konzerngesellschaften, ders.; Der Konzern 2013, 169 (181) im Hinblick auf die Ersetzung der Zustimmung im Rahmen des Koordinationsplans (§ 269 h InsO-E); Eidenmüller/Frobenius, ZIP 2013, Beilage zu Heft 22, 1 (11 f.) im Hinblick auf die Ersetzung der Zustimmung in einem Gruppeninsolvenzplan.

Verfahren dar und ist daher dem geplanten Koordinationsverfahren (§§ 269d – 269i InsO-E) vorzuziehen. Das komplexe und aufwendige Koordinationsverfahren erscheint aufgrund der vorgesehenen Kooperationsvorschriften nicht erforderlich und ist im Hinblick auf die grundsätzliche unverbindliche Ausgestaltung des Koordinationsplans auch nicht zweckmäßig. Dagegen kann der hier vorgeschlagene Regelungsmechanismus ohne größeren Regelungsbedarf in das vorhandene System des Insolvenzplanverfahrens integriert werden und lässt die Umsetzung einer konzernweiten Gruppenstrategie realistischer erscheinen. Das Lösungskonzept enthält ein konzerndimensionales Obstruktionsverbot und ermöglicht im Gegensatz zu dem vorgesehenen Koordinationsplan auch bei Nichtzustimmung der Gläubiger einzelner Gesellschaften eine koordinierte Abwicklung im Interesse des Konzernverbunds. Der Regelungsansatz berücksichtigt somit einerseits die rechtsträgerspezifischen Interessen der Gläubiger und erleichtert andererseits auch die Umsetzung rechtsträgerübergreifender Lösungsmechanismen im Interesse des Konzernverbundes.

Darüber hinaus ist die Möglichkeit zur Erstellung koordinierter Insolvenzpläne auch der Möglichkeit eines Gruppeninsolvenzplanverfahrens vorzuziehen.[828] Das voranstehende Lösungskonzept hält auch im Rahmen des Planverfahrens an dem rechtsträgerspezifischen Ansatz fest und folgt daher im Gegensatz zu einem Gruppeninsolvenzplan den bestehenden Prinzipien des Gesellschafts- und Insolvenzrechts. Zudem sprechen auch noch praktische Erwägungen gegen die Einführung eines Gruppeninsolvenzplanverfahrens. Ein Gruppeninsolvenzplan kommt nur zustande, wenn die Gläubiger der einzelnen insolventen Konzerngesellschaften dem Plan zustimmen oder die Zustimmung im Rahmen des Obstruktionsverbots ersetzt werden kann.[829] Sofern die Voraussetzungen für die Ersetzung der Zustimmung nicht vorliegen, führt dies zum Scheitern des Gruppeninsolvenzplans. Dagegen besteht die Möglichkeit zur Umsetzung koordinierter Insolvenzpläne grundsätzlich auch dann, wenn die Voraussetzungen für die Ersetzung der Zustimmung im Einzelfall nicht erfüllt sind. Diese Konstellation verhindert lediglich die Implementierung des Insolvenzplans in dem jeweiligen Verfahren, lässt jedoch die Möglichkeit zur Umsetzung der koordinierten Pläne in anderen Verfahren grundsätzlich unberührt. Der Ansatz ermöglicht somit im Unterschied zum Gruppeninsolvenzplan grundsätzlich auch die Umsetzung teilweiser Konzernverbundlösungen und erscheint auch aus diesem Grunde vorzugswürdig.

Die vorgestellte Lösung stellt somit eine einfache und effektive Möglichkeit zur Berücksichtigung der konzernrechtlichen Zusammenhänge dar und macht in Zusammenhang mit der dargestellten institutionellen und personellen Verfahrensverflechtung sowohl die Einführung des komplexen und aufwendigen

---

828 Für die Einführung eines Gruppeninsolvenzplanverfahrens auf nationaler Ebene vgl. Eidenmüller/Frobenius, ZIP 2013, Beilage zu Heft 22, 1 (11 f.); für die Einführung eines Gruppeninsolvenzplanverfahrens auf europäischer Ebene Insol Europe, Revision EIR, S. 101 ff.

829 Eidenmüller/Frobenius, ZIP 2013, Beilage zu Heft 22, 1 (11 f.).

Koordinationsverfahrens als auch die Einführung eines besonderen Gruppeninsolvenzplanverfahrens entbehrlich.

II. Regelungen für eine verfahrensrechtliche Kooperation

Die sachgerechte und effektive Koordination der Insolvenzverfahren konzernverbundener Unternehmen bedarf eines Höchstmaßes an Verfahrenskonzentration und daher lediglich eines Mindestmaßes an Verfahrenskooperation. Die voranstehenden Regelungen zur Gerichtszuständigkeit und Verwalterbestellung gewährleisten in den geeigneten Verfahren eine intensive verfahrensrechtliche Verflechtung und ermöglichen dadurch die bestmögliche Berücksichtigung der konzernrechtlichen Verbindungen. Die nachfolgenden Ausführungen zur Verfahrenskooperation flankieren diese Regelungen und stellen in den verbleibenden und nicht für eine Verfahrenskonzentration geeigneten Verfahren die ausreichende Berücksichtigung der bestehenden Konzernverhältnisse sicher. Die folgenden Darstellungen beschränken sich zunächst aufgrund der in diesem Regelungsmechanismus zu Tage tretenden großen Bedeutung der Verfahrenskonzentration und der eher geringen Bedeutung der Verfahrenskooperation lediglich auf grundsätzliche Überlegungen und Regelungsansätze. Zudem erscheint auch wegen der Vielzahl von Richtlinien, Empfehlungen und Vorschlägen zur Kommunikation und Kooperation der Funktionsbeteiligten in wirtschaftlich zusammenhängenden Insolvenzverfahren eine ausführlichere Darstellung dieser Thematik an dieser Stelle entbehrlich.[830] Was die grundsätzliche Ausgestaltung betrifft, so sieht der Autor die Einführung von Kooperationsvorschriften auf Ebene der Insolvenzgerichte und Insolvenzverwalter als sinnvolle Ergänzung zu den bereits dargestellten Konzentrationsmechanismen an. Demnach sollte in den nicht für eine Verfahrenskonzentration geeigneten Verfahren sowohl eine Zusammenarbeit der Insolvenzgerichte als auch eine Zusammenarbeit der Insolvenzverwalter erfolgen. Die Insolvenzgerichte und Insolvenzverwalter nehmen aufgrund ihrer Stellung in der InsO wesentlichen Einfluss auf den Ablauf des Insolvenzverfahrens und können durch eine verfahrensübergreifende Kooperation das in diesen Konstellationen erforderliche Minimum an Verfahrenskoordination sicherstellen. Darüber hinaus sollten die Kooperationsregelungen auch die besondere Situation der Eigenverwaltung berücksichtigen und auch den Sachwalter und die Geschäftsleitungsorgane des eigenverwaltenden Schuldners zur Kooperation verpflichten.[831] Dagegen erscheint die Einbeziehung der Gläubiger in den

---

830 International Insolvency Institute, Prospective Principles for Coordination of Multinational Corporate Group Insolvencies, abrufbar unter: http://www.iiiglobal.org/component/jdownloads/finish/362/5953.html; Insol Euope, CoCo Guiedlines, The American Law Institute in Zusammenarbeit mit The International Insolvency Institute, Richtlinien anzuwenden bei der Kommunikation zwischen den Gerichten in grenzüberschreitenden Fällen.

831 So auch Eidenmüller/Frobenius, ZIP 2013, Beilage zu Heft 22, 1 (10); Brünkmans, Der Konzern 2013, 169 (177); ders., ZIP 2013, 193 (199 f.).

Anwendungsbereich der Kooperationspflichten weder erforderlich noch zweckmäßig.[832] Die Kooperation auf Ebene der Insolvenzgerichte und Insolvenzverwalter stellt bereits eine ausreichende Berücksichtigung der konzernrechtlichen Verbindungen sicher und macht somit die Einführung einer zusätzlichen Kooperationsebene entbehrlich. Darüber hinaus ließe die Kooperation auf Ebene der Gläubiger einen erheblichen Organisations- und Zeitaufwand erwarten und erschiene im Hinblick auf den großen verfahrensmäßigen Aufwand und den in diesen Konstellationen zu erwartenden Koordinationserfolgen auch nicht sachgerecht.

In Bezug auf den Inhalt der Vorschriften sollten die Kooperationsregelungen auf Ebene der Insolvenzgerichte und Insolvenzverwalter sowohl eine Pflicht zur gegenseitigen Unterrichtung als auch eine Pflicht zur weitergehenden Zusammenarbeit statuieren.[833] Die Informationspflicht ist als Grundlage der gegenseitigen Kooperation anzusehen und sollte sich in Übereinstimmung mit der Regelung im Regierungsentwurf (§ 296a InsO-E) auf sämtliche Informationen erstrecken, die in den anderen Verfahren von Bedeutung sein können. Des Weiteren sollten die Insolvenzgerichte und Insolvenzverwalter zu einer weitergehenden Zusammenarbeit verpflichtet sein, sofern diese die effiziente Abwicklung der Verfahren erleichtern kann und daher im Interesse der Gläubiger ist.[834] Dagegen kommt eine Pflicht zur Kooperation dann nicht in Betracht, wenn dadurch die Interessen der Beteiligten des jeweiligen Verfahrens beeinträchtigt werden und zu entsprechenden Nachteilen führen.[835] Dieser Regelungsmechanismus stellt somit auch im Rahmen der Kooperation sicher, dass die rechtsträgerspezifischen Verfahrensinteressen ausreichend geschützt und gleichzeitig die rechtsträgerübergreifenden Vorteile im Interesse der Gläubiger entsprechend realisiert werden können.

Schließlich stellt sich noch die Frage nach der Art und Weise der Kooperation. Dabei sollten insbesondere moderne Kommunikationsformen zum Einsatz kommen, die eine schnelle und kostengünstige Informationsversorgung sicherstellen. Neben E-Mail, Telefon- und Videokonferenzen wird insbesondere auch die Errichtung eines digitalen Datenraums zur Erleichterung und Verbesserung des Kooperationsprozesses vorgeschlagen. Ein digitaler Datenraum dient der zentralen Speicherung von Daten und ermöglicht den zum Zugang Berechtigten einen jederzeitigen und ortsunabhängigen Zugriff darauf. Demnach könnten die Insolvenzgerichte und Insolvenzverwalter im Rahmen ihrer Kooperationspflicht die für sämtliche Verfahren erforderlichen Informationen in einen zentralen virtuellen Datenraum einstellen und die Funktionsträger in den anderen Verfahren auf diese Weise schnell und einfach Kenntnis von diesen Informationen erhalten. Die Möglichkeit eines digitalen

832 Kritisch zum Instrument des Gruppengläubigerausschusses auch Eidenmüller/Frobenius, ZIP 2013, Beilage zu Heft 22 1 (10).

833 BMJ DiskE Konzerninsolvenz, § 269a InsO-E.

834 Zum Kriterium der effizienten Abwicklung Europäische Kommission, Reformvorschlag EuInsVO, Art. 42a, 42b EuInsVO-E.

835 BMJ, DiskE Konzerninsolvenz, S. 21.

Datenraums stellt daher eine einfache, schnelle und kostengünstige Informationsversorgung sicher.

C. Erwägungen zum europäischen Recht

Die folgenden Ausführungen beschäftigen sich mit der Regelung des Konzerninsolvenzrechts auf europäischer Ebene und stellen das hier vertretene Regelungsmodell zur insolvenzrechtlichen Behandlung von Konzernunternehmen im Anwendungsbereich der Verordnung dar. Der Regelungsansatz entspricht weitgehend dem bereits auf nationaler Ebene favorisierten Lösungsmodell und sieht zur Koordination der Insolvenzverfahren konzernverbundener Unternehmen ebenfalls eine Kombination aus intensiveren verfahrensrechtlichen Koordinationsmaßnahmen (I.) und weniger intensiven Kooperationsmechanismen (II.) vor.

I. Regelungen für eine verfahrensrechtliche Koordination

Der nachstehende Regelungsansatz hält an der grundsätzlichen Funktionsweise der Verordnung und der Verweisung auf die Vorschriften der einzelnen mitgliedstaatlichen Insolvenzrechte fest, sieht aber zur sachgerechten Abwicklung von grenzüberschreitenden Insolvenzverfahren konzernverbundener Unternehmen eine Regelung zur Verfahrenskonzentration auf der Ebene der Insolvenzgerichte als erforderlich an.[836] Die Frage der Zuständigkeitskonzentration ist als zentrale Weichenstellung für eine koordinierte Abwicklung der Insolvenzverfahren konzernverbundener Unternehmen anzusehen und setzt eine einheitliche und universelle Regelung auf europäischer Ebene voraus. Dieser Regelungsmechanismus schafft unabhängig von den Vorschriften in den jeweiligen Mitgliedstaaten die unverzichtbare und gemeinschaftsweit geltende Grundlage zur Koordination der Verfahren und legt weitergehende Möglichkeiten zur Verfahrenskoordination in die Hände der jeweiligen Mitgliedstaaten.

1. Regelung der Zuständigkeitskonzentration

Die Vorschriften der EuInsVO bedürfen somit einer besonderen Regelung zur Zuständigkeitskonzentration in Konzernkonstellationen. Die Frage der internationalen Zuständigkeit ist bereits auf der Ebene des Gemeinschaftsrechts geregelt und somit der Entscheidung der mitgliedstaatlichen Insolvenzrechte entzogen. Der europäische Gesetzgeber kann daher auch in Konzernkonstellationen eine besondere Vorschrift zur Regelung der internationalen Zuständigkeit von Konzernunternehmen einführen, ohne dadurch in die bestehenden Rechte der Mitgliedstaaten einzugreifen.[837] Aufgrund der zentralen Bedeutung der Gerichtszuständigkeit wird

836 Für eine Regelung der Verfahrenskonzentration auf europäischer Ebene auch Eidenmüller/Frobenius, ZIP 2013, Beilage zu Heft 22, 1 (12 ff.).

837 Eidenmüller/Frobenius, ZIP 2013, Beilage zu Heft 22, 1 (13).

empfohlen, von dieser Möglichkeit Gebrauch zu machen und einen flexiblen und am Interesse der Gläubiger ausgerichteten Lösungsansatz zur Bestimmung der internationalen Zuständigkeit in Konzernkonstellationen zu schaffen.

a) Darstellung des Lösungsvorschlags

Der Lösungsvorschlag sieht wie auf nationaler Ebene ein zweistufiges Modell zur Ermittlung der Gerichtszuständigkeit in Konzernkonstellationen vor. Demnach sollten auch im Anwendungsbereich der Verordnung sämtliche Anträge auf Eröffnung eines Hauptinsolvenzverfahrens gegen Gesellschaften einer Unternehmensgruppe bei dem für die konzernleitende Gesellschaft zuständigen Gericht gestellt werden. Die zentrale Antragstellung sollte ebenfalls unabhängig von der vermögensrechtlichen Situation der ranghöchsten europäischen Gesellschaft und sowohl bei der Stellung von Fremd- als auch Eigenanträgen erfolgen. Die Eigenanträge der konzernverbundenen Unternehmen sind dabei mit Informationen über die Stellung, die Aufgaben und Funktionen des Schuldners im Konzernverbund zu versehen und können aufgrund der Kenntnis der konzernrechtlichen Strukturen ohne Schwierigkeiten bei dem für die zentrale Antragstellung zuständigen Gericht eingereicht werden. Dagegen lässt sich der bei Fremdanträgen bestehenden Gefahr einer nicht zentralen Antragstellung dadurch begegnen, dass die Gerichte – sofern die Anträge bei einem anderen Gericht gestellt werden – der Pflicht unterliegen, die Anträge an das für die konzernleitende Gesellschaft zuständige Gericht zu verweisen. Darüber hinaus sollten die Informationen zur konzernleitenden Gesellschaft zu den Pflichtangaben auf den Geschäftsbriefen der einzelnen Konzernunternehmen zählen. Der Lösungsansatz ermöglicht somit auch bei grenzüberschreitender Tätigkeit von Konzernunternehmen die zentrale Erfassung sämtlicher Insolvenzanträge und schafft daher die Grundlage für eine in Konzernkonstellationen sachgerechte Zuständigkeitsprüfung.

Das für die zentrale Antragstellung zuständige Insolvenzgericht hat die internationale Zuständigkeit im Hinblick auf jedes einzelne Verfahren zu prüfen und die Entscheidung im Interesse der Gläubiger des jeweiligen Verfahrens zu treffen. Demnach erklärt sich das für die konzernleitende Gesellschaft zuständige Gericht für die Durchführung des Hauptinsolvenzverfahrens über das Vermögen eines gruppenangehörigen Schuldners für international zuständig, wenn die Abwicklung dieses Verfahrens am Gericht der Konzernzentrale aufgrund der konzernwirtschaftlichen Verflechtungen einen höheren Verwertungserlös erwarten lässt und somit im Interesse der Gläubiger liegt. Sofern dies nicht der Fall ist und sich das Insolvenzgericht nicht für die Durchführung des Insolvenzverfahrens für zuständig erklärt, bestimmt sich die internationale Zuständigkeit nach der allgemeinen Regelung des Art. 3 EuInsVO, wonach die Gerichte des Mitgliedstaates für die Eröffnung des Hauptverfahrens zuständig sind, in dessen Gebiet der Schuldner den Mittelpunkt seiner hauptsächlichen Interessen hat (Art. 3 I 1 EuInsVO). Demnach sind bei fehlender verfahrensrechtlicher Verflechtung für die Eröffnung des Hauptinsolvenzverfahrens regelmäßig die Gerichte des Mitgliedstaates zuständig, in dem die jeweilige Konzerngesellschaft ihren satzungsmäßigen Sitz hat.

b) Begründung des Lösungsvorschlags

Der vorgeschlagene Regelungsmechanismus ermöglicht wie auf nationaler Ebene die zentrale und einheitliche Erfassung der konzernrechtlichen Strukturen am Insolvenzgericht der konzernleitenden Gesellschaft und legt damit auch auf europäischer Ebene die Grundlage für eine sachgerechte Zuständigkeitsprüfung in Konzernkonstellationen.

Das Lösungsmodell ermöglicht somit dem zentralen Insolvenzgericht die Gruppenstruktur und die konkreten Konzernzusammenhänge zu berücksichtigen und stellt in Bezug auf jedes einzelne Verfahren eine sachgerechte Entscheidung über eine verfahrensrechtliche Verflechtung auf Ebene der Insolvenzgerichte sicher.[838]

Dabei kommt eine Zuständigkeitskonzentration zum Schutz der Gläubiger der einzelnen Konzerngesellschaften nur dann in Betracht, wenn die Durchführung des jeweiligen Verfahrens an dem für die konzernleitende Gesellschaft zuständigen Gericht im Interesse der Gläubiger der einzelnen Gesellschaften liegt.[839] Die nationalen Gläubiger der einzelnen Konzerngesellschaften wissen somit zum einen bereits bei Vertragsschluss von der Möglichkeit einer Zuständigkeitskonzentration an dem für die konzernleitende Gesellschaft maßgebenden Gerichtsstand und werden zum anderen dadurch geschützt, dass die Durchführung des Hauptinsolvenzverfahrens in einem anderen Mitgliedstaat unter Anwendung des dortigen Insolvenzrechts nur erfolgt, wenn dies einen höheren Verwertungserlös erwarten lässt und somit in ihrem Interesse ist. Darüber hinaus sind auch die bereits in der Verordnung enthaltenen Mechanismen zum Schutz der inländischen Interessen im Rahmen des Hauptinsolvenzverfahrens zu beachten. Demnach sehen die Regelungen in Art. 5 ff. EuInsVO (in der Neufassung Art. 8 ff. EuInsVO) vor, dass bestimmte Rechte an den in einem anderen Vertragsstaat befindlichen Vermögenswerten von den Wirkungen des Hauptinsolvenzverfahrens ausgenommen sind oder sich die Wirkungen nach dem Insolvenzrecht der jeweiligen Staaten richten und nicht dem Staat der Verfahrenseröffnung unterliegen.[840] Schließlich werden die Interessen der Gläubiger der jeweiligen Konzerngesellschaften im Falle einer Zuständigkeitskonzentration auch

838 Hier kann zum großen Teil bereits auf die im nationalen Recht dargestellten Vorteile verwiesen werden. Die folgenden Ausführungen beschränken sich daher auf die auf europäischer Ebene zu Tage tretenden Besonderheiten.

839 Ebenfalls zu einem Vorschlag zur Zuständigkeitskonzentration in Konzernkonstellationen vgl. Mohrs, Konzerngebundene Kapitalgesellschaft, S. 172 ff. Mohrs will den Schutz der Gläubiger der abhängigen Gesellschaft dadurch sicherstellen, dass ihnen – in Form einer Haftungsübernahme der Muttergesellschaft – der Ersatz desjenigen Schadens zugesichert wird, der den Gläubigern der abhängigen Gesellschaft durch die abweichende Zuständigkeit entsteht.

840 Virgos/Schmit, Erläuternder Bericht, Nr. 22.

durch den Regelungsmechanismus des Sekundärinsolvenzverfahrens geschützt. Die Änderungen des Sekundärinsolvenzverfahrens wirken sich dabei positiv auf den hier vorgeschlagenen Lösungsansatz aus und führen einen sachgerechten Ausgleich zwischen dem grundsätzlichen Interesse an der Eröffnung eines Sekundärinsolvenzverfahrens und dem Interesse an einer effizienten Verwaltung und Verwertung der vorhandenen Schuldnermasse herbei. Demnach werden einerseits Regelungsmechanismen zur Vermeidung unnötiger Sekundärinsolvenzverfahren eingeführt, andererseits jedoch auch Maßnahmen zum Schutz der Interessen der einheimischen Gläubiger getroffen. Der unterbreitete Vorschlag führt auch in den Fällen der Zuständigkeitskonzentration in Konzernkonstellationen dazu, dass im Interesse der einheimischen Gläubiger die Möglichkeit zur Eröffnung eines Sekundärinsolvenzverfahrens besteht, aber im Interesse sämtlicher Gläubiger die Eröffnung unnötiger und kontraproduktiver Sekundärinsolvenzverfahren verhindert wird. Insgesamt steht somit ein flexibler und die jeweiligen Interessen der Gläubiger berücksichtigender Lösungsansatz zur Zuständigkeitskonzentration in Konzernkonstellationen zur Verfügung.

2. Weitergehende Verfahrenskoordination

Der voranstehende Regelungsmechanismus schafft mit der verfahrensrechtlichen Verflechtung der Insolvenzverfahren auf der Ebene der Insolvenzgerichte die Grundlage für eine koordinierte Abwicklung grenzüberschreitender Insolvenzverfahren konzernverbundener Unternehmen im Anwendungsbereich der EuInsVO. Der Lösungsansatz ermöglicht die Durchführung mehrerer zur Koordination geeigneter Insolvenzverfahren in einem Mitgliedstaat und legt in Übereinstimmung mit der grundlegenden Funktionsweise der Verordnung und in Vereinbarkeit mit den Grundsätzen der Subsidiarität und Verhältnismäßigkeit (Art. 5 III, IV EUV) die weitergehenden Koordinationsmechanismen in die Hände der jeweiligen Mitgliedstaaten. Die weiteren Möglichkeiten der Verfahrenskoordination sind somit in den Fällen der Zuständigkeitskonzentration von der jeweiligen *lex fori concursus* abhängig und erfordern effiziente Regelungen in den einzelnen Mitgliedstaaten. Dabei würden die voranstehenden Änderungsvorschläge im nationalen Insolvenzrecht eine effektive Abwicklung der Insolvenzverfahren hierzulande erwarten lassen. Die vorgeschlagene Regelung zur Verwalterbestellung im nationalen Recht würde eine im Interesse der Gläubiger liegende Entscheidung des für die verschiedenen Verfahren international zuständigen Gerichts über die Frage der Verwalterkonzentration sicherstellen. Das Merkmal des Gläubigerinteresses wäre sowohl auf europäischer Ebene für die Zuständigkeitskonzentration als auch auf nationaler Ebene für die Verwalterkonzentration entscheidend und dürfte somit in der Regel einen Gleichlauf von institutioneller und personeller Verfahrensverflechtung zur Folge haben. Schließlich eröffneten die Vorschläge zur Erstellung koordinierter Insolvenzpläne im Interesse der Gläubiger sämtlicher Konzerngesellschaften die Möglichkeit zur Verwirklichung von Konzerngesamtsanierungsstrategien. Die dargestellten Vorschläge würden somit bei internationaler Zuständigkeit eines deutschen Gerichts für die

Insolvenzverfahren mehrerer konzernverbundener Unternehmen eine koordinierte und effiziente Verfahrenskoordination gewährleisten.

II. Regelungen für eine verfahrensrechtliche Kooperation

Darüber hinaus bedarf die EuInsVO zur sachgerechten und effektiven Abwicklung von grenzüberschreitenden Insolvenzverfahren konzernverbundener Unternehmen auch Vorschriften zur Kooperation. Die Kooperation lässt sich durch nationale Regelungen nicht hinreichend verwirklichen und macht eine Regelung auf europäischer Ebene erforderlich. Darüber hinaus fügen sich Kooperationsregelungen in das vorhandene System der Verordnung ein und entsprechen dem bereits bekannten Modell zur koordinierten Abwicklung von Haupt- und Sekundärinsolvenzverfahren. Die Kooperationsvorschriften auf Ebene der Hauptinsolvenzverfahren sind dabei als sinnvolle Ergänzung zu dem bereits dargestellten Kooperationsmechanismus anzusehen und kommen bei Durchführung mehrerer Hauptinsolvenzverfahren über das Vermögen von Konzernunternehmen in verschiedenen Mitgliedstaaten zur Anwendung. Während also die Regelung zur Zuständigkeitskonzentration in den geeigneten Fällen die Voraussetzungen für eine intensive Berücksichtigung der konzernrechtlichen Zusammenhänge schafft, stellen die Kooperationsregelungen in den nicht für eine Verfahrenskonzentration geeigneten Verfahren die ausreichende Berücksichtigung der bestehenden konzernrechtlichen Verbindungen sicher. Dabei ist – wie in der Neufassung der Verordnung vorgesehen – die Einführung von Kooperationsvorschriften sowohl unter Verwaltern und Gerichten als auch zwischen Verwaltern und Gerichten sachgerecht. Die unterschiedlich ausgestalteten Aufgaben und Befugnisse von Insolvenzgerichten und Insolvenzverwaltern lassen eine Kooperation zwischen Gerichten und Verwaltern auf europäischer Ebene sinnvoll erscheinen. Die folgenden Ausführungen beschäftigen sich nicht mit den Detailfragen der zu normierenden Kooperationsregelungen, da zum einen bereits eine Vielzahl von Vorschlägen zur Ausgestaltung von Kooperationsvorschriften entwickelt wurde und zum anderen mit den in der Neufasssung der Europäischen Insolvenzverordnung ein an die Kooperation von Haupt- und Sekundärinsolvenzverfahren angelehnter und somit grundsätzlich stimmiger Regelungsansatz besteht.[841] Die Kooperationsregelungen sollten jedoch wie auf nationaler Ebene sowohl eine Pflicht zur gegenseitigen Unterrichtung als auch zur weitergehenden Zusammenarbeit enthalten. Die Pflicht zur Kommunikation ist Grundlage der Zusammenarbeit und sollte sich in Anlehnung an die Regelung des Art. 56 der Neufassung der EuInsVO auf sämtliche Informationen erstrecken, die für das andere Verfahren von Bedeutung sein können.

---

841 The International Insolvency Institute, Prospective Principles for Coordination of Multinational Corporate Group Insolvencies, abrufbar unter: http://www.iiiglobal.org/component/jdownloads/finish/362/5953.html; Insol Euope, CoCo Guidelines, The American Law Institute in Zusammenarbeit mit The International Insolvency Institute, Richtlinien anzuwenden bei der Kommunikation zwischen den Gerichten in grenzüberschreitenden Fällen.

Zudem sollten die Insolvenzgerichte und Insolvenzverwalter zu einer weitergehenden Zusammenarbeit verpflichtet sein, soweit diese die effiziente Abwicklung der Verfahren erleichtern kann. Dagegen sollte die Pflicht zur Kooperation nicht von der Voraussetzung abhängig sein, dass sie mit den für die einzelnen Verfahren geltenden Vorschriften vereinbar ist. Die entsprechenden Regelungen sollten zur sachgerechten Kooperation unabhängig von etwaigen mitgliedstaatlichen Regelungen Anwendung finden und eine einheitliche Kooperationspflicht im Anwendungsbereich der Verordnung statuieren.[842] Eine Pflicht zur Kooperation sollte lediglich in den Fällen verneint werden, in denen die rechtsträgerspezifischen Interessen des jeweiligen Verfahrens beeinträchtigt werden und entsprechende Nachteile hervorrufen. Damit stünde ein einheitlicher Regelungsansatz auf europäischer Ebene zur Verfügung, welcher im Rahmen der Kooperation sowohl die verfahrensspezifischen Interessen als auch die rechtsträgerübergreifenden Interessen berücksichtigen und auf diese Weise einen sachgerechten Interessenausgleich herbeiführen würde. Schließlich ist bei der Einführung von grenzüberschreitenden Kooperationsregelungen noch besonderes Augenmerk auf die Art und Weise der Kooperation zu legen. Dabei erfordert die effiziente Kooperation der Verfahrensbeteiligten im Hinblick auf die zeitlichen und örtlichen Begebenheiten den Einsatz moderner Kommunikationsmittel. Hierbei wird ausdrücklich nochmals auf die aus dem Transaktionsgeschäft bekannte Möglichkeit zur Einrichtung eines digitalen Datenraums verwiesen. Die Schaffung eines digitalen Datenraums erscheint auf europäischer Ebene ungleich wichtiger als auf nationaler Ebene und ermöglicht selbst bei großen räumlichen Distanzen und zeitlichen Unterschieden einen schnellen und kostengünstigen Informationsaustausch. Demnach sollten sämtliche in verschiedenen Verfahren erforderlichen Informationen von den jeweiligen Verfahrensbeteiligten in den digitalen Datenraum eingespeist und von den zum Zugang berechtigten Funktionsträgern in den anderen Mitgliedstaaten abgerufen werden können. Dabei könnten mit Hilfe von entsprechenden Formularen einheitliche Vorgaben zur Eintragung der jeweiligen Informationen und somit ein grundsätzlicher gleichmäßiger Kooperationsstandard bei der Zusammenarbeit in grenzüberschreitenden Insolvenzverfahren konzernverbundener Unternehmen geschaffen werden. Diese Form der Kooperation bedarf zwar noch der Klärung etwaiger rechtlicher und technischer Einzelfragen, sollte jedoch aufgrund der genannten Vorteile im Rahmen der EuInsVO geregelt werden.

842 Ebenso Eidenmüller/Frobenius, ZIP 2013, Beilage zu Heft 3, 1 (15 f.).

§ 8 Zusammenfassung

Die einleitenden Ausführungen (§ 1) haben sich zunächst mit der gesamtwirtschaftlichen Bedeutung von Konzernunternehmen befasst. Diese zeigt sich nicht nur in wirtschaftlich guten, sondern auch in wirtschaftlich schlechten Zeiten. Die Reformprozesse auf nationaler und europäischer Ebene haben sich dieser Thematik angenommen und zeigen die theoretische und praktische Bedeutung der Untersuchung.

Die daran anschließenden Darstellungen (§ 2) haben zum einen die für die Untersuchung erforderlichen wirtschaftlichen und rechtlichen Konzerngrundlagen vermittelt und zum anderen auf die mit der Materie in Zusammenhang stehenden Probleme aufmerksam gemacht. Die zentrale Problematik ist dabei in den unterschiedlichen rechtlichen und betriebswirtschaftlichen Ansätzen zur Erfassung des Konzernphänomens zu sehen. Während die Rechtswissenschaft stets die rechtliche Vielheit der einzelnen Konzerngesellschaften betont, begreift die Betriebswirtschaft den Konzern als wirtschaftliche Einheit und selbständiges Wirtschaftssubjekt. Die Auswirkungen zeigen sich in der Insolvenz von Konzernunternehmen, in dem einerseits auf die rechtliche Selbständigkeit der Konzerngesellschaften abgestellt wird, andererseits jedoch die Berücksichtigung des wirtschaftlichen Konzernverbundes zu einer Vergrößerung der insgesamt zur Verfügung stehenden Haftungsmasse führen könnte. Neben dem differierenden rechtlichen und wirtschaftlichen Konzernverständnis trägt auch die Vielzahl der Konzernorganisationsformen zur Komplexität der Konzernmaterie bei. Dabei bestehen zum einen in rechtlicher Hinsicht verschiedene Möglichkeiten zur Ausgestaltung konzernrechtlicher Verbindungen und zum anderen auch in betriebswirtschaftlicher Hinsicht zahlreiche und an den verschiedenen Bedürfnissen ausgerichtete konzernwirtschaftliche Verflechtungen. Die dadurch entstehende mögliche Vielfalt konzernrechtlicher Erscheinungsformen und das unterschiedliche rechtliche und wirtschaftliche Konzernverständnis sind die zu beachtenden zentralen Herausforderungen bei der Kodifikation konzerninsolvenzrechtlicher Vorschriften.

Die daran anschließende Untersuchung (§ 3) hat ergeben, dass ein Konzerninsolvenzrecht den Interessenskonflikt zwischen wirtschaftlichem und rechtlichem Konzernverständnis relativieren kann. Während die aktuellen konzernrechtlichen Regelungen und die verschiedenen Möglichkeiten zur Einflussnahme der betriebswirtschaftlichen Einheit des Konzernverbundes in wirtschaftlich gesunden Zeiten Rechnung tragen, bergen die derzeit bestehenden insolvenzrechtlichen Regelungen die Gefahr, dass der Konzernverbund in der Insolvenz zerfällt und der ihm innewohnende Mehrwert vernichtet wird. Ein Konzerninsolvenzrecht könnte durch die Berücksichtigung der Konzernzusammenhänge dem wirtschaftlichen Konzernverständnis in der Insolvenz Rechnung tragen und zu einer Annäherung des interdisziplinären Konzernverständnisses beitragen. Darüber hinaus entsprechen konzerninsolvenzrechtliche Vorschriften auch den Zielbestimmungen des geltenden Insolvenzrechts und lassen sich systematisch in das vorhandene Regelungssystem der InsO integrieren. Während das geltende Insolvenzrecht im Falle der Vermögensinsuffizienz eines Rechtsträgers durch einen koordinierten Verfahrensablauf eine optimale Befriedigung der Gläubiger gewährleistet, kann ein Konzerninsolvenzrecht durch einen koordinierten Verfahrensablauf im Konzernverbund die Befriedigungschancen der Gläubiger sämtlicher insolventer Konzerngesellschaften erhöhen. Beide Regelungsmechanismen beruhen somit auf marktwirtschaftlichen Kriterien und wollen im Falle der Vermögensinsuffizienz eine bestmögliche Befriedigung der Gläubiger gewährleisten.

Im Anschluss daran (§ 4) wurden die grundsätzlich in Betracht kommenden Lösungsansätze zur Berücksichtigung der konzernrechtlichen Verbindungen dargestellt. Dabei kann grundsätzlich zwischen Koordinierungs- und Konsolidierungslösungen differenziert werden. Während erstere die Grundsätze der rechtlichen Selbständigkeit der Konzerngesellschaften und die Rechtsträgerbezogenheit des Insolvenzverfahrens respektieren, setzen sich letztere darüber hinweg und versuchen durch eine materielle Zusammenfassung der Haftungsmassen, die aus der Parallelität der Verfahren resultierenden Probleme zu lösen. Die Einführung materieller Konsolidierungslösungen erscheint prima facie geradezu prädestiniert, um die Thematik der Konzerninsolvenz zu bewältigen, erweist sich jedoch bei genauerer Untersuchung als nicht tragfähig. Die materielle Haftungskonsolidation verstößt nicht nur gegen fundamentale dogmatische Grundsätze unseres Rechtssystems, sondern führt auch zu einer Vielzahl neuer und bislang ungeklärter rechtlicher Fragestellungen, die den Nutzen dieses Lösungsmodells insgesamt in Frage stellen. Dagegen lässt sich die koordinierte Abwicklung der Insolvenzverfahren auch durch die mit unserer Rechtsordnung in Einklang stehenden Koordinierungslösungen erreichen. Während die Kooperation als weniger intensive Form der Koordination lediglich eine Zusammenarbeit der Verfahrensbeteiligten in den Insolvenzverfahren bezweckt, verfolgen die verfahrensrechtlichen Mechanismen, die aus der Kooperation resultierenden Nachteile durch eine intensivere Form der Koordination zu vermeiden und dadurch die Effizienz der Verfahren zu steigern. Dazu trägt insbesondere die institutionelle und personelle Verflechtung auf Ebene der Insolvenzgerichte und Insolvenzverwalter bei. Die Zuständigkeit eines Insolvenzgerichts ermöglicht dabei insbesondere die einheitliche Beurteilung der Konzernzusammenhänge und schafft daher die notwendigen Voraussetzungen für die weiteren in den Verfahren zu treffenden Entscheidungen. Die gerichtliche Zuständigkeitskonzentration erhöht beispielsweise die Wahrscheinlichkeit, dass in mehreren oder sämtlichen Insolvenzverfahren ein einheitlicher Insolvenzverwalter bestellt wird und die rechtsträgerübergreifenden Belange bei der Verwaltung und Verwertung der in den verschiedenen Verfahren zur Verfügung stehenden Vermögenswerte berücksichtigt werden. Die einheitliche Verwalterbestellung vereinfacht die Erstellung aufeinander abgestimmter Insolvenzpläne und kann daher maßgeblich zur Verwirklichung rechtsträgerübergreifender Konzernverbundlösungen beitragen.

Anschließend (§ 5) wurde aufgezeigt, dass die bislang geltenden Regelungen auf nationaler und europäischer Ebene nicht für die Umsetzung der voranstehend dargestellten Koordinationsmaßnahmen geeignet sind. Die Begründung eines faktischen Konzerngerichtsstands durch eine entsprechende Auslegung des § 3 InsO ist in Wissenschaft und Praxis äußerst umstritten und aufgrund der bestehenden Rechtsunsicherheiten nicht als taugliches Lösungsmodell für eine gerichtliche Zuständigkeitskonzentration in Konzernkonstellationen anzusehen. Darüber hinaus dürfte im aktuellen Regelungssystem der InsO auch die Bestellung eines einheitlichen Insolvenzverwalters für sämtliche insolvente Konzerngesellschaften nur in seltenen Fällen in Betracht kommen, da oftmals unterschiedliche Insolvenzgerichte zuständig sein dürften und die fehlenden Kooperationsvorschriften die Bestellung eines personenidentischen Insolvenzverwalters unwahrscheinlich erscheinen lassen. Darüber hinaus können auch die konzernrechtlichen Befugnisse nicht als taugliches Lösungsmittel zur Koordination der Insolvenzverfahren konzernverbundener Unternehmen angesehen werden. Der Grund dafür ist zunächst darin zu sehen, dass die Frage nach dem Fortbestand der konzernrechtlichen Befugnisse in der Insolvenz aufgrund fehlender gesetzlicher Regelungen oftmals unterschiedlich beantwortet wird und die in diesem Zusammenhang auftretenden Aspekte des Insolvenz- und Gesellschaftsrechts bei Beantwortung dieser Fragestellung erhebliche Schwierigkeiten bereiten. Schließlich bietet auch das Insolvenzplanverfahren (§§ 217 ff. InsO) keine sachgerechte Möglichkeit, einen aufeinander abgestimmten Ablauf der Insolvenzverfahren zu gewährleisten, da die Bestellung verschiedener Verwalter und das Fehlen von Kooperationsschriften nur selten zu einer erfolgreichen Erstellung koordinierter Insolvenzpläne führen dürfte. Zudem müsste das Insolvenzplanverfahren der besonderen Situation der Konzerninsolvenz Rechnung tragen und um konzerndimensionale Aspekte erweitert werden.

Darüber hinaus sind auch die Vorschriften der Verordnung (EG) Nr. 1346/2000 nicht für eine Koordination der Insolvenzverfahren konzernverbundener Unternehmen geeignet. Dabei bietet insbesondere die Regelung der internationalen Zuständigkeit (Art. 3 EuInsVO) keinen geeigneten Anknüpfungspunkt für eine verfahrensrechtliche Koordination der Insolvenzverfahren. Die Entscheidungen des EuGH zeigen, dass dem Satzungssitz von Gesellschaften bei der Ermittlung der internationalen Zuständigkeit eine wesentliche Bedeutung zukommt und eine Widerlegung der Vermutung nur bei objektiven und für Dritte feststellbaren Kriterien in Betracht kommt. Der Mittelpunkt der hauptsächlichen Interessen dürfte sich demnach bei divergierenden Satzungssitzen der jeweiligen Konzerngesellschaften im Regelfall in unterschiedlichen Jurisdiktionen befinden und eine Zuständigkeitskonzentration am Sitz der Konzernmutter nur noch in Ausnahmefällen möglich sein. Die unbefriedigende Rechtslage zeigt sich insbesondere, wenn bei einem europaweit tätigen Konzern über das Vermögen jeder rechtlich selbständigen Konzerngesellschaft ein Hauptinsolvenzverfahren und bei Vorliegen der entsprechenden Voraussetzungen mehrere Sekundärinsolvenzverfahren eröffnet werden können. Während die Regelungen der Art. 31 ff. EuInsVO zumindest eine Koordination von Haupt- und Sekundärinsolvenzverfahren sicherstellen, enthält das Regelungssystem der Verordnung (EG) Nr. 1346/2000 keine Mechanismen zur Koordination der in Zusammenhang stehenden Hauptinsolvenzverfahren. Diese wären jedoch Voraussetzung, um die konzernrechtlichen Verflechtungen in der Insolvenz von

Konzernunternehmen ausreichend zu berücksichtigen und im Interesse der Gläubiger sämtlicher Konzerngesellschaften den im Konzernverbund liegenden Mehrwert zu realisieren.

Der anschließende Teil der Arbeit (§ 6) befasste sich mit den zentralen Reformprozessen in Bezug auf die Kodifikation konzerninsolvenzrechtlicher Vorschriften auf nationaler und europäischer Ebene, bevor die hier favorisierte Lösung dargestellt wurde (§ 7).

Der nationale Gesetzgeber hat sich erfreulicherweise gegen eine materielle Haftungskonsolidierung und für eine verfahrensrechtliche Koordination der Insolvenzverfahren entschieden. Die verschiedenen Möglichkeiten zur Koordination stellen einen flexiblen Ansatz zur insolvenzrechtlichen Behandlung von Konzerninsolvenzen zur Verfügung, dessen Ausgestaltung jedoch nach den hier gewonnen Erkenntnissen noch verbesserungsfähig ist. Der Gesetzgeber hat sich bei der für eine koordinierte Abwicklung erforderlichen verfahrensrechtlichen Verflechtung auf Ebene der Insolvenzgerichte bedauerlicherweise gegen eine Muttergerichtsstandslösung und für das Prioritätsprinzip entschieden. Das Prioritätsprinzip führt jedoch zu einer Vielzahl potentieller Gerichtsstände, obwohl die konzernleitenden Entscheidungen vor der Insolvenz am Sitz der Konzernmutter getroffen werden und allein dieser Gerichtsstand auch für die verfahrensrechtliche Verflechtung in der Insolvenz maßgebend sein sollte. Darüber hinaus sollte die für die Gläubiger wesentliche Entscheidung der Zuständigkeitskonzentration antragsunabhängig auf gerichtlicher Ebene getroffen werden, da die Gläubiger im Falle der Insolvenz als wirtschaftliche Eigentümer des Unternehmens anzusehen sind und die in deren Interesse zu treffende Entscheidung somit keiner schuldnerspezifischen Voraussetzungen bedürfen sollte. Im Rahmen der vorliegenden Untersuchung wurde deshalb vorgeschlagen, sämtliche Insolvenzanträge am dem für die konzernleitende Gesellschaft zuständigen Gericht zu stellen, damit das für die zentrale Antragstellung zuständige Gericht eine für den Einzelfall und am Interesse der Gläubiger ausgerichtete Entscheidung über die Zuständigkeitskonzentration treffen kann.

Dieser Ansatz erleichtert im Gegensatz zu der Ausgestaltung des Gruppengerichtsstands als Wahlgerichtsstand auch die einheitliche Verwalterbestellung, da diese danach wesentlich wahrscheinlicher sein dürfte, als wenn eine Vielzahl unterschiedlicher Gerichte im Rahmen des § 56b InsO-E eine Einigung über die Frage der einheitlichen Verwalterbestellung erzielen muss. Darüber hinaus erschweren auch die im Rahmen des § 56b InsO-E vorgesehenen umfassenden Beteiligungsrechte der Gläubiger die einheitliche Verwalterbestellung und tragen dem Erfordernis einer schnellen und unkomplizierten Entscheidung über die Frage der Verwalterbestellung nicht ausreichend Rechnung, obwohl die erforderliche Gläubigerautonomie bereits durch die Anwendung des § 56a III InsO-E gewährleistet werden könnte.

Dagegen sind die Regelungen zur verfahrensrechtlichen Kooperation zwischen den Verfahrensbeteiligten zu begrüßen und als sinnvolle Ergänzung zu den verfahrensrechtlichen Konzentrationslösungen anzusehen. Der Gesetzgeber sollte jedoch die Regelungen noch weiter an die Kooperationsregelungen auf europäischer Ebene anpassen, um einen einheitlichen Kommunikations- und Kooperationsstandard auf nationaler und europäischer Ebene zu schaffen. Zudem sollten nach Ansicht des Autors insbesondere moderne Kommunikationsformen zum Einsatz kommen, die eine schnelle und kostengünstige Informationsversorgung sicherstellen. Neben E-Mail, Telefon- und Videokonferenzen wird insbesondere die Errichtung eines digitalen Datenraums zur Erleichterung und Verbesserung des Kooperationsprozesses vorgeschlagen. Demnach könnten die Insolvenzgerichte und Insolvenzverwalter im Rahmen ihrer Kooperationspflicht die für sämtliche Verfahren erforderlichen Informationen in einen zentralen virtuellen Datenraum einstellen und die Funktionsträger in den anderen Verfahren auf diese Weise schnell und einfach Kenntnis von diesen Informationen erhalten. Die Möglichkeit eines digitalen Datenraums stellt somit eine einfache, schnelle, sichere und kostengünstige Informationsversorgung sicher und sollte aufgrund der genannten Vorteile bei der Regelung der Art und Weise der Kooperation entsprechende Berücksichtigung finden.

Die Einführung des Koordinationsverfahrens scheint in seiner aktuellen Fassung nicht zielführend. Zum einen stellen bereits die Kooperationsvorschriften das notwendige Maß an Koordination sicher und zum anderen würde mit der grundsätzlich unverbindlichen Ausgestaltung des Koordinationplans nur in seltenen Fällen eine darüber hinausgehende Verfahrenskoordination verwirklicht. Aus diesem Grunde wird in dem hier auf institutionelle und personelle Verflechtung ausgerichteten Lösungsvorschlag empfohlen, lediglich die Regelungen über das Insolvenzplanverfahren um konzerndimensionale Aspekte zu erweitern. Die einzelnen Insolvenzpläne sollten nach wie vor der Zustimmung in jedem einzelnen Verfahren bedürfen, jedoch sollten zur Verhinderung obstruktiven Verhaltens die Grundsätze der Regelung des § 245 InsO auf die Situation der Konzerninsolvenz übertragen werden. Demnach sollte auch bei Nichterreichen der erforderlichen Mehrheiten (§ 244 InsO) in einem Verfahren die Zustimmung zu dem Insolvenzplan als erteilt gelten, wenn die Gläubiger dieser Gesellschaft durch den Plan voraussichtlich nicht schlechter gestellt werden, als sie ohne den Plan stünden, die Gläubiger dieser Gesellschaft angemessen an dem wirtschaftlichen Mehrwert beteiligt werden und in der Mehrheit der Verfahren der jeweilige Insolvenzplan mit der erforderlichen Mehrheit angenommen wurde.[843] In Verbindung mit der verfahrensrechtlichen Verflechtung auf Ebene der Insolvenzgerichte und Insolvenzverwalter stünden somit effiziente verfahrensrechtliche Mechanismen zur insolvenzrechtlichen Behandlung von Konzernunternehmen zur Verfügung.

Darüber hinaus ist auch die Neufassung der Europäischen Insolvenzverordnung und die Entscheidung zur Kodifikation besonderer konzerninsolvenzrechtlicher

843 Für eine Übertragung der Regelung des § 245 auf Konzernkonstellationen vgl. Brünkmans, Koordinierung, S. 114 ff. im Hinblick auf die Begründung von Kooperationspflichten zwischen den Gläubigern der einzelnen Konzerngesellschaften ders.; Der Konzern 2013, 169 (181) im Hinblick auf die Ersetzung der Zustimmung im Rahmen des Koordinationsplans (§ 269 h InsO-E); Eidenmüller/Frobenius, ZIP 2013, Beilage zu Heft 22, 1 (11 f.) im Hinblick auf die Ersetzung der Zustimmung in einem Gruppeninsolvenzplan.

Vorschriften zu begrüßen wobei die konkrete gesetzliche Ausgestaltung leider zu zaghaft ist. Die Bestimmung der internationalen Zuständigkeit erweist sich in Konzernkonstellationen als Schicksalsfrage und hätte trotz der damit einhergehenden Schwierigkeiten im Hinblick auf eine koordinierte Verfahrensabwicklung einer entsprechenden Regelung bedurft. Demnach wird auch auf europäischer Ebene vorgeschlagen, sämtliche Insolvenzanträge bei dem für die konzernleitende Gesellschaft zuständigen Gericht zu stellen, damit dieses Gericht eine am Interesse der Gläubiger ausgerichtete Entscheidung über die Zuständigkeitskonzentration treffen kann. Damit wäre das Fundament für eine koordinierte Abwicklung gewährleistet, auf dem die nationalen Gesetzgeber aufbauen könnten. Die in der Neufassung der Europäischen Insolvenzverordnung enthaltenen Kooperationsvorschriften wären dabei eine sinnvolle Ergänzung zu einer Zuständigkeitskonzentrationsregelung und könnten insbesondere in den nicht für eine Verfahrenskonzentration geeignete Fällen eine ausreichende Verfahrenskoordination sicherstellen. Ein darüber hinausgehendes Koordinationsverfahren bedürfte es in diesem Fall dagegen nicht.

Literaturverzeichnis

ADAM DIETMAR / POERTZGEN, Christoph, Überlegungen zum Europäischen Konzerninsolvenzrecht (Teil 1), ZInsO 2008, S. 281–287.

ADAM DIETMAR / POERTZGEN, Christoph, Überlegungen zum Europäischen Konzerninsolvenzrecht (Teil 2), ZInsO 2008, S. 347–352.

ADEN, Menno, Rechtsfähigkeit des Konzerns -Zur funktionsbezogenen Rechtsfähigkeit-, DZWIR 2011, S. 89–92.

ALBACH, Horst (Hrsg.), Konzernmanagement. Corporate Governance und Kapitalmarkt, Wiesbaden 2001 (zitiert: Bearbeiter, in: Albach, Konzernmanagement).

ALBRECHT, Achim, Die Reform der EuInsVO ist abgeschlossen – Eine Übersicht –, ZInsO 2015, S. 1077–1083.

ALTMEPPEN, Holger, Interessenkonflikte im Konzern, ZHR 171 (2007), S. 320–341.

ANDRES, Dirk / LEITHAUS, Rolf / DAHL, Michael, Insolvenzordnung (InsO), 3. Auflage, München 2014 (zitiert: Bearbeiter, in: Andres/Leithaus, InsO).

ANDRES, Dirk / MÖHLENKAMP, Andreas, Konzerne in der Insolvenz – Chance auf Sanierung? Zum Diskussionsentwurf des BMJ für ein Gesetz zur Erleichterung der Bewältigung von Konzerninsolvenzen, BB 2013, S. 579–587.

ANMELUNG, Ulrich / KAESER, Christian, Cash-Management-System in Konzernen, DStR 2003, S. 655–660.

BÄHR, Biner / RIEDEMANN, Susanne, Anmerkung zu AG Mönchengladbach, Beschluss vom 27.4.2004 – 19 IN 54/04, ZIP 2004, S. 1066–1068.

BASEDOW, Jürgen / KROPHOLLER, Jan (Hrsg.), Handbuch des Internationalen Zivilverfahrensrecht, Band 1, Tübingen 1982 (zitiert: Bearbeiter, in: Hdb. Internationales Zivilverfahrensrecht).

BAYER, Walter, Der an der Tochter beteiligte Mehrheitsgesellschafter der Mutter: herrschendes Unternehmen?, ZGR 2002, S. 933–954.

BECK, LUKAS, Perspektiven eines Konzerninsolvenzrechts, DZWiR 2014, 381–388.

BECK, Siegfried / DEPRÉ, Peter (Hrsg.), Praxis der Insolvenz, Ein Handbuch für die Beteiligten und Berater, 2. Auflage, München 2010 (zitiert: Bearbeiter, in: Beck/Depré, Praxis der Insolvenz).

BECKER, Moritz, Kooperationspflichten in der Konzerninsolvenz, Köln 2012 (zitiert: Becker, Kooperationspflichten).

BEDKOWSKI, Dorothea, Bericht über die Diskussion, ZGR 2010, S. 295–298.

BENNING, Olaf / WEHLING, Axel, Das „Model Law on Cross-Border Insolvency“ der Vereinten Nationen, EuZW 1997, S. 618–623.

Berthold, Dorothee, Unternehmensverträge in der Insolvenz, Köln 2004 (zitiert, Berthold, Unternehmensverträge).

Bezelgues, Sarkis, Konzerninsolvenzen in der Europäischen Union, Hamburg 2008 (zitiert: Bezelgues, Konzerninsolvenzen).

Bitter, Georg / Laspeyers, Anne, Rechtsträgerspezifische Berechtigungen als Hindernis übertragender Sanierungen, ZIP 2010, S. 1157–1165.

Böcker, Philipp, Insolvenz im GmbH-Konzern (I), GmbHR 2004, S. 1257–1264.

Böcker, Philipp, Insolvenz im GmbH-Konzern (II), GmbHR 2004, S. 1314–1319.

Bork, Reinhard / Hölzle, Gerrit, Handbuch Insolvenzrecht, 1. Auflage, Köln 2014 (zitiert: Bearbeiter, in: Hdb. Insolvenzrecht).

Bork, Reinhard, Einführung in das Insolvenzrecht, 7. neu bearbeitete Auflage, Tübingen 2014.

Bous, Ulrich, Die Konzernleitungsmacht im Insolvenzverfahren konzernverbundener Unternehmen, Köln 2001 (zitiert: Bous, Konzernleitungsmacht).

Braun, Eberhard (Hrsg.), Insolvenzordnung (InsO), 6., neu bearbeitete Auflage, München 2014 (zitiert: Bearbeiter, in: Braun, InsO).

Braun, Eberhard / Heinrich, Jens, Auf dem Weg zu einer (neuen) Insolvenzplankultur in Deutschland – Ein Beitrag zu dem Regierungsentwurf für ein Gesetz zur weiteren Erleichterung der Sanierung von Unternehmen, NZI 2011, S. 505–517.

Braun, Eberhard, Der neue Sport in Europa: Forumshopping in Insolvenzverfahren oder: die moderne Form von „Britannia rules the waves“, NZI aktuell 2004, Heft 1, V-VII.

Brinkmann, Moritz, Wege aus der Insolvenz eines Unternehmens – oder: Die Gesellschafter als Sanierungshindernis, WM 2011, S. 97–103.

Brünkmans, Christian, Auf dem Weg zu einem europäischen Konzerninsolvenzrecht, Zum Vorschlag der Europäischen Kommission zur Änderung der EuInsVO, ZInsO 2013, S. 797–808.

Brünkmans, Christian, Die koordinierte Verfahrensbewältigung von Insolvenzverfahren gruppenangehöriger Schuldner nach dem Diskussionsentwurf zur Konzerninsolvenz, Der Konzern 2013, S. 169–182.

Brünkmans, Christian, Die Koordinierung von Insolvenzverfahren konzernverbundener Unternehmen nach deutschem und europäischem Insolvenzrecht, Berlin 2009 (zitiert: Brünkmans, Koordinierung).

Brünkmans, Christian, Die Sanierung von Konzernen in Europa – Zur Sanierung von Konzernen im Lichte der Europäischen Insolvenzverordnung und des aktuellen Reformvorschlags der Europäischen Kommission-, Der Konzern 2013, S. 234–248.

Brünkmans, Christian, Entwurf eines Gesetzes zur Erleichterung der Bewältigung von Konzerninsolvenzen: Kritische Analyse und Anstrengungen aus der Praxis, ZIP 2013, S. 193–203.

Bubik, Michael, Erfolgskriterien für Unternehmenszusammenschlüsse: Eine theoretische und exemplarische Analyse. Frankfurt 2005 (zitiert: Bubik, Erfolgskriterien).

Bühner, Rolf, Erfolg von Unternehmenszusammenschlüssen in er Bundesrepublik Deutschland, Stuttgart 1990 (Bühner: Unternehmenszusammenschlüsse).

Bultmann, Britta, Der Gewinnabführungsvertrag in der Insolvenz, ZInsO 2007, S. 785–791.

Bundesministerium der Justiz, Diskussionsentwurf eines Gesetzes zur Erleichterung der Bewältigung von Konzerninsolvenzen vom 03.01.2013 (BMJ, DiskE Konzerninsolvenz), abgedruckt als Beilage zu ZIP 2/2013).

Bundesrechtsanwaltskammer, Stellungnahme zum Diskussionsentwurf eines Gesetzes zur Erleichterung der Bewältigung von Konzerninsolvenzen, abrufbar, unter: http://www.brak.de/zur-rechtspolitik/stellungnahmen-pdf/stellungnahmen-deutschland/2013/januar/stellungnahme-der-brak-2013–04.pdf (zitiert: BRAK, Stellungnahme DiskE Konzerninsolvenz).

Bundesregierung, Regierungsentwurf eines Gesetzes zur Erleichterung der Bewältigung von Konzerninsolvenzen vom 30.01.2014, BT-Drucks. 18/407 (BReg., RegE Konzerninsolvenz), abrufbar unter: http://dip21.bundestag.de/dip21/btd/18/004/1800407.pdf.

Bundesregierung, Regierungsentwurf eines Gesetzes zur weiteren Erleichterung der Sanierung von Unternehmen vom 04.05.2011 (BReg, ESUG), abrufbar unter: http://dip21.bundestag.de/dip21/btd/17/057/1705712.pdf.

Bunjes, Johann / Geist, Reinhold, Umsatzsteuergesetz, 14. Auflage, München 2015 (zitiert: Bearbeiter, in: Bunjes/Geist, UStG).

Busch, Peter / Remmert, Andreas / Rüntz, Stefanie / Vallender, Heinz, Kommunikation zwischen Gerichten in grenzüberschreitenden Insolvenzen, Was geht und was geht nicht, NZI 2010, S. 417–430.

Commanduer, Anja / Römer, Alexander, Neufassung der Europäischen Insolvenzordnung, NZG 2015, S. 988–991.

Dahl, Michael, Die Bestellung eines Sonderinsolvenzverwalters, ZInsO 2004, S. 1014–1016.

Dellit, Kai, Entwurf eines Gesetzes zur Erleichterung der Bewältigung von Konzerninsolvenzen: Der Konzerninsolvenzplan, Der Konzern 2013, S. 190–198.

Deutscher Anwaltsverein, Stellungnahme zum Diskussionsentwurf eines Gesetzes zur Erleichterung der Bewältigung von Konzerninsolvenzen, abrufbar, unter: http://anwaltverein.de/downloads/stellungnahmen/DAV-SN-09-13.pdf (zitiert: DAV, Stellungnahme DiskE Konzerninsolvenz).

DEUTSCHER RICHTERBUND, Stellungnahme zum Diskussionsentwurf eines Gesetzes zur Erleichterung der Bewältigung von Konzerninsolvenzen, abrufbar, unter: http://www.drb.de/cms/fileadmin/docs/Stellungnahmen/2013/DRB_130226_Stn_Nr_02_DiskE_Konzerninsolvenzen.pdf (zitiert: DRB, Stellungnahme DiskE Konzerninsolvenz).

DEUTSCHER STEUERBERATERVERBAND, Stellungnahme zum Diskussionsentwurf eines Gesetzes zur Erleichterung der Bewältigung von Konzerninsolvenzen, abrufbar, unter: http://www.dstv.de/interessenvertretung/beruf/stellungnahmen-beruf/r-3-13 (zitiert: DStV, Stellungnahme DiskE Konzerninsolvenz).

DEYDA, Stephan, Der Konzern im europäischen internationalen Insolvenzrecht, Baden-Baden 2008 (zitiert: Deyda, Der Konzern).

DRUEY, Jean Nicolas (Hrsg.), Konzernrecht als der Konzernwirklichkeit: das St. Galler Konzernrechtsgespräch, Bern, Stuttgart 1998 (zitiert: Druey, Konzernrechtsgespräch).

DUURSMA, Dieter / DUURSMA-KEPPLINGER, Henriette-Christine, Der Anwendungsbereich der Insolvenzverordnung unter Berücksichtigung der Bereichsausnahmen, von Konzernsachverhalten und der von den Mitgliedstaaten abgeschlossenen Konkursverträge, IPRax 2003, S. 505–511.

DUURSMA, Dieter / DUURSMA-KEPPLINGER, Henriette-Christine, Gegensteuerungsmaßnahmen bei ungerechtfertigter Inanspruchnahme der internationalen Zuständigkeit gemäß Art. 3 Abs. 1 EuInsVO, DZWIR 2003, S. 447–452.

EBLE, Maximilian, Auf dem Weg zu einem europäischen Konzerninsolvenzrecht – Die „Unternehmensgruppe" in der EuInsVO 2017 –, NZI 2016, S. 115–121.

EHRICKE, Ulrich, Beschlüsse einer Gläubigerversammlung bei mangelnder Teilnahme der Gläubiger, NZI 2000, S. 57–62.

EHRICKE, Ulrich, Das abhängige Konzernunternehmen in der Insolvenz: Wege der Vergrößerung der Haftungsmasse abhängiger Konzernunternehmen im Konkurs und Verfahrensfragen. Eine rechtsvergleichende Analyse, Tübingen 1998 (zitiert: Ehricke, Das abhängige Konzernunternehmen).

EHRICKE, Ulrich, Das Verhältnis des Hauptinsolvenzverwalters zum Sekundärinsolvenzverwalter bei grenzüberschreitenden Insolvenzen nach der EuInsVO, ZIP 2005, S. 1104–1112.

EHRICKE, Ulrich, Die neue Europäische Insolvenzverordnung und grenzüberschreitende Konzerninsolvenzen, EWS 2002, S. 101–107.

EHRICKE, Ulrich, Die Rückforderung gemeinschaftsrechtswidriger Beihilfen in der Insovlenz des Beihilfenempfängers, ZIP 2000, S. 1656–1667.

EHRICKE, Ulrich, Die Zusammenarbeit der Insolvenzverwalter bei grenzüberschreitenden Insolvenzen nach der EuInsVO, WM 2005, S. 397–405.

EHRICKE, Ulrich, Die Zusammenfassung von Insolvenzverfahren mehrerer Unternehmen desselben Konzerns, DZWIR 1999, S. 353–363.

EHRICKE, Ulrich, Rückzahlung gemeinschaftsrechtswidriger Beihilfen in der Insolvenz des Beihilfenempfängers, ZIP 2001, S. 489–497.

EHRICKE, Ulrich, Verfahrenskoordination bei grenzüberschreitenden Unternehmensinsolvenzen, in: BASEDOW, Jürgen / DROBNIG, Ulrich / ELLGER, Reinhard u. a (Hrsg.) Aufbruch nach Europa: 75 Jahre Max-Planck-Institut für Privatrecht, Tübingen 2001, S. 337–361 (zitiert: Ehricke, in: FS MPI).

EHRICKE, Ulrich, Zur gemeinschaftlichen Sanierung insolventer Unternehmen eines Konzerns, ZInsO 2002, S. 393–398.

EHRICKE, Ulrich, Zur Kooperation von Insolvenzgerichten bei grenzüberschreitenden Insolvenzverfahren im Anwendungsbereich der Verordnung, ZIP 2007, S. 2395–2403.

EIDENMÜLLER, Horst / FROBENIUS, Tilmann, Ein Regulierungskonzept zur Bewältigung von Gruppeninsolvenzen: Verfahrenskonsolidierung im Kontext nationaler und internationaler Reformvorhaben, ZIP 2013, Beilage zur Heft 3, S. 1–20.

EIDENMÜLLER, Horst, Der Markt für internationale Konzerninsolvenzen: Zuständigkeitskonflikte unter der EuInsVO, NJW 2004, S. 3455–3459.

EIDENMÜLLER, Horst, Der nationale und internationale Insolvenzverwaltungsvertrag, ZZP 114 (2001), S. 3–36.

EIDENMÜLLER, Horst, Die Banken im Gefangenendilemma: Kooperationspflichten, Akkordstörungsrecht im Sanierungsrecht, ZHR 160 (1996), S. 343–373.

EIDENMÜLLER, Horst, Europäische Verordnung über Insolvenzverfahren und zukünftiges deutsches internationales Insolvenzrecht, IPRax 2003, S. 2–15.

EIDENMÜLLER, Horst, Unternehmenssanierung zwischen Markt und Gesetz, Mechanismen der Unternehmensreorganisation und Kooperationspflichten im Reorganisationsrecht, Köln 1999 (zitiert: Eidenmüller, Unternehmenssanierung).

EIDENMÜLLER, Horst, Verfahrenskoordination bei Konzerninsolvenzen, ZHR 169 (2005), S. 528–569.

EIDENMÜLLER, Horst, Wettbewerb der Insolvenzrechte? ZGR 2006, S. 467–488.

EMMERICH, Volker / HABERSACK, Mathias (Hrsg.), Aktien- und GmbH-Konzernrecht, 8. Auflage, München 2016 (Bearbeiter, in: Emmerich/Habersack, Aktien- und GmbH-Konzernrecht).

EMMERICH, Volker / HABERSACK, Mathias, Konzernrecht, 9. Auflage, München 2008 (zitiert: Bearbeiter, in: Emmerich/Habersack, Konzernrecht).

EUROPÄISCHE KOMMISSION, Vorschlag für eine Verordnung des Europäischen Parlaments und des Rates zur Änderung der Verordnung (EG) Nr. 1346/2000 des Rates über Insolvenzverfahren, COM(2012) 744 final (zitiert: Europäische Kommission, Reformvorschlag EuInsVO).

EVERLING, Wolfgang, Konzerne und rechtseinheitliche gegliederte Unternehmungen, DB 1981, S. 1557–1559.

FAMILIENUNTERNEHMER – ASU, Stellungnahme zum Diskussionsentwurf eines Gesetzes zur Erleichterung der Bewältigung von Konzerninsolvenzen, abrufbar: unter: http://www.familienunternehmer.eu/uploads/tx_wfmedienpr/Stellungnahme_Konzerninsolvenzen.pdf (zitiert: ASU, Stellungnahme DiskE Konzerninsolvenz).

FLEISCHER, Holger / GOETTE, Wulf, Münchener Kommentar zum GmbHG, Band 1, 2. Auflage, München 2015 (Bearbeiter, in: Mü-Ko, GmbHG, Band 1).

FLETCHER, Ian / WESSELS, Bob, Global Principles for Cooperation in International Insolvency Cases, ILLR 2013, S. 2–17.

FLÖTHER, Lucas, Handbuch zum Konzerninsolvenzrecht, 1. Auflage, München 2015 (zitiert: Bearbeiter, in: Hdb. Konzerninsolvenzrecht).

FÖLSING, Philipp, Konzerninsolvenz: Gruppen-Gerichtsstand, Kooperation und Koordination, ZInsO 2013, S. 413–420.

FREITAG, Robert / LEIBLE, Stefan, Justizkonflikte im Europäischen Internationalen Insolvenzrecht und (k)ein Ende? Zugleich eine Besprechung von EuGH, RIW 2006, 619 – Eurofood, RIW 2006, S. 641–651.

FREUDENBERG, Rainer, Der Fortbestand des Beherrschungs- und Gewinnabführungsvertrages in der Insolvenz der Konzernobergesellschaft, ZIP 2009, S. 2037–2047.

FRIND, Frank, Die Überregulierung der „Konzern"insolvenz, Anmerkungen zum Diskussionsentwurf eines „Gesetzes zur Erleichterung der Bewältigung von Konzerninsolvenzen, ZInsO 2013, S. 429–434.

FRIND, Frank, Forum PINing? Anmerkung zu AG Köln, Beschluss v. 19.2.2008 – 73 IE 1/08 (ZInsO 2008, 388) und zugleich Erwiderung auf Knof / Mock (ZInsO 2008, 253, ZInsO), ZInsO 2008, S. 363–367.

FRIND, Frank, Forum shopping – made in Germany? Anmerkung zu AG Köln, Beschluss vom 1.2.2008 – 73 IN 682/07, ZInsO 2008, S. 261–264.

FRIND, Frank, Gefahren und Probleme bei der insolvenzgesetzlichen Regelung der Unternehmensgruppe, ZInsO 2014, S. 927–938.

FRITZ, Daniel / BÄHR Rainer, Die Europäische Verordnung über Insolvenzverfahren – Herausforderung an Gerichte und Insolvenzverwalter, DZWIR 2001, S. 221–235.

FRITZE, Marc, Sanierung von Groß- und Konzernunternehmen durch Insolvenzpläne – Der Fall Senator Entertainment AG–, DZWIR 2007, S. 89–93.

FROST, Jetta / MORNER; Michèle, Konzernmanagement: Strategien für den Mehrwert; 1. Auflage, Wiesbaden 2010 (zitiert: Frost/Morner, Konzernmanagement).

FUCHS, Karlhans (Hrsg.), Kölner Schrift zur Insolvenzordnung, 3. Auflage, Münster 2009.

GESAMTVERBAND DER DEUTSCHEN VERSICHERUNGSWIRTSCHAFT, Stellungnahme zum Diskussionsentwurf eines Gesetzes zur Erleichterung der Bewältigung von Konzerninsolvenzen, abrufbar, unter: http://www.gdv.de/wp-content/uploads/2013/02/

GDV_Stellungnahme_Konzerninsolvenz_2013.pdf (zitiert: GDV, Stellungnahme DiskE Konzerninsolvenz).

GOETTE, Wulf / HABERSACK, Mathias / KALSS (Hrsg.), Susanne, Münchener Kommentar zum AktG, Band 5, §§ 278–328, 4. Auflage, München 2015 (zitiert: Bearbeiter, in: MüKo, AktG, Band 5).

GOETTE, Wulf /HABERSACK, Mathias / KALSS (Hrsg.), Susanne, Münchener Kommentar zum AktG, Band 1 §§ 1–75, 4. Auflage, München 2016 (zitiert: MüKo, AktG, Band 1).

GÖRLING, Helmut, Die Konzernhaftung in mehrstufigen Unternehmensverbindungen, Frankfurt am Main, Berlin, New York u. a.1998 (zitiert: Görling, Die Konzernhaftung).

GOTTWALD, Peter, Insolvenzrechts-Handbuch, 5. neu bearbeitete Auflage, München 2015 (Bearbeiter, in: Gottwald, InsHdb.).

GRAEBER Thorsten / PAPE, Gerhard, Der Sonderinsolvenzverwalter im Insolvenzverfahren, ZIP 2007, S. 992–999.

GRAEBER, Thorsten, Der Konzerninsolvenzverwalter-Pragmatische Überlegungen zu Möglichkeiten eines Konzerninsolvenzverfahrens, NZI 2007, S. 265–270.

GRAEBER, Thorsten, Die Aufgaben des Insolvenzverwalters im Spannungsfeld zwischen Delegationsbedürfnis und Höchstpersönlichkeit, NZI 2003, S. 569–578.

GRAF, Ulrich / WUNSCH, Irene, Bestellung eines Sonderinsolvenzverwalters bei drohendem Interessenkonflikt des Insolvenzverwalters, DZWIR 2002, S. 177–183.

GRAF-SCHLICKER, Marie / REMMERT, Andreas, Das Unternehmensinsolvenzrecht unter der Lupe: Änderungen und Zukunftsperspektiven, NZI 2001, S. 569–574.

GRAF-SCHLICKER, Marie, Kommentar zur InsO, 4., neu bearbeitete Auflage, Köln 2014 (zitiert: Bearbeiter, in: Graf-Schlicker, InsO).

GRAU, Conrad, Konsolidierung von Rechtsträgern einer Unternehmensgruppe in der Sanierung, Hamburg 2007 (zitiert: Grau, Konsolidierung).

GRAVENBRUCHER KREIS, Stellungnahme des Gravenbrucher Kreises zum Diskussionsentwurf eines Gesetzes zur Erleichterung der Bewältigung von Konzerninsolvenzen des Bundesministeriums der Justiz vom 03.01.2013, abrufbar unter: http://www.gravenbrucherkreis.de/uploads/media/20130215_Stellungnahme_GK_Konzerninsolvenzrecht.pdf (zitiert: Gravenbrucher Kreis, Stellungnahme DiskE).

GRUNDMANN, Birgit, Rede der Staatssekretärin des Bundesministeriums der Justiz zur Eröffnung des Deutschen Insolvenzverwalterkongress 2012 am 26. Oktober 2012 in Berlin (zitiert: Grundmann, Rede Insolvenzverwalterkongress 2012).

GUMMERT, Hans / WEIPERT, Lutz (Hrsg.), Münchener Handbuch des Gesellschaftsrechts, Band 3, 4., neubearbeitete Auflage 2012, München 2012 (zitiert: Bearbeiter, in: MüHdb. GesR, Band 3).

GUMMERT, Hans / WEIPERT, Lutz (Hrsg.), Münchener Handbuch des Gesellschaftsrechts, Band 4, 4. Auflage, München 2015 (zitiert: Bearbeiter, in: MüHdb. GesR, Band 4).

HÄSEMEYER, Ludwig, Insolvenzrecht, 4., vollständig überarbeitete Auflage, Köln, München 2007 (zitiert: Häsemeyer, Insolvenzrecht).

HAß, Detlef / HUBER, Peter / GRUBER, Urs / HEIDERHOFF, Bettina (Hrsg.), EU- Insolvenzverordnung, Kommentar zur Verordnung (EG) Nr. 1346/2000 über Insolvenzverfahren (EuInsVO), 1. Auflage, München 2005.

HASSELBACH, Kai / NAWROTH, Christoph/RÖDDING, Adalbert, Beck'sches Holding Handbuch: Rechtspraxis der verbundenen Unternehmen, 1. Auflage, München 2011 (zitiert: Bearbeiter, in: Beck`sches Holding Hdb.).

HENCKEL, Wolfram / GERHARDT, Walter, Jaeger Insolvenzordnung, Großkommentar, Band 1, 1. Auflage, Berlin 2004.

HENSSLER, Martin / STROHN, Lutz, Beck'sche Kurzkommentare, Gesellschaftsrecht, 2. Auflage, München 2014 (zitiert: Bearbeiter, in: Henssler/Strohn, GesR).

HERCHEN, Axel, International-insolvenzrechtliche Kompetenzkonflikte in der Europäischen Gemeinschaft, Zugleich Besprechung der Entscheidung des High Court of Justice Leeds v. 16.5.2003 und des AG Düsseldorf v. 19.5/6.6 2003, ZInsO 2004, S. 61–66.

HEYER, Ulrich-Hans, Zwischenruf: Stärkung des Gläubigereinflusses versus Qualitätsdiskussion – wohin führt das ESUG?, ZIP 2011, S. 557–558.

HIRTE Heribert/KNOF, Béla/MOCK, Sebastian, Das Gesetz zur weiteren Erleichterung der Sanierung von Unternehmen (Teil I), DB 2011, S. 632–643.

HIRTE, Heribert, Die Tochtergesellschaft in der Insolvenz der Muttergesellschaft als Verpfändung von „Konzern"-Aktiva an Dritte – Überlegungen zur Entwicklung eines Konzerninsolvenzrechts-, in: BITTER, Georg/LUTTER, Marcus/PRIESTER Hans-Joachim u. a. (Hrsg.), Festschrift für Karsten Schmidt zum 70. Geburtstag, Köln 2009, S. 641–655 (zitiert: Hirte, in: FS K. Schmidt).

HIRTE, Heribert, Towards a Framework for the Regulation of Corporate Groups' Insolvencies, EFCR 2008, S. 213–237.

HIRTE, Heribert, Vorschläge für die Kodifikation eines Konzerninsolvenzrechts, ZIP 2008, S. 444–449.

HOFFMANN, Friedrich, Konzernhandbuch: Recht, Steuern, Rechnungslegung, Führung, Organisation, Praxisfälle, Wiesbaden 1993 (zitiert: Hoffmann, Konzernhandbuch).

HÖLTERS, Wolfgang (Hrsg.); Aktiengesetz, Kommentar, 2. Auflage, München 2014 (Bearbeiter, in: Hölters, AktG).

HOLTMANN, Michael, Personelle Verflechtungen auf Konzernführungsebene, Wiesbaden 1998 (zitiert: Holtmann, Personelle Verflechtungen).

HOLZER, Johannes, Die Empfehlungen der UNCITRAL zum nationalen und internationalen Insolvenzrecht, ZIP 2011, S. 1894–1901.

HORTIG, Mario, Kooperation von Insolvenzverwaltern, 1. Auflage, Baden-Baden, 2008 (zitiert: Hortig, Kooperation).

HUBER, Peter, Internationales Insolvenzrecht in Europa – Das internationale Privat- und Verfahrensrecht der Europäischen Insolvenzverordnung-, ZZP (114) 2001, S. 133–166.

HÜFFER, Uwe /KOCH, Jens, Beck'sche Kurzkommentare, AktG, 12. Auflage, München 2016(zitiert: Bearbeiter, in: Hüffer/Koch, AktG).

HUNGENBERG, Harald; Zentralisation und Dezentralisation: Strategische Entscheidungsverteilung in Konzernen, Wiesbaden 1995 (zitiert: Hungenberg, Zentralisation).

IMMENGA, Ulrich / MESTMÄCKER Ernst-Joachim, Wettbewerbsrecht, Band 2, GWB, 5. Auflage, München 2014 (Bearbeiter, in: Immenga/Mestmäcker, GWB).

INSOL EUROPE, European Communication and Cooperation Guidelines for Cross-border Insolvency (Insol Europe, CoCo Guidelines).

INSOL EUROPE, Revision of the European Insolvency Regulation, Proposals by INSOL Europe (zitiert: Insol, Revision EIR).

INTERNATIONAL INSOLVENCY INSTITUTE, Prospective principles for coordination of multinational corporate group insolvencies, abrufbar unter: http://www.iiiglobal.org/component/jdownloads/finish/362/5953.html.

JAFFÉ, Michael / FRIEDRICH, Andreas, Verbesserung der Wettbewerbsfähigkeit des Insolvenzstandorts Deutschland, ZIP 2008, S. 1849–1858.

KAMMEL, Volker, Die Bestimmung der zuständigen Gerichte bei grenzüberschreitenden Konzerninsolvenzen, NZI 2006, S. 334–338.

KINDLER, Peter / SAKKA, Samy, Die Neufassung der Europäischen Insolvenzverordnung, EuZW 2015, S. 460–466.

KINDLER, Peter, Hauptfragen der Reform des Europäischen Internationalen Insolvenzrechts, KTS 2014, S. 25–44.

KIRCHHOF, Hans-Peter / EIDENMÜLLER, Horst/STÜRNER, Rolf, Münchener Kommentar zur Insolvenzordnung, Band 1, 2 und 3, 3. Auflage, München 2013 (zitiert: Bearbeiter, in: MüKo, InsO, Band).

KLEBER, Birgit / STURM, Roland / TÜMMLER, Thorsten, Ergebnisse zu Unternehmensgruppen aus dem Unternehmensregister, Statistisches Bundesamt, WiSta 2010, S. 527–536.

KLÖHN, Lars, Gesellschaftsrecht in der Eigenverwaltung: Die Grenzen des Einflusses auf die Geschäftsführung gemäß § 276a Satz 1 InsO, NZG 2013, S. 81–87.

KLUTH, Thomas, Auf der Suche nach dem verlorenen Partner – die merkwürdige Unternehmensveräußerung im Insolvenzplan, ZInsO 2002, S. 1115–1121.

Knof, Béla / Mock, Sebastian, Innerstaatliches Forum Shopping in der Konzerninsolvenz – Cologne Calling? Zugleich Anmerkung zu AG Köln, Beschluss v. 1.2.2008 – 73 IN 682/07, ZInsO 2008, S. 253–261.

Körner, Martin, Die Eigenverwaltung in der Insolvenz als bestes Abwicklungsverfahren?, NZI 2007, S. 270–276.

Kort, Michael, Die konzerngebundene GmbH in der Insolvenz, ZIP 1988, S. 681–689.

Kreft, Gerhard, Heidelberger Kommentar zur InsO, 7. neu bearbeitete Auflage, Heidelberg 2014 (zitiert: Bearbeiter, in: HK, InsO).

Krieger, Gerd, Unternehmensvertrag und Insolvenz, in: van Betteray, Wolfgang / Delhaes, Festschrift für Friedrich Wilhelm Metzeler zum 70. Geburtstag, Köln 2003, S. 139–152(zitiert: Krieger, in: FS Metzeler).

Kübler, Bruno, Der Mittelpunkt der hauptsächlichen Interessen nach Art. 3 Abs. 1 EuInsVO, in: Schilken, Eberhard / Kreft, Gerhard / Wagner, Gerhard / Eckardt, Diederich, (Hrsg.), Festschrift für Walter Gerhardt zum 70. Geburtstag, Köln 2004, S. 527–562 (zitiert: Kübler, in: FS Gerhardt).

Kübler, Bruno, Konzern und Insolvenz – Zur Durchsetzung konzernmäßiger Sanierungsziele an den Beispielsfällen AEG und Korf -, ZGR 1984, S. 560–593.

Kübler, Bruno/ Prütting, Hans / Noack, Ulrich, Kommentar zur InsO, Sonderband 1, Gesellschaftsrecht, Köln 1999.

Laukemann, Björn, Rechtshängigkeit im europäischen Insolvenzrecht, RIW 2005, S. 104–112.

Lautenbach, Götz, Anmerkung zu AG Mönchengladbach, Beschluss vom 24.4.2004 – 19 IN 54/04, NZI 2004, S. 383–386.

Lechner, Hubert, Negative Synergien bei Unternehmenszusammenschlüssen, München 2007 (zitiert: Lechner, Negative Synergien).

Lehr, Wolfgang, Die neue EU-Verordnung über Insolvenzverfahren und deren Auswirkungen für die Unternehmenspraxis, KTS 2000, S. 577–585.

Leutheusser-Schnarrenberger, Sabine, Dritte Stufe der Insolvenzrechtsreform-Entwurf eines Gesetzes zur Erleichterung der Bewältigung von Konzerninsolvenzen, ZIP 2013, S. 97–102.

Leutheusser-Schnarrenberger, Sabine, Rede der Justizministerin am 9. Insolvenzrechtstag, Berlin 2012 (zitiert: Leutheusser-Schnarrenberger, Rede Insolvenzrechtstag 2012).

Liebscher, Thomas, GmbH-Konzernrecht: Die GmbH als Konzernbaustein, München 2006 (Liebscher, GmbH-Konzernrecht).

Lienau, Marc, Der Diskussionsentwurf eines Gesetzes zur Erleichterung der Bewältigung von Konzerninsolvenzen, Der Konzern 2013, S. 157–162.

Liersch, Oliver, Nach der Eurofood-Entscheidung des EuGH: Genugtuung, aber auch viel Nachdenklichkeit, NZI akutell 2006 , Heft 6, V-VI.

LOEWENHEIM, Ulrich / MEESSEN, Karl / RIESENKAMPF, Alexander, Kartellrecht, 2. Auflage, München 2009.

LOPUCKI, Lynn, Courting Failure: Das Versagen der Kontrollinstanz in der Konzerninsolvenz, Zu den Auswirkungen eines Wahlgerichtsstands im US-Konzerninsolvenzrecht, ZInsO 2013, 420–428.

LÜER, Hans-Jochem, Art. 3 Abs. 1 EuInsVO – Grundlage für ein europäisches Konzerninsolvenzrecht oder Instrumentarium eines „Insolvenz-Imperialismus"?, in: PIEPENBURG, Horst (Hrsg.), Festschrift für Günter Greimer zum 70. Geburtstag, Köln, Berlin, München 2005, S. 201–214 (zitiert: Lüer, in: FS Greimer).

LÜKE, Wolfgang, Das europäische internationale Insolvenzrecht, ZZP 111 (1998), S. 275–314.

LÜKE, Wolfgang, Der Sonderinsolvenzverwalter, ZIP 2004, S. 1693–1699.

LUTTER, Marcus (Hrsg.), Holding-Handbuch, Recht-Management-Steuern, 4. neu bearbeitete und erweiterte Auflage, Köln 2004 (zitiert: Lutter, Holding-Hdb.).

LUTTER, Marcus / Scheffler, Eberhard/Schneider, Uwe (Hrsg,), Handbuch der Konzernfinanzierung, Köln 1998 (zitiert: Bearbeiter, in: Hdb. Konzernfinanzierung).

LUTTER, Marcus, Das unvollendete Konzernrecht, in: Bitter, Georg/Lutter, Marcus/ Priester, Hans-Joachim u. a. (Hrsg.); Festschrift für Karsten Schmidt zum 70. Geburtstag, Köln 2009, S. 1065–1076 (Lutter, in: FS K. Schmidt).

LUTTER, Marcus, Der Konzern in der Insolvenz, ZfB 1984, S. 781–788.

MADAUS, Stephan, Insolvency proceedings for corporate groups under the new Insolvency Regulation, IILR 2015, S. 235–247.

MADAUS, Stephan, Koordination ohne Koordinationsverfahren? – Reformvorschläge aus Berlin und Brüssel zu Konzerninsolvenzen –, ZRP 2014, S. 192–196.

MANKOWSKI, Peter, Anmerkung zu AG München, Beschluss vom 4.5.2004 – 1501 IE 1276/04, NZI 2004, S. 450–452.

MANKOWSKI, Peter, Anmerkung zu EuGH, Urteil vom 20.10.2011 – C 396/09 (Interedil Srl. i. L/Fallimento Interedil Srl. u. a., NZI 2011, S. 994–995.

MANKOWSKI, Peter, Entwicklungen im Internationalen Privat- und Prozessrecht 2004/2005 (Teil 2) RIW 2005, S. 561–579.

MANKOWSKI, Peter, Klärung von Grundfragen des europäischen Internationalen Insolvenzrechts durch die Eurofoold-Entscheidung? Centre of main interests (COMI), Anerkennung, ordre public, vorläufige Insolvenzverwaltung, S. 1753–1759.

MELLEWIGT, Thomas, Konzernorganisation und Konzernführung: Eine empirische Untersuchung börsennotierter Konzerne, Frankfurt 1995 (zitiert: Mellewigt, Konzernorganisation).

MERTENS, Hans-Joachim, Empfiehlt sich die Einführung eines Reorganisationsverfahrens?, ZGR 1984, S. 542–559.

MEVORACH, Irit, Appropriate treatment of corporate groups in insolvency – a universial view European Business Organization Law Review, EBOR 2007, S. 179–194.

MOHRBUTTER, Harro / RINGSTMEISTER, Andreas, Handbuch der Insolvenzverwaltung, 8. neu bearbeitete Auflage, Köln 2007 (Bearbeiter, in: Hdb. Insolvenzverwaltung).

MOHRS, Sebastian, Die konzerngebundene Kapitalgesellschaft im Anwendungsbereich der EuInsVO, Lahnstein 2013 (zitiert: Mohrs, Konzerngebundene Kapitalgesellschaft).

MÜLLER, Welf / WINKELJOHANN, Norbert, Beck'sches Handbuch der GmbH, Gesellschaftsrecht-Steuerrecht, 4., vollständig überarbeitete und erweiterte Auflage, München 2009 (Bearbeiter, in: Beck'sches Hdb. GmbH).

MUSIELAK, Hans-Joachim / VOIT, Wolfgang, Zivilprozessordnung mit Gerichtsverfassungsgesetz, 13., neu bearbeitete Auflage, München 2016 (Bearbeiter, in: Musielak, ZPO).

NERLICH, Jörg / RÖMERMANN, Volker, Insolvenzordnung (InsO), Stand: Januar 2015, 28. Ergänzungslieferung, München 2015 (zitiert: Bearbeiter, in: Nerlich/Römermann, InsO).

NEUE INSOLVENZVERWALTERVEREINIGUNG DEUTSCHLANDS, Stellungnahme zum Diskussionsentwurf eines Gesetzes zur Erleichterung der Bewältigung von Konzerninsolvenzen, ZInsO 2013, S. 434–439.

NICHT, Matthias, Konzernorganisation und Insolvenz, Dresden 2009 (Nicht, Konzernorganisation).

NOACK, Ulrich, Unternehmensinsolvenz: Reorganisation des Rechtsträgers oder Vertragsnachfolge bei übertragender Sanierung, in: CREZELIUS, Georg / HIRTE, Heribert / VIEWEG, Klaus (Hrsg.), Festschrift für Volker Röhricht zum 65. Geburtstag, Gesellschaftsrecht- Rechnungslegung-Sportrecht, Köln 2005, S. 455–466 (zitiert: Noack, in: FS Röhricht).

OBERHAMMER, Paul, Europäisches Insolvenzrecht in praxi – „Was bisher geschah", ZinsO 2004, S. 761–773.

OBERHAMMER, Paul, Von der EuInsVO zum europäischen Insolvenzrecht – Eine Zwischenbilanz über rechtspolitische Gestaltungsmittel und Ziele-, KTS 2009, S. 27–67.

PALANDT, Otto, Bürgerliches Gesetzbuch, 75. Auflage, München 2016 (zitiert: Bearbeiter, in: Palandt, BGB).

PANNEN, Klaus / RIEDEMANN, Susanne, Der Begriff des „centre of main interests" i. S. des Art. 3 I 1 EuInsVO im Spiegel aktueller Fälle aus der Rechtsprechung, NZI 2004, S. 646–651.

PANNEN, Klaus, Aspekte der europäischen Konzerninsolvenz, ZinsO 2014, S. 222–229.

PAPE, Gerhard, Erleichterung der Sanierung von Unternehmen durch Stärkung der Eigenverwaltung, ZInsO 2011, S. 1033–1039.

PAPROTTKA, Stephan, Unternehmenszusammenschlüsse: Synergiepotentiale und ihre Umsetzungsmöglichkeiten durch Integration, Wiesbaden 1996 (zitiert: Paprottka, Untenehmenszusammenschlüsse).

PAULUS, Christoph G, Das inländische Parallelverfahren nach der Europäischen Insolvenzverordnung, EWS 2002, S. 497–506.

PAULUS, Christoph G, Die europäische Insolvenzverordnung und der deutsche Insolvenzverwalter, NZI 2001, S. 505–516.

PAULUS, Christoph G, Die Insolvenz als Sanierungschance – ein Plädoyer, ZGR 2005, S. 309–326.

PAULUS, Christoph G, Über den Einfluss des europäischen Insolvenzrechts auf das deutsche Insolvenzwesen, in: HAARMEYER, Hans / HIRTE, Heribert / KIRCHHOF, Hans-Peter (Hrsg.), Verschuldung, Haftung, Vollstreckung, Insolvenz, Festschrift für Gerhard Kreft zum 65. Geburtstag, Münster 2004, S. 469–481 (zitiert: Paulus, in: FS Kreft).

PAULUS, Christoph G, Zuständigkeitsfragen nach der Europäischen Insolvenzverordnung, Zugleich Besprechung High Court of Justice Leeds, Beschluss v. 16.5.2003 – No. 861–876/03, ZIP 2003, S. 1725–1729.

PAULUS, Christoph G., „Protokolle" – ein anderer Zugang zur Abwicklung grenzüberschreitender Insolvenzen, ZIP 1998, S. 977–982.

PAULUS, Christoph G., Änderungen der deutschen Insolvenzrechts durch die Europäische Insolvenzordnung, ZIP 2002, S. 729–737.

PAULUS, Christoph G., Der EuGH und das moderne Insolvenzrecht, NZG 2006, S. 609–613.

PAULUS, Christoph G., Die EuInsVO – Wo geht die Reise hin? NZI 2008, S. 1–6.

PAULUS, Christoph G., Konturen eines modernen Insolvenzrechts – Überlappungen mit dem Gesellschaftsrecht, DB 2008, S. 2523–2527.

PAULUS, Christoph G.; Grundlagen des neuen Insolvenzrechts Liquidations- und Planverfahren DStR 2004, 1568–1575.

PAULUS, Christoph G.; Überlegungen zu einem modernen Konzerninsolvenzrecht, ZIP 2005, S. 1948–1955.

PAULUS, Christoph, Wege zu einem Konzerninsolvenzrecht, ZGR 2010, S. 270–295.

PELLENS, Bernhard, Konzernsichtweisen in der Rechnungslegung und im Gesellschaftsrecht: Zur Übertragbarkeit des betriebswirtschaftlichen Konzernverständnisses auf Ausschüttungsregulierungen, ZGR 2009, S. 231–277.

PENZLIN, Dietmar / RIEDEMANN, Susanne, Bestimmung des Mittelpunkts der hauptsächlichen Interessen des Schuldners – MG Rover, NZI 2005, S. 467–471.

PIEPENBURG, Horst, Faktisches Konzernrecht am Beispiel Babcock Borsig, NZI 2004, S. 231–238.

PLEISTER, Christian, Das besondere Koordinationsverfahren nach dem Diskussionsentwurf für ein Gesetz zur Erleichterung der Bewältigung von Konzerninsolvenzen, ZIP 2013, S. 1013–1018.

PLUTA, Michael, Gutachten zur Zuständigkeit des AG Essen für das Quelle-Insolvenzverfahren, ZIP 2009, S. 1826–1834.

POERTZGEN, Christoph / ADAM, Dietmar, Die Bestimmung des „centre of main interests“ gem. Art. 3 Abs. 1 EuInsVO, Anmerkung zum Urteil des EuGH („Parmalat“) v. 2.5.2006 – C-341/04 (ZinsO 2006, S. 484 ff.), ZInsO 2006, S. 505–510.

PRAGER, Martin / KELLER Christoph, Der Vorschlag der Europäischen Kommission zur Reform der EuInsVO, NZI 2013, S. 57–64.

PRAGER, Martin / KELLER, Christoph, Der Entwicklungsstand des Europäischen Insolvenzrechts, WM 2015, S. 805–813.

PRANTL, Johannes, Konzernbildung, Konzernrecht und Minderheitenschutz in Deutschland, 1994 (Prantl, Konzernbildung).

PRIESTER, Hans-Joachim / MAYER, Dieter / WICKE, Hartmut, Münchener Handbuch des Gesellschaftsrechts, Band 3, 4. neu bearbeitete Auflage, München 2012 (zitiert: Bearbeiter, in MüHdb. GesR, Band 3).

PRÜTTING, Hans / HUHN Christoph, Kollision von Gesellschaftsrecht und Insolvenzrecht bei der Eigenverwaltung?, ZIP 2002, S. 777–782.

PRÜTTING, Hans, Die Unabhängigkeit des Insolvenzverwalters, ZIP 2002, S. 1965–1974.

PRÜTTING, Hans, Ein Konzerninsolvenzrecht für Deutschland? – Aber bitte mit Augenmaß, INDAT-Report 2006, S. 27–36.

RATTUNDE, Rolf, Sanierung von Großunternehmen durch Insolvenzpläne – Der Fall Herlitz, ZIP 2003, S. 596–600.

RAUSCHER, Thomas / KRÜGER, Wolfgang, Münchener Kommentar zur Zivilprozessordnung mit Gerichtsverfassungsgesetz und Nebengesetzen, Band 1, 4. Auflage, München 2013 (zitiert: Bearbeiter, in: MüKo, ZPO, Band 1).

RECHTSAUSSCHUSS EUROPÄISCHES PARLAMENT, Entwurf eines Berichts mit Empfehlungen an die Kommission zu Insolvenzverfahren im Rahmen des EU-Gesellschaftsrechts (2011/2006 (INI)).

REINHART, Stefan, Die Überarbeitung der EuInsVO, NZI 2012, S. 304–311.

REUSS, Philipp, Europäisches Insolvenzrecht 3.0 oder doch nur Version 1.1? Der Vorschlag der Kommission vom 12.12.2012 zur Reform der Europäischen Insolvenzverordnung, EuZW 2013, S. 165–169.

RINGLSTETTER, Max, Konzernentwicklung: Rahmenkonzepte zu Strategien, Strukturen und Systemen, Saarbrücken 1995(zitiert: Ringlstetter, Konzernentwicklung).

RINGSTMEISTER, Andreas / HOMANN, Stefan, Nebeneinander von Gesellschaftsrecht und Insolvenzrecht bei der Eigenverwaltung!, NZI 2002, S. 406–409.

RIVINIUS, Leo, Der Konzernkonkurs in Frankreich: Grundlagen und Möglichkeiten der Insolvenzerstreckung, Verfahrensvereinheitlichung, Zentralisierung getrennter Insolvenzverfahren und zivilrechtlichen Konzernhaftung nach französischem Richter- und Gesetzesrecht, Frankfurt 2000 (zitierte: Rivinius, Konzernkonkurs).

ROSTEGGE, Jochen, Konzerninsolvenz; die verfahrensrechtliche Behandlung von verbundenen Unternehmen nach der Insolvenzordnung, Baden-Baden 2007(zitiert: Rostegge, Konzerninsolvenz).

ROSTEGGE, Jochen, Zuständigkeitsfragen bei der Insolvenz in- und ausländischer Konzerngesellschaften, ZIP 2008, S. 955–962.

ROTH, Günter H. / ALTMEPPEN, Holger, GmbHG, Kommentar, 8., neu bearbeitete Auflage, München 2015 (zitiert: Bearbeiter, in: Roth/Altmeppen, GmbHG).

RÜHLEMANN, Sebastian, Verfahrenskonzentration in der Konzerninsolvenz, Jena 2014 (zitiert: Rühlemann, Verfahrenskonzentration).

SABEL, Oliver, Hauptsitz als Niederlassung im Sinne der EuInsVO, NZI 2004, S. 126–128.

SÄCKER, Franz Jürgen / RIXECKER, Roland, Münchener Kommentar zum Bürgerlichen Gesetzbuch, Band 1, Allgemeiner Teil, §§ 1–240, ProstG, AGG, 7. Auflage München 2015 (zitiert: Bearbeiter, in: MüKo, BGB).

SÄCKER, Franz Jürgen / RIXECKER, Roland, Münchener Kommentar zum Bürgerlichen Gesetzbuch, Band 11, Internationales Privatrecht, Internationales Wirtschaftsrecht, Einführungsgesetz zum Bürgerlichen Gesetzbuche (Art. 25–248), 6. Auflage, München 2015 (zitiert: Bearbeiter, in: MüKo, BGB, Band 11).

SANDROCK, Otto, Die Konkretisierung der Überlagerungstheorie in einigen zentralen Einzelfragen – Ein Beitrag zum internationalen Gesellschaftsrecht, in: SANDROCK, Otto (Hrsg.), Festschrift für Günther Beitzke zum 70. Geburtstag, Berlin 1979, S. 669–696 (zitiert: Sandrock, in: FS Beitzke).

SCHEEL, Hansjörg, Konzerninsolvenzrecht: Eine rechtsvergleichende Darstellung des US-amerikanischen und des deutschen Rechts, Köln 1995 (zitiert: Scheel, Konzerninsolvenzrecht).

SCHEFFLER, Eberhard; Konzernmanagement: Betriebswirtschaftliche und rechtliche Grundlagen der Konzernführungspraxis, 2., überarbeitete und erweiterte Auflage, München 2005 (zitiert: Scheffler, Konzernmanagement).

SCHELO, Sven, Flucht aus Deutschland oder der Wettbewerb der Insolvenzordnungen, Gastkommentar NZI aktuell 2006, S. V-VI.

SCHELO, Sven, Konzerninsolvenz – Alles in einen „Topf"?, NZI aktuell 2005, Heft 12, V-VI.

SCHENK, Gerald, Konzernbildung, Interessenskonflikte und ökonomische Effizienz, Frankfurt am Main 1997 (zitiert: Schenk, Konzernbildung).

SCHMELZ, Christoph, Cash-Management, quo vadis? NZG 2006, S. 456–558.

SCHMIDT, Andreas (Hrsg.), Hamburger Kommentar zum Insolvenzrecht, 5. Auflage, Köln 2015 (Bearbeiter, in HambKo, InsO).

SCHMIDT, Jessica, Das Prinzip „eine Person, ein Vermögen, eine Insolvenz" und seine Durchbrechungen vor dem Hintergrund der aktuellen Reformen im europäischen und deutschen Recht, KTS 2015, S. 19–53.

SCHMIDT, Karsten, Münchener Kommentar zum Handelsgesetzbuch, Band 4, 3. Auflage, München 2013 (Bearbeiter, in: MüKo, HGB, Band 4).

SCHMIDT, Karsten, Die konzernrechtliche Verlustübernahmepflicht als gesetzliches Dauerschuldverhältnis – Eine rechtsdogmatische Problemskizze zu § 302 AktG, ZGR 1983, S. 513–534.

SCHMIDT, Karsten, Ein gesetzlicher „Konzerngerichtsstand" im Insolvenzrecht?, in: BERGER, Christian / KAYSER, Godehard / PANNEN, Klaus, Sanierung, Insolvenz, Berufsrecht der Rechtsanwälte und Notare, Festschrift für Hans Gerhard Ganter zum 65. Geburtstag, München 2010, S. 351–360 (K. Schmidt, in: FS Ganter).

SCHMIDT, Karsten, Konsolidierte Insolvenzabwicklung?, Vergleichende Überlegungen über GmbH & Co.-Insolvenzen und Konzerninsolvenzen, KTS 2011, S. 161–184.

SCHMIDT, Karsten, Konzern-Insolvenzrecht – Entwicklungsstand und Perspektiven –, KTS 2010, S. 1–37.

SCHMIDT, Karsten, Organverantwortlichkeit und Sanierung im Insolvenzrecht der Unternehmen, ZIP 1980, S. 328–327.

SCHMITTMANN, Jens / HESSELMANN, Thomass, Die internationale Zuständigkeit und Wirkungserstreckung in der EuInsVO unter besonderer Berücksichtigung vom Kompetenzkonflikten, ZInsO 2008, S. 957–967.

SCHMOLLINGER, Christian, Der Konzern in der Insolvenz, Berlin 2013 (zitiert: Schmollinger, Der Konzern).

SCHNEIDER, Steffen / HÖPFNER, Alexander, Die Sanierung von Konzernen durch Eigenverwaltung und Insolvenzplan, BB 2012, S. 87–92.

SCHUBERT, Werner / KÜTING, Karlheinz, Unternehmenszusammenschlüsse, München 1981 (zitiert: Schubert/Kütting, Unternehmenszusammenschlüsse).

SESTER, Peter, Plädoyer gegen ein materielles Konzerninsolvenzrecht, Erwiderung zu Paulus, Überlegungen zu einem modernen Konzerninsolvenzrecht (ZIP 2005, 1948), ZIP 2005, S. 2099–2101.

SMID, Stefan (Hrsg.), Insolvenzordnung (InsO), 2. vollständig neu bearbeitete Auflage, Stuttgart 2001 (zitiert: Bearbeiter, in: Smid, InsO).

SMID, Stefan, EuGH zu „Eurofood", BGH zur internationalen Zuständigkeit: Neueste Judikatur zur EuInsVO, DZWIR 2006, S. 325–334.

SMID, Stefan, Vier Entscheidungen englischer und deutscher Gerichte zur europäischen internationalen Zuständigkeit zur Eröffnung von Hauptinsolvenzverfahren, DZWIR 2003, S. 397–404.

SPINDLER,Gerald / STILZ, Eberhard, Kommentar zum AktG, Band 1 und 2, 3. Auflage, München 2015 (zitiert: Bearbeiter, in: Spindler/Stilz, AktG,).

STAAK, Kai, Mögliche Probleme im Rahmen der Koordination von Haupt- und Sekundärinsolvenzverfahren nach der Europäischen Insolvenzverordnung, NZI 2004, S. 480–486.

STRÖHMANN, Martin / LÄNGSFELD, Alexander, Die Geschäftsführungsbefugnis in der GmbH im Rahmen der Eigenverwaltung, Welche Neuerungen brachte § 276a InsO?, NZI 2013, S. 271–278.

STURM, Roland / TÜMMLER, Thorsten / OPFERMANN, Rainer, Unternehmensverflechtungen im statistischen Unternehmensregister, WiSta 2009, S. 764–773.

STÜRNER, Rolf, Prinzipien der Einzelzwangsvollstreckung, ZZP 99 (1986), S. 291–332.

TELKE, Janine, Die Anforderungen an ein wettbewerbsfähiges Konzerninsolvenzrecht für den Wirtschaftsstandort Deutschland, Hamburg 2014 (zitiert: Telke, Anforderungen an ein wettbewerbsfähiges Konzerninsolvenzrecht).

THEISEN, Manuel René, Der Konzern: Betriebswirtschaftliche und rechtlichen Grundlagen der Konzernunternehmung; 2. Auflage, Stuttgart 2000 (zitiert: Theisen, Der Konzern).

THOLE, Christoph / SWIERCZOK, Arthur, Der Kommissionsvorschlag zur Reform der EuInsVO, ZIP 2013, S. 550–558.

THOLE, CHRISTOPH, DAS NEUE KONZERNINSOLVENZRECHT IN DEUTSCHLAND UND EUROPA, KTS 2014, S. 351–379.

THOLE, Christoph, Die Haftung des Koordinationsverwalters und der Einzelverwalter bei der koordinierten Konzerninsolvenz, -zu den haftungsrechtlichen Auswirkungen des DiskE zur Konzerninsolvenz vom 3.1.2013-, Der Konzern 2013, S. 182–190.

THOLE, CHRISTOPH, Die Reform der Europäischen Insolvenzverordnung – Zentrale Aspekte des Kommissionsvorschlags und offene Fragen –, ZEuP 2014, S. 40–76.

TRENDELENBURG, Hortense, Der Gewinnabführungs- und Beherrschungsvertrag in der Krise der Obergesellschaft, NJW 2002, S. 647–650.

TSCHERNING, Klaus, Haftungsrechtliche Probleme der Konzerninsolvenz: Eine Untersuchung nach deutschem und US-amerikanischen Recht unter besonderer Berücksichtigung der Problematik grenzüberschreitender Konzerninsolvenzen, Bern 1995 (zitiert: Tscherning, Haftungsrechtliche Probleme).

UHLENBRUCK, Konzerninsolvenzrecht über einen Insolvenzplan, NZI 1999, S. 41–44.

UHLENBRUCK, Wilhelm / HIRTE, Heribert / VALLENDER, Heinz (Hrsg.), Insolvenzordnung, Kommentar, 14., völlig neu bearbeitete Auflage, München 2015 (zitiert: Bearbeiter, in: Uhlenbruck, InsO).

UHLENBRUCK, Wilhelm, Konzerninsolvenzrecht als Problem der Insolvenzrechtsreform, KTS 1986, S. 419–428.

UNCITRAL, Legislative Guide on Insolvency Law, Part three: Treatment of enterprise groups, abrufbar unter: https://www.uncitral.org/pdf/english/texts/insolven/Leg-Guide-Insol-Part3-ebook-E.pdf.

UNCITRAL, Working Group V, Working Paper, A/CN.9/WG.V/WP.114, abrufbar unter: http://www.uncitral.org/uncitral/en/commission/working_groups/5Insolvency.html.

VALLENDER, Heinz / DEYDA, Stephan, Brauchen wir einen Konzerninsolvenzgerichtsstand? NZI 2009, S. 825–864.

VALLENDER, Heinz, Aufgaben und Befugnisse des deutschen Insolvenzrichters in Verfahren nach der EuInsVO, KTS 2005, S. 283–329.

VALLENDER, Heinz, Der deutsche Motor stockt, aber Europa drückt auf Gas – Europäisches Konzerninsolvenzrecht vor der Verabschiedung – ZInsO 2015, S. 57–63.

VALLENDER, Heinz, Der Sonderinsolvenzverwalter im Spiegel der Rechtsprechung zum Insolvenz- und Konkursrecht, in: DAHL, Michael / JAUCH, Hans-Gerd / WOLF, Christian, Sanierung und Insolvenz, Festschrift für Klaus Hubert Görg zum 70. Geburtstag, München 2010, S. 527–540(zitiert: Vallender, in: FS Görg).

VALLENDER, Heinz, Einführung eines Gruppen-Gerichtsstands –ein sachgerechter Ansatz zur Bewältigung von Konzerninsolvenzen, Der Konzern 2013, S. 162–169.

VALLENDER, Heinz, Gefahren für den Insolvenzstandort Deutschland, NZI 2007, S. 129–137.

VALLENDER, Heinz, Gerichtliche Kommunikation und Kooperation bei grenzüberschreitenden Insolvenzverfahren im Anwendungsbereich der EuInsVO – eine neue Herausforderung für Insolvenzgerichte-, KTS 2008, S. 59–78.

VERHOEVEN, Alexander, Die Konzerninsolvenz. Eine Lanze für ein modernes Insolvenzrecht, Köln 2011 (zitiert: Verhoeven, Konzerninsolvenz).

VERHOEVEN, Alexander, Konzerne in der Insolvenz nach dem Regierungsentwurf zur Erleichterung der Bewältigung von Konzerninsolvenzen (RegE) – Ende gut, alles gut ... und wenn es nicht gut ist, dann ist es noch nicht das Ende!, ZInsO 2014, S. 217–222.

VIRGOS, Miguel / SCHMIT, Etienne, Erläuternder Bericht zu dem EU-Übereinkommen über Insolvenzverfahren, EU-Rat, Doc. 6500/1/96 REV 1 DRS 8 (CFC) (zitiert: Virgos/Schmit, Erläuternder Bericht).

VORMSTEIN, Frank, Zuständigkeit bei Konzerninsolvenzen: Verfahrensablauf bei grenzüberschreitenden Konzerninsolvenzen unter besonderer Berücksichtigung der Europäischen Insolvenzverordnung (EuInsVO), München 2005 (zitiert: Vormstein, Zuständigkeit).

WELLENSIEK, Jobst, Übertragende Sanierung, NZI 2002, S. 233–239.

WELLER, Marc-Philippe, Inländische Gläubigerinteressen bei internationalen Konzerninsolvenzen, ZHR 169 (2005), S. 570–593.

WESTPFAHL, Lars / JANJUAH Riaz, Zur Modernisierung des deutschen Sanierungsrechts, Ein Beitrag zur aktuellen Diskussion über die Reformbedürftigkeit des deutschen Insolvenzrechts, ZIP 2009, Beilage zu Heft 3, S. 1–24.

WESTPFAHL, Lars, Die Praxis der grenzüberschreitenden Konzerninsolvenz, in: DAHL, Michael / JAUCH, Hans-Gerd / WOLF, Christian, Sanierung und Insolvenz, Festschrift für Klaus Hubert Görg zum 70. Geburtstag, München 2010, S. 569–595 (zitiert: Westpfahl, in: FS Görg).

WIEBUSCH, Arnd, Internationales Konzerninsolvenzrecht – Zuständigkeit, Verwaltung, Kooperation der Gerichte, Jena 2014 (zitiert: Wiebusch, Internationales Konzerninsolvenzrecht).

WIEDEMANN, Herbert, Die Unternehmensgruppe im Privatrecht: Methodische und sachliche Probleme des deutschen Konzernrechts, Tübingen 1988 (Wiedemann, Unternehmensgruppe).

WILKEN, Oliver / ZIEMS, Hans-Joachim, Beendigung von Unternehmensverträgen in der Krise und Insolvenz, in: van BETTERAY, Wolfgang / DELHAES, Festschrift für Friedrich Wilhelm Metzeler zum 70. Geburtstag, Köln 2003, S. 153–165 (zitiert: Wilken/Ziems, in: FS Metzeler).

WIMMER, Klaus, Anmerkungen zum Vorlagebeschluss des irischen Supreme Court in Sachen Parmalat, Bemerkung anlässlich der deutschen Stellungnahme gegenüber dem EuGH zu dem Vorabentscheidungsersuchen des Supreme Court (Irland) RS C-341/04, ZInsO 2005, S. 119–127.

WIMMER, Klaus, Frankfurter Kommentar zur Insolvenzordnung, 8. Auflage, München 2014 (zitiert: Bearbeiter, in: FK, InsO).

WITTINGHOFER, Mathias, Der nationale und internationale Insolvenzverwaltungsvertrag, Bielefeld 2004 (zitiert: Wittinghofer, Insolvenzverwaltungsvertrag).

ZEIDLER, Finn, Ausgewählte Problem des GmbH-Vertragskonzernrechts, NZG 1999, S. 692–698.

ZENTES, Joachim / SWOBODA, Bernhard / MORSCHETT, Dirk, Kooperationen, Allianzen und Netzwerke: Grundlagen – Ansätze – Perspektiven, Wiesbaden 2003 (zitiert: Zentes/Swoboda/Morschett, Kooperationen).

ZIPPERER, Helmut, Die Einflussnahme der Aufsichtsorgane auf die Geschäftsleitung in der Eigenverwaltung – eine Chimäre vom Gesetzgeber, Trugbild oder Mischwesen?, ZIP 2012, S. 1492–1495.

ZIPPERER, Helmut, Die einheitliche Verwalterbestellung nach dem Diskussionsentwurf für ein Gesetzt zur Erleichterung der Bewältigung von Konzerninsolvenzen, ZIP 2013, S. 1007–1013.

Zöllner, Wolfgang / Noack, Ulrich, Kölner Kommentar zum AktG, Band 6, 3. neu bearbeitete und erweiterte Auflage, Köln 2004 (zitiert: Bearbeiter, in: KöKo, AktG, Band 6).

Zöllner, Wolfgang / Noack, Ulrich, Kölner Kommentar zum AktG, Band 1/2, 3. Auflage 2012 (zitiert: Bearbeiter, in: KöKo, AktG, Band 1).

Schriften zum Verfahrensrecht

Herausgegeben von Jens Adolphsen, Christoph Althammer, Peter Gottwald und Ulrich Haas

Band 1 Matthias Rauscher: Die neue Berufung in Zivilsachen. 2002.

Band 2 Jörn-Christian Schulze: Grenzen der objektiven Schiedsfähigkeit im Rahmen des § 1030 ZPO. Eine Betrachtung des Rechts der Schiedsfähigkeit nach der Schiedsverfahrensrechtsform. 2003.

Band 3 Roman Rodloff: Das vereinfachte Verfahren zur Festsetzung von Kindesunterhalt nach §§ 654 ff. ZPO. Zugleich ein Beitrag zur Unterhaltsannexklage nach § 653 ZPO und zum vereinfachten Abänderungsverfahren nach § 656 ZPO. 2003.

Band 4 Helia-Verena Daubach: Kammer oder Einzelrichter? Ist die Kammer ein Qualitätselement des Zivilprozesses? 2003.

Band 5 Thomas Gemmeke: Beweisverwertungsverbote im arbeitsgerichtlichen Verfahren. 2003.

Band 6 Wolfgang Kreißig: Der Sportverein in Krise und Insolvenz. 2004.

Band 7 Alexander M. Krämer: Leasingverträge in der Insolvenz. 2005.

Band 8 Timo Christian Walther: Das Verfahren bei Masseunzulänglichkeit nach den §§ 208 ff. InsO. 2005.

Band 9 Henning Müller: Die Lebensversicherung in der Zwangsvollstreckung. 2005.

Band 10 Oliver Hilsbos: Die Mitwirkungspflicht von Personenstandsbehörden in Nachlassverfahren. 2006.

Band 11 Matthias Holla: Der Einsatz von Schiedsgerichten im organisierten Sport. 2006.

Band 12 Matthias Hofmann: Die Eigenverwaltung in der Insolvenz. Darstellung eines Rechtsinstituts unter besonderer Berücksichtigung der Gesellschaftsinsolvenz. 2006.

Band 13 Christian Schindler: Rechtskraft und Innenbindung von Beschlüssen nach der ZPO-Reform. 2006.

Band 14 Carola Reimann-Dittrich: Die Finanzierungsfolgenverantwortung des Gesellschafters. 2006.

Band 15 Viktoria Kress: Internationale Zuständigkeit für elterliche Verantwortung in der Europäischen Union. Das neue europäische Familienverfahrensrecht in Fragen der elterlichen Verantwortung im Kontext der Haager Abkommen. 2006.

Band 16 Frank Martin Herget: Die internationale Zuständigkeit im Electronic Commerce in der Europäischen Union. 2006.

Band 17 Cornelia Drenckhahn: Urkundsvorlagepflichten im Zivilprozess und im arbeitsgerichtlichen Verfahren nach der ZPO-Reform unter besonderer Berücksichtigung der Neufassung des § 142 ZPO. 2007.

Band 18 Walter Boeckh: Beschwerde und Rechtsbeschwerde im Zivilverfahren. 2007.

Band 19 Gökçe Nazar Uzar: Rechtsmittel gegen Schiedssprüche nach dem neuen deutschen und türkischen Schiedsverfahrensrecht. 2007.

Band 20 Christa Kraemer: Eigenkapitalersatz und Insolvenz. Klassische und moderne Fallgruppen. 2007.

Band 21 Martin Beckmann: Statutarische Schiedsklauseln im deutschen Recht und internationalen Kontext. 2008.

Band 22 Ulf Pechartscheck: Entgeltansprüche aus Altersteilzeitarbeit in der Arbeitgeberinsolvenz. Analyse gegenwärtiger Sicherungsmodelle in Deutschland. 2008.

Band 23 Thomas Baumann: Patentstreitigkeiten vor Schiedsgerichten. Eine rechtsvergleichende Betrachtung ausgewählter Probleme nach deutschem und schweizerischem Recht. 2008.

Band 24 Désirée Cimmino: Das UNCITRAL-Modellgesetz über internationale ADR-Verfahren in Wirtschaftsstreitigkeiten. 2008.

Band 25 Ralf Burkhard: Der Einfluss der Schuldrechtsreform auf von § 103 InsO erfasste Kaufverträge. 2010.

Band 26 Stefan Roßkopf: Die Aufrechnung im deutschen und englischen Insolvenzrecht. Eine rechtsvergleichende Untersuchung. 2008.

Band 27 Thomas Rothammer: Die insolvenzrechtliche Restschuldbefreiung – Probleme und Lösungen. 2008.

Band 28 Franziska Schmalenberg: Anerkennung von Patenten in Europa. 2009.

Band 29 Michael Schaumann: Reform des Eigenkapitalersatzrechts im System der Gesellschafterhaftung. Unter Berücksichtigung der Änderungen durch das MoMiG. 2009.

Band 30 Hengliang Shen: Das Absonderungsrecht in der Insolvenz. Erfahrungen aus Deutschland und die Praxis in China. 2009.

Band 31 Alexander Panier: Der Grundsatz der Schadenseinheit. 2009.

Band 32 Ming-Sheng Liu: Die richterliche Hinweispflicht. Dogmatik und Rechtskultur. 2009.

Band 33 Lothar Czaja: Umsetzung der Kooperationsvorgaben durch die Europäische Insolvenzverordnung im deutschen Insolvenzverfahren. 2009.

Band 34 Stefanie Reiche: Die prozessualen Folgen eines Betriebsübergangs nach § 613a BGB. 2009.

Band 35 Christoph Stieber: Der gesicherte Geld- und Warenkredit in der Insolvenz. Das Insolvenzverwalterwahlrecht nach § 103 InsO und dessen Wirkungen auf die Sicherungsübereignung und den Eigentumsvorbehalt. 2009.

Band 36 Miguel Teixeira de Sousa: Die Zulässigkeitsprüfung im Zivilprozess. 2010.

Band 37 Michael Schulze: Das Besteuerungsverfahren der Personengesellschaft bei Insolvenz. 2010.

Band 38 Ulrich Hönle: Die deliktische Grundanknüpfung im IPR und IZVR. Auswirkungen der Kollisionsrechtsvereinheitlichung auf europäischer Ebene. 2011.

Band 39 Hilke Schapp: Die Präklusion von Gestaltungsrechten nach § 767 Abs. 2 ZPO. Eine kritische Untersuchung der Rechtsprechung unter besonderer Berücksichtigung der Rechtskraft und der materiellen Rechtslage. 2011.

Band 40 Moritz Büchele: Eingriff in Gesellschafterrechte im Insolvenzplan. 2011.

Band 41 Markus Wimmer: Unternehmenssanierung mittels Transfergesellschaften. 2011.

Band 42 Christoffer Bortz: Urheberrechtliche Lizenzen in nationaler und internationaler Insolvenz. 2012.

Band 43 Martin Wigand: Verzicht, Vergleich und sonstige Haftungsbeschränkungen im Gesellschaftsrecht. 2012.

Band 44 Michael Schick: Die Zwischenfeststellungsklage des § 256 Abs. 2 ZPO. 2013.

Band 45 Olaf Benning: Internationale Prinzipien für grenzüberschreitende Insolvenzverfahren. 2013.

Band 46 Gero von Jhering: Die Wirkung von Schiedsvereinbarungen, Schiedsklauseln und Schiedssprüchen im Gesellschaftsrecht. Eine Zusammenführung von Schiedsverfahrens- und Gesellschaftsrecht. 2013.

Band 47 Anne Hoßfeld: Die Abtretung schieds- und gerichtsstandsgebundener Forderungen. 2013.

Band 48 Fabian Camek: Das Schutzschirmverfahren nach § 270b InsO und seine Funktionalität im internationalen Rechtsvergleich. 2014.

Band 49 Silvio Kupsch: Grenzüberschreitende Insolvenzverfahren in Südafrika. 2014.

Band 50 Martina Daus: Die insolvenzrechtliche Einordnung der betrieblichen Altersversorgung in der Insolvenz des Arbeitgebers. 2014.

Band 51 Fabian J. Hohl: Die richterliche Unabhängigkeit bei der Auswahl des (vorläufigen) Insolvenzverwalters nach dem ESUG. Vereinbarkeit mit Art. 97 GG und Auswirkung auf die Justiziabilität der Auswahlentscheidung. 2015.

Band 52 Carmen Schauberger: Die Partizipation Minderjähriger im Verfahren der freiwilligen Gerichtsbarkeit. Eine Analyse der Beteiligung und der Verfahrensfähigkeit in Familien- und Erbrechtsverfahren. 2015.

Band 53 Tobias Waldmann: Annexverfahren im Europäischen Insolvenzrecht. 2015.

Band 54 Maximilian Riedel: Insolvenz in nationalen und internationalen Schiedsverfahren. 2016.

Band 55 Konrad-Tassilo Heßel: Das vorinsolvenzliche Sanierungsverfahren. Bedarf und Ausgestaltungsmöglichkeiten eines vorinsolvenzlichen Sanierungsmechanismus. 2016.

Band 56 Dominik Pauw: Sanierung geschlossener Publikumsfonds. 2016.

Band 57 Sebastian Fuchs: Die Auflösung und Abwicklung gesetzlicher Krankenkassen im Spannungsfeld zwischen dem SGB V und der Insolvenzordnung. 2016.

Band 58 Sebastian Dirmeier: Der Konzern in der Insolvenz. Aktuelle Rechtslage und Reformüberlegungen auf nationaler und europäischer Ebene. 2016.

www.peterlang.com

www.ingramcontent.com/pod-product-compliance
Ingram Content Group UK Ltd.
Pitfield, Milton Keynes, MK11 3LW, UK
UKHW021836290926
8980IPUK00004B/490

9 783631 679302